国家卫生健康委员会"十四五"规划教材

全国高等中医药教育教材

供康复治疗学等专业用

作业治疗学

第3版

治康
疗复

主 编　陶　静　刘晓丹

副主编　王嘉麟　王晓东

编 委（按姓氏笔画排序）

王胜灵（江西中医药大学）　　　罗　壹（成都中医药大学）

王晓东（浙江中医药大学）　　　项栋良（黑龙江中医药大学）

王嘉麟（北京中医药大学）　　　赵美丹（天津中医药大学）

刘晓丹（上海中医药大学）　　　郝日雯（山西中医药大学）

祁　芳（湖南中医药大学）　　　陶　静（福建中医药大学）

李晓林（上海中医药大学）　　　屠金康（上海市老年医学中心）

肖剑秋（南京医科大学）　　　舒　乐（甘肃中医药大学）

张　琪（福建中医药大学）

人民卫生出版社

·北京·

图书在版编目（CIP）数据

作业治疗学/陶静，刘晓丹主编. —3 版. —北京：
人民卫生出版社，2023.11（2025.11 重印）
ISBN 978-7-117-34971-0

Ⅰ.①作… Ⅱ.①陶…②刘… Ⅲ.①康复医学-医
学院校-教材 Ⅳ.①R496

中国国家版本馆 CIP 数据核字（2023）第 193684 号

人卫智网	www.ipmph.com	医学教育、学术、考试、健康，购书智慧智能综合服务平台
人卫官网	www.pmph.com	人卫官方资讯发布平台

作业治疗学
Zuoye Zhiliaoxue
第 3 版

主　　编：陶　静　刘晓丹
出版发行：人民卫生出版社（中继线 010-59780011）
地　　址：北京市朝阳区潘家园南里 19 号
邮　　编：100021
E - mail：pmph @ pmph.com
购书热线：010-59787592　010-59787584　010-65264830
印　　刷：河北新华第一印刷有限责任公司
经　　销：新华书店
开　　本：850×1168　1/16　印张：27
字　　数：708 千字
版　　次：2012 年 7 月第 1 版　　2023 年 11 月第 3 版
印　　次：2025 年 11 月第 3 次印刷
标准书号：ISBN 978-7-117-34971-0
定　　价：89.00 元

打击盗版举报电话：010-59787491　E-mail：WQ @ pmph.com
质量问题联系电话：010-59787234　E-mail：zhiliang @ pmph.com
数字融合服务电话：4001118166　　E-mail：zengzhi @ pmph.com

修 订 说 明

为了更好地贯彻落实党的二十大精神和《"十四五"中医药发展规划》《中医药振兴发展重大工程实施方案》及《教育部 国家卫生健康委 国家中医药管理局关于深化医教协同进一步推动中医药教育改革与高质量发展的实施意见》的要求,做好第四轮全国高等中医药教育教材建设工作,人民卫生出版社在教育部、国家卫生健康委员会、国家中医药管理局的领导下,在上一轮教材建设的基础上,组织和规划了全国高等中医药教育本科国家卫生健康委员会"十四五"规划教材的编写和修订工作。

党的二十大报告指出:"加强教材建设和管理""加快建设高质量教育体系"。为做好新一轮教材的出版工作,人民卫生出版社在教育部高等学校中医学类专业教学指导委员会、中药学类专业教学指导委员会、中西医结合类专业教学指导委员会和第三届全国高等中医药教育教材建设指导委员会的大力支持下,先后成立了第四届全国高等中医药教育教材建设指导委员会和相应的教材评审委员会,以指导和组织教材的遴选、评审和修订工作,确保教材编写质量。

根据"十四五"期间高等中医药教育教学改革和高等中医药人才培养目标,在上述工作的基础上,人民卫生出版社规划、确定了中医学、针灸推拿学、中医骨伤科学、中药学、中西医临床医学、护理学、康复治疗学7个专业155种规划教材。教材主编、副主编和编委的遴选按照公开、公平、公正的原则进行。在全国60余所高等院校4 500余位专家和学者申报的基础上,3 000余位申报者经教材建设指导委员会、教材评审委员会审定批准,被聘任为主编、副主编、编委。

本套教材的主要特色如下:

1. 立德树人,思政教育　教材以习近平新时代中国特色社会主义思想为引领,坚守"为党育人、为国育才"的初心和使命,坚持以文化人,以文载道,以德育人,以德为先。将立德树人深化到各学科、各领域,加强学生理想信念教育,厚植爱国主义情怀,把社会主义核心价值观融入教育教学全过程。根据不同专业人才培养特点和专业能力素质要求,科学合理地设计思政教育内容。教材中有机融入中医药文化元素和思想政治教育元素,形成专业课教学与思政理论教育、课程思政与专业思政紧密结合的教材建设格局。

2. 准确定位,联系实际　教材的深度和广度符合各专业教学大纲的要求和特定学制、特定对象、特定层次的培养目标,紧扣教学活动和知识结构。以解决目前各院校教材使用中的突出问题为出发点和落脚点,对人才培养体系、课程体系、教材体系进行充分调研和论证,使之更加符合教改实际、适应中医药人才培养要求和社会需求。

3. 夯实基础,整体优化　以科学严谨的治学态度,对教材体系进行科学设计、整体优化,体现中医药基本理论、基本知识、基本思维、基本技能;教材编写综合考虑学科的分化、交叉,既充分体现不同学科自身特点,又注意各学科之间有机衔接;确保理论体系完善,知识点结合完备,内容精练、完整,概念准确,切合教学实际。

4. 注重衔接,合理区分　严格界定本科教材与职业教育教材、研究生教材、毕业后教育教材的知识范畴,认真总结、详细讨论现阶段中医药本科各课程的知识和理论框架,使其在教材中得以凸显,既要相互联系,又要在编写思路、框架设计、内容取舍等方面有一定的区分度。

5. **体现传承,突出特色**　本套教材是培养复合型、创新型中医药人才的重要工具,是中医药文明传承的重要载体。传统的中医药文化是国家软实力的重要体现。因此,教材必须遵循中医药传承发展规律,既要反映原汁原味的中医药知识,培养学生的中医思维,又要使学生中西医学融会贯通;既要传承经典,又要创新发挥,体现新版教材"传承精华、守正创新"的特点。

6. **与时俱进,纸数融合**　本套教材新增中医抗疫知识,培养学生的探索精神、创新精神,强化中医药防疫人才培养。同时,教材编写充分体现与时代融合、与现代科技融合、与现代医学融合的特色和理念,将移动互联、网络增值、慕课、翻转课堂等新的教学理念和教学技术、学习方式融入教材建设之中。书中设有随文二维码,通过扫码,学生可对教材的数字增值服务内容进行自主学习。

7. **创新形式,提高效用**　教材在形式上仍将传承上版模块化编写的设计思路,图文并茂、版式精美;内容方面注重提高效用,同时应用问题导入、案例教学、探究教学等教材编写理念,以提高学生的学习兴趣和学习效果。

8. **突出实用,注重技能**　增设技能教材、实验实训内容及相关栏目,适当增加实践教学学时数,增强学生综合运用所学知识的能力和动手能力,体现医学生早临床、多临床、反复临床的特点,使学生好学、临床好用、教师好教。

9. **立足精品,树立标准**　始终坚持具有中国特色的教材建设机制和模式,编委会精心编写,出版社精心审校,全程全员坚持质量控制体系,把打造精品教材作为崇高的历史使命,严把各个环节质量关,力保教材的精品属性,使精品和金课互相促进,通过教材建设推动和深化高等中医药教育教学改革,力争打造国内外高等中医药教育标准化教材。

10. **三点兼顾,有机结合**　以基本知识点作为主体内容,适度增加新进展、新技术、新方法,并与相关部门制定的职业技能鉴定规范和国家执业医师(药师)资格考试有效衔接,使知识点、创新点、执业点三点结合;紧密联系临床和科研实际情况,避免理论与实践脱节、教学与临床脱节。

本轮教材的修订编写,教育部、国家卫生健康委员会、国家中医药管理局有关领导和教育部高等学校中医学类专业教学指导委员会、中药学类专业教学指导委员会、中西医结合类专业教学指导委员会等相关专家给予了大力支持和指导,得到了全国各医药卫生院校和部分医院、科研机构领导、专家和教师的积极支持和参与,在此,对有关单位和个人表示衷心的感谢!为了保持教材内容的先进性,在本版教材使用过程中,我们力争做到教材纸质版内容不断勘误,数字内容与时俱进,实时更新。希望各院校在教学使用中,以及在探索课程体系、课程标准和教材建设与改革的进程中,及时提出宝贵意见或建议,以便不断修订和完善,为下一轮教材的修订工作奠定坚实的基础。

人民卫生出版社

2023 年 3 月

前 言

《"健康中国2030"规划纲要》中明确指出全民健康是建设健康中国的根本目的，强调立足全人群和全生命周期两个着力点，提供有品质的预防、治疗、康复、健康促进等健康服务。作业治疗作为现代康复服务的重要组成部分，坚持以人为本和功能定向的原则，在帮助康复对象生活自理、重返家庭和社会等方面发挥着不可或缺的作用。作业治疗学作为一个独立的康复治疗学科，虽然起步较晚，但近年发展迅速，专业内涵不断丰富和完善，作业治疗服务也从医疗机构逐渐进入社区和家庭。随着"大健康""大康复"理念的广泛普及，人们对健康生活方式和生活质量的关注程度不断提高，以人为本、以生活为源的作业治疗专业将发挥更大作用，呈现新时代发展的勃勃生机。

本次教材修订遵循专业与思政教育融合相通的原则，在教材中融入思政元素，落实立德树人的根本任务。重新梳理编写框架，基于作业治疗核心理论模式，围绕作业表现、作业技能、作业情境层次编写。上篇为理论基础，包括健康与作业治疗发展，作业治疗理论与实践模式等内容；新增中篇实践技能篇，将部分常用治疗技术单独成章，层次结构更清晰；下篇为实践应用，结合实践领域介绍作业治疗的工作内容。同时，对部分章节的内容结合专业发展进行调整，更新作业治疗核心概念，增加肿瘤康复、社区健康促进、循证实践与创新、作业治疗记录撰写等实用内容。本教材延续上一版特点，根植祖国土壤，将中国传统健康文化与作业治疗有机融合。全书涵盖作业治疗领域的各个方面，建立理论、知识、技能、应用的整体框架，以行业需求为导向，体现适应性和先进性，可供康复治疗学、康复物理治疗和作业治疗等相关专业师生参考学习。

本书的编写修订情况如下。第一章：陶静；第二章：刘晓丹，李晓林；第三章：李晓林；第四章：刘晓丹，李晓林；第五、六章：郝日雯；第七、八章：肖剑秋；第九章：王胜灵；第十章：张琪；第十一、十二章：罗壹；第十三、十四章：祁芳；第十五章：张琪；第十六章：王嘉麟，赵美丹；第十七章：王晓东，屠金康；第十八章：项栋良；第十九章：舒乐；第二十章：屠金康；第二十一章：项栋良，赵美丹。本书还配备了学习课件、复习思考题、扫一扫测一测等丰富的数字化教学资源，以随文二维码的形式呈现。周欢霞和马嘉吟参与了数字教材的编写。感谢上一版教材编写和本轮修订过程中各位编者的辛勤付出，鉴于编者水平，本教材恐有疏漏之处，恳请各位同道在使用中多提宝贵意见。

编者

2023年4月

◇◇◇ 目　　录 ◇◇◇

上篇　理论基础

中篇　实　践　技　能

下篇　实　践　应　用

上　篇

理论基础

◆◆◆ **第一章** ◆◆◆

作业治疗的概念

第一节　作业的定义及内容

一、作业的定义

作业指占用人时间进行的所有活动的总称,是作业治疗区别于物理治疗等其他治疗方法的核心。作业来源于英文名词 occupation,原意是占有或填满时间与空间,捕捉心灵,由此表示人们利用自己的时间在一定的空间环境内完成的一切活动,包括对个人自理、工作和休闲娱乐活动的积极参与。作业是人类的活动,但不是所有的活动都是作业。作业是有目标的和精心设计的活动,需要人们主动参与,这些活动可以使人创造有意义及美好的生活。通过作业,人得以生存并持续发展,对自身产生认识,并与周围的世界发生互动。同时作业活动帮助人们发展各种技能和技巧,使人能追求自己的兴趣爱好,同其他人产生人际关系,建立并表达自己的价值观。

作业与时间的关系紧密,人生不同阶段从事的作业活动不尽相同,个体产生的经验与感受也可能随时间的推移而改变。由于作业具有时间性,作业活动的内容也随时间而变化,通过对现在、过去和未来的探究,将人生故事一点点展开,是一种理解作业活动意义的重要方式,也是将生活描述并解释给自己和他人的叙事方式。通过这种叙事方式,不断对生活中各种事件进行阐释,帮助人们获得相应的社会身份和生活目标。

作业活动一般在特定环境中发生,不论室内或室外都与活动的特性有关。同时,地理位置也对个体移动、公共交通的使用、社会参与度和社会关系的发展产生影响。人造环境和自然环境的一些特性直接影响人进行活动的感受和经验,尤其是人的觉醒度和动机。例如安装扶手、把门加宽、加建斜坡等合适的设计及设施能够方便老年人和功能障碍人士使用。开裂和不平的地面、杂乱的物品堆放则会增加跌倒的风险。

生活中的种种作业活动也受文化的影响,表现在作业活动的各个方面。每一项简单的日常活动从广义上说都具有其特殊原因,与社会生活的联系更赋予了其特殊意义。比如,我国饮茶文化历史悠久,在某些地区饮茶不仅是一种个人的生活习惯,更是社交活动的重要载体,已经成为社交文化不可分割的一部分。因此,作业不仅是人们认可且熟悉的日常活动,也是人们描述并传递相关信息的媒介,更是文化的一部分。

二、作业的内容

(一)作业活动的内容

根据人们每天作业活动的目的和时间分配的差异,作业活动内容可以细分如下。

1. 日常生活活动 是指个体为了独立生活而进行的必要活动,包括自理活动、家务活动、睡眠和休息等。

(1)自理活动(图 1-1):包括进食、穿衣、洗脸、刷牙、剃须、化妆、梳头、如厕、洗澡、基本的起居移位等。自理活动除了维持基本的独立生活之外,还具有社会的必需性,比如进食和个人卫生是生存和维持健康的基本条件。

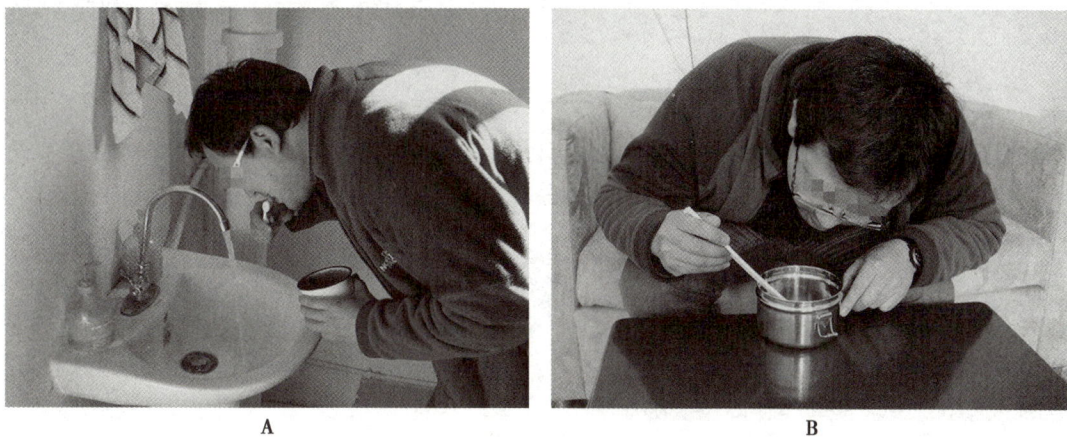

图 1-1 自理是生存必要的活动
A. 洗漱;B. 进食

(2)家务活动:包括室内家务活动及室外家务活动。室内家务活动又可细分为轻巧的家务操作,如烹饪及准备、洗涤与清洁、家庭财务管理等,繁重的家务操作,如扫除活动、清洁家具、照顾老年人及患者、照看幼儿等。室外家务活动包括购物类活动,去银行、行政机构处理事务,社区的交通活动等。

(3)睡眠和休息:包括平时的夜间睡眠、午睡和间歇地休息等。睡眠是维持健康的一种特殊的作业活动,人一生大概有 1/3 的时间用在睡眠上。睡眠在生理方面具有重要的恢复作用,包括修复组织、巩固记忆和保存能量等。

2. 工作 工作可被定义为个人创造价值的活动。传统意义上的工作指的是为维持生存而进行的活动,而对于工作更广泛的定义则包含了有酬劳的劳动到一系列无酬劳的活动,且很难明确地区分。此外,学业活动也被视为一种特殊类型的工作。因此,工作一般包括以下几个方面的活动:

(1)有偿工作:是人们为了生活需要而进行、获得经济收入的工作,如全职工作、兼职工作等。

(2)无偿工作:是指在社区、福利机构等以志愿服务形式进行的工作,如参加社区志愿服务和公益活动等。

(3)学业活动:是指在学校内的显性和隐性课堂活动,以及校外学习,家中自学或补习等。

3. **休闲活动** 休闲是一类特别的活动,具有自由参与的特性,其主要目的是享受乐趣。休闲也常常与娱乐一词互换来描述成人非工作性的活动。游戏是儿童的主要休闲作业活动。选择权、自我表达和自我发展是休闲活动的主要特性。休闲活动可以分为认真型和娱乐型两类,认真型娱乐是指作为业余爱好者或志愿者为获得相关技能、知识和经验而投入大量时间和精力的活动,如汽车发烧友。相反地,休闲型娱乐是指不需要通过特殊训练,短时间内就能产生乐趣的活动,比如公园散步、逛街和野餐。也有根据休闲活动的激烈程度,将其分为静态和动态休闲(图 1-2)。静态休闲活动包括看电视、听音乐、听广播、读书看报、看录像及影碟等。动态休闲活动包括打太极拳、八段锦、茶道等传统养生活动,体操、游泳、球类、跑步等运动,逛街、散步、下棋等放松活动,与家人、朋友、亲属聚会、闲聊等交际活动,以及演奏乐器、绘画、摄影等艺术活动。

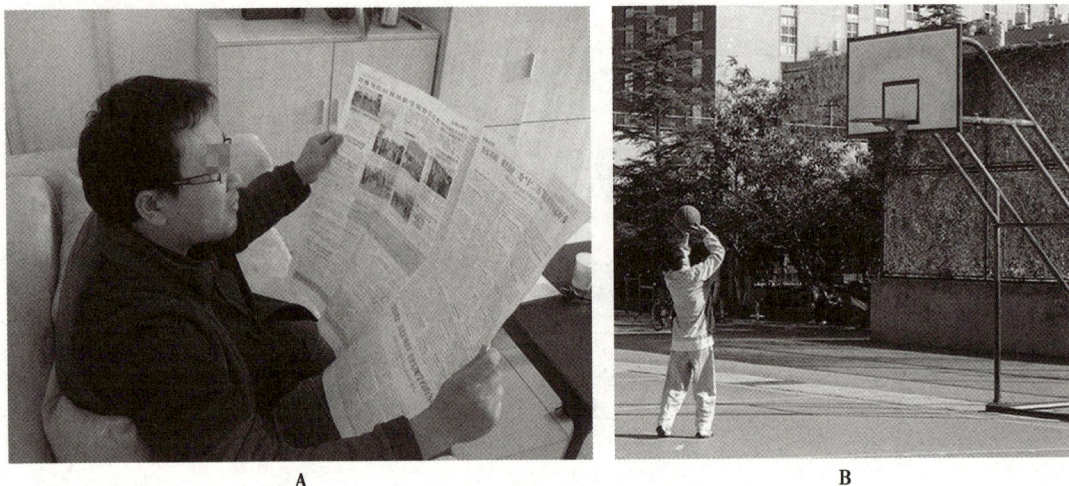

图 1-2 静态和动态的娱乐休闲
A. 阅读;B. 打篮球

以上是作业活动常用的分类方法,在现实生活中,根据个人需求,作业活动的环境和情境,这些活动也可以归属于不同的分类。例如,各项体育活动对于职业运动员属于工作的范畴,他们向观众展示高超的技能,并获得较高的报酬,而对于业余爱好者就只是自由选择的娱乐活动。吃饭通常归类于日常生活活动,但是跟朋友聚会时的吃饭活动,则归类于娱乐与休闲活动中的交际活动。作业活动在不同年龄的人群中也有不同的解释,游戏对小孩来说就好像成年人看待工作那么重要。另外,与日常生活活动不同的是,工作与休闲活动的时间分配比例随年龄的变化而不同,儿童和老年人会多一点游戏或娱乐,成年人则会分配更多的时间给工作。

(二) 完成作业活动的条件

人们作为行为主体在环境中完成活动。因此,环境、人和活动三要素以及它们之间互相影响的关系是了解作业本质的关键。

首先,若要成功地完成某一项作业活动,人们就需要具备特定的能力和技巧,包括运动技能、感觉技能、认知及知觉技能、情绪心理技能、社会技能等。比如驾驶汽车,司机需要一定程度的注意力、良好的视力和反应能力、对交通规则和标志的充分认识,以及操作汽车必需的灵活性和协调性。

其次,一项作业活动的完成不仅依靠个人的能力和技能因素,还应考虑完成任务的条件和环境因素。以驾驶汽车为例,即使具备以上提及的能力和技能也不一定能开车到达目的地,因为驾驶可能受到环境的影响,如道路是否通畅、汽车有无故障等。建筑和各种设施的设计核心应该是以支持人们完成作业活动为基础,增强人与各种物品的互动,改善设计并促进人在家庭、单位和其他环境的作业表现。因此,无障碍的设计理念也越来越受到重视。

环境和社会条件有时会对作业活动产生明显的影响。例如:对于使用轮椅的人来说,是否存在无障碍设施对其完成上下楼梯这项活动的影响是显而易见的(图1-3)。这一点,在2001年世界卫生组织(WHO)发布的疾病分类系统——国际功能、残疾和健康分类(International Classification of Functioning,Disability and Health,ICF)中有明确的表述。

图1-3　环境对作业活动的影响

（三）作业活动的模式

日常生活有可预测性,由此反映了作业活动具备一定的模式性。不少生活必需的作业活动都是常规活动的重复,诸如自理、睡眠等。但是,一些活动如看电视和玩电脑,被个体过度重复和追求常常会对健康带来负面影响。而某些重复的活动具备自我推动力,不断鼓励个体参与其中,这使个体能真切地感受到朝某一重要目标前进而引起的进步,比如健身或者学习某一技能。由此导致的对活动的不断追求和参与的习惯明显不同。

1. 习惯　有些活动经过多次重复之后就变成习以为常、自动和潜意识的模式。习惯以一种半自动的方式影响行为,常常不需要有意识和刻意的行动,并发生于个体熟悉的环境中。其目的是通过一些自动化行为,在节省体力和注意力消耗的同时,完成我们常规需要完成的某些活动,将资源用于更高级的作业活动的完成。比如,在刷牙过程中,具体操作是基本固定的程序,不需要特别刻意的控制就自动发生。

2. 常规　常规是具备一定稳定性和顺序性的作业活动,涉及某一时间段或情形下需完成的一系列活动。比如,每天早晨起床后要完成的梳洗和穿衣过程。每天的工作或学习过程也有相对固定的流程顺序。常规是作业治疗师需要向每个需要帮助的个体了解的信息,有助于了解个人的行为习惯、指导作业干预方案的形成。在功能受损后恢复个人的常规是作业治疗干预的目标之一。

3. 生活方式　习惯、常规、文化背景和个人作业活动喜好决定了生活方式,即个体可选择的、能被观察到的和能与他人区别开的生活模式,并对健康产生深远影响。例如,有规律的锻炼和休息、健康饮食、按时服药、按质按量完成康复治疗计划等都是受习惯和常规影响的。

思政元素

中国文化与作业活动

作业治疗的专业哲学认为人是主动的个体,其发展受到作业活动的影响。现代健康观强调人是生理、心理、社会文化和精神因素相互作用的整体,其中任何一个因素受到干扰就会影响个体的功能与健康。作业活动和参与是健康的关键。

中西方文化差异形成了不同的作业活动方式。在疾病防治与康复实践过程中,中医传统康复强调顺应自然,"春夏养阳,秋冬养阴""顺四时而适寒温",使气血阴阳调和与充实;并倡导合理的生活方式,"食饮有节,起居有常,不妄作劳",保持"形与神俱",达到"天人合一"的身心健康状态。

在我国,作业治疗的开展一方面应借鉴优秀的传统康复理念,强调人与自然和谐共生,人与环境的统一性,调节情志与起居活动,另一方面也应树立正确的现代健康与康复理念,重视主动参与作业活动,理解积极康复锻炼的重要意义,将传统与现代健康观念相融合,发展具有中国特色的作业治疗。

(四)作业层次

根据作业活动的整体性特点,可将其由上而下区分为角色(roles),活动(activities),任务(tasks),行动(actions),能力/技巧(abilities/skills),令作业活动有清楚的层次表达。

1. **角色** 指在已有期望、责任和权利的社会中的角色及位置。一个人可以同时拥有多种角色,例如父亲、儿子、职员、朋友、登山爱好者等。

2. **活动** 通常是指有目标及指定的工作,对参与者有意义,并且与多项任务有关。例如为家庭聚会做准备进行的购物活动,包括准备购物清单、安排交通路线等。

3. **任务** 指对参与者有意义的有目标的行动组合,例如书写去超市的购物清单等。

4. **行动** 指可以认识的看得见的行为。例如行走、站立、拿取等。

5. **能力/技巧** 指支持作业表现的一般特性或个人特性,例如空间感知能力,分析推理能力,手操作技巧等。

三、作业活动的意义

作业活动具有目的性,与活动本身的特性和完成场合有关,最重要的是它对参与完成的个体有特殊含义,并且完成的时间和地点也会影响到它的意义。通过以上对作业活动的定义和多个层面的介绍,不难发现作业活动的复杂性和其对人们社会身份和生活意义的影响。"意义"能让人根据可供考虑的选择,依照个人价值,参考长远计划及一些等级目标来做决定。人类对意义有四种基本需要,即对目标、价值、功效及自我价值的需要。这四种对意义的基本需要并非生存的必需条件,但是一旦需要不能满足时,人们就会表现出痛苦、困扰和不安。日常生活活动、工作及休闲活动是作业治疗所关注的三大范畴。作业治疗师对这些层面的意义感受至深。

1. **日常生活活动的意义** 日常生活活动是生存最基本的要素,它亦帮助个人建立社会角色。除了生存以外,社交生活要求个人遵守某些卫生、衣着及社会形象的要求。"自我"这个层面应成为自理活动的焦点。"自我"的个人意义应受到尊重,并在治疗活动中加入患者选择的权利。例如:有些人认为独立地进食非常重要,此时作业治疗的重点为通过功能训练、环境改造等方法尽可能地帮助个人独立地完成进食活动;而有些人则通过家属的辅助进食享受家人的陪伴与照顾,此时的作业治疗应寻找个人认为最需要改进、支持的作业活动,针对该活动设计治疗方案。作业活动的干预要与个人的功能、需求和意愿相匹配。

2. 工作的意义　　工作的意义会受到工作性质及工作者态度的影响。对于个人来说,工作的意义可以在于满足经济和物质需求,也可以是自我创造与自我实现的方式和自尊途径,实现人生的价值和认同感。工作更可实践某些社会需要,并为工作者提供较广的社交圈。对于社会而言,工作是创造价值和财富、推动社会进步和发展的动力。

3. 休闲活动的意义　　休闲活动反映了主体利用空闲时间寻找愉快感觉的态度。不同类型的休闲活动可配合个体的生活爱好,产生不同的动力,吸引人们的积极参与,提高生活质量。参加休闲活动可增加与家人的共处机会,从而增进感情和家庭幸福,通过休闲可以结交朋友,促进人际和谐,休闲有益身心健康、提高工作效率等。参与休闲活动亦有助于发展个人知识、技术及心理空间,也同样需要个人去体会对他人和环境承担的责任。

活动只是外在形式,活动对患者的意义才是关键,要了解作业治疗的概念就要从寻找此意义开始。作业活动的完成,包括相关的能力、技能和工具,同时也与完成的时间和环境有关,并成为人们生活经历的重要部分。作业活动对个人具有重要意义,塑造了人们的身份并促进对自我的认识。作业活动也具有社会层面的意义,人们通过对作业活动的描述、评价,促进自身与社会中其他个体的关系和交往的产生。比如,用祖母留下的菜谱做红烧肉这一作业活动,如果只是关注活动的完成,就仅仅是按照菜谱里的顺序完成炖肉所需的步骤和行为。但从复杂的层面理解,按祖母留下的菜谱做菜,将会引起对往事、家庭传统和家庭关系的回忆,并对作品充满美好的期待。同样,在同事聚会和电视台厨艺比赛上同时做这道菜,尽管完成的菜谱和操作步骤是完全一样的,但是由于两个不同的场合赋予了这道菜不同的意义,一个人投入的注意力和完成的质量都会是不同的。

第二节　作业治疗的定义及范围

一、作业治疗的定义

不同组织机构对作业治疗的定义基本相同,世界作业治疗师联盟(World Federation of Occupational Therapists,WFOT)的定义是"作业治疗是通过帮助人们参与作业活动而促进其健康和安适的专业",也就是以参与具有个人意义和目标的活动来提升健康的一门学科。中国康复医学会作业治疗专业委员会在其审议通过的《作业治疗实践框架》中对于作业治疗的定义是:作业治疗是以康复对象为中心,通过有选择的作业活动和/或适当的环境干预来改善康复对象躯体、心理和社会功能,促进活动和参与,提高生活质量的康复医学专业。该定义具有以下重要特征:

1. 强化了以康复对象为中心的核心理念;
2. 明确了作业活动和环境干预是作业治疗最为重要的两大手段;
3. 明确了作业治疗不仅针对躯体功能,而且关注的是躯体、心理和社会三大领域;
4. 融合了ICF理念,强调了功能、活动、参与及环境因素;
5. 明确了作业治疗是一门康复医学专业,而不仅仅是一种疗法。

作业治疗以作业活动和健康互相影响、相互制约的关系为哲学基础,帮助个体功能维持和促进。作业治疗师以其全面的健康整体观成为现代医疗服务团队的一员,其地位与医生、护士、物理治疗师、言语治疗师、营养师等工作人员同等重要,他们以分工合作的方式共同制订最有效的治疗方案。

随着"大健康""大康复"理念的加强，人们对健康生活方式和生活质量的关注增加，对康复内涵的认识越来越深入。作业治疗关注生活、关注价值、关注社会参与及生活质量，能够很好地践行大健康理念，作业治疗也参与到普通人群的健康管理中，在促进群体健康、提高工作效率及预防疾病和功能障碍中发挥重要作用。

二、作业治疗的范围及服务领域

作业治疗是一门帮助人们发展、维持和恢复日常活动功能的学科，而日常活动常常又包括自理、工作和休闲娱乐等方面的内容，作业治疗师为各个病程阶段、各年龄段的患者提供作业治疗服务。所以作业治疗师工作的内容和服务领域非常广泛，根据我国三级康复医疗体系构成及作业治疗发展方向，大致包括以下几方面。

（一）三级医疗机构康复作业治疗

三级综合医院康复医学科、三级中医医院康复科和三级康复医院重点为急危重症和疑难复杂疾病患者提供康复服务。医疗机构中康复作业治疗的常见适应证包括脑卒中、中枢神经退行性变等神经系统疾病，骨折、类风湿关节炎等肌骨关节疾病，冠心病、糖尿病等内科疾病，脑性瘫痪、发育迟缓等儿童疾病，精神分裂症、焦虑症等精神科疾病，等等。治疗师的主要工作目标是以患者为中心，强化康复早期介入，推动加速康复外科，将康复贯穿于疾病诊疗全过程，提高医疗效果，促进患者快速康复和功能恢复。通过有选择的作业活动和适当的环境干预，促进患者的躯体、心理和社会功能恢复和残余功能最大限度发挥，从而改善日常活动和参与，提高生活质量。作业治疗师以跨学科团队合作的模式为重症患者及其家属提供多维度、个体化、全周期的作业治疗服务，主要任务包括为患者进行评定筛查，判断患者意识状态、躯体功能、认知水平、情绪障碍等问题，促进患者早期床上活动以及基本日常生活活动的恢复。

（二）二级医疗机构康复作业治疗

二级综合医院康复医学科、二级中医医院康复科、二级康复医院、康复医疗中心等重点为诊断明确、病情稳定或者需要长期康复的患者提供康复医疗服务。此时作业治疗师会对患者进行自理能力评估，可以使用各类标准化的评估工具，并通过访谈获取其家庭和社会信息，进而和患者一起设定康复目标和计划，帮助其恢复、重建功能。工作内容包括通过治疗性作业活动促进机体运动、感觉、认知等功能恢复；提供心理支持性治疗，改善精神心理状态；帮助穿衣、进食、个人卫生等日常生活能力提高，恢复和提高职业康复者的生活应对能力和劳动能力，以促进早日重返生活与工作。门诊作业治疗还可以提供更多专科化的服务，例如为手外伤患者提供辅具适配、手功能训练和工伤康复，为儿童患者提供生活自理训练，社交技巧训练等。

（三）基层医疗机构康复作业治疗

通过丰富和创新康复医疗服务模式，积极发展社区和居家康复医疗。优先为失能或高龄老年人、慢性病患者、重度残疾人等有迫切康复医疗服务需求的人群提供居家康复医疗、日间康复训练、康复指导等服务。作业治疗师更关注康复对象实际工作和社区生活中的功能障碍，上门为有需要而不能到医疗机构接受治疗的康复目标人群提供作业治疗服务，如辅具制作、健康宣教、环境改造等。设计家庭康复训练方案，进一步促进技能的提升，让康复对象在真实环境中自我锻炼与适应。从生活各个方面为康复对象提供维持健康的咨询和训练。提供无障碍和适老化环境调适，从家具摆放、扩宽门窗走廊、安装卫生间辅具到各种高科技电子设备的配置使用，帮助康复对象安全地完成各项日常作业活动，并最大限度地保持个人的独立性。

（四）其他作业治疗服务模式

在三级康复医疗体系之外,作业治疗师还可以在以下领域发挥专业特色,开展作业治疗服务。

1. 养老护理机构作业治疗　一般在该类机构中长期生活的老年人常伴有慢性病、认知障碍等多种老年问题或老年综合征,治疗师应从整体出发,多维度、全面科学地开展老年综合评估,内容包括躯体功能、精神心理、社会行为能力、环境评估、老年综合征评估及生活质量评估。根据评估结果,制订科学合理和个性化的作业治疗方案,改善老年人的生活活动障碍、社会活动能力,有效维持并改善生活质量,包括提高自理能力、提供辅助工具和进行环境改造,以促进独立生活能力。设计科学运动方案,改善步态、下肢协调性与肌肉力量、移动能力、平衡能力的锻炼性活动。保留或发展兴趣、爱好,积极参加手工艺活动、有组织地出外游玩、参加烹饪小组、朋友聚会等活动,促进老年人精神心理和认知健康。提供有关药物管理的教育,包括服药时间、剂量、副作用,以及与食物、其他药物和补充剂的相互作用等方面的教育。对于临终关怀的患者,作业治疗师根据其剩余功能对作业活动进行分析并降低难度,同时给家人和看护者提供康复知识的教育,保持心理健康方法,以减轻护理者生理、心理负担。

2. 学校系统作业治疗　我国目前正在对于具有接受普通教育能力的各类适龄残疾儿童少年推进随班就读,大力实施融合教育。充分利用资源教室为残疾学生开展个别辅导、心理咨询、康复训练等特殊教育专业服务,将过去重点推进的儿童身体和精神康复领域,拓展到儿童学校生活领域。作业治疗师作为专业人士,可在学校协助功能障碍儿童更好地参与课堂学业、社交、课外活动、独立生活活动等,提高功能障碍儿童在学习、注意力、社交等多方面的能力,协助儿童进行各学习阶段的顺利衔接,并为未来就业做好准备,实现回归家庭、回归社会的康复目标。

三、作业治疗的原则

在作业治疗过程中,为了能建立良好的医患关系、获得最佳治疗效果,作业治疗应重点关注和切实遵守一系列基本原则。

1. 注重参与　促进社会参与是作业治疗的基本目标,作业治疗过程中也强调康复对象的主动参与。作业治疗活动是由治疗师有目的、有计划组织的。想要康复对象积极投入地参与,治疗师应首先发掘活动对其的意义,因为这个意义能成为康复对象参与治疗的动力。

2. 反馈及反思　作业治疗过程需及时向康复对象给予反馈,治疗师要善于对治疗情况进行总结反思,反思是否达到了最佳效果,是否提供了最佳方案,是否有更好的处理方式等。

3. 关注康复结局　治疗全过程要始终关注功能结局,评估和治疗方案均应围绕功能结局目标展开和进行,这样治疗才更有针对性、也更高效。

4. 沟通与合作　治疗师需与康复对象、康复机构和团队成员、社区等保持良好的沟通与合作。有效的沟通包括恰当地使用语言、肢体和书面等交流方式,并建立良好的反馈机制。

5. 环境干预　环境调适是作业治疗的核心手段,治疗师一方面通过调适治疗环境以提高治疗效果,另一方面可利用不同形式的环境分析与评定,协助完成家居生活和社区环境调适,以促进患者安全成功地回归生活和回归社会。环境干预内容还包括提供合适的辅助器具及应用指导。

6. 确保安全　康复对象、治疗师及其他人员的安全永远是康复治疗的前提,作业治疗过程中需首先确保康复对象安全,指导其安全地活动及参与,同时也应保障治疗师自身安全及周边人员安全。

7. 提供支持　为康复对象提供包括作业调整、环境调适、资源利用、辅助器具指导及心理支持等。这是作业治疗以人为本的重要体现。

能否遵循以上原则,是治疗师与康复对象建立良好的医患关系并高质量完成治疗服务的关键。

第三节　作业治疗师的工作角色和专业要求

一、作业治疗师的工作角色

作业治疗师的常见角色包括临床工作者、教育者、科研人员、咨询者、行政管理人员、康复创业者等,一个作业治疗师往往拥有一个以上的角色,例如一个在医院工作的作业治疗师除了完成临床工作之外,还在某高等院校担任兼职教师,同时可能是医院治疗师部门主任,并因此担任行政管理工作。表 1-1 简单介绍了作业治疗师常见的四个角色:

表 1-1　作业治疗师常见的角色

角色	主要职责
临床工作者	为患者提供高质量的作业治疗服务,包括评估、制订治疗计划,执行治疗计划,制订出院计划,各种相关记录文档的书写等;临床作业治疗服务可以通过直接的方式提供,也可以以监督和咨询的方式提供
教育者	在院校担任作业治疗课程教师,并在临床环境中承担临床带教工作;对患者及家属等相关人士提供相关疾病与作业治疗的知识教育和培训;向同行和其他健康专业人士提供业务培训;教育社会大众,促进作业治疗的影响力和发展
科研人员/学者	从事专业的学术工作,包括通过科研等方式来检验、发展和评估本专业的知识体系;完善作业治疗的理论基础和哲学基础
咨询者	为个人和社会团体组织提供作业治疗咨询服务

二、作业治疗师的专业要求

要成为一名合格的作业治疗师,需具备一系列执业必需的知识、技能与态度。世界作业治疗师联盟在 2016 年更新出版的《作业治疗师最低教育标准》中提到六个领域的能力,包括人-作业-环境与健康的关系,治疗性与专业性关系,作业治疗的程序,专业分析能力与行为,专业实践的背景,以及应用研究证据开展循证实践(图 1-4)。

当然,不同国家地区的作业治疗师所应具备的特殊知识、技能与态度还取决于当地健康需求的特点,当地卫生、福利、残疾与法律系统,当地促进健康的作业特性,以及教育课程的哲理与目的。以下将对五个专业技能领域的要求进行简述,而研究证据的应用和循证实践能力应贯穿于所有的专业领域。

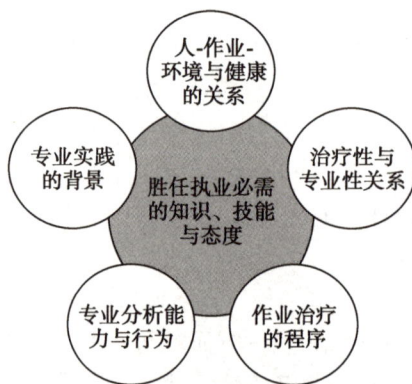

图 1-4　作业治疗师专业能力组成

（一）人-作业-环境与健康的关系

1. **人**　即作业治疗师对人的认识,与他人工作的技巧以及对待他人的态度。

（1）知识:治疗师需掌握人是因作业而存在的本质,反思与解释其过去、现在和未来的作业参与;理解健康的社会相关因素和童年早期经历与个体发展和作业参与能力的相互关系;理解生命周期中作业与个体发展的关系,以及心理、社会和经济等因素与作业活动的关系;理解 ICF 定义的身体结构和功能与作业参与的关系,通过作业活动所经历和表达的个人意义。

（2）技能:治疗师应能够基于 ICF 评估影响社会参与的个体因素,活动参与因素、环境因素等,以回归社会为目标制订治疗计划。应用理论、康复原则与研究发现开展个体、组织或社区的作业治疗。开展多学科康复服务合作,履行专业职责。

（3）态度:治疗师应认识到每一个人的价值,及其适应力与改变能力的不同。由此更清楚地理解上述改变或功能失衡如何影响人们的作业参与和经历,发挥专业能动性以保留作业参与的潜能。

2. **环境**　即作业治疗师应具备的有关环境的知识、分析与改良环境以促进参与的技能,以及对环境问题的态度。

（1）知识:治疗师应认识到残疾人的权利保护,以及因社会经济条件而处于不利地位,因其健康或社会环境而致边缘化的局势。应对当地社会与文化环境因素,如家庭、朋友、社区成员、雇主等,环境中的资源,如建筑设计与规划、交通等,以及地理因素、社会机构制度等如何影响人们的作业参与有较好的理解。

（2）技能:治疗师能够评估环境中促进与阻碍作业参与的因素,通过学术研究合作提供研究证据和拓展知识,并据此调整人类与各种环境之间的关系以促进其参与;同时,运用信息技术支持项目改进和改善功能。

（3）态度:治疗师也需要尊重人们自由选择生活环境的权利。

3. **作业**　对作业的理解是本专业的核心,作业治疗师应具备相应的知识,分析、调整与作业分级的技能和环境影响因素,以及对于不同人群参与作业活动的态度。

（1）知识:治疗师应理解什么是作业,社会文化和时间等因素对作业的影响,人们为何要参与作业活动及如何开展作业活动,作业活动对个体、群体或社会及环境的影响,如何应用治疗性作业活动影响健康、增加参与和满意度。

（2）技能:治疗师应具备对个人和团体的作业目标、作业表现、作业能力、影响因素及满意度进行评估的技能,对作业活动的分析、调整与分级技能,以及治疗性的使用作业活动的能力。

（3）态度:由于作业活动的复杂性,治疗师还应认识到不同个体对参与作业的不同理解和文化差异,并持有对不同人群作业参与的专业态度。

4. **作业与健康的关系**　健康,不仅意味着没有疾病,更要求具有良好的功能水平,功能水平高低决定疾病的发生、发展。康复是维护和改善人体功能与活动水平的一项综合性服务。介入康复,能最大限度地改善他们的功能水平和活动能力,从而减轻疾病状态、加快疾病恢复、控制并发症、减少残疾、降低死亡率、节约医疗资源。

作业的完成与否、完成质量是判断功能水平高低的标准。如果作业需求不能得到满足,个体就会在精神及躯体方面出现问题,不利于健康。作业治疗师应理解作业与健康如何相互影响。当个体活动和作业参与受限时,如何影响健康,而健康状况与对健康有威胁的因素又如何影响作业参与。以此为基础,治疗师应能够评估与作业活动有关的健康要素,尊重他人对健康的态度,完成影响健康和促进健康的作业活动。

(二)治疗性与专业性关系

治疗性与专业性关系,指治疗师要与作业治疗服务对象及其家庭建立有效的工作关系,和其他健康工作者建立有效的团队合作关系。

1. 与作业治疗服务对象的关系 不仅指治疗师与服务对象之间,还需要与其家人和照顾者等建立有效的工作关系。治疗师需要理解治疗性关系和沟通过程的特征,包括以患者为中心,合作为基础,有效指导为手段,提供动机、希望和赋能,相互尊重与信任等。治疗师应具备的技能包括对来自不同文化背景的人访谈和提供咨询,以符合其文化的方式进行沟通,尊重他人的文化信仰与行为。

2. 与团队和机构成员的关系 团队既包括医疗卫生机构的团队成员,也包括家庭成员及有重要关系的他人和社区工作人员等。作业治疗过程中要理解团队合作的重要性,明确各团队成员的角色和拥有建立有效工作关系的技巧和态度,最终实现作业治疗对象康复结局最优化。

(三)作业治疗的程序

作业治疗的程序,指作业治疗师和服务对象工作时所遵循的过程。此过程会因治疗背景和目的不同而变化,不仅是解决健康问题,还可以是赋能、赋权、合作与咨询的治疗模式,服务不仅着重于个体,还包括团体或社区的健康与福利需求。此过程是作业治疗师提供服务的过程,包括筛查、评估作业需求,明确作业治疗目标,制订作业治疗计划,执行治疗并监督其成效,评估治疗效果等,治疗师需具备相关知识和技能,以全面和专业的方式来执行作业治疗过程。

(四)专业分析能力与行为

专业分析能力与行为包括五项要素。

1. 研究资料的检索过程 治疗师需具备查阅理论知识和研究结果的能力,有评估查阅到的信息与作业治疗相关性与可靠性的能力,可以在相互矛盾的信息间做出判断。技能方面,有将信息应用于实践的能力,包括使用理论与研究结果来证明实践工作的合理性。例如,当在临床工作中使用一项新治疗技术时,治疗师并不是盲目开始,而是首先查阅与该技术相关的文献材料,评估文献应用于自己临床实践的可行性,最后用批判性的态度来检验使用效果。因此,治疗师还应重视专业的理论发展,具备将研究发现应用于实践工作,以确保实践质量的工作态度。

2. 符合伦理道德的实践工作 治疗师需掌握国内与国际的伦理道德准则与理论,能分辨治疗过程中遇到的两难困境,明确作为治疗师应承担的责任与义务,以及被赋予的社会道德责任,从而开展符合伦理道德标准的治疗计划。

3. 专业能力 治疗师应对自己的专业知识、能力与态度,以及自身所具备的特质有充分了解。治疗师不仅需要评估自身的现有能力与态度,还应了解何时需要进行知识、能力与态度上的自我提升。只有通过持续学习,不断改进,接受督导,才能成为专业的作业治疗师。

4. 反思式的实践工作 治疗师需要在工作中时时系统性地反思自己的实践表现,包括与患者的治疗性关系建立,开展作业治疗的有效性,与跨学科团队成员的有效合作,作业治疗对于人和环境的积极影响等方面。通过不断反思,治疗师可以不断改进作业治疗目标与计划,持续提升与进步,推动专业发展。

5. 管理自己、他人与服务 即在工作中,有责任与义务改善服务品质,推广并发展作业治疗服务,对于自己与他人的实践工作都应有所了解,能监控并保护在工作场所中自身与他人的健康。

(五) 专业实践的背景

作业治疗师在工作中,随时会碰到对工作产生影响的因素,包括物理的、自身的、社会的因素。治疗师应明确健康是基本权利,应尊重不同文化背景的群体对健康的理解,了解有关医疗卫生、社会福利等相关的法律法规,在充分了解影响因素的前提下,规划并提供可行的作业治疗。

第四节 作业治疗与中国情境

中国文化具有深远的文明智慧沉淀,中国情境下的作业治疗,融汇了中国文化精神和现代系统科学理念,深刻影响着各种中国情境作业活动。

一、中国情境下的作业活动

中国情境下的各种生活活动,都可以有机地与作业训练和生活重建结合起来,不但在形式上进行结合应用,而且还有很多生动的意义探寻,比如饮食养生,在饮食中满足日常生活需求,还能发现养生保健这一重要意义。最能体现中国文化影响的日常作业活动,莫过于饮食,民以食为天,比如中国情境的饮食,生动地反映了关于有意义的生活的定义。

饮食工具:筷子,是中国人日常进食的一般工具。使用筷子比使用刀叉需要更为精细的抓握和协调控制能力。因此,在患者功能康复向独立生活转化的时候,治疗师可以引导患者练习使用筷子,不但能很好地锻炼手的灵活性,而且还有利于促进大脑功能重组。

饮食制作:比如,包饺子可以锻炼手指精细活动能力,调动肢体与大脑的活动和协调能力,以及多人协助的团队协作能力等,可以从多感官途径激活大脑神经系统潜能,促进功能重组。

饮食烹饪:中国菜讲究色香味俱全,体现出丰厚的文化底蕴,展示中国文化"和"的内在韵味。

饮食交流:中国人的饮食,常常有饭局,在吃饭之中进行着丰富的社会人际交流,并完成各种任务和使命,有重要的社会功能,饭桌上的饮食的确是中国人的一种特殊作业活动。

随着作业治疗的发展,越来越多的中国情境活动形式被积极地应用起来,比如高雅的"琴棋书画诗酒花"和通俗的"柴米油盐酱醋茶"等,除了有作业活动的形式,还有调节身心的作用,同时也可以进行丰富的社会交流。另外,包括传统智力游戏也可以作为认知训练,比如麻将、华容道、九连环等游戏,除了促进认知和智力发展,还可以进行社会交流,这些都具有鲜明的中国情境特色。

二、中国情境下作业活动的意义

人类通过作业活动,维系生存状态,发展生活技能,与周围的世界产生联系与意义,进而丰富发展出种种文化。文化源自生活,反过来又深刻地影响着生活中的种种作业活动。作业活动能为个体和人群提供意义、目的、选择、控制和自我价值,个体和人群的作业活动也会相互影响。不同的文化体系,在各种生活作业活动中的形式和思维模式,都截然不同。作业科学对人类存在的本质以及文化影响等方面十分关注,它欣赏并尊重人的多样性与个体性,重视不同文化信仰、习俗对作业活动和参与性的影响,并展开深入的研究。

中国情境下作业活动的意义,主要体现在以下三个方面。

1. 精神意义 中国传统文化十分重视精神追求,提炼体现中国传统文化的特征,可谓一个"和"字。无论从大自然到社会生活,或是人内在调节以及外在关系的万事万物中,在强调人与环境本是一个整体之余,更深刻地追求一种内在的和谐状态,即自身整体和谐,以及人与自然环境和社会环境的和谐关系,在这种状态中,获得幸福,实现人生的存在价值和意义。作业治疗也强调满足人的需求,作业活动的开展应与人的内在需求和谐统一。

和谐的本质,不是混合,而是和而不同,在差异中找到协同点,比如在对立之中找到平衡点,经典太极图所表达的意思即是如此。动静本是对立不同的两种行为,中国传统文化中则强调动静结合,动中求静,或静中求动,动静互根互用,在积极进取之中也不失自然稳重。作业治疗中既包含各类日常活动、手工劳动和健身运动,也可以应用书画疗法、音乐疗法等静态的文娱活动,动静结合改善身心功能。

2. 物质意义　传统文化认为"形而上者谓之道,形而下者谓之器"。物质是属于"形而下"的事物,物质为形,是载道之器,是基础,是工具。强调人与自然,人与外界物质环境的和谐统一,人通过对环境的调适,达到完美的生活状态。物质意义强调合理地利用自然环境,并使用系统方法来分析和了解自然环境,通过协调人与周围环境的关系,充分利用自然环境的有利条件来帮助人类达到最佳的生存状态。这就是古人称之为"天人合一"的整体状态。合一观体现了万物和谐的思想,也反映在物质生活的各个方面。作业治疗师要善于利用环境和各类辅助技术,调适环境、适配辅具,使其能帮助康复对象获得最大程度的独立。

3. 社会意义　中国传统文化,强调人类作业活动必须一步步来实现,而且是从自己做起,再到家庭和社会。儒家经典《大学》说"格物致知,诚意正心,修身、齐家、治国、平天下",指的是对家庭、对社会的贡献。"幼有所养,老有所依"则强调了对老人与儿童的关怀,进而引出大量社会作业活动,以帮助这些类别的人群。因此,作业治疗的对象可以是个人,也可以是群体和社区,通过健康教育和其他预防性干预措施,以作业活动为基础,帮助个人、家庭、社区或社会追求作业健康。

在我国的社会生活中,儒家文化的影响无疑是最为深远的,其代表思想就是"中庸"之道,即要找到处理问题最适合的方法。中庸思维模式在社会交流的互动情境中,表现最为明显。在交流中,一方面隐含了个人本身的自我感受,另一方面也隐含了外在给予的要求。此外,该思维特质中还包括了人际互动的情境脉络。中庸思维可以通过对自我和外在情境的省察,对他人行为的感受,对自身行为的把握,使人在不同的情境中,表现出不同的行为和面貌,因而促进个人的适应能力。这也体现在开展社交技能等社会心理领域的作业干预时,治疗师应考虑并融入我国的传统文化特点。

(陶　静)

复习思考题

1. 请把你一天所有的活动按日常生活活动、工作和休闲活动进行分类。

2. 请对比你儿时和现在作业活动内容的不同。

3. 对现在的你来说,最重要的作业活动是什么? 哪些因素促进你参与该活动? 哪些因素可能限制了你的参与?

4. 说一说你是如何理解作业与文化? 作业的中国情境和模式?

ER-2-1

PPT 课件

第二章

健康与作业治疗的发展

📝 学习目标

1. 描述健康概念的演变、作业治疗的诞生和发展、全球作业治疗组织。

2. 理解国内外作业治疗行业及机构的发展,建立作业治疗专业认同感和职业自豪感。

第一节　健康概念的演变

　　健康是指一个人在身体、精神和社会等方面都处于良好的状态。世界卫生组织关于健康的定义:"健康乃是一种在身体上、精神上的完美状态,以及良好的适应力,而不仅仅是没有疾病和衰弱的状态"。

一、古代健康理念

　　我国科学、哲学、医学,甚至文学书籍中不乏对健康观的记载和诠释,传统中国社会追求"天人合一""与大自然融合"的关系,是一种与自然和谐统一的关系。在这些因素的影响下,中国人养成较为传统的顺其自然、修身养性的生活观念。当时的治疗手段,以中医和导引为主,强调从人的整体入手来进行调理,调动人体原有的免疫功能来抵抗疾病。中医利用自然界所产的药材来调节人体内在的功能和平衡,其阴阳五行理论很好地反映了古人对事物的理解,即万事万物皆有阴阳两面,两者间是一种平衡和互相转化发展的关系。

　　中国古代的健康观是一种调和身心、调节自然、保持身体健康的观念。它强调要保持身心的和谐,以达到身体健康的目的,并要求人们要注意饮食、运动、休息等,以保持身体健康。它的理念在当今社会中仍然发挥着重要作用,为人们提供了一种健康的生活方式。

二、近代健康理念的转变

　　工业革命的产生和科学的发展也改变了人们的思维方式,人们不再推崇传统医学和健康理念,转而依赖工具和科学来认识人类自身。过去认为的人体是各部分有机的整合,人与环境互相影响,躯体、精神和社会的和谐关系等整体观在生物医学模式的背景下被逐渐淡忘。取而代之的是,健康和疾病的过程是一系列精密的机械和化学步骤的总和,生物和化学因素共同决定健康。此阶段的健康观,以微生物学、生理学和生物化学的实验结果为最佳判断标准。在工业化生产的影响下,对个人而言,健康是工作的前提,也是一种身心没有疾病的状态。

三、现代全面的健康概念

随着后工业时代的到来,计算机和互联网的问世,标志着信息社会的开始。信息交流变得十分便利,也使得人们对时间与空间的概念发生了变化。非传染性疾病发病率急剧增高,常见的有高血压、冠心病、糖尿病、肿瘤和肺心病等。也有很大一部分人在不良的生活习惯下,长期处于"亚健康"和"灰色健康"的状态。至此人们认识到,单纯的医学和生物学的方法和研究远远不能完全控制和诠释人类的健康。始于20世纪40年代的"健康危险因素"概念和"多因多病的生物-心理-社会-环境新医学模式"到70年代基本成熟。

新医学模式认为,疾病的产生除了有生物学原因之外,人的心理、社会、环境因素也会发挥很大影响,过去一度被忽略的整体观再次被重视。因此,对于大众的健康来说,最重要的不仅是医疗,还包括改变自然和社会环境及调动人们维护自身健康的积极性,改变不健康的行为和习惯。人们追求的应该是健康,而不仅仅是去除疾病。《"健康中国2030"规划纲要》提出,要把人民健康放在优先发展的战略地位,由"以治病为中心"转向"以健康为中心",预防为主、减少疾病发生,推行健康生活方式,实现主动健康。健康中国建设,主动健康和积极健康行为生活方式是关键点。行为健康体现预防为主,关口前移,减少疾病发生的大健康观。

现代的健康不仅是没有疾病和寿命的延长,人们在追求自身发展的同时,还渴望自我实现。由于健康也受周围人的影响,所以人们还关注他人乃至全社会的健康,以及自然环境、社会环境等。WHO的健康概念指出,健康还包括承认每一个人的独特性,以及满足个人精神上对生命意义、目的和归属感的需求。人类只有通过作业活动才能实现自己的目标和生命的意义,因此合理正确的使用作业活动不仅能促进患者的康复,也能帮助个人达到现代全面健康的要求。

四、健康与作业活动

要达到现代的健康标准,作业活动的重要性是不可忽略的。人类几乎所有的发展和进步都得益于参与作业活动,与生存相关的作业活动是促进人类发展的因素之一。随着人类身体和认知功能的发展,作业活动被扩展到了生存以外的领域,人类开始在未知环境中探索新的作业活动,并逐渐改变了环境。随着人类作业活动范围的扩大,分工变细,各种职业慢慢诞生,最终产生了人类特有的社会、文化和经济环境。人进行作业活动的熟练程度和科技的不断发展,也在持续改变着社会文化环境,诞生在社会里的人由于受到社会性的约束,必须从事一些社会已经赋予价值的既定活动(如接受教育、寻找工作等),可见作业不仅影响个体,同时也与社会相互促进、相互影响。很多学者指出,人是作业的生物,参与了作业活动,人才能有各方面的发展和促进社会进步,调整作业活动必然会对人的健康产生影响。

根据2011年WHO发布的《世界残疾报告》,人们对于健康状态的诠释和理解发生了改变,从作业治疗的角度看,健康状态应该是生命的平衡状态,无论有无疾病、残疾、功能障碍、精神心理异常、环境不适等,只要能保持一种平衡的生活状态,这就是健康。这对于疾病、生存、生活、医疗等领域产生了全新的认识。

第二节　作业治疗的发展历史与前景

一、作业治疗的起源与发展

资料显示,从古至今都有以锻炼、工作、娱乐等作业活动来改善人们身体和精神健康的记录。如汉代名医华佗曾提出利用职业劳动治疗疾病，他认为"人体欲得劳动，但不当使极耳。动摇则谷气得消，血脉流通，病不得生"（《三国志》）。北宋时期，文学家欧阳修因为遭受打击，郁愤难抒，从而患了臂指麻木的疾病，久治不愈。最后通过学习弹奏古琴，抒发内心感受，疾病得愈。明清医籍中也有书画疗法、赏花疗法、音乐疗法的记载。这些均说明我国古代人民已经认识到手工劳动、文娱活动等对于治疗的价值。公元前 2 世纪，希腊内科医生 Asclepiades 就提倡用音乐、锻炼和工作来治疗精神疾病。古埃及人曾把抑郁症患者带到果园和花园令其劳作，或让他们在尼罗河上乘船旅行，进行娱乐活动以分散注意力。

（一）作业治疗专业的前身

17 世纪末和 18 世纪初产生的道德运动运用作业活动，如运动、工作、音乐和文学等可使精神疾病患者从障碍情绪中好转。患者参与各种活动，例如开垦土地，种植粮食和蔬菜，在木工房里工作，饲养家禽和宠物，在草地上进行体育运动，到救济院外为病友和员工购买日用品等。定期还有歌手和舞者被请到院内为患者表演，进行娱乐互动。道德运动的促进者和参与者向世人证实了让患者参与简单的工作活动可以改善健康，有组织的活动相比无结构的禁闭能让患者的生活更充实和有目的性。"道德运动"一词在 19 世纪中叶逐渐淡出，但受它影响而产生的新观念一直持续，对于人性的关怀和对收容患者采取的模拟正常生活的治疗模式，也正慢慢促进着作业治疗的诞生。

到 19 世纪末 20 世纪初，人类在科技、医学和工业上取得了巨大进步，尤其是工具和机器的使用大幅增加，导致人们对艺术和手工艺品给予更多支持，即艺术及手工艺运动。随着运动的发展，各地艺术和手工艺团体纷纷建立，那些因受伤或疾病被排除于主流生活之外的人渐渐引起人们注意，并认识到赋予他们其他的选择很有必要。在救济院和医院里，一种观念逐渐形成，即功能障碍人士仍有生产力，并能参与到力所能及的手工艺品生产过程中去。这种观念和当时的艺术及手工艺运动相结合，对作业治疗的产生具有深远影响。

（二）作业治疗的诞生与在国外的发展

道德运动之后，作业治疗被用于各种收容院和庇护所内精神科患者的康复，其后第一次世界大战后的重建过程也对其专业发展起到了重要作用。第一次世界大战后，作业治疗开始应用于战后士兵的康复和职业康复，很多学校和医院成立了速成班，并因此建立了一批新学校。培训通常包括艺术和手工艺课程、医学课程、实习等内容，作业治疗越来越引起社会的重视。1917 年，来自不同背景但都拥有作业治疗理念的专业人士举办了作业治疗促进会，在此次大会上确定了专业的名称和一套作业治疗原则。

科学的进一步发展给社会及人类健康带来了重大变革，也直接影响了作业治疗的发展。医学变得"专科化"，作业治疗也是如此。19 世纪 50 年代社区精神卫生服务得以发展。作业治疗师开始更多地介入肢体康复，包括教导患者日常活动自理、设计并使用辅具、训练假肢的使用、运用渐进式阻力运动和肌肉再教育技术恢复运动能力，并评估和训练职业技能。随着工作重心向肢体康复和重度残疾者转移，作业治疗师的技术和知识结构也发生改变，过去以职业康复和手工艺为主的服务，变成以肢体康复为主的更为专业的技术服务。学校课程也相应地减少了艺术和手工艺内容，增加了人体结构和肢体康复的教学。一些人开始呼吁回归作业治疗的根源，反对医学的还原式治疗理论和专科化进程。1952 年世界作业治疗师联盟（WFOT）在英国成立，1963 年成为联合国认可的非政府组织机构，在全世界范围内推广作业治疗，在教育、执业能力和道德规范等方面发表了一系列相关文件，支持作业治疗在各国的发展与应用。

进入 21 世纪，随着专业的科研和临床技能发展，作业的丰富性和复杂性以及对健康的影响已经得到证实。作业治疗广泛应用于神经系统疾病、骨关节疾病、内科疾病、儿科疾病、烧伤、肿瘤、职业病等。同时,学者们也一直致力于发展并完善作业科学,用理论来指导实践,大力推广循证医学来确定最佳治疗,并不断进行科研来证明治疗效果。在医疗健康领域,作业治疗一直在寻求自己与其他专业不同的独立身份。其实从作业治疗诞生发展至今,就是基于整体功能的观点,强调作业是健康的需要,有目的的活动能够促进健康和个体发展。

(三) 作业治疗在国内的发展

在我国,台湾地区的作业治疗始于 1945 年左右,此后更名为职能治疗;香港地区的作业治疗始于 1950 年,被称为职业治疗;内地(大陆)从 20 世纪 80 年代初引入、开启并发展康复医学。1983 年卫生部批准成立中国康复医学研究会(1987 年更名为中国康复医学会),康复医学会的成立是党和政府联系康复医学科技工作者的重要纽带,预示着国家发展康复医学事业的新纪元。

1989 年卫生部发布的《医院分级管理(试行草案)》正式提到了有关作业治疗的内容,要求二、三级医院必须设立康复医学科并设立作业治疗科/室。1996 年卫生部发布《综合医院康复医学科管理规范》,其中第 16 条规定二级医院康复医学科应有的作业治疗包括:沙磨板、插板、螺栓、训练用球、日常生活训练用具;第 17 条规定,三级综合医院康复医学科应按前条规定的原则,在基本配备二级综合医院康复医学科有关的设备基础上,作业治疗需要配置认知功能训练用具如拼版、积木、橡皮泥,以及上肢悬吊带,木工、金工用基本工具,编织用具等。这些规定对作业治疗服务的开展起到了很好的促进作用,虽然这些作业治疗服务内容相当有限,但在各地的三级、二级医院的康复医学科,作业治疗开始有条不紊地开展起来。

进入 21 世纪以后,作业治疗开始有序发展,不论是教育还是医疗政策的改革,都有了前所未有的突破。2009 年中共中央、国务院发布《医药卫生体制改革近期重点实施方案(2009—2011 年)》,方案中强调预防、治疗、康复并举,确认康复医疗的地位,明确康复医疗的基本医疗属性。

2010 年后,作业治疗的发展体现在作业治疗教育发展上,这一时期,作业治疗教育专业化和国际化是其显著特征,多家院校开始走专业分化的道路。作业治疗人才队伍不断壮大,发展步入快车道。在专业教育方面,截至 2021 年,我国内地共有 8 所院校的作业治疗专业教育通过了 WFOT 的认证。

在作业治疗临床实践方面,2011 年国务院办公厅发布《2011 年公立医院改革试点工作安排》,提出要推进公立医院服务体系建设发展,重点加强康复等领域的医疗服务能力建设。同时,国务院办公厅印发《社区服务体系建设规划(2011—2015 年)》,规划中强调要发展多层次、多样化的社区服务;完善社区服务设施网络;加强社区服务人才队伍建设,为作业治疗服务在社区的拓展开辟了更为广阔的天地。2021 年由国家卫生健康委、国家发展改革委等八部委联合发布的《关于加快推进康复医疗工作发展的意见》,针对康复产业发展提出 24 条意见,包括推进医工结合,支持研发和创新一批高智能、高科技、高品质的康复产品和康复治疗设备;大力发展康复医疗信息化及相关智慧产业;推动医疗资源丰富地区的部分一级、二级医院转型为康复医院;支持和引导社会力量举办规模化、连锁化的康复医疗中心;推进康复与临床多学科合作模式,积极发展社区和居家康复医疗等举措。与此同时,各种培训涌现,专业人员提升机会增多,作业治疗人才队伍不断壮大。

二、作业治疗的发展前景

作业治疗正在通过有效的解决方案,促进人们参与日常生活,为所有的个体、人群和社区实现健康福祉和生活质量的最大化。这样的愿景强调了作业治疗在满足个人和团体需求方面的有效性,并需要通过领导力和宣传力,结合文化特点开展合作,发挥其专业特点。回顾 20 世纪 80 年代现代康复医学理念引入中国,作业治疗作为其中重要的一部分,至今近 40 年的发展历程,从中可以发现,作业治疗在中国经历了从引入到逐渐本土化的演变。特别是在专业思维中有关文化背景的考虑,结合本土大众的实际情况,融入中国传统健康文化,作业治疗从业人员也在临床实践中不断尝试构建中国特色作业治疗理论框架或模式,以期更好地为中国人民服务。

随着我国人口老龄化日趋严重,健康意识不断增强,康复医疗市场需求不断加大,市场空间广阔。此外,国家多项政策推动康复医疗。未来远程康复、智能康复、康复医疗高端化的发展将是大势所趋。作业治疗在康复医学势如破竹的前进大局中有其优势,也有其短板,我们应立足中国的健康文化体系,在作业科学和作业实践中探索独具中国特色的作业治疗。总之,作业治疗是一个有活力和不断演变的专业,随着社会经济、文化的发展,越来越多的专业议题将持续演变,以更好、更广泛地服务广大人民。

第三节 作业治疗组织简介

一、世界作业治疗师联盟

世界作业治疗师联盟(WFOT)是作业治疗师全球性机构,其目的和任务是在全球范围内推广作业治疗,支持作业治疗作为一门艺术和科学在各国发展和应用,向大众证明其对社会的贡献。

目前,WFOT 下设五个项目组,分别是促进与发展项目组、管理项目组、国际合作项目组、教育与科研项目组和执业质量与标准项目组,项目组相互分工合作,完成整个机构的任务和目标。每年的 10 月 27 日被 WFOT 设定为"世界作业治疗日",当天将在全球范围内组织各种与作业治疗相关的活动,鼓励各地学生作为组织者和参与者开展活动,并且通过这些活动筹集基金,用于作业治疗发展的公益活动、教育或科研项目。

WFOT 成立之初只有 10 个成员国(或地区),至今,已有 100 余个成员国(或地区),包括正式成员、准成员和区域性成员。2018 年,中国正式加入 WFOT。

二、国外作业治疗协会

(一)美国作业治疗协会

美国作业治疗协会(AOTA)成立于 1917 年,是全球最早成立的作业治疗专业协会,致力于改善作业治疗服务的质量。AOTA 的会员包括作业治疗师、作业治疗师助理和作业治疗学生,主要来自美国和少部分国际会员。AOTA 的核心项目和活动是保障作业治疗服务质量,促进公众平等获得健康服务资源,以及不断提升成员的专业能力。AOTA 通过提供各种资源、设立执业和教育标准来教育大众,扩大作业治疗对公众的影响,也提升了公众对作业治疗的认可程度。

AOTA旗下有多本出版物,包括纸质、电子版的刊物及书籍著作。《美国作业治疗杂志》是正式的付费专业刊物。该杂志主要关注作业治疗领域中的教育、科研、执业过程中的各种现象和问题,以及新兴治疗方法和专业发展趋势的讨论。

(二)澳大利亚作业治疗协会

澳大利亚作业治疗协会(OTA),服务于本地公立或私立健康机构的注册作业治疗师,主要提供专业支持和各种相关资源,以促进作业治疗师专业水平的进一步提升。为保证作业治疗各领域的专业服务质量,协会每年都举办各种学习班、工作坊和讲座。协会根据作业治疗师的专长,成立针对各种病种、服务环境和技术的兴趣小组,这些小组可通过各自的论坛讨论和分享经验,促进循证医学的应用。

《澳大利亚作业治疗杂志》是该协会的正式出版期刊,每2个月出版1期,主要关注与作业治疗相关的理论、执业、科研和教育等内容。会员有免费阅读所有文章全文的权限。在澳大利亚作业治疗协会的官方网站上,还有澳大利亚各作业治疗教育课程的信息、全国范围内的招聘信息、兴趣小组论坛、培训资源、各项技术和科研的相关资源等信息。

(三)英国作业治疗师协会

英国作业治疗师协会(BAOT)成立于1936年,是隶属于英国所有作业治疗工作人员的专业组织。英国作业治疗师学院(COT)是BAOT下属的一个慈善机构。

《英国作业治疗杂志》作为COT正式出版物之一,在国际范围内发表与作业治疗相关的理论、科研、教育和管理的文章。

三、中国作业治疗组织

2011年8月广东省康复医学会成立作业治疗专业委员会;2011年10月底,在中国康复医学会的牵头下,在广州成立了康复治疗专业委员会作业治疗学组。作为我国作业治疗行业组织,作业治疗专业委员会、作业治疗学组的目标是促进作业治疗在国内的教育和执业的发展。2017年12月,中国康复医学会成立作业治疗专业委员会。第一届作业治疗专业委员会共有委员99名,来自全国29个省、自治区、直辖市,具有广泛的代表性。专委会设主委1名,副主委8名。下设1个青年委员会、7个专业学组。专委会成立以来致力于普及作业治疗理念,推动国内作业治疗的发展,并积极推动作业治疗专业的国际化,2018年5月在南非开普敦举办的WFOT会员大会中,中国康复医学会作业治疗专业委员会正式加入WFOT。目前作业治疗在国内大部分地区的发展还属于早期阶段,作业治疗专业委员会面临的任务还很艰巨。

中国香港地区的作业治疗始于1950年,被称为职业治疗。2005年成立职业治疗学会,其目标是保持香港地区职业治疗的专业水平,促进公众对职业治疗的认识,定期举行会议讨论以交流专业意见,保护学会会员的利益,建立并保持跨专业之间的联系。在其网站主页上可以找到中英文的学会相关信息,并定期出版一本《香港职业治疗杂志》。

中国台湾地区的作业治疗始于1945年左右,此后更名为职能治疗。当时几所历史悠久的精神科医院已经有以手工艺活动为主的作业治疗雏形,至1956年,台湾大学精神科成立了第一个作业治疗部门。1982年台湾地区职能治疗学会成立。和其他专业组织类似,台湾地区职能治疗学会也为会员提供专业资质认证、专业培训、在职人员继续教育和专业期刊的出版等服务。

(刘晓丹 李晓林)

复习思考题

1. 对你个人而言,什么才是满意的健康状态?
2. 结合第一章和上一个问题,哪些作业活动能促进你的个人健康?
3. 作业治疗专业的发展前景给你什么启发?

PPT 课件

❖❖❖ 第三章 ❖❖❖

作业治疗实践模式

📝 学习目标

1. 阐释作业治疗模式的概念、常用模式的理念及对人类作业活动的不同认识。
2. 能够运用常见的作业治疗模式分析康复对象,为后续作业治疗的评定、临床推理、治疗干预建立理论基础。

作业治疗实践工作需要大量而特定的专业知识,许多由康复对象处反映而来的问题要求作业治疗师在理论知识的指导下进行分析解决,因此解决实践中大量问题的理念被提炼和创造,形成了各种不同的作业模式。作业治疗实践模式的形成是一种反复认定,不断修改思考及实践的过程。作业治疗模式协助从业人员从一种宏观的角度看待一个人的整体状况,系统、全面地从人本身、环境或情景、其他需要面对的各种作业活动等方面了解服务对象。作业治疗实践模式是作业治疗师在不断实践中发现和提炼的规律,在治疗过程中对所涉及的现象提供解释。同时,作业治疗模式定义了与作业治疗实践活动及情境相关的专业术语和概念,提供相关策略指导我们解决问题,是我们进行实践操作及临床推理的基础与依据。

模式可以有效地连接理论和实践,诠释一个专业的独特性,也能表述出一个专业的范例。模式能够帮助作业治疗师有意义地执行他们的治疗,也就是:当治疗师遇到某一康复对象时,治疗者知道要如何从康复对象身上提取出哪些信息,以利于后续治疗计划的拟定。作业治疗实践模式是作业治疗学中极其重要的理论基础。对作业治疗实践模式的理解在很大程度上决定了作业治疗师的专业水平,而学会灵活使用并将不同的作业治疗实践模式用于治疗干预中,则体现了作业治疗师的专业技能。

第一节 加拿大作业表现模式

加拿大作业表现模式(Canadian model of occupational performance,CMOP)首次出现在1986 年由加拿大国家健康福利部和加拿大作业治疗师协会出版的作业指南中。CMOP 模式最关注的是康复对象及作业治疗师之间的相关联系。与其相关的三个方面为:以康复对象为中心的理论及其资源;影响作业活动表现这一因素的概念体系;在实践中实施以康复对象为中心及作业活动表现理论的具体过程。

CMOP 理论包含了两个关键特性:以康复对象为中心的理念以及作业表现的理念。以康复对象为中心的理念是基于心理学家 Carl Rogers 提出的以服务对象为中心的实践观,这一理念关乎整个治疗过程及治疗师与康复对象的关系。作业表现的理念被定义为"一种让人们具有能力去选择、去组织、去完成有文化底蕴且与年龄相适应的作业活动,使这样的作业活动满足自我照料、享受生活、迎合社会和经济架构的要求"。

一、理论发展及核心内容

(一) CMOP 理论发展

1990 年,加拿大作业治疗师协会提出加拿大作业表现模式,该模式使用 4 个同心圆表示,最中心是人,第二层是五个作业表现能力,包括运动、感觉、认知、自我内在和人际,第三层是人类作业,包括自我照顾、生产活动和休闲娱乐,最外层是环境适应(图 3-1),这是 CMOP 最早的版本。这个模式强调作业治疗的目的是在人生的各个阶段、在不同的境遇下,通过提高作业表现技巧来提高并保持健康状态。该模式呈现出作业表现是个体、作业活动、环境三者之间互动的结果。CMOP 模式将个体的作业表现定义为最核心的内容。个体的作业表现包含自理活动、生产性活动及休闲活动三大范畴。个体的精神、物理、社会文化及道德部分使得个体的作业表现呈现出独特色彩。一个健康并具有功能的个体,其本质便是经过这四部分的协调整合展现出的良好整体。环境是个体之外所发生的情景,并引起个体对其反应。后来有学者质疑该模式,认为该模式只关注作业表现而非作业本身。并且在该模式里,作业表现是静态的,环境看起来是独立于人之外的,人的精神意志被描述成跟精神、躯体健康和社会文化交往一样的作业表现能力。

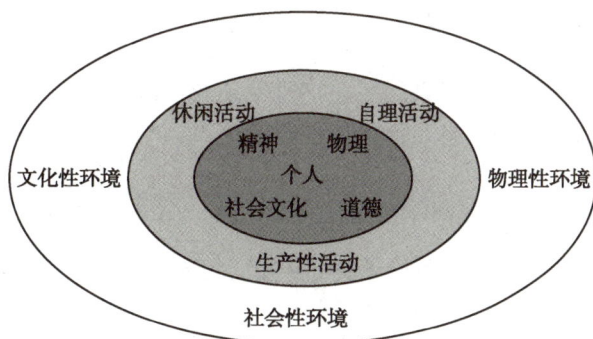

图 3-1　早期 CMOP 的组织结构

随着理论的不断探索与发展,在原有模式的基础上,CMOP 模式涵盖了更多新系统的价值和信念、作业表现的概念及影响作业活动表现的各因素,1997 年 CAOT 发布了新版本的作业模式图(图 3-2)。

CMOP 模式将价值和信念与作业活动、个体、环境、健康以及以康复对象为中心的实践观相联系。CMOP 模式中作业活动的价值被认为是:①给予生活的意义;②对健康和良好身心状态至关重要;③行为组织与发展的动态变化;④改造环境或被环境改造;⑤具有治疗价值等。

CMOP 模式包括作业活动表现的概念和与以它为中心的实践观之间的关系。CMOP 模式认为:①作业表现是个体与作业活动、环境三者之间互动的结果。个体与环境紧密联系,个体被认为是环境中的一部分,而不是将环境置身于个体以外,作业活动是个体与环境间相互作用的结果。在个体-环境-作业活动中,任何一方条件的改变都会影响到其他两者,并影响作业活动表现。②以康复对象为中心是实践观中最重要的部分。个体的身体、精神、情

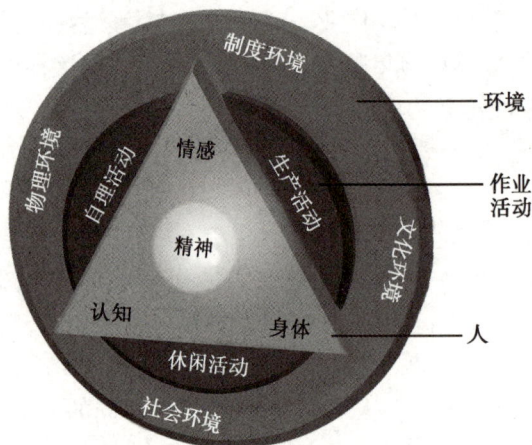

图 3-2 CMOP 模式结构图

感、认知,所生活的环境以及所选择的作业活动都是独一无二的,这使得个体的作业表现呈现独特的色彩。"以康复对象为中心"的一个关键要素就是承认"个体独一无二"的文化价值观念,这种"独一无二"也正是个体的作业活动表现的特征。

(二)CMOP 模式核心内容

1. 个人　CMOP 模式中,个人由精神、身体、认知、情感四部分构成,并作出了各自解释。

(1)精神:人的本质,"生存"的基本核心。精神代表了个体的核心,被认为是一种释放的生命力量、更高的自我要求、意愿及自我野心之源;一种所处的环境下个体生存的目的和意义。治疗师应该关注如何帮助康复对象保持自我功能并勇于面对逆境及挑战的内在力量,这种内在力量即精神。

(2)身体:包括感觉、运动等功能,如关节活动度、肌力、耐力、抓握能力等。

(3)认知:包括知觉、注意力、记忆力、理解力、推理判断能力等,如思维、感知、认识、记忆、判断、学习、了解、专注力和问题解决等。

(4)情感:包括个体内在及外在情感的社会功能,如主观感觉、内在的经验、价值观、动机、情绪、意愿或欲望等。

2. 作业活动　作业活动由自理活动、生产性活动及休闲活动组成。

(1)自理活动:即为了照顾自我而进行的作业活动,包括个人自理、功能性转移和社区的管理等活动。

(2)生产性活动:对社会、经济作出贡献或提供经济保障的作业活动。生产性活动不仅包括有经济回报的职业活动,即受薪活动;也包括个体有生产性感受的活动,即不受薪活动,如家务管理、社区进行的义务性活动等。

(3)休闲活动:为了获取愉悦感而进行的作业活动。包括各种娱乐活动、艺术活动、社交活动等。

3. 环境　CMOP 模式中,环境是指在个体之外所处的情景,并引起个体对其变化的反应。可分为物理性、文化性、社会性及制度性环境。

(1)物理性环境:如天气、建筑、地形、温度、基础设施、交通等自然或人为物件及设施。

(2)文化性环境:基于特定人群的社会思潮及价值系统,如民族和种族的传统、仪式、庆典、饮食文化、规范习俗、态度和信仰等。

(3)社会性环境:人们所在的特定社会环境下,作为有相似兴趣、价值观、态度及信仰的社会群体所反映出的社会性特征。包括与个人、家庭、朋友和人群的关系;他人对个体及相关事件的态度等。

(4)制度性环境:社会政治、经济、法律法规等政府性机构及实践,包括政策、质量控制及其他组织性实践等。

二、CMOP 模式的应用

基于 CMOP 模式"以康复对象为中心"及"作业表现"理论发展而来的加拿大作业表现

评估量表(the Canadian occupational performance measure,COPM),作为加拿大和美国作业治疗师的临床主要指导思想之一,已传播至世界其他地区。

COPM 用于测量,具体步骤如下:

1. 确认作业表现方面的问题　通过与康复对象或其照顾者面谈,鼓励其想象生活中具有代表性的一天,询问关于自理、生产和休闲活动方面的问题,让康复对象确定想做、需要做或期待去做的活动,然后要求他们确定哪些活动的完成情况难以令人满意,即为康复对象的作业表现问题。

2. 确认问题的重要程度　让康复对象对访谈所确立的问题进行重要性排序,采用 1~10 分的量化自评分进行重要性评分,10 分为极其重要,1 分为不重要。按照评分结果选择康复对象认为最重要和最迫切需要解决的 5 个问题。

3. 作业活动表现和满意度评分　采用 1~10 分的量化自评分进行评分,让康复对象自己确定上述 5 个问题的活动表现情况,10 分为完全不受限(完全独立),1 分为完全受限(全部依赖);同时,让康复对象确定当时对每项活动的自身满意度,10 分为完全满意,1 分为完全不满意。

4. 再评估　在康复对象所选择的 5 个问题中,根据康复对象的需求和目前功能状态,确定作业治疗目标。在治疗过程中,选择适当时机,针对上述作业表现的问题,再次让康复对象进行作业活动表现和满意度的评估。

第二节　人-环境-作业模式

一、理论发展及核心内容

(一) 人-环境-作业模式理论发展

人-环境-作业模式(person-environment-occupation model,PEO)是由加拿大 Law 博士等人于 1994 年提出的。该模式认为作业参与是作业、人、环境三者之间互动所产生的,是在特定环境中,在自我选择、动机和有意义的情况下投入到作业活动中的表现(图 3-3)。作业表现是人、环境及作业相互作用的结果。人有一种探索、控制及改变自己与环境的天性,在日常生活中的"生活"被视为是人与环境的互动,该互动过程是透过日常作业而进行的。这个过程是动态的,且因情况的不断改变而改变,并伴随着三者的互相影响。在 PEO 作业模式里,康复对象是作业治疗实践的中心。

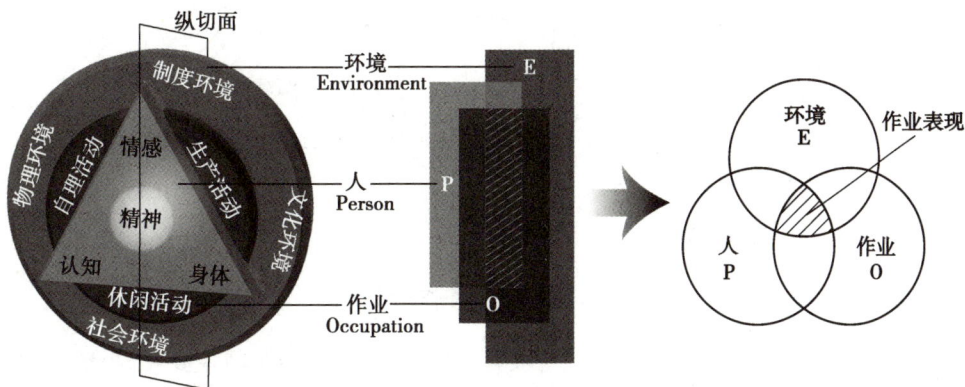

图 3-3　人-环境-作业模式理论的发展

该模式中,作业治疗关注的是与人类作业活动相关的事物,以及进行作业活动的人和环境对作业活动的影响。作业治疗关注的不只是现实生活中进行的人类的作业活动,同样关注作业活动本身所包含的不同层次的重要性,或者说作业活动给个体、家庭或机构所带来的不同程度的满足感。作业治疗也同样关注由人、环境、作业之间的互动所显示的作业参与的潜力和可能性。

(二)要素内容

1. 人 人的完整性包括心灵、情感、身体结构及认知能力四方面。心灵方面包括人找寻生存的意义及对生命的了解;情感包括人对人际交往及人与人个别关系的渴求;身体结构包括人的身体功能及精神健康;认知包括对日常生活的操控能力,例如沟通、情绪发展、动机的形成,找寻个人及工作目标等。

2. 环境 人是一个不断改变的个体,拥有很多不同的角色,这些角色会随时间流逝及情景变化而改变其重要性及意义。环境的定义包括文化、社会性、物理性及机构环境。环境不单包括非人类环境、文化/机构/个人的环境,还包括人在不同时代、年纪、发展阶段所处的情景。环境对作业表现既可以起到促进作用,也可以起到抑制作用。

3. 作业活动 作业活动的定义是日常生活中我们所做的一切事情,包括自我照顾、生产力(除了经济外,还包括对社会的贡献)及休闲活动。有意义的活动是任务组成的单位,而作业就是个人一生中要处理的不同任务。为使人能够完成作业的目的,关键在于使康复对象在其所处环境中选择自认为有意义、有作用的作业,即通过促进、引导、教育、激励、倾听,鼓励康复对象去掌握生活的手段和机会,并与他人协同完成作业活动。

(三)人-环境-作业模式在人生不同阶段的动态变化

作业表现会随人生不同阶段而改变,而这种改变是人、环境与作业相交的互动结果,三者关系密切,因此三者相交的作业表现则相当突出(图3-4)。该模式对分析环境障碍及改造、文化对人的影响、社会环境对人的支持及功能障碍人士的参与方面有很大的指导作用。

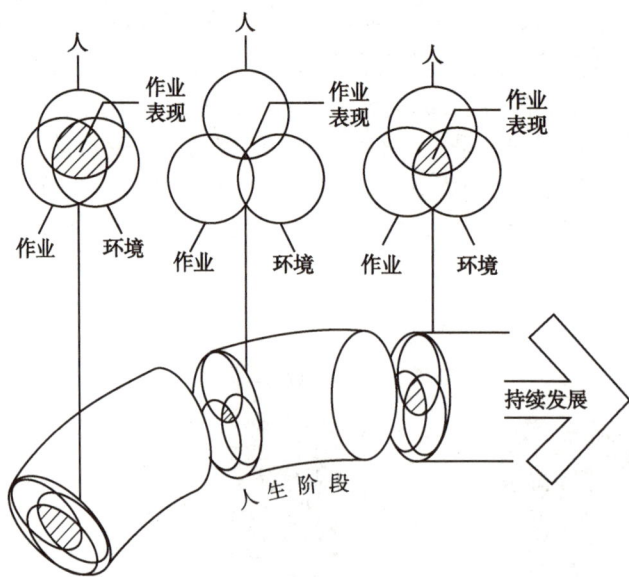

图3-4 人-环境-作业模式

人-环境-作业模式在人不同的发展阶段有不同的改变:①对于新生婴儿、小孩及学童,环境因素在PEO模式中占有最大比重。他们正处于学习及求学阶段,正重塑新的环境及自己身处的空间,从而寻找自己在这环境下的作业模式。②对于成年人,环境因素的影响较少,但人的因素(包括心灵、情感、身体及认知)却渐趋扩大,作业能力因个人能力增加而增强。人会找寻自己的事业、工作、兴趣、娱乐、伴侣、朋友及心灵的需要,从而进一步肯定自我在家庭及社会上的角色,或更认识及了解自己的需要。③对于老年人,随着年龄日增及个人能力下降,人的因素会渐渐减少。作业的角色及其重要性会减轻或下降。环境再次成为主导作业能力的因素。他们已退休,可能没有工作及经济收入,老年人需要在一个安全、熟悉,且对身体功能要求不高的环境下生活,同时他们需要他人照顾。在文化环境下找寻自己的根、童年回忆及社会的认同感(图 3-5)。

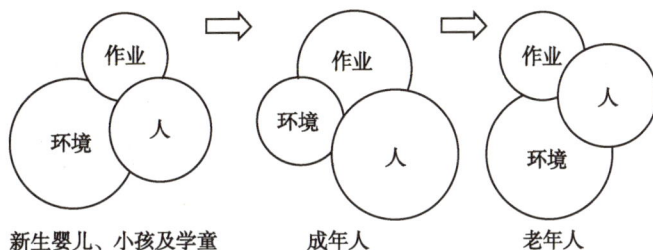

图 3-5 人-环境-作业模式在个人不同发展阶段的改变

二、人-环境-作业模式的应用

PEO 模式是一个能够促进实践的实用工具,通过 P、E、O 三要素的各种组合及其在不同时间和环境中的交换,帮助治疗师在面对康复对象复杂的作业表现情况时,有一个更为清晰和全面的认识。

1. 模式要素拓展的变化应用 PEO 模式要素中可以拓展潜在的变化,例如,"人"这个要素可以指个人,也可以指群体、组织或社区。"环境"这个要素可以从微观角度和宏观角度来分析其文化、社会经济、教育、物理和社会方面,从干预的角度,治疗师也可以在宏观层面进行干预,例如为群体提供职业能力培训,倡导功能障碍人士公平政策等。

2. PEO 模式在人生不同阶段的动态变化应用 PEO 模式可以表现人不同发展阶段的不同改变情况,治疗师能够将个体的发展和变化纳入干预措施的概念和规划中。例如,在康复早期,康复对象可能较关注自己的功能障碍,有不同的优先级问题和健康水平。随着康复对象功能、能力的发展,其自我效能感、自信随之提升,干预的目标和措施也将发生变化。

3. PEO 模式提高作业表现的应用 作业治疗关注人、环境、作业活动所有的变化。在模式图中,三者相互重叠的部分越多,相互联系越多,作业表现也就越好。当 P、E、O 三元素的任何一个元素缩小时,作业表现下降。要提高作业表现,可以通过增大 E、O 中的任何一个元素或者两个元素,如改良作业活动、改善环境、使用辅助器具等;还可以通过加强 P、E、O 三元素的互动,提高作业表现。

第三节 人类作业模式

人类作业模式(model of human occupation, MOHO)是美国的 Kielhofner 教授于 20 世纪 80 年代提出的。MOHO 提供了一个人类的作业适应和治疗过程,是一种以康复对象为中心的理论模式,考虑到了推动作业的动机(motivation),保持作业的日常习惯(routine),熟练技巧能力(skilled performance),以及环境对作业的影响。

一、理论发展及核心内容

人类作业模式关注的是个人在何种程度上可以参与作业活动,并达到积极的适应状态。该模式将人的内在特征和外部环境联系在一起,成为一个动态的整体。另外,该模式提出作业活动可对人的内在特征、动机和表现产生影响。

人类作业模式强调:①作业表现是动态的,且因外部环境不同而不同,即人的内部特性与外部环境紧密联系,并且相互作用,共同构成了影响个人动机、行动和表现的网络。②作业对个人自我组织很重要,即通过作业活动,人们能保持或者改变他们的能力,并产生新的经验去肯定或重塑他们的动机。

(一) 人类作业模式关于人的描述

每个人都有其独特的作业活动。为了解释人是如何选择、组织和实施自己作业活动的,MOHO 提出了影响作业活动的人的三个相互作用的内在特征:即意志、习惯和履行能力(图3-6)。

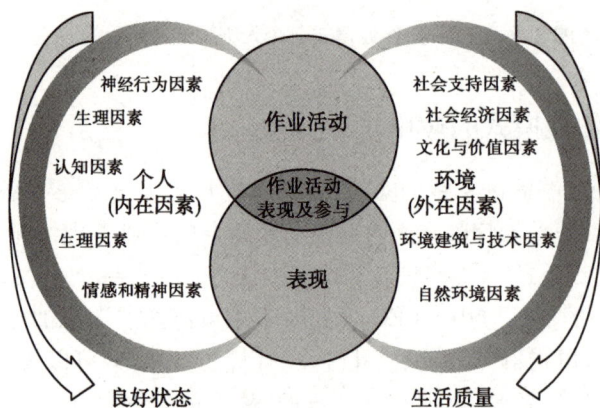

图 3-6　人类作业模式

1. 意志　意志是指人们被激励并选择作业活动的过程。任何人都有从事作业活动的欲望,这种欲望是由以前的经验形成。意志包含对作业活动的深刻思考和感受过程,这个过程发生在期待做的可能性有多大、选择做什么、经历什么以及随后的经验解释的循环中。这些思考和感受涉及三个问题:如何体现个人完成作业的能力和效果;什么作业是重要的或值得去做的;什么作业能让人们愉悦和满足。这三个问题可以归纳为影响人意志的三个方面:即个人因素、价值观和兴趣。

个人因素:是指在作业活动中,个人对自我能力的认识和对作业结果的预想和感受。这与个人自知、自信密切相关。包括对自己优缺点的认识、面对任务时的态度(自信或焦虑)及事后的反思。

价值观:是一个人认为什么是好的、正确的、重要的事情的一种信念,包括对值得做的活动的想法和感受,完成这些活动的适当方法,以及赋予这些活动的意义。价值观引导人们选择什么值得去做,应该如何去做,最终可实现什么样的目标和愿望。当人们从事的活动符合他们的价值观时,他们会体验到正确和归属感。

兴趣:是在作业活动中通过快乐和满足的体验而产生。兴趣始于自然性情(例如倾向于享受身体或智力活动),可通过作业活动所产生的乐趣和满意的经验进一步发展。因此,兴趣的发展取决于人们所从事的作业活动。

意志对作业活动有着广泛影响,它主导人类的作业活动,影响人们如何选择、预期及理解自己的作业活动。意志指引人们如何看待这个世界及其所面临的机遇和挑战。在很大程度上,人们如何体验生活,如何看待自己和其所处的世界,与意志有密切的关系。意志也是作业治疗过程的核心,所有的治疗都需要康复对象选择符合自己意志的作业活动。康复对象的意志很大程度上也决定了治疗结果。

2. 习惯　习惯是指人们将自己的行为组织成模式和惯例的过程。通过在特定环境中反复练习,人们建立了习惯的行为模式。这些行为模式由作业习惯和生活角色决定,它们共同塑造人们日常生活的方方面面。由于角色和习惯,日常生活中的大多数活动都会以自动和可预见的方式展开。

习惯通过多次重复的作业活动获得,当这些作业活动不自觉或很流畅地在日常生活中表现出来,习惯便产生了。同时,习惯强调环境的适应,人们从事习惯性的作业活动需要利用和整合周围熟悉的环境。习惯影响人们如何进行日常活动,如何安排自己的时间,如何组织自己的行为。例如,习惯使人们每天早上主动进行自我照料性活动,组织每周的例行工作,完成一项熟悉的工作等。

当习惯受到障碍或遭遇环境的挑战时,个体可能会失去对日常生活的熟悉性、一致性及相对放松性。治疗的主要任务之一就是重建个体习惯,使个体能够更容易地参与日常作业活动。

3. 履行能力　履行能力是指潜在的精神和身体能力。身体能力是身体的基本功能,例如骨骼肌肉系统、神经系统及心肺系统等功能。精神能力是人类的心理、认知及智力等功能。所有能力构成作业行为的客观表现。

MOHO 强调作业治疗过程中提高身体和精神能力的重要性,并且关注作业过程中个体的经历和感受,特别是在作业受限时。在治疗中,关注个体对障碍的经历和感受,对个体更有帮助。具有各种身体障碍的人可能会减少使用自己的身体或完全放弃使用。从而治疗可以帮助人们"回收"自己的身体或身体的一部分,并将其整合,形成一种新的作业方式。

(二) 人类作业模式关于环境的描述

MOHO 强调所有作业活动是由人的内在特征(意志、习惯和履行能力)与身体和社会环境的特征相互作用而产生的。环境被认为是影响作业动机、组织和表现的个人背景,包括特定的物理、社会、文化、经济和政治环境。多个维度的环境影响着个体的作业活动,如个体遇到的不同场景、物体、人以及作业的期望和机会。同时,更大的文化、经济条件和政治环境也影响着个体的作业活动。因此,环境包括以下多个维度:个体活动时所使用的物体;个体活动的空间;在特定情况下可用、预期或要求的作业活动的形式或任务;构成个体背景的社会团体(例如家人、朋友、同事和邻居)和周边的文化、政治、经济力量。

个体的作业活动以及他们对这些作业活动的看法和感受,是个体动机、习惯和角色、能力与上述各个维度环境相互作用的结果。环境影响着个体的行为以及他们对自己行为的看法和感觉。反过来,人们也会选择和改造他们的环境。个体有选择与之相适应的环境的倾向,以实现他们的价值观和兴趣。

(三) 人类作业活动的三个层次

MOHO 模式确定了三个层次来检查个体的作业活动:作业参与、作业表现和作业技能。

作业参与是指与个体社会文化背景相适应的,为了个体生活幸福所需从事的工作、娱乐或日常生活活动。作业参与的例子可以包含义工、全职或兼职的工作、定期与朋友聚会、自我照料、维持个体的生活空间、上学等多个方面。

每个方面的作业参与均涉及一系列相关的任务。例如,维持个体的生活空间可能包括支付租金、维修和清洁等。个体在完成这些任务时所表现出来的作业活动形式被称为作业表现。

（四）作业的认同感、能力与适应

作业的适应一般指通过所经历的作业活动，个体得以发展，并在面对新的挑战时转变为应对策略，最终取得好的结果和状态。作业适应由两个基本要素构成：个体所创造的作业认同感和在各种情况下能促进作业认同感产生的作业能力。

随着时间的推移，人们通过所从事的作业活动形成了自己的作业认同感。这种认同感是在对作业经验的思考与感受中所产生的，通过作业经验的累积，个体逐渐认识到自己是什么样的人和希望成为什么样的人。因此，作业的认同感被定义为：个体在参与作业活动过程中所形成的对自身的定义。

作业能力指个体维持参与作业活动的程度，并因此形成作业认同感。作业能力是通过作业经验及身份的肯定而获取，需要个体良好的内部特征做支撑，即需具备良好的履行能力，足够的作业动机，良好的作业习惯。同时作业能力也受外部环境影响。

二、人类作业模式的应用

MOHO 是一种以康复对象为中心的理论模式，也是当今作业治疗领域应用最多的作业模式。它专注于康复对象的内在特征（意志、习惯及履行能力），强调外在环境的重要性，并强调康复对象的内在特征与外在环境的相互作用。认为每一个人独特的内在特征和所处的外在环境共同决定了康复目标和治疗策略。

MOHO 应用的基本前提是：作业治疗过程中所有策略的动态变化都是由康复对象的作业参与行为驱动的，康复对象的作业参与行为是康复治疗动态变化的核心。作业参与行为是指在特定的环境条件下，康复对象在治疗过程中或治疗完成时的行为、想法和感受。

在作业治疗过程中，意志、习惯和履行能力对康复对象的作业形式、完成治疗任务的情况和治疗效果均有一定影响。例如，在治疗的任何时刻，康复对象都可以考虑：①利用履行能力锻炼作业技能；②唤起旧习惯，塑造作业表现；③为了实现某一角色而努力；④对作业表现是否感到满意或享受；⑤给所做的活动赋予一定的含义和意义（即作业对于康复对象的生活意味着什么）；⑥感受能否胜任作业的形式/任务。康复对象行为、想法和感受的各个方面，均与作业治疗的动态变化相适应。出于这个原因，治疗师使用 MOHO 时应关注康复对象的意志、习惯、履行能力和环境条件，以及随着治疗的展开，明白这些因素是如何相互作用的。

第四节　河流模式

河流模式（the Kawa model）发展于 2000 年，正式面世于 2006 年的书籍《河流模式：文化相关性的作业疗法》（*The Kawa Model：Culturally Relevant Occupational Therapy*）中。这本书展现了该模式的创立者 Michael Iwama 在模式研究中基于东方文化背景的探索。

一、理论模式及核心内容

（一）河流模式的理论基础

Kawa，日语意义为河流，河流模式尝试解释在特定的东方日本社会和文化背景下，针对个体客观环境的作业治疗策略，并阐明基本原理和使用方法。根据日本"万物合一"的世界哲学观，即事物在流动，部分发生变化也会改变整体，选择"河流"之名，亦取之于日本社会广

泛流传的经典歌曲《蜿蜒的河流》。

河流模型运用河流隐喻人的生命旅程,描述人一生不同阶段所遭遇的事情。多样性且具时序性的生命经验就像一条河流般,由高山顺流而下至海洋。河流的源头代表生命的起源,而入海口与大海相汇处代表生命的尽头(图3-7)。

(二)河流隐喻个体生活的特征

1. 生活的多样性　沿着河道曲径,水流的性质及特性会因地而异,因不同情形而变。流水、河岸床、岩石、浮木构成了河流的要素,它们是一个整体,每一个要素的改变都可以使其他要素发生改变,这就造就了河流的多样性。河流的多样性可反映个体生活状态和整体日常生活的多样性,并受各种要素影响。

2. 生命的时序性　河流从源头流到尽头,犹如个体生活的过去、现在与未来。

(三)河流模式的组成部分

河流模式中,河流不同时间的横截面就代表个体那个时间的生活状况,借助河流截面进行分析,帮助个体解决那个时间点生活中出现的问题。河流模式运用原本象征性意义的河流观点,通过其潜在的四个相关概念来表达,即河流、河岸床、岩石和浮木(图3-8)。这四个组成部分都是相互影响的(图3-9)。

图 3-7　河流的状态

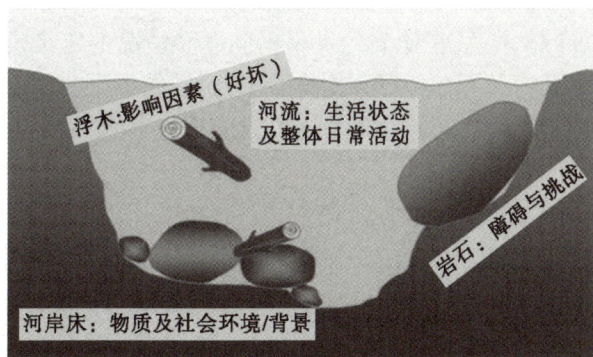
图 3-8　某一个时间的河流截面图

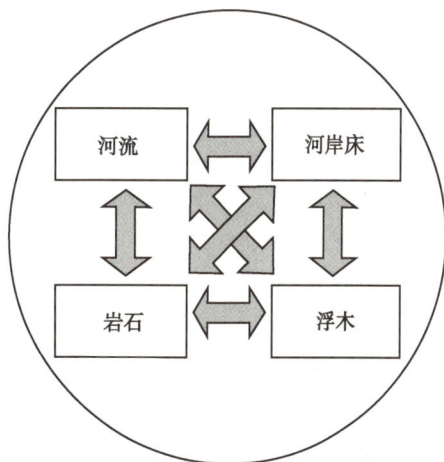
图 3-9　河流模式四个部分相互影响

1. 河流　代表个体生活状态与整体日常活动。可以是个体考虑到的过去、现在与未来的生活。个体的工作经历、患病历程、自我管理和休闲活动等,都能当作河流的一部分。河流也可以像是有许多支流流入的状态。在必要与适当的时候,个体人生中的重要他人(看护者、配偶等)的河流也应该被纳入考量。

2. 河岸床　代表物质及社会环境/背景。一般指家庭、学校或工作的环境。社会环境能够由朋友、家人、同学、同事、爱人、宠物、亲属、熟人等任何个体认为是重要的社会支持组成。

3. 岩石　代表障碍与挑战,阻挡生活状态的遭遇,造成个体的生活崩解/身体的伤残。

可分类为(但不限定于)日常生活上的困难、害怕与担忧、在作业治疗服务范畴外的不便、身体缺陷或医疗相关问题。如果个体的重要他人(如看护者、伴侣等)之岩石与个体的生命有直接影响,就该被纳入治疗或评估的考虑当中。

4. 浮木　代表影响因素。指个人性格特质或"态度";特别技巧、技能及经验,如个人拥有良好的运动能力、接受过专门的训练或交流、与人有良好的沟通能力、社交能力良好、拥有一门手艺、具有艺术性等;信念、价值观及原则;物质及(或)社会资本,如财富及开源途径,以及与拥有权力或影响力人士的社交关系。以上各项可能是好的影响因素,也可能是坏的,可对生活状态产生正面或负面的影响(浮木可把岩石推出而滚动,也可被岩石挡住去路)。

在河流模式的应用中,重要的是个体如何诠释组成其生命旅程的元素,而非治疗师是否认同个体所说的事物是否符合"岩石"或"浮木"的定义。重点是关于"个体的河流",这是关于他的经验。个体找出他们的问题及困扰,并解释他们的意义。

(四) 河流模式的意义

正如人们的生命是有限制的并且适应他们周围的环境、周围的人和自然环境一样,河流中的水在流动时,也会触及岩石和河岸以及所有其他因素组成的环境。当生命能量或流动减弱时,康复对象都可以被描述为不适,或在一个不和谐的状态。当生命能量完全停止流动时,标志着生命的终结。

周围社会的主体框架可以影响河流的整体流量。和谐的人际关系,可以实现和补充生活的流动。用一条河流的比喻描绘出个体的生命流程和情况的目的是使描述更清晰,注意力可以集中在岩石、浮木、河堤和底部之间的空间。在确定对个体适用和直接的作业治疗时,这些空间与河的其他元素同样重要。在河流模式中,空间是个体的生命能量(水)明显流动通过的点。水通过这些空间自然地奔驰,可以侵蚀岩石和河流的墙壁和底部,并随着时间的推移,把它们转化为能容纳生命流动的更大通道。这种效应反映了自然特有的、不可分割的、潜在的愈合潜力。

自然设计、灵活和适应性强是河流模式的特点。在特定的时间和地点,每个康复对象的河流都有其重要的概念和配置。对于不同个体来说,在他们的世界里问题和情况的定义是广泛多样的。反过来看,这些个体特别的定义揭示了在特定文化背景下,广阔的视野和作业治疗的干涉范围。作业治疗师帮助个体着眼于河流中的阻塞,寻求更大的拓展空间,最大限度地加强并提高个体生命的流动(图 3-10)。

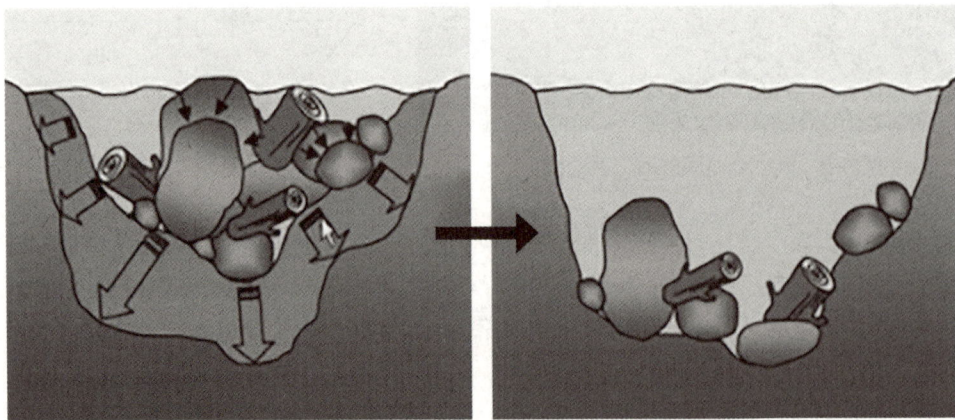

图 3-10　作业治疗师让个体的河流流动更顺畅

笔记栏

二、河流模式的应用

河流模式的独特之处在于,个体的经验和关注得到重视,康复对象是合作伙伴,鼓励治疗师和服务对象共同探索和讨论,而非规定解决问题的方法。并且康复对象是在环境之中,而不是独立的个体。

应用河流模式指导作业治疗实践时,我们需要帮助康复对象增加河流的流量。在具体实践中,我们可以思考:如何打碎岩石,清除障碍物或将其缩小;利用浮木,使用康复对象的个人品质或改善状况所需的东西;加宽河床围墙,改造或调整康复对象的环境,这可能是其生活、工作、休闲活动场所。当我们向康复对象诠释河流模式时,我们可以用一些问题引导其思考,以获取我们所需要的资料。

帮助了解康复对象的河流情况:①您最喜欢做什么?为什么喜欢它?②是什么让您开心?它如何使您快乐?为什么?③最近您的生活有什么重大变化吗?④您通常如何进行日常生活活动?

帮助了解康复对象的岩石:①您现在有什么困难吗?这些是什么?您为什么认为这些事情对您来说很困难?有多难?②您是否有特别想做的事情,但由于当前情况而无法做?为什么您认为自己做不到?这些事情通常如何完成?现在的情况有何不同?您现在想做什么?③您现在想改变一下自己的生活吗?改变什么?为什么?④您希望事情如何改变?如果情况好转,您认为会有什么不同?您现在和谁住在一起?

帮助了解康复对象的河床:①您通常会与谁一起?您如何与他们共度时光?你们通常喜欢一起做什么?②您通常将大部分时间花在哪里?③想想您居住或工作的地方?④您住在公寓/平房中吗?您的房间在楼上还是楼下?有电梯吗?

河流模式是一个具有东方文化的结构式的生命历程探索模式,更容易通过团体活动结合艺术创造来诠释模式内涵,同时激发康复对象的潜力,调动其积极性,通过人生观、世界观的分享重塑其价值取向,帮助康复对象迎接未来。

（李晓林）

ER-3-2

扫一扫
测一测

复习思考题

1. 常见的作业治疗实践模式有哪些?
2. 各种模式间有何相似之处及不同之处?
3. 作业治疗实践模式是如何看待环境的?Kawa 模式在此方面有何独特之处,为什么?
4. 根据 Kawa 模式的思想启发,试述如何在东方思想体系下创造有本土文化特色的模式。

第四章

作业治疗实践

学习目标

1. 理解作业治疗流程、作业评定的概念、作业治疗循证的意义。
2. 根据康复对象特点能够选择合适的作业评定策略,和不同层级的作业评定方法。
3. 理解作业分析的内容和要素,并能够开展以作业活动为基础的作业分析。
4. 举例说明不同临床阶段作业治疗记录撰写的主要内容。

第一节　作业治疗流程

一、作业治疗的基本流程

中国康复医学会作业治疗专业委员会于 2019 年发布《作业治疗实践框架》,该框架对中国作业治疗的定义、范围、流程及注意事项进行了统一。其作业治疗流程包括总体原则和出发点、作业评定、作业治疗、结局管理四部分,以及细分为以康复对象为中心、查阅病史/个人史、进行访谈、挖掘需要、作业评估/分析、目标设定、循证方案、作业治疗实施、结局管理等九个步骤。所有评估及治疗均围绕功能结局指标,以达到预期的功能结局目标为治疗流程结束。

二、作业治疗方案的制订及实施

(一)作业治疗方案的制订

作业治疗方案的制订是作业治疗实施的核心部分。治疗方案是根据对每个康复对象的功能障碍水平和评定情况进行推理分析后制订的。一个治疗方案是否有效,取决于治疗师是否认真地进行评定和病史的采集,是否仔细地分析和总结评估材料。治疗方案的制订应包括分析资料、研究资料、长期和短期目标的制订、治疗方法的不断改进和完善。作业治疗师在完成治疗方案的过程中,可以更多地去发现、思考和解决问题,这些问题可能是:康复对象存在什么受限和缺损? 他有哪些能力和技术? 最有利于方案实施的治疗途径是什么? 等等。

在制订治疗方案的过程中,可以考察治疗师的能力和专业水平。方案本身有助于研究资料的获取,有利于证实作业治疗服务的目的和效果,使作业治疗体系不断发展和完善。

1. 综合分析资料　在此阶段中,作业治疗师应重点考虑康复对象疾病所导致的功能障碍,在找出康复对象全部存在问题的基础上,对有关资料进行整理,通过分析、研究,对问题作出合理解释。在采用相应作业模式的基础上,对康复对象存在的问题、产生问题原因、应采取的措施以及措施的理论依据一一加以分析。

在明确康复对象的功能障碍之后,为了确定治疗重点,治疗师还需要对种种作业活动障碍按照重要程度的先后顺序进行一些调整,使之与康复对象的考虑和需求一致。为此,治疗师需要与康复对象及其家属一起,从作业治疗评估的角度向他们介绍患者存在的问题,并提出治疗目标。

2. 明确治疗目标 目标是指康复对象在未来某个时间段内最终能达到的总体功能改善程度,最终目标必须通过多个短期和长期目标来实现,治疗目标应能够反映康复对象的需要并与最终目标相吻合。

治疗目标分为最终目标(长期目标)和近期目标(短期目标)。近期目标是指通过 1~3 周的作业治疗和训练,在某些问题上可能达到的康复效果。近期目标是实现长期目标的阶段性目标,是长期目标的基础和具体步骤。长期目标应是康复治疗结束或出院时所达到的效果,也应是康复对象通过作业治疗可能达到的最佳状态,如可独立进食、梳洗、修饰等。

3. 选择治疗方法 治疗方法的选择决定了治疗目标能否实现。有时选择多种治疗方法实现一个目标,有时一个治疗方法适用于多个治疗目标。确定需要解决的问题后,作业治疗师和康复对象一起选择一种或多种治疗方法指导作业治疗。

4. 实施治疗计划 当目标和治疗方法确定后就可以实施计划,治疗师及康复对象应努力合作,按康复计划进行,克服存在的问题,发挥康复对象潜在功能。

5. 再评定及治疗计划的修正 随着治疗计划的实施,需要经常评估治疗效果,治疗师要注意观察和询问的问题有:①治疗目的是否适合康复对象的需要和能力;②选择的治疗方法是否最适合于目标的实现;③康复对象是否认为这些治疗方法是有价值和有意义的;④治疗目标是否与康复对象目标相一致。

6. 修改治疗计划 通过观察和评定可以发现康复对象的功能变化,包括治疗目的的修改,治疗量的调整,如活动时间、强度、难度的调整,可以说整个治疗过程就是治疗计划不断评估、修改、实施的过程。

(二)作业治疗方案的实施

1. 原则

(1)选择的作业治疗内容和方法须与治疗目标相一致:选择合适的作业治疗,帮助康复对象恢复已丧失或部分丧失的功能,达到生活、工作、学习、交流等能力的完全自理或基本自理。如果康复对象的功能障碍不能完全恢复,作业治疗中应有针对性地利用康复对象残存的功能或借助辅助用具,或适当进行环境改造来提高康复对象的自理能力,达到日常生活部分自理。对于那些严重残疾最终无法恢复功能的康复对象,作业治疗方法可以选择代偿或补偿训练,使康复对象最大限度地达到生活自理。

(2)根据康复对象的愿望和兴趣选择作业活动:治疗中不仅应考虑治疗目的及康复对象能力,康复对象的愿望和要求也是作业治疗师选择治疗方法的主要考虑因素之一。治疗师应根据康复对象的身份、地位、观念、潜力以及文化与社会背景综合判断康复对象的愿望和要求,选择合适的治疗方法。

(3)建议选择康复对象能完成 80% 的作业活动:每个康复对象的功能障碍程度不同,存在个体差异,在选择作业活动时,应根据康复对象的具体情况,选择康复对象能够完成 80% 以上的作业活动,随着康复对象作业能力的提高逐渐增加作业难度和强度。

(4)作业治疗在考虑局部效果时要注意对全身功能的影响:作业治疗既要考虑局部效果,也要重视治疗的整体作用。

(5)作业治疗的选择需与康复对象所处的环境条件相结合:根据康复对象的功能障碍

和环境评定,采取相应的作业治疗,训练康复对象适应所处的生活环境,同时进行适当的环境改建,方便康复对象的生活自理。

2. 作业治疗方案设计

(1)作业项目的选择:选择作业项目,应遵循作业治疗原则,根据每个康复对象功能状态和作业治疗的目标,从多种作业治疗技术中选择合适的作业项目。

(2)作业活动强度选择:选择何种活动强度,决定了康复对象能否完成治疗任务。在选择时,不仅要考虑治疗局部的活动强度,还要考虑全身所能承受的负荷强度。

(3)作业治疗时间和频度:作业强度、时间、频率是构成作业治疗量的基本要素。作业治疗中的实际时间长短与休息时间如何配合,应结合康复对象实际情况制订。

(4)作业活动指导:包括健康教育、ADL 指导、就业指导、家庭康复指导、辅助器具使用指导等内容。

第二节 作业评定

作业评定是一个系统地收集那些影响人们作业表现的信息的过程,通过作业评定,获取康复对象作业能力信息,并发现问题、形成想法、提出治疗目标和计划的过程。评定可以客观、深入、全面地描述个案的临床特质与问题,有效的评定可引导作业治疗师进行临床推理与临床决策。

评定的过程一般包含:①初次评定,可帮助作业治疗师掌握临床决策所需要的相关资料,并据此为康复对象拟定治疗计划。②治疗过程中再评定,可了解康复对象功能的变化与进展,作为治疗方案调整的依据。③总体疗效评定,在治疗方案结束时进行,用以验证作业治疗的总体效果,并了解康复对象是需要进一步治疗还是回家。

评定的形式主要有访谈、问卷调查、直接观察、量表评定等,虽然形式多种多样,但评定的基本要求是一致的,即:①全面性;②可信性;③敏感性;④适应性;⑤实用性;⑥统一性。

作业评定的意义:①了解机体的功能障碍及作业能力;②为制订作业治疗计划提供依据;③动态观察机体功能障碍的发展进程及预后;④让康复对象及时了解自身功能障碍的情况。

作业评定的策略:通过系统评定明确康复对象存在的问题。对受限活动进行"自上而下、自下而上"的分析,为确定治疗目标及方案奠定基础。治疗过程中需反复多次进行再评定。在《作业治疗实践框架》规定的治疗流程中也强调了对康复对象所需、但受限的作业活动进行"自上而下,自下而上"的分析,以便抓住问题要点进行针对性训练。所谓"自上而下"分析,是指先了解康复对象的需要、能够进行的活动以及作业活动中存在的困难,再分析导致这些困难的作业技能因素、环境因素和个人因素。而"自下而上"分析,是指先分析康复对象存在的作业技能、环境、个人因素等方面问题后,再回到作业活动中的过程。作业治疗更加强调"自上而下",强调康复对象能做什么、需要做什么、有何困难,然后再考虑导致这些困难的具体因素,即先"自上而下"、后"自下而上"分析。

一、作业需求评定

对作业活动的需要进行客观分析称为作业需求评定,是作业治疗的首要环节。

1. 一般情况了解　了解康复对象的一般情况,如年龄、职业、婚姻、家庭情况、诊断、临床及康复治疗过程、并发症等。

2. 访谈 作业治疗师根据本专业的特点与康复对象进行接触,与康复对象谈话的目的主要是听取康复对象关于过去、现在、将来的情况,以及对未来的需求和想法等;同时与康复对象建立良好和谐的治疗关系。谈话时从康复对象的表情、语气、态度、动作等方面获得书面文件所不能得到的内容,在短时间内向康复对象及其家属提出需要了解的问题,例如可采用 COPM 与康复对象进行访谈,了解个体对于作业表现方面问题的自我评价。

3. 观察 治疗师通过与康复对象交谈,了解康复对象的需求及其能做什么、不能做什么,以后想要做什么后,进一步观察康复对象实际完成这些作业活动的情况,以及哪些因素影响了作业活动,例如观察康复对象在日常生活活动中的执行能力,困难程度等。

二、作业表现层次评定

作业活动通常分为三大范畴,作业表现是人、活动以及环境三者互动时,即在日常生活活动、娱乐休闲活动以及职业活动中的表现。通过作业表现的评定来分析康复对象的作业活动表现。

1. 日常生活活动能力评定 日常生活活动(activity of daily living,ADL)分为基本日常生活活动(basic ADL,BADL)及工具性日常生活活动(instrumental ADL,IADL)两个方面,BADL 的内容主要包含在家的移动、饮食、穿衣、洗澡、基本的交流和个人卫生等。IADL 主要的焦点是家庭管理任务,如饮食计划,准备、购买和清洁;洗衣;购物;家庭季节性护理等。

常用的基本日常生活活动的标准化量表主要有:改良 Barthel 指数(Barthel index)、功能独立性评定量表(functional independence measure,FIM)、Katz 指数、Klein 日常活动量表、Kenny 自理评定、PULSES 评定量表、A-ONE 量表等。

其中,改良 Barthel 指数与功能独立性评定量表是最具代表性的评定工具。改良 Barthel指数是一种常用的评价基本日常生活活动能力的工具,通过评定分数来区分个体的生活自理能力;功能独立性评定量表可以全面、客观地反映康复对象日常生活活动能力。

2. 娱乐休闲评定 娱乐休闲活动是康复对象与社会互动并体验兴趣和乐趣的过程。这些体验和经历能够帮助康复对象平衡生活形态,增加安适和幸福感。

娱乐休闲评定同样遵循以康复对象为中心和自上而下的评估策略,了解康复对象的兴趣、爱好、休闲技巧与休闲活动参与的优势与劣势,进而掌握康复对象参与休闲娱乐活动的全貌。常用的评估工具有诺丁汉休闲问卷(Nottingham leisure questionnaire,NLQ)、休闲能力评定(leisure competence measure,LCM)等。通过对康复对象休闲娱乐活动的参与表现加以评定,从而对休闲活动进行规划与介入。

3. 职业评定 工作是帮助人们自我实现的重要途径之一。通过工作,人们增进了与社会的互动;同时增强了人的归属感、独立性与价值感。为了帮助康复对象更好地重返工作岗位,要对康复对象进行全面的职业评定。

职业评定应包括工作意愿评定、职业兴趣、职业性向、工作技能、功能性能力评估、工作模拟评估、工作现场评定、工作环境评估、就业辅助用具或职务再设计评定等。

三、作业技能层次评定

作业技能是作业活动的基本组成部分,以目标为导向,是可观测到的。作业技能层次的评定包括躯体运动功能、感觉、认知功能、社会心理技能评定等。

1. 躯体运动功能评定 躯体运动功能评定包括关节活动度、肌力、肌张力、手功能评定等。手功能的评定包括:手部的灵巧性、协调性及综合的手功能评定。

2. 感觉评定 感觉是人脑对直接作用于感觉器官的客观事物个别属性的反映。人通过对客观事物的各种感觉认识到事物的各种属性,因此我们可以分辨声音、颜色、重量、软硬、温度、粗细、味道、气味等。手部的感觉评定包括:触觉、痛觉、震动觉、温度觉和敏感觉测试。

3. 认知功能评定 认知功能主要涉及记忆、注意、思维、推理、智力等,是人类高级神经活动中最为重要的过程。认知障碍一般包括记忆、注意、知觉等障碍,其评定方法包括一般筛查评定及专项评定两方面。在评定康复对象的认知状态时,需要考虑到几个因素:康复对象的受教育程度以及语言的流利程度;有无听觉和视觉缺损,或表现为与痴呆相似的症状,如幻觉或妄想;是否有抑郁症的表现及近期是否遭受精神刺激。

4. 社会心理技能评估 社会心理技能是指与社会相互作用和处理情绪的一种能力,包括:①心理技能,即个体对自己所扮演社会角色中信念与意义等的看法,左右着个体选择所从事活动的目的及意义,同时影响个体的健康及康复疗效;②社会技能和社会支持;③自我管理技能,包括压力管理、时间管理、应变技能等。

四、作业情景层次评定

1. 文化情景评定 文化是一种指导人们与其他人或与环境之间相互作用的信息化系统。人们的价值观、信仰及行为方式都受文化的影响。同时,文化是新兴的、动态的、互动的。文化由生物遗传或基因决定,也与种族有关,它影响经济、社会及政治,也影响治疗师对康复对象个体的理解。

文化背景对于个体经历的影响是多种多样的,并且是动态的,这就要求作业治疗师在面对来自不同种族、不同地区的患者时不能特征化或刻板化,作业治疗师也要跳出自己文化背景的限制,与每一个康复对象分享不同的价值观与信仰,同时,在选择评定工具时要考虑个体文化背景的差异,比如要考虑所有文化背景下的知识以及经历。

2. 环境因素评定 环境是指围绕人群的空间以及其中可以直接、间接影响人类生活和发展的各种自然要素和社会要素的总体,由各种自然环境要素和社会环境要素所构成。当康复对象的某些损伤无法改变时,就需要通过改变环境来适应康复对象的损伤,从而从根本上解决他们的困难。在作业治疗里,环境会影响康复对象的行为,也会影响康复对象的作业表现。

通过对康复对象家庭环境、社区环境的评定来了解环境对于他们进行作业活动的支持和阻碍程度。以下简述几个代表性的评估工具:

SAFER-HOME(safety assessment of function and the environment for rehabilitation-health outcome measurement and evaluation):该评估方法是由 Letts 等人于 1995 年提出,主要测评两方面内容:活动/参与(在家庭环境中的移动、自我照顾及 IADL);环境因素(物理环境包括安全、架构、设计;社会环境包括来自照顾者的支持)。

HOME 量表(home observation for measurement of the environment):该评估方法是由 Caldwell 和 Bradley 于 1984 年提出,有四个版本:婴儿版、幼儿版、童年版、青少年版。该评估方法包含三个环境方面的内容:活动方面(社会行为和社会化)、环境因素方面(物理环境:照明、安全、尺寸、定位、装置/技术/电器/工具/玩具;社会环境:激励、社会支持、交流、家庭组织)、参与/生活习惯方面[人与人之间的交往(家庭成员、亲戚朋友),社区生活,公共服务使用]。该评估方法使用的目的是对于孩子从家庭中获得的认知、社会化、情感发展的激励与支持的数量和质量给予描述及区分。该方法可适用于 0~15 岁的孩子。

环境质量评估(measure of quality of the environment,MQE):该评估方法是由 Boschen 和 Noreau 于 1998 年提出,主要包含三方面内容:活动(评估对日常生活活动及社会角色有影响的环境因素）、参与（评估那些引起参与限制的障碍）、环境因素（包含社会的、态度的、体制的、技术的、物理的环境评估）。主要评估对象是有身体功能障碍者。该评估主要是通过与患者访谈的形式进行，访谈家庭、社区、工作间。整个评估需时约 30 分钟。

第三节 作业分析

一、概述

作业分析是指作业治疗师在一定理论框架的指导下，运用自己的专业知识，分析服务对象作业活动构成、所需技能以及活动对服务对象所具有的意义和潜在的治疗价值这一系列问题的过程。在作业分析之后，作业治疗师能够准确了解服务对象的真正需求和所需要完成的活动，在完成这些作业活动中服务对象所存在的优势、弱势及可能存在的困难，这些都为之后的治疗起着参考作用，其最终目的是促使康复对象有能力参与或重新参与这些对其有意义和价值的作业活动。

作业分析既包括分析服务对象所进行的作业活动，也包括服务对象如何安排其一天、一周甚至更长时间的作业活动。服务对象对作业活动的编排反映了其在日常生活中如何在满足自身需求的同时适应社会生活环境的变化，是否具备合理安排日常生活并保证生活质量的能力。经过合理安排的日常生活是具有节奏及和谐的作业习惯与规律，与此同时还能随着日常生活需求的变化而发生适应性改变。

一般我们将作业分析通过两个层面的视角进行诠释，分别为活动分析和作业分析。

（一）活动分析

活动分析指的是传统意义上的狭义的作业活动分析，其分析过程中既不需要考虑个体之间的差异，也不需要考虑完成活动时的背景因素限制。作业治疗师分析的是在特定环境情况下较为抽象的活动。此时，作业治疗师进行活动分析是有目的地对作业活动进行选择，挑选出具有治疗作用或治疗意义的作业活动，有效地提高康复对象参与更多活动的可能性，从而帮助康复对象恢复原有的能力或重新学习代偿的方法。

活动分析在选择合适的活动之后，通常将这一活动分解成恰当的步骤序列，之后再进一步分析在完成每个步骤的过程中需要提供和使用的工具，以及在完成该活动过程中存在的安全隐患和需要的某些特定技能。活动分析的特别之处在于一般不需要考虑不同的服务对象，其在完成所选定活动时可能出现的不同方式。活动分析者及作业治疗师在确定了某一项活动的常规步骤之后，即可根据其所指定的常规步骤进行推断，如一个偏瘫患者在完成刷牙活动时可能遇到的问题与困难，以及如何克服这些困难。作业治疗师通过实践和积累，对于日常生活中我们经常使用到的工具有成熟的思考时（如：如何使用和操纵某种工具，使用该工具可以使康复对象完成何种活动，在使用该工具时，需要康复对象具备何种能力），作业治疗师在活动分析中更容易挑选出合适的活动作为治疗手段。所选出的活动均具有典型特点，并不是某一服务对象的亲身经历，是一种较为抽象、典型的活动方式，并不涉及服务对象本身的生活方式和生活环境。

（二）作业分析

作业分析所关注的是在特定情景下某个特定的服务对象，其在真实环境中所需要完成的特定作业活动。作业治疗师在作业分析过程中需要深刻理解和分析服务对象在真实环境下完成其作业活动的细节。作业分析有别于其他专业的活动分析，它需要作业治疗师在分析过程中利用自身的理论框架,不停留在仅分析活动本身,而是有效结合环境、背景,以及服务对象本身角色和价值观等多方面内容后,对服务对象所要进行的作业活动进行分析,此种分析更好地体现了以服务对象为中心的治疗模式。

总而言之,活动指的是在某个特定背景下,个体从事不同活动的通用方式,是一种抽象的概念。作业指的是某特定服务对象选择从事的活动以及每一个体从事该活动的实际经历,是一个较为具体的概念。活动分析和作业分析作为每一个作业治疗师必须掌握的基本技能,需贯穿于治疗过程之中。作业治疗师既需要具备分析在特定文化背景下的个体从事某一活动的能力,也需要具备分析不同服务对象在其真实环境中完成具体活动的能力。活动和作业均是作业治疗中的核心概念,在治疗过程中常被提及并使用,分别作为治疗手段和治疗目的。两者之间既有共同性,也存在差异性。

二、作业分析要素

(一)作业活动的分类

作业活动常大致分为三种类型:日常生活活动、工作性及生产性活动、休闲娱乐活动。中国康复医学会作业治疗专业委员会 2019 年制订的《作业治疗实践框架》将作业活动归纳为八个不同领域。

1. 基础性日常生活活动(basic activities of daily living,BADL) 指的是自我照料性活动以及个人日常活动,是个体在真实环境中生存的基础,关系着个体的基本生存和生活质量。包括吃饭、穿衣、个人卫生等活动。

2. 工具性日常生活活动(instrumental activities of daily living,IADL) 指的是日常家居和社区生活活动,其所需要的能力和要求往往高于基础性日常生活活动。包括照顾孩子、照顾宠物、财务管理、外出购物、家务活动、社区活动、驾车等。

3. 睡眠和休息(sleep and rest) 包括合理安排睡眠和休息时间,以维持身体健康及保证其他作业活动的有效参与。包括睡眠和休息过程相关的所有活动。个体需要通过完成这些活动以保证睡眠所需的准备完善,从而可以进行睡眠。主要内容有睡前常规习惯(如睡前阅读、睡前服药、睡前按摩等)、与共同使用睡眠空间的人的互动、做梦以及夜间使用卫生间等。

4. 教育(education) 教育指的是一切关于学习和参与到教育环境中的活动。主要包括正式的教育活动和非正式的自学活动。正式的教育活动包括学术教育(科学、阅读、学历教育等)、课外教育(体育、乐队、舞蹈、各种兴趣组织等)和职业教育等几种类型。非正式的自学活动可以分为自我兴趣和爱好的探索过程以及有针对性的兴趣爱好系统性学习。

5. 工作(work) 指的是与工作相关的所有活动,包括对于带薪职位和无薪职位的寻求、申请、具备胜任该工作所需的技能(如时间管理、遵守工作规则、与工作环境中其他个体进行人际交往互动等),以及恰当时机进行的退休准备。

6. 玩耍(play) 是指能够产生享受、娱乐、开心或消遣的自发或有组织的活动,不局限于儿童或青少年特有的玩耍活动。除了包括探索、实践、尝试的各种探索性游戏外,还包括了对活动相关工具的维护,以及平衡玩耍与其他作业活动之间关系的能力。

7. 休闲(leisure) 指的是发生在没有其他作业活动需要完成的闲暇时间,既可以是主动参与的兴趣和娱乐活动(如打扑克、下象棋),也可以是被动参与的兴趣和娱乐活动(如听广播、看电视)。包括与娱乐相关的所有活动,以及如何有效平衡休闲娱乐活动与其他生活活动的能力。

8. 社交(social participation) 指的是在特定社会结构下的社交活动,包括社区、家庭、同道及朋友间的各种交流和互动活动。

（二）作业分析的内容

作业分析的内容主要包括四部分：从事活动的对象、活动分析、活动实施环境的分析、活动的适应与改良。

1. 从事活动的对象　从事活动的对象是影响作业活动选择和完成表现最主要的内在因素。个体的内在动机、兴趣、信仰、对自身角色的认识，以及躯体状况和能力都影响其作业活动。作业分析过程中必须考虑到服务对象的精神、认知、躯体、情绪以及社会交流等多方面因素，以分析个体需要完成的作业活动及个体是否具备完成作业活动所需要的能力。这些因素间存在动态交互作用，一种占主要作用的要素可能影响特定及相关作业活动的参与。如一个老人在独自洗澡时跌倒，那么可能会拒绝之后独自洗澡的活动，需要在他人帮助下才愿意进行。所以，在作业分析过程中，需要作业治疗师仔细分析影响作业表现的个体内在因素，以便促进作业治疗的进行。我们把从事活动对象的个体因素分为以下几类：

（1）精神层面：个体在精神层面的认识影响着个体对自我、他人以及世界的认知，从而影响着其作业活动的选择和完成情况。个体的精神层面包括价值观、信仰等。这些都能够激励个人对作业活动的坚持，尤其是在较为艰难的时期，个体的精神为其提供理解和接受生命事件的方式，以维持或提高个体的生活质量。若作业活动违背了个体精神层面的认知，则会产生负面影响。

（2）认知层面：认知层面包括普遍需要的基础认知功能和特殊认知功能。基础认知功能包括有意识的状态、定位定向能力等，特殊认知功能包括注意力、记忆力、知觉、思考、判断等。这些能力决定了个体进行实际作业活动的选择以及作业活动实施过程中的计划和管理。

（3）躯体功能层面：躯体功能层面包括感觉、关节活动度、关节稳定性、肌力、肌耐力、姿势控制、心肺功能、发声及言语能力等。这些功能决定了个体有能力参与到何种作业活动中，负责产生完成作业活动所需的感知觉反应，同时也负责完成身体与周围环境的互动，影响作业活动完成的质量。

（4）情绪管理层面：情绪管理包括在自己和他人互动过程中认同、管理以及表达感受的能力和技巧，可起到强化良性互动并协调个体与他人之间关系的作用，影响着个体作业活动的参与程度、不同作业活动之间的协调情况以及完成作业活动的质量。

（5）社交技能层面：社交技能涵盖了人与人之间互动交往所需的言语和非言语技能，个体的信念、生活和社会经历影响着个体对作业活动的参与。

（6）个体角色层面：个体在不同组织或群体之中，根据成员的组成不同和成员间的相互期望不同，担任着不同的角色。每一个个体都会有许多不同的角色，如某一个个体在家庭环境中可以是一个母亲，在工作环境中可以是一个老师，在厨房烹饪的环境中，可以被看作是一个厨师，等等。个体角色受内部因素和外部环境因素的多重影响。不仅与个体的性别、年龄相关，还与其所处的作业环境相关，而在这些因素影响下所产生的角色决定了个体所需要进行的作业活动。然而，由于角色的概念常会使个体在不知不觉的情况下被框定在他人对其的期望之中，而忽略了个体本身的需求，因此需要引起注意。

2. 活动分析　所选取的活动须是有意义、有目的及有参与性的活动。作业治疗师对于活动的分析需考虑活动中所需要的各种能力和技能，以及实施过程中对于环境因素的需求。

（1）活动所需能力和技能层面：①躯体功能：运动、感觉等。②认知功能：记忆、注意、启动、思考、计划、解决问题能力等。③心理功能：认同、解决以及恰当地表达感受与情绪的能力、顺应能力、自控能力、自尊心等。④精神层面:对人生观、价值观的探索及认识的能力。⑤社交技能:与他人有效互动和交流所需的言语及非言语能力、合群性以及社会问题应对能力。

(2) 活动实施环境因素的需求:①时间:个体从事活动分布于一天中的具体时间点,以及在一年及生命周期中的时间点。这三种时间点能很好地揭示特定环境下活动的作用性。表示了在一年中的某一天从事特定的作业活动是否适合特定的年龄阶段。②地点:分析活动发生的地理位置、场地以及其对活动的影响,也包括分析活动发生在户外还是户内,私人空间还是公共区域等。③设备:活动是否需要特殊设备,分析对特定设备的需求以及可获得性,工具是否易于获得,工具需要花费多少钱,在哪里以及怎样获取等。④安全性:活动相关的安全隐患是什么,如何避免这些风险,让康复对象参与决定对安全风险的接受度,特别是某些文化观念可能成为潜在的风险。

3. 活动实施环境的分析 活动需要在一定环境下才能有意义地进行。环境影响作业活动的发生、进行和完成情况。环境包括个体所处的物理环境、社会环境、文化和政治环境等,此外,时间和空间的不同也会影响个体的作业活动。一些作业活动需要个体之间进行面对面地交流,而另一些可以通过互联网等手段在虚拟环境中进行。我们将主要从以下几方面进行作业环境的分析:

(1) 文化环境:包括风俗习惯、信仰、活动方式、行为规范、社会对于每个个体的期待等。文化环境影响着身处其中的个体每天的每一个活动。文化环境可以是一个特定家庭、团体、工作场所、组织的文化,它影响个体如何看待自己和别人,决定了作业活动的特定价值和接受程度。因此,作业治疗师在进行作业分析时需要考虑文化因素,以确保作业活动符合个体目标,具有实用性。

(2) 个人因素背景:个人因素包括了个体的年龄、性别、身体状况、职业、所承担的角色等。这些因素都会影响个体作业活动的选择和表现。因此,作业治疗师在选择作业活动时,需考虑个体的个人因素,使个体完成对其来说具有意义的作业活动。

(3) 时间背景:指的是用时间和历史的塑造所得来的背景环境,它取决于个体所处于的生命阶段,一天、一周、一年之中的时间段,活动的节奏以及历史因素,如个体现在已经退休10年,或人们一同庆祝国庆节等。

(4) 虚拟背景:指的是不存在真实的物理环境,仅使用声波或电波进行沟通交流的环境。虚拟背景的形式多种多样,包括聊天室、聊天工具、视频会议、电子邮件、远程操控等。由于现今信息产业的大力发展,虚拟背景也应当列入个体的作业活动分析之中。

(5) 物理环境:包括自然环境、建筑环境和时间环境等方面。自然环境涵盖天气、地形、动植物等,影响着一些作业活动的可及性和实施性。建筑环境包括建筑物结构、无障碍性、设备、装置、照明及温度调节、家居位置摆放等,影响着个体执行作业活动的方式和质量。建筑环境的无障碍性可以有效地保障和提高作业活动的安全性,这也是作业治疗师必须考虑的因素之一。

(6) 社会环境:涵盖内容广泛,错综复杂并且互相影响。个体每天需要在多重的社会环境之下进行作业活动,如家庭成员、亲朋好友、同事、社区、组织等。社会环境潜移默化地影响着个体的作业活动,以及个体与个体之间的活动。

社会环境中包括了社会结构,即根据不同性别、角色、年龄等,通过对不同角色的需求进行组织,以满足社会的结构发展。社会结构由社会与文化决定,影响着作业活动的选择。社会环境还涉及作业的习惯背景,如某个体习惯于饭后刷牙,或是每天晚上要喝粥等。习惯的产生既可以作为作业活动的目的,也可能妨碍作业活动的选择和良好进行。因此,习惯和惯例可提供日常生活的结构和目的,然而并不总是产生积极的影响。

从更大的方面来说,社会政治环境对于个体的作业活动也会产生非常重要的影响,立法和资源的供应或分配影响个体的作业活动。

(7)经济环境:个体的经济背景影响其对于某些作业活动的可及性。经济环境决定了个体在一些资源上的可获得性,可能会影响个体的健康和生活质量。经济背景影响个体的生活环境和可以获得的有利资源,会使个体的作业活动需求发生改变。如,只用自行车代步和使用汽车代步,以及有专车司机为个体开车代步,他们对于外出出行的作业活动需求不同。

4. 活动的适应与改良 主要目的是使个体能够参与到对其来说有意义的作业活动之中,而不是为了提高或改变个体现有的能力。适应的目的在于改变作业活动对于功能水平的需求以和个体当前现有的功能水平相匹配。作业治疗师可以通过改良作业活动本身从而降低活动要求(降低认知要求、给予提示等)、使用辅助设备(使用拾物器、轮椅等)、改变物理和社会环境(专业护理人员上门服务、社会扶持志愿者等)等手段来实现适应目的。

三、以作业活动为基础的作业分析

为了更好地理解作业分析,作业治疗师可以将作业活动依据以下几个方面进行分析:

1. 作业描述 作业治疗师在进行作业活动分析的最初,应对所选择的作业活动进行简要描述,内容需要包括个体在完成该活动时常用的方式以及对于环境的需求等内容。

2. 所需物件及其特征 在确定所分析的作业活动之后,作业治疗师应针对个体在进行该项日常生活活动时所需要使用的工具、材料及设备进行描述。在描述的过程中,需要考虑到物件的文化象征以及其对于个体来说所具有的意义,如刷牙时需要使用的牙刷、写书法时需要用到的笔墨纸砚等。

3. 空间要求 作业治疗师需要对所选择的作业活动将要实施的真实环境进行分析,主要包括其所处的物理环境。此过程中的关键内容包括:活动发生的物理环境;环境的主要结构特点;结构和家具对于个体的活动表现有何影响;活动场所的光线、声音、气味、温度等。此外,作业治疗师还应描述个体是否在其他不一样的环境进行该活动,并描述与上述环境的差异。

4. 社会要求 作业治疗师应对个体进行指定的作业活动社会和文化环境进行描述,关键内容包括:涉及该活动的其他人,彼此是何种关系,以及彼此的期望;他人对个体的规则、规范以及期望;参与该活动对个体的文化和象征性意义。

5. 顺序、时间与模式 作业治疗师应根据所选定的作业活动列出从事该活动的详细步骤,还应计算每一步所需要的时间。在此过程中,作业治疗师应注意的是:顺序和每一步所需时间的灵活度有多大;一天中该活动发生或者反复发生的常规时间;该活动发生的频率。

6. 所需技能 作业治疗师使用作业治疗理论框架,确定此作业活动中所需的5~10项核心技能,如运动、感觉、认知、知觉、心理功能以及社会交流能力。技能考虑应和可用的环境相结合。

7. 身体结构及功能要求 对个体在完成此项活动中需要使用的身体结构和核心身体功能进行列举。

8. 安全隐患 作业治疗师应结合当前个体所存在的问题(如认知障碍、判断能力障碍、感觉减退等),对个体在完成该活动时可能存在的安全隐患进行列举,列在考虑范围之中。

9. 活动分级　根据个体特定情况和环境变化,列举三到四种改变活动任务难度的方式,可以简化任务难度,也可以增加任务的挑战性。

第四节　作业治疗记录撰写

一、内容和框架

(一)临床文件的目的

临床文件是作业治疗师工作的基本内容之一,借由病历记载的方式,作业治疗师可将个案的评估和治疗方法与其他专业人员沟通,呈现专业治疗师的价值与需求。临床文件是服务对象接受专业处理的永久性记录,也是一种法律文件,因此需要遵循一定的规范,以便必要时可经得起法律调查。作业治疗服务临床文件需具有以下目的:①说明提供服务对象接受作业治疗的原因及其接受作业治疗后的结果之间的关联;②反映作业治疗师的临床推理技能及专业判断能力;③提供有关服务对象接受作业治疗服务的相关沟通信息;④构建一个有关服务对象的情况、接受作业治疗服务及结果的记载历程。

(二)临床文件书写的基本技能

临床文件书写中需注意撰写的专业性与规范性。正确的文法与用字是所有专业医疗记录中所必需的。惯用术语应使用正确。唯有用字正确及文意清楚的记录才能确保不会发生误解。在使用专有名词缩写时,应使用已获得专业间认同的缩写用词。使用不熟悉的专有名词缩写或与治疗情境不符的用语是导致病历沟通误解的原因。

(三)临床文件的内容

1. 临床文件的内容

(1) 服务对象的基本信息:年龄、性别、病史、诊断、专业检查等。

(2) 服务对象的作业背景:作业历史、生活方式、兴趣、价值观和个人需求。

(3) 服务对象的作业表现:包括服务对象的日常生活表现;骨骼及肌肉、活动能力及作业表现、社会心理表现、认知、感觉等。

(4) 服务对象的环境评定:文化背景及环境因素评定;生活质量评定;社区评估等。

(5) 治疗目标:包括治疗的短期目标与长期目标。如在一个月的疗程中,临床文件记录需包含每个星期要达成的短期目标和一个月治疗后的长期目标。

(6) 干预计划:具体记录采用何种方式和方法对服务对象实施干预。

(7) 疗效进展:包括治疗的时长、次数、每一次治疗的进展和服务对象的反馈等。

(8) 出院/转介计划:当对服务对象的治疗告一段落后,作业治疗师会在临床文件中记录出院计划,包括本次治疗的疗效评价,康复对象现阶段的作业表现情况,出院后回到生活中的环境改造意见或家庭训练计划等。若作业治疗师认为康复对象仍需其他学科介入治疗,可记录转介计划,推荐康复对象进入其他类型的机构场所进行下一步治疗。

2. 临床文件完成方式　一般采取问题导向的康复治疗记录,我们归纳为"SOAP",这四个字母分别代表康复对象的四个部分,S 即 subjective data,指主观资料;O 即 objective data,指客观资料;A 即 assessment and analysis,指对康复对象的评估与分析;P 即 plan,指治疗计划。主观资料:是通过治疗师的询问,康复对象、康复对象家属或照顾者告诉治疗师关于康复对象目前情况及治疗的相关信息。书写内容应包括主诉、现病史、既往史、社会史、情绪与态度、目标或功能性治疗结果、对治疗的反应、特殊情况的描述,特别是活动参与的情况,例如能否独立进行基本日常生活活动如进食、穿衣等,以及受限的个人和环境因素。客观资料:是指治疗师通过各种方法和技术评定后获得的信息,如关节活动度的测量、肌力测试、感觉测试、认知功能、手功能等内容。治疗计划:结合康复对象的需求和评估结果,与康复对象共同讨论确定治疗目标的具体方案。

二、初始评定记录

初始评定记录应该包括康复对象的一般情况、功能障碍情况、具体评估结果、治疗方案的建议和注意事项。康复对象的一般情况由主观资料和客观资料组成,主观资料应详细记录康复对象伤病前后的功能、活动、参与情况以及环境和个人因素的影响或改变,特别需要了解康复对象及其家属的需求;客观资料是指治疗师在诊疗过程中所获得的客观检查或评价资料,特别是测量、特殊检查及评价结果以及康复对象的功能表现等。具体评估结果应包括其躯体运动功能、认知功能、社会心理等内容。

1. 初始评定

(1) 查阅病历:通过阅读病历可以了解服务对象的病史、疾病诊断、治疗经过、用药或手术情况以及其他专业的检查、评定结果。此外,通过了解病史和疾病诊断,治疗师可提前考虑在评定和治疗过程中应注意的问题,从而避免发生不良反应。

(2) 与服务对象面谈:从广义上来讲,在一般场合与服务对象的交谈,如检查、测量或作业活动训练中与服务对象的交流,在食堂、休息室里的聊天等均可视为面谈的方式。治疗师除了和服务对象交谈之外,还可与其家人进行交谈,从侧面了解他们对服务对象恢复的期望目标,功能障碍对服务对象的日常生活、性格及家庭的影响。

(3) 观察:单纯询问服务对象的情况是不够准确的,因为他们在功能障碍后很少从事日常活动。服务对象回想起的是发病前的情况,很可能会夸大或缩小其真实能力。较好的方式是治疗师在服务对象活动时注意观察,进行动作评定和分析。一般先观察较为简单、安全的动作,然后观察较为困难、复杂的动作。

(4) 使用评估工具:作业治疗师通过采用专业的评估工具对服务对象的作业表现进行评估,并将数据和结果分析记录在临床文件中。通常作业治疗师会在治疗开始前、治疗过程中、治疗结束后采用相同的评估工具,以进行疗效的进展跟踪与对比。

2. 治疗目标设定　在书写治疗结果及目标时必须包含以下内容:①功能动作或表现;②可衡量的标准;③预期完成目标的期限。可衡量的标准为治疗结果及目标中最重要的部分,动作或表现可以用不同的方式来评定,标准包括肌力等级、关节活动角度、适当的姿势/人体工学、正确的技巧、需协助的等级、所需的辅助、疼痛等级及步行距离等。短期目标应包括以下五个成分:①治疗对象;②治疗内容;③实施条件;④治疗达到的水平;⑤治疗时间。

三、治疗进展记录

治疗进展记录应包括首次治疗情况、一般治疗、上级治疗师指导、案例讨论、交接班等内容。

1. 首次治疗情况　应记录详细治疗方案和方法,简单记录首次治疗情况及康复方法、有无不适等。

2. 一般治疗　可以每周记录一次,主要为治疗过程中康复对象的表现、功能进展、治疗方法的调整和原因等,如果有特殊情况应及时记录。

3. 上级治疗师指导　主要记录上级治疗师或主管治疗师对作业治疗的分析或指导等内容。

4. 案例讨论　对于情况比较特殊的康复对象,需要组织案例讨论或会诊,可能是作业治疗师内部讨论或跨(多)学科讨论。

5. 交接班　如果更换治疗师,需要书写交接班记录,详细介绍康复对象情况、治疗方案、注意事项等。

第五节　循证实践与创新

一、循证实践作业治疗

循证是现代医学的基本准则,作业治疗活动应基于循证证据,选择临床上最有效和成本效益高的干预措施。

(一)概述

循证实践作业治疗指的是在临床作业治疗过程中,治疗师结合个人临床经验和患者实际情况,谨慎、准确地采用当前最佳研究证据,为患者制订个性化的作业治疗方案。

基于循证实践的作业治疗是一个复杂的决策制订过程,要求作业治疗师具备临床专业知识、科学证据、实践经验,并遵循以患者为中心的原则。"临床专业知识"和"实践经验"是开展临床工作的基石,包含作业治疗师的医学理论知识、专业应用技能和长期积累的丰富的临床工作经验等。"科学证据"是和临床实践相关的研究证据,尤其是以患者为研究对象的临床研究。这要求治疗师具有搜索和筛选处理最新信息、总结归纳问题、全面检索文献和批判性思考的综合能力。一个好的作业治疗师应同时做到较好地应用临床专业知识和利用好最佳研究证据。"以患者为中心"是要治疗师根据患者的健康状况、背景、偏好和价值观进行治疗方案的选择,尊重患者的个人意愿,强调治疗方案的个性化。因此,治疗师的关键任务在于向患者解释目前疾病相关研究中基于个人选择、环境、文化背景、对于健康和幸福的价值观念的最佳证据。但治疗师在诊疗过程中应注意,即使是研究证据高度推荐的治疗方案,若患者不接受,也不可作为该患者的循证实践。因此,在循证实践过程中,研究证据只是其中的重要一环,需要结合治疗师的临床经验和患者的实际情况综合考虑。

(二)循证实践作业治疗的重要性

1. 满足对专业知识的需求　由于缺少实践和信息资源或治疗师全面检索文献的能力较弱,治疗师可能无法解答患者治疗期间提出的某些问题。综合运用循证实践资源能够帮助治疗师快速找到解决问题的方法。

2. 促进临床方案的制订　临床实践文献资料信息迭代速度快,海量的信息使得专业人员难以高效汲取相关研究证据。循证作业治疗可促进综合、严谨的循证实践资源的运用。作业治疗师可采用一种有目的且有效率的方法为康复对象做出循证决策,最大程度增加益处和减少伤害。

3. 推动研究证据的临床应用　基于科学的严谨性,新发现或新的研究方案是需要大量的实践结果论证的。因此,新的研究成果常常难以早期应用到临床实际工作中。循证作业治疗可推动研究证据的临床应用,加快研究结果的广泛应用。

作业治疗专业的发展需要遵循循证实践精神,重视专业知识更新与临床决策的科学依据,以证据作为临床实践的基础。在面对某一个具体功能障碍或疾病时,治疗师要以科学实证为基础提供评估和治疗干预,为康复对象提供最佳服务。

（三）循证实践作业治疗的具体步骤

1. 确定临床问题　提出作业治疗问题并将问题转换成假设信息。

2. 搜寻与问题相关的证据　利用文献检索数据库进行文献检索，寻找证据。证据可以是定性或者定量的，应广泛收集。

3. 分析评价证据　从研究的科学性、可复制性及证据等级来评价证据。

4. 推荐实施高质量研究证据　作业治疗师需要确定证据的可用性和适用性，应根据临床经验和患者实际情况进行优化改良，解释治疗方案并推荐给康复对象及其家属。

5. 后期治疗效果评估　对干预的有效性进行评价，通过是否实现治疗目标、康复对象及其家属对结果的满意程度来分析。

二、创新应用

创新是指以现有的思维模式提出有别于常规或常人思路的见解为导向，利用现有的知识和物质，在特定的环境中，本着理想化需要或为满足社会需求，而改进或创造新的事物，包括但不限于各种产品、方法、元素、路径、环境等，并能获得一定有益效果的行为。

在创新的过程中，参与者必须保持开放的态度，如果过早下判断和结论，则会减少创造解决方案的空间，特别是对于我们已经习以为常的想法和认为是对的事情，也要重新检讨，甚至挑战其背后的假设或理论，这样才会制造创新。作业治疗本身是一个较为有创意的专业，治疗师有较大空间去发挥自己的独特性、创新性。下面以作业治疗服务模式的创新和治疗中辅助技术的创新为例进行说明。

（一）服务模式的创新

近年来，由于信息科技的蓬勃发展，互联网产业带动各种产业服务模式的创新，根植于互联网，使服务者能以软件的形式或通过软件界面与外界交互构建服务导向架构。服务导向架构将产生新的应用、服务模式、商业模式与研究主题。

在作业治疗创新服务模式中，面向不同的服务对象，特别是老年人群、发育障碍儿童，可发展以服务导向架构的创新服务模式，如远程康复，使有限资源的应用更高效。服务资源可以整合为软件服务资源及实体服务资源，软件服务资源依靠理论基础构建，用于筛查有认知障碍的老年人、学习障碍的儿童、发育迟缓儿童等；实体服务资源则必须依靠治疗师的专业技能，建立跨学科的团队，提供多元治疗干预及支援服务。

（二）辅助技术的创新

作业治疗中对于辅助技术开发和应用的创新性是非常值得探讨的。在辅助技术领域，应以与康复对象共同设计和以人为本为实践原则，以服务对象的目标为焦点，邀请患者参与到辅助技术或器具的设计当中，能够在最终辅助产品中确定什么是最适合患者的。在技术层面，三维扫描、计算机设计、3D 打印等数字化技术可以帮助我们突破制造、选材的难关，实现在设计和功能目标上的创新。

随着大数据时代的到来和人工智能技术的蓬勃发展，智能化延伸到各个领域，包括机器人、语音识别、语言翻译、自然语言处理、图像识别、机器视觉、自动驾驶和专家系统等。而智能康复实现了工程与医学的紧密结合，并将多种学科诸如康复医疗、神经科学、计算机技术、心理学等进行融合，使得工程技术在临床上的应用得到加强。在作业治疗领域，辅助器具已不仅仅是传统概念上的拐杖、助行器、轮椅等设备，随着人工智能在辅助技术上的推广应用，智能辅具将为康复对象带来更好的体验感及为其生活提供更大的便利。

（刘晓丹　李晓林）

复习思考题

1. 简述作业治疗的流程。
2. 作业分析包括哪几个要素？请简述每个要素的主要内容。
3. 作业评定包括哪些内容？
4. 作业治疗文书中，治疗进展记录主要有哪些内容？
5. 循证作业治疗的具体步骤是什么？

中 篇

实践技能

第五章

日常生活活动训练

学习目标

1. 解释并举例日常生活活动的概念和分类。
2. 分析基本日常活动(穿衣、转移、进食等)训练的步骤,并设计相应的日常生活活动训练。
3. 在实际案例中应用日常生活活动评定量表,并解释评定结果。
4. 列举常见的工具性日常生活活动训练方法。

第一节 概 述

一、日常生活活动的训练意义

日常生活活动(activities of daily living,ADL)是指人们为了维持生存及适应生存环境而每天都要进行的活动,是个人自我照顾和生活独立的重要指标。

日常生活活动(ADL)是功能障碍者生活自理、回归家庭、回归社区、回归社会所必须掌握的基本技能。这种活动能力是一种综合能力,对每个人都非常重要。对于健康人,这种能力极为普通,无须做任何特殊努力即可具备;但对于有功能障碍的人群,则往往需要经过反复甚至艰苦的训练才有可能获得。提升功能障碍者 ADL 功能的独立性,是作业治疗中最重要、最常见的内容之一,具有功能障碍的人群要重新生活就必须从简单的、基本的 ADL 训练开始,因此必须予以足够重视。

进行 ADL 训练,不仅能减少康复对象的依赖性,增加其独立程度;更能通过 ADL 训练提高身体的功能和提升其自我效能感。因此,根据康复对象的情况,只要病情稳定,治疗师就应鼓励其主动参与以作业为目的、对其有意义的 ADL,从而产生更加积极的治疗意义。

二、日常生活活动的分类

日常生活活动可分为基础性日常生活活动(BADL)和工具性日常生活活动(IADL)两部分。BADL 也可称为躯体性日常生活活动或个人日常生活活动,是指为了达到自我身体的照顾而每天必须完成的活动,该活动需要基础的技能。

BADL 的训练内容包括进食、梳洗、穿脱衣服、如厕、入浴、室内移动等与自身相关的最基本的自理活动。IADL 训练是指与日常生活环境相关联的适应性活动,即在各种环境中利用工具进行的活动。这些活动通常需要更复杂的技能,需要与环境有更多的互动。IADL 内容包括家务劳动(煮食、洗涤、清扫等)、外出活动(购物、打电话、使用交通工具等)、阅读书报、计算机操作、网络及娱乐设施的使用等。休闲活动亦属于 IADL 范畴。

第二节　日常生活活动评定与训练

一、日常生活活动评定

作业治疗是以康复对象重返社会为目标,重返社会就必须具备与日常生活相关的活动能力。而日常生活活动评定就是要从康复对象的实际生活出发,运用科学的方法准确了解其功能障碍对日常生活的影响,为其日常生活活动训练提供依据。日常生活活动能力评定属于能力障碍评定,是综合功能评定中不可缺少的内容。

(一)ADL 评定的主要内容

1. 自理方面

(1) 进食:包括进食动作(使用筷子、汤勺等餐具摄取食物,使用各种类型的杯子喝水等),以及咀嚼和吞咽的能力。

(2) 穿衣:包括穿脱上衣(开衫、套头衫)、裤子、鞋袜及假肢矫形器等。

(3) 个人卫生:包括洗脸、刷牙、梳头、化妆、剃须等。

(4) 大小便管理:包括进出厕所、大小便控制、便后清洁、马桶冲洗等。

2. 运动方面

(1) 转移:包括床上的体位转换、床与轮椅之间的转移、轮椅与座椅之间的转移、轮椅与浴盆、坐厕之间的转移等。

(2) 行走:包括室内行走、室外行走,使用助行器、假肢行走等。

(3) 交通工具的使用。

3. 家务劳动　包括购物、洗衣、清扫,使用家具及家用电器,家庭财务管理等。

4. 交流　包括阅读、表达、书写、打电话、使用电脑等。

5. 社会认知　包括解决问题、社会交往等。

(二)ADL 评定步骤

日常生活活动评定的实施包括:收集资料、面谈、初次评定、记录与报告。

1. 收集资料　包括康复对象的个人史、临床诊断、社会角色、既往史、疾病史;康复对象的功能情况;康复对象的主动性、依从性;心理状况;支具辅具使用情况等。

2. 面谈　主要了解康复对象的作业表现、习惯、兴趣爱好、生活方式、以往的作业活动、角色等。对于一些比较隐私、不便于观察和测量的项目,可以通过询问来获得信息。对于有语言交流与认知障碍的人群,面谈时最好有家属参加以免造成表述内容的不准确。

3. 初次评定　通常采用间接法,根据量表内容,了解康复对象的日常生活活动能力。

4. 记录与报告　根据量表评定结果,记录评定内容,分析总结与报告。

(三)常用的 ADL 评定量表

ADL 评定主要运用标准化的量表来进行,为了保证评定结果的科学性,在选择量表时要确保所用量表经过信度和效度检验,具备统一和标准化的检查和评分方法,并可对不同人群、不同机构之间的评定结果进行比较分析。

1. Barthel 指数评定　Barthel 指数评定于 20 世纪 50 年代中期设计并应用于临床,是目前康复医疗机构研究最多、应用最广的 BADL 评估方法。该评定方法简单,信度、效度良好,不仅可用来评定康复对象治疗前后的功能状态,还可预测治疗效果及预后。

（1）评定内容:包括日常生活活动的 10 项内容(进食、洗澡、修饰、穿衣、控制大便、控制小便、上厕所、床椅转移、平地行走 45m、上下楼梯),根据需要帮助的程度及能否独立,分为自理、稍依赖、较大依赖、完全依赖四个功能等级,总分为 100 分。

（2）评定结果:评分越高,表示依赖性越小;得分越低,表示依赖性越大。100 分表示服务对象各项基本日常生活活动能力良好,不需要依赖他人;61~99 分表示康复对象有轻度功能障碍,日常生活活动基本自理;41~60 分表示康复对象有中度功能障碍,日常生活活动需要部分依赖;21~40 分表示康复对象有重度功能障碍,日常生活活动重度依赖;<20 分为日常生活活动完全依赖。

2. 改良 Barthel 指数(表 5-1) Barthel 指数虽有较高的信度和效度,但是在使用中也存在设定的评价等级较少、相邻等级之间分值差距较大等问题。后有学者在此基础上进行了改良,称为改良 Barthel 指数。评定项目与每项满分值不变,重点将每一项的评定等级进行了细化。

表 5-1 改良 Barthel 指数

项目	5 级	4 级	3 级	2 级	1 级
1. 进餐	10	8	5	2	0
2. 如厕	10	8	5	2	0
3. 梳洗修饰	5	4	3	1	0
4. 洗澡	5	4	3	1	0
5. 更衣	10	8	5	2	0
6. 床椅转移	15	12	8	3	0
7. 行走	15	12	8	3	0
8. 上下楼梯	10	8	5	2	0
9. 小便控制	10	8	5	2	0
10. 大便控制	10	8	5	2	0

改良 Barthel 指数评定标准:每项得分分为 5 个等级,最低 1 级,最高 5 级,级数越高代表独立能力越高。1 级:完全依赖别人完成整项活动。2 级:某种程度上能参与,但在整个活动过程中需要别人提供协助才能完成(注:"整个活动过程"是指超过一半的活动过程)。3 级:能参与大部分活动,但在某些过程中仍需别人提供协助才能完成整项活动(注:"某些过程"是指一半或以下的工作)。4 级:除了在准备或收拾时需要协助,患者可以独立完成整项活动;或进行活动时需要别人从旁监督或提示,以确保安全(注:"准备或收拾"是指一些可在测试前后去处理的非紧急活动过程)。5 级:可以独立完成整项活动而无须别人在旁监督、提示或协助。

该量表总分 100 分,>60 分为良,表明有轻度功能障碍,能独立完成部分日常活动,需要部分帮助;41~60 分为中,表明有中度功能障碍,需要极大的帮助方能完成日常生活活动;≤40 分为差,表明有重度功能障碍,大部分日常生活不能完成或需他人照顾。

3. 功能独立性评定量表(FIM) 在反映残疾水平或需要帮助的量的方式上,比 Barthel 指数更详细、精确,具有较高的信度和效度。该量表不仅可以综合反映康复对象的功能独立情况,还能够比较不同方案的优劣,评估各阶段的治疗效果。可以帮助作业治疗师确定康复需求、预测康复结局、有针对性地选择治疗方案。

（1）评定内容：包括躯体运动功能和认知功能两大部分，涉及日常生活活动共六项，分别为自理活动、括约肌控制、转移、行走、交流和社会认知，总共18个评定项目。

（2）评定结果：18个项目的总分最高为126分，最低分为18分，得分越高，表示独立性越好，得分越低，表示依赖性越强。具体评分标准如下：126分，完全独立；108～125分，基本独立；90～107分，极轻度依赖；72～89分，轻度依赖；54～71分，中度依赖；36～53分，重度依赖；19～35分，极重度依赖；18分，完全依赖。

4. Katz指数　又称为ADL指数，共有洗澡、穿着、如厕、转移、大小便控制、进食六项内容，按照由难到易的顺序进行排列，不能随意改变次序。katz指数评定在临床应用范围广泛，成人和儿童均可使用，但对其信度、效度研究较少。

5. 功能活动问卷　主要用于研究社区老年人的独立性和轻度老年痴呆，共由10项问题组成。由于效度较高，且所有评定项目均为IADL内容，所以在评定IADL时可作为首选。

二、日常生活活动训练

进行日常生活活动训练，其目的在于建立康复对象的自我康复意识，充分发挥其主观能动性，提高重建独立生活的自信心；通过训练或维持基本的日常生活活动，调动并挖掘其自身潜力，把对他人的依赖程度降至最低；进一步改善康复对象的躯体功能，包括关节的灵活性、机体的协调性与平衡能力，以适应日后回归家庭、重返社会的需要；通过在日常生活环境中进行训练，并对特定动作进行分析，找出其存在的主要问题，提出解决问题的方法，达到最大限度的生活自理。进行日常生活活动训练的原则如下：

1. 充分了解康复对象的基本情况　首先要了解康复对象及其家属对日常生活的需求、最迫切需要解决的问题，以便充分调动本人及家属参与训练的积极性。其次应对康复对象之前的生活情况、文化背景、职业特点，以及目前的功能水平、病程阶段进行了解，为提出相应的训练目标和内容提供可靠依据。

2. 由易到难，从简单到复杂　训练应以目标为中心，将每一动作分解成若干部分进行练习，熟练后再结合起来整体练习，以满足其社会角色的需求。

3. 训练环境尽量接近真实情况　训练时应尽量让康复对象能在真实或接近真实的环境中（如起居室、卫生间、厨房等有家具设备的环境）进行。训练时间也应与平时的作息时间相吻合。如进食活动可在就餐中进行训练，更衣活动可在早晨或晚间进行训练。

掌握BADL技能是康复对象走向独立的重要一步。作业治疗师必须从实际出发，根据功能障碍的不同和康复对象的个体差异等，综合各方面因素，制订详细可行的训练计划，有步骤地进行日常生活活动训练。一般可在日常生活的真实环境中进行训练，并对特定动作进行分析，必要时使用自助具，如穿衣、穿鞋、穿袜自助具及长柄发梳等。本章以偏瘫患者为例，介绍常用的日常生活活动训练方法。

（一）更衣训练

更衣既是偏瘫患者日常生活活动的需求，也是患者维护自尊、提高自信心的重要方式。着装与时间、场所、目的相适应是作为一个社会人应掌握的常识和行为。完成更衣活动需要综合很多技能，如患者对衣服的部位与身体部位相适应的认知判断能力、平衡协调能力等。当患者的坐位平衡较好时，即可开始更衣训练。训练内容包括穿脱上衣、穿脱裤子、穿脱鞋袜等。

1. 穿脱上衣训练

（1）穿脱开襟上衣

1) 偏瘫患者穿前开襟衣训练(图5-1):患者取坐位,先穿患侧,后穿健侧。

①偏瘫患者健手将衣服置于膝关节上,分清衣服前后、衣领、袖笼等。

②将患手插入同侧衣袖内,用健手将衣领向上拉至患侧肩。

③健手由颈后部抓住衣领拉至健侧肩部,再将健手插入另一衣袖中。

④健手系好纽扣并整理好衣服。

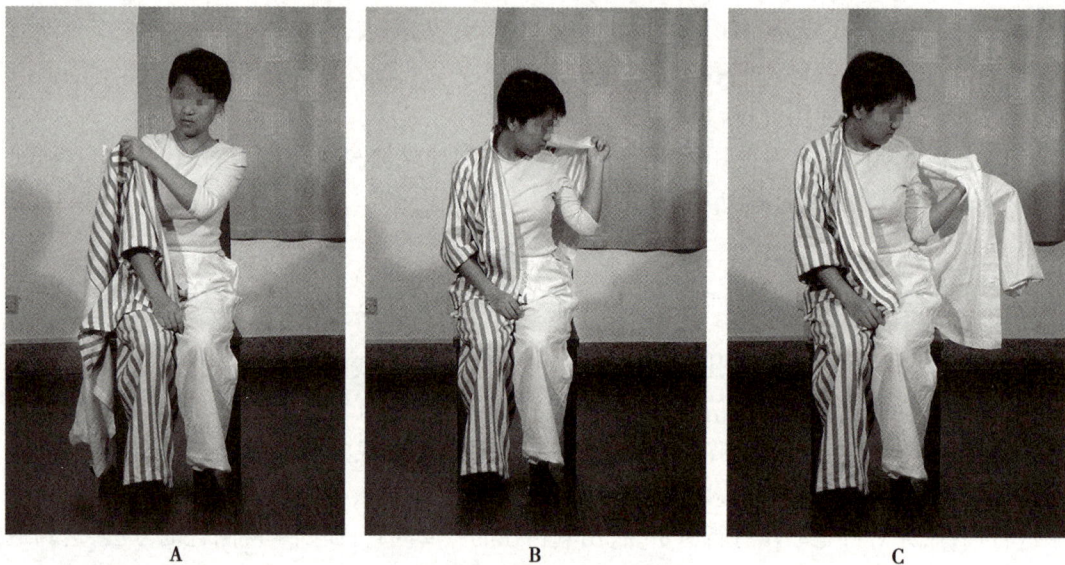

图5-1 偏瘫患者穿前开襟衣训练

2) 偏瘫患者脱前开襟衣训练(图5-2):与穿衣相反,先脱健侧,再脱患侧。

①健手解开上衣纽扣。

②偏瘫患者健手抓住衣领向上由头脱下患侧衣袖的一半,使患侧肩部脱出。

③健手脱掉整个衣袖。

④健手再将患侧衣袖脱出,完成脱衣动作。

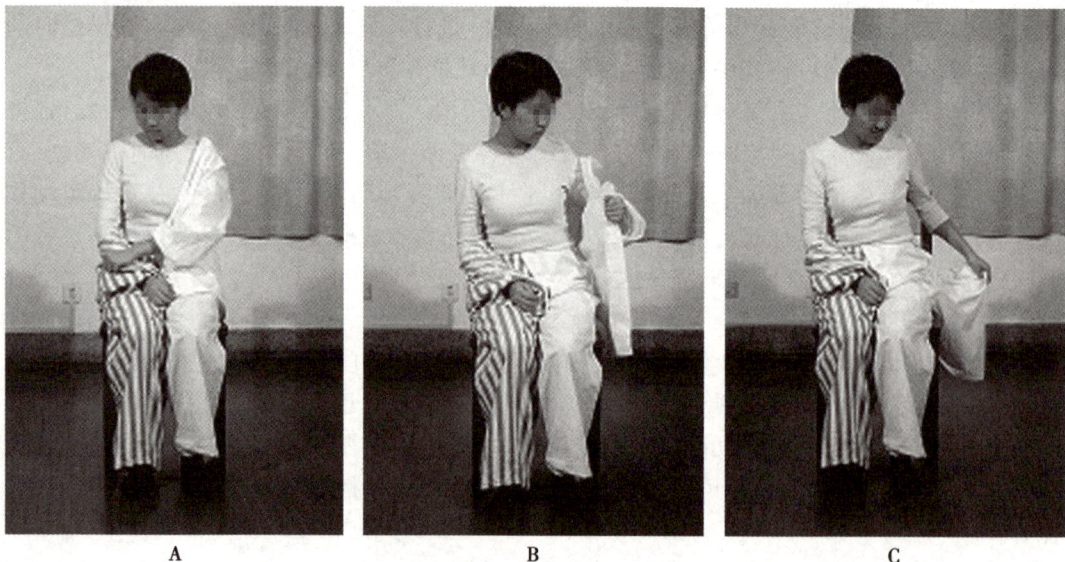

图5-2 偏瘫患者脱前开襟衣训练

（2）穿脱套头上衣

1）偏瘫患者穿套头上衣训练：患者取坐位，先穿患侧，后穿健侧。

①偏瘫患者健手将衣服背向上置于膝关节上，分清衣服前后、衣领、袖笼等。

②将患手插入同侧衣袖内，并将手腕伸出衣袖。

③将健手插入另一衣袖中，并将整个前臂伸出袖口。

④健手将衣服尽可能拉向患侧肩部。

⑤将头套入领口并伸出，然后整理好衣服。

2）偏瘫患者脱套头上衣训练：与穿衣相反，先脱健侧，再脱患侧。

①偏瘫患者健手抓住衣衫后领向上拉。

②在背部从头脱出，随之脱出健侧衣袖。

③最后脱出患侧衣袖，完成脱衣动作。

对于四肢完全瘫痪的患者，必须完全依赖他人穿脱衣物；对于截瘫患者，如不能坐起但能够翻身，则可以通过训练完成穿脱上衣的活动，还可以用手系扣子，必要时借助辅助用具。

在进行更衣训练时，首先检查患者在完成这些动作的过程中存在哪些问题，进行活动分析。对于有困难的步骤或动作成分可单独设计作业活动反复进行训练，在动作成分已经能够完成的情况下，可开展系统的更衣训练。

在更衣训练过程中，应避免使肌张力增高的动作和错误的用力方式，还可在进行训练的同时教会患者使用自我抑制痉挛的方法。

训练用的上衣以质软、宽松、穿着舒适、穿脱方便为宜，纽扣可选择按扣或尼龙搭扣。如果健侧肢体有关节活动受限疾病时，应将所穿衣服改制成宽松式，以方便患者穿脱，从而避免强行穿脱引起关节疼痛，或因穿脱困难而使患者失去信心。

2. 穿脱裤子训练

（1）卧位穿脱裤子训练

1）先坐起将患腿屈膝屈髋，放在健腿上。

2）患腿穿上裤腿后拉至膝盖上方，以同样的方法穿上健侧裤腿。

3）躺下，蹬起健腿，抬起臀部，将裤子提至腰部。

4）扣好扣子，系好腰带并整理。

脱的顺序与穿的顺序相反，只需躺着就用健脚帮助脱下患侧裤腿。

（2）坐位穿脱裤子训练

1）偏瘫患者取坐位，将患腿屈膝屈髋，放在健腿上。

2）健手穿上患侧裤腿，向上提拉，放下患腿，然后穿上健侧裤腿。

3）站起，将裤子提至腰部并整理好裤子。

4）坐下并系好腰带。

脱裤子的顺序与上述穿裤子的顺序相反，先脱健侧，再脱患侧。

3. 穿脱鞋袜训练

（1）穿脱袜子训练

1）先将患侧腿交叉放在健侧腿上，如果不能主动完成，可用交叉握住的双手抬起患腿置于健侧腿上。

2）找好袜子上下面，用拇指和示指将袜口张开，身体前倾将袜子套入脚上。

3）再抽出手指整理袜底、袜面，将袜腰拉到踝关节处，最后从脚跟处向上拉平整理。

4）用同样的方法穿上另一只袜子。

脱袜子比穿袜子简单，动作模式类似。

（2）穿鞋和脱鞋训练：患者可以像穿袜子那样穿上鞋，但脚要平放在地板上才能系上鞋带。如果穿系带子的鞋，鞋带的穿法应使患者能用单手系鞋带。

应选择穿脱方便的鞋，对弯腰有困难的患者，应用长柄鞋拔提鞋。家属可到市场上买一普通鞋拔子，将鞋拔子固定在一圆棍上即成穿鞋器。为了方便，也可以不穿系带鞋，改穿船形鞋。

4. 偏瘫患者更衣训练注意事项

（1）患者学习自己穿脱衣服时，健侧肢体应具备基本活动功能，有一定的协调性、准确性和肌力。

（2）如健侧肢体有关节活动受限疾病时，应将所穿衣服改制成宽松式，以方便患者穿脱，避免强行穿脱而引起关节疼痛，或因穿脱困难而使患者失去信心。

（3）内衣以质软、平滑、穿着舒适、穿脱方便、前开襟的为宜。

（4）外衣以宽松式为好，纽扣以按扣或尼龙搭扣为宜。

（5）西服应选择光滑衬里，领带为方便易结的"一拉得"或其他饰物。

（6）穿脱裤子时，患者应具备坐位和控制平衡的能力，掌握桥式运动方法，以便能将裤子拉到腰上。裤子腰带可以改造，或用弹力带，或尼龙搭扣等，也可选用背带挂钩式裤子。

（7）穿脱鞋袜时应注意选择软底、穿脱方便的鞋子，也可在鞋上安上尼龙搭扣等。

（8）对弯腰有困难的患者，可用简易穿袜器及穿鞋器协助穿脱。

（9）在穿鞋及穿袜子时患者不可用力过大，防止患侧上下肢出现联合反应影响动作完成。

（二）进食训练

进食的过程较为复杂，与体位、姿势、咀嚼、吞咽、体能等因素密切相关。进行进食训练，不仅可以减少患者的依赖性，还可以增强其对康复的信心。

1. 进食体位　应根据患者的身体状况来选择既安全又有利于进食的体位。

（1）坐位：对于生命体征平稳、坐位时无直立性低血压反应的患者，尽量采取坐位进食，头略前屈是最合适的体位。在这种体位下进食，食物不容易从口中漏出，又有利于食团向舌根运送，还能减少鼻腔逆流和误咽造成的危险。

（2）半卧位：对于不能坐起的患者，可选择将床摇起至 30°的半卧位，头部前屈体位。偏瘫患者可在背部或患侧分别放置小枕头以保持坐位平衡，同时保证患侧上肢有一定依托，防止患侧肩胛带后伸。

2. 进食前的准备

（1）食物准备：首先要做的是将食物分成一口大小，要将整条鱼分开，用小刀将肉切成块，将油炸食品分开等。由于食物的种类形状不同，一口大小的食物可以用筷子夹起、勺子舀起、叉子叉住等，最后放入口中。

（2）充分评估患者进食的姿势、头的位置和活动范围、视觉范围、上肢活动范围、餐具的持握和操作、手的活动范围和协调性、口的张开程度等情况，与功能障碍相联系，确定适当的进食方法。

（3）需要时为患者提供防滑垫、万能袖套、合适的刀叉、有把手的杯子、防洒盘子等进食辅助具。如单手用勺进食时，碟子可以使用特制的碟档，以防止食物被推出碟外，为了防止进食过程中碟子移动，可在下面加垫一条湿毛巾、一块胶皮或利用带负压吸盘的碗。为了便于抓握餐具，还可用毛巾缠绕餐具手柄起到加粗作用。

3. 进食动作训练

（1）固体食物

1）患者靠近桌旁坐下,上肢放在桌子上,以帮助患者进食时保持对称直立的坐姿,将食物放在适当位置。

2）将食物及餐具放在便于使用的位置,必要时碗、盘应用辅助具固定。

3）把筷子和调羹放进碗里,夹盛食物后送入口中。

4）咀嚼和吞咽食物。

5）放下进食用具。

（2）饮水训练

1）杯中倒入适量温水,放于适当位置。

2）稳定水杯,如果是偏瘫患者,可用患手持杯,健手帮助以稳定患手,端起后送至嘴边。

3）缓慢倾斜水杯,倒少许温水于口中,咽下。

4）必要时可用吸管饮水。

（3）注意事项

1）为患者提供良好的进食环境,进食前应取下有活动的义齿。

2）进食时要端坐于桌前,头颈部处于最佳的进食位置。患侧手臂置于向前的位置靠近餐具,正确的手臂位置将帮助患者保持对称直立的坐姿。

3）进食时患者应心情放松,注意观察患者的咀嚼和吞咽能力,以避免进食时发生呛咳。

4）如有可能,让患者用健手把食物放在患手中,再由患手将食物放于口中,以训练健、患手功能的转换,最后过渡到学会使用患手。

5）如果在吞咽时,发现口腔塞有食物或是呛咳则提示吞咽问题,需要进行更全面的评估和特别处理。

（三）个人卫生训练

清洁是人的基本需要,不仅可以让人感觉舒适、心情愉快,还可以保持皮肤的正常功能,减少感染机会。个人卫生训练包括:修饰（刷牙、洗脸、梳头、修剪指甲等）、洗澡、如厕。

1. 修饰　对于偏瘫患者,能否独立完成修饰训练的动作,与患侧手的功能恢复程度、健侧手的代偿密切相关。在脑卒中早期,为使患者尽快开始 ADL 内容训练,可鼓励患者先进行健手操作,逐步采用健手辅助患手或是只用患手操作,尽可能发挥患手的残存功能,避免成为失用手。在训练的最后阶段,可应用辅助用具和代偿策略帮助患者完成动作。

（1）刷牙、漱口:①备好使用物品,靠近水池。②装水:打开水龙头,将水杯装满水。③挤牙膏:可将牙刷固定在架子或防滑垫上,或是用膝盖夹住,健手将牙膏挤到牙刷上。④拿起牙刷刷牙:可选择健手辅助患手持牙刷,也可以用健手持牙刷。⑤拿起水杯漱口。

（2）洗脸:①备好使用物品,靠近水池。②装水:打开水龙头,将脸盆装水。③拧毛巾:将浸湿后的毛巾套在水龙头或是患侧前臂上,利用健手将毛巾向一个方向拧干（图 5-3）。④洗脸:将毛巾平拿在手掌上洗脸。⑤再次拧干毛巾。

（3）梳头:①面对梳洗台,坐稳。②拿起梳子梳头:可根据患者情况使用加长、加粗柄的梳子,或是弯曲成角的梳子。

（4）修剪指甲:将指甲剪固定在木板上,木板再固定在桌上,一端突出桌沿,剪把处系上小绳并穿过木板,

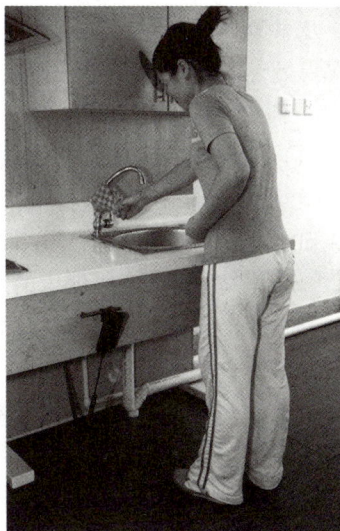

图 5-3　偏瘫患者拧毛巾

绳端扣一环。一手伸入环中使劲一拉即可剪去伸入指甲剪刀口内的指甲。

2. 洗澡　洗澡是一项复杂的活动,需要患者有良好的坐位、站立平衡能力。训练内容可根据患者的具体功能情况以及个人的习惯调整。

(1) 准备:①将洗澡所需的衣物装在袋子里带进浴室,进入浴室后可将袋子挂在或是放置在容易取用的地方。②确认洗澡所需的用品如沐浴液、浴巾等,并将其放在容易取用的位置。③由于浴室地面湿滑,预先在浴室入口及浴缸前放置防滑垫。④对于下蹲、起立困难者,需要对浴室进行环境改造,安装扶手,帮助浴室里转移活动的完成与提高安全性。

(2) 进出浴缸:①用转移板进出浴缸:患者靠近浴缸站立,背对放置在浴缸上的转移板;小心地坐在转移板上,抬移双腿进浴缸(如果是偏瘫患者,可健腿先进浴缸,再用健手辅助患腿进浴缸);在双腿进入浴缸后,慢慢移动臀部坐进浴缸。②从轮椅进出浴缸:可参考本章转移的相关内容。③对于转移能力差的患者,可直接使用浴椅通过淋浴来完成洗澡活动。

(3) 擦洗:①脱去衣物。②利用长柄刷、带圈毛巾和沐浴球等完成擦洗。擦洗前将沐浴液先涂抹在手或海绵上,也可将香皂先擦在健侧上肢和手上,再依次擦到身体的其他部位。③冲洗完毕后,将毛巾拧干,擦拭身体。

训练过程中,应注意调节室温与水温,防止烫伤的发生。

3. 如厕　在进行如厕训练之前,患者的躯体功能应达到最基本的要求,如坐位与站立位的平衡、身体转移等。同时应教会患者控制大小便的方法(如控制大小便的基本方法、导尿管的使用等)。必要时,对厕所环境提出建议和改进方法,最大限度地使患者达到独立如厕的能力。步骤如下:

(1) 患者靠近并背对坐便器站立。

(2) 一手扶持厕卫扶手,一手解开腰带脱下裤子。

(3) 身体前倾,借助扶手缓慢坐下或蹲下。

(4) 便后处理,进行自我清洁。

(5) 一手拉裤子,一手扶持扶手,身体前倾站立,站稳后穿好裤子。

在进行如厕活动时,可将卫生纸放在伸手易取的地方,不需要转身就能拿到,以免因增加难度使患者在转身拿取卫生纸时摔倒。

(四) 床上活动训练

床上活动是 BADL 重要的活动训练内容之一,是进行衣、食、住、行等活动的前提和基础。及早地进行床上活动训练可以更好地预防压疮、坠积性肺炎等并发症的发生,也利于患者获得最大的功能独立性。训练内容包括:桥式运动、床上翻身、床上坐起。

1. 训练前准备

(1) 了解患者的功能状态:患者如果能够进行躯干的主动活动,有较好的静态和动态平衡功能,则对于床上活动训练起到有利作用;在认知方面,患者应具备基本的遵从简单指令的认知能力。

(2) 训练初期,应保证床的空间足够患者安全翻身。

(3) 床的高度以患者坐在床沿时双足能够平放在地面上,同时保持髋、膝、踝屈曲 90°左右为宜。由训练床过渡到家居使用的床时,可根据患者需要提出改进床高度的建议。

2. 桥式运动　桥式运动是指通过屈髋屈膝、抬起臀部来帮助患者提高下肢的动作控制与协调,为训练站立和行走奠定基础,同时还有利于穿脱裤子等日常生活活动的训练。桥式运动可根据患者能力,选择单腿搭桥与双腿搭桥,如果患者还不具备独立完成桥式运动的能力,可在治疗师的协助下进行。

(1) 双腿搭桥训练

1）患者仰卧于床面,双下肢屈曲,双足平放于床面。

2）双上肢伸展,双手交叉,健手握住患手,患侧拇指在上,双肩屈曲 90°。

3）依靠背部及双足的支撑,将臀部与腰部抬离床面,尽量使髋关节伸直、双膝靠拢处于中立位,保持稳定。

（2）单腿搭桥训练

1）患者仰卧于床面,双上肢伸展,双手交叉,健手握住患手,患侧拇指在上,双肩屈曲 90°。双下肢屈曲,双足平放于床面。

2）健侧脚离开床面、膝关节伸展,健腿伸直抬高与床面成 30°~45°,维持患足单脚支撑,仅以双肩和患脚为身体支点。

3）将健侧膝关节屈曲放在患腿上,保持至少 10 秒后缓慢放下。对于患侧下肢无力支撑的患者也可交换健脚支撑,完成同样的动作。

独立桥式运动适用于骨盆与下肢控制能力较好的患者,如果控制能力不足,治疗师可协助其完成动作:治疗师一手扶持患者双腿,使其两膝屈起并拢、两脚心朝床面而立,另一手扶住患者臀部,予以适当帮助,协助其控制下肢并上抬骨盆。

（3）注意事项

1）避免简单地利用健侧上肢和下肢支撑臀部抬高离开床面。

2）双足平放于床面,足跟不能离床。

3）完成动作时双膝关节尽可能并拢,防止连带运动的出现,诱发痉挛。

4）患者抬起臀部时尽可能伸髋。

3. 床上翻身　床上翻身是指改变卧床时身体与床之间接触面的姿势转换,是其他功能训练的基础,可增强躯干与肢体动作的控制技巧。根据患者残存的功能情况不同,所采取的翻身训练方式也不同,通常向患侧翻身比向健侧翻身更容易。

（1）向患侧翻身

1）患者仰卧位,双手 Bobath 握手(十指交叉相握,患侧拇指放在健手拇指上方),健侧下肢屈曲。

2）头转向患侧,健侧上肢带动患侧上肢向上伸直,并向患侧摆动,身体翻向患侧。

对于体力不足或是痉挛较严重者,治疗师可将手放在患膝上辅助患腿外旋,另一手协助患侧上肢处于前伸位置。

对于需要协助的截瘫或四肢瘫患者,治疗师可一只手置于患者一侧腰下,另一只手置于患者同侧髋部下方,用力推动患者髋部向上,使患者完成翻身活动。

（2）向健侧翻身(图 5-4)

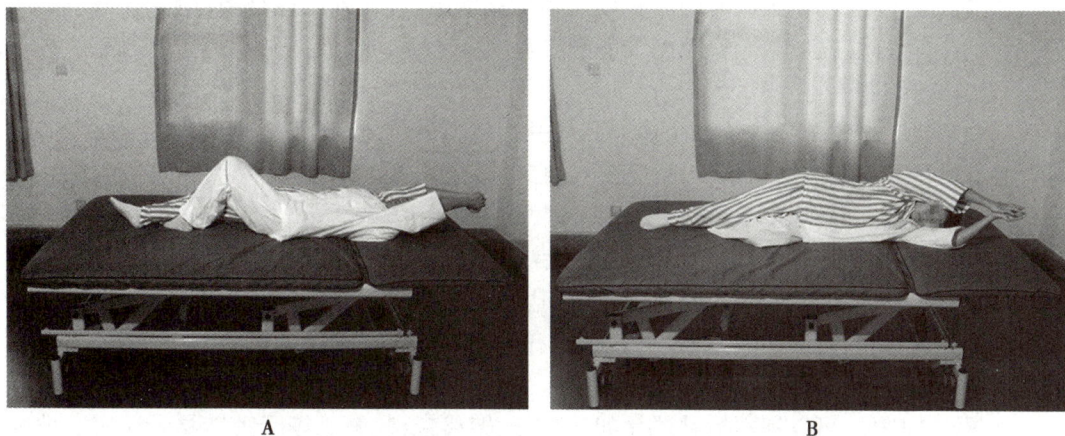

A　　　　　　　　　　　　　　　　B

图 5-4　偏瘫患者向健侧翻身

1） 患者仰卧位,健腿插入患腿下方,并使双髋、双膝屈曲。

2） 头转向健侧,双手 Bobath 握手,将身体摆至健侧时,顺势翻向健侧。

3） 在身体旋转的同时,用健腿搬动患腿,翻向健侧。

治疗者必要时双手可放于患者臀部和足部,辅助向健侧翻身,并摆放好肢体。

（3） 注意事项

1） 头部是控制身体的关键点,不论是向哪一侧翻身,都应先转动头部,再进行上肢、躯干、下肢等部位的旋转。

2） 对偏瘫患者进行翻身训练时,应注意保护患肩,避免牵拉患侧上肢。

4. 床上坐起　坐起是指从卧位到坐位的转换。在身体条件允许的情况下,当患者完成床上翻身和桥式运动后,应及早训练床上坐起。因为长期卧床会引起一系列不良的生理效应。而早期采取直立位(即坐和站),可以提供有关的视觉输入,增加患者的活动范围,且能增强患者战胜疾病的信心,消除抑郁心理。

（1） 从健侧坐起的训练

1） 令患者翻身至健侧卧位。

2） 用健腿将患腿移至床边,垂下小腿。

3） 利用健侧肘撑起上身,健手撑床面使躯干伸直至坐位。

如果患者需要协助,治疗师可立于健侧床边,将患者患侧上肢搭在肩上,用双手扶住患者双肩向上抬,或是指导患者用健侧上肢撑起上身,用健侧腿将患侧腿带至床下呈坐位。

对于早期的偏瘫患者,床边坐起比较有效的方法是帮患者先转向健侧,然后坐起。原因为:①这样可避免患者试图从仰卧位拉自己坐起时对健侧上臂的过度使用。②对患者来说,这是一个借他人最少帮助、快而容易的坐起方法。③此法告诉患者怎样独立坐起。

在训练时,为避免患侧的忽略,应提醒患者注意不要将患侧的上肢和手置于身后;应避免患者用健手握住床沿将身体拉起的动作;坐起过程中,注意利用双下肢像钟摆一样的下压动作协同躯干伸直坐起。

（2） 从患侧坐起的训练

1） 患者侧移至床边并转向患侧。

2） 将健腿插入患腿下,使双腿位于床沿外。

3） 健手撑住床面,伸直上肢、下压下肢将肩部和身体从患侧撑起至坐位。

从患侧坐起较健侧坐起困难,需要患者有较好的身体调节能力和坐位平衡,但是它可促进患者对患侧肢体存在的认识,不容易忽略患侧。

需要注意的是,对于卧床时间较长或是体质差的患者,在开始训练前,应先让其进行不同角度的半坐位适应性训练,直至能维持直立坐位超过半小时,再进行床边坐起训练。

（五） 转移训练

转移活动是指整个身体从一个地方到另一个地方的位置变化,是获得或保持日常生活活动独立性的一个基本活动。转移训练的内容包括在床、轮椅、厕所、浴室之间的转移,在病房、治疗室以及家庭环境中都可以进行此项训练。

1. 训练前准备　在进行转移训练之前,治疗师应对患者的功能情况(如体能、认知等)进行评定。患者的静态平衡和动态坐位平衡达到较好的水平才能完成独立转移,否则就需要在辅助下转移;在认知功能方面,患者应没有影响完成转移训练的视野、空间结构等感觉缺损。同时也应了解家属或是照顾者的能力。

如果患者需要,可以利用辅助器具如转移板、转移带、起吊机等帮助转移。还应在训练前对进行转移的地面条件、光线、床和椅的高度等进行合理安排和布局。

2. 床椅转移　转移的形式多种多样,可以根据患者实际的功能情况和环境条件适当选择,以下介绍的是部分常用转移方式:

（1）独立转移

1）偏瘫患者的侧方转移（轮椅到床）（图5-5）:①轮椅准备:将轮椅置于患者健侧,并且与床尽量成45°。刹住车闸,移开脚踏板。②站起:患者健手握住轮椅外侧扶手,健足稍前,患足稍后,躯干前倾站起。③转动:站稳后以健腿为旋转轴,缓慢转动身体。④坐下:调整身体位置,对着床缓慢坐下,坐正。

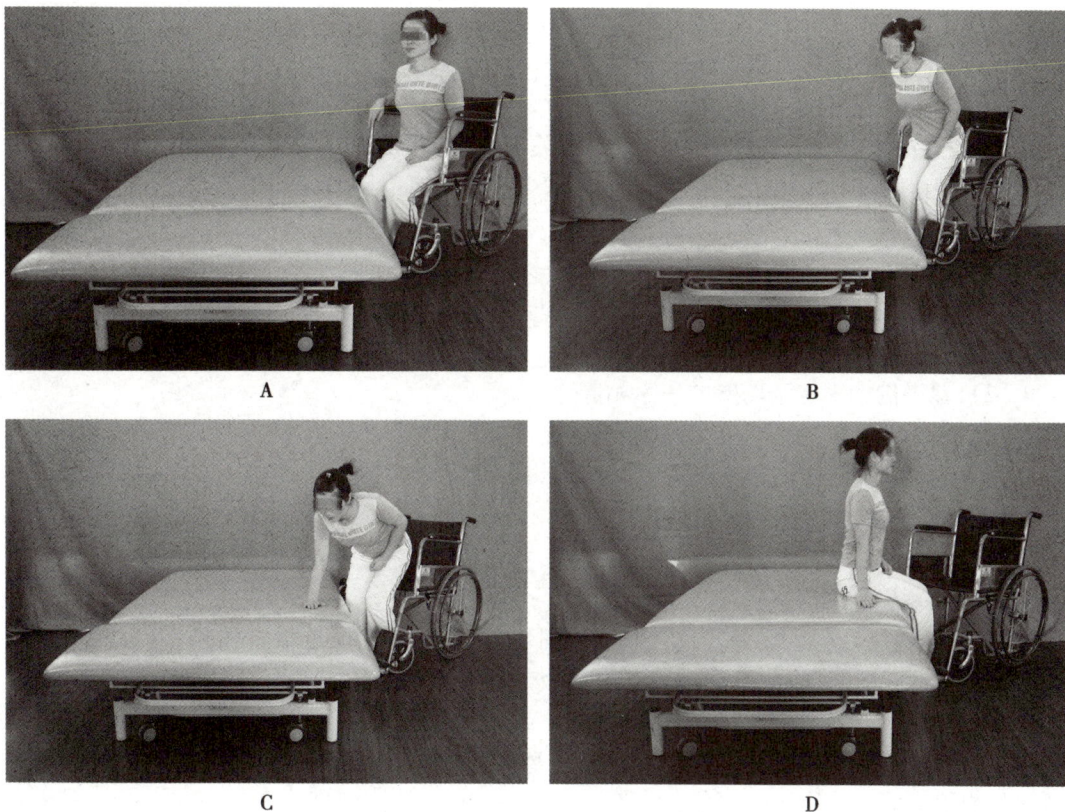

图5-5　偏瘫患者的侧方转移（轮椅到床）

从床到轮椅的转移步骤与此相反。

2）截瘫患者的侧方转移（床到轮椅）:①将轮椅与床平行或成30°,刹住车闸,拆去轮椅近床的扶手（如果轮椅的扶手是不可拆卸的,忽略此步骤）。②患者取床边端坐位,一手撑住床面,一手握住轮椅外侧扶手,将身体支撑起并移动臀部至轮椅座位上。③安装轮椅扶手（如果轮椅的扶手是不可拆卸的,忽略此步骤）,并移回脚踏板,将双足放在脚踏板上。

从轮椅到床的转移步骤与此相反。

（2）辅助下转移

1）偏瘫患者的辅助下转移:①将轮椅置于患者健侧,并且与床尽量成45°,刹住车闸,拆去轮椅近床的扶手（如果轮椅的扶手是不可拆卸的,忽略此步骤）,移开脚踏板。②患者坐床边,双足着地,双手Bobath握手,身体尽量前屈并偏向一侧。③治疗师与患者面对面,用膝盖顶住患者患侧下肢的膝盖,弯腰并将双手插入患者臀部下方,托住患者臀部。④治疗师利用口令与患者同时发力使其臀部离开床面,同时以健腿为轴,旋转身体,使臀部对准轮椅座位坐下。⑤整理好患者的坐姿,安装轮椅扶手（如果轮椅的扶手是不可拆卸的,忽略此步骤）,

放下脚踏板,将患者双足置于脚踏板上,打开车闸,驱动轮椅。

2) 截瘫患者的辅助下转移:①将轮椅置于患者健侧,并且与床尽量成30°～40°,刹住车闸,拆去轮椅近床的扶手(如果轮椅的扶手是不可拆卸的,忽略此步骤),移开脚踏板。②患者在治疗师协助下坐起并移至床边,双足着地,躯干略前倾。③治疗师面向患者站立,双膝夹住患者双膝外侧并固定,弯腰双手抱住患者臀部或是拉住患者皮带,患者双手抱住治疗师颈部,将头放在治疗师靠近轮椅侧的肩上。④治疗师挺直后背利用重心后仰将患者拉起,完全离开床面。⑤以足为轴旋转躯干,使患者臀部正对轮椅座位。⑥将患者慢慢放入轮椅座位,安装轮椅扶手(如果轮椅的扶手是不可拆卸的,忽略此步骤),放下脚踏板,将患者双足置于脚踏板上,打开车闸,驱动轮椅。

从轮椅到床的转移步骤与此相反。

需要注意的是,转移训练不宜太快,更应该注重的是安全性。在帮助偏瘫患者完成转移的时候,应避免用力拉拽其患侧上肢造成肩关节半脱位,应支持患侧上肢进而控制身体平衡。训练过程中,治疗师要充分利用自己的膝盖控制患者的膝盖以利于稳定。

3. 厕卫转移 厕卫转移的步骤可参考床椅转移,在这里仅就墙壁安装了扶手的卫生间里的独立转移作简单介绍。

(1) 将轮椅驱动至坐厕旁,患者健侧靠近坐厕且与坐厕成30°～40°,刹住车闸,移开脚踏板。

(2) 健手借助固定于墙壁的扶手站起。

(3) 以健侧下肢为中心旋转身体,坐向坐厕。

返回轮椅时按照相反的步骤进行。如果患者有自己穿脱裤子的能力,应在坐上坐厕前脱好裤子。坐厕的高度尽量与轮椅高度一致。

4. 浴室转移

(1) 偏瘫患者的浴室转移

1) 将轮椅驱动至浴缸旁,与浴缸平行,刹住车闸,拆去轮椅近浴缸的扶手(如果轮椅的扶手是不可拆卸的,忽略此步骤),移开脚踏板。

2) 健手托起患腿放入浴缸内。

3) 健手扶住浴缸边缘或是安装的扶手,身体前倾,利用健腿抬起臀部移动到浴缸内的转移板或是浴椅上坐稳。

4) 将健腿也移入浴缸中。

(2) 截瘫患者的浴室转移

1) 在浴缸内先放入一个固定稳妥的矮凳,将轮椅驱动至浴缸旁,刹住车闸,拆去轮椅近浴缸的扶手(如果轮椅的扶手是不可拆卸的,忽略此步骤),移开脚踏板。

2) 将双足托至浴缸内。

3) 双手支撑身体将臀部移至浴缸内的矮凳上。

进行上述转移训练的时候,要求患者有足够的体力将自己转移到浴缸中去,否则可借助滑板来完成转移。

需要注意的是,进行训练前应保证浴室地面的干燥、防滑,可放置防滑垫。刚开始训练的时候,需要治疗师在旁保护。

第三节 部分工具性日常生活活动训练

在日常生活中,仅保持BADL的独立性是不够的,作为社会一员,个人还需要与社会环境接触并产生互动关系。IADL 正是体现了这种关系。根据患者的需要,治疗师在提供基本 BADL 训练的基础上,还可以协助患者进行家务、外出交流等 IADL 训练,让他们可选择有意义的生活,重建患者与社会环境间的互动关系,达到进一步提升独立生活能力的目的。

一、家务训练

家务活动内容非常丰富,包括洗衣、做饭、购物、清洁卫生、财务管理、照料小孩等。每个家庭家务的内容是不一样的,做家务的方式也可能不一样。训练前应对患者的家务活动能力进行评定,如活动能到达的范围、移动能力、手的活动、能量消耗、安全性以及交往能力等;还需了解其家庭成员组成和环境状况、患者在家庭担当的角色,据此选择患者和家庭需首要解决的问题,并对家务活动进行必要的简化,家庭设施进行必要的改造,以适应患者的需要。

家务内容可以分为三个层次。第一是为了满足生理需求的家务,如与进食、睡眠、排泄相关的准备工作;第二是为了生活舒适而进行环境的调整,如扫地、布置家具、给阳台上的花浇水等;第三是家族内部、与邻居或社区居民各种关系的处理。

在进行家务训练的过程中,将会涉及以下各方面能力:移动能力、上肢在一定范围内活动的能力、手的精细动作能力、足够的体力、基本的智力、交流能力等。以煮食为例:在做煮食的准备工作过程中,需要在厨房内或厨房和贮藏室之间来回走动,反复拿起、放下各种物品,完成这些动作需要有移动能力以及上肢和双手的配合;做菜时要放适量的调味品,完成这一动作要求手的精确配合及基本的智力;在较热的环境中坚持操作一段时间,需要有足够的体力支持;要做出符合要求的饭菜,需烹饪者与服务对象之间反复进行交流,因而烹饪者应具备一定的交流能力。另外,充足的光线、清新的空气、整洁的环境、愉快的气氛,都有利于提高做家务的效率。

下面以偏瘫患者为例,介绍几种家务活动的训练方法。

(一)切菜

1. 固定菜板 可将菜板置于防滑垫上或是使用自助菜板(即菜板中央有一固定作用的钉子,周围三面有防止菜品掉出的挡板)。

2. 固定需要切割的菜品 利用菜板上的钉子固定肉、菜或其他块状食物。

3. 健手持菜刀进行切菜活动。

4. 将初次成片或成块的菜品重叠,再固定于钉子上进行进一步的切丝。

需要注意的是:在刚开始训练的时候,可降低操作难度,如选择轻便的刀具;菜板由家属预先固定好;需要的物品放置于容易拿取的地方等。在训练后期,可根据患者能力合理地设置物品摆放架,将所需物品放置在最方便的位置,减少不必要的活动。

(二)开瓶盖

患者健手抓住需要开启的瓶子,可使用固定在墙上的开瓶器,旋转打开瓶盖,亦可训练患者使用自己习惯的方法打开瓶盖,如将瓶子用腿或腋窝、肘部夹住,健手拧开瓶盖。

训练时同样遵循由易到难的原则,先选择瓶口较宽的瓶盖进行开启训练。为贴近日常生活,可取用患者日常使用的物品,如洗发水瓶、沐浴露瓶、调味品瓶、牙膏等。

(三)清洁餐具

1. 将需要清洁的餐具放置在水池边。

2. 利用固定在水池边的刷子等清洁用具洗刷餐具。

3. 将洗刷后的餐具放置在水池中。

4. 打开水龙头。

5. 拿起餐具进行冲洗。

在训练过程中,要保证清洁用的刷子固定稳定。为了减少餐具在清洁过程中的破损,可在水池的底部垫上橡胶垫子。必要时,可将水龙头按照患者的需要改造成宽手柄或是按压式设计。

(四)扫地、拖地

1. 用患手和躯干夹住簸箕把手。

2. 再用健手持扫帚将垃圾扫入簸箕。

3. 拖地时,先把拖把杆固定在患臂下,然后用健手转动拖把拧干,再用健手持拖把慢慢拖地。

必要时,可选择加长把或粗把的扫帚和簸箕,以及拾物器等辅助用具。可根据患者的体能适当安排劳动内容,如周一扫地,周二拖地等,避免过度操劳。

(五)清洗衣物

1. 将需要清洗的衣物拿至水池或水盆旁。

2. 打开水龙头,将衣物浸泡于水中。

3. 倒入洗衣粉或洗衣液。

4. 固定搓衣板。

5. 健手抓持衣服一角于搓衣板上,上下搓洗。

需要时,可在清洗衣物之前,将洗衣粉预先装在小袋中备用,一次一包,避免洒出浪费;也可根据患者的体力考虑配置运送衣物的推车。

(六)注意事项

年龄或疾病原因会导致许多患者心肺功能不足或肌力低下,因此在进行家务训练时,使用节约体能的技术和方法,避免无谓的体能消耗和预防继发损害是十分必要的。

家务训练时节约体能应考虑的注意事项包括:

1. 合理安排活动 将繁重和轻巧的活动交替进行;在开始活动前,先将活动所需的物品准备好,并放置于容易拿取的位置,避免不必要的身体前倾和旋转;活动过程中适当地安排休息时间,每完成一个活动,都应进行休息再接着完成下一个活动,尽管有时候还不觉得疲劳,仍要注意休息。

2. 简化活动 使用辅助器具或是现代家电设备来简化活动。

3. 控制活动速度和节奏 活动的速度和节奏不应太过急促,安排充足的时间完成活动。在感到疲乏之前,应减慢活动速度或停下来休息。

4. 运用身体力学 进行活动时避免站立过久、蹲位或弯腰工作,尽量采取坐位;避免双手抬举过高,肘的位置不要高于肩膀;避免推、抬重物。

5. 配合呼吸 配合动作进行呼吸调节,如当准备用力时应吸气,出力时应呼气;伸腰、举手时应吸气,弯腰、收手时应呼气。

二、使用交通工具训练

如果因病不能使用交通工具外出,生活的活动范围就只能局限于家中及附近场所,不能参加社交活动或是参加工作。为满足基本生活需要的外出可以委托他人去办理,但是像看电影、听音乐会之类的娱乐活动,必须亲临现场,亲身感受才有意义。外出活动的困难,会使得患者越来越不想外出,在家中无事可做,进而影响心理状态,逐渐变得情绪低落,心情压抑。因此,有必要帮助这些患者积极外出活动,以利于改善他们的心理状态。使用交通工具训练是患者回归社会不容忽视的环节。

(一)搭乘公共汽车训练

1. 上车训练 方法与上楼梯的方法一样,健手扶住车门或把手,将身体重心转移到患侧,健腿迈上车门口的台阶。当患者将重心前移到前面的健腿上时,患腿再迈上台阶。

2. 下车训练　健手扶住车门或把手,将身体重心转移到健侧,先用患腿下车,重心转移到患腿后,再迈健腿。

在训练过程中,可先根据当地常用的公交车台阶高度和宽度的比例,在模拟台阶上进行练习。在模拟训练完成后,可带领患者进行实际场景的实地练习,完成训练与实际生活的衔接。

(二)轮椅上下马路镶边石

1. 轮椅面对台阶并离开数厘米远。
2. 利用大轮平衡技术抬起脚轮并置于台阶上。
3. 前轮倒退到台阶边缘,将双手置于手轮的适当位置。
4. 用力推动轮椅到台阶上。
5. 下马路镶边石时,将轮椅退到台阶边缘,在控制下转动大轮下降,最后使脚轮落下。

如果是偏瘫患者或是年老体弱者,可在他人帮助下上下马路镶边石。

三、购物训练

购物是日常生活活动的组成部分,也是很多患者享受生活乐趣的内容之一。通过购物训练,患者能够提高购买日常生活用品的能力,进一步提高生活的独立性。购物训练可与认知训练相结合。

(一)治疗室模拟训练

1. 选择治疗室里相对独立宽敞的空间,将本子、钢笔、牙刷、洗发水等不同类别的物品分类摆放。
2. 给患者提供购物清单。
3. 让患者自行找到清单上的物品,并放于购物篮内。
4. 治疗师充当收银员的角色,检查患者所购的物品是否符合要求。

此内容可更换不同的购物清单或是不同的生活用品反复训练。

(二)实地训练

1. 提供给患者购物清单,可根据情况向患者预先描述需要购买物品的特征,以加深患者的印象,便于找寻。
2. 让患者自行找到物品并放于购物车内。
3. 治疗师检查购物车内物品是否符合要求。
4. 付费。

四、计算机操作及网络使用

(一)计算机操作及网络使用在作业治疗中的积极作用

计算机和网络系统的普及和应用,为作业治疗提供了极大便利。计算机的使用和操作可以使患者达到以下治疗目的:

1. 加强与外界沟通,改善患者心理状态　患者可以通过浏览网页、观看视频等方法,接收外界信息并进行线上学习;通过视频和语言聊天、接收和发送电子邮件等方式,建立与外界人员的交流。计算机和网络的这些功能可以使行动不便的患者与外部世界重新建立广泛联系,减少患者与社会的隔绝状态,改善孤独感,为其回归家庭、回归社会奠定基础。

2. 提高上肢功能,改善认知能力　目前,很多作业治疗训练可以通过计算机技术实现。同时,计算机和网络上的许多益智类电子游戏本身也有康复治疗作用。患者通过使用计算机进行作业训练和适宜的电子游戏操作,可以提高患手的灵活性和手、眼协调能力,改善患者的注意力、记忆力和解决问题的能力。

(二)计算机和网络技术在 ADL 训练中的应用

计算机和网络技术还给 ADL 训练带来了很多便利和益处,在训练的许多方面都可以应用到该项技术。

1. 监控装置　通过将摄像机与计算机连接,可在计算机显示器中监控功能严重障碍患者的生活环境,目的是增加患者的生活独立性和活动性,进而提高生活质量。具有跌倒倾向、定向障碍、需要急救、家务管理受限者均可利用此装置。还可对一般家庭所拥有的设备进行改造,使之更加完善。

2. 进出住宅　在前门安装一盏感应灯,当有人走进来时,灯会亮;一个运动探测器连接到词语信息器上,当某人正要进来可以显示;用远红外线钥匙开门;安装环境控制系统,可以做到远距离开关屋门,等等。

3. 温度控制　一套适合控制淋浴和浴缸的系统,可以保证水温既不太冷也不太热;中央控制可以用来调节室内温度。

4. 报警系统　当炊具或其他电子设备放在那里并且一段时间没有使用时,可发出警告声音;为了防止迷路,当某人离开屋内时,报警系统可发出声音;在着火或其他紧急情况下,报警系统或照顾中心的警铃会响,一个语音信息会转发给患者,告诉他有紧急情况应尽快离开这所房子。

5. 智能家具系统　是利用先进的计算机技术、网络通信技术、智能云端控制、综合布线技术、医疗电子技术依照人体工程学原理,融合个性需求,将与家居生活有关的各个子系统如安防、煤气阀控制、信息家电、场景联动、健康保健等有机地结合在一起,通过网络化综合智能控制和管理,实现"以人为本"的全新家居生活体验。

6. 交互式活动指导系统　这是一项新技术,这个系统用计算机提供一套指令,指导患者按部就班地进行日常生活活动,如烹调、清洁等。电脑作为代偿装置提供指令,使用者要略懂计算机的操作。通过这个系统的使用,患者自我满足感增强,沮丧情绪下降。

在使用计算机进行作业训练时,应该注意保持正确的姿势。使用具有靠背的椅子或轮椅。调整椅子或轮椅与电脑台的高度,保持患者视线与显示器平齐。头部直立,躯干不能弯曲。患者在使用键盘或鼠标进行操作时,肘关节屈曲 90°。髋、膝关节保持屈曲 90°,踝关节处于中立位。

(郝日雯)

复习思考题

1. 进行 BADL 与 IADL 作业训练的目的分别是什么?
2. 简述日常生活活动的分类及具体的评定方法。

第六章

娱乐休闲活动训练

PPT 课件

📎 **学习目标**

1. 能够举例解释娱乐休闲活动的概念、分类。
2. 能够根据娱乐休闲活动的特点,应用相应的评估方法以及常用的训练方法。

第一节 概 述

作业的范畴不仅包括基本日常生活活动和工具性日常生活活动,还包括娱乐休闲活动。休闲活动是指人们在工作和家务活动之外,用于休息、放松和享受人生的活动,作业治疗师则是利用这些娱乐活动来改善康复对象的生活质量。娱乐疗法由来已久,我国古代就有利用音乐治疗疾病的记载,如《黄帝内经》就曾提出"五音疗疾"。在进行娱乐休闲活动训练时,可以根据康复对象的具体情况,选择不同的休闲方式。

一、娱乐休闲活动的意义

休闲娱乐可以促进躯体和心理健康、预防慢性疾病、舒缓压力,患者可以根据自己的喜好选择不同的活动,掌控活动节奏,能够更好地增加自我角色的肯定,提升总体幸福感。

科学文明的休闲方式可以有效促进能量的储蓄和释放,给人们带来愉悦的感受,不仅可以预防或减少疾病的发生,还能帮助治疗师和患者在较短时间内建立良好的互相认同感,让作业治疗更有乐趣,减少患者治疗中的孤独与无助感。娱乐休闲活动纳入治疗性作业活动需要具备以下几个特点:

1. **针对性** 休闲活动须是由作业治疗师根据康复对象功能障碍的情况、康复对象的需求和爱好等,结合治疗师的专业知识和判断力,为其精心选择的作业活动。

2. **目的性** 作业治疗的目的是维持和提高康复对象的功能、预防功能障碍或残疾加重,提高生活质量。因此,作业治疗师在选择每一项具体的娱乐休闲活动时都必须有其目的性,并能达到一定的治疗目标。

3. **实用性** 休闲活动需与康复对象的日常生活和工作相关,有助于康复对象恢复其维持基本生活、提高生活质量的必要技能。

4. **趣味性** 休闲活动需要被持续地、有规律地执行,以保证达到治疗目的,在设计活动时可适当增加趣味性,提高康复对象主动参与的积极性,以期达到康复对象和作业治疗师的共同目标。

5. **可调节性** 休闲活动的活动量可根据康复对象的功能情况和治疗需要进行必要调整。

娱乐休闲活动不同于一般的作业活动,它不仅可以改善康复对象的运动、感觉和日常生活活动功能,对心理和社会方面也有积极的治疗作用。心理方面,治疗作用包括:增强康复对象的独立感、成就感和满足感,建立信心;转移康复对象注意力,调节精神和情绪,促进心理平衡;改善康复对象的认知和知觉功能等。社会方面,可以提高康复对象的职业能力,改善社会能力。具体治疗作用包括:提高劳动技能和职业适应能力,增强再就业信心;增进社会对该人群的了解和理解,使其获得社会尊重;改善康复对象的社会交往和人际关系,促进其重返社会。

二、娱乐休闲活动的分类

1. 主动式休闲　包括体操、球类、游泳等运动;太极、气功等养生活动;散步、钓鱼、下棋、打麻将等放松活动。
2. 被动式休闲　包括看电视、听广播、读书、看报纸、听音乐等欣赏活动。
3. 交际活动　包括与家人、朋友约会、聚会,使用社交平台交流等活动。
4. 艺术活动　包括乐器演奏、绘画、摄影等内容。

以上娱乐休闲活动在实际运用中,需根据个人需要、活动环境、生活背景来决定具体归属。例如:对于大多数人来说,球类活动属于主动式休闲,但是对于运动员来说则属于工作/生产力活动;吃饭通常属于基本日常生活活动范畴,但是跟家人、朋友聚餐则属于交际活动。按照人-环境-作业模式(PEO)来说,休闲活动在不同年龄人群中也有不同的解释。例如:成年期休闲活动主要以参与社会或家庭集体生活为主(运动、旅游、电脑游戏、网络社交、户外活动等);老年期适合参与的休闲活动主要以养生活动、被动休闲为主(散步、钓鱼、太极拳、照看宠物、园艺及特殊爱好等);而儿童期的休闲和作业活动都是以游戏为主,游戏活动的合理应用有助于儿童的生长发育。

第二节　娱乐休闲活动的评定与训练原则

一、娱乐休闲活动的评定

在进行具体的娱乐休闲活动训练前,作业治疗师首先需要评估康复对象的兴趣和参与。兴趣包括活动的准备、活动的识别、学习活动的技能技巧等;参与不仅指能融入活动之中,还包括科学合理地运用时间,维持工作和休闲的平衡。娱乐休闲活动的评定内容包括:确定个人的娱乐休闲兴趣和需要;确定目前所参加休闲活动的范围;确定参加休闲活动所需要的资源和支持;康复对象对活动的完成度和满意度。常用的评估工具主要有以下两种:

1. 加拿大作业表现评估量表(COPM)　该量表主要包括三部分:自我照顾、生产性活动和休闲娱乐。休闲娱乐部分分为静态娱乐,如手工艺活动、阅读等;动态娱乐,如体育运动、散步、旅行等;社交娱乐,如探亲访友、打电话等。量表分为自查作业活动、活动重要性评定、活动重要性与满意度评定及复评四个方面。COPM不仅可以帮助治疗师和康复对象确立功能受限的项目,还可以探查其作业表现随着时间变化而产生的满意度和重要程度的变化。

2. 作业活动分析　其特点是以服务对象为中心,并能综合考虑到个人生活经验、价值、兴趣及目标。可以帮助治疗师在众多的休闲娱乐活动中,结合实际环境,选择符合康复对象身体功能和结构的作业活动。

二、训练原则

为了使娱乐休闲活动取得良好的治疗作用,须遵循以下原则:

1. 在全面评定的基础上进行选择　在选择治疗性作业活动前,首先应对康复对象进行全面评定,内容包括:一般情况、躯体功能、认知状态、心理功能、职业情况、兴趣爱好、康复需求等。通过全面评定,详细了解康复对象情况,找出存在的问题和需要解决的问题,并确定解决这些问题的先后顺序。

2. 在活动分析的基础上进行选择　在进行任何治疗性作业活动前,都应该对活动本身进行分析。了解活动需要的技能和功能要求,以及活动的顺序、场所、时间、工具、有无潜在的危险等。为了保证治疗效果,应选择既满足治疗需要,又安全可行的治疗性作业活动。

3. 对活动进行必要的调整　在全面评定和活动分析的基础上,为了更好地达到治疗目的,可以对娱乐休闲活动进行必要的修改和调整。主要从以下几方面着手。

(1) 工具的调整:如进行棋类训练时,可将棋子和棋盘加上魔术贴,增加移动棋子的难度,加强肌力和耐力的训练效果。在 BADL 训练中,用加粗手柄的梳子进行梳头练习,可使抓握功能稍差的康复对象较容易完成活动。

(2) 材料的调整:对材料的质地、形状、尺寸等进行调整。如木工作业时选择不同质地的木材,在进行锯木、刨削、钉钉子等训练时对康复对象肌力的要求就会不同。选用质地硬的木材,对肌力要求高;选择质地软的木材,对肌力的要求就要低一些。

(3) 体位或姿势的调整:如在进行下棋训练时,既可在站立位下进行,也可在坐位下进行。在坐位下进行训练时,可以提高上肢的功能,还可改善认知功能或提高视扫描能力;在站立位下进行训练,可以同时增加下肢的肌力和耐力,以及站立平衡的能力。许多体育活动也可根据康复对象的躯体功能情况改为坐位,如坐在轮椅中打排球、打篮球等。姿势的调整同样会增加治疗的针对性。如木工作业中的钉钉子,不同姿势可选择性训练腕关节屈伸、尺偏、桡偏,肘关节屈伸,肩关节内外旋等。同样,在康复对象体位和姿势不变的情况下,调整物品的定位也会起到同样作用。如将物品放在高处可以训练肩关节的屈曲或外展;放在低处可以促进躯干的前屈和侧屈;放在身体两侧可以促进躯干的旋转,等等。

(4) 治疗量的调整:对治疗时间、频率和强度进行调整,改变治疗量。运动量的调整以达到适宜的心率为度。如心脏病患者进行步行训练时,应严格控制运动量。步行速度不宜过快,运动时间不宜过长。而对于运动员患者,则运动量可以超过心脏病患者。

(5) 环境的调整:根据治疗目的的不同,可以对环境进行调整。如为了改善其认知功能时,需要在比较安静的环境下进行治疗,避免分散注意力;为了提高康复对象环境适应能力,实际工作和生活能力时,则应在真实环境中进行,如各种工作车间等。

(6) 活动本身的调整:通过对治疗性作业活动程序进行简化,达到治疗目的。如在篮球活动中,根据患者功能状态可以将整个活动分解为传球、运球和投篮三个项目,分别进行训练,降低难度。待其功能提高后,再将三个活动项目进行组合训练,甚至可以参加一场比赛。

4. 鼓励康复对象参加集体活动　除了必须进行一对一方式的治疗外,作业治疗师应该鼓励康复对象进行集体治疗。尤其是在趣味性活动中,集体训练的效果远远超过一对一训练。集体训练有利于康复对象之间的交流和塑造良好行为,提高社会交往能力;有利于康复对象正确认识自身的功能障碍和预后情况,积极面对功能障碍和可能的预后;有利于培养合作精神和竞争意识,为适应社会生活和重返社会创造条件;有利于提高娱乐休闲活动本身的趣味性,充分调动康复对象参与的积极性。

5. 充分发挥作业治疗师的作用　作业治疗师在整个娱乐休闲活动中扮演着策划者、组织者、协调者、指导者和教育者的角色。充分发挥作业治疗师的作用,能够保证活动的顺利进行,并能最大限度地达到治疗目标。

第三节 娱乐休闲活动的训练方法

作业治疗师在休闲娱乐活动训练时不仅要遵循训练原则,还要坚持功能训练和娱乐休闲相结合的方式。因为康复对象如果存在生理、心理等功能方面的障碍,会导致其无法学习相应的活动技能,使其难以发挥潜能和社交活动能力,阻碍和限制康复对象的活动参与。所以在娱乐休闲活动训练的同时,必须结合康复对象的功能障碍,开展相应的功能训练,使其能够完成期望做的休闲娱乐活动。娱乐休闲活动计划应根据康复对象的功能及需求评定结果确定。具体治疗目标和治疗计划要和对方(必要时也包括家属及主要照料者)共同制订。利用活动分析找出康复对象此项活动不能完成的部分,并提供相应的训练或者辅助技术。活动中注意保护安全,提前做好各项准备(合适的活动场地,努力实现无障碍环境)。

活动训练前,治疗师要做好计划组织,活动可以一对一完成,也可以小组的方式来进行。活动训练开展之前还需进行休闲教育,包括休闲意识、社会交往技巧、休闲活动技巧及休闲活动资源四个方面。对于缺乏休闲活动意识的康复对象,通过休闲教育可以帮助其提升休闲意识,学习新的活动技巧,使康复对象在不同领域有更多的休闲选择,最终使康复对象掌握相应的活动技巧和知识,为其活动参与做准备。

一、陶艺作业

陶艺也称为制陶、陶瓷制作,是常用的治疗性作业活动之一。传统的陶艺对工具、场地要求较高,但用于作业治疗的陶艺多为小工艺品制作或单纯为体验性质,操作简单,对场地和材料的要求不高,易于开展。陶艺作业具有较强的趣味性和操作性,可以充分发挥康复对象的创造性,启发思考。

(一)常用工具和材料

1. 常用工具 转盘(陶车)、面板、碾棍、金属棒、雕刻工具、刮刀、彩笔、调色盘、容器、烤箱等。

2. 常用材料 陶土或黏土、颜料等。

(二)代表性活动

1. 揉土 取适量陶土或黏土放在面板上,不断地用两手进行揉搓,然后将材料往面板上摔打,直到表面平滑为止。揉土是为了使整块材料软硬度一致,防止空隙和气泡,减少干燥或烧制过程中出现龟裂。

2. 塑形 陶艺塑形有多种方法,本节只介绍徒手捏制法和拉胚成形法。

(1)徒手捏制法:根据康复对象的设计或模仿图片及样品,采用双手或单手搓、捏、按、压等动作完成作品塑形。

(2)拉胚成形法:将揉好的泥团放在转盘中央,转动转盘,同时双手反复推压泥团,使其围绕转盘中心转动,直至扶正。双手四指及掌心扶住泥团,用一侧拇指从泥团中心下压开孔。调整胚体厚薄,双手将胚体拉高,使胚体固定成为设计的形状,整理完成。本法适用于制作中空的陶艺作品,如罐、瓶等。

3. 配色 在调色盘中,利用颜料进行调配,可以产生各种颜色。将调制好的颜色绘制在半成品上或者直接绘制在成品上。

4. 烘干　陶艺作品烘烤的时间和温度与材料的质地和体积、烤箱的类型和容积等有关。一般在100~140℃下烘烤10~15分钟即可。

（三）治疗作用

1. 促进手的握力、捏力、关节活动度（ROM）、灵活性、协调性和感觉功能恢复,提高手的精细运动能力。

2. 增强上肢耐力和手、眼协调能力。

3. 改善耐力,提高平衡能力。

4. 改善注意力,提高创造性。

（四）注意事项

1. 注意活动的调整　为了使陶艺作业更有针对性,应根据康复对象的功能状态,从材料的选择、康复对象的体位及工序等方面进行必要的调整。根据其上肢肌力,特别是手的肌力情况选择泥团的软硬程度。肌力较好的可选用较硬的泥团进行肌力和耐力的训练;肌力不足的应选用较软的泥团。根据治疗目的不同,选择体位。采用站立位、坐位或蹲位,以针对性地训练站立平衡、坐位平衡、下肢的肌力和ROM、耐力等。如果康复对象不能完成全部工序,可以选择其中的一个或几个环节进行训练,也可以采用降低各环节难度的方法。如配色一项,目前市场上已有销售彩色陶泥,经过适当搭配亦可制作出色彩丰富的彩陶作品;或者省略此项工艺,直接采用陶土的本色。再如干燥环节,除了烘烤工艺外,还可以直接将坯件放置在架子上进行阴干。

2. 注意避免损伤　在使用刻刀或刮刀等利器时,避免擦伤或割伤;使用烤箱时,防止烫伤。

3. 注意材料的存贮　未用完的泥团、陶土或黏土应分别装入塑料袋,置于密闭容器中保存,防止干燥或受潮。

4. 注意清洁卫生　在进行陶艺作业时,应注意场地和康复对象自身的清洁卫生。

二、插花

插花也称为插花艺术,就是把花插在相应容器里的活动。根据一定的设计构思来选材,遵循一定的创作法则,制作一个优美的造型,借此表达一种主题,传递一种情感,使人看后赏心悦目,能够获得精神上的美感和愉悦的体验。适合用于手部关节活动度、协调性、灵活度、耐力、握力训练等。

（一）常用工具和材料

1. 常用工具　花剪、插花器皿。

2. 常用材料　鲜花、仿真花、胶带、铁丝等。

（二）代表性活动

1. 修剪　如果使用鲜花,首先是对花卉进行修剪,去掉多余的残叶,根据设计构图进行处理。修剪根据花材不同,选用的剪法也不同,如木质部的花材,应采用十字剪枝法;花茎比较粗大的可选用平剪法,一般花材采用斜剪法。

2. 固定　一般在花瓶的瓶口处,按照瓶口直径的长度,取两段较粗枝干,十字交叉于瓶口处进行固定。根据设计需要,还可以采用花泥、铁丝等工具进行固定。

3. 插序　一般先插花后插叶,这样容易在插叶的时候将花的高度降低。正确的插序应该是选材、插花、插叶。

（三）治疗作用

1. 改善手部关节活动度及肌力。

2. 增进手部的协调性和灵活性。

3. 缓解情绪,促进情绪稳定。

(四)注意事项

1. 花粉过敏者谨慎参加。

2. 修剪花枝要防止割伤或被工具擦伤。

3. 注意保持场地卫生。

4. 有攻击行为的康复对象需防止其利用工具伤人和自伤。

三、园艺活动

园艺活动包括花木种植、花木欣赏等。通过对植物的种植、培养、采收、欣赏等活动,达到作业治疗目的。园艺活动的内容多种多样,活动场地既可选择在室内,也可选择在室外。

(一)常用工具和材料

1. 常用工具　花盆、花铲、铁锹、耙子、喷壶、水桶、手套、塑料薄膜等。

2. 常用材料　种子(草种、花种、菜种等)、园林植物、营养土、肥料、杀虫剂等。

(二)代表性活动

1. 室外活动　包括播种、育苗、移植、浇水、松土、修剪、施肥、采摘、观赏等。

2. 室内活动　包括上盆、换盆、松盆、浇水、修剪、施肥、插花、盆景制作、观赏等(图 6-1)。

(三)治疗作用

1. 改善肢体的 ROM,增强肌力、耐力、平衡功能。

2. 提高手、眼协调能力和体位转换能力。

3. 陶冶情操,稳定情绪。

(四)注意事项

1. 注意活动调整　手抓握能力欠佳的患者可以使用加粗手柄的工具或自助具。身体功能较好的患者可以选择室外

图 6-1　室内园艺活动

训练;体弱或行动不便者适宜室内训练。通过改变工作位置(如花架的位置和高度),使训练更具针对性。根据康复对象功能状态和场地条件,选择一个或多个活动进行训练。

2. 注意安全防护　室外园艺场地可能存在不平整的情况,应提前做好安全防护,防止在训练时跌倒。平衡功能欠佳或乘坐轮椅的患者尤其需要注意。部分工具较锋利,避免在使用过程中出现伤人和自伤。有自伤或伤人倾向的患者慎选此项活动。园艺活动涉及的植物种类繁多,种植方法和注意事项不尽相同,应多方查看资料,选择恰当的种类,避免使用有害植物。严格保管肥料、杀虫剂等,避免中毒。

四、纸工艺

纸工艺活动是人们通过丰富的想象和构思,将日常生活中最常用到的纸制作出丰富多彩的纸质工艺品。利用纸来创造工艺品,不需要特殊的工具设备,随时随地可以进行作业活动。纸工艺活动尤其适用于女性和儿童,也是手功能障碍常用的训练活动之一(图 6-2)。

图 6-2 剪纸作品

（一）常用的工具材料

1. 常用工具 铅笔、橡皮、直尺、剪刀、胶棒、镊子、参考图案书籍。

2. 常用材料 各种类型的纸。

（二）代表性活动

剪纸、折纸、衍纸画、揉纸画等。

（三）治疗作用

1. 改善双手同时操作的能力和双手协调能力。

2. 促进手眼协调能力。

3. 促进关节稳定性与控制能力。

4. 提高患者耐心和注意力,发挥创造力。

5. 促进情绪稳定,改善精神状态。

（四）注意事项

1. 注意活动的调整 手的抓握功能欠佳者,可选择加粗手柄的工具;手指伸展功能不良者,可使用带弹簧可自动弹开的剪刀;制作衍纸画时,如果患者手指关节活动度或抓握力不足,可选用纸质较为粗糙的卷纸器,增大摩擦力;根据患者手部肌力强弱选择纸张的软硬度;如果手部功能较差,可把患手作为辅助手,主要由健手来操作。

2. 注意刀具的使用和保管 在使用剪刀、刻刀时注意安全;不使用时,应放在盒子中,避免受伤。刻刀在使用时要垂直向下用力,以提高作品质量并防止刻刀断裂伤人。

3. 注意作品的保存 折纸完成后,可在表面涂一层清漆,以使作品具有防水功能,更便于保存。

4. 注意患者的选择 有攻击行为者可选用撕纸方法进行操作,防止利用工具伤人和自伤。

五、音乐与舞蹈

音乐和舞蹈都是古老的艺术形式,源远流长。现代音乐治疗是从 20 世纪 40 年代开始的,舞蹈的起源可追溯到上古时期。目前舞蹈包含有宫廷舞蹈、芭蕾舞、现代舞、民族舞等多种形式;近年来,我国还出现了比较流行的广场舞。乐、歌、舞常结合应用,所以将音乐和舞蹈合并介绍。音乐和舞蹈在调整康复对象的身心状态中能够起到非常好的治疗作用,并且不受性别、年龄的限制,可以作为常用的治疗性作业活动。

（一）常用工具和材料

各种乐器(手鼓、口琴、二胡、吉他、钢琴等)、计算机、电视机、音箱、DVD、光盘、麦克风等。

（二）代表性活动

1. 音乐与舞蹈欣赏 通过视、听不同的音乐、歌曲和舞蹈进行作业治疗。

2. 音乐与舞蹈的训练与表演 通过进行乐器、歌唱、舞蹈的训练和表演,进行作业治疗。

（三）治疗作用

1. 调整心理状态,稳定情绪。

2. 提高全身的 ROM、肌力、耐力和稳定性。

3. 改善呼吸,提高心肺功能。

4. 改善手、眼协调能力。

（四）注意事项

1. 注意活动的调整　根据康复对象的精神状态进行选择和调整。如果康复对象易紧张激动,应选择节奏舒缓的音乐和舞蹈,平复患者情绪;避免节奏感强烈,增加患者的兴奋状态。反之亦然。根据康复对象的功能水平和兴趣进行调整。如手功能稍差,应选择打击乐器(如各种鼓类)而不是管弦乐器(如笛子、古筝等);肺功能差的人群,在配合呼吸训练的基础上,应选择管弦乐器而不是打击乐器。

2. 注意环境的调整　最好开设专门的治疗室进行训练,以保持治疗环境的相对独立和安静。同时注意在训练时不要打扰其他人。

3. 注意在治疗中观察康复对象的反应　不论是单独治疗还是小组治疗,都要注意控制治疗时间、治疗强度和训练难度,不影响其他治疗的正常开展。在进行小组治疗时应注意成员间的沟通,控制相互间的不利影响。

4. 注意卫生　各种乐器、麦克风及房间等应及时消毒。

六、书法与绘画

书法与绘画都属于艺术活动,均包括欣赏和创作两部分。书法是以汉字为表现对象,以毛笔及各类硬笔为表现工具的一种造型艺术,包括软笔书法、硬笔书法和篆刻艺术三大类。绘画是用笔、墨、颜料等在纸、墙壁、纺织物等表面上画图或作其他可视的形象,也是一种造型艺术。绘画的分类比较复杂,按照使用的材料分为中国画、素描、水彩画、水粉画等;按照内容题材分为人物画、花鸟画、风俗画、建筑画等。书法与绘画因不受场地、年龄、性别等限制,使用的工具和材料简便易得,既可进行创作,又可单独进行欣赏,是常用的治疗性作业活动。

（一）常用工具和材料

1. 常用工具　笔(毛笔、钢笔、铅笔、各种画笔、彩笔等)、砚台、调色盒、画夹、镇尺、小刀等。

2. 常用材料　专用纸张、墨、颜料等。

（二）代表性活动

1. 书法

（1）姿势:一般分为坐姿和站姿两种。坐姿要求头正、身正、腿展、臂开、足安。站姿要求头俯、身躬、臂悬、足开。

（2）执笔:毛笔执笔的最佳方法是五指执笔法,拇指、示指、中指、环指和小指在毛笔执笔中分别采用按、压、钩、顶和抵的方法。钢笔执笔多采用三指执笔法,拇指、示指和中指在钢笔执笔中分别采用按、顶和抵的方法。笔体与纸面约呈50°。

（3）运腕:写毛笔字时,执笔在指、运笔靠腕。运腕能够充分调动全身力量,灵活进行书写。常用的运腕方法有四种:平腕,即右手腕直接贴在桌上;悬腕,即右腕和右臂全部悬空;提腕,即手腕离开桌面,用右肘撑在桌面上;枕腕,即左手垫在右腕下面。

（4）运笔:运笔也称用笔。书法中每写一笔都包括起笔、行笔、收笔三步。各种书法和书体的运笔方法不尽相同,但都是上述基本法则的发展和变化。应分别学习、领会和掌握。

2. 绘画　绘画的种类繁多,现仅介绍常用的涂色、临摹和素描(图6-3)。

（1）涂色:涂色是在原有图案的基础上进行着色。涂色多采用水彩笔、彩色蜡笔和各色颜料等。涂色既可比照书中给的示范彩图进行着色,也可根据个人喜好进行着色。

（2）临摹:临摹指照着原作写或画;摹是用薄纸(绢)蒙在原作上面写或画。

（3）素描:素描是一种单色画,通过线条或浓淡不一的色调来表现和创造形象。素描是

图 6-3　绘画作品

绘画的基础,其基本元素是形体结构、形体透视、明暗关系等。

（三）治疗作用

1. 改善手、眼协调能力,手指的握持能力和灵活性。

2. 提高上肢的 ROM、肌力、耐力和稳定性。

3. 增强下肢的肌力和耐力,提高坐位和站位平衡能力。

4. 陶冶情操,稳定情绪。

（四）注意事项

1. 注意活动的调整　手功能不佳者可使用加粗手柄的笔;不能抓握者可使用自助具将笔固定于手或头部,也可练习用口或脚进行书法或绘画作业。纸张的固定可借助于镇尺或画夹。根据训练目的不同,可采用坐位或站立位姿势进行训练,并可调整纸张位置,如平放、斜放、竖立等改善上肢 ROM。活动选择上要由易到难,根据康复对象的功能水平和兴趣进行调整。

2. 注意正确姿势和治疗时间　在书法和绘画创作过程中,注意保持正确姿势,避免长时间不良姿势的出现。治疗时间不宜过长,注意适当休息,防止疲劳。

3. 注意保持清洁　训练时注意保持治疗场所和康复对象本身的清洁和卫生。

七、游戏

游戏是最为常用的治疗性作业活动之一。因其极具趣味性,深受康复对象欢迎。治疗性游戏种类很多,包括棋类游戏、牌类游戏、拼图游戏、计算机游戏、体感游戏等。

（一）棋牌类游戏

棋牌类游戏具有很强的娱乐性和竞技性,是作业治疗常用的和有效的媒介之一。

1. 常用工具　棋(跳棋、象棋、围棋、陆战棋等)、棋盘、牌(扑克牌、麻将牌等)、桌子、椅子等。

2. 代表性活动

（1）棋类:跳棋、象棋(图 6-4)、围棋、陆战棋等。

（2）牌类:扑克牌、麻将牌等。

3. 治疗作用

（1）改善手的灵活性,促进感觉功能恢复。

（2）提高手、眼协调能力和视扫描能力。

（3）增强耐力和平衡能力。

（4）提高认知功能,增强人际交流,改善心理状态。

4. 注意事项

（1）注意活动的调整:通过使用不同质地和大小的棋盘和棋牌,提高治疗的针对性。另外,可以在棋盘和棋子上增加魔术贴,以增强手部的肌力训练难度;使用筷子夹持跳棋

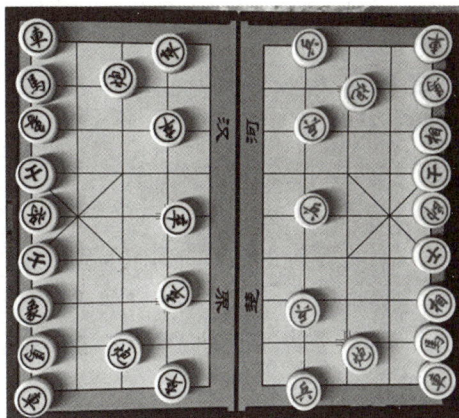

图 6-4　中国象棋

等,提高手的灵活性和 ADL 能力;用脚使用改装的棋子,可进行下肢训练,等等。手功能欠佳或上肢截肢患者可使用持牌器替代。亦可采用坐位、站立位和蹲位进行训练。

（2）注意训练时间的控制:避免长时间保持一个姿势,注意体位调整;避免训练时间过久,影响休息和其他康复治疗。

（3）注意情绪的控制:避免情绪过度激动;避免大声喧哗,影响他人。

（二）拼图游戏

拼图游戏始于 18 世纪的欧洲,目前已成为全世界范围内广受欢迎的智力游戏。拼图游戏因其内容多变、形式多样、难度不一等特点,也是常用的治疗性作业活动之一。

1. 常用工具　拼图、七巧板、桌子、椅子等。

2. 代表性活动　平面拼图、立体拼图。

3. 治疗作用

（1）改善手的灵活性和手、眼协调能力,促进感觉功能恢复。

（2）提高注意力、记忆力、空间结构能力和思维能力。

（3）增强耐力和平衡能力。

（4）改善心理状态,放松心情。

4. 注意事项

（1）注意活动的调整:根据康复对象手功能和认知功能的情况,选择不同质地、大小和难易程度的拼图。体位可采用坐位或站立位。

（2）注意姿势和训练时间:注意在训练中保持正确姿势。控制训练时间,避免久坐、久站。

（三）计算机游戏

计算机游戏具有独特的视听效果、引人入胜的情节、广泛而丰富的题材等特点,深受大众喜爱(图6-5)。作业治疗借助其中的一些游戏项目进行训练。

1. 常用工具　计算机、游戏软件、操作手柄、游戏机、游戏盘等。

2. 代表性活动　单机游戏、网络游戏、电子竞技等。

3. 治疗作用

（1）提高注意力、记忆力、思维能力和反应能力。

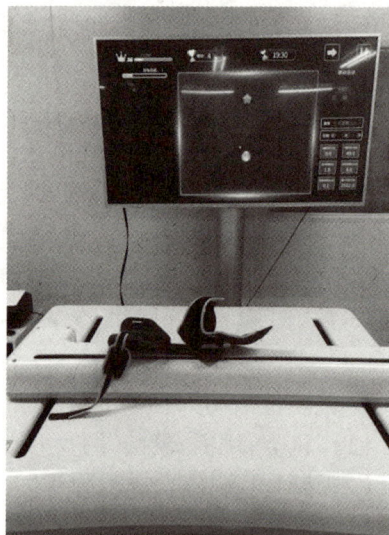

图 6-5　计算机游戏

（2）增强视扫描能力、定向力,手的灵活性和手、眼协调能力。

（3）宣泄不良情绪。

4. 注意事项

（1）注意活动的调整:使用游戏控制手柄、特制手柄、触摸屏、自助具等帮助抓握困难的康复对象完成训练。根据其手功能、认知功能和兴趣等情况,选择不同的计算机游戏。

（2）注意姿势和训练时间:注意在训练中保持正确姿势,并控制训练时间,防止成瘾。

（四）体感游戏

体感游戏是采用肢体动作变化来操作的电子游戏。体感游戏通过虚拟现实技术,提供模拟环境;通过动态感应识别技术将患者的运动实时反映在电子显示器上。体感游戏摒弃了手柄按键操作,扩大了治疗范围,增加了游戏的趣味性和互动性。

1. 常用工具　体感游戏机、显示器、游戏盘、配套游戏工具等。

2. 代表性活动　各种球类游戏(如篮球、网球、乒乓球、高尔夫球、棒球等)、舞蹈游戏、射击游戏、钓鱼游戏、跑步游戏等。

3. 治疗作用

(1) 提高全身或局部的 ROM、肌力、耐力和稳定性。

(2) 增强注意力、反应能力、视扫描能力、定向力和协调能力。

(3) 调整心理状态,宣泄不良情绪。

4. 注意事项

(1) 注意活动的调整:根据患者兴趣和功能情况选择不同的体感游戏。随着体感游戏软件的不断开发,越来越多的活动形式被纳入体感游戏,可以极大满足不同兴趣爱好患者的治疗需要。作业治疗师根据患者的功能状态,调节游戏的速度、体位、难度、时间等以适应患者的训练需求。

(2) 注意安全:在训练中注意保持正确姿势,注意患者反应,并加强必要的保护和监测措施,防止产生意外。

八、球类活动

球类活动是广大群众喜闻乐见的体育活动之一。具有趣味性强、易学易练、运动量适中、既可单独训练又可小组训练、既可室内进行又可户外进行等特点,适合康复对象进行训练。目前开展较多的球类活动有篮球、足球、乒乓球等,本小节以篮球为例进行介绍,特别是轮椅篮球已经成为功能障碍者体育比赛的正式项目。

(一) 常用工具

篮球、篮球架筐或特质篮筐。

(二) 代表性活动

1. 运球　包括原地运球、背后运球、胯下运球、运球体前变向、运球转身等。

2. 传球　包括胸前传球、上手传球、单手传球、反弹传球、侧身勾手传球等。

3. 投篮　包括原地投篮、跳起投篮、行进间投篮、自由投篮、坐位下投篮、轮椅上投篮等。

(三) 治疗作用

1. 扩大 ROM,增强肌力和耐力。

2. 提高注意力、平衡能力和协调能力。

3. 促进人际交流,培养合作精神。

(四) 注意事项

1. 注意活动的调整　康复对象存在功能水平限制或场地限制时,可采用降低高度的特制篮筐。为增强肌力和耐力,可在其手臂上缠绕沙袋进行训练。为了提高治疗的针对性,可选择坐位、站立位或轮椅坐位进行训练。根据康复对象的功能情况,可选择一个或多个活动进行训练,以及组织正式或非正式比赛,并尽量选择室外和小组训练。

2. 注意安全　组织训练和比赛时,注意保护,防止发生训练意外。特别是防止跌倒,尤其是平衡功能欠佳或使用轮椅进行训练的人群。

九、传统体育项目

传统体育项目是以肢体活动为主,并与意识、呼吸、自我按摩密切结合,以保养身心、防治疾病和改善功能为目的的康复方法。常见的传统体育项目有太极拳、八段锦、易筋经、五禽戏等,具有增强肌力和耐力、改善平衡协调、提高信心、调节情绪、促进心理平衡等作用。

（一）常用的工具及材料

公园、操场、宽阔的室内等合适的场地。

（二）代表性活动

1. 太极拳　是集颐养性情、强身健体等多种功能于一体,具有刚柔相济特点的中国传统拳术。康复训练多用"二十四式简化太极拳",具有改善肢体功能与心理状态等作用。

2. 八段锦　现广为流传的为国家体育总局健身气功管理中心整理改编的"健身气功八段锦",全套练习共 8 节,具有动作简单、易学易练的特点。可增强肌肉耐力,改善平衡协调能力,提高灵活性和稳定性,放松舒缓情绪。

3. 五禽戏　是以肢体运动为主,模仿鹿、虎、熊、猿、鸟五种动作,配合呼吸吐纳与意念活动的导引功法。训练时,不仅要模仿五种动物的形态,还要尽可能表现出动物特性,同时配合不同的意念活动和呼吸方法。每种练习侧重的功效有所不同。

（三）治疗作用

1. 增强全身肌肉耐力,改善平衡协调能力。

2. 提高注意力,以及肢体的灵活性和稳定性。

3. 以小组的方式进行,有利于提高积极性和趣味性,还可促进交流合作。

（四）注意事项

1. 尽量选择空旷安静的环境练习,可以配合音乐。

2. 训练过程中要保证安全。

3. 根据康复对象的功能水平以及训练目的,选择合适的动作,必要时给予适当提示。

十、虚拟现实

虚拟现实是指利用综合技术形成逼真的三维视觉、触觉、听觉一体化的虚拟环境,借助必要的设备以自然的方式与虚拟世界中的物体交互,相互影响,从而产生身临其境般的感受和体验。虚拟现实具有真实性、反馈性、趣味性、安全性的特点,在改善康复对象肢体运动功能、平衡功能、步行功能、认知功能、日常生活活动能力等方面有较好效果。

（一）常用的工具及材料

VR 设备,包括眼镜、头盔、耳机、操纵杆、手柄、手套等。

（二）代表性活动

1. 射击　在虚拟场景中完成射击任务,需要康复对象手持手柄,通过肩肘腕关节的相互配合完成取箭、搭箭、射箭等一系列活动,在上肢肌力、肌肉耐力、协调运动、灵活性方面都有很好的训练作用。

2. 滑雪　在虚拟的雪山上,要求康复对象控制虚拟人物从小山坡滑下,并且要躲避两旁的树木、岩石等障碍物,在平衡协调能力、姿势控制等方面有很好的训练作用。

3. 烹饪　模拟真实的生活场景,跟随指示完成烹饪任务,在认知训练和 ADL 训练方面有很好的效果,可以帮助康复对象更好地回归家庭。

（三）治疗作用

1. 增强上肢肌力和肌肉耐力,提高上肢协调性。

2. 改善姿势控制能力。

3. 提高认知功能及 ADL 能力。

（四）注意事项

1. 根据功能障碍的不同选择合适项目,如训练康复对象的上肢功能可选择弹钢琴、捕捉蜂鸟等游戏;训练帕金森患者的步行能力,可选择有视觉导向线索的场景;训练日常生活活动可选择模拟真实的生活场景。注意在训练过程中保持正确的姿势。

2. 应用 VR 设备进行训练时应注意保护,防止意外发生。

3. 注意控制运动量及运动时间。

4. 分清现实和虚拟的关系,防止沉迷游戏。

5. 注意康复对象的情绪,避免过度激动。

（郝日雯）

复习思考题

1. 请举例说明如何对休闲娱乐活动训练进行调整。

2. 对于成年期康复对象,娱乐休闲活动的意义是什么?

◆◆◆ 第七章 ◆◆◆

职 业 康 复

📐 学习目标

1. 解释职业康复的作用和意义。
2. 举例说明职业康复的目标人群。
3. 概述职业康复评定和训练的思路。
4. 简述职业康复的常用方法和手段。

第一节 概 述

随着现代医疗技术的不断进步和人们对综合康复关注度的提高,职业康复已经成为促进社会包容、改善生活质量的重要手段之一。职业康复作为工伤康复体系中非常重要的环节,能够帮助工伤患者提高工作能力,使其顺利回归和适应工作岗位;或协助企业安全适当地安排工伤患者重返工作岗位,降低企业运营成本,降低工伤事故的发生,在残障人士和伤病患者就业和回归社会中发挥着重要作用。

一、职业康复概念

(一)工作、职业与职业康复

1. 工作　是指劳动者通过劳动(包括体力劳动和脑力劳动)将生产资料转换为生活资料,以满足人们生存和继续社会发展事业的过程。工作是每个社会人实现各自社会分工的具体方式,通过工作我们才能更好地参与社会活动,获得报酬、追求价值和获得成就感,达到经济、社会和心理上的目的。工作的内涵丰富,主要包括:①劳动生产的过程付出了体能或心智上的努力;②通过被雇佣从事某一职业并获得报酬;③承担职责、任务或作出承诺;④通过生产得到了某项成果或结果。

工作可分为有偿工作、无偿工作和替代工作。有偿工作是指按照契约参与工作可获得特定的物质或经济报酬,如医生、治疗师、教师、律师、厨师、清洁工等;无偿工作虽不以物质或经济上的报酬为目的,但也可以实现社会价值、自我人生价值等,如学生学习、志愿者工作、家务工作等;替代工作常见于相对独立的空间,如庇护车间或残疾人工作培训项目,旨在提供治疗性收入的基础上,帮助治疗对象实现环境适应、构建生活结构等目的。

2. 职业　指从业人员为获取主要生活来源所从事的社会工作类别。职业是参与社会分工,利用专门的知识和技能为社会和个人创造物质和精神财富的工作。2022 年公示的《中华人民共和国职业分类大典》由人力资源和社会保障部、国家市场监督管理总局、国家统计局联合修订,将职业分为 8 个大类、79 个中类、449 个小类、1 636 个职业,并根据职业功能分析法明确各职业的职业名称、功能模块、技能模块、操作规范、活动领域、知识内容、证明方式和考评指导等内容。通过查阅《中华人民共和国职业分类大典》,作业治疗师能够快速了解新的职业,获取与某一职业相关的背景信息,并为后续的职业康复进程构建框架。

3. 职业康复　职业康复(vocational rehabilitation)是一个时间进展性的康复过程,通过多学科的综合康复手段和技术,为有需要的个人提供帮助,克服在维持或重返工作岗位的过程中所面临的阻碍,最大限度地恢复和提高治疗对象的身心功能和职业能力,促进其实现就业、再就业或重返工作岗位,更好地参与社会,提高生活质量。职业康复的服务内容多样,包括需求评估、职业咨询、职业评定、职业能力训练、职业培训和指导、病情管理、环境改造等。

(二)常见就业方式及阻碍

1. 就业　又称劳动就业,是指具有劳动能力的劳动者在法定劳动年龄内自愿从事某种具有一定劳动报酬或经营收入的社会劳动。常见的劳动就业形式有两种,即正规就业和非正规就业。正规就业主要包括劳动者在各类经济组织从业,且所签劳动合同在 6 个月以上的就业形式,以及在国家机关、参照公务员管理的事业单位、社团组织从业的就业形式;非正规就业则包括非全日制工、季节工、短期工、临时工、计时工、计件工、轮换工以及弹性工作制等。

根据我国现行法律规定,有职业康复需求的个人,其常见就业方式主要包括集中就业、按比例就业、个体就业、灵活就业、工伤保护性就业等。

(1) 集中就业:是指在各类福利场所、机构等单位劳动就业。

(2) 按比例就业:是指各有关单位如机关、团体、企事业单位、城乡集体经济组织,按照一定比例接收安排符合标准的个人进行就业,并为他们选择适当的工作和岗位。

(3) 个体就业:是指从事个体生产、经营活动,取得劳动报酬或经营收入。

(4) 灵活就业:指依照个人主观愿望或通过一定组织,参与社区的便民利民服务以及公益性劳动。所从事的岗位包括保洁、保安、车棚管理和报刊收发等工作。

(5) 工伤保护性就业:指原用人单位按国家工伤保险政策相关规定,有责任妥善安排因工受伤职工从事力所能及的工作,不得因工伤而解雇伤残职工。

2. 常见就业障碍因素

(1) 自身因素:年龄、性别、个性特征、教育背景、职业技能、自我效能、动机、躯体功能、认知功能、心理功能等。

(2) 环境因素:包括物理、文化、制度环境因素,如工作场所、工作工具、交通、就业政策、企业文化与结构等。

(3) 社会因素:家庭态度、社会态度、雇主和同事的态度等。

二、职业康复的任务和内容

(一)职业康复的任务和内容

1985 年国际劳工组织在《残疾人职业康复的基本原则》中阐明了职业康复六个方面的主要任务:

1. 掌握治疗对象的躯体、心理和职业能力状况。

2. 对治疗对象职业训练和就业的可能性进行指导。

3. 提供必要的适应性训练、身心功能的调整和正规的职业训练。

4. 引导从事适当的职业。

5. 提供需要特殊安置的就业机会。

6. 治疗对象就业后的跟踪随访服务。

（二）职业康复的分类

传统上职业康复分为两类：①针对未就业或因病情丧失劳动市场竞争力的人群；②针对已就业但由于疾病或损伤无法回归工作岗位的人群。

目前我国开展的职业康复形式主要分为两类：①残疾人联合会和民政系统开展的主要针对先天性残疾人群的职业评定、职业咨询、职业培训和指导等职业康复服务；②劳动保障部门和卫生系统开展的主要针对工伤和职业病治疗对象进行的职业访谈、职业评定、职业强化训练、现场工作模拟训练、工作调整与环境改良等职业康复服务。内容主要包括：

1. 职业咨询与职业康复访谈　主要包括基本信息、病史或受伤史、功能史、职业史、就业意愿和动机等。

2. 职业康复评定　主要包括临床检查与评定、就业需求和动机评定、功能性能力评定、工作模拟评定、工作现场评定等，并形成职业康复评定报告。

3. 工作分析　主要分析工作特性、工作要求与治疗对象职业能力间的关系。

4. 职业康复训练　根据职业评定和工作分析的结果，应用生产性活动及现场工作训练提升工伤治疗对象的职业能力及信心。

5. 职业技能培训　根据治疗对象的就业需求和方向，结合职业设计，技能培训师为治疗对象培训新的技能，获得新的职业能力。

6. 就业后随访　跟踪随访治疗对象的工作情况，根据治疗对象和雇主反馈，为其提供适当的指导、建议或是再训练、再培训。

（三）职业康复的原则

1. 早期康复　应尽早开始，持续到损伤或治疗对象经临床治疗后情况基本稳定为止。

2. 平等原则　不分民族、种族、性别、职业、病种，每个人都有工作的权利和接受职业康复服务的权利。平等原则是职业康复的最基本原则。

3. 实用原则　所治疗内容应符合治疗对象的现实情况，具有可操作性，能真正解决他们的实际就业问题。

4. 个体化原则　治疗对象由于损伤的部位和程度不同，因此在职业康复的能力上个体差异很大，这就要求我们在进行职业康复时，必须按照个体特点，从需要和能力两个方面进行，康复手段和方法应与治疗对象的损伤情况相对应，并与临床治疗相配合。

5. 循序渐进　由于治疗对象各方面能力均较正常人有不同程度的功能障碍，因此对他们的职业康复必须循序渐进。从大的方面讲，职业康复的训练必须贯穿治疗对象终身，从技术培养阶段讲，也要坚持小步子、多重复，使治疗对象逐步掌握职业康复技能。

6. 全程协助　职业康复是一项长期而艰巨的任务，需要治疗对象面向社会和家庭，多参与社会活动，以提高适应能力。此外，职业教育训练必须得到社会与家庭的全程支持。因此，把家庭、医疗康复机构和社会纳入职业教育训练的轨道，构成同步教育整体系统。

（四）职业康复的社会保障

我国政府制定了一系列的劳动保障和劳动福利等相应政策，扶持、鼓励治疗对象参与职业康复和重返工作。具体体现在以下几方面：

1. 工作环境的配合 工作场所和环境改造的目的是使工作要求能与治疗对象的能力相匹配。可行的工作环境改造的内容主要包括:降低工作强度;调整工作程序和步骤;调整工作或休息时间;使用辅助性的工具或设备;应用人体工效学原理对工作场所中的物品或工具进行适当的调整或改造等。

2. 促进治疗对象的职业自立,改善治疗对象的经济环境和生活质量。

3. 营造良好的社会道德氛围。

4. 建立健全有关的法律法规,如《中华人民共和国残疾人保障法》《工伤保险条例》《关于促进残疾人按比例就业的意见》等,其中《中华人民共和国残疾人保障法》第三十条规定"国家实施按比例安排残疾人就业制度"。

三、职业康复流程

(一)职业康复的连续性

随着社会生产力的不断提高,人们对生活水平的要求越来越高,职业康复的重要性也在不断显现。与康复治疗一样,职业康复也是一个连续性的进程(图7-1)。

暂停工作 ⟹ 获取工作 ⟹ 维持工作

图7-1 职业康复的连续性

职业康复的连续性分为三个阶段,并随着康复的进程不断转换。

1. 暂停工作 指个体短期或长期内无法履行有价值的工作角色,或由于各种原因无法履行工作职责。对多数人而言,暂停工作作为一种负面经历,能够影响个人的行为、习惯甚至健康状况,提高疾病风险,增加家庭负担;长期失业还可能引发社会排斥,激发心理疾病导致死亡率增加。此阶段中,作业治疗师可以帮助治疗对象了解暂停工作的性质和程度,以及相关的政策法规等。

2. 获取工作 旨在帮助个人了解并获取能够帮助其获得目标职业角色的服务和资源。此阶段作业治疗师可通过不同形式,帮助个人探索可能的就业途径,尤其是有偿就业(图7-2)。

- 职业康复门诊
- 庇护性培训和职业治疗专门机构
- 志愿项目
- 支持性的培训机构
- 庇护性就业
- 个体就业
- 社会合资
- 支持性就业
- 就业服务

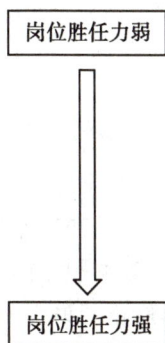

岗位胜任力弱

岗位胜任力强

图7-2 有偿就业的形式

3. 维持工作 旨在帮助治疗对象确定有助于持续工作状态,并预防失去工作角色所需的服务和资源。

(二)作业治疗与职业康复

与传统作业治疗模式类似,职业康复还包含了评估、计划、治疗等步骤。但与传统作业治疗的周期性模式不同的是,职业康复的过程往往是线性的单一进程,可能花费数天或数月不等(图7-3)。

转诊 ⟹ 初始面谈
初始评估 ⟹ 工作前阶
段（可选） ⟹ 工作现场
调查 ⟹ 回归工作
计划

出院/结束
治疗 ⟸ 评估
是否达到目标 ⟸ 回归工作
训练

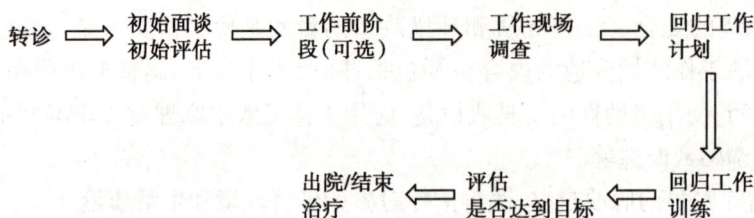

图7-3　作业治疗与职业康复进程

（三）职业康复的流程

职业康复的流程见图7-4。

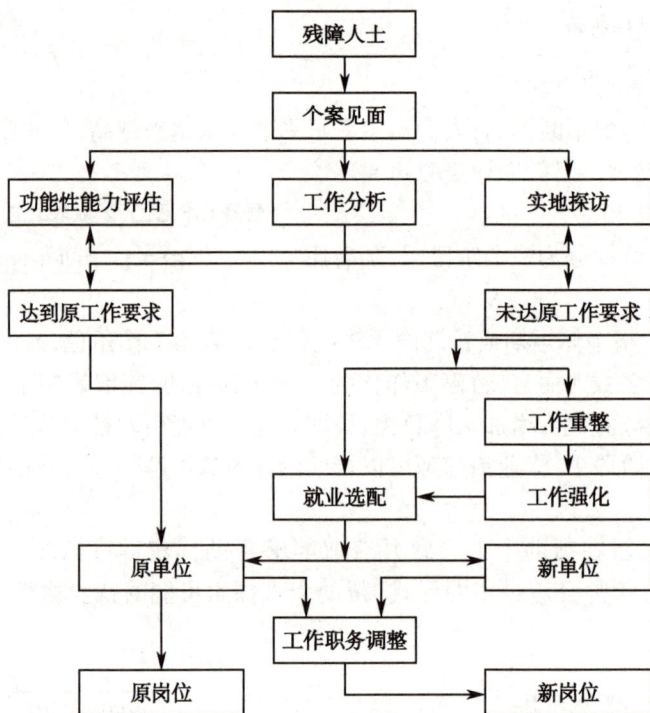

图7-4　职业康复流程图

（四）职业康复的意义

职业康复作为全面康复的重要组成部分，一方面可以改善治疗对象的运动、感觉等躯体功能，增加治疗对象生活和工作的互动，提高治疗对象的自我效能和自我价值等社会心理功能；进而提高治疗对象的职业能力，帮助治疗对象重返工作，减轻个人、家庭及社会的负担，提高治疗对象生活质量。另一方面也可以通过人体工效学干预，对治疗对象进行职业健康和安全教育，以降低企业运营成本，降低工伤事故等。

第二节　职业评定与训练

一、职业康复评定

当治疗对象转介到职业康复服务机构或部门时，首先由职业康复临床医生进行全面的病史询问和检查,做出诊断,发现或排除可能会影响职业康复过程的注意事项(如高血压、心脏病、疼痛、情绪恶化等危险因素)和禁忌证。当临床医生确认治疗对象的医疗状态稳定,可以进行职业康复后,便可开具职业治疗相关医嘱,交由作业治疗师进行进一步的评定与治疗。

(一)职业康复评定的定义与目的

职业康复评定是指根据一般或特定职业要求或职业标准,对治疗对象及工作环境进行测量和评估,以分析治疗对象是否能完成或保持职业中的工作任务的一个系统过程。职业康复评定是一个综合的持续过程,其主要目的在于了解治疗对象能否重返原来的工作岗位或再就业的潜力,具体包括:

1. 确定治疗对象职业功能障碍,现有功能和潜在功能。
2. 确定治疗对象的其他职业能力,如工作能力、经验、技能等。
3. 确定治疗对象的优势和劣势。
4. 提供治疗对象自我评估和自我探索的机会。
5. 确定干预目标和需要。
6. 确定工作耐力。
7. 了解治疗对象的工作意愿。
8. 了解工作环境。
9. 确定职业康复干预计划和方案。
10. 判断职业康复干预成效。
11. 比较干预方案优劣。

(二)职业咨询与职业康复访谈

职业咨询是作业治疗师在就业问题方面向治疗对象提供咨询的过程。此过程为互动过程,一方面治疗对象向作业治疗师咨询重返工作和职业康复的问题,另一方面作业治疗师与治疗对象及其相关人员(如家属、雇主等)针对治疗对象的职业需求和职业能力等进行专业的交谈和询问,为职业康复评定、训练和培训等奠定基础。

1. 咨询与访谈的目的

(1)向治疗对象介绍作业治疗师的角色、服务内容及职业康复的作用等,建立合作关系,取得治疗对象信任。

(2)恰当地让治疗对象清楚自己的情况、责任和可获得职业康复服务等信息,鼓励治疗对象。

(3)收集治疗对象的基本信息、病史信息、功能史信息、职业信息等。

(4)了解治疗对象的就业意愿、就业动机,以及影响其就业的因素。

(5)与治疗对象及相关人员共同讨论解决问题的方法及目标。

(6)为治疗对象重返工作岗位或再就业整合资源提供信息等。

2. 职业康复访谈的内容　职业康复访谈随着治疗对象的康复阶段,职业康复的进展、需求和目的而分阶段或持续不断地进行,大致可分为初次访谈、中期访谈和末期访谈,每个阶段有针对性的访谈内容和目的。

(1)初次访谈:是治疗对象被转介到职业康复的第一次访谈,主要为了初步达到让治疗对象了解职业康复服务、收集治疗对象信息、了解治疗对象初步就业意愿、为治疗对象提供咨询等目的。访谈内容主要包括但不限于:

1)基本信息:年龄、性别、教育程度、联系方式、家庭情况等;

2)病史信息:发病或受伤情况、诊断、临床治疗史、康复治疗史等;

3）职业史：过往职业、工作经验、工作技能、现在职业、发病或受伤后治疗对象及雇主等相关人员对工作的处理等；

4）功能史：结合病历和评定，了解发病或受伤前后的认知功能、躯体功能、社会心理功能、日常生活能力等情况；

5）初步的就业意愿、兴趣、目标、动机和态度等；

6）影响因素：包括家庭、雇主及社会的态度和支持，物理环境的影响等。

（2）中期访谈：经过一段时间的职业康复干预之后，结合初次访谈和职业康复的进展而开展。目的在于进一步完善和定位职业康复的目标和方向。访谈内容主要包括但不限于：

1）治疗对象的工作意愿、动机、定位、态度等是否有转变，相关人员的期望、目标和态度等；

2）治疗对象的认知功能、躯体功能、社会心理功能、日常生活能力、职业能力等状况的进展。

（3）末期访谈：一般指治疗对象经过职业康复服务后需从医院重返工作岗位或再就业，在职业康复出院前围绕出院后"职业安置和计划"而进行的访谈，可涉及治疗对象、家属、雇主、保险公司、职业中介、社区工作人员等。访谈内容主要包括但不限于：

1）结合治疗对象的就业意愿、倾向和实际情况，与治疗对象共同制订职业安置计划；

2）让治疗对象及相关人员清楚治疗对象的工作能力范围；

3）职业安全和健康宣教。

3. 就业需求和就业动机评定　治疗对象的就业需求和就业动机在职业康复中起着重要作用，就业需求的高低及就业动机的强弱直接影响职业康复的效果以及治疗对象重返工作的可能性。可通过访谈来获取治疗对象的就业需求和动机，也可以根据马斯洛需求层次理论分析其就业需求和动机，或进行动机性访谈，以鼓励治疗对象对工作的追求，激发其重返工作的信心。

（三）功能性能力评定

功能性能力评定（functional capacity evaluation，FCE）旨在评估治疗对象完成职业相关的工作活动的能力，是将个体的健康状态、躯体结构、躯体功能在职业需求、工作环境中互动的过程进行一系列系统的对比、测量和评估。功能性能力评定是判断治疗对象执行一般工作或某一具体工作的能力，从而判断治疗对象重返工作或者调适工作的潜力；可用于确定工作上的活动受限，需要做的工作调整；是制订职业康复目标和计划的重要依据。

1. 功能性能力评定的目的

（1）明确治疗对象的损伤程度；

（2）探索治疗对象的功能信息以及现有的功能水平；

（3）明确现阶段治疗对象能够参与的工作类型和工作形式；

（4）明确治疗对象所具备的能力与目标职业需求是否符合；

（5）帮助确立职业康复目标；

（6）作为入职评估以最大程度降低后续工伤风险。

2. 功能性能力评定的内容　功能性能力评定应由一系列标准化评估组成，这些评估提供与活动能力相关的测量结果，对治疗对象重返工作岗位的能力进行预测。功能性能力评定应包含治疗对象从事某项职业所必须具备的身体和认知能力，以及与职业相关的安全防护和维持身心健康的能力等。设计详尽的功能性能力评定通常需要在治疗师与治疗对象一对一的基础上进行，时间跨度在 2 天左右，每天 4~6 小时。功能性能力评定一般包括以下内容：

（1）工作需求评定：根据工作分析的内容，将核心工作内容拆分成可供评估的细小功能单元（表7-1）。

表7-1 功能需求分类

分类	中文名称	定义
体力负荷	提举	将物体从一个高度提升或降低到另一个高度
	运送	将物体从一个水平位置移动至另一个水平位置；通常将物体放在手中、夹在手臂或放在肩上并搬动它
	推	对物体施加力，使物体远离力的原点，包括掷、敲击、踢、踩等动作
	拉	对物体施加力，使物体向力的原点移动
工作姿势	站立	保持直立，不走动
	步行	四处走动
	坐姿	维持坐姿的能力
	坐站转移	根据需要在坐位和站位中灵活变换
攀爬及平衡	攀爬	运用双脚、双腿或者双手和双臂上下阶梯、楼梯、斜坡，或攀爬高架、柱等物
	平衡	当在狭窄、光滑、不稳或移动的地面上行走、站立、蹲伏或跑步时，保持身体平衡以防止跌倒
躯干活动	弯腰	身体向前和向下弯曲至45°或更大
	跪姿	屈曲膝关节，以单个或双膝关节碰地的坐姿方式
	蹲伏	屈曲膝关节，使身体向下向前弯曲
	爬行	运用双手和膝关节或双手和双脚移动身体
	仰/俯卧	工作时呈水平卧位姿势工作，身体需背对地面或面向地面
上肢活动	伸手够取	双手和双臂能任意伸展以够取目标
	抓握操作	以手抓住、握住、紧抓或翻转，若涉及手指活动，则仅限于手伸展时手指的宽广度
	手指拿取	用手捡拾、夹捏；主要为利用手指工作，而不是使用整个手或手臂的工作
	触摸	借助手指（指尖）皮肤的触摸以了解物体的大小、形状、温度或结构等
言语能力	说话	能够通过口语进行表达或交换意见
	听觉	用耳朵感知自然界声音的能力，与音量和声音种类无关
感官功能	视觉	能将视觉范围内的物品看清楚。可分为远中近距离视觉敏锐度
	嗅/味觉	能准确地区别味道及气味的不同及相似处；使用舌头或鼻子认出某种特定味道或气味
	深感觉	能判断距离和空间的关系，以觉察出物体及其所在位置
	聚焦	调节眼睛晶状体以聚焦物体的轮廓
	色彩辨别	确认和区分颜色的能力，如分辨色彩的颜色、饱满度、亮度等
	视野	当眼睛固定注视于某一点时，能看清楚该点上下左右的范围大小

（2）躯体功能评定：包括肌力、耐力、关节活动度、平衡、协调、手功能、感觉功能、日常生活活动能力等。

（3）认知评定：包括注意力、记忆力、判断能力、思维能力、组织能力、学习能力、执行任务能力、交流能力、解决问题的能力等。

（4）社会心理评定：包括治疗对象的就业意向、处理社会问题的能力等。

（5）工作行为评定：包括工作动力、自觉性、守时性、计划性、仪表、自信心、服从管理能力、接受批评能力、创造力、承受压力能力、行为-反应一致性等。

（四）工作模拟评定

工作模拟评定是指根据各种职业所需的身体活动要求，尽量设计和模仿现实工作中真实的工作任务进行评定，从而得出治疗对象能否重返工作岗位的职业能力建议。

1. 工作模拟评定的目的

（1）找出阻碍治疗对象回归岗位的因素，为制订个性化职业康复计划提供依据；

（2）评定治疗对象在接近真实工作情况下完成工作任务的能力；

（3）寻找治疗对象目前工作能力和潜能之间的差距；

（4）评定治疗对象在工作中存在的风险，尤其是人体工效学方面存在的问题；

（5）为治疗对象工作重整和强化训练奠定基础。

2. 工作模拟评定的内容　工作模拟评定可以是一般性的，也可以是具体的。一般性职业评定旨在探索治疗对象从事任何工作的能力，为普适性评定，评定的内容涵盖范围较广，往往缺乏明确的、具象的功能内容模拟；而具体职业评定旨在探索治疗对象从事某一特定工作的能力，评定内容较为具体，往往包含具体的工作内容的模拟。工作模拟评定根据形式和内容的不同，一般持续3~10天。工作模拟评定的形式一般包括工作模拟设备评定和模拟工作场所评定。

（1）工作模拟设备评定：是指运用辅助设备模拟工作内容，或模拟所需的工作技能，以判断治疗对象的工作能力，以此对治疗对象的工作表现做出预测。

（2）模拟工作场所评定：亦称模拟工作站，是作业治疗师为治疗对象设计的，用以评定其在特定工作岗位的职业能力和工作表现，评定结果为治疗对象重返工作岗位之前做出院计划提供参考。进行该评定前，职业康复治疗师须对治疗对象病前工作环境或计划重返工作岗位的环境进行现场探访，既可以向其雇主或同事了解详细的工作任务，也可以实地了解其工作环境，便于设计更真实的工作场所进行评估。然后治疗师根据探访设计不同的工作场所，如搬运工、木工、电工等工作场所，在实际或模拟工作环境中，评估治疗对象的工作潜能和应付一般工作要求的能力表现。

（五）工作现场评定

工作现场评定指职业康复治疗师在治疗对象即将重返的实际工作岗位和环境中，对其功能性能力、工作岗位、工作场所和环境进行评定和分析。主要了解治疗对象的工作能力、重返工作的风险以及需要改良和调整的任务及环境，明确辅助器具的适配需求，以确定治疗对象是否能返回原工作岗位，安全有效地开展工作。评定结束后作业治疗师应出具结果说明，包括建议或不建议治疗对象进入工作岗位；是否推荐辅助具适配；是否推荐合理范围内的环境改造或工作调整，包括暂时性或永久性的，等等。

二、工作分析

工作分析是对具体工作的性质、任务、条件和环境等进行系统和专业的分析，并针对性地在工作量、工作时间、工作氛围、工作强度，工作对躯体、心理、认知等功能性能力的要求，以及对工作技能、工作经验等职业能力的要求进行多方面的统筹评定和分析，以确定成功完成某一项工作所需要的知识、技能、能力和其他工作特性等信息。工作分析不仅针对雇主的公司或机构，还包括受雇者（治疗对象）。职业康复工作分析的目的主要有：

1. 找出特定工作的主要工作要求，明确每个工作岗位所需的知识、技能、能力，以及其他工作特性等要求，以选择合适的就业者。

2. 确定影响人体工效学的因素,这些因素可能与工作方法、工作场所设置、工具使用或设备的设计有关。

3. 人力资源计划、职业发展和培训,工作绩效评估,风险管理。

4. 根据治疗对象的需求,分析并设计改造计划,改良设备、调适工作流程及方法、改进工作环境等,这样可使治疗对象工作更加安全,更有效率。

5. 通过工作要求与治疗对象职业能力间关系的分析,制订可行的职业康复计划。

工作分析信息可以通过许多方式取得,如面谈、问卷调查、结构性工作清单、观察法、日记法、综合措施等。工作分析的覆盖面大、内容多,临床应用中常根据不同目的和侧重点选择基于不同模式的分析技术和策略,如能力模式策略、岗位分析问卷调查、功能性工作分析、工作元素分析法、GULHEMP 工作分析系统等。

三、职业康复训练与职业培训

(一)治疗性作业活动

1. 治疗性作业活动的定义和目的 治疗性作业活动是精心选择的、具有针对性、有目的、有意义的作业活动,用以维持和提高治疗对象的功能,预防功能障碍或残疾加重,提高治疗对象的参与能力和工作表现。治疗性作业活动是职业康复的基础训练,以提高其功能性能力和活动参与能力为主要目的。

2. 治疗性作业活动的选择和训练应遵循的原则

(1) 在全面评估治疗对象的基础上选择治疗性作业活动,需要对其功能情况、职业情况、职业康复需求及康复目标了解清楚。

(2) 根据工作分析的结果来选择更具职业康复目的性和参与性的活动。

(3) 根据治疗对象需要,对活动进行必要的调适和调整,如工具、材料、体位、姿势、环境、活动本身的调整等。

(4) 多采用集体活动的方式进行训练,以提高治疗对象的积极性和社交处理能力。

3. 职业康复中常用的治疗性作业活动 具体如下,作业治疗师应根据治疗对象的实际情况进行适当改良。

(1) 直线步行功能训练。

(2) 跨过障碍物步行训练。

(3) 上下台阶训练。

(4) 提举活动训练:地面至腰水平、腰水平至肩水平、地面至肩以上水平、腰水平的左右提举移动等。

(5) 物品搬运活动训练。

(6) 编织训练。

(7) 剪纸训练。

(8) 软陶泥/陶瓷训练。

(9) 木工类训练。

(10) 金工类训练。

(二)工作能力强化训练

1. 工作能力强化训练的定义和目的 工作能力强化是指通过循序渐进的具有模拟性或真实性的工作活动,来逐渐加强治疗对象在心理、生理及情感上的耐受程度,继而提升他们的工作耐力、生产力及就业能力。工作能力强化侧重于与实际工作密切相关的劳动和生产能力(如速度、准确性、效率)、安全性(遵守安全法则和使用安全性设备的能力)、身体耐力(耐力、重复性工作的能力)、组织和决策能力等。工作能力强化的显著特点是利用真实或模拟的工作活动,以分级的方式经过一定时间的治疗和训练,逐步重建治疗对象与实际工作相匹配的工作能力。

2. 工作能力强化的方式和强度　工作能力强化包括工作重整、工作强化、工作模拟训练、工作行为训练和现场工作强化训练等方面内容。通常每天持续 4~6.5 小时,每周 3~5 天,持续强化训练 2~8 周,根据治疗对象实际情况和需求进行调整。

(三)工作重整与工作强化训练

1. 工作重整与工作强化的定义和目的　工作重整是指专门针对工作对身体功能的要求而重建服务对象的躯体功能、认知功能、心肺功能等功能性能力和工作行为等职业能力的训练。工作强化是一个个体化的以职业目标为导向的训练,主要通过功能性能力重整、工伤预防、健康教育等几方面帮助治疗对象重返工作岗位。工作重整的目的是让治疗对象参与工作活动,重新建立工作的习惯、能力、动力和信心。工作强化的目的是集中提升工作能力,以便治疗对象能够安全、有效地重返工作岗位。

2. 工作重整与工作强化的方式和强度　工作重整与工作强化跟一般康复训练的不同之处在于,工作重整侧重于与就业或工作相关的功能性能力训练,而非日常生活或休闲活动所要求的功能或能力,训练方式以治疗性活动为主,比治疗性作业活动更具有所重返工作的针对性。常用的训练方式及器具:指导治疗对象运用合适方法(例如正确的姿势、人体动力学原理、工作方法调整等)来控制工作过程中可能受到的来自症状的困扰;计算机或自动化器材,例如 BTE 工作模拟器;一些能模拟实际工作所需的体能要求的器材,例如模拟工作台、多功能组装架等。工作强度以工作能力强化强度为基础,根据治疗对象实际情况和需求进行调整。

(四)工作模拟训练

1. 工作模拟训练的定义和目的　工作模拟训练主要是通过一系列的仿真性或真实性的工作活动来加强治疗对象的工作能力,从而协助他们重返工作岗位的训练。

2. 工作模拟训练的常见方式

(1)工作样本模拟训练:运用各种不同的工作样本来模拟治疗对象在日常工作中的实际要求。

(2)模拟工作站:运用各种不同的模拟工作站来尽量模拟实际工作中所要求的工序、关键任务、工作强度等。模拟工作站包括一般工作站和行业工作站。一般工作站:包括提举及转移工作站(不同姿势体位)、提举及运送工作站(平滑路面步行,崎岖路面步行)、组装工作站、推车工作站等。行业工作站:包括建筑工作站(粉墙、翻沙、铺地板、铺砖)、木工工作站、电工工作站、金工工作站(图 7-5)、维修工作站、驾驶工作站、厨师工作站、文职工作站、护理工作站、清洁卫生工作站等。

(3)器械模拟训练。

(4)工具模拟使用训练:治疗师安排治疗对象使用一些手动工具,如螺丝刀、扳手、手锤、木刨、钳子等,使其通过使用实际工具或模拟工具,增加工具运用的灵活性及速度。通过模拟使用工具,可以协助他们重新找回原工作中使用工具的感觉,有利于治疗对象重新树立"工作者"的角色。

(5)计算机或自动化的工作模拟器。

(6)与雇主联系,或者建立雇主网络,安排治疗对象到实际的工作场地及岗位里进行训练。

(五)工作行为训练

此训练集中发展及培养治疗对象在工作中应有的态度及行为,例如工作动力、个人仪

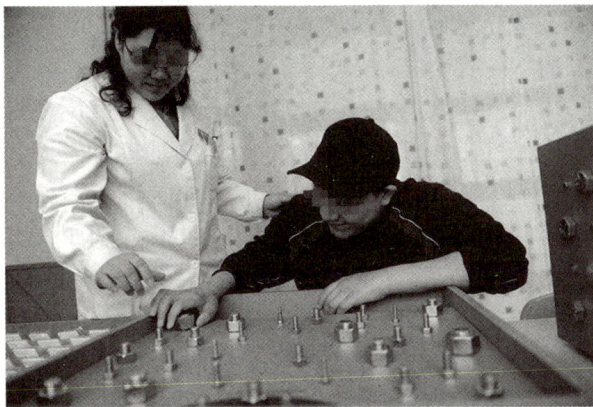

图7-5 金工模拟工作站

表、遵守工作纪律、自信心、人际关系、处理压力或控制情绪的能力等。训练中也会培养他们一些良好的工作习惯,例如在工作中应用人体工效学原理,工作模式及程序的简化。

(六)现场工作强化训练

1. 现场工作强化的定义和目的　治疗对象由于长时间没有参加工作,躯体功能、工作耐力、工作信心以及社会心理活动等方面均下降,身体能力及工作习惯不能适应工作岗位的要求,使他们返回工作后再次受伤的概率增大。现场工作强化训练通过真实的工作环境及工作任务训练,培养他们重新建立工作习惯,提高他们受伤后重新参与工作的能力,协助他们尽早建立"工作者"角色,使用人单位能够更早、更妥善地接纳他们。

2. 现场工作强化训练内容及流程

(1)现场工作评估:确定现场工作强化方案。治疗师需要收集以下信息:治疗对象的身体健康及功能康复情况;治疗对象的就业意愿及期望;治疗对象的伤情处理进展;雇主的态度;用人单位的服务性质及相关制度,尤其是用人单位已经实施的有关职业健康和安全的项目;现场训练中能够安排的工作内容、工作岗位;治疗对象工作的流程及方法;治疗对象工作需使用的劳动工具、机器设备;工作环境中的人体工效学风险因素;用人单位可以提供的资源和协助。

收集这些资料最好的方法是联系关键人员,这些关键人员包括治疗对象、用人单位负责人或人力资源主管、生产安全主管等,以及卫生保健部门的医护人员,这些人员可以为作业治疗师提供他们所需要的信息。

进行现场评估后,作业治疗师就可以确定在用人单位进行的工作强化方案,由作业治疗师设计出项目服务计划,筛选出会产生受伤风险的工作任务。

(2)实施现场工作强化训练:根据治疗对象工作内容的不同,选择在真实的工作环境中安排治疗对象进行工作强化训练。作业治疗师将选出工作流程中关键性的工作任务,或者治疗对象身体能力未能完全符合其要求的工序,通过安全筛选后安排给治疗对象进行训练。训练内容包括体力操作处理、设备使用、工作姿势及方法、操作耐力和同事协作等。训练强度需循序渐进,强调注意治疗对象的训练反馈。现场强化训练要求参与的治疗对象遵守工作单位的正常作息制度,治疗时间通常建议安排为全职或半日的工作训练。现场治疗工作强化训练因个体差异而有所不同,但每个训练疗程建议至少持续1周。

(3)受伤管理及预防:工作行为教育应用于受伤管理的实践中,包括针对其他职员的工伤预防服务,以预防工伤或再次工伤。

（4）工作安置建议：现场治疗后，为用人单位及治疗对象提出工作调整建议或转换工作岗位建议是协助治疗对象安全返回工作岗位的一个重要项目。

（七）职业技能培训

1. 职业技能培训的定义和目的　职业技能培训是根据治疗对象所希望的职业目标，经职业康复评定、工作分析后，在工作知识、工作技能、工作速度和效率、职业适应性等方面所进行的培训，以促进治疗对象掌握必要的职业技能，建立自信，提高就业意愿，尽快重返工作，重返社会。职业技能培训不全是由作业治疗师开展，很多劳动、工作、职业和专业技能需转介到专门的培训机构开展。

2. 职业技能培训内容

（1）基本技能培训：指最普遍的日常工作基本技能，包括读写、计算、学习、推理和解决问题等技能。

（2）技术性、职业性和专业性技能培训：完成一项特定任务或专业任务应具备的技能，如木材加工、裁缝、电脑培训等。

（3）经营技能培训：是从事商业活动所需的技能，包括人力资源管理、财务管理、策划和组织能力、商业规划等。

（4）职业行为与准则培训：包括岗位公司的规章制度、劳动纪律等。

3. 职业技能培训方式

（1）自学。

（2）以家庭为基础的基本技能培训。

（3）基础教育。

（4）学校的职业培训。

（5）以社区为基础的培训。

（6）在主流培训中心或职业康复中心接受培训。

（7）在职培训或学徒制培训。

（8）雇主和企业提供的技能培训、发展项目培训等。

四、重返工作

（一）重返工作的心理和行为矫正

治疗对象因伤病或其他原因造成工作能力一度中断，经过一系列的治疗、医学康复、职业康复、伤残鉴定、工伤赔偿后最终走上工作岗位。整个过程中，任何一个环节都会影响到治疗对象的心理状态。对治疗对象重返工作岗位的心理行为矫正干预是必要的。心理行为矫正又称心理行为改变或心理行为治疗，措施如下：

1. 针对治疗对象的具体问题进行再学习　让治疗对象了解引起自身问题的原因，例如，疼痛让自己身体不适，那么就要求他们了解和学习疼痛的相关知识，并掌握在工作中如何应对和减轻疼痛的方法，以及防止再次受到伤害的技术；如果是医疗过程让他们不满意，那么治疗师有义务让他们了解整个医疗过程，并解释回答他们的问题，最终让其满意，消除心理阴影。

2. 对治疗对象进行心理咨询　倾听和了解治疗对象的苦楚和心理问题，帮助他们排解忧愁和分析造成目前问题的原因，尽可能找到解决方法，引导他们采取积极向上的心态，建立正确的工作生活观念，排除负性的心理干扰。如治疗对象不适应生活角色的改变，由于长期生病休息，已不适应繁忙的工作和紧张的压力。因此，要帮助他们适应对自身角色的重新调整和转变。

3. 指导治疗对象自我调节和治疗 每个治疗对象都应建立独立生活的意识和目标,因此,要尽量教授他们独自应对各种问题的方法。如果是身体上的疼痛或其他不适,则教会他们进行肌肉和软组织牵拉、身体放松和关节活动等训练方法;如果是心理上的困惑和压力,则传授其如何进行自我排解以及排解方式,如可以通过与他人聊天或运动出汗来缓解心理压力。

(二)跟踪与随访服务

跟踪与随访服务是整个职业康复的最后阶段。当治疗对象经过医疗康复和职业康复终于回归工作岗位时,治疗师的工作还没有结束,还要对已成功就业的治疗对象进行跟踪随访服务,掌握其就业情况,当前的身体、心理、工作状况、身体功能能否适应工作强度,心理能否适应环境的改变,人际关系能否处理好,精神状态有没有调整到最佳,等等。了解了这些问题后,治疗师需要尽早帮助他们解决,并随时调整他们的精神状态,为其提供全面帮助。如果治疗对象不适应新的工作,还要尽量提供新的市场工作信息便于治疗对象尝试其他工作。总之,职业康复不但要解决治疗对象的就业问题,还要为已就业者提供一个交流平台,协助其调试工作心态和解决工作过程中的问题,更好地稳定他们现有的工作,尽可能帮助他们重返社会、重返工作岗位。只有这样,才能从物质和精神上树立治疗对象继续工作和生活的信心。

第三节 工 伤 预 防

一、工伤

工伤即因公受伤,指在进行与工作相关的活动时所受的伤害。工伤事故的发生是由诸多因素造成的,例如工人、工作场所、设备、心理、社会环境等。这些因素相互交织,相互影响,贯穿于整个生产过程中,构成了一个多因素系统。工伤事故的发生因素主要包括人的不安全行为和物的不安全状态。

工伤预防是指采用管理和技术等手段事先防范职业相关损伤及职业病的发生,减少事故及职业病的隐患,改善和创造有利于安全健康的劳动条件,保护劳动者在劳动过程中的安全和健康。预防工伤事故的根本措施是杜绝人的违章行为,消除或控制设备、工具存在的隐患,提高设备、工具的本质安全性。

二、工伤风险评定

工伤风险评定用于评估受试者暴露于不同程度的工作场所环境危害的情况下可能导致的健康风险。工伤风险评定能够帮助了解工作环境对个人健康的危险程度,消除、控制和减少可能导致工伤发生的危险因素。工伤风险评估的目的包括:①明确可能的损伤类型;②发生损伤的可能性;③损伤发生的严重程度。

常用的工伤风险评定工具种类多样,但都应包含五部分:①风险识别;②明确高危人群特点和损伤类别;③评估风险等级,明确预防措施;④记录评定中的重要发现;⑤评估总结,实时更新。

风险评定工具包括定性风险评估、定量风险评估、通用风险评估、特定工作场所风险评估和动态风险评价等。

(一)定性风险评估

定性风险评估指对工作场所中可能对人造成伤害的危险因素进行评定,根据评估结果

笔记栏

做出是否需要采取措施以预防可能产生伤害的系统性评估过程,是最常见的风险评估形式之一。这类风险评估往往依靠评估人员的个人经验来判断所涉及的风险水平,很大程度上依赖于评估人员的个人判断和专业知识。

定性风险评估中,将风险因素分为高、中、低三个级别。级别越高,表示风险的优先处理级别越高。定性评估中常使用严重性和发生概率的乘积来指代风险因素的等级高低。

(二)定量风险评估

定量风险评估指使用特殊的定量评估工具对工作场所进行风险因素识别,并评估产生危险的可能性和严重性的评估方法。这种类型的风险评估常用于可能发生重大危险的工作环境,如飞机设计院、化工厂或核电厂等。与定性评估相比,定量风险评估常使用数值指代风险大小。需要注意的是,有些定性风险评估也会使用数字指代风险等级,如果对于风险值的判断取决于评估员的主观意见,那么它仍属于定性评估。

(三)通用风险评估

通用风险评估常用于对不同类型的工作地点进行常见风险因素的评估,涵盖了大部分的常见风险类型,可作为风险评估的筛查模板使用。

(四)特定工作场所评估

特定工作场所评估是针对特定工种相关的风险因素评估,通常包含对工作环境、工作地点和工作人员的综合性评价。特定工作场所评估可以是定性评估也可以是定量评估,常在通用风险评估后进行。以钻井工作为例,通用风险评估常包含了使用过程中与钻头、热部件的接触,振动和噪声等风险。在此基础上,由于钻井工作的场所并不固定,需要进行特定工作场所评估,综合考虑特殊的工作环境中的风险情况,如在密闭的空间里进行钻井工作时,周围可能存在易燃气体,因此可能需要额外的控制措施,如气体检测、工作许可要求、制订救援计划等。

(五)动态风险评价

动态风险评价常用于工作现场情况的临时风险评估,以用于应对未知风险和处理不确定性,或应对不断发展和变化的情况。例如,应急服务或护理人员可以使用动态风险评价,因为所处的位置、情况和接触的人会不断变化,因此必须动态评估不断变化的环境。

与其他风险评估相比,需要动态风险评价的环境中,对工作人员识别和处理危险的技能与意识要求更高。

●————(肖剑秋)

扫一扫
测一测

复习思考题

1. 针对职业康复治疗对象,请以作业治疗师的角度简述什么是职业康复以及职业康复的意义是什么?

2. 请以电工为例,设计相应的职业康复内容。

第八章

感觉评估与训练

📝 **学习目标**

1. 解释感觉评估的概念。
2. 列举感觉功能障碍的类型,并能分析辨别不同类型的特点。
3. 解释感觉评估和训练的目的和意义。
4. 根据案例特点,概述感觉评估和训练的思路。
5. 在具体案例中运用感觉评估和训练的常用方法。

第一节 概 述

一、感觉的意义

感觉(sensation)是人脑对直接作用于感觉器官的客观事物个别属性的反映。感觉是最初级的认知活动,也是知觉、记忆、思维等复杂认知活动的基础。

感觉与运动之间联系紧密。感觉能帮助我们了解身体各部分的运动和状态,如身体的倾斜、胃部的收缩等。当感觉受到损伤时,运动也会受到不同程度的影响,甚至增加受伤风险。例如手部的感觉受损会影响到精细运动能力,导致操纵能力下降,握力的调节能力下降等;手部的触觉或温痛觉受损会影响到感觉反馈系统,无法感受到过热的温度或破开的伤口,最终导致损伤的发生或加重。

(一)感觉的神经生理学基础

人体感觉信息的传递主要由受体神经元负责。不同类型的受体细胞对特定种类的感觉刺激作出反应,将外界刺激转化为电信号,从而在神经系统中进行传递和处理(表 8-1)。例如,触觉受体细胞能够感知物体的接触和压力,温度受体细胞可以检测周围环境的温度变化,疼痛受体细胞对组织损伤产生的刺激敏感,而位置感受器则用于确定身体部位在空间中的相对位置。

当受体细胞受到刺激时会产生动作电位,并经神经纤维传递,通过感觉通路最终传达到大脑。在感觉皮层,这些信息将被接收、整合和解释,从而使我们意识到不同的感觉体验,如触摸、温度、疼痛的性质等。

(二)感觉的分类

1. 特殊感觉 如视觉、听觉、嗅觉、味觉等。

2. 一般感觉

(1)浅感觉:包括皮肤及黏膜的触觉、痛觉、温度觉和压觉。

(2)深感觉:又名本体感觉,是来自深部组织的感觉,包括运动觉、位置觉和振动觉。

表 8-1　感觉神经通路

感觉类型	感觉受体	传入神经元	神经通路	终点
持续性触觉或压力	梅克尔细胞 鲁菲尼小体	A-β 慢适应Ⅰ型和Ⅱ型有髓鞘神经元	在锥体后束中沿脊髓后角及内侧丘系上行,在延髓中交叉至对侧	到达丘脑及躯体感觉皮质
移动性触觉或振动觉	迈斯纳小体 帕奇尼小体 毛囊受体	A-β 快适应Ⅰ型和Ⅱ型有髓鞘神经元		
本体觉或运动觉	梅克尔细胞 鲁菲尼小体 迈斯纳小体 帕奇尼小体 毛囊受体 肌梭 高尔基腱器官	A-β 快适应Ⅰ型和Ⅱ型有髓鞘神经元 A-α 有髓鞘神经元	在锥体后束中沿脊髓后角及内侧丘系上行,在延髓中交叉至对侧; 延脊髓小脑束上行	到达小脑、丘脑及躯体感觉皮质
针刺觉 钝痛觉 温度觉	游离神经末梢 游离神经末梢 游离神经末梢 热感受器 冷感受器	A-δ 有髓鞘神经元 C 无髓鞘神经元 A-δ 有髓鞘神经元及 C 无髓鞘神经元	在脊髓内交叉,后延脊髓丘脑前束上行	到达脑干、丘脑及躯体感觉皮质

（3）复合感觉:包括图形觉、两点辨别感觉、体表图形觉、定位觉、重量觉等。这些感觉是大脑顶叶皮质进行综合、分析、判断的结果,故也称皮质感觉。

二、感觉功能障碍的概念及类型

（一）躯体感觉障碍

1. 感觉缺失

（1）感觉缺失(anesthesia):完全丧失感知。

（2）感觉减退(hypesthesia):部分丧失感知。

（3）感觉过敏(hyperesthesia):感知的敏感性增加。

2. 感觉异常(paresthesia)　指不正常的自发性感觉,如灼烧感、麻刺感或针刺感等。麻木(numbness):临床上治疗对象常用麻木指代躯体某部位的沉重、无力感或无生机感。有时治疗对象会使用麻木指代所有感觉均受损,因此需明确具体的内容含义。

3. 感觉迟钝(dysesthesia)　指由通常无痛的刺激产生的任何不愉快的感觉。

4. 疼痛(pain)　包括:①痛觉缺失(analgesia),即完全丧失痛觉感知;②痛觉减退(hypoalgesia),又称痛觉迟钝,即部分丧失痛觉感知;③痛觉过敏(hyperalgesia),即对痛觉感知的敏感性增加;④痛觉超敏(allodynia),即将轻微的触觉误认为痛觉。

疼痛依病变部位及特点分为急性疼痛、慢性疼痛、神经性疼痛、伤害性疼痛和放射性疼痛。

（1）急性疼痛:疼痛持续时间相对较短,数分钟到 3~6 个月。急性疼痛往往在损伤愈合或疾病消退后消失,或转换为慢性疼痛。

（2）慢性疼痛:疼痛持续时间长,可以是持续性或间歇性疼痛。若头痛持续时间较长(数月或数年),即使非持续性发作,也将其视为慢性疼痛。慢性疼痛通常与健康状况相关,如关节炎、纤维肌痛或脊柱问题等。

（3）神经性疼痛:为常见的慢性疼痛,常见于神经系统部分损伤,表现为刺痛、射击痛或灼烧痛,往往会影响触觉和温度觉的敏感性。神经性疼痛可能是间歇性的,严重时会干扰正常运动,导致行动不便。

(4)伤害性疼痛:由于身体组织损伤引起的疼痛,临床表现为剧痛、酸痛或抽痛。此类疼痛可以是急性的,也可以是慢性的,常发生在关节、肌肉、皮肤、肌腱和骨骼。

(5)放射性疼痛:常见于脊神经受压或发炎,疼痛由脊柱和脊神经根从背部或臀部放射到腿部,此时治疗对象会感到刺痛、麻木和肌肉无力。

(二)感觉障碍的分型

感觉传导通路的不同部位受损所导致的感觉障碍可分类如下(图8-1):

1. 末梢型感觉障碍 出现对称性四肢远端的各种感觉减退或消失,越向远端越重,呈手套、袜筒型,伴相应区运动及自主神经功能障碍。

2. 神经干型感觉障碍 受损神经干分布区内各种感觉减退或消失,呈条、块状区域各种感觉障碍。

3. 后根型感觉障碍 为单侧节段性感觉减退或消失,且感觉障碍的范围与神经根的分布一致;常伴有放射性疼痛,即神经根痛。

4. 髓内型感觉障碍

(1)后角型:表现为损伤侧阶段性分离性感觉障碍,即病变侧的痛觉、温度觉障碍,深感觉和触觉存在。

(2)后索型:表现为损伤平面以下深感觉和精细触觉障碍,出现感觉性共济失调;常由于后索的薄束、楔束损害导致。

(3)侧索型:表现为病变对侧平面以下温、痛觉障碍,触觉和本体感觉保留;常由于脊髓丘脑侧束损害导致。

(4)前联合型:表现为双侧对称性节段性分离性感觉障碍,温、痛觉障碍而触觉和本体感觉存在。

(5)脊髓半离断型:又称脊髓半切综合征(Brown-Sequard syndrome),表现为病变侧损伤平面以下深感觉障碍、上运动神经元性瘫痪,对侧损伤平面以下1~2个节段痛、温度觉障碍。

(6)横贯性脊髓损害:受损节段平面以下各种感觉缺失或减退。

(7)马尾圆锥型:表现为肛门周围及会阴部呈马鞍状感觉障碍。

5. 脑干型感觉障碍

(1)分离型感觉障碍:延髓旁正中部病变损伤内侧丘系时,出现对侧肢体的深感觉障碍和感觉性共济失调,而无痛觉、温度觉感觉障碍。

(2)交叉型感觉障碍:病变累及延髓外侧部,出现病变对侧肢体的痛觉、温度觉障碍和病灶同侧的面部感觉障碍。

(3)偏身感觉障碍:脑桥和中脑损害时,出现对侧偏身和面部的各种感觉缺失,一般伴有病变同侧脑神经运动障碍。

6. 丘脑型感觉障碍 丘脑为深、浅感觉的三级神经元起始部位,损伤表现为对侧(包括面部)完全性感觉障碍,且深感觉和精细触觉障碍重于温、痛觉,远端重于近端。

(1)偏身感觉障碍:以肢体重于躯干、上肢重于下肢、肢体远端重于近端、深感觉重于浅感觉为特征。

(2)丘脑痛:在感觉的部分恢复过程中,出现对侧偏身自发的、难以忍受的剧痛,以定位不准、性质难以形容为特征。

(3)感觉过敏或倒错。

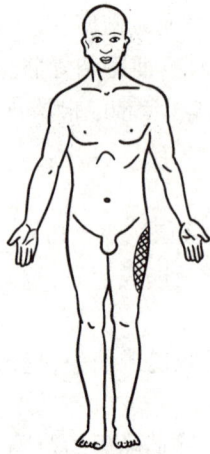

神经干型感觉障碍
（见于股外侧皮神经炎）

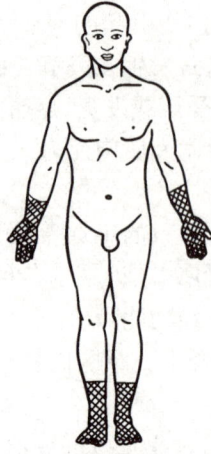

末梢型感觉障碍
（见于多发性神经炎）

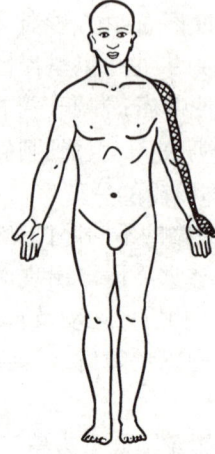

后根型感觉障碍
（见于C_5和C_6后根损害）

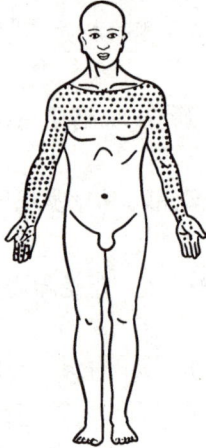

髓内型-双侧节段型感觉障碍
（多见于脊髓空洞症）

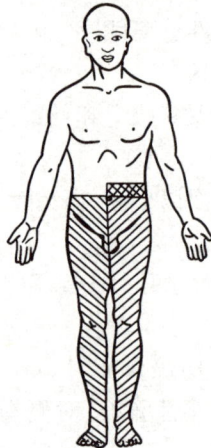

髓内型-脊髓半切型感觉障碍
（见于脊髓半切综合征）

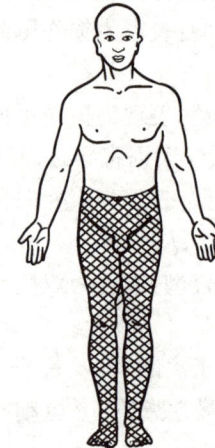

髓内型-脊髓横贯型感觉障碍
（见于脊髓横贯性损伤）

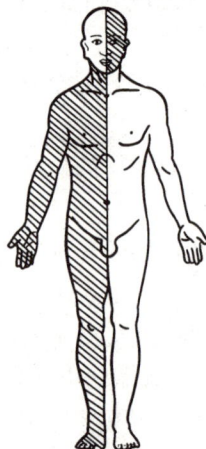

浅感觉障碍

深感觉障碍

深浅感觉障碍

分离性感觉障碍

交叉型感觉障碍
（多见于延髓背外侧综合征）

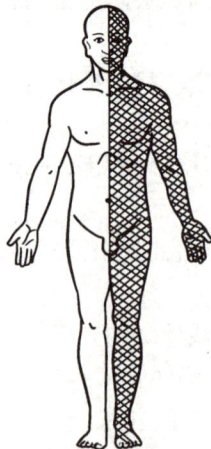

偏身型感觉障碍
（见于内囊病变）

图 8-1　感觉障碍的分型

（4）其他症状：丘脑病变时，常累及邻近结构而发生其他症状。

7. 内囊型感觉障碍　表现为偏身型感觉障碍，常合并运动、视纤维的受累。临床表现为"三偏征"，即偏瘫、偏身感觉障碍和偏盲。

8. 皮质型感觉障碍　特点是出现对侧精细性复合感觉障碍，如实体觉、图形觉、两点辨别觉、定位觉等。由于皮质感觉区范围较广，如部分区域受损，可出现单肢感觉减退或消失。皮质感觉中枢的刺激性病灶可引起感觉型癫痫发作。

第二节　感觉评定与训练

一、感觉评定

感觉评定的方法多种多样，有些用于评估特定的感觉受体的功能，如使用音叉进行振动觉检查；有些用于评估感觉功能，如实体觉评估；有些用于评估精细触觉的变化，如单丝试验以评估触觉阈值等。

（一）感觉评定的目的

1. 能够帮助作业治疗师使用客观量化的方法明确感觉损伤的类型和程度，协助临床诊断，并为后续的作业治疗干预提供依据。

2. 能够准确评估和记录感觉恢复的程度，确定治疗对象是否需要进行感觉再教育或脱敏治疗等治疗方式，若需要则明确介入治疗的具体时间。

3. 通过对评定结果进行分析，作业治疗师能够判断引起感觉变化的原因，感觉障碍对日常生活、功能活动及辅具使用的影响。

4. 明确可采取的预防措施以降低治疗对象由于感觉功能障碍可能继发损伤的风险，或判断需再次评定的时机等。

（二）感觉评定的注意事项

1. 作业治疗师在进行感觉评定时需注意选择干扰最小的评定环境，明确评定方式（治疗对象是否能够充分理解指令并做出应答；若不能，应相应更改评估形式），并确保治疗对象处于舒适并放松的合适体位，待评定部位松弛稳定，以提高评估准确性。

2. 评定开始前应检查待评定部位的皮肤情况，是否存在皮肤增厚、皮茧等可能影响感觉灵敏度的情况。

3. 评定前应对治疗对象充分说明测试情况，先在感觉正常区域进行演示评定，使治疗对象知道什么是"正常感觉"，然后屏蔽评定对象的视觉（闭眼或遮盖）进行评定。

4. 对于脊髓损伤的受试对象，应根据皮节分布，由近及远进行评定；对于周围神经损伤的受试对象，应延至周围神经支配区域，由远及近进行评定。

5. 在评定过程中应适当变更评定间歇或插入迷惑性评定（如在浅感觉评定中间歇性地不触碰受试对象）；避免提供无意识的暗示，如面部表情、动作、听觉信息等。

6. 在记录治疗对象反应时，注意观察受试对象回答的正确性、及时性及自信程度，以及是否展现出感觉过敏的征象等。

7. 在长期康复治疗过程中，为更好地追踪治疗对象的感觉功能变化情况，应确保与为治疗对象进行评定的治疗师保持一致。

（三）评定方法的选择

在选择适当的感觉评定方法时，应充分发挥治疗师的临床推理能力。在开始选择评定方法前,应明确评定目的和需要收集的目标信息;同时结合受试者的临床诊断和主观表述。

1. 轻触觉评定 待受试者明确什么是"正常感觉"后,嘱受试者闭眼,使用一缕棉花或从棉签前端挑出一缕棉絮轻轻刺激受试者皮肤表面,询问其是否感觉到刺激,受试者回答"是"或"否"。若怀疑一侧感觉减退或消失,可对不同侧肢体的同一部位施加感觉刺激,令受试者进行感觉强度的对比。评定结果可记录为无明显异常(+)、感觉受损(-)或感觉缺失(0)。

2. 温度觉评定 分别用冷水试管和热水试管或凉的音叉随机、多次接触受试者皮肤,每次持续2~3秒,询问其感觉到冷感和热感的次数,并比较两侧的冷感和热感。评定时,作业治疗师应遵循由远及近,按照皮节分布,由感觉障碍区域至感觉正常区域的顺序进行。评定结果可记录为无明显异常(+)、感觉受损(-)或感觉缺失(0)。

3. 痛觉评定 待受试者明确什么是"正常感觉"后,嘱受试者闭眼,使用回形针或安全别针的尖端和圆面分别轻轻地刺激受试者皮肤表面(不刺破皮肤),询问其是否感觉到刺激,以及是尖头还是钝头施加的刺激。根据情况,作业治疗师应遵循从感觉障碍区域向正常区域的评定顺序,比较一侧至另一侧、远端到近端或皮节与皮节间的痛觉反馈。根据受试者的回答,可将评定结果记录为:锐痛觉过敏(S+)、锐痛觉无明显异常(S)、锐痛觉减退或缺失(S-),或钝痛觉亢进(D+)、钝痛觉无明显异常(D)、钝痛觉减退或缺失(D-)。

4. 振动觉评定 作业治疗师将一手指置于受试者的远端指(趾)间关节下面,通过接触受试者的关节来感受振动是否停止,同时将一振动的128Hz音叉置于骨性隆起如关节处,询问受试者是否感觉到振动,以及如果感觉到的话,振动是何时消失的。受试者描述的结束时间应与作业治疗师感受到的相同。评定时应遵循由远及近,从感觉障碍区域至感觉正常区域的顺序。

5. 位置觉评定 作业治疗师持受试者的手指或脚趾的末端做向上或向下运动,让受试者闭目感受并指出手指或脚趾所处的位置。如果在闭目情况下,受试者无法区分,则进一步查其近端关节,直至出现正常反馈为止。另一种常用的位置觉测试为令患者闭目伸展双臂,后嘱其将两手示指的指尖相触。关节位置觉严重受损的受试者在闭目状态伸直手臂时可能出现缓慢、持续的假性手足徐动样动作。

6. 运动觉评定 嘱受试者闭目,作业治疗师将某个关节向某个方向移动,要求受试者说出关节移动的方向。

7. 皮肤定位觉评定 待受试者明确什么是"正常感觉"后,嘱受试者闭眼,使用一缕棉花或棉签挑出的尖端轻轻刺激受试者皮肤表面,询问其是否感觉到刺激,待受试者回答"是"后,要求受试者睁眼并指向被刺激部位。评定结果可记录为无明显异常(+)、感觉受损(-)或感觉缺失(0)。

8. 两点分辨觉评定 身体各部位对两点分辨觉的灵感度不同,以舌尖、鼻端、手指最为敏感,四肢近端和躯干最差。两点分辨觉评定又分为动态两点分辨觉评定和静态两点分辨觉评定(图8-2)。

(1)动态两点分辨觉评定:使用测试工具或卡尺,从两点间距5~8mm开始,呈水平位置在受试者指尖由近及远轻轻滑动,询问受试者感受到一个或两个点。每十次中回答正确七次才能减少两点间距继续评定。正常动态两点分辨觉约为2mm。

(2)静态两点分辨觉评定:使用测试工具或卡尺,从两点间距5mm开始,两点沿指尖长轴轻轻刺激受试者指尖,询问受试者感受到一个或两个点。每十次中回答正确七次才能增加两点间距继续评定。当两点间距增加至15mm时测试终止。

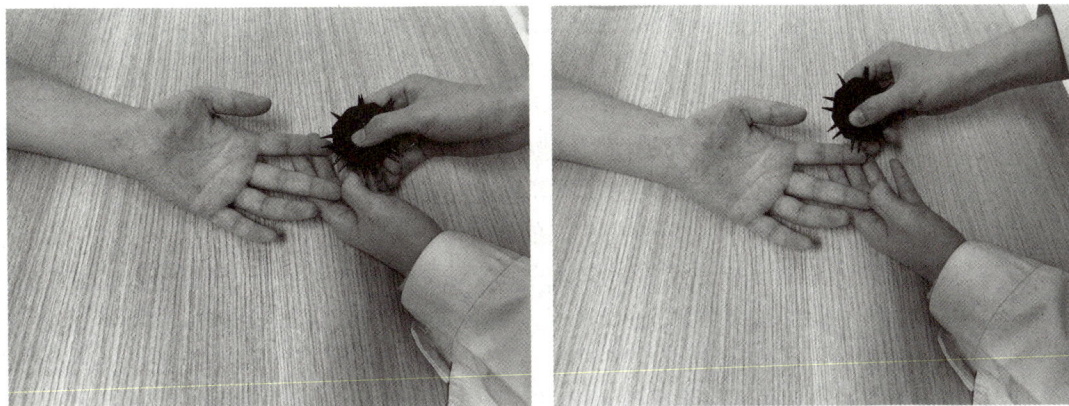

图 8-2　两点分辨觉评定

ER-8-2

感觉评定
视频

9. 实体辨别觉评定　在去除视觉干扰的情况下,让受试者单手触摸常用物品,如钢笔、钥匙、小刀等,让其回答物品的名称、形态、大小及质地等。检查时应遵循先测患侧的原则。

二、感觉训练

感觉训练的选择,应根据治疗对象的临床诊断、预后判断和评估结果决定。若治疗对象存在保护性感觉的减退或消失,作业治疗师需对治疗对象及其照料者进行预防伤害的相关宣教培训来进行代偿;若治疗对象存在感觉过敏的情况,作业治疗师应考虑进行脱敏训练;对于感觉缺失,但仍希望恢复部分感觉功能的治疗对象,作业治疗师可以考虑进行被动感觉刺激训练;对于感觉部分减退,但仍存在一定程度上恢复某些感觉功能的治疗对象,作业治疗师可以考虑感觉再教育的训练方法。

(一)感觉代偿

保护性感觉指躯体感受与痛觉或温度觉相关的感觉信息的能力,尤其是与提示身体组织损伤有关的信息。当大脑接收到类似感觉信息时,会移动躯体部位以远离刺激源;当保护性感觉受损时,反馈通路的形成受到影响,导致损伤发生。因此,针对保护性感觉障碍的治疗对象,作业治疗师的首要目标是教会他们如何在日常生活中使用感觉代偿以预防损伤的发生。

常见的保护性感觉障碍的病因包括脑卒中、脑外伤、脊髓损伤、外周神经损伤和神经压迫症等。保护性感觉障碍人群常见的继发损伤原因包括持续性低压、集中性高压、过热或过冷、重复的机械应力和感染组织压力。

1. 持续性低压　指局部肢体受到长时间的低压,如骨突部位长期受压易出现压力性溃疡。为避免持续性低压导致的损伤,治疗师应叮嘱治疗对象及照料者频繁改变肢体位置,或使用坐垫或鞋垫等来分摊压力。

2. 集中性高压　指在较小的肢体表面施加较高的压力,如绷带缠绕过紧会妨碍局部血液循环,导致更严重的后果。为避免集中性高压导致的损伤,作业治疗师可以观察治疗对象经常使用或接触的物品中是否存在锋利部分,可能导致集中性高压,并协助对这些部分进行改造处理,如在抽屉、钥匙上安装较大的把手来避免使用过程中产生的集中性压力。同时,手部的保护性感觉损伤也会影响到抓握能力,尤其是抓握力量的控制,因此学会有意识地使用恰好的力气抓握物体也非常重要。另外,若治疗对象需要佩戴支具或辅助器具,作业治疗师需仔细检查适配情况,避免夹板或绑带过窄过紧导致集中性高压损伤的发生。

3. 过热或过冷　为避免接触过热或过冷的物品而导致损伤,作业治疗师可以帮助治疗对象明确常见的极端温度来源,并探索自我保护的方法,如在日常生活中使用绝缘杯和隔热手套,在冬季佩戴手套,在烹饪中用带木制或硅胶手柄的厨房用品等。另外,对于脊髓损伤导致的下肢保护性感觉受损的治疗对象,应注意检查病房及家中的水槽下是否有裸露的热水管,避免烫伤。

4. 重复的机械应力 包括重复活动和摩擦。可建议治疗对象缩短单次的工作/训练时长、穿插休息时段、采用工具或更改抓握方式等以避免重复性活动。使用手套、为工具增添或更换把手,可帮助减少物品使用过程中皮肤的过度摩擦。

5. 感染组织压力 对于合并开放性伤口的治疗对象(如水疱、压疮、瘀伤等),作业治疗师应尽早进行特殊护理宣教,以避免感染的发生。若发生感染,应及时治疗,同时避免感染处承受压力或过度使用,以防干扰愈合进程。

利用其他感觉进行代偿也是常用的技术之一,其中最常见的就是使用视力来代偿保护性感觉的损伤。治疗对象可依靠视觉避免接触尖锐锋利的物品,或在洗澡或洗脸时先使用健侧肢体进行温度探查等。听觉也可作为感觉代偿的途径之一,有的脊髓损伤患者能够通过与轮椅的摩擦声来判断自己的腿是否滑落。

(二)脱敏疗法

脱敏疗法常用于感觉过度敏感的治疗对象,即少量或正常的感觉刺激却能引发夸张的不愉快感觉。感觉过度敏感包括异常性疼痛和感觉过敏。异常性疼痛指由非疼痛性刺激引发的疼痛,而感觉过敏指对触觉的过度敏感。感觉过敏常见于由于各种疾病或损伤引起的神经末梢损伤后再生神经的皮肤感觉区域,是神经再生的常见现象。

1. 脱敏疗法的原理 脱敏疗法是以提高疼痛阈值为基础,采取循序渐进的方法以增加治疗对象对不良感受的耐受力。通过提供适当的感觉刺激激发 A 类神经纤维,使传导痛觉的慢反应 C 类无髓鞘神经纤维活动减少,从而减轻疼痛。

2. 脱敏疗法的原则 ①脱敏治疗应从过度敏感的区域之外开始,朝着最敏感的区域发展;②优先采取持续刺激而不是间歇性刺激;③当治疗对象在当前刺激强度下未显示激惹征象时,可进展至下一治疗等级。

3. 脱敏疗法技术 国际上有很多用于脱敏治疗的项目设计,如五阶段脱敏疗法和手专科材质和振动脱敏疗法等。

(1)五阶段脱敏疗法:根据治疗对象所处的阶段,使用适合的工具提供感觉刺激,帮助治疗对象适应并演变至下一阶段。阶段一至阶段五显示治疗对象的感觉适应性逐渐增强。

阶段一:使用音叉、石蜡接触治疗对象皮肤或进行手法按摩。

阶段二:使用振动仪进行轻微刺激,深层手法按摩,使用橡皮擦施加压力刺激。

阶段三:振动仪治疗,纹理识别训练。

阶段四:振动仪治疗,物品识别训练。

阶段五:工作和日常生活活动训练。

(2)手专科材质和振动脱敏疗法

1)质感:使用柔软的、光滑的和粗糙的材料在感觉过敏区域交替摩擦,轻擦 1~2 分钟,后用较强的力摩擦 1~2 分钟,最后轻柔摩擦 1~2 分钟。脱敏开始时应选用刺激较小材质的物品,随着治疗进展逐渐增加摩擦力度、时间、频率和使用物品的粗糙程度。脱敏训练过程中可根据需要进行反复摩擦。

2)振动:根据振动部位、振动时间,调节每秒振动次数,从感觉过敏的周边区域开始向中心区域移动,由轻微振动开始逐渐增加振动强度,由间歇性刺激到持续性刺激,每天 1~2 次,每次 10~30 分钟。

3）浸入:将感觉过敏部分躯体浸入大米或其他柔软细腻的颗粒池中完成重复连续的感觉刺激,每天 2~3 次,每次 20~30 分钟。

（3）其他:包括肢体负重、对 6 个月以下的新生瘢痕进行一天两次的手法按摩等,经皮神经电刺激疗法(TENS)、冷暖浴、旋涡浴也可帮助缓解感觉过度敏感。使用油或霜在帮助护理局部皮肤的同时也能辅助脱敏,促进知觉发展,改变再学习模式。

常见的脱敏训练失败原因包括:①提前放弃脱敏计划;②在脱敏计划各阶段花费的时间不足;③脱敏刺激选择不当。

（三）感觉再教育

1. 概念　感觉再教育是指帮助周围神经损伤修复后的患者,学会感知由再生神经纤维传入的、与原来性质不同的神经冲动,重建中枢与外周神经正确联系的治疗方法。常用于神经离断、神经压迫的周围神经损伤患者,损伤后皮肤移植患者,及脑卒中激发感觉减退或异常的人群。

2. 目标　协助重建周围感觉损伤区域在大脑皮质上的映射区域,最终达到重获受伤区域感觉的目的。

3. 理论机制　随着周围神经损伤的发生,受伤区域在大脑皮质的映射区域亦会发生相应变化;神经损伤修复后,对应的中枢区域也会开始重组。对于儿童而言,往往不需要介入便能恢复至受伤之前的状态;而对于成年人,重组区域的神经传导往往与之前不同。其原因如下:①神经修复后再生的轴突数量少于损伤前;②再生的感觉神经纤维所对应的感受器不同于损伤前,如压力传导纤维长入了振动感受器内;③再生轴突长入了不同部位的相同类型的感受器中,如拇指的触觉纤维长入了中指中,等等。

周围神经损伤后的感觉恢复不仅是相应大脑皮质改变的过程,还包括了神经再生。理论上来说,外周神经可以每天 1mm 的速度再生,因此只要给予足够时间,感觉纤维就能再生,但事实是再生过程中可能出现轴突鞘排列不齐,从而导致再生纤维方向错误,再生的感觉纤维不能连接至应该连接的感受器中去(如触觉神经纤维连接到了压力感受器中)。同时,瘢痕组织的形成也会导致感受器萎缩,阻碍感觉纤维的再生。

由于瘢痕阻碍、感受器萎缩和感觉纤维再生方向错误,神经修复后传入大脑皮质的感觉刺激信号不可避免地发生了变化,导致无法被识别。因此,成人的神经重组往往需要感觉再教育的引导,帮助他们识别新的感觉信息,并将其与当前的运动或感觉体验联系在一起。

4. 基本原则

（1）感觉训练应与神经再生的时间点相符合。

（2）每项练习都应在有视觉反馈和无视觉反馈下进行。

（3）感觉训练活动的难度应适宜,以既有难度又不会使治疗对象产生畏难或沮丧情绪为佳。

（4）训练时环境应安静无干扰。

（5）避免健手触及患手,避免大脑皮质同时接收两套感觉输入,产生混淆。

（6）单次治疗时间以 10~15 分钟为宜,每天 2~4 次,不宜过长。

（7）感觉再教育需持续较长时间。治疗结束后,治疗对象仍需积极参与精细活动练习,以巩固和加强感觉再教育所得技能。

5. 常用技术　常见的感觉再教育内容包括触觉感受、触觉辨别、温度辨别、重量辨别、触觉定位、日常生活训练等。作业治疗师可根据治疗对象的需求,对感觉再教育内容进行组合,根据其能力进展进行训练难度的升级或降级。在此基础上,相关专家也研究并发表了各种各样的感觉再教育训练技术。

（1）两阶段感觉再教育训练

1）阶段一：在神经损伤或修复后，神经再生前开始。此阶段失神经支配的部分感觉丧失，对应的皮质区正在经历快速重塑，常用技术包括：

①感觉替代技术：通过引入其他刺激来替代或转移原有刺激，如视觉交互（手触摸各种纹理）或听觉交互（聆听触摸声音）激活对应皮层。视觉替代包括直接观察被触摸的部位和镜像视觉反馈疗法（图8-3）。镜像视觉反馈疗法指通过使用镜子或反射表面来改变治疗对象对自身和周围环境的感觉体验，以模拟和体验一些特定的感觉和动作，从而减轻过敏反应或改善运动协调等问题。

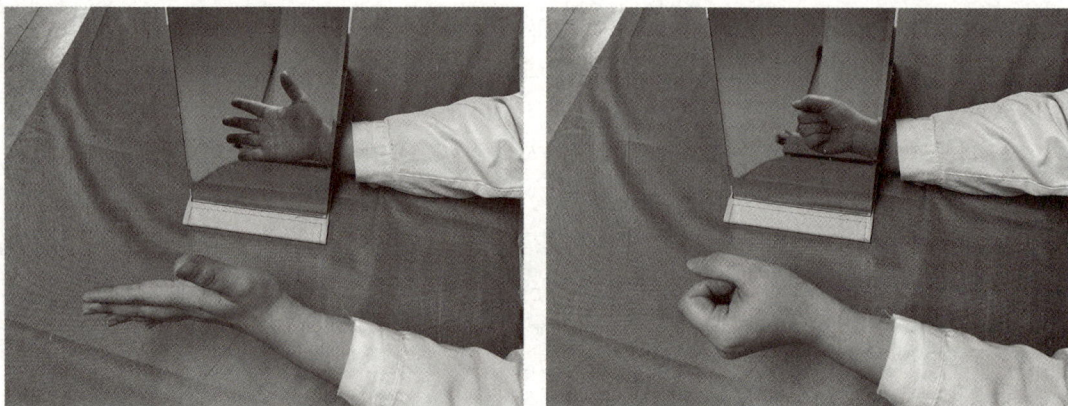

图 8-3　镜像视觉反馈疗法

②去神经技术：旨在通过放松身体和心理状态，减少治疗对象与过敏反应相关的身体紧张度和情绪压力，从而减少过敏症状的发作。常用技术包括深呼吸、渐进性肌肉松弛、冥想和放松练习等。同时研究表明，使用麻醉技术对某肢体部位进行去神经支配后，可扩大相邻肢体部位相关的皮质区域，如对患手前臂的皮肤使用麻醉剂进行去神经化后，发现大脑皮质上与前臂相关的皮质区域相应地扩大了。

2）阶段二：始于神经再生开始，以主动感觉再教育为主。此阶段中治疗对象按一定的触摸序列（持续变化）触摸物品，其间先闭眼、后睁眼、最后闭眼。随着治疗对象情况的好转，治疗师应改用更小更轻柔的刺激进行训练。治疗对象学习分辨不同的材料，从材质差距较大的物品开始，如砂纸、布料和硬币；随着治疗对象情况的好转，开始学习分辨形状和字母块等。在阶段二后期，治疗师可要求治疗对象从装满沙子或大米的容器中感受并识别物品，然后查看以获得反馈；后慢慢发展至治疗性活动，如拼图等游戏活动；最后鼓励治疗对象以正常模式参与日常生活活动。

（2）五阶段感官再教育训练

阶段一：利用物品特征进行识别。使用形状、材质和重量相差较大的物体，鼓励治疗对象注意并识别物体的特征。

阶段二：精细化抓握模式训练。治疗对象在抓握中使用各种方式最大化物体与手之间的接触，以培养手部对不同形状和大小物体的感知，促进正常抓握模式。

阶段三：控制抓握时的握力。通过使用治疗泥等提供反馈，调整握力。

阶段四：在运输物体的过程中保持握力。在抓握物体时改变肩部、肘部和手腕的位置。

阶段五：物品操纵。治疗对象练习抓握和放开物体，并将手中的物体移动到不同位置。

感觉再教育中，对活动进行适当分级对于治疗对象的进步至关重要。在刺激皮肤定位觉的训练中，使用的压力应从重到轻；在进行物品相关练习时，使用的物品应从大到小、从不同到类似的顺序。由于感觉再教育的内容应与治疗对象的日常生活息息相关,作业治疗师可选用治疗对象熟悉的,大小、形状、质地、重量和温度不同的物体来构建个体化感觉再教育工具。

（肖剑秋）

复习思考题

1. 常见的感觉障碍的类型有哪些?
2. 感觉评定的方法有哪些?
3. 简述临床常见的感觉训练方法。
4. 感觉再教育的作业治疗训练包括哪些内容?

◇◇◇ 第九章 ◇◇◇

认知与知觉评定训练

学习目标

1. 描述认知与知觉障碍的概念、常见类型及临床表现。
2. 阐释认知障碍的训练原则和训练策略。
3. 应用相关量表对认知障碍进行筛查和评定,并制订作业治疗方案。

第一节 概　　述

一、认知与知觉功能

认知功能是人们感知和适应外界环境的重要条件。知觉是大脑对社会客观事物整体属性的反映。任何直接或间接导致大脑皮质结构和功能的损害均有可能引起认知障碍和/或知觉障碍,如脑血管意外、脑外伤、脑炎、多发性硬化、各种脑肿瘤、脑缺氧、帕金森病及精神障碍性疾病等。认知功能出现障碍可在一定程度上影响患者的日常生活活动能力,甚至影响脑损伤患者肢体功能的恢复。所以,对脑损伤患者进行认知功能评定和治疗就显得尤为重要。

(一)认知

1. 定义　认知(cognition)是人们认识与知晓事物过程的总称。包括感知、识别、记忆、概念形成、思维、推理及表象过程。实际上认知是大脑为解决问题而摄取、储存、重整和处理信息的基本功能。

2. 认知功能分类

(1)定向力(orientation):是个体对时间、地点和人物的觉察能力,包括时间定向、地点定向和人物定向。

(2)注意(attention):指人们集中于某种特殊内、外环境刺激而不被其他刺激所分散的能力,是一个主动的过程。注意具有一定的范围广度和强度,同时还具有持久性、转移性和分配性等特征。注意是最基本的思维水平,当它出现损伤时,信息的编码、储存和提取均会受到影响,甚至无法进行,所以良好的注意是记忆的前提,这个过程的破坏对其他认知领域(如记忆和执行功能)均有不同程度影响。在进行康复治疗时,由于注意问题将导致患者不能高质量完成治疗师的指令,从而影响康复效果。

(3)记忆(memory):是过去经历过的事物在头脑中的反映。用信息加工的观点看,记忆就是人脑对所输入的信息进行编码、存储及提取的过程(图9-1)。生活中人们利用记忆学习新的知识和技能,对过去所经历的事情进行总结和概括。记忆也会随着信息输入量的减少和年龄的增长而逐渐减退,各种原因导致与记忆相关的中枢神经系统出现损伤,均可出现不同程度和类型的记忆障碍。

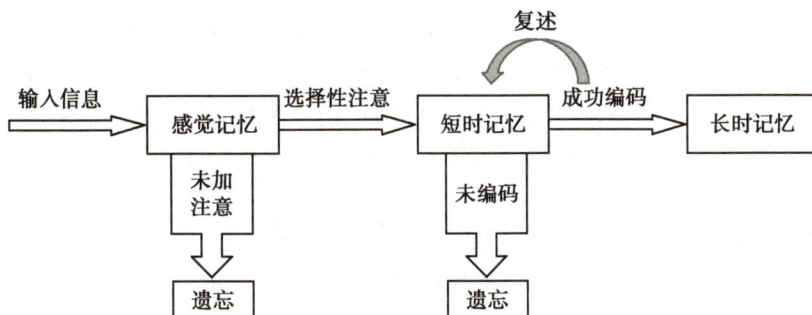

图9-1 记忆的形成

记忆根据其保持的时间长短,可分为感觉记忆、短时记忆和长时记忆。

1)感觉记忆:又称瞬时记忆。指感觉信息(常指视、听觉信息)到达感觉器官的暂时存储,维持时间通常短于250毫秒,它是人类记忆系统的第一个阶段。感觉记忆受注意力的影响较大,只有少量的感觉记忆会被注意进入短时注意中,而绝大部分未被注意的信息会很快消失,临床上瞬时记忆障碍患者多表现为感知觉障碍。

2)短时记忆:又称工作记忆,是指人脑对刺激信息保持在1分钟左右的加工处理和编码,是信息的感觉记忆到长时记忆之间的中间环节。良好的工作记忆可帮助我们学习新知识、新技能,比如我们听到一个新的知识点,可以立即把它的主要意思记下来,这里依靠的就是短时记忆。

3)长时记忆:能储存数分钟至数年,甚至终身,容量很大。长时记忆中,根据信息类型,又可分为程序性记忆和陈述性记忆,而陈述性记忆又进一步分为情景记忆和语义记忆(图9-2)

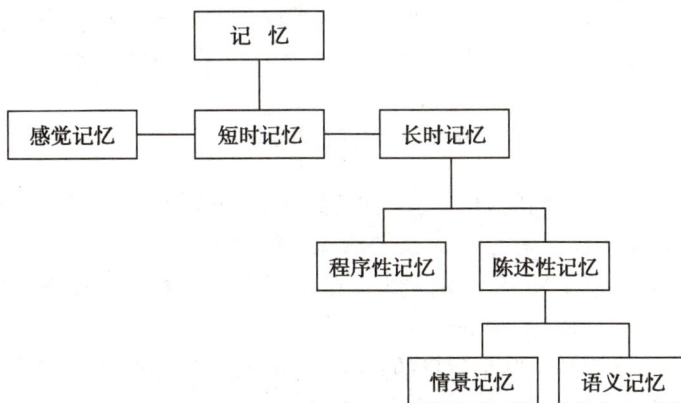

图9-2 记忆的分类

语义记忆是运用语言进行记忆,是一个人所掌握的相关字词、语言符号、隐含的意义、有关公式、法则、符号操作、概念及关系的算法等有组织的知识。语义记忆使人们可以保持有关客观世界中所存在的各种事物的信息,给人们提供思考的材料和基础。

情景记忆是关于个人特定时间的情景或事件及这些事件时空联系的信息,又可分为顺行性和逆行性两类。顺行性情景记忆是对将来计划或意图的记忆,比如明天早晨九点钟要开会;逆行性情景记忆是对过去的记忆,比如我们记得自己刚踏入大学校门的场景,记得18岁过生日的画面,等等。

程序性记忆是关于动作或程序等技能性的记忆,大多数情况下难以用语言描述出这些信息,即"只可意会,不可言传"。例如对骑自行车和打太极拳等连续性动作的记忆。

人们的记忆会随着年龄的增长而逐渐减退,各种原因导致与记忆有关的中枢神经系统(如脑外伤、脑卒中)或神经递质(如阿尔茨海默病)出现损伤时,也可能出现记忆障碍。上述各种记忆之间,既有联系又有区别。记忆障碍可在以上各记忆系统之间单独发生,也可同时发生。

(4)思维:思维是人脑对客观现实的概括和间接反映。它反映事物的本质和事物间规律性的联系,包括逻辑思维和形象思维。思维形成基于对概念的理解,对事物的判断和推理能力。

(5)执行功能:指人们独立完成有目的、控制自我的行为所必需的一组技能,包括计划、判断、决策、不适当行为的抑制、有目的行为的启动与控制、反应转移、动作行为的序列分析、问题解决等心智操作。

3. 大脑与认知功能 认知功能的神经系统结构依赖于大脑皮质,然而大脑皮质的功能复杂多样,不同部位损伤会产生不同的功能异常,各种功能异常可独立存在,也可多种合并出现,这使得认知功能的评定变得极其繁杂。

1909年,德国神经科医生 Brodmann 根据大脑皮质的形态特征将其分为52个功能区(Brodmann 分区)(图9-3),并提出不同分区执行不同功能,目前部分区域已有进一步细分。

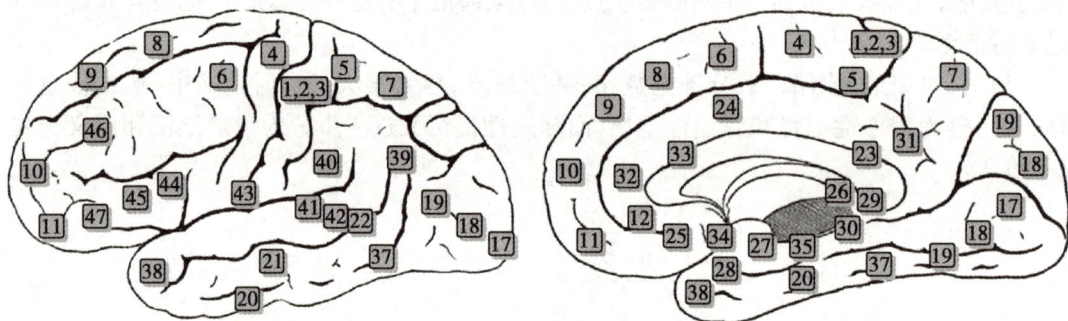

图9-3 大脑的功能分区

额叶皮质区主要负责人们的自主运动、情感、智力、书写能力、创造性思维、记忆、判断、远见、执行能力及社会责任感等复杂的认知活动,该区损伤将可能导致患者出现中枢性偏瘫、失写症、智力下降甚至痴呆等;大脑左半球额下回后部皮质区的损伤将导致患者出现运动性失语,即布罗卡失语(Broca aphasia)。

顶叶皮层的主要功能是对感觉信息的高级加工和整合。顶叶皮层损伤将导致对侧出现感觉障碍及感觉缺失;人体姿势模式,肢体及其空间位置都依赖于顶叶对感觉信息的整合加工。

颞叶上回中部接受听觉刺激感受声音,让人们听到声音;颞叶上回后部皮层帮助我们对声音的理解,该区损伤将导致患者出现感觉性失语症,即韦尼克失语(Wernicke aphasia);颞叶深部的海马参与记忆存储,海马区受损的患者仍能够保留对患病前的记忆,但对近期记忆存在明显缺陷。

枕叶主要负责视觉信息的整合加工。枕叶可感知和接受视觉刺激,并能理解视觉信息及其内容。当枕叶区域损伤,患者可能会出现视野缺陷,或是不能识别物体,不能理解物体的用途及生命形式。

　　大脑左右半球结构大致相同并以胼胝体相连,但左右半球的功能却存在不对称性。左脑着重分析,当左脑半球病变可能出现沟通能力障碍,表现为说话、理解、阅读、书写和判断等功能的异常,并有右侧肢体瘫痪;右脑着重情感、空间、创造概念,当右脑半球病变则表现为知觉及判断力的异常,并有左侧肢体瘫痪(表9-1)。正常情况下,脑功能活动是在左右半球分工的基础上,以整体共同合作的形式进行,并非单独完成。

表9-1　大脑左右半球功能的分化

左半球	右半球
言语	二维、三维形状知觉
命名	颜色
句法	朝向
阅读	空间定位、定向
字母的触觉识别	形状触觉
书写	音乐的和声与旋律
时间顺序的分析与感知	乐声的音色与强度
数学	模型构造
计算	非词语成分学习
词语学习	对感受视野的直接注意
记忆	面容识别
概念形成	简单的语言理解
概念相似性辨认	基本时间知觉能力
左右定向	感情色彩与语调形式
手指、肢体及口腔运动的随意结合	创造性联想

(二)知觉

　　1. 定义　知觉(perception)是人类认知活动的重要组成部分,是人脑对当前客观事物整体属性的反映。各种类型的刺激兴奋人体不同的感觉器,这些特定的感觉信号在感觉通路中经过复杂的加工处理后传到神经中枢,最终引起我们的感知觉。

　　知觉的形成是接收感觉输入并将其转换为具有心理含义的过程,因此知觉是以感觉为基础,并非感觉的简单相加。感觉到知觉是大脑皮质对感觉信息加工的过程。生活中,我们所谓的"听"和"看"即为感觉;"听到"和"看到"即为知觉。比如我们能看到桌子上的橘子,也知道它是圆的、橙色的、静止不动的,还能知道橘子是酸甜的。

　　由此可见,知觉是由各种感觉整合而成,它虽来自感觉但并不等同于感觉。第一,感觉只反映客观事物的个别属性,而知觉却能使人认识事物的整体;第二,感觉是单一感觉器官活动的结果,而知觉却是各种感觉器官协同活动的结果;第三,感觉不依赖于个人的知识和经验,而知觉却受个人知识经验的影响。同一物体对于不同的人所形成的感觉是相同的,但对它所形成的知觉就会有一定差别。知识经验越丰富的人对物体的知觉就越完善、越全面。

　　随着认知心理学的兴起与发展,人们对于知觉也有了更深入的认识与理解。认知心理学认为:知觉是将感觉信息组成有意义的对象,即在已贮存的知觉知识经验的参与下,理解当前刺激的意义。概括地说,知觉就是对刺激意义的理解。这种刺激意义的理解就是当前刺激和已贮存的知识经验相互作用的结果。由此可见,知觉与人的知识经验是不可分的。

2. 知觉的分类

(1) 躯体构图:指本体感觉、触觉、视觉、肌肉运动觉及前庭觉传入的信息经整合后形成的神经性姿势模型,包含人体各部分之间相互关系及人体与环境的关系的认识。正常的躯体知觉是保证人体能在任何情况下无意识自由移动的必要条件。

(2) 空间知觉:是人脑对客观事物空间特性的反映,包括对物体的形状、大小、远近和方位等空间特性的知觉。空间知觉包括形状知觉、大小知觉、距离知觉、深度知觉(立体知觉)和方位知觉等。

(3) 时间知觉:也称时间感,是人脑对客观事物的延续性和顺序性的反映。在日常生活中,人们能对过去、现在、将来和快慢等时间变化进行反映。

(4) 运动知觉:是人对物体运动特性的知觉。运动知觉依赖于知觉对象运动的速度、距离以及观察者本身所处的状态。例如,当物体运动时,物体在视网膜上成像大小的变化,向人脑提供了物体"逼近"或"远去"的信息。

3. 大脑与知觉功能　大脑顶叶和颞叶常被认为是与知觉密切相关的脑区。视觉刺激通过视觉传导通路到达枕叶视觉中枢。视觉信息进一步由视觉中枢传入位于枕叶的视觉联合区,在此对所接收的视觉信息进一步加工,接着继续从视觉联合区发出两条皮质间的视觉传导通路,对不同类型的视觉信息进行分析加工。一条传导通路至顶叶,负责视空间分析以及运动知觉形成和各种刺激成分的注意。许多空间关系障碍与该传导通路损伤密切相关。另一条传导通路自视觉联合区至颞叶,参与物体的视觉识别以及形状和颜色知觉的形成。大脑左右半球在视觉信息加工上有着明确的分工,左半球(后部)主要负责加工言语性视觉信息如字母和单词,右半球相应部位则负责加工与视空间知觉有关的言语信息,故空间关系障碍最常见于右侧脑损伤的患者。

左右侧大脑感知功能失调有明显区别,也有相似的地方(表9-2)。感知功能障碍对患者自我照顾能力及社区生活能力有很大影响,直接影响患者基本的日常生活活动。知觉障碍一般分为以下几类:躯体构图障碍、空间关系障碍、失认症和失用症。

表9-2　左右顶叶感知觉障碍的表现

左脑功能丧失	右脑功能丧失
1. 结构性失用	1. 结构性失用
2. 穿衣失用	2. 意念性失用
3. 视觉失认	3. 意念运动性失用
4. 躯体失认	4. 视觉失认
5. 单侧忽略	5. 手指失认
6. 空间关系失调	6. 躯体失认
7. 物体形状失调	7. 物体失认
8. 主客体关系失调	8. 失算
9. 深度距离感知失调	9. 失写
10. 左/右混淆	10. 左/右混淆

二、认知与知觉障碍

（一）认知障碍

认知障碍（cognitive disorder）指大脑损伤后在摄取、储存、重整和处理信息等方面出现的异常表现，是脑损伤导致的信息加工障碍。定向能力、注意和记忆是信息加工的基本过程，也是更高级认知功能的基础。认知障碍的表现是多方面的，包括注意、记忆、推理判断、抽象思维及执行功能障碍等，临床上以注意、记忆障碍多见。

1. 定向障碍　表现为对时间、地点和人物等方面的信息混淆不清。他们可能不知道当前的季节、当下大概的时间点、自己身处何地、自己名字和个人的详细情况，不能记得家庭成员等。

2. 注意障碍　根据其临床表现，可分为以下几种：

（1）觉醒状态低下：患者对痛觉、触觉、视觉、听觉及言语等刺激，不能迅速、正确地做出反应，表现为反应时间延长。

（2）注意范围缩小：患者注意的主动性减弱，一般易唤起注意的事物并不能引起患者的注意，注意范围显著缩小。

（3）持续注意障碍：指患者注意的持久性和稳定性下降。在进行持续性和重复性活动时，注意持续时间短，容易转移分散和中断，表现为无法坚持看完一篇短文，不能与人持续性交谈等。

（4）选择注意障碍：患者不能有目的地注意符合当前需要的特定刺激或信息，并排除不相干刺激或信息的干扰，比如患者不能在嘈杂环境中与他人交谈或看书，不能在地图上找到特定地点等。注意的选择性是认知活动的基础。

选择性注意是连接人类感知觉和记忆两个认知过程的关键环节，个体的一系列认知活动首先起始于大脑选择性地对外界复杂刺激信息进行有限加工。众多研究表明，个体并不能对在同一段时间内所接触的全部信息进行加工，而是对所接触到的信息进行选择性加工，所以其中相当一部分信息会被忽略。按照感知觉通道的不同，可以将其分为听觉选择性注意、视觉选择性注意和跨通道选择性注意。

（5）转移注意障碍：患者不能根据需要及时地从当前的注意对象中脱离出来，将注意及时转移到新的对象中，因而不能跟踪事件发展。比如患者在看书时接了个电话，挂断电话后不能再立即回到看书上。

（6）分别注意障碍：患者缺乏在同一时间内利用多种信息的能力，不能分别同时注意发生的两件事，如不能做到我们常说的"一心二用""眼观六路，耳听八方"等。

3. 记忆障碍　根据病因不同，可分为生理性记忆力减退和病理性记忆障碍。前者多见于老年人，跟年龄增长相关，是一种自然现象。生理性记忆力减退程度较轻，发展缓慢，到医院做记忆力检查通常是正常的。后者可发生在任何年龄段，由脑实质损伤引起，如中枢神经系统退行性疾病、脑外伤、脑血管病和脑肿瘤等都可能引起记忆障碍。

病理性记忆障碍较生理性记忆力减退严重，常呈持续进展状态，明显影响患者的日常生活。到医院做记忆力检查常明显差于正常水平，故老人有明显记忆方面的问题时，不能简单地归于衰老，要尽早辨别是生理性还是病理性，如为后者需尽早干预。

记忆障碍具体表现为记忆减退、遗忘和记忆错误等。

（1）记忆减退：指识记、保持、再认和回忆普遍减退。患者不能回忆或难以回忆过去的事件,甚至对刚发生的事件在瞬间忘记。一般先从近事记忆开始,渐渐波及远事记忆,多见于神经衰弱、脑动脉硬化和其他脑器质性损害的患者,亦见于正常老年人。

(2)遗忘:指识记过的内容不能被再认和再现,是记忆障碍最典型的表现,包括顺行性遗忘和逆行性遗忘。顺行性遗忘是最常见的记忆障碍,约占记忆障碍的 50%~80%。

(3)记忆错误:指由于再现的失真而引起的记忆障碍。记忆错误包括以下几种情况:

1)虚构:将过去从未发生的事或体验说成是确有其事,以一段虚构的事实来填补患者所遗忘的经过。

2)错构:患者在回忆起某些事件时,会记错某些细节,包括时间、地点、人物等,并坚信是事实,且有相应的情感反应。

3)潜隐记忆:表现为对不同来源的记忆混淆不清,相互颠倒。例如将别人的某些经历回忆成自己的经历,或者误认为自己的某段经历是别人的。

4.推理判断能力障碍 大面积脑损伤患者会出现以推理判断能力为主的思维障碍,表现为综合分析信息困难、判断能力下降、抽象推理能力降低及解决问题障碍等。

5.执行功能障碍 以解决问题的能力下降或丧失为重要特征,即不能认识存在的问题、不能计划和实施所选择的解决方法、不能检验所解决问题的方法是否满意。主要表现为以下几个方面:

(1)计划障碍的患者常会制订出不切实际的目标,低估完成任务所需的时间和难度。

(2)决策障碍患者不考虑后果,从而做出错误或是不恰当的决策。

(3)启动障碍患者不能在需要时开始行动,表现为行为缓慢、被动、丧失主动、表情淡漠、对周围事物漠不关心并毫无兴趣及反应迟钝等。

(4)持续状态患者在进行功能性活动时,会不断重复同一种动作或运动。例如洗脸时反复洗一个部位、交谈时反复说一句话等。当前额叶损伤时,患者由于反应抑制、反应转移或变换障碍,不能根据刺激变化做出正确反应,表现为行为的持续状态。

(5)问题解决能力障碍的患者,表现为解决问题的能力丧失或下降,是执行功能障碍的重要特征。表现在以下几个方面:

1)不能认识存在的问题:在进行一项活动时,患者未意识到任何差错,在分析问题时不能分辨解决问题的关键要素,理解问题片面,不能形成抽象概念;过分重视某一个特征而忽略其他关键性特征;在进行某项活动时,强调许多无关的因素或特点,因而无法选择关键性特征。

2)不能计划和实施所选择的解决方法:患者不能制订切合实际的计划;选择无效方案或策略,导致花费过多的精力与时间。

3)不能检验解决问题的办法是否令人满意:不能结合以往的经验及时发现和纠正错误,不能利用反馈来检验问题是否得到满意的解决,也不能通过结果来判断问题是否得到满意的解决。

问题解决能力障碍影响患者日常生活的各个方面。例如:不清楚该如何安排一顿午餐;在一定的社会环境或处境中,不知道应该如何表现或表现为不恰当的反应。不能计划、组织和实施复杂的作业或工作。思维片面不具体,不能够举一反三。

(二)知觉障碍

知觉障碍(perception deficit)是指在感觉传导系统完整的情况下,大脑皮质联合区特定区域对感觉刺激的认识和整合障碍。损伤部位和程度不同,知觉障碍的表现亦不相同,临床常见的知觉障碍有躯体构图障碍、视空间关系障碍、失认症和失用症等。

1. 躯体构图障碍　是与人体知觉相关的一组障碍,包括单侧忽略、疾病失认、手指失认、躯体失认及左右分辨障碍。

(1) 单侧忽略(unilateral neglect):是脑损伤后比较常见的知觉障碍之一。临床表现为患者对脑损害部位对侧的身体和空间内的物体不能辨认,可表现为以自我为中心的忽略和以物体为中心的忽略。

单侧忽略患者在日常生活中的忽略行为特征主要表现在以下几个方面:①不能独立保持稳定的坐姿,坐位时躯干向健侧倾斜,脸偏向健侧、眼睛(视线)只注视健侧,不能注意到患侧肢体及患侧肢体放置位置是否正确,与人交谈时不目视对方、忽略站在其患侧的人;②进食时忽略患侧的餐具以及餐具内患侧的食物;③修饰(剃须、梳头、洗脸、刷牙、洗澡)时忽略患侧部分,化妆和佩戴首饰时遗漏患侧;④更衣时出现穿衣困难,找不到患侧的袖口,漏穿患侧的衣袖,漏穿患侧的鞋袜等;⑤如厕时忽略位于患侧的冲水手柄、纸篓;⑥轮椅转移时遗忘患侧肢体,忽略制动轮椅的患侧手闸,或忽略抬起或放下患侧的脚托,驾驶轮椅时易撞到患侧的人或障碍物;⑦行走时忽略患侧的行人及建筑物,走过位于其患侧的目标或出现迷路;⑧阅读与书写,读横排的文字时漏读患侧的文字或漏写患侧偏旁;⑨在棋类游戏活动中不使用患侧的棋子或不把棋子放在患侧的棋盘,也忽略对手来自患侧的攻击。

(2) 疾病失认:是一种严重的躯体构图障碍,患者否认、忽视或不知道其患侧肢体的存在。患者的初级感觉系统功能正常,但不能表现出与之相应的知觉。损伤部位在非优势半球顶叶缘上回。因此,疾病失认常见于右侧脑损伤的患者。患者总是坚持一切正常或否认瘫痪的肢体是自己的,有的患者声称这个肢体有其自己的思想,等等。由于疾病失认常是急性期脑卒中后的短暂性表现,因此进入康复期后该症较少见。

(3) 手指失认:指在感觉存在的情况下,不能按照指令识别自己或他人的手指,包括不能命名或选择手指,不能指出被触及的手指。可以表现为单手失认或双手同时失认。无论左利手还是右利手,损伤均位于左侧半球顶叶角回或缘上回。手指失认很少单独出现,多与失语症或其他认知障碍合并存在。患者常表现为双侧性且多见于中间三个手指的命名或指认错误。手指失认一般不影响手的实用性,但严重时则影响患者手指的灵巧度,进而影响与手指灵活性密切相关的活动能力,如系纽扣、使用筷子、打字等。

(4) 躯体失认:躯体失认患者常否认瘫痪,不承认自己瘫痪的手和脚。患者常误认为是他人身体的一部分或不承认是自己肢体的一部分。损伤部位在优势半球顶叶或颞叶后部。患者最初可表现为否认肢体是自己的,随后可能承认是自己的肢体,但仍然坚持是长在别人身上。

(5) 左右分辨障碍:左右分辨是指理解、区别和利用左右概念的能力,包括理解自身的左右或对面检查者的左右。左右分辨障碍的患者不能命名或指出自身或对方身体的左右侧。病灶位于左侧顶叶。患者由于左右不分而影响日常生活,如不认路或穿衣服时左右颠倒、不能分辨坐在对面人的左右侧、不能准确模仿他人的动作等。

2. 视空间关系障碍　包含多种症状,其共同之处在于观察两者之间或自己与两个或两个以上物体之间的空间位置关系上表现出障碍。包括以下内容:

(1) 图形背景分辨困难:指患者由于不能忽略无关的视觉刺激和选择必要的对象,因而不能从背景中区分出不同形状。患者不能从视野范围内发现所需的物品,如不能从抽屉里找到所要的东西,不能在轮椅上找到手闸等。

（2）空间定位障碍：患者不能理解和判断物体与物体之间的方位关系。不能对物体的方位概念，如上下、前后、左右、内外、东南西北等方位进行正确认识。

（3）空间关系障碍：指不能判断两物体之间的空间位置关系以及物体与自身之间的关系，严重影响患者的日常生活活动能力，如由于不能区别衣服的前后、内外而出现衣服反穿等。

（4）地形定向障碍：指不能理解和记住两地之间的关系，本症很少独立存在，常与空间关系障碍等其他问题并存。患者表现为无论使用还是不使用地图均无法从一地走到另一地。如找不到回家的路、在熟悉的环境中迷路等，严重时在家里也找不到自己的房间。

（5）物体恒常性识别障碍：物体恒常性识别障碍患者不能观察或注意到物体的结构和形状上的细微差异，如不能区别"b"和"d"，"p"和"q"，"m"和"w"，不能鉴别形状相似的物体，或者不能识别放置于不同角度（非常规角度）的物品。病灶位于右半球顶颞枕联合区。患者表现为无法辨别笔和牙刷、钥匙和硬币等。

（6）深度与距离判断障碍：患者对物体的距离及深度判断困难。空间失定向是导致距离知觉异常的重要因素。表现为患者因不能准确判断距离而发生碰撞、伸手取物时不能准确判断物品的位置而抓空、上下楼梯时因距离判断不清而跌倒。病灶位于大脑右半球枕叶。

3. 失认症（agnosia） 指并非由于感觉器官功能不全或智力低下、意识不清、注意力不集中、言语困难以及对该事物不熟悉等原因导致不能辨察事物，而是由于脑部受损后患者对经由视觉、听觉和触觉等途径获得的信息丧失了正确的分析和识别能力，即感觉皮质整合功能发生障碍。所以，患者尽管视觉、触觉和听觉均正常，却不能通过相应的感官去感受和认识以往熟悉的事物，但仍可以利用其他感觉途径对其进行识别的一类症状。失认症的发生主要与颞叶、顶叶和枕叶交界区皮质受损有关。失认症包括视觉失认、触觉失认和听觉失认。

（1）视觉失认（visual agnosia）：指尽管患者视觉正常，但不能认识物品、颜色和熟人的脸。患者不能将视觉刺激与先前认识的视像整合，因而不能对刺激产生意识。最常见的视觉失认是不能靠视觉信息认识一个物体。治疗人员应鼓励患者同时结合视觉、触觉和言语刺激，进行确认物品的练习。视觉失认与大脑左、右半球颞顶枕联合皮质区的损伤密切相关。视觉失认包括物体失认、面孔失认、同时失认及颜色失认等。

1）物体失认：指在视力和视野正常的情况下，不能通过视觉识别常用物品，但可通过其他感觉如触、听觉来识别，是失认症中最常见的症状。物体失认患者的视觉功能正常，虽然能看见呈现在面前的物品，却不知道是什么，然而利用触觉、听觉等信息可以认出该物体。如拿一个杯子问患者"这是什么"，患者不认识，但用手触摸后知道是杯子。

2）面孔失认：指视力保留，能认识面孔，也能分辨不同的面部表情，但不能通过面孔识别以往熟悉的人，却能通过声音、步态、服装或发型等识别。面孔失认的本质是在同一种类中不能区别不同项目。

3）同时失认：指不能一次感知一个以上的事物。虽然每一部分的视知觉都正常，却不能把握部分和部分之间的关系，因而不能了解物品的整体意义，是视觉信息的整合障碍。如不能同时完整地识别一个图像。患者在观看一幅图画时可识别局部微小的细节，每次只能理解或识别其中的一部分，却不能获得整体感，因而不能指出该幅图画的主题。

4）颜色失认：指能通过视觉区别各种颜色的不同,但不能辨认颜色种类。颜色失认是后天性皮层病变引起的色彩认知障碍,常与面孔失认或其他视觉失认并存,通常为优势半球损伤的结果,左侧偏盲、失读症及颜色失认同时出现被称为枕叶综合征。颜色失认的患者能感觉和区别两种不同的颜色,但不能根据要求命名或选择颜色,不能将颜色的名称与颜色进行匹配。

（2）触觉失认（tactile agnosia）：指尽管患者的意识正常,但不能单靠接触而认出常见的物品,比如门钥匙或笔,或不能完成日常生活活动,比如扣扣子、拉拉链和洗衣服,而必须用眼看。

（3）听觉失认（auditory agnosia）：临床不多见的一种失认症类型,主要表现为患者听到各种声音,但不能识别声音的种类和意义。

4. 失用症（apraxia） 指在无运动和感觉障碍的情况下,由于大脑皮质损害,导致患者不能正确地运用后天习得的运动技能进行有目的的运动。失用症并非由于肌力下降、肌张力异常、运动协调性障碍、感觉缺失、视空间障碍、语言理解障碍、注意力差或不合作等情况所致,而是一组反映运动系统在皮质功能水平上障碍的综合征（躯体运动中枢除外）,是大脑运动皮质联合区损伤,导致动作意念的形成、运动程序的计划和编排、运动执行的调节和控制障碍。根据症状表现和产生机制的不同,失用症可分为运动性失用、意念性失用、意念运动性失用、结构性失用、穿衣失用、步行失用、发音失用、口颜面失用等,临床上失用症常伴有失语等脑损害表现。

（1）运动性失用（motor apraxia）：是对运动记忆的丧失,指在无麻痹、共济失调、感觉障碍、异常反射等运动功能障碍的情况下,不能按要求进行有目的的运动。损伤部位常见于缘上回右部或运动皮质和运动前皮质联合区或胼胝体前部。临床表现常见于颜面部、上肢、下肢及躯干等部位,以一侧上肢和舌多见。动作困难与动作的简单或复杂程度无关;有时并非完全不能,而是动作笨拙、缓慢、低下等。在进行精细动作时更容易出现。有时也表现为对检查者提出的动作口令要求做出毫无意义的若干运动,如由卧位坐起时,将两下肢举起而无躯干参与。

（2）意念性失用（ideational apraxia）：是由于意念中枢受损导致动作意念或概念的形成障碍。动作意念或概念的形成包含了对物品功能的理解、对动作的理解和对动作顺序的理解。因此,意念性失用是动作的构思过程受到破坏,复杂动作的概念性组织出现困难,导致运动程序概念的形成出现异常、基本动作的逻辑顺序出现紊乱的一种动作运用障碍,模仿动作一般无障碍。患者能完成一套动作中的一些分解动作,但不能将各个组成部分合乎逻辑地连贯结合为一套完整动作。患者在日常生活中常做出用牙刷梳头、用筷子写字等动作,给人一种漫不经心、听话不注意的印象。其病灶常位于左侧顶叶后部或缘上回及胼胝体。

（3）意念运动性失用（ideomotor apraxia）：由意念中枢与运动中枢之间联系受损所引起,运动意念不能传达到运动中枢,因此患者不能执行运动的口头指令,也不能模仿他人动作。但由于运动中枢对过去学会的动作仍有记忆,有时能下意识地、自动地进行常规活动。如在合适的时间和场景下给患者牙刷,他能自动地去刷牙,但如果示意他去刷牙时,他却不能完成。因此,常表现为有意识的运动有困难,但下意识的运动却能完成。其病源常在顶下小叶与运动前区联合皮质的联系纤维。

（4）结构性失用（constructional apraxia）：指患者在三维空间结构的感知和应答运动程

序之间出现紊乱;患者虽然具有形状知觉,也有辨别觉和定位觉,但视觉与运动不能协调,因而难以按要求将物体或线条在空间构成一定的形状,如不能搭拼简单的图形,甚至不能画出简单的三角形和四边形等。结构性失用多因一侧(非优势侧,特别是右侧)顶叶、枕叶交界处受损所造成,偶尔也可因额叶受累而发生。

(5) 穿衣失用(dressing apraxia):患者具有良好的运动控制和感觉,但不能按照正确的顺序和部位穿衣。患者不能正确穿脱衣,其原因并非不理解指令或肢体无力,而是由于不清楚衣服的各个部分和身体相应部位的对应关系,穿脱衣服时在动作顺序和方式上出现错误,从而影响日常生活自理。穿衣失用多见于顶叶受损的患者,右侧顶叶受损时更为常见。此种患者穿衣时会顺序颠倒,内外反穿或穿错部位。在穿衣时会表现得不知所措或不能自己完成穿衣,扣错纽扣或拉错拉链等。

(三) 认知康复的概念及认知康复相关理论

传统意义上的认知康复是使用一系列治疗技术来改善受损的智力、知觉、精神活动、行为技能。现代认知康复是以脑功能学、神经心理学、语言治疗技术、神经心理评价等作为理论基础,以提高或改善患者处理和利用信息、提高日常生活活动能力的治疗过程,从而减轻或改善脑损伤后引起的认知障碍。实际上,认知康复是一个干预系统,通过改善在处理和解释信息方面的障碍或改变环境来提高日常功能性能力。下面介绍几种相对成熟的认知康复相关理论。

1. 信息加工理论 教育心理学家罗伯特·加涅认为学习是信息的接受和使用过程,是主体和环境相互作用的结果。他提出的信息加工理论比较完整地描述了信息加工过程,包括四个阶段:第一阶段是注意刺激。外界刺激通过感受器转变为神经信息到达感觉登记器,信息在感觉登记器中保留的时间约为 0.25~3 秒。第二阶段是信息编码。编码不仅是对短时记忆中的信息进行精细加工和积极转换,也是对大脑中原有的信息结构进行重组或改建。第三阶段是储存信息。对信息进行编码是为了储存到长时记忆中,信息编码不仅有助于对信息的理解,而且有助于信息的储存以及在需要应用时成功地提取或检索。第四阶段是提取信息。提取信息的过程是回忆和再现储存在长时记忆中的信息的过程。

当大脑损伤后患者大脑吸收信息的总量减少,可利用的信息处理能力降低,在构建和组织信息方面有困难。临床上患者不能自动注意活动的相关特征,以及把类似的项目进行分组。治疗上通过认知再训练和针对中枢神经系统的直接干预来促进康复,重点在于把有效的精神活动和行为模式有机结合起来,拓宽脑损伤患者处理信息的能力。

2. 神经可塑性理论 神经可塑性是指神经元改变功能、化学成分(产生的神经递质的总量和类型)及结构的能力,这个理论和环境密切相关。丰富多彩的环境和大脑之间的关系已被广泛深入研究,许多证据表明,环境影响大脑的发育和脑损伤的恢复。随着环境的刺激,大脑能逐步建立新的联系。促进突触的恢复、神经递质释放和大脑皮质的功能重组,这些都为脑损伤后的认知康复提供了强有力的证据。这个理论重点强调在不同环境中教和学的策略。不同的环境引出不同的信息处理需求,致使大脑在多个水平上进行整合重组。

3. 情境聚焦理论 情境聚焦理论是以对情境敏感作为架构的方法。情境化的方法集中于残损、残疾(功能活动)和/或残障(参与性)。主要目的是帮助个人达到真实生活的目标,让他们选择参与因认知受损而受到阻碍的现实活动中。这种灵活的方法可能包括下列几项干预措施的任意组合。①针对残损的干预措施,用情境化的再训练性锻炼恢复认知功能,改善患者在现实生活中的能力。②针对活动(残疾)的干预措施,设法提高某一特定的行为、功能性活动,减少残疾,帮助个人在现实世界中代偿慢性认知障碍。③针对参与(残障)的干预措施,改变个人的生活环境,修改个人生活中的期望值和支持性行为,设法减少认知障碍对现实状况和功能的影响。

4. 自然恢复理论 自然恢复在脑外伤后是一个常见现象,自然恢复之所以发生,是因为患者所处的环境以多种方式刺激大脑所致。因此,在中枢神经系统内发生自动代偿、再生、重组等,可一定程度上帮助功能的恢复。自然恢复和个体差异高度相关,包括优势大脑半球,损伤位置,神经受损程度,发病时间,脑损伤时的年龄,伤后立即改善的速率,发病前的功能水平,人口统计学的变量,地理和社会环境等。自然恢复不仅表现在认知障碍方面,而且在躯体、心理等方面也存在。早期适当的康复干预仍是必要的。

(四)作业治疗师在认知功能康复中的主导作用

认知功能的评定和训练是大脑高级功能恢复的重要内容之一,是作业治疗师的重要工作内容。作业治疗师主要以帮助患者减少或克服认知与知觉障碍,帮助其重获日常生活及工作所需的技巧及能力,提高生活质量,重新融入社会。物理治疗师和言语治疗师也需要熟悉认知障碍的临床特点,以便在临床上判断患者是否存在认知障碍,患者的认知障碍是否影响其肢体和言语功能恢复并将影响降至最低。

第二节 认知障碍评定与训练

一、认知障碍评定

(一)认知功能评定的流程

认知功能的评定应首先确认患者意识是否清楚,意识清楚是认知功能评定的前提条件。在患者意识清楚的前提下,按照筛查、特异性检查或成套测验、功能活动行为观察的顺序进行。若患者因语言交流能力差、注意力严重不佳,不适合进行标准化的测验时,可进行功能活动行为观察,主要观察患者在活动中的专注力、记忆能力、方向感、学习动机、应变能力及判断力等,也可通过各种日常生活问卷从家属那里获得患者更多的资料。

1. 意识状态评定

(1)意识状态的初步判断

1)嗜睡:睡眠状态过度延长,当呼唤或推动患者肢体时即可唤醒,醒后能进行正确的交谈或执行指令,停止刺激后患者又入睡。

2)昏睡:一般的外界刺激不能使其觉醒,给予较强烈的刺激时可有短时间的意识清醒,醒后可简短回答提问,刺激减弱后又进入睡眠状态。

3)昏迷:分浅昏迷和深昏迷两种。患者对强烈刺激有痛苦表情及躲避反应,无自发言语和有目的的活动,反射和生命体征均存在,为浅昏迷;对外界任何刺激均无反应,深、浅反射消失,生命体征发生明显变化,呼吸不规则,为深昏迷。

(2)格拉斯哥昏迷量表(Glasgow coma scale,GCS):可对意识障碍的程度进行判断。GCS 总分为 15 分,最低分为 3 分。患者 GCS 总分达到 15 分时才能进行认知功能评定。

2. 认知障碍筛查 患者在意识清楚的前提下,可通过一些量表筛查是否存在认知障碍。

（1）简易精神状态检查量表（mini mental status examination,MMSE）:总分30分,分别测试患者时空定向力、复述能力、辨认能力、计算能力、记忆力、理解能力、表达能力、结构模仿能力。根据患者的文化程度划分认知障碍标准,文盲≤17分,小学≤20分,中学及以上≤24分,在此标准分数值以下考虑存在认知障碍,需进一步检查（表9-3）。

表9-3 简易精神状态检查量表

检查内容					得分	
今年是哪一年					1	0
现在是什么季节					1	0
现在是几月份					1	0
今天是几号					1	0
今天是星期几					1	0
咱们现在是在哪个城市					1	0
咱们现在是在哪个区					1	0
咱们现在是在什么街					1	0
咱们现在是在哪个医院					1	0
这里是第几层楼					1	0
告诉您三种东西,我说完后,请您重复一遍:树,钟,汽车（各1分,共3分）			3	2	1	0
100-7=? 连续5次（各1分,共5分）	5	4	3	2	1	0
现在请您说出我刚才让您记住的那些东西（各1分,共3分）			3	2	1	0
（出示手表）这个东西叫什么?					1	0
（出示钢笔）这个东西叫什么?					1	0
请您跟我说"大家齐心协力拉紧绳"					1	0
我给您一张纸,请按我说的去做,现在开始:"用右手拿着这张纸,用两只手把它对折起来,放在您的左腿上"（每项1分,共3分）			3	2	1	0
请您念念这句话,并按上面的意思去做:**"闭上您的眼睛"**					1	0
请您给我写一个完整的句子（不可以写名字）					1	0
（出示图案）请您照着这个样子画下来					1	0

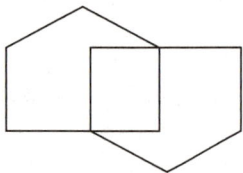

（2）蒙特利尔认知评估（Montreal cognitive assessment,MoCA）:根据我国国情,在原表的基础上修订而成,是用来对认知功能异常进行快速筛查的评定工具。包括视空间与执行功能、记忆、语言、注意、抽象思维和定向力等认知领域。总分30分,≥26分正常,其敏感性高,覆盖重要的认知领域,测试时间短,适合临床运用。但其也受教育程度的影响,文化背景差异、检查者使用MoCA的技巧和经验、检查环境及被试者的情绪及精神状态等均会对分值产生影响,对于轻度认知障碍,MoCA的筛查更具敏感性（表9-4）。

表 9-4 蒙特利尔认知评估量表

视空间与执行功能	得分

画钟表（11:10）（3分）

复制立方体

[ ]　　　　　[ ]　　　　轮廓[ ] 指针[ ] 数字[ ]　　___/5

命名		

[ ]　　　　　　[ ]　　　　　　[ ]　　___/3

记忆	朗读右侧词语，然后由受试者复述，不论第一次复述是否完全正确，重复朗读词语两遍，并提醒受试者5分钟后回忆		面孔	天鹅绒	教堂	菊花	红色	不计分
		第一次						
		第二次						

注意	读出下列数字，请受试者重复（每秒1个）	顺背[ ]	21854	___/2
		倒背[ ]	742	

读下列数字，每当数字出现1时，患者敲1下桌面，错误数大于或等于2不给分	[ ]52139411806215194511141905112	___/1

100 连续减 7	[ ]93	[ ]86	[ ]79	[ ]72	[ ]65	___/3

4~5个正确给3分，2~3个正确给2分，1个正确给1分，全部错误为0分

语言	重复：我只知道今天小张来帮忙。[ ] 　　　狗在房间时，猫总躲在沙发下面。[ ]	___/2
	流畅性： 在1分钟内尽可能多说出与"gong"同音且开头的词语。（此项计分）	___/1

抽象	词语相似性：香蕉-橘子=水果　火车-自行车=[ ]　手表-尺子=[ ]	___/2

延迟回忆	回忆时不能提醒	面孔 [ ]	天鹅绒 [ ]	教堂 [ ]	菊花 [ ]	红色 [ ]	非提示计分	___/5
	第一次（分类提示）							
	第二次（多选提示）							

定向	日期[ ]　月份[ ]　年份[ ] 星期几[ ]　地点[ ]　城市[ ]	___/6

总分		___/30

（3）认知功能筛查量表：与 MMSE 量表类似，检查内容包括定向、注意、心算、瞬时记忆、短时记忆、结构模仿、语言（命名、理解、书写）、概念判断等，检查时间 15～20 分钟，总分 30 分，≤20 分为异常（表 9-5）。

表 9-5 认知功能筛查量表

序号	检查内容	评分	
1	今天是星期几？	1	0
2	今天是几号？	1	0
3	现在是哪一个月份？	1	0
4	今年是哪一年？	1	0
5	这儿是什么地方？	1	0
6	请说出 872 这三个数字	1	0
7	请倒数刚才的数字	1	0
8	请说出 6371 这四个数字	1	0
9	请听清 694 三个数字，然后数 1 至 10，再重复说出 694	1	0
10	请听清 8143 四个数字，然后数 1 至 10，再重复说出 8143	1	0
11	从星期日倒数至星期一	1	0
12	9+3 =？	1	0
13	再加 6 =？（12+6）	1	0
14	18-5 =？ 请记住这几个字，等一会儿我要问你。"帽、汽车、树、26"	1	0
15	快的反面是慢，上的反面是什么？	1	0
16	大的反面是什么？ 硬的反面是什么？	1	0
17	橘子和香蕉属于水果类，红和蓝属于哪类？	1	0
18	你面前的这几张纸币，你看是多少钱？	1	0
19	我刚才要你记住的第一个字是什么？（帽）	1	0
20	第二个字？（汽车）	1	0
21	第三个字？（树）	1	0
22	第四个字？（26）	1	0
23	100-7 =？	1	0
24	再减 7 =？	1	0
25	再减 7 =？	1	0
26	再减 7 =？	1	0
27	再减 7 =？	1	0
28	再减 7 =？	1	0
29	再减 7 =？	1	0
30	再减 7 =？	1	0
合计		30	

3. 认知功能的特异性检查　根据认知功能筛查结果,初步确定患者可能存在何种认知障碍并进行有针对性的认知功能评定,如单侧忽略、失用等。

4. 成套测验法　由各种单项测验组成,每一个具体检查项目均可看作是独立的特异性临床检查。主要用于认知功能较全面的定量测定,其信度和效度均经过严格检验,当分值低于正常范围时,提示该患者存在认知障碍。成套测验通常用来全面评定主要的脑功能。认知功能的常用成套测验主要有 Halstead-Reitan 神经心理学成套测验、韦氏记忆量表及洛文斯顿作业疗法认知评定量表等。

5. 功能活动行为观察　通过直接观察患者日常生活活动情况,评定相关认知障碍程度。由于认知障碍及其受损程度与日常生活活动能力密切相关,因此,功能检查法可以更加准确、直接地评价认知障碍对患者实际生活的影响情况。

（二）认知障碍评定方法

1. 定向障碍评定　最常见的方法是询问有关时间、地点及人物关系的问题。标准化的定向力测验如 Galveston 定向力及记忆遗忘测验(GOAT)。此外,一些标准化的认知评定量表也包含了对定向力的测试,比如 MMSE 等。

2. 注意障碍评定

（1）注意障碍的特异性检查

1）觉醒状态检查:通常采用反应时间检查,指刺激作用机体到机体做出明显反应所需的时间,一般采用视觉或听觉中的一项进行测试,并告知被测试者要接受的刺激及刺激后做出相应的反应,记录从刺激到反应的时间。若时间明显超过正常范围,考虑觉醒状态低下。

2）注意广度检查:数字距测试法是检查注意广度的常用方法(表9-6)。检查者说出一串数字,令被检者正向和逆向复述,能正确复述出的数字串最高位数为该被检者的复述数字距。正常人正向复述的数字距为7±2,逆向复述的数字距为6±2;复述的数字距缩小是注意障碍的一个特征,数字距往往与受试者的年龄和文化水平有关。

表9-6　注意广度检查表

正向复述		逆向复述	
3-9	2	5-2	2
5-3	2	2-6	2
3-8-1	3	8-2-3	3
7-3-2	3	4-7-5	3
5-4-1-9	4	3-7-2-9	4
7-2-8-6	4	4-6-3-8	4
4-2-7-3-5	5	4-5-0-8-6	5
3-5-8-7-6	5	6-4-9-7-3	5
6-5-3-4-9-1	6	5-2-6-4-1-8	6
3-9-2-4-8-7	6	7-2-4-3-5-6	6
5-9-1-7-4-2-3	7	8-1-2-4-3-6-5	7
3-5-1-8-1-5-2	7	4-7-5-9-1-2-8	7
5-8-1-9-2-6-4-7	8	3-5-8-1-7-9-4-6	8
3-8-2-9-5-1-7-4	8	8-2-4-9-5-3-6-5	8
2-6-1-9-7-3-5-4-8	9	3-6-5-2-8-1-0-9-6	9
7-2-8-3-5-1-6-9-4	9	2-4-1-6-8-3-4-0-9	9
结果（数字距）		结果（数字距）	

3）注意的持久性检查:常用划消试验(图9-4):给患者一支笔,要求其以最快的速度准确地划去指定数字或字母,如要求患者划去列表中的字母"C"和"E"。患者操作完毕后,分

别统计正确划消数与错误划消数,并记录所用时间。可通过公式计算患者的注意持久性指数,并作为治疗前后自身比较的指标。也可用连续减 7 或倒背时间方法检查。

BEIFHEHFEGICHEICBDACBFBEDACDAFCIHCFEBAFEACFCHBDCFGHE
CAHEFACDCFEHBFCADEHAEIEGDEGHBCAGCIEHCIEFHICDBCGFDEBA
EBCAFCBEHFAEFEGCHGDEHBAEGDACHEBAEDGCDAFCBIFEADCBEA
CDGACHEFBCAFEABFCHDEFCGACBEDCFAHEHEFDICHBIEBCAHCHEFB
ACBCGBIEHACAFCICABEGFBEFAEABGCFACDBEBCHFEADHCAIEFEG
EDHBCADGEADFEBEIGACGEDACHGEDCABEFBCHDACGBEHCDFEHAIE

图 9-4 字母划消试验

4)注意的选择性检查:①声识认测试:给受试者播放各种声音的录音,要求受试者在听到指定声音时举手示意。②听认字母测试:在 60 秒内以每秒一个字的速度念出没有规则的字母排列,其中有 10 个为指定的同一字母,要求受试者听到该字母举手示意,举手 10 次为正常。③斯特鲁普色词测验(Stroop Color-Word Test):有英文单词和汉字两种形式,通过色卡和汉字对应和不对应关系,对受试者进行注意选择性检测。

5)注意的转移性检查:①形状临摹测验:要求受试者临摹画出垂线、圆形、正方形和 A 字形各一图。每项记 1 分,正常为 4 分。②同步听觉系列加法测验:测试时要求受试者将 60 对随机数字做加法。③符号-数字模式测验:将"符号-数字对应图"呈现给受试者,要求受试者将测试符号转化为数字,共 120 个符号,观察受试者 90 秒内完成的情况(图 9-5)。④连线测验:有 A 型和 B 型两种类型。A 型要求受试者按数字顺序尽快将 25 个圆圈相连。B 型要求受试者按照数字、字母间隔的形式顺序连接圆圈,如 1-A-2-B……12-L 以完成的时间来评分(图 9-6)。⑤威斯康星卡片分类测验(Wisconsin Card Sorting Test, WCST):受试者完成卡片分类,根据测验中受试者的持续反应数、持续性错误数及持续性错误百分比来反映其注意转移的灵活性。

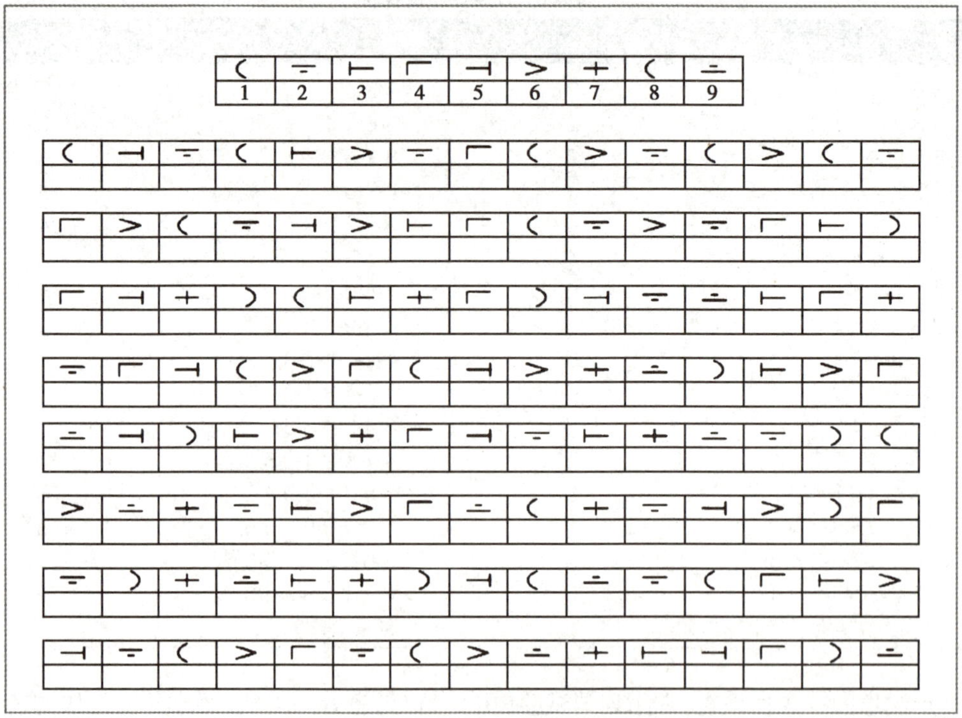

图 9-5 符号-数字模式测验

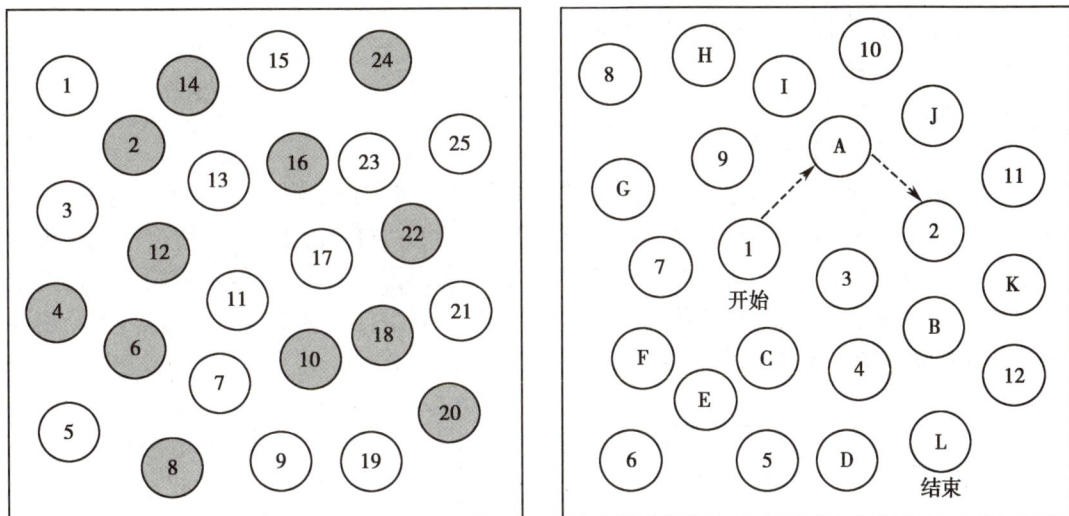

图 9-6 连线测验

6）分别注意检查：采用声光刺激同时呈现，要求受试者对刺激做出判断和反应，也可令被检者同时做两件事情，如边写字边唱歌，有注意分配障碍者，不能同时完成这两件事。

日常生活中的大多数活动都需要以上各种注意力的共同参与，只是每种注意能力的参与程度会依照活动的不同特性而有所不同。比如在安静环境中看书，更依赖持续性注意；在嘈杂环境中看书，则更需要选择性注意。因此，我们应根据患者的临床表现及需求有重点地进行评估与训练。

（2）注意障碍成套检测

1）日常注意成套测验：将日常活动作为测试项目来检查注意力，是一个生态学效度测验，适用于评估注意力的选择性、持续性、转移性及警觉状态的测试系统。测试项目包括：地图搜索，电梯计数、分心时电梯计数、视觉电梯计数、带反转的听觉电梯计数，电话簿搜索、计数时电话簿搜索，彩票任务。本测验的测试内容以日常材料为主，更有利于发现被测试者在日常生活中面临的相关问题。

2）注意网络测验：采用电脑屏幕进行检查，屏幕中心处有一个"+"为注视点，刺激信号可出现在屏幕中心处的上方或下方，可以是干扰项（暗示）星号"＊"，也可以是靶子箭头或"-"。通过改变干扰项（暗示）的方式来检查注意网络的警觉与定向功能，通过靶子出现时的状态（是否冲突）来检查注意网络的执行功能，结果用反应时长表示。

3）注意力表现测试：现已有公司开发出相关测试软件或网站，用以辅助注意力测评，测评项目包括警醒度、分散性注意力、反应/不反应、持续性注意力等。

（3）注意障碍行为观察：行为观察也是判断受试者注意状况的一种重要方法。与受试者交谈时，注意观察受试者的谈话和行为，注意力不集中的受试者常偏离谈话主题，不能维持思维的连贯性；不能集中注意于一项具体的任务上；在很短的时间内即出现注意转移，检查中东张西望，周围环境中的任何响动都可能引起受试者的"探究反应"；漫不经心的行为可使受试者不能掌握时间和完成任务，容易出现错误等。

进行行为活动观察应考虑下列几点：

1）判断患者注意力成分是否完整。

2）感觉系统是否受影响，如视觉和听觉。

3）评估注意受影响的频数和持续时间。

4）观察哪些环境因素影响注意力。

5）患者对所执行的任务是否感兴趣。

6）患者的情绪状态。

3. 记忆障碍评定

（1）记忆障碍的特异性检查

1）瞬时记忆评定：①数字广度测试（详见本节"注意广度检查"）；②词语复述测试：检查者说出 4 个不相关的词，速度为每秒 1 个词，要求被检者立即复述。正常情况可复述 3~4 个词，复述 5 遍仍未正确者，为瞬时记忆障碍；③视觉图形记忆测试：出示 4 个简单图形的卡片，令被检者注视 2 秒后，将卡片收起或遮盖，要求被检者根据记忆临摹画出图形，如绘出图形不完整或位置错误为异常（图 9-7）。

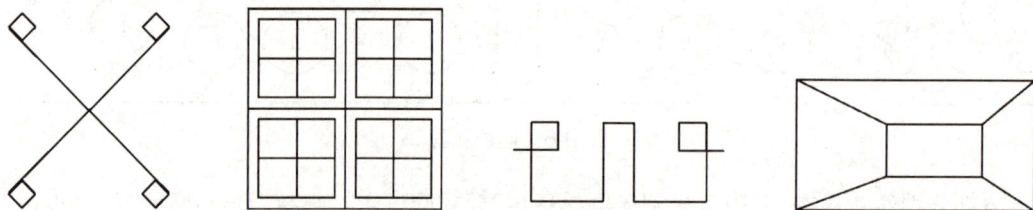

图 9-7 视觉图形记忆卡

2）短时记忆评定：评定内容同瞬时记忆，但需要求患者停顿 30 秒后，再回忆瞬时记忆的检查内容。

3）长时记忆评定

①语义记忆评定：包括常识测验、词汇测验、分类测验、物品命名及指物测验等。如提问受试者"一年有几个月""慎独是什么意思"，或让被检者对物品进行分类、指认物品等。

②情景记忆评定：要求被检者回忆其亲身经历的事件或重大公众事件，包括事件的时间、地点、人物及内容，包括顺行性和逆行性情景记忆。顺行性记忆评定是对识记新信息能力的检测，分言语和非言语检查；逆行性记忆测试是对以往信息记忆的测试，包括个人经历、社会事件和著名人物记忆等，可采用问卷式提问。

③程序性记忆评定：评定时要求被检者完成指定操作，如开启罐头、订书、按照给出的图画填充颜色等。

（2）标准化的成套记忆测验

1）韦氏记忆测验：韦氏记忆量表（Wechsler memory scale，WMS）是历史悠久、世界公认的成套记忆测验方法。1983 年龚耀先等以 WMS 为蓝本增加和修订了测验内容，改变了记分系统，编制成 WMS-RC。WMS-RC 适用于 7 岁以上儿童及成年人，分为甲、乙两式平行本，便于进行前后比较。龚耀先的修订本（WMS-RC）是目前国内最重要的成套记忆测验方法之一。测试内容包括长时记忆测试（个人经历、时空间定向记忆、数字顺序关系）、短时记忆测试（视觉再生、视觉再认、图片回忆、联想学习、触摸测验、理解记忆）和瞬时记忆测试（顺背和倒背数字）。

2）行为记忆量表：Rivermead 行为记忆测验（Rivermead behavioral memory test）（图 9-8），由英国牛津 Rivermead 康复中心于 1987 年编制而成，有 4 个版本，每个版本均有 11 个项目，分别是记姓名、记被藏物品、记约定、路线即时回忆、路线延迟回忆、记任务、学习新技能、定向、日期、辨认面孔和认识图画。以上 11 项除记姓名最高 2 分外，余最高均为 1 分，满分为 12 分。正常：原始分总分 9~12 分；有认知功能缺陷：原始分总分小于 9 分。本测试可检测患者具体行为的记忆能力,患者在测试中的表现,可帮助治疗师了解其在日常生活中因记忆力受损所带来的影响。

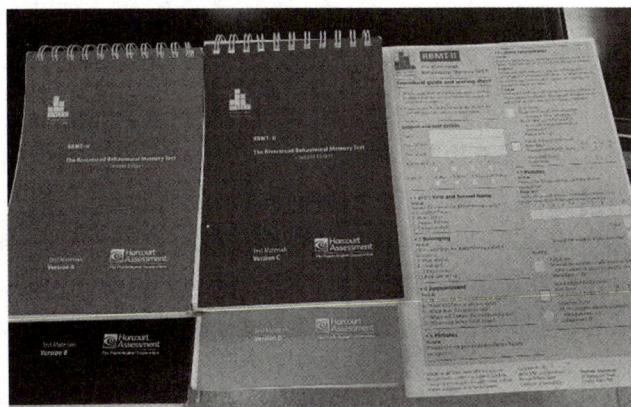

图 9-8　Rivermead 行为记忆测验

3）临床记忆测验:临床记忆量表是中国科学院心理研究所许淑莲等(1984 年)根据我国实际情况主持编制的一套记忆量表,用于评定持续数分钟以内的一次性记忆或学习能力,包括 3 类 5 个分量表:①语文测验(指向记忆量表、联想学习量表);②非语文性质的测验(图像自由回忆量表、无意义图形再认量表);③语文和非语文之间的测验(人像特点联系回忆量表)。

4. 执行功能障碍的评定

（1）计划和组织能力:脑损伤患者可出现不同程度的计划和组织能力障碍,他们通常对某事做出不现实或不符合逻辑的计划,缺乏预见。可通过以下方法对患者进行评定:

1）问患者在开始执行任务前想做什么?他能计划需要 2 步、3 步或更复杂过程完成的活动吗?

2）选择一个相关的任务作为评估的基础。

3）在执行任务中考虑:他的方法是否合乎逻辑?他所有的计划策略是否有一个共同的问题?如,只考虑一种变化或不能做出决定等。

（2）启动能力的评定:要求被检查者在 1 分钟之内说出以"老"为开头的词或短语,正常人 1 分钟之内可以说出 8~9 个(单词或短语)。若为失语症患者,可提供设计好的图片让其挑选。

（3）变换能力的评定

1）视觉变换:检查者出示 1 个手指时,被检查者出示 2 个手指;检查者出示 2 个手指时,被检查者出示 1 个手指。共完成 10 遍。

2）听觉变换:检查者敲击桌子底面 1 下(避免视觉提示),被检查者出示 1 个手指,检查者敲击 2 下,被检查者不动。共完成 10 遍。上述两种检查如患者只是模仿检查者的动作,或反复重复某一个动作均为异常。

3）交替变化检查:检查者出示一个由方波和三角波交替并连续组成的图形,被检查者照图画出图形。表现为一直重复一个图形而不是交替变化(也称持续状态)者为异常(图 9-9)。

4）交替运动检查:检查者示范动作要求,即一手握拳,另一手同时五指伸开,然后左右手动作颠倒过来,要求被检查者按要求完成。

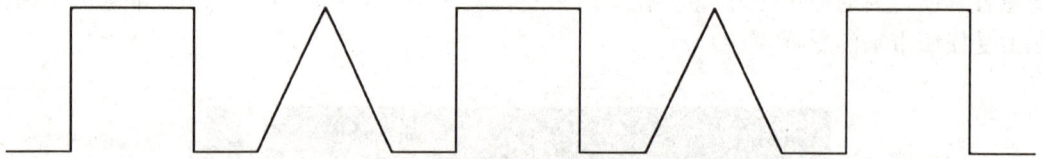

图9-9 交替变化检查

5）动作连续性检查：要求被检查者连续做三个不同的动作，如握拳，将手的尺侧缘放在桌子上，手掌朝下平放在桌子上（握拳-切-拍）。

（4）解决问题能力的评定：主要针对抽象思维概括能力的检查。①成语及谚语的解释：选择与被检查者受教育水平和背景相应的成语或谚语，解释其引申含义。如"滴水之恩，当涌泉相报""近朱者赤，近墨者黑""过河拆桥"等。如只是做字面解释为0分；能用通俗的话反映较为深刻道理的为1分；能正确解释其寓意为2分。如有异常，说明被检查者的抽象概括能力存在障碍。②类比测验：分相似性测验和差异性测验两种，前者是要求被检者说出一对事物或物品的相同之处，后者是指出不同之处。③患者存在解决问题方面的功能障碍时，将会严重影响其日常生活能力，如：每天早上起床后穿什么衣服？早餐吃什么？不同处境时，该如何应对？等等。评定时可以以问题呈现的方式进行：呈现问题，观察患者是否具有理解分析问题的能力、是否能提出可能的解决办法，最后治疗人员对患者的表现进行判断和评价。

（5）推理测验：通过推理寻找规律，并加以验证。

1）言语推理：给出一篇200字以内的小短文，根据文章内容，回答问题。

2）非言语推理：可用数字推理、字母推理和图形推理。例如数字推理：在括号内填上正确的数字1,5,10,16,（　　）；图形推理可用威斯康星卡片分类测验或Raven推理测验（图9-10）。

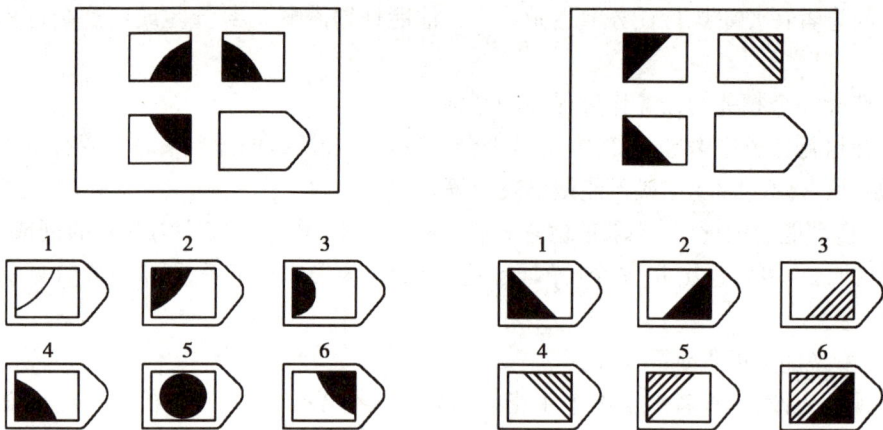

图9-10 图形推理

（6）ADL检查法（无运动功能障碍者）：要求被检者演示一些日常生活活动动作，如喝水、洗脸、穿衣等。观察受试者是否存在反复进行片段动作的情况，处于持续状态和不能完成序列动作均为异常反应。

二、认知训练

（一）训练原则

1. 训练计划个体化　在治疗前应先确定患者认知障碍的类型及程度，根据患者个体情

126

况制订具体的训练方案。

2. 治疗由易到难,循序渐进　当患者有进步之后再逐渐增加治疗时间和难度。

3. 训练环境要适宜　刚开始训练时应注意选择安静、避免干扰的环境,以后逐渐过渡到正常生活的环境中练习。

4. 对患者及其家属的宣教与指导　由于认知康复的长期性,必须教会患者及其家属一些能在家中进行的实用训练方法,并鼓励他们积极参与。

有些认知功能随着时间推移会自然改善,而有些认知障碍却是永久性的。所以,不同类型和程度的认知障碍其康复疗效不同,且受多方面因素影响,如学习及适应能力、开始康复的时间、个人动机、自我意识和训练信心、家属的支持、训练环境等。根据评估结果,了解患者现存认知能力,确定训练方法,以促进日常生活技能改善。研究表明,脑损伤后康复训练越早,认知功能恢复也越好。

(二)训练策略

认知康复训练分为功能恢复和功能代偿(适应性)两大策略。

1. 恢复性策略　旨在通过系统性认知训练,改善某种特定功能,恢复已丧失的基础认知技能。如采用功能法或技能法、训练转移法、感觉统合法、神经生理学疗法等。

2. 代偿性策略　即教会患者利用未受损的感觉通路来代偿某一感觉通路上的认知缺陷,主要采用功能代偿和环境适应的手段。如针对患者在日常生活的活动能力进行直接的技能训练,学习代偿方法,加强练习受影响的日常生活功能,增强学习能力,学会运用重复性的步骤及程序性记忆或代偿技巧。

两种策略在不同时期侧重点有所不同。通常在疾病或损伤早期以改善功能的恢复性策略作业活动为主,然后逐渐增加与实际生活相关的功能代偿和适应训练的治疗比重。随着生活范围的扩大,逐渐增加对社会资源的利用以及对家属宣教的比重,通过环境调整使患者回归家庭或重返社会。

(三)治疗模式

认知康复的治疗模式通常分为四种,即认知活动刺激、基本认知能力训练、认知功能技巧训练及环境改良。

1. 认知活动刺激　不是正规的认知训练,主要目的是让患者参与一些日常活动,降低脑部的退化程度。如玩纸牌、下棋、打麻将、拼图游戏等,多参与有意义的活动也是非常重要的。

2. 基本认知能力训练　目的是利用患者现有的基本认知能力加以训练,从而增强运用认知能力的技巧。重点训练认知能力与技巧向日常生活活动的迁移能力。迁移过程可分为:①迁移至相似的活动;②迁移至相同内容的活动及可重复操作;③迁移至不同内容的活动但原理相似;④迁移至相同内容的日常生活活动。基本认知能力训练的方法大多采用书面练习或计算机辅助训练,训练中治疗师、家属和照顾者的帮助非常重要,技巧、练习的时间和次数也可影响训练效果。

3. 认知功能技巧训练　又称补偿技巧训练。其目的是帮助患者找寻适当的方法或技巧,从而适应日常生活活动的要求。训练方法是使患者使用或改良内在的技巧和方法或外在的辅助装置来处理日常生活问题。认知功能技巧训练在恢复功能方面扮演重要角色,也是认知康复中最重要的一环。但是要懂得使用适当的方法或技巧,必须先拥有一定的学习能力,因此比较适合具有后设认知能力者。研究显示,外在方法较为有效且所需要的训练时间短,因而被广泛使用;而内在方法则适用于较年轻及受教育程度较高者。另外,也可利用小组治疗模式来增强患者学习动机。

(1) 内在方法:①帮助接收信息,如通过不断复述、反复复习或将内容说出来;②帮助贮存信息,例如把文字图像化、透过情景的联想配对等;③帮助患者提高组织能力,例如新事物要联系已有的习惯、把工作及事件分类/分组;④帮助思考,例如用图像和插图加强理解以及利用检讨的方法来减少错误发生。

(2) 外在方法:利用或借助辅助装置去记忆或组织要做的事情。其中以日记簿、时间表、简化工作及利用提示最为有效。

4. 环境改造 改良原有的环境,从而配合患者现有的能力及技巧。方法是通过控制及改良原有的工作及家居环境、设施及简化工作程序,令患者适应改良后的环境。该方法适合于学习能力较慢及后设认知能力受损者,同时需要患者认识并接受自己的认知障碍,逐步适应当前的生活和工作。

(四) 认知功能康复训练

1. 定向力训练

(1) 现实定向力疗法:其核心是为患者反复呈现有关现实定向力的信息,包括时间、地点、人物等。首先,治疗师需要与患者建立并维持良好的关系并对其始终保持友好态度。其次,治疗师最好走进患者的日常生活环境中,在与患者的日常交往中不断提醒患者,你自己是谁、你现在在哪里等。同时,治疗师引导患者关注环境中正在发生的事情并强调其时间、地点、人物等。

(2) 团体现实定向力疗法:最理想的现实定向力集体治疗包括 3~6 个患者,配备 1~2 名治疗师。通过布置作业环境,增添有关现实信息的提醒物,比如时钟、日历、地图、报纸、电视、图片等。现实定向板上记录有随时更新的地点、天气、节假日等信息,可以有效提高患者的定向力。此外,通过患者之间以及患者与治疗师之间的交流互动,定向信息得到不断重复,比如讨论去医院的路线,讨论即将到来的节日等。

(3) 集体认知刺激疗法:以小组团体形式展开,属于心理社会干预范畴,通常包括 14 次课程,每周 2 次,每次约 45 分钟,共持续 7 周。课程中也会使用现实定向板,板上注明小组名称、小组成员、时间、课程名称等定向信息。每次课程都以相同的热身活动开始以保证连续性及帮助定向,常见的热身活动有传球游戏,讨论时间和地点等定向问题。

(4) 个体认知刺激疗法:考虑到资源有限、身体不便及个人喜好等因素,部分患者不能或不愿意接受团体形式的干预。经过对团体认知刺激疗法的改良,形成了基于家庭的个体认知刺激疗法。干预由患者家属或朋友实施。

总体来说,以上作业疗法对改善定向力的效果已经比较明确,且有较好的成本效益。其中,集体认知刺激疗法的效果最好,其操作简单且安全,对实施人员没有严格的资质要求,只要根据操作指南进行简单培训即可,对场地也没有限制,在医院、养老院、社区等都可以开展。

2. 注意力训练

(1) 分类

1) 信息处理训练:①兴趣法:发现并应用患者感兴趣的东西和熟悉的活动刺激注意,比如使用电脑游戏、专门编制的软件、虚拟现实技术的应用等。②示范法:治疗师亲身示范想要患者做的活动,并给予语言提示,调动患者的视觉和听觉,加强注意。③奖赏法:通过给予奖赏来增加所希望的注意行为出现频率和每次出现持续的时间,期待的注意反应出现后,立即给予奖励以达到强化目的。奖赏物可以是患者喜爱的物品,以激发患者热情。④电话交谈:电话交谈过程中,患者只能依赖声音刺激,这比面对面交谈需要更集中注意力。鼓励不同住的家人和亲友常打电话给患者,跟他们电话聊天,特别是患者感兴趣的话题。

2）以技能为基础的训练：①猜测游戏：桌上摆放两只不透明杯子和一个乒乓球，治疗师在患者的注视下将两个杯子反扣在桌上，其中一只杯子反扣在球上，要求患者指出哪只杯子有球。治疗师双手移动交换杯子的位置，再让患者指出哪只杯子有球。②删除作业：跟划消测验相似。③时间感训练。④数字顺序训练：在背景噪声中，让患者按顺序说出或写出 0 ～ 10 之间的数字，完成后改为按奇数、偶数或逢 5 的规律说出或写出一系列数字。

3）分类训练：①连续性注意障碍训练：包括删除作业、连线作业、数秒数、数字顺背倒背训练、倒背成语、击鼓传球游戏、抢板凳游戏等。②选择性注意障碍训练：辨别物品图片或任务照片，比如在一组照片中快速找出中国男性。在一段背景嘈杂的录音中找出特定声音，如门铃声或鸟鸣声，并数出指定声音出现的次数。③交替性注意障碍训练：删除奇偶数作业，比如在一组随机排列的数字中先删除奇数，再删除偶数。将一副扑克牌先按照颜色分类，再按照花色分类，再按照数字奇偶分类。④分别性注意障碍训练：听写字母、汉字或数字。患者拼图、下棋或穿衣作业时，与患者交谈。

4）电脑辅助训练：电脑游戏等软件通过丰富多彩的画面和声音刺激，能引起患者的兴趣并吸引其注意，根据注意障碍的不同类型，可以设计相应程序，让患者完成操作训练（图 9-11）。目前市面上也有相关的网站、小程序和游戏软件等，可用于注意障碍患者的康复训练。

图 9-11　电脑辅助训练

5）综合性训练：日常生活中的训练方法，帮助患者完成特定的挑战。比如一个接待员需要学习在工作环境中消除分散注意力的技能，保持警觉性直到活动完成为止；对于一个学生则需要训练上课期间如何改善记笔记的策略，滤掉课堂背景噪声的同时集中精力听老师讲课。由此可见，日常生活的注意力训练因人而异。

（2）注意事项

1）每次训练前，在给予口令、建议、提供信息或改变活动时，需确定患者有在注意，在可能的情况下，要求患者复述治疗师刚才说的话。

2）多应用功能性活动治疗，在丰富多彩的日常活动中，提高患者的注意力。

3）训练过程尽量避免干扰。治疗从安静环境开始，逐渐过渡到日常环境。循序渐进，当患者的注意改善时，逐渐增加治疗时间和任务难度。

4）教会患者主动观察周围环境，识别引起精神不集中的潜在因素并排除该因素。

5）强调按活动顺序完成每个步骤，并准确解释为什么这样做。

6）与患者及家人一起制订目标，实施训练计划。鼓励家人、照顾者参与训练，让他们了解患者的情况及照顾技巧，鼓励他们在非治疗时间运用训练时学到的技巧督促患者。

7）在注意训练的同时，兼顾其他认知障碍的康复。

3. 记忆力训练

（1）分类

1）内在记忆辅助工具：①无错性学习：旨在学习的不同阶段降低错误发生的频率，方法有将复杂的任务细分成若干个简单的小任务，当错误发生时立即给予纠正，鼓励患者不要用

注意力训练
视频

猜测的策略,给予线索提示,重复练习等。窦祖林教授把无错性学习与中国传统文化相结合,开发了一套针对记忆障碍的康复训练软件,称为记忆障碍训练课程。②间隔提取法:按照一定的时间序列反复提取或复述信息的一种记忆法。复述与复述之间有一段间隔,且间隔时间逐渐延长,比如立刻回忆,间隔5秒、10秒、30秒、3分钟等。间隔提取法可以促进学习与记忆,可以有效改善脑损伤及阿尔茨海默病等记忆障碍患者的记忆功能。③PQRST记忆法:记忆障碍康复使用最广泛的重复策略,是记忆书面材料的一种完整理想的学习方法,即理解性记忆。P指预习要记住的信息内容或材料;Q指自我提问,比如这个段落的中心思想是什么? 这个事件发生在哪一年? 发生在什么地方? 等等;R指仔细阅读并回答问题;S指用自己的话陈述答案;T指用回答问题的方法来检验记忆。实践证明PQRST法优于死记硬背。④助记术:助记术有助于回忆已学过的知识和技术,它也是一个使人们更有效地组织、存储和提取信息的系统,常用来帮助患者识记人名和日期等。实践中常用以下方法:图像法、联想法、故事法、关键词法、首字母缩略法、数字分段、复述法、分散练习等。

2)外在记忆辅助工具:利用身体外在的辅助物品或提示来帮助记忆障碍患者的方法,这对于器质性记忆障碍者可能是最有用的策略。适用于年轻、记忆障碍不太严重且其他认知障碍较少者。常用的外在记忆辅助工具包括记事本和备忘录、时间表、地图、记忆提示工具(如清单、标签、记号等)、电子记忆辅助工具(如闹钟、手表、报警系统、手机、平板电脑等)。

3)创新性方法:①计算机辅助记忆训练:该方法的干预原理主要是即时反馈、多感官视听刺激以及人机互动。现有研究表明计算机辅助记忆训练对改善脑外伤和痴呆患者的记忆障碍有显著效果(图9-12)。②虚拟现实训练:虚拟现实(virtual reality,VR)训练是通过电脑产生的一个多感知觉相互作用的类似现实环境的3D界面,让患者有"身临其境"的感觉。VR丰富的环境刺激可以增加大脑多巴胺和胆碱能系统神经递质的激活,进而提高记忆功能。有研究表明虚拟现实训练结合计算机认知治疗可以显著提高脑卒中患者的视觉注意和短期的视空间记忆(图9-13)。③远程康复训练:远程康复指应用计算机、互联网及多媒体信息技术,为患者提供康复服务。接受远程认知康复的患者可不受时间、场所限制,并可一天内多次进行强化训练,此为远程康复的优势。研究表明在训练内容相同的条件下,远程康复可以显著改善患者的记忆功能。

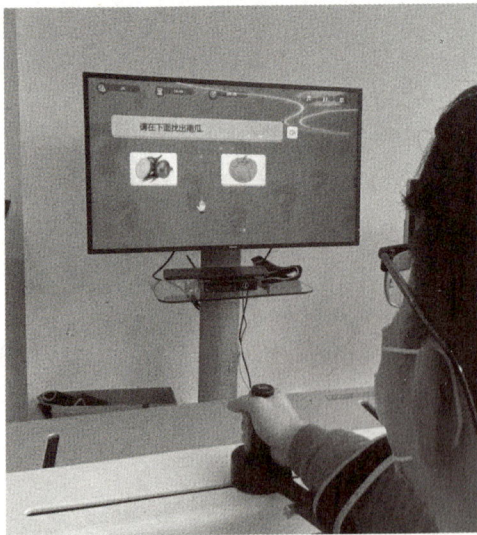

图9-12 计算机辅助记忆训练

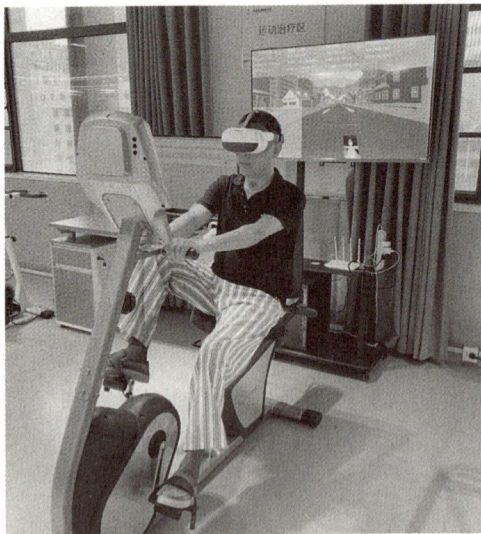

图9-13 虚拟现实训练

4）环境适应:适用于记忆系统失去足够功能的患者。通过环境重建,满足患者日常生活需求。①减少环境变化:使环境尽量保持一致。比如避免换房间、每次只允许一个人和患者交流、固定治疗时间和地点、保持白天有光亮和夜晚黑暗安静等。②避免过度的视觉刺激:减少能分散注意力的视觉刺激。③家用电器的安全:为电水壶、电炊具、电灯等家用电器设计隔一段时间可自动关闭的装置以避免危险。安全存放电源、电线等。④避免常用物品丢失:把眼镜架系上绳挂在脖子上,手机和钥匙别在腰上,可有效防止丢失。⑤简化环境:在生活中养成习惯,将物品摆放得井井有条,突出要记住的事物。将重要物品如笔记本、钱包、雨具等放在室内显眼固定的地方,比如进出家门必经之地,出门时可以提醒不致忘记,每次用完后立即将它们放回固定位置。

（2）注意事项

1）助记术的价值是用来教记忆障碍患者记住新信息,治疗师和照顾者可以用此法鼓励患者学习。

2）记忆障碍患者在采用视觉意象时,最好让他们看到纸上或卡片上的图画,而不是单纯靠想象。

3）双重编码,即用两种方法结合起来比单用一种方法的学习效果更明显。

4）学习材料应结合实际,与患者日常活动密切相关,干预前与患者沟通,了解他们想要学习记忆的材料。

5）根据患者个人风格、需要和爱好等选择记忆方法,并非每个人都从同一种策略中受益。

6）应强调将学习记忆的材料和策略泛化到日常生活中,患者要能懂得在一个新情境下应用已学的记忆策略。

4.执行能力训练

（1）目标管理训练(goal management training,GMT):是一种以任务为中心的自我管理策略训练,可以改善额叶损伤患者的执行功能。它把大的目标任务分解为多个层次的小任务,提高患者的注意力,总结达到目标的成功和失败经验,提高目标改变的意识。GMT具体包括以下要点:自我指导策略、自我监控练习、旨在提高计划能力及记忆的认知技术、专注力练习、故事与经验分享及家庭作业。

（2）辅助意图监控训练:包括简化的GMT和随机的短信提示,旨在提高每日目标完成度。治疗过程如下:在患者家中或社区中进行两次简化GMT,每次间隔不超过5天,每次持续90~120分钟。训练内容选自Levine及其同事曾报道的完整的GMT项目,以电脑上幻灯播放及练习本的形式进行。此外,患者每天在8点至18点之间会随机收到8条短信,短信提醒患者停下并思考设定目标。

（3）执行及解决问题的能力训练:包括以下内容。①手部动作转换训练,比如切蛋糕、分蛋糕、洗水果、切水果等;②物品分类训练,要求患者将动物图片放进绿色盒子,水果图片放进红色盒子;③数字排列训练,对随机排列的数字1~20进行连线;④手动迷宫游戏,通过双手控制游戏盘面的高低,使一颗钢珠沿盘面上所绘迷宫路线行走;⑤日常生活相关活动训练,比如穿衣、刷牙、洗脸等。

（4）镜像神经元疗法:将日常活动制作成视频,每个活动均有合理的虚拟环境,所有动作均为分解动作,视频从正前方和正侧方两个角度拍摄。要求患者仔细观察动作视频,尽可能记住视频中各活动任务的动作步骤,并让患者用运动想象去模仿完成视频中的动作任务。

ER-9-4

记忆力训练视频

（5）虚拟现实训练：指用电脑模拟产生一个三维空间的虚拟世界，通过提供视、听、触等多感官的模拟，患者仿佛进入真实空间。如虚拟超市训练，让患者在一个模拟的超市环境里按照要求采购商品，研究结果表明该训练能改善患者的执行功能。

（6）体感游戏训练：通过摄像头锁定和追踪关节，建立使用者的数字化骨架模型，在患者活动时分析其肢体的运动方向和速度。体感游戏训练已被广泛应用于康复领域，尤其是用于改善执行功能。

（7）冥想练习：冥想是一种认知控制锻炼，它可以增强人对内部干扰进行自我调节的能力。冥想练习教导人们监控自己的思想和感受，但既不加以判断也不做出任何其他反应。有研究表明，目标管理训练结合冥想练习能明显改善患者的执行功能。

第三节 知觉障碍评定与训练

一、知觉障碍评定

（一）躯体构图障碍的评定

躯体构图障碍的评定包括单侧忽略、疾病失认、手指失认、躯体失认及左右分辨障碍评定等。

1. 单侧忽略评定

（1）二等分线段测试：在纸的中央画数条水平直线，嘱患者端坐位，测试纸张放在患者正前方，让患者目测找出并画出中点（图9-14）。

（2）Albert 线段划消测验：在一张16开白纸上均匀分布多条线段，每条线段长2.5cm，请受检者将看见的每一条线段划消（图9-15）。不能将所有线段都划消，并且被划的线段均偏在纸的一侧为阳性。也可通过对漏划线段计数来评定半侧空间失认的程度。

图9-14 二等分线段测试

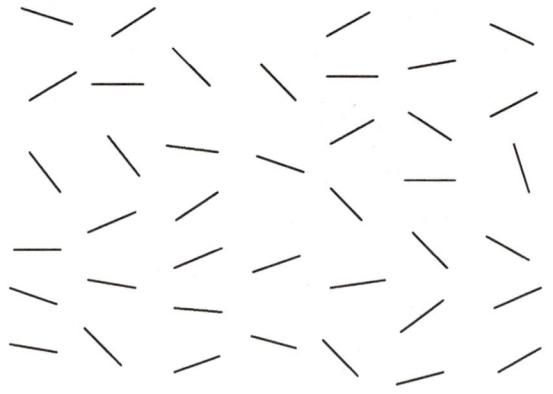

图9-15 Albert 线段划消测验

（3）自由画检查：选择大致左右对称的图形自由画出。用口头命令让患者画人脸及身体四肢等图形，左侧空间忽略的患者，其画的左侧，即画面人物的右侧上肢、下肢、手、足、眼等器官被省掉了或被简化。

（4）绘图测验：检查者将画好的大致左右对称的图画出示给受检者，要求其临摹，也可要求受检者在画好的圆圈内填写表盘上的数字和指针，要求指向某一时刻。只画图形的一半或将表盘数字均填写在圆圈一侧者为异常（图9-16）。

图 9-16　绘图测验

笔记栏

单侧忽略可伴有偏盲,亦可单独存在。左侧忽略和左侧同向偏盲似乎都表现出"看不见"左边的事物,但两者是性质完全不同的障碍。同向偏盲所表现出的视野缺损是由于视束和初级视觉中枢受损所致的感觉缺损,而单侧忽略则是由于知觉障碍患者对脑损害部位对侧的身体和空间内的物体不能辨认。鉴别两者的方法包括视野检查和代偿动作检查。视野缺损为感觉障碍,患者通常了解障碍的存在,为了能够看见缺损视野内的物体会主动将头转向忽略侧。单侧忽略为知觉障碍,患者并不意识问题的存在,因而无主动的转头动作,即便反复提醒也并不会注意忽略侧。

单侧忽略评定视频

2. 疾病失认的评定

(1)躯体感觉检查:系统的躯体感觉检查有助于诊断。

(2)与患者交谈:通过交谈,观察患者是否意识到瘫痪的存在;对于瘫痪的主观感觉(是否漠不关心);如何解释胳膊为什么不能动;如果患者否认肢体瘫痪的存在或者编造各种原因来解释肢体为何不能正常活动时,均提示存在疾病失认。

3. 手指失认的评定

(1)手指图指认。

(2)命名指认:检查者说出手指名称,要求患者分别从自己的手、检查者的手及手指图上进行指认。

(3)动作模仿:患者模仿手指动作,如示指弯曲、对指等手指活动。

(4)绘图:要求患者画一张手指图,观察各手指排列及分布。

4. 躯体失认的评定

(1)观察患者如何摆放偏瘫肢体,如何看待自己的偏瘫肢体。

(2)按照指令指出人体部位,被检查者要按照指令指出或回答身体部位(自己、检查者、人体画或人体拼图)的名称。

(3)模仿动作:要求患者模仿检查者的动作,如触摸下巴、肩膀、小腿等身体部位。

(4)回答问题:检查者要求患者回答以下问题:"牙齿是在嘴的里面还是外面?""鼻子在眼睛的上方吗?"正常者应能在合理的时间内正确回答所有问题。

(5)画人体图:给患者一支笔和一张白纸,嘱患者在纸上画一个人。要求画出人体的 10 个部分,每一部分 1 分,共 10 分。这 10 个人体部分是:头、躯干、右臂、左臂、右腿、左腿、右手、左手、右脚、左脚。10 分为正常;6~9 分为轻度障碍;5 分以下提示重度障碍。

5. 左右分辨障碍的评定

(1)按照口令做动作:如"伸出你的左手","用你的左手摸你的右耳"等。

(2)动作模仿:检查者做一个动作,要求患者模仿。

(二)视空间关系障碍评定

1. 图形背景分辨困难的评定

(1)辨认重叠图形:给患者出示一张将三种物品重叠在一起的图片,然后要求患者用手指点或者说出所见物品的名称(图 9-17)。

(2)功能检查:可让患者在衣柜或抽屉里找到指定物品。

2. 空间定位障碍的评定

(1)物品摆放检查:准备一个铅笔盒,令患者将铅笔放置笔盒的上下、左右、内外,观察

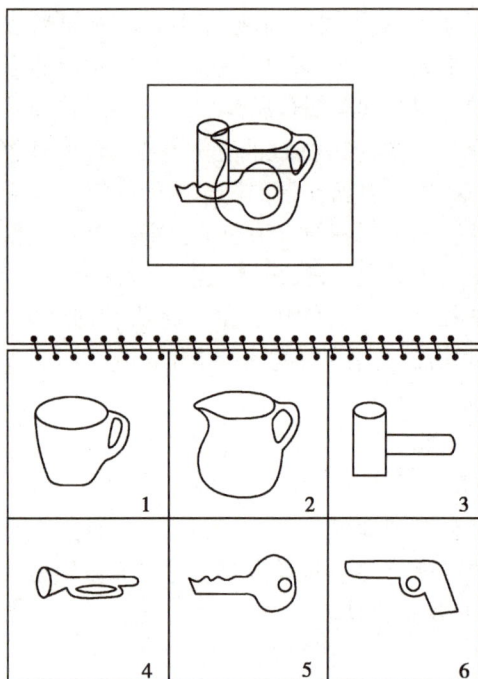

图 9-17 辨认重叠图形

患者的完成情况。

（2）功能性检查：可以让患者尝试整理杂乱的储物箱或者橱柜，观察其是否能完成物品的分类及整理。

3. 空间关系障碍的评定

（1）连接点阵图：一张纸的左半边有一个点阵图，各点之间用线连接后形成一个图案。纸的右边有一个同样的点阵图，要求患者将点连接成一个和左侧一模一样的图案。

（2）复制十字标记：在示范卡片的不同位置画上十字标，要求被检者按照示范卡的样子将十字标准确无误地画在另一个卡片上，如果被检者不理解指令，检查者给予示范。

（3）结构性运用检查：绘图如花儿、表盘等；观察画面的布局、表盘内代表时间的数字的排列情况。

（4）ADL检查：可以让患者尝试整理书柜或从衣柜里取放指定的衣物等。

4. 地形定向障碍的评定

（1）了解患者日常生活中有无迷路的情况。

（2）在地图上确定位置：把所在城市的交通地图放在患者面前，治疗师指出当前所在位置，要求患者找出从该点回家的路线，找不出者为异常。

（3）功能评定：要求患者描述一个熟悉的路线或画一个熟悉的路线图，如所住街区、居住的位置及主要十字路口。

5. 物体恒常性识别障碍的评定　将形状相似、大小不同的几种物品混放在一起，或将物品非常规摆放，要求患者辨认。

6. 深度与距离判断障碍的评定

（1）距离知觉：嘱患者将摆放在桌子上的一件物品拿起来；或将物品悬吊在患者面前让其抓取。

（2）深度知觉：嘱患者倒一杯水，观察水是否从杯中溢出；或是上下楼梯，观察是否有踏空等跌倒风险。

（三）失认症评定

1. 视觉失认评定

（1）物体失认的评定

1）物品命名或辨认：对日常用品的实物或照片命名，对物品的特征用途进行描述。检查者说出名称，由患者在实物或照片中指出，如果看后不能说，但触摸后可正确回答，提示物体失认。注意与失语鉴别（表9-7）。

2）提示性视觉分辨：将一些常用的东西，如梳子、眼镜、钥匙、铅笔、硬币、牙刷等物品摆放在被检查者面前，根据检查者的描述，由被检查者选出来，如"用来打开锁的东西""用来写字的东西"等。

3）复制图形并命名：复制并命名常见物品的线条图形，物体失认患者表现为可以复制图形，但不能命名。

表 9-7 物体失认与失语症鉴别

检查项目	视觉失认	Broca 失语	Wernick 失语
物体命名	不能命名或命名错误	正确命名	使用语义相关词或创造新词
物品选择	错误	很好	较好
选择名称	错误	很好	较好

（2）面孔失认的评定

1）面部识别和命名：出示患者本人、亲人、朋友或著名人物的照片，或让患者照镜子，要求患者说出人物的名字和面部特征；将相同的照片混杂在诸多照片中，要求其挑选出相同的。以上情况不能完成者判定存在面孔失认。

2）利用其他感觉特征识别：面孔失认患者可以利用声音、步态、服装等进行识别。

（3）同时失认的评定

1）数点测验：要求患者面对一张整版印有印刷符号如小圆点的作业纸数点，如果仅注意版面的某一部分，应考虑存在同时失认。

2）描述或复制图画：要求患者描述或复制一幅通俗的情景画，如果仅描述情景画的具体细节而不能作整体描述者，应考虑存在同时失认。

（4）颜色失认的评定

1）颜色命名与辨认：将不同颜色的物品或卡片放在患者面前，令患者说出物品或卡片的颜色；或检查者说出某种颜色，要求被检查者指出来。颜色失认患者均不能完成。

2）颜色分辨：将两种不同颜色的卡片放一起，要求患者回答是否相同，颜色失认患者可分辨不同颜色。

3）颜色分类匹配：检查者要求患者从色卡或物品中挑出指定颜色，或在许多色卡中匹配相同颜色。颜色失认患者不能按指令对颜色进行分类匹配，但可以对同种颜色进行配对。

4）颜色知识（非颜色视觉检查）及应用：检查者向患者提问，如香蕉是什么颜色的或西红柿是什么颜色的，然后，给患者出示常见的水果或植物的无色图案，让患者用彩笔涂上相应的颜色，如西红柿、香蕉、苹果、橘子等。颜色失认患者能非视觉性回答物品颜色，但无法给轮廓图填充涂色。临床上注意与色盲相鉴别（表 9-8）。

表 9-8 颜色失认应与色盲相鉴别

检查项目	颜色失认	色盲
颜色命名	×	×
选出指定的颜色	×	×
按指令对颜色分类匹配	×	×
给轮廓图涂上正确的颜色	×	×
对同种颜色进行配对	√	×
非视觉性回答物品颜色的能力	√	×

2. 触觉失认的评定 可用一盘 6~10 个常见物品，比如门钥匙、硬币、纽扣、笔、球、剪刀或铃，给病患者进行解释或示范，接着遮住患者双眼，放一个物品在其手中，让其用另一只手去触摸感觉，接着将该物品轻轻放回盘中，让患者看着盘中的物品找出刚才那一个。然后换其他物品进行测试。

3. 听觉失认的评定 检查者在被检查者背后发出不同声音，如关门、跺脚、鼓掌等，然后询问被检查者是什么声音。检查者朗读一段话,或播放提前准备好的录音,让被检查者复述或听写。

（四）失用症的评定

1. 运动性失用 采用精细运动进行测试。

（1）手指敲击试验:让患者一侧手指快速连续敲击桌面或足趾叩击地面等。

（2）手指模仿试验:让患者用手指模仿治疗师的手指动作。

（3）手的轮替试验:嘱患者以前臂快速地做旋前旋后动作。

（4）手指屈曲试验:嘱患者用示指做快速屈伸的动作。

（5）集团屈伸速度试验:嘱患者做手的快速集团屈曲和伸展动作。

2. 意念性失用症的评定

（1）系列动作测试:让患者进行沏茶、刷牙、寄信、点燃蜡烛等系列动作。有意念性失用者,动作顺序错乱,只能完成系列活动中简单、孤立的某些部分。

（2）工具使用测试:在餐桌上摆放筷子、铅笔、牙刷,让患者进餐,观察是否选择和使用正确的工具。有意念性失用者会出现选择和使用工具错误,表现为会选择铅笔或牙刷吃饭。

3. 意念运动性失用症的评定 运用 Goodglass 法评定,先让患者按指令完成动作,如不能完成,再模仿治疗师做动作,若仍不能完成,再提供实物。

（1）执行动作口令测试:要求患者根据口令在无实物的情况下用手势演示一个及物动作,或根据口令演示使用工具的动作,如"做一个刷牙的动作"。

（2）动作模仿测试:采用视觉呈现的方式进行,检查者示范手的操作、身体运动或各种姿势,要求患者模仿。

（3）实物操作测试:将实物交给患者,观察患者使用实物完成动作的情况。

以上三种失用症都可采用 Goodglass 的方法进行评定并鉴别:①运动性失用患者执行动作口令、动作模仿、实物操作均不能完成,表现为动作笨拙、缓慢、低下;②意念性失用患者执行动作口令时不能完成动作,实物操作可表现为动作顺序错乱或工具挑选和使用错误,但可以很好地模仿各种简单动作;③意念运动性失用患者执行动作口令、动作模仿不能完成,但在给予实物时,可下意识完成动作,动作的准确性明显提高。

4. 结构性失用症的评定 复制图画和几何图形、复制积木模型、进行功能活动(要求被检查者进行实物组装及部分日常生活活动,如组装家具、穿衣、做饭等,观察其功能活动是否受到影响)。

5. 穿衣失用症的评定 观察患者穿脱衣服时,在动作顺序和方式上是否出现错误。穿衣失用的患者穿衣时会顺序颠倒,内外反穿或穿错部位;在穿衣时会表现得不知所措或不能自己完成穿衣。

二、知觉训练

知觉障碍的作业治疗一般分为改善功能的作业活动和功能适应性训练。

（一）躯体构图障碍患者的作业治疗

1. 单侧忽略

（1）改善功能的作业活动

1）感觉刺激:在日常生活中尽量给予忽略侧各种感觉刺激。房间布置应使忽略的一侧朝向床头柜、电视和房门等;对忽略侧肢体皮肤进行冷、热、触觉刺激;向忽略侧翻身;用患肢或双手交叉进行跨越中线的作业活动等;坐位及站立平衡练习等。

2）视觉搜索训练:以促进向忽略侧的视觉搜索,提高对忽略侧的注意为目的,是临床常用的训练方法。如拼图、划消指定的字母或数字、跨越身体中线的游戏运动等。训练由易到难,即从线到面、从小范围到大范围,从空间连续性搜索到在各个方向的不连续的大幅度搜索,搜索目标的数量由少到多、搜索速度由慢到快,还要在不同环境中分阶段进行,并注意向日常生活中泛化。

3) 基本动作训练:尽早取床边或轮椅坐位,并注意保持正确坐姿,纠正躯干向患侧倾斜,必要时使用防滑坐垫。在坐位下向患侧旋转躯干可促进对患侧的注意。利用姿势镜进行坐位、站立、转移、驱动轮椅以及步行等练习,既能强化肌力,改善平衡,提高训练兴趣,还有利于基本动作的自立,对忽略产生积极影响。

4) 病灶同侧单眼遮蔽:研究显示,在保证患者安全的情况下,病灶同侧单眼遮蔽进行活动,可提高对患侧物体及空间的注意。

5) ADL训练:一般从进食开始,逐步增加更衣、转移、步行及轮椅驱动等练习。

（2）功能适应性训练

1) 功能代偿:提醒进食时勿忘吃患侧的食物,穿衣、修饰时使用姿势镜。把忽略侧的轮椅手闸的手柄加长并作上标记、忽略侧足踏板涂上颜色或做标记等。重度偏瘫忽略者在进行站立、步行练习时应使用腰带保护,以防跌倒。

2) 生活环境调整:书本、餐桌上或楼道的患侧用红线做上标志;进餐时与周围人使用颜色不同的餐具。如向患侧注意困难,应把所需物品(如食物、衣服、电话等)放在能注意到的空间范围内。

2. 手指失认

（1）改善功能的作业活动

1) 感觉整合疗法:主要是在患者手指上做各种感觉刺激,注意刺激不能引起明显的不适,同时呼出该手指的名称,反复在不同手指上进行。

2) 手指辨认训练:按指令辨认手指图案,患者本人或治疗师的手指。

3) ADL训练:进行与手指功能相关的活动,如使用勺子进食、系纽扣训练等。

（2）功能适应性训练:手指失认一般不影响手的实用性,严重者可影响手指的灵巧度,从而影响相关的活动能力,如系纽扣、系鞋带、打字等,此时可提供相应的代偿方法。

3. 躯体失认

（1）改善功能的作业活动

1) 感觉整合疗法:把感觉输入与特定的运动反应联系在一起,如令患者用自己的手或粗糙的毛巾摩擦身体的某一部位并说出该部位的名称;或模仿治疗师的动作,如用右手触摸左耳,将左手放在右膝上。

2) 强化辨识训练:强化对身体各部分及其相互间关系的认识。可按指令做动作,如"指出或触摸你的大腿",或呼出指定的身体部位名称,也可以练习人体拼图。

3) 神经生理学疗法:用手法和运动给予触觉及运动刺激,鼓励用双侧肢体或患肢进行活动,建立正常的姿势体位及运动模式,重建正常的身体模型。

（2）功能适应性训练:在日常生活中正确地进行提示,如患者知道器官的功能但不能辨认器官或器官部位间的关系时用言语暗示,如让患者举手时说"请举起你拿东西的手"。

4. 左右分辨障碍

（1）改善功能的作业活动:在患者注视下固定给一侧肢体以触觉和本体感觉刺激;反复使用包含左右的口令或进行与左右有关的活动。

（2）功能适应性训练:佩戴标志物如戒指、手镯、手表等;在衣袖和鞋上贴彩色胶带帮助区别左右;在日常生活中避免对患者使用带有"左"和"右"的口令。

（二）视空间关系障碍患者的作业治疗

1. 图形背景分辨障碍

（1）改善功能的作业活动

1）辨识训练：将三种不同的物品放在患者面前，要求患者通过视觉进行分辨（避免使用触觉），随着功能改善逐渐增加物品的数量及难度。

2）ADL训练：如在装有混杂物体的容器中寻找熟悉的物体；对难于发现轮椅的手闸者反复练习打开和锁上手闸。

（2）功能适应性训练：养成在找物品时放慢速度并系统搜索的习惯。环境应简明有序，限制视觉刺激的数量，使用标签标明物体位置。

2. 空间定位障碍

（1）改善功能的作业活动

1）空间定位作业：如摆放彩色积木、排列实物等。

2）触觉-运动觉输入作业：练习组装物体和拼装玩具，可使用磁性积木拼装，以提高估计短距离和物体与点的相对位置能力。

3）跟随治疗师的"左""右"口令反复练习跨越中线的作业活动。

4）ADL训练：练习整理橱柜内容物等，掌握基本的空间定位概念。

（2）功能适应性训练：环境调整是最有效的补偿空间定位障碍的方法。如家庭和工作环境应简洁，物体位置固定，使用标签帮助定位；家里或经常使用的环境使用个性化标记，并指导如何有效地寻求帮助。

3. 空间关系障碍

（1）改善功能的作业活动：自身空间定向训练、物体间定向训练。

（2）功能适应性训练：把常用物品摆放在相对固定的位置；放置重要物品的抽屉、柜橱等贴上标记以便于寻找。

4. 地形定向障碍

（1）改善功能的作业活动：反复练习从一个地点到另一个指定地点，如在口头提示下从治疗室走到病房等，从简短路线逐渐过渡到曲折复杂的路线。如果地形定向障碍与左侧忽略或空间关系障碍等有关，应重点治疗这些更为基础的障碍。

（2）功能适应性训练：增设路标，可用标记物标出路线，掌握后逐渐减少标记，最终不再依赖提示。嘱患者不要独自外出，或随身携带写有姓名、住址、联系电话的卡片。

5. 物体恒常性识别障碍

（1）改善功能的作业活动

1）辨识训练：训练前先触摸物品，增加触觉刺激。反复描述、区分和演示形状大小相似物品的外形特征和用途。将同一物品以不同角度、多种规格呈现；对外形相似的物体通过示范其用途强化识别。辨认悬挂摆动的几何图形，感觉物品在空间形状、位置的变化。

2）匹配训练：如将形状相似的积木进行匹配。

3）物品分类：如根据短裤、短袖上衣、长或短袖衬衣等标准将一堆衣服分类。

（2）功能适应性训练：将日常用品固定放置在易识别的常规位置或作标记、贴标签注明；识别困难时可采用视觉、触觉和自我提示相结合的方法。

6. 深度与距离判断障碍

（1）改善功能的作业活动：反复练习缓慢上下台阶，或在行走时设置不同高度的路障来体会高低的感觉；或练习把脚放在画在地板的点上。

（2）功能适应性训练：尽可能利用触觉，如在往杯子里倒水时可将手指尖放进杯子上段,上下楼时用脚探查楼梯来估计距离和高度。用彩条标出台阶;移走突出的可导致损伤的物体,限制从事具有危险性的活动(如驾驶、操作电器等)。

(三)失认症的作业治疗

1. 视觉失认

(1)改善功能的作业活动:进行各种识别训练,如让物体失认者反复识别常用品和必需品;也可在训练中给予非语言的感觉-运动指导,如通过梳头来辨识梳子;有面孔失认者反复用家人、亲属、名人等的照片借助语言提示进行辨识,找出照片与名字之间的联系;或从不同场景、不同角度、与不同人合影的照片中寻找熟悉的人,或将某人的照片按年龄顺序进行排列帮助比较辨认;用色卡对颜色失认者进行命名和辨别颜色的练习。

(2)功能适应性训练:鼓励患者多使用视觉外的正常感觉输入方式,如教会面孔失认者利用面容以外的特征如声音、发型、身高、步态、服装等进行辨认;调整生活环境,在物品上贴标签,或把不能识别的人物名字写在其不同拍摄角度和光线的面部照片上。

2. 触觉失认

(1)改善功能的作业活动

1)感觉刺激:用粗糙的物品沿患者的手指向指尖移动进行触觉刺激;用手掌握锥形体刺激压觉感受器,摩擦刺激和压力刺激交替进行。

2)辨识训练:闭目用手感觉和分辨不同质地的材料,如砂纸、丝绸、毛巾等,强调把注意力集中在体会物品特征上。

(2)功能适应性训练:利用视觉或健手的感觉帮助患肢进行感知,重视对物体的形状、材料、温度等特质的体验。让患者了解触觉失认在日常生活中的潜在危险性(如在厨房等场所),避免损伤。

3. 听觉失认 作业治疗主要是指导患者利用其他感官进行代偿,如把门铃附加闪灯等。

(四)失用症的作业治疗

1. 运动性失用

(1)改善功能的作业活动:进行作业活动前先给肢体以本体感觉、触觉、运动觉刺激。在训练中给予暗示、提醒或亲手教,症状改善后逐渐减少提示并加入复杂的动作。

(2)功能适应性训练:尽量减少口头指令。

2. 意念运动性失用

(1)改善功能的作业活动

1)在治疗前及治疗中给患肢以触觉、本体感觉和运动觉刺激,加强正常运动模式和运动计划的输出。

2)对于动作笨拙和动作异常尽量不用语言来纠正,而应握住患者的手帮助完成,并随动作的改善逐渐减少辅助量。

3)训练前先进行想象或观摩治疗人员演示一套完整的动作,然后再进行尝试。

(2)功能适应性训练

1)意念运动性失用患者往往能较好地完成粗大的全身性活动,训练时不宜将活动分解,而应尽量使活动在无意识的水平上整体地出现。

2)ADL训练尽可能在相应的时间、地点和场景进行,如早晨在病房进行穿衣、洗漱训练等。

3. 意念性失用

(1)改善功能的作业活动:故事图片排序练习,摆放5张或6张卡片,要求患者按正确顺序排列起来组成一段情节或短故事,并逐渐增加故事情节的复杂性;也可把一项活动分解为若干步骤进行练习,逐步串联起来完成一整套系列动作。可以先让患者大声说出活动步骤,逐渐变为低声重复,直至默念。若不能通过描述活动顺序来促进运动改善时,应回避口头提示而采用视觉或触觉提示。

(2)功能适应性训练:应选用动作简化或步骤少的代偿方法,如使用松紧腰带裤、松紧口鞋、弹力鞋带等。慎重选择需较高水平运动计划能力的自助具,如系扣器、单手开启器等。

4. 结构性失用

(1)改善功能的作业活动

1)复制作业:复制几何图形、用积木复制结构、几何拼图或图画拼图等练习。

2)ADL 训练:如摆餐具、组装家具等。

(2)功能适应性训练:对活动进行分析,在完成困难的环节提供帮助,如在完成组装任务时可按一定顺序摆放配件或标记配件,也可提供模板(说明书或安装顺序)有助于提高效率;完成活动时也可先完成部分,再完成全部;也可让患者完成已经部分完成的任务,然后让患者继续完成。

5. 穿衣失用

(1)改善功能的作业活动:在穿衣前让患者用手感觉衣服的质地、重量等。穿衣过程中给予语言和视觉提示,如某个步骤出现停顿或困难可给予提示,也可以教给患者一套固定的穿衣方法,反复练习掌握要领。

(2)功能适应性训练:教会患者根据商标或标记区分衣服的不同部位,如用不同的颜色区别衣服的上下左右;每次系扣时从最下面开始或将每对扣子和扣眼做不同的标记。

第四节 认知康复新技术

随着高新科技的不断发展,认知康复也不再局限于传统的治疗模式,一些新的治疗技术不断应用于康复治疗中,并取得了较好效果。如计算机远程认知康复以及虚拟现实技术在认知康复中的应用等。

一、远程认知康复

(一)概念

远程康复指应用电脑交流和信息技术改善功能障碍者享受康复服务的权利,支持其独立的生活。这种电子康复服务交流包括远程监测、教育、环境控制、社区接入,评估与再训练。通过电子信息和交流技术,在一定距离传送医疗康复服务。

(二)远程康复的方式

远程康复不需要治疗师与患者身体间的接触,最适用于认知障碍者。按参与者及认知康复实施场所的不同,远程康复大致分为如下几类:

1. 家庭远程康复模式 即康复服务的接受者位于家中,利用家中设备,特别是电视机或电脑、摄像机和照明灯,不需要专业技术人员进行身体接触的帮助,而是模拟常规的面对面治疗形式。

2. 远程指导的家庭康复模式 即在社区工作医务人员把康复医疗提供到患者家里时,同时接受远方的专业人士的指导。例如当地社区的治疗师或护士到患者家中进行康复治疗和护理时,可与远方上级医院的专业人士通过远程会诊方式进行咨询,然后把专家意见吸收到家庭康复过程中,帮助他们解决难题。

3. 社区远程康复模式 即患者的康复治疗发生在社区诊所或社区医院,执业医务人员通过电子媒体远距离介入。

4. 远程指导的社区康复模式 增加康复服务传送的另一种变化形式。在社区诊所或社区医院的治疗室,远方的专业人员与当地康复医生、护士或治疗师通过电子多媒体进行交流并提供指导。

(三)远程康复的应用

1. 电脑评估与训练软件 主要集中于注意力、记忆力、视空间能力、功能性语言交流执行功能和解决问题能力改善方面的计算机评估与训练,改善认知障碍所致的日常生活问题,提高认知功能,满足患者日常生活活动需要。例如神经行为认知状况测试、Rivermead 行为记忆测验等均可通过网上对患者进行评估。还有 OT 训练软件、认知康复软件等,这些评估与训练可分别通过上述几种远程康复方式完成。

2. 远程教育康复 结合当地社会生活发展的实际状况,将一些功能性活动编成软件制成网页在互联网上发布,供患者及其家属模仿练习。

3. 其他方面的应用

(1)躯体运动能力监控:远程康复也适用于躯体运动能力的监控。例如,远程康复治疗可让脑卒中患者在家中接受治疗,在家中改善感觉、运动等功能。治疗师在互联网上密切监察患者表现,为他们提供即时指令,进行指导性训练。

(2)远程防跌倒训练:为了改善老年人的平衡能力,提高他们对预防跌倒的警觉性,可以通过互联网进行训练及监测。

二、虚拟现实技术

(一)概念

虚拟现实(VR)技术是利用计算机生成一种模拟真实事物的虚拟环境进行观看或互动,并通过多种传感设备使使用者"投入"到该环境中,实现使用者与该虚拟环境直接进行自然交互的技术。

(二)分类

虚拟现实技术根据沉浸程度不同,主要分为非沉浸式和沉浸式两大类。

1. 非沉浸式虚拟现实 只提供平面的虚拟世界,如汽车模拟驾驶游戏。影像不再局限于二维屏幕,提供类似 3D 图像。

2. 沉浸式虚拟现实 提供参与者完全沉浸的体验,使参与者有一种置身于虚拟世界之中的感觉。

(三)VR 系统的组成及特征

VR 系统由虚拟环境生成、感知、跟踪和交互设备几部分组成。通过这些设备实现其多感知性、沉浸、交互和想象的特征。

1. 多感知 指除了一般计算机技术所具有的视觉感知之外,还有听觉、力觉、触觉、运动感知,甚至包括味觉和嗅觉感知等。理想的虚拟现实技术应该同时提供多维度的感知功能。

2. 沉浸 指用户在虚拟场景中有身临其境之感,是用户感到作为主角存在于模拟环境中的真实程度。理想的模拟环境应该使用户难以分辨真假,全身心地融入计算机创建的三维虚拟环境中,如同在现实世界中的感觉一样。

3. 交互 指用户与虚拟场景中各种对象相互作用,是用户对模拟环境内物体的可操作程度和从环境得到反馈的自然程度(包括实时性)。例如,用户可以用手去直接抓取模拟境中虚拟的物体,这时手有握着东西的感觉,并可感觉物体重量,视野中被抓的物体也能立刻随着手的移动而移动。

4. 想象　可使用户沉浸于此环境中获取新的知识,提高其感性和理性认识,从而产生新的想象。虚拟现实技术应具有广阔的可想象空间,可拓宽人类认知范围,不仅可再现真实存在的环境,也可以构想客观不存在的甚至是不可能发生的环境。

(四)VR 系统在认知康复中的应用

虚拟现实技术如今已普遍应用到认知康复中,并且训练效果优于一般计算机认知康复软件。其优势在于虚拟现实技术既可以评估,也可以用于训练。用于评估实际操作能力时,明显优于目前流行的很多量表、工具及检查方法;用于训练时,由于场景丰富形象,趣味性强,因而易刺激患者注意,调动其积极性和主动参与性。训练内容涉及注意、记忆、学习、操作等认知成分,既可针对认知成分进行训练,又有相对特异性,还可以着重实际操作能力,使其实际操作能力和认知能力均得到提高。由于虚拟环境没有现实世界中的限制,可随意改变环境以适应使用者的不同需求,帮助在医院环境下训练日常生活解决问题的技能等,故非常适合在认知康复中使用。

●(王胜灵)

复习思考题

1. 在进行认知功能筛查前,我们需要了解患者的哪些情况?
2. 脑损伤后常出现哪些认知障碍?
3. 请举例说明,如何对存在单侧忽略的患者开展日常生活活动能力的评估与训练?

第十章

手功能康复

📐 **学习目标**

1. 描述手功能评估及治疗过程中的原则与注意事项。
2. 描述常见手损伤的临床特征。
3. 综合应用观察和检查方法开展手功能评定。
4. 结合临床特征设计手部功能训练方法。

第一节 概　述

手在我们生活和工作中占有十分重要的地位,手是人类最重要的劳动器官,日常生活活动中几乎每一项活动都需要手的参与或辅助。手部的骨骼、关节、韧带、肌腱、肌肉和神经在经历了病损或创伤之后,尽管手术修复能够帮助损伤组织恢复功能和缓解疼痛,但要真正恢复手的正常功能,还需要进行长期的康复训练。康复治疗在手功能康复中发挥着十分重要的作用,对日常生活和工作均有深远影响。欧美国家从 20 世纪 60 年代后期开始已有专门从事手治疗的物理治疗师和作业治疗师,开展了手康复专科服务。我国的手外科、显微外科技术已经处于世界领先地位,而康复治疗介入是手术效果和功能恢复的重要保障,从组织愈合到功能恢复,从日常活动到职业训练,都需要康复治疗。

作业治疗是手功能障碍康复治疗中最为重要的内容之一。作业治疗通过矫形器的应用促进外伤恢复及功能恢复,预防挛缩及畸形;通过压力治疗控制外伤或手术后瘢痕的增生,以预防和治疗瘢痕所导致的关节挛缩与变形;通过功能训练恢复手的肌力、关节活动范围、灵活性、协调性、感觉等基本功能;通过 ADL 训练和职业训练提高手外伤患者的生活和工作能力。

一、手部功能性活动与常见功能障碍

(一)手部功能性活动

手不仅能完成许多粗大动作,而且还能从事与日常生活密切联系的各种精细活动。手部常见的体位包括休息位、功能位和保护位,三者有不同的临床意义,同时手的基本功能形式包括:悬垂、托举、触摸、推压等支持和固定作用形式;击打等重复性操作;球形抓握、柱状抓握、勾拉等力量性抓握;指腹捏、指尖捏、三指捏、侧捏等精细抓握;写字、单手开瓶盖等尺侧三个手指固定,拇指和示指进行操作的复合式抓握。

1. 手的休息位　手处于自然静止状态下的一种半握拳姿势。即腕关节背伸 10°~15°,伴有轻度尺侧偏斜;拇指轻度外展,指尖接近或触及示指远侧指间关节的桡侧;其他各指的

掌指关节和指间关节呈半屈位,犹如手握笔姿势,越向尺侧屈曲越多,各指腹到手掌的距离越来越小,各指轴线延长线交汇于腕舟骨结节。手的休息位是作用于手部各组肌的张力呈现相对平衡的状态,因此是最稳定的姿势,长时间维持这种姿势不至于发生疲劳。

2. 手的功能位　手处于最大限度发挥其功能的姿势,即前臂呈半旋前位,腕背伸20°~25°,尺侧偏斜约10°;拇指处于对掌位,掌指关节和指间关节微屈;其余四指略微分开,各关节屈曲度不尽相同,犹如手中握球姿势。手的功能位是手在进行各种活动之前的准备姿势,有利于手迅速地发挥其多种功能,如握拳、捏持、张开等。

3. 手的保护位　当需要长期持续的制动,关节活动度有受限风险时,为了保护或维持手部功能而设计的体位。如虎口挛缩畸形在手术松解后,需要将拇指放在内收、对掌位,其余四指伸直进行固定,使日后拇指及其余四指有较大的伸展范围以防其侧副韧带挛缩。而为了手的拇指功能可以最大限度恢复,将手固定在对掌位,即拇指处以最大限度的外展、后伸位置,如手握木板的姿势。

(二)手部常见功能障碍及临床表现

1. 水肿　水肿是手部损伤最常见的临床表现之一。无论是创伤或炎症均会导致血管通透性增强,引起组织水肿。皮下组织、筋膜间隙、肌肉间筋膜和腱鞘、关节囊等为常见的水肿部位,上述组织被浸于渗出液内,如渗出液不被及时清除,将会造成肌肉和结缔组织的粘连、僵硬。此外,持续肿胀会诱发纤维蛋白沉积,导致韧带、关节囊等纤维组织的挛缩,加重关节活动障碍。

2. 疼痛与营养障碍　疼痛也是手外伤最为常见的表现,手部表面的神经末梢非常丰富,所以痛觉较显著。此外,滑膜、腱鞘和骨膜也都有神经末梢,外伤后会产生剧烈疼痛。外伤后还可发生神经的营养功能下降,出现手部血管运动紊乱、骨质疏松、肌萎缩、关节僵硬等症状,严重者导致反射性交感神经营养不良综合征。

3. 关节僵硬　僵硬是手外伤比较常见的表现,持续肿胀后所导致的纤维蛋白沉积是关节挛缩、僵硬的主要原因;此外,外伤后手部的长期制动也可导致关节活动范围的进一步降低。临床常见的问题是掌指关节过伸和近端指间关节屈曲挛缩畸形。

4. 运动功能障碍　包括肌力、耐力下降,关节活动度受限,灵活性、协调性降低等。组织损伤、制动、疼痛、瘢痕增生、水肿、关节僵硬等是造成运动功能障碍的主要原因。

5. 感觉障碍　手部感觉丰富,外伤后容易造成感觉障碍,表现为感觉减退、异常、感觉过敏等。手部感觉障碍是影响手实用功能的重要原因之一,需在康复治疗过程中加以重视。

6. 生活、工作能力障碍　手是人类赖以生存的最主要器官,绝大部分日常生活活动和工作活动均依赖手的参与,因此手外伤后常表现为生活自理能力和工作能力受限。

7. 其他　如部分患者会存在心理障碍和社会功能障碍,表现为自卑、抑郁、焦虑、不合群、回避社会交往等。

二、手功能康复原则

1. 促进组织愈合

(1)控制肿胀,保持受伤手的正确位置:早期治疗的重点为保持手的合理位置,促进肿胀消退,预防关节挛缩。同时,冰疗、手法按摩、压力治疗、绷带包扎法及活动治疗均可促进血液循环,加速组织液回流。因低温板材矫形器具有轻便、透气、美观、制作调整方便等特点,推荐早期使用。

(2)尽早活动,改善患处关节活动:临床试验证明,早期活动不但能改善新生细胞组织(包括骨骼和肌腱)的坚韧度,还能加速肿胀消退,降低肌腱粘连程度,预防关节僵硬。通过循序渐进的活动治疗,配合矫形器及压力衣的应用,可大大降低发生手术后并发症的概率。

（3）减轻软组织粘连:瘢痕是组织愈合的生理现象,早在伤口或软组织修补后就缓缓开始。要预防瘢痕粘连所致的种种问题,包括烧伤后所产生的增生性瘢痕对皮肤的拉紧现象及关节挛缩;或肌腱修补后粘连所引起的滑动限制。所以早期运动和手部矫形器配合是不可或缺的。

（4）预防及纠正关节僵硬与变形:手部矫形器可将手放在功能位,以避免患处因长时间固定而导致的关节挛缩。又可将已僵硬或变形的关节,利用杠杆原理,渐进式地纠正及恢复功能幅度。

2. 促进功能恢复　第一步是关节活动度的恢复,第二步是力的恢复,第三步是感觉的恢复。功能恢复的步骤要配合渐进式的活动治疗,由非阻抗性主动式活动做关节幅度训练开始,循序渐进地升级至阻抗性手握力/捏力训练,由轻至重,由浅入深。

3. 积极进行职业治疗　根据患者的功能情况,及早进行职业评定、职业行为训练、职业模拟训练、职业训练以及就职前训练,进行职业咨询与指导,指导患者重返工作岗位或改变工种重新就业。

4. 重视社会康复　康复的最终目的是使患者重返社会,因此,社会康复对患者十分重要。在康复过程中要以康复对象为中心,治疗师应了解及协助解决患者重返社会所面临的实际困难,根据人体工效学改善及重组其工作程序,设计及制作必要的辅助用具,借以加强患者的工作效率并减少受伤机会以保留其工作。

第二节　手功能检查与评定

一、临床检查与评定

1. 主观资料收集　通过问诊了解患者的利手、年龄、职业和个人兴趣。询问病史,对于创伤患者,需要了解受伤时间和经过、手术时间和方式,以及之前所有的干预措施。对于非创伤性的问题,应了解发病日期、症状是否加重、症状的发作顺序、功能影响,以及症状加重或减轻的因素等。必要时可和医生讨论患者的具体病况。

2. 观察与触诊　要注意观察手及整个上肢,根据肢体外观的异常与否,进行有目的、有重点地检查,检查要细致、全面、有针对性。重点检查内容包括:①手部皮肤外观的检查,注意手部皮肤的色泽、营养状况等。发绀、红斑、苍白、坏疽或浅灰色均表示血管受损。②手的姿势及受累上肢和全身整体的体位有否改变等。③手部组织结构有无缺失、肿胀与萎缩。④观察手部是否有垂腕、爪形手、槌状指等畸形。⑤伤口和瘢痕的位置和形态。伤口渗出物可能是血性、浆液状(透明或黄色)、化脓性或深红色的。⑥触诊局部温度和湿度、肌肉弹性、瘢痕硬度等,观察是否有压痛,测试手指的毛细血管再灌注状况等(在累及手指的指甲或远端施加压力,在压力释放后2秒内,看颜色是否恢复)。

3. 手部特殊检查

（1）舟骨漂浮试验(Watson test):在被动尺偏和轻度伸腕时从前向后滑动舟骨,同时腕关节做桡偏和屈曲动作,如果引起舟骨后向半脱位或疼痛,提示舟骨不稳。

（2）墨菲征(Murphy sign):患者握拳,观察第3掌骨头是否与第2和第4掌骨头等高,若是则提示月骨脱位。

（3）拇指研磨试验:固定腕部,抓住拇指,对掌指关节施加轴向压力并旋转,如出现疼痛提示拇指掌指关节或腕掌关节退行性改变。

（4）蒂内尔征（Tinel sign）：又称神经干叩击征，用于检查周围神经恢复程度。检查时，从远端逐渐向近端沿神经走行叩击，直到出现神经支配区放射状针刺感，最远点为神经轴突生长区或神经受卡压处。随着时间的推移，Tinel 征向指尖移动并消失。临床上，Tinel 征用于判断感觉神经损伤后是否再生、再生程度等。如果进展 Tinel 征更显著，表明轴突再生良好；反之，如果静态 Tinel 征更明显，表明轴突在修复部位的瘢痕组织中受到卡压，预后不良。神经修复后约 1 个月出现此征，表明再生轴突穿越断面。

（5）拇示指捏夹试验（Froment test）：拇指、示指用力相捏时，不能做成圆圈，而是方形，即拇指的指间关节屈曲、掌指关节过伸，示指远端指间关节过伸畸形，提示骨间前神经或尺神经卡压。

（6）瓦滕贝格征（Wartenberg sign）：小指不能内收为阳性，提示尺神经损伤。由于小指收肌麻痹及小指伸肌无对抗的外展活动，所以小指在掌指关节处稍呈外展位。

（7）腕掌屈试验（Phalen test）：腕部掌屈，如在 1 分钟内正中神经支配区麻木疼痛为阳性，提示腕部正中神经卡压及腕管综合征。腕背屈试验（reverse Phalen test）：腕部背伸，检查者压住腕管 1 分钟，如引起正中神经支配区感觉异常为阳性。

（8）前臂抗阻力旋后试验：患者坐位，屈肘，前臂旋前，检查者用手固定被检上肢，让患者用力旋后，如出现肘外侧酸痛为阳性，提示骨间背侧神经卡压征或桡管综合征。

（9）血管通畅试验（vascular patency test）：又称艾伦试验（Allen test）。用于检查手部的血液供应，测试桡动脉和尺动脉对掌部的供血是否顺畅。检查者用双手拇指同时按压患者前臂远端尺、桡动脉，嘱患者反复握拳和张开手指 5~7 次至手掌变白。此时放开对尺动脉的压迫，继续保持桡动脉压迫，若手掌颜色在 10 秒内迅速变红或恢复正常，表明尺动脉和桡动脉间存在良好的侧支循环，血管通畅试验阴性。若 10 秒后手掌颜色仍为苍白，血管通畅试验阳性，表明该侧手掌侧支循环不良。

二、水肿的评定

水肿是手部伤/病后最为常见的症状，由于神经、骨骼肌肉、淋巴系统等损伤造成肢体水肿，会直接影响肢体关节活动度和感觉，进而影响功能参与。对肿胀情况进行评定有助于制订治疗计划和观察治疗效果。临床上常用体积法或手指围度等方法来评定手部水肿情况。

1. 体积测定 可应用 Brand 和 Wood 设计的体积测量器（图 10-1）来测定，方法为将手放入装满水的筒内横档处以保证每次放入同一位置，用量筒收集排出来的水并测量，其体积即为手的体积，与健侧对比或治疗前后对比来反映手部体积的变化情况。

在有开放性创口或皮肤病、术后早期有经皮钢钉和其他外固定装置、正在愈合的植皮部位，以及怀疑有感染的情况下，禁止使用此排水法进行水肿测量。如果在评估过程中，肢体所处的被动体位显著增加了疼痛和水肿，或者痉挛及瘫痪影响测量，此法也是不适合的。

2. 手指围度测量 手指围度也能反映手部肿胀情况，测量时应取周径变化最

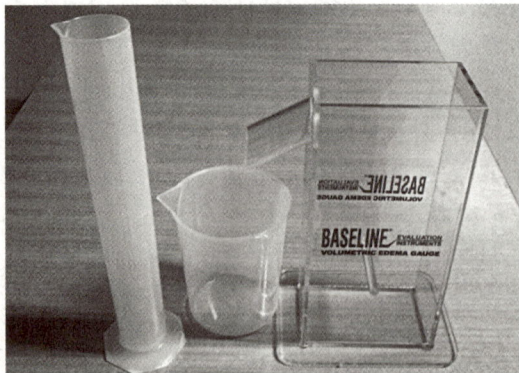

图 10-1 手部体积的测量

明显的部位,双手放在同一平面上,先找到明显的体表解剖标志,如腕横纹、掌横纹、"虎口"和指尖等,再以此为起点测量到手指围度变化最明显部位的距离,然后测量在同一水平两侧手的手指围度,对比后可了解围度变化情况,从而反映手部肿胀或萎缩情况。测量周长时,每次测量都必须选择在完全相同的位置上进行。利用解剖标志可以帮助确定测量位置,如选择第3指的近端指间关节,或是尺骨茎突近端5cm处。

3. 量尺缠绕法　"8"字形量尺缠绕法也是测量全手水肿的方法,即采用皮尺通过缠绕的方法测量周径,并与健侧肢体进行对比。手的缠绕方式为:测量时手腕处于中立位,手指内收。量尺起于尺骨茎突远端手腕的内侧,量尺在腕关节的掌面侧到达桡骨茎突,斜向上到达第五掌指关节的背侧,绕过掌骨头到达第二掌指关节,穿过手背回到起点(图10-2)。记录的测量值为卷尺测量的长度,以厘米为单位。一般对两只手均进行测量,并进行数据比较,判断是否水肿。皮尺测量法较为快速、方便。"8"字形测量法在禁忌使用体积测量方法时尤其适用。

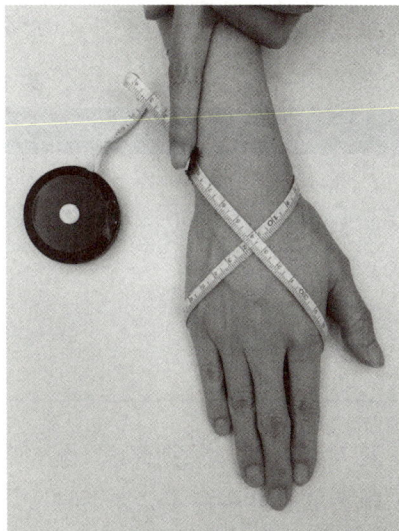

图 10-2　"8"字形量尺缠绕法

三、手感觉功能评定

1. 痛觉评估　可采用视觉模拟评分法,又称目测类比法,即利用一条10cm长而无刻度的线,告诉患者线的一端代表没有疼痛,另一端则代表极度疼痛,患者将其当时之疼痛程度与两端比较,然后点在线上。此评估虽然主观,但作为患者自己进行比较,仍有参考价值。

2. 温度觉评定　可以使用装有不同温度水的试管测试,理想的检测温度凉水是5~10℃,温水是40~45℃,试管底部与手部皮肤垂直接触,试管直径要小,接触时间2~3秒,判断患者能否分辨冷热刺激。

3. 轻触-深压觉检查　是一种精细的触觉检查,可测量皮肤对静止压力的反应和敏感程度,可客观地将触觉障碍分为5级,以评定触觉的障碍程度和在康复过程中的变化。常采用塞姆斯塞温斯坦单丝测验(Semmes-Weinstein monofilament test)进行评定,简称单丝检查(图10-3)。

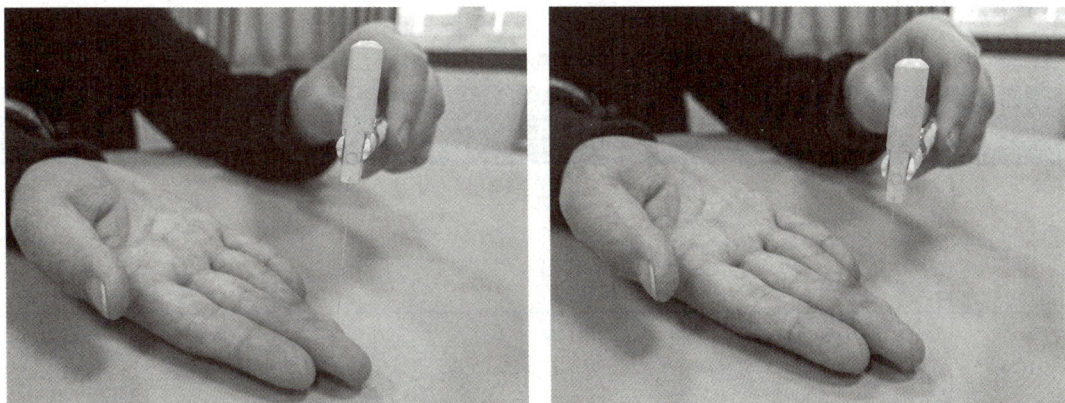

图 10-3　手部轻触-深压觉测试

测定器由 20 根不同编号的尼龙单丝组成,检查时一般采用 5 种型号的尼龙单丝。不同型号规格代表接触测试部位单丝加力弯曲至 90°时产生的不同大小的压力。单丝一端游离,另一端装在手持塑料圆棒的一端上,单丝与棒呈直角。测量时为避免受测手移动的影响,可让患者将手背预先置于桌上。用隔帘或其他物品遮住患者双眼,检查者从最小号的单丝开始试验,使单丝垂直作用于患者手指掌面皮肤上,不能打滑。预先告知患者,当其有触觉时应告知检查者。每号单丝进行 3 次,施加在皮肤上 1~1.5 秒、提起 1~1.5 秒为一次。当单丝已弯曲至 C 形而患者仍无感觉时,换较大一号的单丝再试,直到连续两次单丝刚弯曲患者即有感觉为止,记下该单丝号码。评分标准分级见表 10-1。

表 10-1 单丝检查评分标准

分级	型号	分级
正常轻触觉	1.65~2.83	5
轻触觉减退	3.22~3.61	4
保护性感觉减退	4.31~4.65	3
保护性感觉丧失	4.56~6.65	2
感觉完全丧失	>6.65	1

4. Moberg 触觉识别评定　触觉识别是指腹的精细感觉,它可使人类单凭触及物体而无须用眼看就能分辨物体。评定时常用 Moberg 拾物试验:在桌上放一个约 12cm×15cm 的纸盒,旁边放上螺母、回形针、硬币、别针、尖头螺丝、钥匙、铁垫圈、约 5cm×2.5cm 的双层绒布块、直径 2.5cm 左右的绒布制棋子或绒布包裹的圆钮等 9 种物体,让患者尽快地、每次一件地将桌面上的物体拾到纸盒内。先用患手进行,在睁眼的情况下拾一次,再在闭眼的情况下拾一次;然后用健手按以上程序进行。计算每次完成所需的时间,并观察和记录患者拾物时用哪几个手指、用何种捏法。据测定,在将物品散布在纸盒旁 20cm×15cm 的范围内时,在睁眼情况下,利手需 7~10 秒、非利手需 8~11 秒;在闭眼的情况下,利手需 13~17 秒、非利手需 14~18 秒。在 Moberg 试验中,将患手的结果和健手的比较即可看出差别。当双手均有疾患时,可参考正常人的数值。

5. 两点分辨觉评定　两点分辨觉(two point discrimination)可测试皮肤分辨接触点之间距离的敏感程度,该测试是对周围神经损伤修复后,感觉功能恢复的一种定量检查,客观有效,能较好地反映手的功能情况,并具有一定的预后预测价值。正常手部两点分辨觉(静态)参考值见表 10-2。

表 10-2 正常手部两点分辨觉参考值

部位	两点分辨觉参考值（mm）	部位	两点分辨觉参考值（mm）
指尖	2~3	手掌	6~10
手指中节	4~5	手背	7~12
掌指关节	5~6		

神经损伤修复后,在感觉恢复初期,两点分辨觉距离可较大,随着再生神经纤维数目的增加及质量的提高,两点分辨觉距离逐渐缩小,越接近正常值,说明该神经的感觉纤维恢复越佳。

6. 手感觉恢复程度的评定（表 10-3）

表 10-3　手感觉恢复程度分级标准

级别	标准
S_0	在支配区内仍无感觉恢复
S_1	在支配区内深的皮肤痛觉恢复
S_2	在支配区内浅的皮肤痛觉和触觉有一定程度的恢复
S_3	在支配区内浅的皮肤痛觉和触觉完全恢复，过敏现象消失
S_3^+	情况同 S_3，但两点分辨觉也有某种程度的恢复
S_4	完全恢复

皮肤感觉在神经完全断裂时全部丧失，在不完全神经损伤时各种感觉丧失程度不一。同样，在神经再生的过程中，各种感觉的恢复程度也不一致。各种感觉检查中，对感觉功能评定有临床意义的主要是痛觉、触觉、两点分辨觉，尤其是两点分辨觉，因为它能说明已有许多神经纤维到达末梢，是神经修复和手术成功的一个标志。

四、手运动功能评定

1. 关节活动度评定

（1）主动活动度/被动活动度：常用通用量角器进行测量，用于评定手部关节的活动情况，包括主动和被动关节活动度的测量并进行左右对比。

（2）总主动活动度：对于多个关节的问题，为了测量方便，可采用总主动活动度（total active motion，TAM）进行测定。

TAM=（掌指关节屈曲度数+近端指间关节屈曲度数+远端指间关节屈曲度数）-（掌指关节伸直受限度数+近端指间关节伸直受限度数+远端指间关节伸直受限度数）

正常 TAM 为 270°。功能分级标准见表 10-4。

表 10-4　TAM 评定标准

分级	评分	标准
优	4	活动范围正常。TAM>健侧的 90%
良	3	TAM>健侧的 75%
可	2	TAM>健侧的 50%
差	1	TAM<健侧的 50%

TAM 用于评定单个手指总体活动范围，应与对侧手的相同手指进行比较。测量指关节角度时，腕关节应在功能位，否则腕关节屈曲可以加大指伸肌腱的张力，屈指受限。腕关节过伸则使屈肌腱张力增加，指伸受影响。骨折或关节损伤急性期应避免被动关节活动度测量，肌腱愈合早期也应避免进行使肌腱张力增大的主动和被动关节活动度测量。

2. 肌力评定　评定手部运动功能，手握力及指捏力是重要的指标。

（1）握力测定：通过握力计完成，正常值一般用握力指数来表示：

$$握力指数=健手握力（kg）/体重（kg）×100$$

正常握力指数应大于 50。

手部握力测试视频

FR-10-3

手部捏力测试视频

　　(2) 捏力测定:通过捏力计进行,包括侧捏、三指捏和对捏等。捏力与握力有一定关系,捏力约相当于握力的 30%。三指捏的捏力约为握力的 1/6~1/5。

　　所有测量工具在使用前必须校准且归零。在评估和再评估个体时为保证信度,建议使用相同的握力计或捏力计,在一天中相同的时间点进行。受试者应坐于无扶手的椅子上,肩关节内收并且保持中立位,肘关节屈曲 90°,前臂中立位,腕关节背伸 0°~30°,尺偏不超过 15°。在使用握力计时,沿手柄有 5 个凹槽可用于选择测量握力时手的位置。尽管手的大小和指甲长度可能会影响允许最大握力抓握位置的选择,但推荐使用第二个抓握位置作为标准测试位置。研究提示 6kg 以上的数值改变具有临床意义(图 10-4)。

　　此外,需要注意的是,握力和捏力的改善与功能改善之间不存在线性关系。为了促进手损伤患者的作业功能,所设定的治疗目标和实施的治疗干预应为具有个人独特意义的 ADL 活动,这比单纯考虑改善握力或捏力效果更显著。

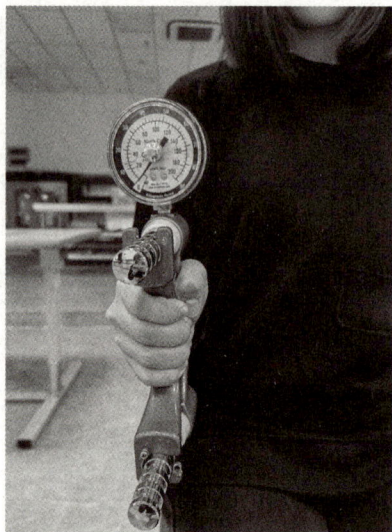

图 10-4　手部握力测试

　　3. 手灵活性评定

　　(1) 九孔插板试验:九孔插板为一块 13cm×13cm 的木板,上有九个孔,孔深 1.3cm,孔与孔之间间隔 3.2cm,每孔直径 0.71cm,插棒为长 3.2cm、直径为 0.64cm 的圆柱形棒,共 9 根。在板旁测试手的一侧放一浅皿,将 9 根插棒放入其中,让患者用测试手一次一根地将木棒插入洞中,插完 9 根后再每次一根地拔出放回浅皿内,计算所需的总时间,测定时先利手,后非利手。

　　(2) Purdue 钉板测试:该测试起初是用于评估求职者的工业组装工作能力,现今已用于各类疾病或外伤所致手功能障碍者的手部精细动作评定。Purdue 钉板测试是标准化的评估工具,用于单手灵活性与双手协调性的评定。测试共包含 5 个独立子测试,测试用品包括一块木板,上有两列小孔,每列 25 孔;木板下方有四个小槽,共放有 50 个钢针,40 个垫圈,20 个颈圈(图 10-5)。测试内容包括:①利手(插钢针);②非利手(插钢针);③双手(同时插钢针);④组装任务;⑤前三个测试得分的总和。在测试过程中,要求被测者使用双手将不同的零件组合成一个个完整的组件,并按照顺序和位置要求插入板上的孔中。以在规定时间内完成的完整组件个数来计算结果。

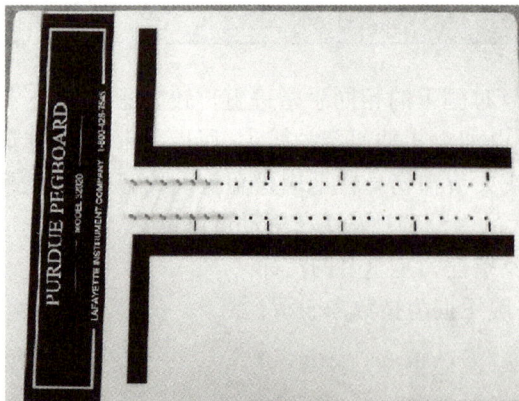

A

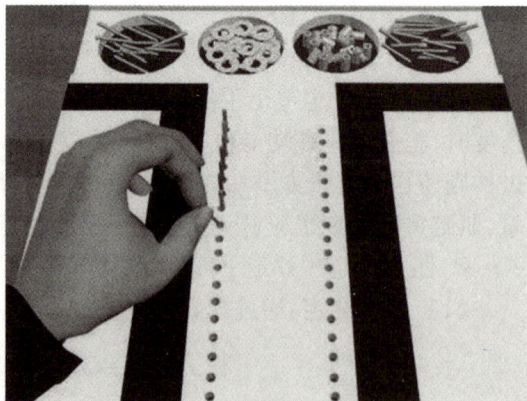

B

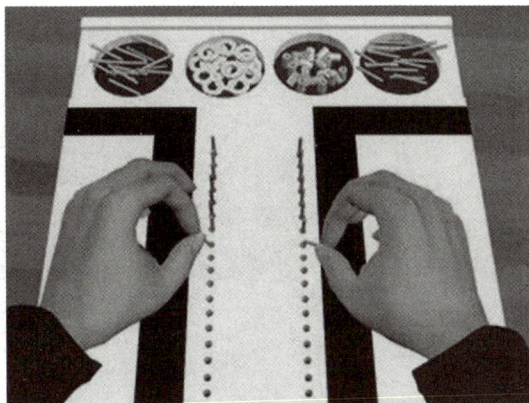

图 10-5　Purdue 钉板测试

4. 手稳定性测定　可采用手臂稳定度测定仪进行。测定时让患者持一根有尖细尖端的测试笔依次分别插入 10 个直径由大到小的洞中,笔尖顺利插入洞中而不触及洞的周边为成功,否则为失败。失败时仪器能发出信号告知测试人员和患者。稳定性(stability,S)以下式表达:S=(10-F)/10,S≤1.0(S 为稳定度;10 为洞数;F 为未能通过的洞数)。稳定度最大为 1,未能通过的洞数越多则 S 越小。

测试时患者安静松弛地坐在仪器前按规定进行试验,要求整个测试过程手臂必须处于悬空状态,不得依托或搁置;手持测试棒(握笔状,左手或右手视要求而定),端坐仪器桌前,视线与测验孔平面应保持垂直;测试过程必须自左至右依次将测试棒插入(取出)测验孔;相邻两个测验孔之间动作完成时间限定在 10 秒内;用于生理和病理检测时,应尽量排除心理因素干扰。

五、手部功能性活动评定

ADL 能力能较好地反映手的实用功能,可应用改良 Barthel 指数评定,但不够灵敏,尽量应用标准测试,如 Jebsen 手功能测试,亦可参照中华医学会手外科学分会上肢功能评定标准中的 ADL 标准。此外,手工作能力障碍的评定可使用专门的职业能力评定方法,如 Swanson 手工作能力障碍评定等。

1. Jebsen 手功能测试　此测试最早用于评估工人受伤后其手部执行日常功能性活动的能力,现今已用于各类疾病或外伤所致的手功能障碍者的手部功能性评定。Jebsen 手功能测试是标准化测试,通过完成模拟的日常功能性活动,测试手部粗大运动和精细动作的灵活性与协调性,简便易行。整套测试共有 7 项计时的测试,用时约 30 分钟,利手与非利手均需要测试。测试内容包括书写文字、模拟翻书页、捡拾细小的物品、模拟进食、摆放物品、挪动空的盛物罐、挪动重的盛物罐(图 10-6)。测试过程必须严格遵从标准化的程序及要求。测试结果以单项测试的计时以及完成全部测试的时间总和表示,对患者的年龄、性别、利手和非利手综合分析,与大样本人群的常模结果做对比,判断是否正常。

2. 中华医学会手外科学分会上肢功能评定标准　中华医学会手外科学分会于 2000 年制订了一系列简便实用、适合国情的上肢功能综合评定标准。以断指再植术后功能评定为例,其试用标准涵盖了关节活动功能等六个方面的综合评定,满分 100 分。其中与手功能性活动密切相关的专项领域有日常生活活动和恢复工作情况两方面。

对于日常生活活动的评定项目包括:①捡针(指甲捏);②捡分币(指腹捏);③写字(三

图 10-6　Jebsen 手功能测试

指捏）；④提（提箱柄、壶柄等重物）；⑤拿大茶缸（握）；⑥锤钉子（强力握持）；⑦上螺丝（中央握持）；⑧系鞋带（综合细动作）；⑨扣纽扣（综合细动作）；⑩开广口瓶（综合强力握持和精细握持），共 10 项，计 20 分。每项完成良好得 2 分，可以完成但动作不太好得 1 分，不能完成得 0 分。

恢复工作情况总分 10 分，可划分为四级：①优：恢复原工作，得 10 分；②良：能参加轻工作，得 7 分；③差：不能工作，但能自理生活，得 3 分；④劣：不能工作，生活也不能自理，得 0 分。

3. Sollerman 法　20 世纪 80 年代，瑞典 Sollerman 提出了一种试验方法，主要测定手完成 20 种日常生活活动的能力。评定指标是观察患者完成 20 项试验所需的时间。左右手分别测试，将治疗前后结果相比较即可了解有无进步。

4. Swanson 手工作能力障碍评定　具体标准见表 10-5。

表 10-5　Swanson 手工作能力障碍的评定

标记	程度	标准
+	极轻度	工作时确有一些恼人的感觉，有 <25% 的障碍
++	轻度	干扰但不妨碍某些动作，有 25%~50% 的障碍
+++	中度	妨碍了某些动作，有 50%~75% 的障碍
++++	重度	妨碍了绝大部分或全部动作，有 75%~100% 的障碍

第三节　手功能训练

一、水肿与瘢痕控制

1. 控制水肿技术

（1）抬高患手：适当地抬高患手是预防和减轻水肿的基本方法，使手高于心脏位置，且应手高于肘、肘高于肩、肩高于心脏，以利于血液回流，减轻水肿。但要注意应以高于心脏 10~20cm 为宜，不能过高以免造成缺血。睡觉时可以用枕头或楔形垫抬高患手，坐位或行走时可利用支撑平面或三角巾悬挂患肢，必要时可用矫形器协助患肢体位摆放，促进水肿吸收。

（2）冷热疗法：如果没有血管和组织缺血情况，使用冰敷可减少急性期的液体渗出。为预防组织冻伤,通常在皮肤和冰袋之间垫一干毛巾。冰敷不能用于断手再植或断指再植的患者,以免造成再植手的缺血坏死。对于慢性水肿可以进行短时间的热敷或中药浴,红外线、微波或超短波等治疗均有助于消除水肿。

(3)主动活动:主动活动可促进血液循环、减轻水肿。在组织条件允许的情况下应尽早开始主动活动。任何手部抬高的动作,上臂和手部肌肉节律性收缩放松的动作都有一定治疗效果。最简单的方法是用力握拳并上举过头,每小时 25 次以上,还可练习握拳-放松,腕关节反复屈伸动作,简单的物品抓握等活动,启动肌肉泵功能,减轻水肿。

(4)压力治疗:包括向心缠绕、压力指套、压力手套等,此法见效快但持续时间短,所以应长时间使用,使用过程中注意观察指尖血运情况以免造成缺血。

(5)手法引流:静脉性水肿在抬高患肢的同时进行沿着静脉走向从远端到近端的向心按摩,可促进静脉回流、减轻水肿。淋巴水肿则采用特定的轻柔手法引流淋巴液。

2. 瘢痕控制技术

(1)压力疗法:通过对人体体表施加适当压力,以预防或抑制皮肤瘢痕增生,防治肢体肿胀。

(2)硅胶片、硅胶贴:可以增加皮肤的水合作用,导致毛细血管活动、胶原蛋白沉积、充血减少,每天穿戴时间至少 12 小时。

(3)按摩:可加羊脂膏或润肤膏于瘢痕部位,然后以推、压、环形按等手法进行按摩。

(4)功能训练:主动活动和牵伸技术的应用可松解瘢痕,维持手部正常功能。

(5)体位和矫形器的应用:早期将手置于对抗可能发生瘢痕挛缩的体位并使用矫形器固定。

二、关节活动度和肌力训练

(一)改善关节活动度训练

1. 维持和扩大关节活动度技术　包括主动活动、肌腱滑动练习、被动运动、关节松动技术、矫形器的应用等。

(1)主动活动:手外伤后早期在固定或保护下进行主动活动是防止肌肉萎缩、肌腱粘连、关节挛缩,维持关节活动度最有效的方法,通过主动活动可改善局部血液循环,促进伤口愈合、水肿消退、减轻疼痛,预防松解粘连。

(2)手指肌腱滑动练习:肌腱滑动练习最大限度地提高了手腕处指屈肌腱的整体滑动和不同肌腱间的滑动。手指先伸直然后做出勾拳、直角握拳、复合握拳等动作,还可进行单独指浅屈肌和指深屈肌肌腱的滑动练习。

(3)放置及维持训练:当被动关节活动度大于主动关节活动度时,放置及维持训练可有效提高关节活动度。操作时,把患手放置在一个舒适的被动关节活动位置(如完全握拳),然后松开辅助手,同时让患者尝试以无疼痛的方式保持该姿势。

(4)被动运动:当因神经损伤丧失了主动活动能力或早期不允许主动活动时,可由他人或健手进行被动活动练习。练习时注意在有效的保护下进行,可由他人或健手牢固固定近端和/或远端关节进行被动活动,也可以在矫形器保护下进行活动。

(5)关节松动技术:当关节因疼痛或僵硬而活动受限时,可采用关节松动技术。

(6)矫形器的应用:功能性矫形器可用于日常活动,以提高受限肢体的活动能力。

2. 防治关节挛缩技术

(1)合理体位:将手置于对抗可能发生关节挛缩的体位加以预防。

(2)手部矫形器:常用的手部矫形器有手保护位矫形器、拇指外展矫形器、屈指套、屈指圈、伸指/屈指矫形器等。

(3)功能训练:早期开始主动活动和肌力训练是防止关节挛缩的最好方法。

ER-10-4

肌腱滑动练习视频

（二）增强肌力的治疗性活动

在治疗过程中,应逐渐增加肌力和耐力训练。在开始进行肌力训练时,必须让患者按照接近全范围关节活动度和尽可能无痛的原则进行。按照循序渐进的原则,从非抗阻力主动运动到轻微抗阻力主动运动,再到中度和重度抗阻力主动运动,设计合理的治疗方案。抗阻力活动可以由作业治疗师或者患者通过徒手施加阻力进行(多在早期抗阻练习中应用),也可以选用橡皮泥、变形球、弹力治疗带、橡皮筋网、弹簧夹进行(图10-7~图10-9)。在训练时注意保护关节,避免过度训练。同时,鼓励患者在日常生活中多用患手。

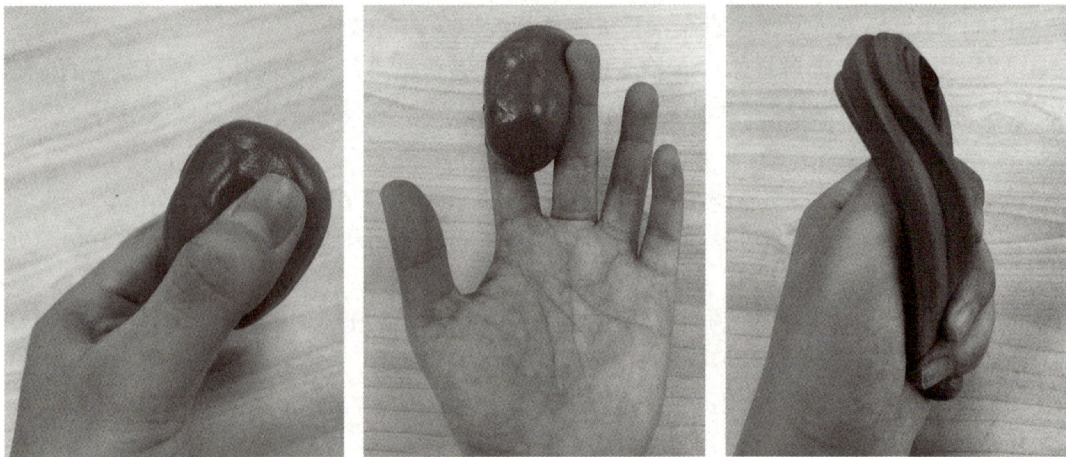

图 10-7 橡皮泥手指肌力训练

图 10-8 橡皮筋网手部肌力训练

图 10-9　弹簧夹手部肌力训练

训练速度和准确性的活动。

三、协调性和灵活性作业治疗

协调是指控制正确和稳定运动的能力。协调运动包括粗大运动（如肩、肘、腕关节活动）和精细运动（如掌指和指间关节活动）。运动的协调性是手部运动灵巧性的基础。神经系统疾病或由于创伤或手术等原因引起的上肢长时间固定，不但会导致关节活动受限、肌力下降等问题，也常常导致上肢运动协调性和灵活性下降。提高协调性和灵活性是有效完成各项 ADL、工作和休闲娱乐活动的基础。

治疗师可以设计拾豆子、拧螺丝、筷子夹取小物件、棋牌游戏等活动，训练手的灵活性和协调性（图10-10）。随着手的灵活性和协调性提高，逐渐增加

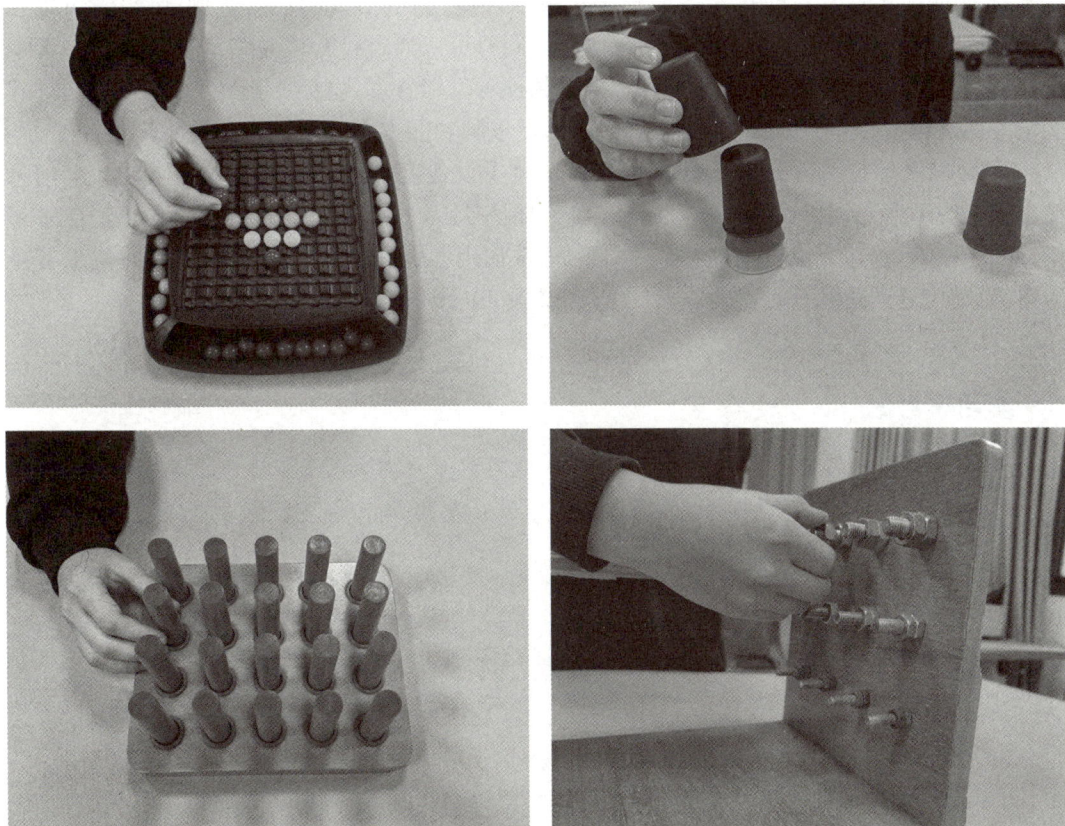

图 10-10　手部灵活性和协调性训练

1. 基本活动训练　包括移动上肢够取目标物品，对物品的抓握及顺利转移至目标地点，并在合适的时间张开手指释放。例如移动上肢够取桌面上的水杯，送至嘴边喝水，再放回桌面。

2. 手内操作训练　需要通过掌弓的控制实现指-掌平移、掌-指平移、移位、简单旋转和

笔记栏

复杂旋转等手内操作。指-掌平移是指将指捏住的物品单手内操作转移到掌心,如拿起一枚硬币,然后转移到手掌心握住;掌-指平移则相反,将手掌心的一枚硬币转移到手指捏住,准备投入到投币箱中。移位是指将桡侧指捏的物品在手指表面线性移动,例如握笔后的重新定位。简单旋转是指一个物体在指腹上旋转或滚动小于或等于90°,例如旋开瓶盖;复杂旋转与简单旋转类似,但物体旋转180°~360°,例如单手转动铅笔来使用另一端的橡皮擦。

3. 双侧手使用训练 包括双手共同完成一项活动,例如双手控制自行车手把或双手投掷大球,和双手在活动中完成不同任务,例如系鞋带或使用剪刀。

四、手功能智能康复训练系统应用

随着科技的进步,计算机技术在康复医学领域的应用也日益广泛。近年来也出现了各类手功能智能康复设备和训练系统,通过主被动双手运动、任务导向训练、运动想象、虚拟现实、机器人辅助等方式,促进手部抓握及精细运动的康复,有效提高康复积极性和康复效果。

1. 上肢机器人 上肢康复机器人可以根据患者运动功能状态的个体差异性为其提供最适宜的康复训练模式,如被动模式、助动模式、主动模式等,能够满足患者全周期康复训练需求。此外,基于神经可塑性原理,利用肢体运动结合游戏环境,通过重复、任务导向性训练,促进神经系统发生结构和功能上的改变。

2. 虚拟现实技术 通过集成的数字化虚拟环境,提供仿真的视听觉刺激,患者可以在交互空间内进行各种虚拟性上肢和手部操作。同时可以通过行为或是生理反馈和虚拟环境进行实时人机交互。虚拟现实还可以结合镜像视觉反馈技术,将健手影像与患侧手重合,建立镜像错觉,进行运动观察,模仿以及再学习,促进脑功能重塑和手部运动功能恢复。

3. 脑机接口技术 是人与计算机或其他电子设备之间建立的不依赖于常规大脑信息输出通路的全新通信和控制技术。通过检测中枢神经系统活动并将其转化为人工输出来替代、修复、增强、补充或改善中枢神经系统的正常输出,从而诱发患者主动意识,促使患者主动参与训练,进而达到神经功能重塑、手功能康复的目的。

（张　琪）

复习思考题

1. 对手功能开展全面系统的评估,一般包括哪些步骤与内容?
2. 请举例说明,如何设计手功能康复者可以在家庭和工作中应用的功能性活动训练方法。

ER-10-5
扫一扫
测一测

第十一章

低温热塑矫形器制作

学习目标

1. 阐释低温热塑矫形器的的应用原则和注意事项。
2. 区分低温热塑板材的分类方法和性能特点。
3. 描述各类常见静、动态矫形器的作用、适用范围。
4. 展示各类常用矫形器的制作流程,并能说明注意事项。

第一节 概 述

一、低温热塑矫形器基本情况

矫形器是在人体生物力学的基础上,作用于人体四肢或躯干,以保护、稳定肢体,预防、矫正肢体畸形,治疗骨关节、神经与肌肉疾病及功能代偿的体外装置。目前,热塑性塑料被广泛地运用在矫形器制作中,其中低温热塑板材成型温度在人体皮肤能承受的温度范围之内,加热软化后可直接在肢体上塑形,因此,使用度最广。但因其强度相对于高温热塑板材较低,故除儿童肢体外,主要用于上肢矫形器的制作和装配。目前我国常用的低温热塑板材是一种聚酯材料,该材料环保无毒,可以生物降解。部分低温热塑矫形器可用于躯干和下肢的稳定或维持正常体位,但不宜用于肢体承重或受力过大的部位。故本章内容重点在于上肢的低温热塑矫形器相关介绍。

另外,近几年兴起的 3D 打印技术也逐渐应用于矫形器的制作,通过计算机辅助系统,可结合患者原始数据及所需应力要求设计出满足需求的复合结构,使用多种材料混合打印,提升矫形器的舒适度及耐用度。但 3D 打印技术制作矫形器的疗效目前尚缺乏足量的随机实验验证,在临床应用中普及难度较大。

(一)低温热塑板的性能

低温热塑板强度相对于高温板材较低,适合于制作承重小或不承重的矫形器。在室温10~30℃干燥环境中,其分子状态较稳定,当温度达60~80℃范围时,材料软化。软化后的低温热塑板材可直接在肢体上进行塑形。为了满足不同的制作要求,也可在材料中添加一些辅助原料或添加剂,使不同类型的低温板材具备特有的性能。

1. 塑形性 指加热软化后的板材可进行塑形使之与肢体轮廓吻合,塑形性越好吻合度越高,可用于形状较复杂部位和面部的塑形。塑形性好的材料无须按压即可按肢体表面形态成形,所以制作时要避免因按压引起局部形态的改变从而导致局部压力过大。但塑形性好的材料抗牵拉性会降低,操作时要避免对材料进行大力牵拉。

2. 记忆性　若将已塑形的板材放入热水使其达到软化温度范围时,低温热塑板材可大致恢复到塑形前的状态并再次在肢体上进行塑形,这个特性使矫形器在制作完成后可进行局部修改或重复使用。

3. 牵拉性　低温热塑材料软化后具有能够被牵拉延长的特性,可将材料延伸以进行局部调整或修改,且不会影响其他部位的塑形。

4. 抗压性　指板材软化后,是否容易留有手指的压痕以及压痕的深浅程度的一种负面特性,此特征也是区别材料质地的指标之一。当使用抗压性差的板材时,制作者应格外注意,避免长时间及大力的握捏或按压材料。

5. 黏附性　指板材软化后材料可自身粘贴或与皮肤粘贴的特性。运用材料自身的粘贴性,可以不需要任何额外的粘胶材料,直接将塑形的重合部分粘接在一起;材料与皮肤的粘贴性,能使二者紧密接触,获得更精准的塑形。但使用黏附性高的板材时,要避免在制作过程中不必要的自粘导致材料变形,可使用涂抹滑石粉或夹纸张来避免材料切口处的自粘。

6. 加热及冷却时间　低温热塑板材放入热水或者加热器中,保持温度在 60~80℃,3~5 分钟可软化至适宜制作的程度。如果加热时间不够,板材会出现表面软化而内部硬或周边软化而中间硬的情况,影响塑形效果且剪裁时边缘不光滑;如加热时间过长,会造成材料变性过软,导致无法塑形或影响矫形器的使用寿命。

一般低温热塑材料冷却时长为 3~5min,自边缘至中心部位逐步冷却。这个时间段是制作矫形器的主要阶段,操作者可在此时间段内完成塑形。如需要延长冷却时长,可利用弹性绷带包裹塑形部位保持热量。如需缩短冷却时长,可采用冷水冲淋的方式加快其固化。冷却时长也受其他因素影响,如材料厚度、孔眼的密集程度及材料的添加等。

7. 透明性　没有添加颜料的透明材料在加热前呈白色或乳白色,加热后变成透明状,此类板材可使制作者在塑形时直接观察到骨性突起和皮肤皱褶及伤口部位,避免矫形器对肢体局部造成的不良影响。

（二）低温热塑板的分类

1. 按厚度分类　不同的厚度决定了板材强度,较薄的板材适用于小关节及儿童,较厚的板材适用于大关节及成人,常见低温热塑板的厚度由 1.6mm 到 4mm 不等。

2. 按网孔分类　网孔可增加板材的透气性,有助于保持皮肤的干燥和清洁,但网孔越密集,板材的强度越低。常见的网孔面积占比有 19%、5%、1% 和 0%(无网孔)。腕肘以上的矫形器可选用网孔较稀疏的材料,手部及手指可选用网孔稍密集的材料。当气温高而网孔不足以充分通风时,可在不影响固定强度矫正及着力点的前提下,在已成型的矫形器上另外开孔,可增加透气面积并减轻矫形器重量。但要注意开孔部位抗牵拉性会降低且孔洞边缘需保持光滑。

3. 按低温热塑板的颜色分类　常见的低温热塑板为白色、乳白色或肤色。颜色鲜明的板材适用于儿童以提高其佩戴主动性,也适用于认知障碍伴肢体忽略的患者以提高其对患肢的视觉关注。

二、低温热塑矫形器作用

矫形器的主要作用包括以下几个方面:

1. 稳定与支持　通过限制异常运动保持关节的稳定性,以恢复肢体的承重能力。

2. 固定和保护　通过对病变肢体的固定和保护,促进病变痊愈。

3. 预防和矫正畸形　矫形器具有预防、矫正肢体畸形,或防止畸形加重的作用。

4. 代偿功能　通过某些装置(橡皮筋、弹簧等)来代偿失去的肌肉功能,帮助肢体完成部分功能性活动。

5. 免负荷作用 应用承重矫形器,能部分或完全免除肢体或躯干的承重,促进组织修复,促使病变愈合。

6. 抑制痉挛 通过控制关节运动,抑制肌肉反射性痉挛。

7. 功能训练 动力型矫形器可对肢体提供阻力,进行小范围抗阻肌力训练,如通过动态屈肘矫形器可进行抗阻伸肘训练。

第二节 常用低温热塑矫形器制作

一、制作原则及应用流程

(一)低温热塑矫形器的制作原则

1. 对于功能障碍的肢体,应在生物力学的原则下,通过矫形器使肢体关节置于功能位并保持良好对线,或限制关节活动处于安全范围内,这样有利于肢体功能最大限度地恢复,预防受损部位畸形的发生、控制或矫正畸形,并避免二次损伤。

2. 应根据使用部位选用强度适宜的板材,配件牢固、灵活,边缘及着力点内表面光滑,保证矫形器使用过程中无安全隐患。

3. 矫形器对肢体施加的压力应该足量且分布均匀,压力强度循序渐进、适时调整,以保证治疗效果。创伤处不施压,压力不集于关节或骨突起处,防止对皮肤及关节造成新的损伤。

4. 需要矫形器上的外动力牵引肢体时,牵引力度要适当、牵引的方向与被牵引骨处于90°,要防止角度过大或过小,对关节造成牵拉或挤压伤害。

5. 矫形器需要保持边缘及接口处光滑,透气性良好,选用使用者接受的颜色,尽可能减轻重量,提升使用感。

6. 矫形器的穿卸应从使用者角度出发,操作简便,使患者更愿意接受并坚持使用。

7. 矫形器的治疗应做好跟踪回访,若发现问题或有变化时及时调整或更换。

(二)上肢关节的功能位

作业治疗师多在上肢应用低温热塑板材矫形器以帮助功能障碍的恢复,故重点介绍上肢关节的功能位。

1. 上肢关节的功能位 是完成日常生活所需的各种上肢活动的最佳体位。此体位时各肌群间肌力相对平衡。在矫形器的制作以及康复训练时,都应首先考虑肢体功能位的维持及恢复。为便于基础日常生活活动的完成,当肢体功能无法恢复或恢复不良时,至少应使肢体保持在其功能位。

(1)肩关节:外展45°~75°(儿童较成人为大),前屈15°~30°,内旋15°。

(2)肘关节:屈曲70°~90°,旋前、旋后中立位。

(3)腕关节:背屈30°,尺侧偏5°~10°(示指与前臂的纵轴在一直线上)。

(4)拇指关节:对掌位。

(5)手指关节:掌指关节140°,近侧指间关节130°,远侧指间关节140°。

2. 上肢周径测量

(1)肩关节周径:从肩峰经过腋窝环绕一周。

(2)上臂周径:于肱二头肌中部环绕一周。

(3)肘关节周径:自尺骨鹰嘴经肱骨内髁、肘皱襞至肱骨外髁,环绕一周。

(4)前臂周径:于肱骨内上髁下约6cm处环绕一周。

（5）腕关节周径：经尺、桡骨茎突尖端环绕一周。

（6）手指周径：可用皮尺分别在各指近、中、远诸指节测量其周径。

（三）上肢局部免负荷部位

需避免矫形器对肢体某些敏感部位的压迫和损伤，故上肢的免负荷部位十分重要。如骨突部位受压，容易引起局部的疼痛不适，甚至造成皮肤压疮、溃烂；长时间压迫外周神经会引起感觉异常，严重者造成神经麻痹；关节受压会引起关节的红肿疼痛或畸形。因此，在为患者装配矫形器时，应尽量避免对这些部位集中施压，或局部使用软垫以减轻其压力。

1. 骨突起部位

（1）肩峰角：为一处明显的骨突起，是肩部重要的解剖标志，是肩峰前缘与后缘的交界处，也是三角肌的附着处。

（2）鹰嘴：是尺骨近端后面与尺骨体相垂直的突起。

（3）肱骨外上髁：位于肱骨小头的上外侧，即外侧髁上嵴远侧端的下方。

（4）肱骨内上髁：位于肱骨滑车的内上方，是肱骨体内侧缘的远侧端，内上髁肌群的附着处。

（5）尺骨头与尺骨茎突：尺骨头位于尺骨下端，为一处明显的骨性突起。尺骨茎突又称后突，是尺骨下端的一个锥状突起。

（6）桡骨下端和桡骨茎突：桡骨下端处于近侧列腕骨的外上方，桡骨下端外侧面的远侧端终止处为桡骨茎突。

（7）第2~5掌骨头：并列的掌骨有4块，屈曲掌指关节时，掌骨远侧端掌骨头即形成突起。

（8）第1掌骨头：第1掌骨与拇指近节指骨底组成关节，屈曲近端拇指时有明显突起。

2. 神经表浅部位

（1）腋窝：位于上臂上部与胸侧壁之间，即腋下，臂丛神经的分支神经及丰富的血管在此经过。

（2）桡神经：在上臂中段处，有一条自内斜向外下的浅沟，即桡神经沟，是桡神经易受损的部位。

（3）正中神经：上臂内侧下1/3处是正中神经行程中最表浅的部位。

（4）尺神经：在肘后段，尺神经绕经肱骨内上髁的后方，即尺神经沟处，是尺神经易受压的部位。

（四）低温热塑矫形器应用流程

1. 准备和制作

（1）病史诊断及肢体功能评定：需充分了解患者的病史及诊断、一般情况，包括创伤情况、手术情况，目前所处的阶段、所接受的治疗情况等。康复治疗师对患者肢体功能进行评估，包括伤口情况，是否有水肿、疼痛，是否存在感觉障碍，有何并发症等。还可在安全范围内评定相关关节活动度、肌力及肢体围度。

（2）矫形器处方制订：康复医师/技师应掌握矫形器的基本知识和各种矫形器的结构原理及其适应证，根据治疗目的和患者需求形成最合适的矫形器治疗方案（矫形器处方）。处方应要求明确，切实可行，要将目的、要求、品种、材料、固定范围、体位、作用力的分布（写明哪些部位需要免荷，如骨突部位、感觉障碍或皮肤破损部位）、使用时间（日间/夜间使用）等写明。一般促进功能活动的矫形器日间使用，用于固定或保护者夜间使用，需制动者全天使用。

（3）矫形器装配前的治疗：主要用以增强肌力、改善关节活动范围和协调能力、消除水肿，为使用矫形器创造较好的肢体功能条件。

（4）矫形器制作：包括设计、绘图、取模、制造、装配、修边等程序。

2. 训练和使用

（1）试穿：查验矫形器是否达到处方要求，及对线是否正确，附件装置是否可靠，舒适性如何,必要时进行调整。

（2）矫形器使用训练:包括教会患者如何正确安全地穿脱矫形器,并戴上矫形器进行一些功能活动。根据不同种类的矫形器进行适当训练,如佩戴屈指铰链矫形器进行抓握各种大小和形状的物体,以熟练掌握外部动力矫形器的操纵。

（3）终检:再次检查矫形器的装配是否符合生物力学原理,是否达到预期的治疗目的和效果,了解患者使用矫形器后的感觉和反应。检验合格后方可交予患者进行日常使用。

3. 宣教及随访 确保患者掌握正确的穿脱方法、穿戴时间,正确的清洁和保养方法,如避免放置温度过高处,使用冷水清洗以避免板材受热变形影响穿戴效果及使用寿命。对需长期使用者,应 3 个月或半年随访一次,以了解矫形器使用效果及病情变化,需要时应对矫形器做修改调整。

二、低温热塑矫形器的制作流程

矫形器有多种分类方法,作业治疗最为常用的是上肢低温热塑矫形器,故此部分内容以上肢为例介绍低温热塑矫形器的制作步骤。

（一）设计

1. 科学设计 有了初步的矫形器处方后,应对矫形器进行科学的设计。低温热塑矫形器大部分有较固化的设计方法可参考,同时也必须根据患者的具体情况进行个体化设计,在保证功能和安全的前提下尽可能的轻便简洁、美观、易于穿脱。

2. 清楚了解 制作前必须清楚了解治疗要求及患者的基本情况,查阅患者的病历资料,特别是影像资料(如 X 线片),以弄清骨骼和神经肌肉有无特殊情况。

3. 充分考虑力学原理及其作用 要符合三点力学原理及杠杆原理,增加机械效益,避免二次损伤。

4. 静态或者动态矫形器的选择 一般固定或保护使用静态矫形器,扩大关节活动度可选用渐进静态或动力型矫形器,代偿肌肉功能选用动态矫形器。

5. 选用何种材料 不同厚度的板材适用于不同部位,一般手指部位选择 1.6mm,腕手部选择 2.4mm 或 3.2mm,肩周部选择 3.2mm,躯干及下肢选择 3.2mm 或 4.0mm。

6. 接触面的选择 接触面通常选择在软组织较厚的一侧,避开伤口部位也兼顾运动需要。如腕部正中神经损伤修复术后,腕关节必须在屈曲 30° 以上范围内活动,可用腕关节限动型矫形器加以限制活动范围,矫形器的接触面应选择前臂和手背侧。

7. 解释和说明 具体制作前,需进行必要的解释和说明,使患者了解所要制作矫形器的作用、形状、材料、价格及简要的制作流程等。

（二）绘图及取材

1. 绘制轮廓图 根据患者肢体形状绘制纸质轮廓图,以轮廓图为依据,绘制出符合要求的矫形器纸样。

（1）患者一般取坐位,患肢前臂平放于桌面上,下铺一张白纸,通常尺寸为 45cm 长,20cm 宽。患者中指与前臂的中线呈一条直线,制作者使用铅笔或签字笔垂直于桌面,沿肢体边缘画出其轮廓图。如患肢畸形或者痉挛严重影响绘图时,可先画出患者的健侧手,然后利用白纸背面阴影用铅笔描出其图形,以替代患肢轮廓图(图 11-1)。

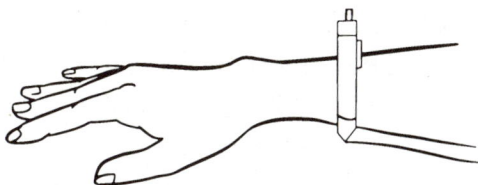

（2）根据制作所需标出患者肢体的相关

图 11-1 画轮廓图

笔记栏

标志点,如尺骨茎突、桡骨茎突、鹰嘴、前臂 1/3 处、腕横纹处、桡侧及尺侧掌横纹。

(3) 以肢体轮廓线为基础,放宽形成矫形器大致轮廓线,一般在肢体轮廓的两侧各放宽该肢体周径长度的 1/4,掌部是以其厚度的 1/2 尺寸放宽(图 11-2)。

(4) 沿纸样轮廓线剪下,并掏空需开孔的部位。将剪好的纸样放在患肢上大概查看是否符合所需要的尺寸,开孔部位是否适宜。

2. 取材 将矫形器纸样平放于板材上,沿图纸将纸样画于板材上并剪下。描画时避免采用水性笔,以免板材上的线条在热水中浸泡时溶解消失。裁剪板材多用板材剪沿线条进行,配合使用弧形剪,使弯曲部位更光滑美观,且可将棱角部位修剪成圆角形。

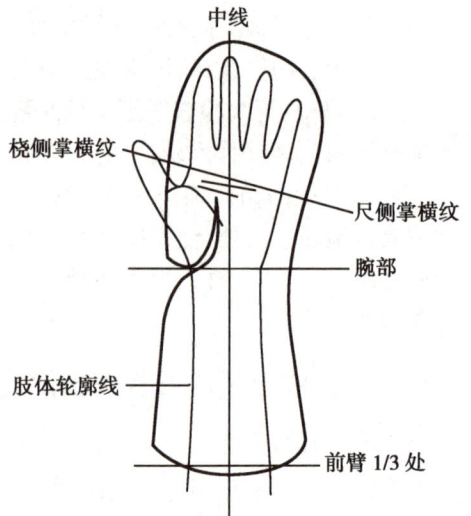

图 11-2 画纸样

(三) 加热及塑形

1. 将裁剪好的板材放入恒温水箱或加热器中(图 11-3),温度保持在 60~80℃,待材料充分软化后取出,平整地放于桌面上,可下铺干毛巾吸干水分。此时也可使用剪刀对板材不光滑及边缘弯曲处进行修剪。但取出及修剪过程中切勿牵拉或局部提拉板材,避免因手指力量过大以及重力因素造成板材凹凸不平或变形,影响矫形器效能和美观。

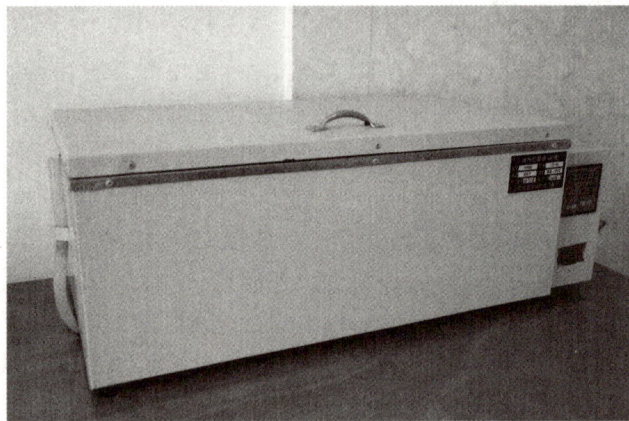

图 11-3 恒温水箱

2. 操作者试温,感觉板材温度适宜时,将板材置于患者治疗部位进行塑形,也可在患者肢体塑形部位佩戴薄衬套预防烫伤。

(1) 塑形时患者取舒适和方便操作的体位,一般上肢矫形器取坐位,制作前臂和腕手矫形器时,患者肘部可靠在桌面上,肢体置于功能位或治疗要求的体位上。若为扩大关节活动度或降低肌张力,制作前可先对痉挛的肌群和挛缩的关节进行适当牵伸,以达到最大效果。

(2) 塑形时要注意皮肤和创面的保护。如有创面需覆盖无菌敷料,外加衬套后才进行塑形。板材也应擦干水分以避免感染。

(3) 塑形时尽量切实固定必须制动的关节,尽量不限制非制动关节。

(4) 塑形时用手掌均匀地抚按板材,使之与肢体表面服帖。在骨突、神经表浅等免负荷部位,板材和体表之间可稍留微小空隙,或添加免压垫以避免受压,需特别注意掌弓的塑形。

(5)在板材降温完全硬化之前,操作者完成初次塑形。

（四）修整、边缘打磨

1. 观察初步塑形好的矫形器有无偏斜和旋转,关节角度是否达到要求,关节是否保持正常对线和其他治疗需要。如有差异,可使用热水或热风枪进行局部加热软化后进行修改,甚至重新塑形。

2. 当矫形器的基本形态完成后,多余的边缘应剪去。矫形器两侧边缘的高度一般是肢体周径的1/2,除骨折需要将邻近关节同时固定起来以外,其他矫形器的长度不应影响邻近关节的运动。例如:腕关节矫形器的远侧缘应在掌横纹近侧3~5mm处,以免影响掌指关节屈曲范围。

3. 矫形器的边缘若有毛刺、锐角,会刺激皮肤引起压迫疼痛,甚至伤及皮肤。修边时要将边缘充分软化后裁剪或抚按,通过板材的自缩性能使边缘光滑,必要时可使用布轮机进行打磨,或使用包边条。

（五）加装固定带及附件

将修型好的矫形器在患者肢体上进行试戴,无明显问题后,标注位置加装固定带及需要的附件。

1. 固定带　能使矫形器附着于肢体上不移位,常使用尼龙搭扣固定带或帆布固定带。

(1)尼龙搭扣:一般被称作"魔术贴",分钩面和绒面,两面接触后即刻粘在一起。一般情况下,先根据标志点将钩面粘于矫形器外面,再将绒面剪为合适的长度,用绒面粘钩面使矫形器固定于肢体上。如手部功能位矫形器的安装位置应在手掌指关节附近、腕部及前臂近端。固定带的边角应修剪成圆角,避免穿脱时划伤皮肤。

(2)帆布固定带:固定肢体的稳定性比单纯尼龙搭扣好,尤其适用于大关节或挛缩关节。帆布固定带的宽度常选用2.5cm或4cm。在带子的一面缝上尼龙搭扣,另一头通过铆钉固定在矫形器的一侧,在相对应的一侧置方形金属扣,其宽度与帆布带等宽。穿戴矫形器时,将有尼龙搭扣的一面穿过金属扣反向黏合。

(3)注意事项:固定带应接触到皮肤,使患者能感受到均匀、稳定的压力;固定带不应影响所期待的关节运动;固定带不应跨越关节和骨突起部分,避免对骨、关节、皮肤的损伤;固定带压力应适度,避免影响血液循环或肢体疼痛;固定带的穿卸方式应考虑患者独立操作的方便性。

2. 免压垫　采用软性材料放置在免压部位,能减少局部压力,应在塑形时就预制在矫形器中,以保证位置固定。

(1)确定免压部位和材料。免压部位主要是骨突起处、神经的表浅部位、伤口及疼痛的部位、受累关节,根据具体情况来确定使用位置。硅橡胶、泡沫塑料及其他软性材料都可以制作免压垫。

(2)免压垫应稍大于免压部位,厚度一般为5mm,通常剪成椭圆形,如果需要长方形垫,则应将四个边角修剪成圆角。免压垫的周边较薄,可用黏合剂直接粘贴在相应部位,避免移位。

3. 支架　亦称托架,是牵引关节的支撑装置,一般在静态矫形器基础上安装各式支架,并通过橡皮筋或导线与被牵引的部位相连,组成动态矫形器。根据辅助运动的方向不同,决定支架安装的方位,再根据损伤情况,决定支架牵引的部位及数量。

4. 弹性材料　主要有橡皮筋、钢丝、弹簧和铰链,可作为矫形器的外动力,以帮助肢体的被动运动或牵伸。由于材料的质地或结构不同,产生的弹力有强弱区别,应根据治疗要求预制或选择。

（1）橡皮筋：一般用于手屈肌的被动运动或牵引，较多应用在屈肌腱修复期的保护。橡皮筋的拉力强度取决于它的粗细或宽度，在需要调节强度时，可采用增加或减少数量的方法来改变。橡皮筋的一端与指套相连接，另一端固定于矫形器的近端。

（2）钢丝：多用于手部伸肌的被动伸展运动或手指背伸牵引，在桡神经支配肌麻痹或手指关节屈曲挛缩时应用较多。钢丝的弹力大小取决于其粗细，一般选择直径 1.6 ~ 1.9mm 的钢丝。钢丝的一端与指套或者橡皮筋相连接，中部根据牵引角度完成直径 5mm 左右的小环，另一端通过螺丝钉固定于矫形器上，也可取另一条经过加热的低温热塑板材，利用其自粘性进行固定。

（3）弹簧：主要是指螺旋式弹簧和钢丝圈弹簧，在需要较大的牵引强度时采用螺旋式弹簧，钢丝圈弹簧则可作为动态的金属关节。

（4）铰链：上肢铰链主要是肘关节铰链和腕关节铰链，主要用作支持关节运动或限制关节的活动范围。在关节进行运动训练时，铰链作为动态结构能协助关节做伸展或屈曲运动。当术后或治疗的某一阶段需要限制关节活动范围时，可以通过调节铰链上的固定螺丝来确定关节活动范围及锁定状态，达到限制关节活动的目的。预制铰链多采用 2mm 铝合金板和 3mm×15mm 铝合金条，制作成自由活动式铰链、限位式铰链、锁定式铰链等。简单的铰链可以自制，结构比较复杂的可购买成品过后进行安装。

5. 手指配件　主要是指牵引手指时采用的指套、指钩、指帽等，是连接手指及外动力的辅助件。通常用于手指关节挛缩后的牵伸；手指的被动屈/伸运动；限制手指的活动范围；手指的抗阻训练等。其制作方法和应用分别是：

（1）指套：较常用，采用人造革或尼龙搭扣制成。制作时剪一条 2.5cm×10cm 的材料，两端对折后在距顶端 1cm 处的中点先用打孔器开一个小孔，再用铆钉枪将铆钉固定在小孔内，最终连接成为一个环形套。根据治疗目的，指套可用于手指屈曲及伸展方向的运动。安装指套要注意：①牵引方向应与被牵引的骨骼垂直，两者之间呈 90° 夹角。角度过大会对关节形成纵向牵拉，角度过小会对关节形成纵向挤压，两者都会造成新的关节损伤。②牵引力保持在 50g/cm² 以下，否则易引起关节疼痛、关节变形、血液循环障碍。③应当避免邻近关节角度代偿。

（2）指钩：目前已较少使用，是粘贴在指甲上的小钩，采用 0.8mm 钢丝制作，也可以利用衣领扣的阳扣替代。为了保证黏合牢固，首先用细砂纸在指甲上摩擦使指甲表面粗糙，并去除表面油脂，然后使用胶水将指钩粘在指甲上，胶水固化后系上导线即可牵引手指。多用于手指屈曲方向的运动。

（3）指帽：作用与指钩基本相同，多为硅胶套、棉布套，戴在手指被牵引处，用尼龙搭扣固定，导线缝在指帽末端，拉动导线对手指进行屈曲状方向牵引。

（4）导线：一般采用尼龙丝或塑胶丝，一端与指套、指钩、指帽连接牵引手指，另一端与橡皮筋或螺旋式弹簧相连。可以通过滑轮使其改变牵引方向。

6. 注意事项　低温热塑板矫形器动态附件安装时应注意以下事项：

（1）矫正畸形的力应根据解剖特点及关节状态进行设计并动态监控，使关节处于恰当位置。例如：不可使掌指关节处于过伸位。

（2）牵引力必须垂直于肢体长轴，当被作用关节活动度提高后，要及时调整牵引力方向，以确保其依然垂直于肢体长轴（图 11-4A）。

（3）牵引力还必须垂直于关节活动轴，否则会使关节受到侧方的力，长时间作用将损伤关节侧副韧带，造成关节变形（图 11-4B）。

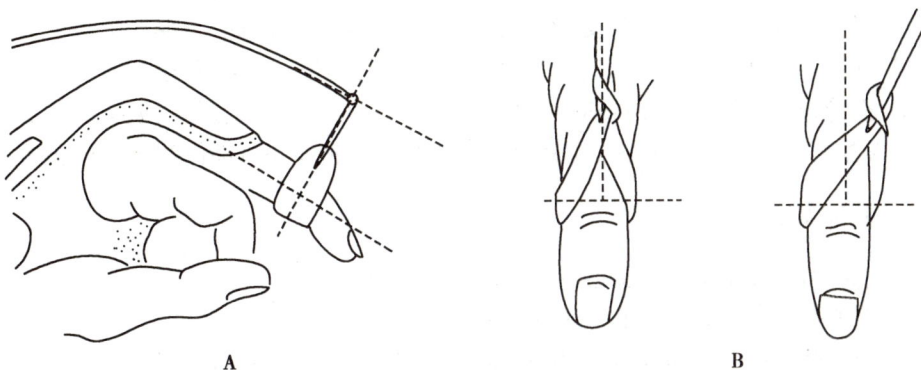

图 11-4 牵引力方向
A. 动态牵引力垂直于肢体长轴；B. 牵引力垂直于关节活动轴

（4）在对僵硬和畸形的关节进行矫正时，应对相邻的正常关节进行适当固定避免代偿，提高对僵硬关节的矫正力。

（六）试穿和修改

将做好的矫形器佩戴于患者肢体上，除确认有无不适和压力点以外，还应观察矫形器是否符合治疗目的、是否穿脱方便、是否过紧或过松、是否限制非固定关节的活动、对睡眠有无影响，以及患者对矫形器的认可度和依从性等。如有局部压迫或其他问题，应及时进行修改。

（七）矫形器的不良作用与预防

1. 制动引起的失用性肌萎缩与肌无力 由于矫形器限制了部分肌肉活动，可引起肌力、肌耐力与肌容积的进行性下降。有资料报道，肌肉完全休息时，肌力每日下降 1%～3%，每周下降 10%～15%，这种肌无力也伴有明显的组织学变化与肌容积减小。还有研究指出，制动 4 周后肌肉的净重减少达到 9%。

预防因制动引起的失用性肌萎缩与肌无力的方法常用以下几种：如在矫形器保护情况下做肌肉等长训练，即肌肉做主动的收缩与放松但不引起关节活动；在保持关节或肢体稳定的前提下，每日被动牵伸肌肉 30 分钟；在矫形器保护下，采用双相脉冲电流刺激肌肉，引起肌肉运动，每次数十分钟，等等。

2. 固定造成的关节挛缩 挛缩是由于关节、肌肉或其他软组织活动受到限制而引起的关节主动和被动活动范围不足。长期穿戴矫形器可能造成关节挛缩。研究表明，关节在任何位置长时间制动都会造成静息肌肉的长度及关节囊与其他软组织胶原长度缩短，而且肢体位置、制动时间、原有的病理改变和关节活动范围，会直接影响挛缩发生的速度。

预防关节挛缩的方法是在穿戴矫形器的全过程中，每日定期进行 2～3 次的被动牵伸。除了严重的骨折移位外，还要避免矫形器对邻近关节的活动限制。

3. 引起肌痉挛加重 穿戴矫形器能否降低过高的肌张力，一种观点认为穿戴矫形器会刺激肌张力使其升高；另一种观点则认为通过矫形器的持续牵伸能产生抑制。至于这一问题，其实重点在于穿戴矫形器的时间和方法，如果在短时间内频繁穿脱较重的矫形器或繁杂的穿脱动作会刺激肌张力增高；如果穿戴矫形器后至少保持 2 小时的持续牵伸，则能使肌张力减弱。另外，穿戴矫形器前通过被动牵伸手法先使高张力的肌肉放松后再进行穿戴，也能降低高张力并延续牵伸效果。

4. 压疮 压疮可发生在身体软组织的任何部位，引起压疮的原因很多，最重要的是压力。其主要因素有压力强度、压力持续时间及组织对压力的耐受性。矫形器长时间、持续性的机械压力可能会造成压疮。有资料报道,短时间的强压力与长时间的低强压力损害程度相同,而且组织对间歇性压力的耐受能力比持续性压力要大。因此,定期松解矫形器可以减少对软组织的压力,从而预防因长时间穿戴可能产生的压疮。要经常检查矫形器覆盖部位的肢体情况,特别是矫形器必须施压的部位,一旦出现局部皮肤损害的早期征象则需要调整或修改矫形器,以解除压力。同时,应避免矫形器对骨突起和关节部位的压迫与摩擦。

三、静态矫形器

以上肢为例,常见的静态低温热塑矫形器示例如下:

1. 肩外展矫形器　主要作用为保持肩关节 70°~90° 外展位,肘关节保持 90° 屈曲位(图 11-5)。适用于臂丛神经损伤、腋神经麻痹、肩关节骨折、肩关节术后。肩外展矫形器由手臂托板、躯干固定板及支架组成,辅以固定带。

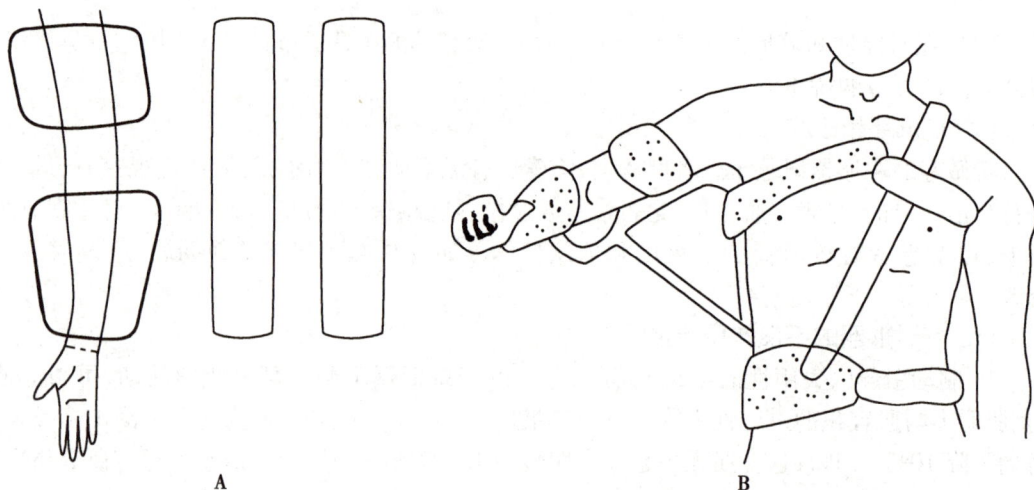

图 11-5　肩外展矫形器
A.矫形器纸样图;B.矫形器效果图

2. 肘伸展位静态矫形器　是指将肘关节保持伸展位并制动,可根据患者情况确定伸展角度,但不可使肘关节处于过伸位(图 11-6)。适用于肘关节屈曲挛缩、烧伤后肘关节定位及肘关节术后需保持伸直位的患者。特别注意的是,佩戴该矫形器后应配合肘关节屈曲训练,以保护肘关节屈曲功能。

3. 肘功能位固定矫形器　主要目的是将肘关节固定于屈曲功能位(图 11-7)。适用于肘关节术后、肘关节软组织损伤及肘关节不稳定者。

4. 肱骨骨折固定矫形器　通过对肱骨进行包裹固定以促进骨折愈合(图 11-8),适用于肱骨骨折后固定。

5. 手功能位/休息位矫形器　主要作用是使腕关节与手指保持在功能位/休息位,适用于周围神经损伤、弛缓性或痉挛性瘫痪、腕关节骨折、腕关节挛缩、腕关节烧伤患者等。手功能位/休息位矫形器由前臂托和手部共同组成,将腕关节固定于 30°(功能位)或 10°~15°(休息位),拇指外展对掌位,掌指关节、指间关节屈曲位。功能位与休息位矫形器制作方法相同,只是腕关节和手部角度要求不同(图 11-9)。

6. 锥状握矫形器　主要作用是在手部肌肉放松的情况下,支持手掌弓处在休息位,以防止手部屈曲挛缩(图 11-10)。适用于臂丛神经损伤、四肢瘫痪、偏瘫等迟缓性麻痹或手部屈曲挛缩的患者。

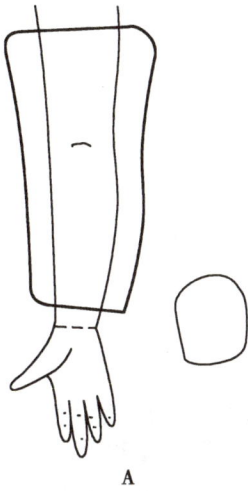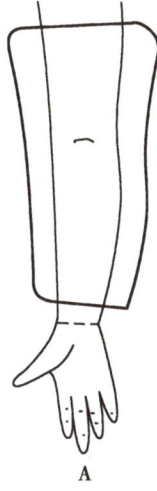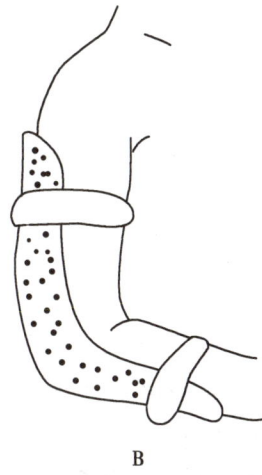

图 11-6　肘伸展位固定矫形器　　　　　　图 11-7　肘功能位固定矫形器
A. 矫形器纸样图；B. 矫形器效果图　　　　A. 矫形器纸样图；B. 矫形器效果图

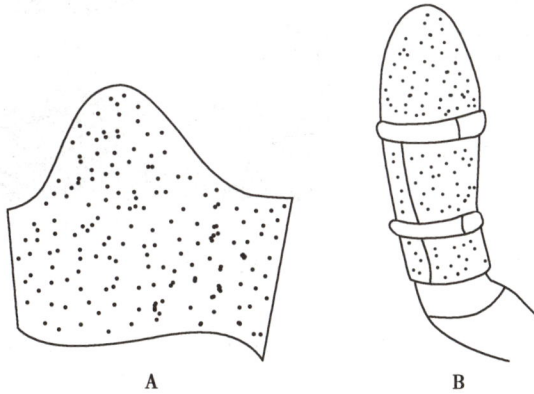

图 11-8　肱骨骨折固定矫形器
A. 矫形器纸样图；B. 矫形器效果图

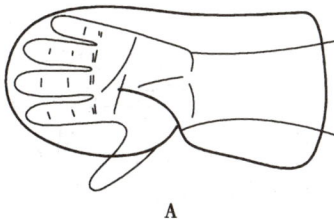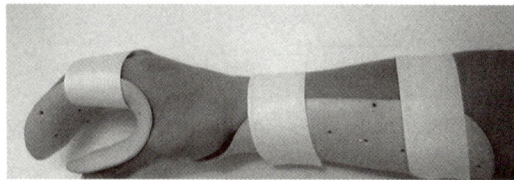

图 11-9　腕手功能位矫形器
A. 矫形器纸样图；B. 矫形器实例图

手功能位静
态矫形器制
作视频

167

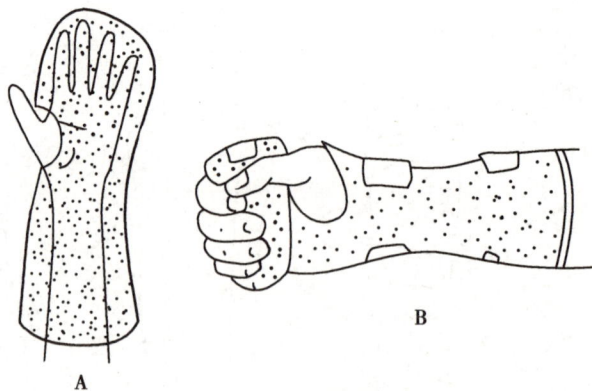

图 11-10 锥状握矫形器
A.矫形器纸样图;B.矫形器效果图

7. 手部抗痉挛矫形器　主要作用是对抗手屈肌痉挛,降低屈肌张力,适用于脑卒中、脑瘫、颅脑损伤等痉挛型患者。抗痉挛矫形器由前臂为开口朝向背侧的 U 形臂托和手掌托组成,使腕关节背伸 10°~30°,各指伸直并分开(图 11-11)。如果患者肌张力过高而难以在患者手上操作,可以选择相近的正常人手作为模型,塑形后再根据患手情况进行修改。穿戴时可先将手腕及手指缓慢牵伸,待松弛后再戴上矫形器。

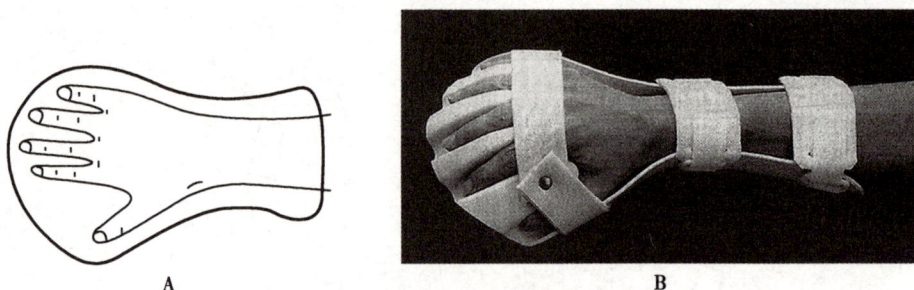

图 11-11 抗痉挛矫形器
A.矫形器纸样图;B.矫形器实例图

8. 尺骨骨折固定矫形器　主要作用是包裹固定尺骨干,促进骨折愈合,适用于尺骨、桡骨中段骨折(图 11-12)。

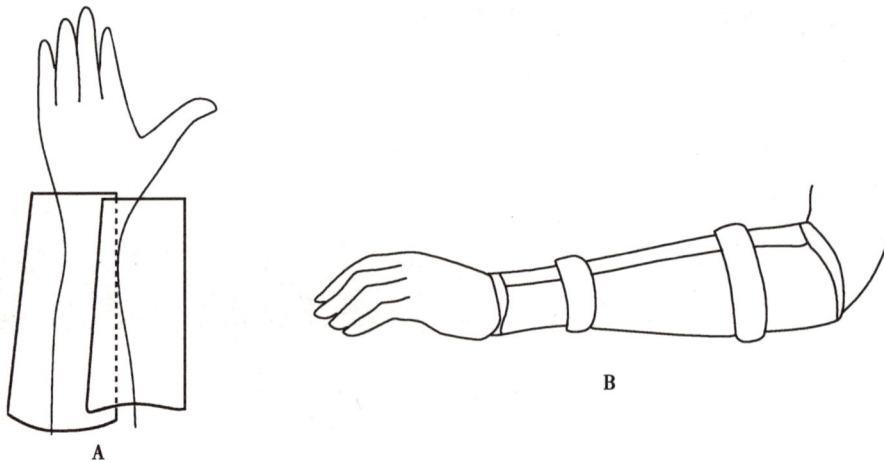

图 11-12 尺骨骨折固定矫形器
A.矫形器纸样图;B.矫形器效果图

9. 长手套式矫形器　主要用于腕关节制动,桡、尺骨远端固定,保持腕关节在功能位、拇指关节对掌位。适用于急性关节炎、腕部扭伤,桡骨、尺骨远端及腕骨骨折,桡骨茎突炎、基底部骨性关节炎、舟骨骨折(图 11-13)。

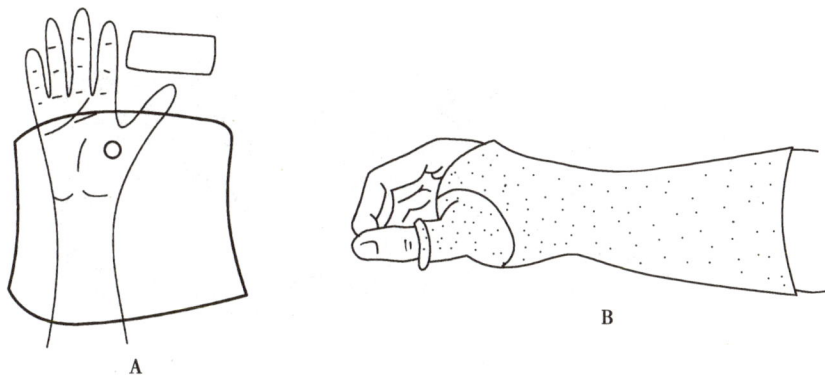

图 11-13　长手套式矫形器
A.矫形器纸样图;B.矫形器效果图

10. 掌侧腕伸展矫形器　掌侧腕伸展矫形器是指位于前臂及腕关节掌侧,将腕关节固定于背伸位的矫形器(图 11-14)。其作用为维持腕关节于功能位,但又不影响手指活动。适用于伸腕肌麻痹、腕关节损伤、桡骨茎突炎、偏瘫等患者,也是动态屈指矫形器的基础部分。

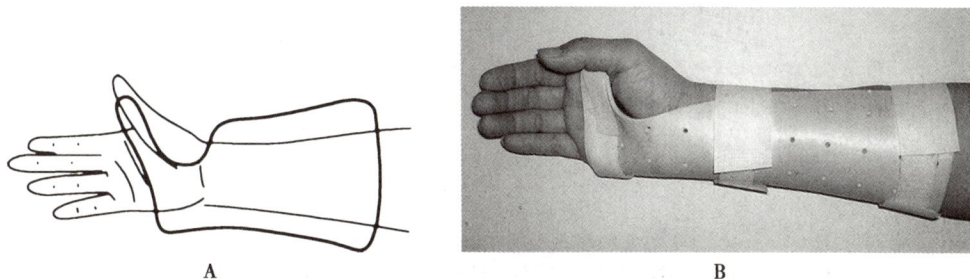

图 11-14　掌侧腕伸展矫形器
A.矫形器纸样图;B.矫形器实例图

11. 背侧腕伸展矫形器　背侧腕伸展矫形器指固定于手臂背侧,开口朝向掌侧,使腕关节维持在功能位的矫形器(图 11-15)。其作用是保持腕关节在功能位,同时允许手指进行自由活动。适用于桡神经损伤、臂丛损伤、肌腱损伤、多发性肌炎、偏瘫等,尤其适合掌侧面有伤口的患者,也可作为伸腕肌麻痹助动矫形器的基础。

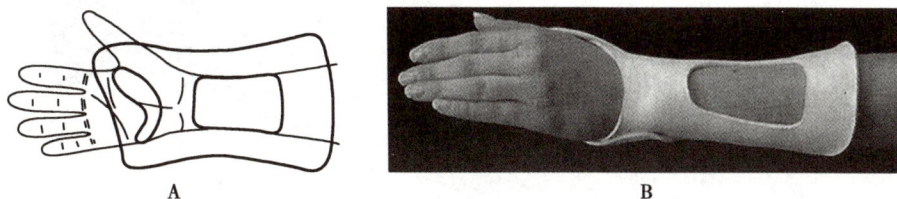

图 11-15　背侧腕伸展矫形器
A.矫形器纸样图;B.矫形器实例图

12. 拇指对掌矫形器　是维持拇指于对掌位的矫形器,其作用是使拇指与示指保持在对掌位,利于手部进行抓、捏等功能活动,防止拇内收肌挛缩。适用于正中神经损伤、内收肌挛缩、大鱼际肌损伤、拇指挫伤、腱鞘炎等患者。拇指对掌矫形器制作时将材料裁成 T 形,横向部分在拇指与示指之间塑形成指托,纵向部分自手部桡侧绕向尺侧,借助固定带将桡、尺侧两端连接固定(图 11-16)。

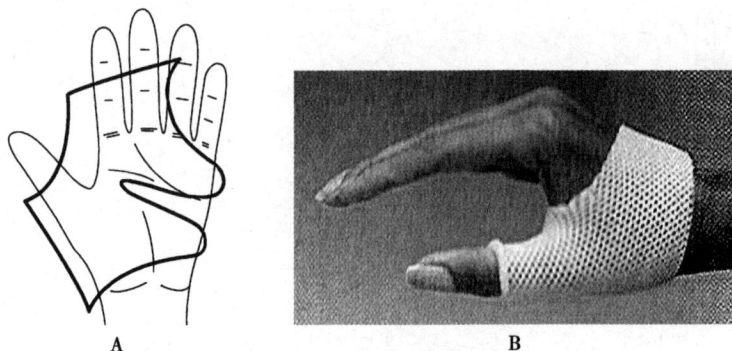

图 11-16 拇指对掌矫形器
A. 矫形器纸样图;B. 矫形器实例图

13. 掌指关节尺偏矫正矫形器 主要作用为预防、矫正第 2~5 掌指关节尺侧偏畸形。适用于类风湿关节炎导致的掌指关节尺侧偏畸形(图 11-17)。

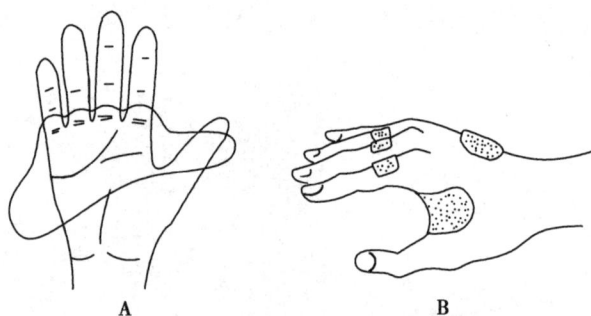

图 11-17 掌指关节尺偏矫正矫形器
A. 矫形器纸样图;B. 矫形器效果图

14. 拇指外展矫形器(短对掌固定矫形器) 指将拇指固定于最大外展位的矫形器,主要用于烧伤、手外伤后虎口挛缩的预防和治疗。制作时将拇指固定于掌侧外展与桡侧外展中间(45°)最大外展位,为达最好效果,需连同示指掌指关节一起固定(图 11-18)。

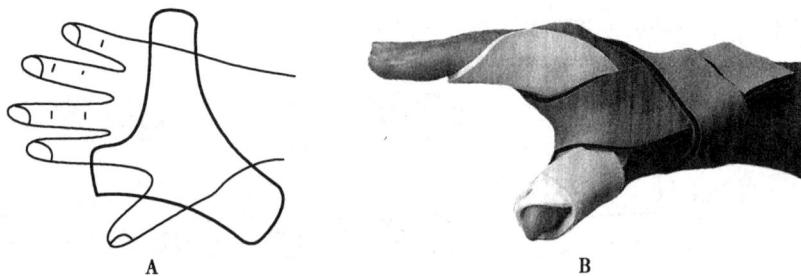

图 11-18 拇指外展矫形器
A. 矫形器纸样图;B. 矫形器实例图

15. 手指固定矫形器(图 11-19) 是手指受损后固定常用的矫形器,其作用是使伤指制动,有利于组织修复,还可以利用三点力作用原理,对远端指间关节、近端指间关节过伸或过

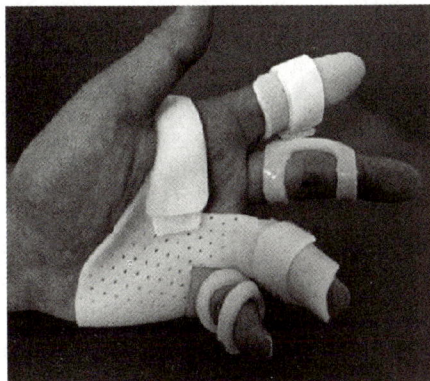

图 11-19　指关节固定矫形器

屈的手指进行矫正。适用于指关节炎、指骨骨折、指关节损伤、手指畸形、屈指肌腱术后、屈指肌腱挛缩等。指关节固定矫形器包括指箍、指伸展固定矫形器、指屈曲固定矫形器、掌指关节固定矫形器等几种,制作容易,使用方便。

16. 槌状指矫正矫形器　主要作用是固定远端指间关节,使远端指间关节处于过伸位、近端指间关节处于轻度屈曲位,以促进因急性牵拉引起远端指间关节肌腱附着处撕裂伤的愈合。矫正因外伤、骨折所致的远端指间关节畸形。适用于远端指间关节槌状样损伤手指(图 11-20)。

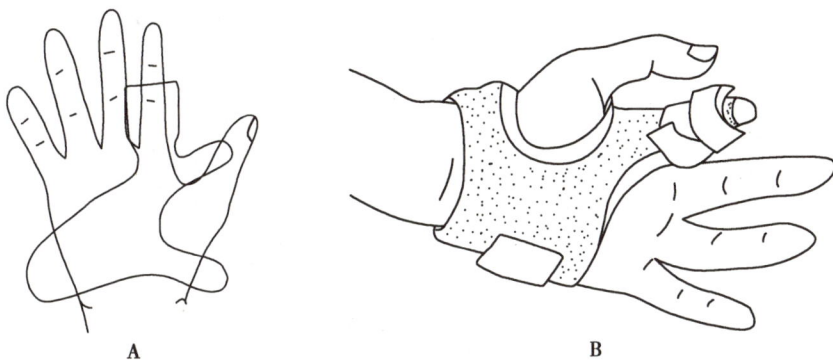

图 11-20　槌状指矫正矫形器
A.矫形器纸样图;B.矫形器效果图

17. 鹅颈指矫正矫形器　主要作用为防止或矫正近、远端指间关节畸形。用条状或窄片状低温热塑板材直接缠绕塑形,适用于各类疾病或损伤导致的近端指间关节过伸、远端指间关节屈曲挛缩的手指(图 11-21)。

18. 纽扣指矫形器　主要作用为防止或矫正近、远端指间关节挛缩或畸形。适用于远端指间关节过伸、近端指间关节屈曲挛缩的手指(图 11-22)。

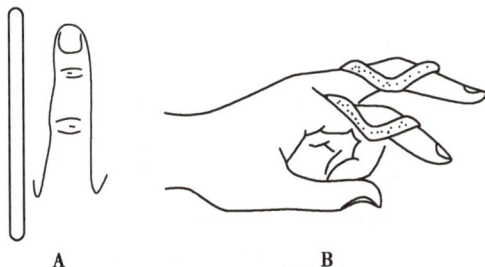

图 11-21　鹅颈指矫正矫形器
A.矫形器纸样图;B.矫形器效果图

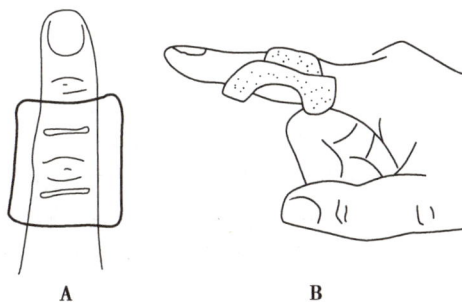

图 11-22　纽扣指矫形器
A.矫形器纸样图;B.矫形器效果图

19. 尺神经损伤静态矫形器　该矫形器能克服因尺神经麻痹导致的第 4、5 掌指关节过度伸展,主要针对尺神经损伤引起的爪状指畸形。可分为静态或动态矫形器。制作静态矫形器时,将 4、5 指及掌部分别用条形材料做成环状并黏合在一起(图 11-23)。

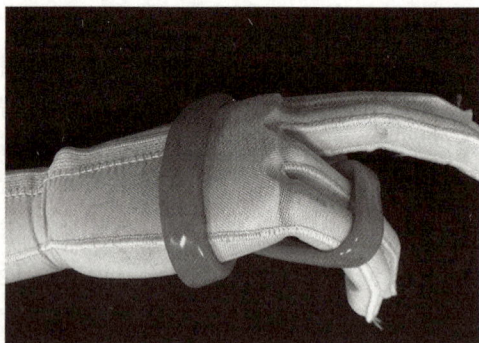

图 11-23 尺神经损伤静态矫形器

20. 颈椎固定矫形器 主要作用为减少或免除颈椎承重,限制颈部的屈、伸及旋转运动。适用于颈椎骨折、脱位,颈椎术后保护固定、斜颈等。采用整片低温热塑板材及固定扣制作,但成人需选用较厚的板材(图11-24)。

21. 胸腰椎固定矫形器 主要作用是维持及辅助脊柱稳定,限制脊柱伸展、屈曲、侧屈和旋转运动;矫正脊柱畸形。适用于脊柱骨折固定、脊柱相关手术后固定、脊柱侧弯等(图 11-25)。

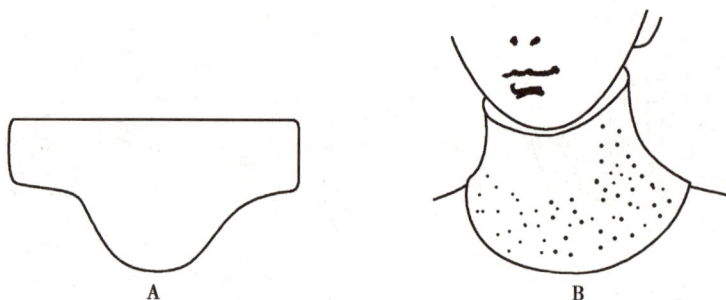

图 11-24 颈椎固定矫形器
A. 矫形器纸样图;B. 矫形器效果图

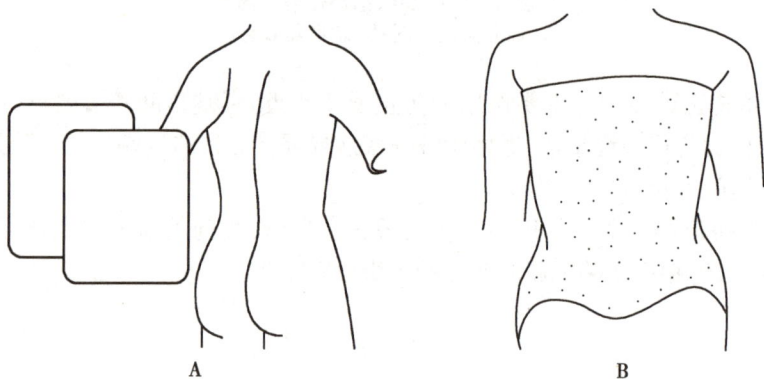

图 11-25 胸腰椎固定矫形器
A. 矫形器纸样图;B. 矫形器效果图

22. 腰骶椎固定矫形器 主要作用是减轻腰椎与腰椎间盘的承重,限制腰椎活动。适用于腰椎间盘突出症、脊椎分离滑脱、腰部椎间关节病、脊柱裂、脊柱强直等(图 11-26)。

23. 髋关节固定矫形器 主要作用是使髋关节置于伸直外展位,限制髋关节屈曲内收。适用于髋关节置换术后、髋关节骨折复位、髋关节脱位、髋关节软组织损伤等(图 11-27)。

24. 膝关节固定矫形器 主要作用是稳定膝关节、膝关节制动、矫正膝关节畸形、站立行走功能的代偿等。适用于膝关节无力、膝关节韧带损伤、膝部手术后的关节保护、膝关节畸形、站立行走障碍等(图 11-28)。

25. 踝足矫形器 主要作用是保护固定踝关节、矫正踝关节畸形。适用于踝关节韧带损伤、足下垂、踝关节挛缩、足部畸形、跗骨骨折等(图 11-29)。制作时需注意脚踝弯折部的处理及正确的对线对位。

图 11-26　腰骶椎固定矫形器
A.矫形器纸样图;B.矫形器效果图

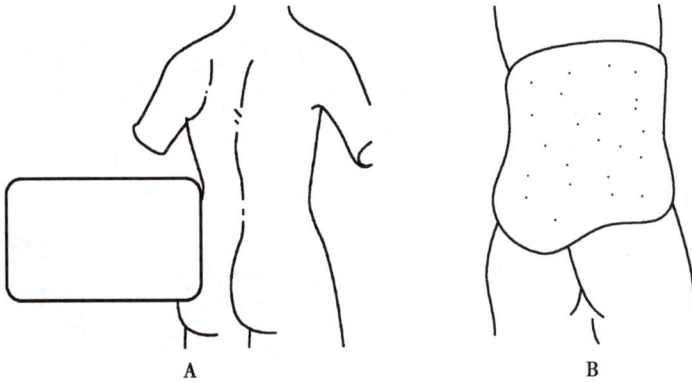

图 11-27　髋关节固定矫形器
A.矫形器纸样图;B.矫形器效果图

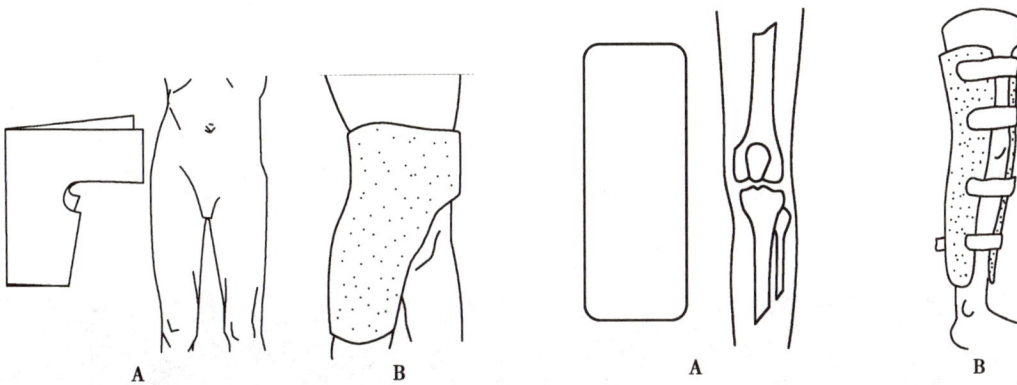

图 11-28　膝关节固定矫形器
A.矫形器纸样图;B.矫形器效果图

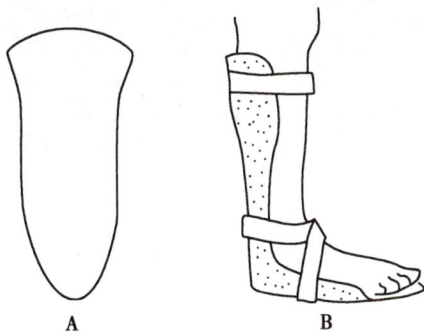

图 11-29　踝足矫形器
A.矫形器纸样图;B.矫形器效果图

四、动态矫形器

常见动态低温热塑矫形器示例如下:

1. 屈肌腱损伤矫形器　为手指屈肌腱损伤术后保护肌腱组织、防止组织粘连的矫形器。通过矫形器将腕关节固定于屈曲30°位,掌指关节屈曲70°位,指间关节伸展位。穿戴时还需将患指戴上指套或在指甲上粘上细小的金属钩,利用橡皮筋牵引,诸指的牵引方向均指向舟骨,使之更符合生理活动(图 11-30)。弹力筋止于前臂近1/3处,牵伸力量以手指能较容易伸展为好。使用时,主动伸指至掌指关节屈曲70°位,通过橡皮筋的拉力将手指屈曲至全范围,从而避免因屈肌主动运动或过度伸展运动导致的肌腱再次断裂,又防止了组织粘连,适用于屈肌肌腱术后的早期应用。

2. 尺神经损伤动态矫形器　该矫形器能克服因尺神经麻痹导致的第 4、5 掌指关节过度伸展,主要针对尺神经损伤引起的爪状指畸形。动态矫形器一般采用低温热塑材料,在手掌做一个半开口的环形箍,开口在尺侧,另采用低温热塑材料在第 4、5(或 2~5)近指骨中段塑成两个并在一起的指箍,通过弹簧将手掌箍与指箍连起来,指箍的力量压向掌面(图 11-31)。

173

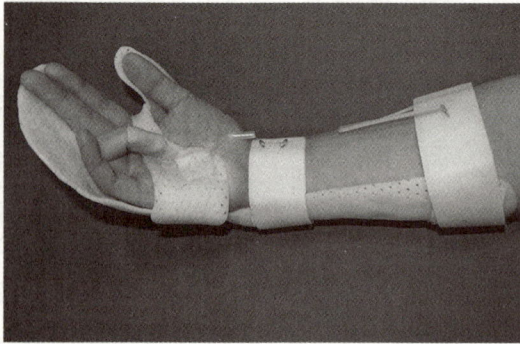

图 11-30 屈肌腱损伤矫形器

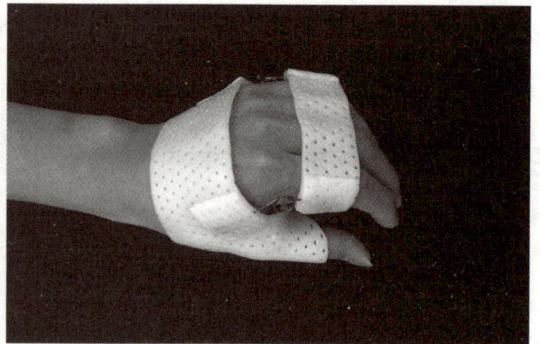

图 11-31 尺神经损伤动态矫形器

3. 桡神经损伤动态伸指矫形器 是指将腕关节固定于背伸 30°位,预防及纠正桡神经损伤后垂腕、垂指的矫形器。制作时,一般在背侧腕背伸矫形器的基础上加上钢丝,手指可对抗钢丝的阻力主动屈曲,放松时在钢丝的牵拉作用下达至伸展位。制作时根据患者情况,腕关节可采取固定于 30°位或使用弹簧圈制作动态腕关节部分(图 11-32A)。如仅为桡神经前臂段损伤,临床表现为腕关节活动正常或稍差,仅存在垂指,此时矫形器则不需腕关节及前臂部分,仅需手部部分(图 11-32B)。

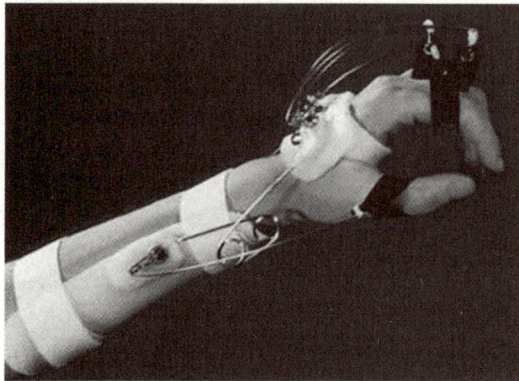

A

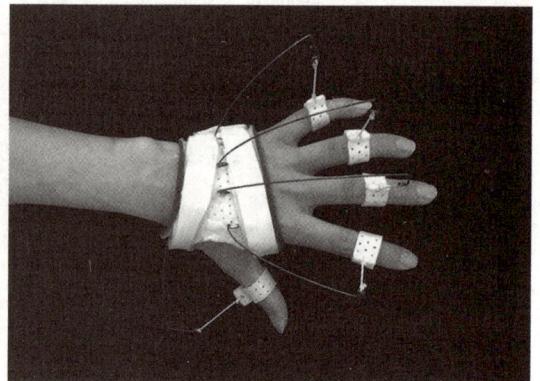

B

图 11-32 桡神经损伤动态伸指矫形器
A. 纠正垂腕、垂指的矫形器;B. 纠正垂指的矫形器

4. 腕伸展矫形器 主要目的是借助弹簧、钢丝及橡皮筋的弹性,帮助腕关节和手指的伸展,同时可用于腕关节和手指进行屈曲抗阻训练。适用于桡神经麻痹后的辅助运动及腕屈肌、指屈肌肌力训练(图 11-33)。

5. 掌指关节屈曲矫形器 利用橡皮筋的弹性,加强掌指关节屈曲的活动范围。适用于尺神经、正中神经损伤造成的手内肌麻痹,掌指关节过度伸展(图 11-34)。

6. 指间关节屈曲辅助矫形器 利用橡皮筋的弹性以辅助指间关节屈曲。适用于手指鹅颈样畸形,指关节伸肌挛缩(图 11-35)。

7. 铰链式髋关节矫形器 通过安装侧方铰链,可以控制髋关节内收和外展的运动幅度,但不影响自由伸展、屈曲髋关节。适用于痉挛性脑瘫引起的髋关节内收、内旋而呈剪式下肢位的儿童患者(图 11-36)。

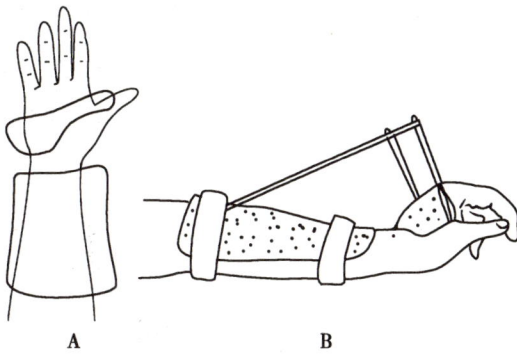

图 11-33 腕伸展矫形器
A.矫形器纸样图;B.矫形器效果图

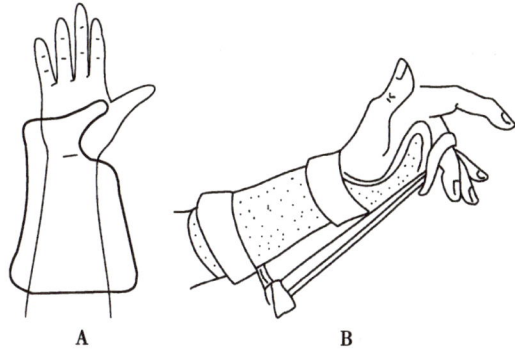

图 11-34 掌指关节屈曲矫形器
A.矫形器纸样图;B.矫形器效果图

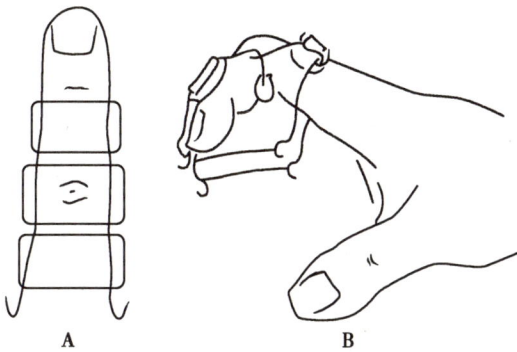

图 11-35 指间关节屈曲辅助矫形器
A.矫形器纸样图;B.矫形器效果图

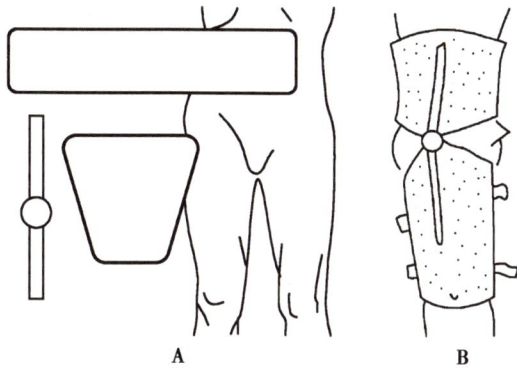

图 11-36 铰链式髋关节矫形器
A.矫形器纸样图;B.矫形器效果图

（罗 壹）

复习思考题

1. 请为一名脑卒中后遗症期,右侧肢体偏瘫并伴右上肢屈曲挛缩的患者开具休息时可用的低温热塑矫形器处方并画出基本图纸。

2. 制作低温热塑矫形器进行塑形时,为避免潜在损伤,有哪些需要注意的地方?

3. 如患者投诉矫形器佩戴不适,应该从哪些方面考虑改进?

ER-12-1

PPT 课件

第十二章

压力疗法

学习目标

1. 描述压力疗法的常用类型、作用机制及制作流程。
2. 描述身体特殊部位各类压力疗法的配合使用方法。
3. 结合实际案例,选择合适的压力衣并应用制作方法。
4. 演示压力垫的选择及制作方法。

第一节 概 述

一、概念及类型

(一)基本概念

压力疗法是指通过对人体体表施加适当压力,以预防或抑制皮肤瘢痕增生,防治肢体肿胀的治疗方法。常用于控制瘢痕增生、防治水肿、促进截肢残端塑形、防治下肢静脉曲张、预防深静脉血栓等。

(二)类型

常用的压力治疗方法包括绷带加压法、压力衣加压法和压力面罩加压法,一般在使用压力衣加压前,通常使用绷带进行加压治疗。在临床工作中,还需配合压力垫、支架和橡筋带等附件以保证加压效果。

1. 绷带加压法 指通过使用绷带进行加压的方法,根据使用材料和方法的不同,绷带加压法可分为弹力绷带加压法、自粘绷带加压法、筒状绷带加压法、硅酮弹力绷带法等。

(1)弹力绷带加压法:主要用于早期瘢痕因存在部分创面而不宜使用压力衣者。弹力绷带为含有橡皮筋的纤维织物,可按患者需要做成各种样式。使用时根据松紧情况和肢体运动情况需 4~6 小时更换一次。开始时压力不要过大,待患者适应后再加压力,至患者可耐受为限。治疗初愈创面时,内层要敷 1~2 层纱布,以减轻对皮肤的损伤。

本法优点为价格低廉,清洗方便,易于使用;缺点为压力大小难以准确控制,可能会导致水肿、影响血液循环、引起疼痛和神经变性。

使用方法:对肢体包扎时,由远端向近端缠绕,均匀做螺旋形或 8 字形包扎,近端压力不应超过远端压力;每圈间相互重叠 1/3~1/2;末端避免环状缠绕(图 12-1)。压力以绷带下刚好能放入两指较为合适。

(2)自粘绷带加压法:用于不能耐受较大压力的脆弱组织,可在开

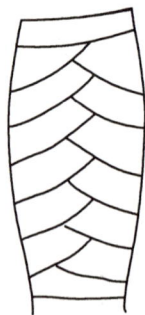

图 12-1 弹力
绷带加压法

放性伤口上加一层薄纱布后使用,也可加于衣服外面。主要用于手部或脚部早期伤口愈合过程中。对于 2 岁以下儿童的手部和脚部,自粘绷带能够提供安全有效的压力。可控制水肿、提供血管支持和抑制瘢痕增生。

本法的优点为可尽早使用,尤其适合残存部分创面的瘢痕;此外,可提供安全有效的压力于儿童手部或足部。缺点为压力大小难以控制,压力不够持久。

使用方法:与弹力绷带加压法基本相同,以手为例,先从各指的指尖分别向指根缠绕,然后再缠手掌部及腕部,中间不留裸区以免造成局部肿胀,指尖部露出以便观察血运情况。

(3) 筒状绷带加压法:用于伤口表面可承受一定压力时,弹力绷带和压力衣之间的过渡时期。这种绷带为长筒状,有各种规格,可直接剪下使用,根据选择尺寸不同,提供不同的压力。常用压力值有低压力(5~10mmHg),中等压力(10~20mmHg)和高压力(20~30mmHg)。

具有使用简便、尺寸易于选择等特点,尤其适于 3 岁以下生长发育迅速的儿童。单层或双层绷带配合压力垫可对相对独立的小面积瘢痕组织起到较好疗效。缺点为压力不易控制、不持久,不适合长期使用。

(4) 硅酮弹力绷带法:硅酮和压力疗法是目前公认的治疗烧伤后增生性瘢痕的有效方法,因此,有人将两者结合使用。现已有成品销售,使用更加方便。国内有学者报道弹力套与硅凝胶合用,比单独使用任何一种效果更好,疗程明显缩短,使用更方便,而且对不宜长期使用加压疗法者更具有优越性。而国外的一些研究尚未发现两者结合使用优于单一疗法的证据。

2. 压力衣加压法 即通过制作压力服饰进行加压的方法,包括成品压力衣加压法、量身定做压力衣加压法和智能压力衣加压法等。

(1) 成品压力衣加压法:可通过使用购买的成品压力衣进行压力治疗。如选择合适,作用同量身定做的压力衣。目前国内已有生产厂家进行成品压力衣的生产和销售。

优点为做工良好,外形美观,使用方便及时,不需量身定做,适合不具备制作压力衣条件的单位使用。缺点为选择少,合身性差,尤其是严重烧伤肢体变形者难以选择适合的压力衣。

(2) 量身定做压力衣加压法:利用有一定弹力和张力的尼龙类织物,常见有双苯二甲酸、乙二酯纤维及含有聚氨甲酸乙酯的长链聚合体纤维组成的珠罗纱立体织物。根据患者需加压的位置和肢体形态,通过准确测量和计算,缝制成头套、压力上衣、压力手套、压力肢套、压力裤等使用(图 12-2)。

优点为压力控制良好、穿戴舒适、合身;缺点为因制作程序较复杂,耗时较长,制作成本高,外形通常不如成品压力衣美观,且制作优质的订制压力衣,对制作者技术要求比较高。

(3) 智能压力衣加压法:是目前较新的压力衣制作方法,也属于量身定做压力衣的一种,但制作工序已智能化,应用专门的制作软件及硬件进行制作。目前

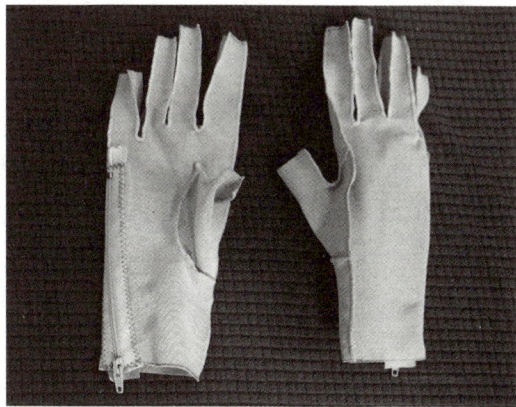

图 12-2 压力手套

国内已有部分作业治疗科开始使用。除了具有量身定做压力衣的优点外,还具备制作方便、节省时间以利于早期使用、合身性更佳、外形美观等优点。缺点为制作成本高,价格较贵。

3. 压力面罩加压法 由于头面部形状不规则,眼睛周围、口周、鼻周等部位难以加压

力,绷带无法使用,压力衣(压力头套)对眼周、口周加压效果不佳,近年出现通过压力面罩加压的方法。常用的制作材料有低温热塑板材、透明高温板材,和近年新兴的3D打印。但提供足够压力的同时,低温热塑板材及透明高温面罩透气性均较差。

4. 附件的应用　在进行压力治疗时,往往需要配合使用一些附件以保证加压效果,同时尽量减少压力治疗的不良反应。

(1)压力垫:是指加于压力衣或绷带与皮肤表面之间,用以改变瘢痕表面的曲度或填充凹陷部位,以集中压力在所需部位的物品。由于人体形状不规则,为了保持凹面或平面瘢痕均匀受压或增加局部压力,需在穿着压力衣时配置压力垫以达到更好的治疗效果。压力垫常用的材料有海绵、泡沫、塑性胶、合成树脂、合成橡胶、热塑板等。

(2)支架:是用硬的热塑材料或其他材料制成的支托架,置于压力衣或绷带下面以配合压力衣使用。用于保持肢体的正常形态以预防应用压力治疗引起的畸形。常用于保护鼻部、前额、双颊、耳郭、鼻孔、掌弓等易受损伤或易变形的部位不受长期加压而损害(图12-3)。支架常用材料为低温热塑材料。

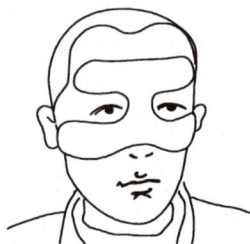
图 12-3　支架

(3)橡筋带:一般由橡皮筋或弹性橡皮带制成,加于压力衣外部,对压力衣不能提供压力或压力较小的部位施加压力,如指蹼、腋窝、会阴等部位(图12-4)。

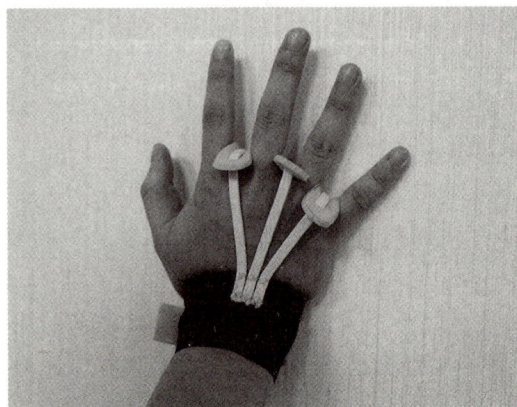
图 12-4　橡筋带

二、作用及机制

(一)压力疗法的作用

1. 预防和治疗增生性瘢痕　通过持续加压使局部毛细血管受压萎缩,数量减少,内皮细胞破碎,从而造成瘢痕组织局部的缺血、缺氧,而缺血、缺氧又可抑制胶原纤维的产生、加速胶原纤维降解,使胶原纤维结构重组而平行排列,从而抑制瘢痕增生和促进瘢痕成熟。

2. 控制肢体水肿　通过加压可促进血液和淋巴回流,减轻水肿。

3. 促进截肢残端塑形　通过适当压力使截肢后残肢尽早塑形,以利于假肢的装配和使用。

4. 预防深静脉血栓　通过压力治疗预防长期卧床者下肢深静脉血栓的形成。

5. 防治下肢静脉曲张　通过压力治疗预防从事久坐或久站工作人群下肢静脉曲张的发生,当出现下肢静脉曲张时也可通过压力治疗抑制进展、改善症状。

6. 预防关节挛缩和畸形　通过控制瘢痕增生可预防和治疗因增生性瘢痕所致的挛缩和畸形。

(二)作用机制

压力疗法的最基本作用机制就是通过局部的机械性压力促进局部血液回流,并造成一定程度的缺血缺氧,从而控制局部水肿或瘢痕增生。因压力疗法控制瘢痕增生的机制较为复杂,所以本教材重点介绍其作用机制。

1. 增生性瘢痕的临床特点　可概括为3R:Red(红)、Raised(凸)、Rigid(硬),大部分患者还伴有疼痛和瘙痒。一般深Ⅱ度或Ⅲ度烧伤创面愈合后1~3个月,瘢痕开始逐渐增厚,高出周围正常皮肤,表面粗糙,质地变硬,瘢痕内充血逐渐加剧呈鲜红色,伴有疼痛、灼热、瘙痒和紧缩感。或在站立时下肢有针刺感,关节部位因瘢痕增生而出现功能障碍和畸形。6 个月左右为瘢痕增生高峰期,瘢痕颜色转为深红色或紫红色,表面可见粗细不均匀的毛细血管网,表面薄而角质层增厚,干燥易破裂;瘢痕坚硬无弹性,瘙痒加剧。增生高峰期后,瘢痕增生开始减退并逐渐成熟软化,颜色由深红色或紫红色逐渐转为紫色或褐色,最后与周围皮肤颜色相似,此时瘢痕厚度变薄且质地变柔软。在瘢痕成熟过程中,疼痛感持续时间最短,而瘙痒可伴随至瘢痕成熟期。瘢痕成熟至软化的整个过程一般短则 1~2 年,长则 3~4 年。成熟瘢痕的特点可概括为 3P:Pale(苍白)、Planar(平坦)、Pliable(柔软)。

2. 不同深度烧伤瘢痕增生情况

(1)Ⅰ度烧伤:因生发层健在,皮肤再生活跃,2~3 天后症状消失,3~5 天脱屑痊愈,不留瘢痕,不需压力治疗。

(2)浅Ⅱ度烧伤:由于生发层部分损伤,上皮的再生有赖于残存生发层及皮肤附件。若无感染或受压,1~2 周左右愈合,不会形成瘢痕,但可能会有色素沉着。

(3)深Ⅱ度烧伤:因部分真皮残留,可再生上皮,创面可自行愈合。如无感染或受压,形成一定肉芽组织后 3~4 周可愈合,会留瘢痕,需常规进行压力治疗。如残留上皮感染、破坏,可呈Ⅲ度烧伤表现。

(4)Ⅲ度烧伤:因全层皮肤以下的损伤,需依赖植皮和周围皮肤长入。3~5 周焦痂自行分离,出现肉芽组织,愈合后往往留有瘢痕或因瘢痕增生挛缩而致畸形,需预防性加压治疗。

3. 增生性瘢痕对功能的影响 由于增生性瘢痕较厚且质地较坚韧,容易导致关节挛缩甚至畸形,如在关节处影响更甚,使关节活动范围缩小,会带来功能上的障碍而影响日常生活。例如,生长在手背的瘢痕会阻碍指间关节屈曲,降低手的抓握能力,生长在膝关节附近的瘢痕会影响膝关节的屈伸活动而影响步行能力。其次是容貌破坏造成的心理方面的影响,明显的瘢痕会使患者产生强烈自卑,害怕与外界接触,影响社交生活,甚至因此患上抑郁症。

4. 瘢痕的形成机制 瘢痕是皮肤组织创伤修复后的必然产物,其形成机制尚不清楚,一般认为是皮肤修复细胞中成纤维细胞的大量增殖与凋亡抑制、细胞外基质中胶原合成降解失衡、部分生长因子的大量产生,以及三者密切关系构成了病理性瘢痕形成的生物学基础。烧伤后增生性瘢痕的重要病理改变为血管扩张,胶原纤维过度增生,胶原合成和降解不平衡,异常糖胺聚糖的出现,肌成纤维细胞增殖和收缩,胶原合成远多于胶原降解,胶原纤维排列紊乱,呈螺旋状或结节状排列。

5. 压力疗法的作用机制 目前普遍认为压力疗法治疗瘢痕的关键在于通过持续加压使局部毛细血管受压萎缩,数量减少,内皮细胞破碎等,从而造成瘢痕组织局部缺血、缺氧,从而导致下面一系列变化:

(1)在缺氧状态下承担细胞氧化功能的线粒体形态学发生改变,如肿胀、空泡化等,其功能明显减退甚至消失,使成纤维细胞增生受阻及合成胶原蛋白等细胞外基质障碍,产生胶原纤维的能力大大降低,从而抑制瘢痕生长。

(2)肌成纤维细胞发生退行性变,释放出的溶酶体酶水解包绕在胶原结节外的异常糖胺聚糖,使胶原结节能被组织中的胶原酶水解,从而使螺旋状胶原变为平行排列。

(3)缺血后 α 巨球蛋白减少,对胶原酶的抑制作用减弱,利于胶原酶的出现,从而破坏胶原纤维。

(4)缺血后合成糖胺聚糖的酶减少,水肿减轻,减少了糖胺聚糖的沉积与合成,使胶原

笔记栏

生成减少,瘢痕减轻。

（5）此外,加压可减轻局部水肿,减弱葡萄糖氨基淀粉酶的水合作用,减少糖胺聚糖的沉积与合成,也可抑制瘢痕增生。

6. 加压后瘢痕的变化　经过正规的加压治疗后,瘢痕过度增生所致的痛痒等临床症状会有明显减轻,瘢痕软化且对运动功能的影响显著降低;组织学观察可见胶原纤维变细,排列规则;透射电镜检查可见成纤维细胞减少、线粒体空泡化、内皮细胞核破碎、胶原纤维呈细束状;扫描电镜不可见胶原纤维结节状结构。伴随组织学的变化,临床症状体征和功能状态亦得到相应改善。

（三）压力治疗原则

1. 早期应用　压力疗法应在烧伤创面愈合后尚未形成瘢痕之前就开始。有研究指出,加压治疗开始时间越早,其治疗和预防效果越好。一般 10 天内愈合的烧伤不需使用压力疗法;10~21 天愈合的烧伤应预防性加压包扎;21 天以上愈合的烧伤必须进行预防性加压包扎;已削痂植皮的深Ⅱ度、Ⅲ度烧伤应预防性加压包扎。

2. 合适的压力/有效压力　理想的压力为 24~25mmHg(有效压力 10~40mmHg),接近皮肤微血管末端之压力,若压力过大,皮肤会缺血而溃疡,压力过小则无法达到治疗效果。四肢压力可大一些,躯干压力过大会抑制肺扩张,影响呼吸。头面部、儿童压力应小些。一般单层压力衣最多只能达到 20mmHg 左右压力,要达到足够的压力必须用双层或加压力垫。研究表明,临床上使用 10% 缩率的压力衣,内加 9mm 的压力垫可取得较为理想的效果。

如使用绷带加压,则需注意缠绕应松紧适宜,压力大小均匀,远端压力应低于近端;一般绷带使用 4 小时内应重新缠绕或更换以保证压力达到治疗强度;注意观察肢体血液循环情况,避免压力过大影响血液循环。

有效压力是指在不同体位或姿势下,压力始终保持在有效范围,如腋下为最易发生瘢痕严重增生的区域,当上肢自然下垂或肩关节活动时,作用在腋部的压力会明显下降,因此需要应用"8"字带来保证活动时有足够的压力(图 12-5)。此外,

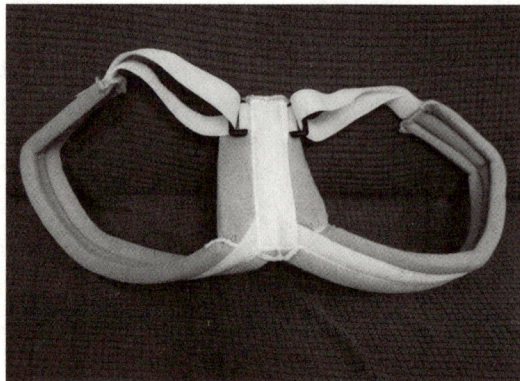

图 12-5　"8"字带

文献指出,压力衣使用 1 个月后,压力会下降 50%,所以应定期调整,保证有足够的压力。

3. 长期使用　指压力治疗应持续到瘢痕成熟时为止。从创面基本愈合开始,持续加压至瘢痕成熟,至少需半年到 1 年时间,一般需 1~2 年,严重者甚至需应用压力治疗 3~4 年时间。另外,长期使用也指每天应用的时间长,每天应保证 23 小时以上的有效压力,只有在洗澡时才解除,每次解除压力时间不超过 30 分钟。

（四）适应证与禁忌证

1. 适应证

（1）增生性瘢痕:适用于各种原因所致的瘢痕,包括外科手术后的瘢痕和烧伤后的增生性瘢痕。

（2）水肿:适用于各种原因所致的肢体水肿,如外伤后肿胀,偏瘫肢体的肿胀,淋巴回流障碍导致的肢体肿胀,下肢静脉曲张性水肿,手术后的下肢肿胀,乳癌根治术后上肢肿胀等。

ER-12-2
弹力绷带"8"字缠绕法视频

（3）截肢：用于截肢残端塑形，防止残端肥大皮瓣对假肢应用的影响。

（4）预防性治疗

1）烧伤：预防烧伤后21天以上愈合的创面发展成增生性瘢痕，预防瘢痕所致的关节挛缩和畸形。

2）长期卧床者：预防下肢深静脉血栓的形成。

3）久坐或久站工作者：预防下肢静脉曲张的发生。

2. 禁忌证

（1）治疗部位有感染性创面：此时加压不利于创面的愈合，甚至会导致感染扩散。

（2）脉管炎急性发作：因加压加重了局部缺血，会使症状加重，甚至造成坏死。

（3）下肢深静脉血栓：加压有使血栓脱落的危险，脱落栓子可能导致肺栓塞或脑栓塞，造成严重后果。

（五）不良反应及处理

压力治疗过程中可能会出现部分不良反应，尤其是在压力应用之初和运动量较大时，但通常不影响压力治疗的应用。常见的不良反应包括：

1. 皮肤损伤　绷带或压力衣可对瘢痕造成摩擦，导致皮肤损伤，还会出现水疱和局部溃烂，尤其是新鲜瘢痕。处理方法：可在绷带或压力衣下加一层纱垫，四肢可用尼龙袜做衬垫，减少压力衣和皮肤之间的摩擦，出现水疱后，抽出其中液体，涂以甲紫。只有破损严重或创面感染时才解除压力。

2. 过敏　一小部分人可能对织物过敏，发生皮疹或接触性皮炎。可加一层棉纱布进行预防，过敏严重者可考虑其他方法。

3. 瘙痒加重　尤其在起始的1~2周。可能与织物的透气不良、皮肤出汗、潮湿、化学纤维的刺激有关。一般无须特殊处理，瘙痒可在压力作用下减轻。

4. 肢端水肿　主要因近端使用压力而导致肢体远端血液回流障碍，造成远端肢体水肿，如压力臂套可导致手部肿胀。处理方法：如近端压力较大，远端亦应加压治疗，如穿戴压力手套或压力袜。

5. 发育障碍　偶见于儿童，国外有压力治疗影响儿童发育的报告，如颌颈套引起下颌骨发育不良而后缩。此外，如压力使用不当（如未使用支架保护）可引起手部掌弓的破坏、鼻部塌陷、胸廓横径受损出现桶状胸等。处理方法：预防为主，使用压力垫和支架保护易损坏部位，如鼻部、耳部、手部等。

（六）注意事项

1. 使用前解释说明　临床实践证明，使用压力治疗的最初两周关系到患者能否坚持正确应用该治疗措施，因此使用前的解释说明非常重要。治疗师应深入向患者讲解瘢痕的发展过程、压力治疗的作用及效果、需长期使用的原因以及不使用压力治疗的可能后果。因为压力治疗早期可能会引起部分不适，如发生皮肤破损、瘙痒、水疱等，但两周后以上情况会好转。除控制瘢痕外，压力治疗还有一定的止痒作用，如果患者前两周能坚持使用，一般都能坚持至整个治疗过程结束。

2. 定期检查和调整　应定期检查和调整压力衣、压力垫和支架，以确保安全和保证压力在有效范围，出现过松或过紧情况应及时找治疗师调整。

3. 配合其他治疗共同应用　如矫形器、功能性活动、牵伸、手术等。主动活动对维持关节活动是十分必要的，穿戴压力衣需避免剧烈运动，但可进行一般性主动活动。

第二节　压力治疗技术

一、压力衣制作

（一）常用工具

压力衣制作工具和设备包括缝纫机、锁边机、剪刀、裁纸刀、直尺、软尺、记号笔、加热炉等。

1. 缝纫机和锁边机　用于缝制压力衣和固定带,常用直线和"之"字形缝线的缝纫机,普通和电动的均可。

2. 刀　包括剪刀、裁纸刀、剪线刀,剪刀主要用于裁剪压力布、魔术贴、弹力带等;剪线刀用于剪缝线;裁纸刀主要用于在配合压力衣使用的压力垫上割出切口以保证合身和不影响活动。

3. 尺　包括直尺和软尺,软尺用于测量肢体的维度,直尺用于画图。

4. 加热炉　用于配合压力衣使用的压力垫的加热塑形,温度可达 140° 左右,如无加热炉也可用电熨斗或热风枪代替。

（二）常用材料

压力衣制作材料:压力布、拉链、魔术贴、线等。

（三）制作步骤

压力衣的制作包括测量、计算、画图、裁剪、缝制、试穿、调整、随访等步骤。

1. 测量　量身定做能保证压力衣提供最合适的压力,因此测量尤为重要。可用皮尺准确测量瘢痕部位的肢体周径和压力衣覆盖部位的长、宽等。测量长度时两手握住皮尺两端将皮尺拉直即可,测量周径时皮尺不能过松或过紧,可用记号笔在测量部位做出相应标记。一般标志性或特殊部位如关节、肌肉丰满处均需标记和测量,无特殊部位(如前臂)则需每 5cm 距离测量一组数据以确保压力衣的适合维度。

2. 计算及画图　根据所需压力衣的样式和压力大小,计算出压力材料所需的尺寸,并面出纸样(图纸)。临床上压力衣的尺寸通常通过控制缩率来实现,缩率为实测尺寸与所需尺寸之差与所需尺寸的比值,常用的缩率选择见表12-1。在计算所需要的布料尺寸时,应考虑边距的尺寸,初学者可多预留一些以备修改,边距可预留 3~5mm,熟练者可控制预留边距在 2~3mm。

表 12-1　缩率的选择与临床应用

采用的缩率	产生的实际压力	适用范围
0~5%	非常低的压力	婴儿
5%~10%	低压力	儿童
15%~20%	中等压力	成人
15%(双层)	高压力	活跃、增生期的瘢痕

近年来,智能压力衣系统已开始逐步推广,在软件内输入患者肢体测量的原始数据及相应的缩率后,软件可计算出所需要的布料尺寸并打印出等比例纸样。

3. 裁剪　将画好的纸样裁剪后固定于压力布上,用笔在压力布上画出纸样的形状,再按画好的尺寸裁出布料。此过程应注意在往压力布上画图及裁剪布料时避免牵拉布料以免影响尺寸的准确性;另外应注意布料弹力的方向应与所加压部位长轴垂直。

4. 缝制　取材适当后,进行缝制及锁边,根据技术熟练程度和场地条件,家用缝纫机、电动缝纫机或工业用电动缝纫机、锁边机等均可选择使用。缝制时注意针距、边距均匀合理,尤其是转角和转弯处避免出现褶皱。

5. 试穿、测压及调整　压力衣制作完成后,应让患者试穿,检查是否合身、压力是否足够,压力太低或太高都需进行调整。如需精确压力(如科研)则要用专门仪器进行测量,根据测量结果决定是否加用压力垫或进行收紧或放松。试穿时应询问患者有无受压感,观察压力衣是否影响关节活动及局部皮肤组织的血运情况。调整好后应教会患者正确的穿脱方法。

6. 交付使用　患者学会自行穿脱后可将压力衣正式交付使用,并教会患者保养方法和注意事项。可提供使用手册,以便患者真正了解正确的应用方法。为了保持良好压力,避免布料疲劳,压力衣应每日清洗,所以同一规格压力衣应至少做两套,供交替使用。

7. 随访　压力衣交付患者使用后应定期随访,时间应根据患者情况而定,如使用初期至少每两周随访一次,瘢痕稳定后可每月一次,对于静脉曲张和淋巴回流障碍者可1~3个月回访并重新制作压力衣。

(四)注意事项

1. 设计制作

(1) 压力衣应覆盖所有需加压的瘢痕,压力边缘至少在瘢痕区域外5cm范围。

(2) 瘢痕位于关节附近或跨关节,压力衣应延伸过关节达到足够长度,这样既不影响关节运动,又使压力衣不易滑脱。

(3) 压力衣的缝制应避免过多接缝;另外,在特定区域可使用双层叠加或尼龙搭扣固定等方式减少对压力衣的局部牵拉。

(4) 若皮肤对纯合成的弹力纤维材料过敏影响穿戴时,应考虑换用其他面料或加压方法。

2. 穿戴

(1) 未愈合的伤口,皮肤破损有渗出者,在穿压力衣之前,应用敷料覆盖,避免伤口摩擦及伤口渗出弄脏压力衣。

(2) 为了避免瘢痕瘙痒和搔抓后引起皮肤破损等问题,穿压力衣之前可用对症的霜剂或油膏涂抹。对于多数人而言,适当的压力可明显减轻瘢痕处的瘙痒症状。

(3) 极个别患者在穿戴压力衣期间可能会发生水疱,特别是新愈合的伤口或跨关节区域,可通过放置衬垫材料进行预防。如果发生水疱,应保持干净并用非黏性无菌垫盖住。只有在破损后伤口发生感染时才停止使用压力衣,否则应持续穿戴。

(4) 在洗澡和涂润肤油时,可除去压力衣,但去除时间不应超过半小时。

(5) 每个患者最好配给2~3套压力衣,每日替换、清洗。

(6) 穿脱时避免过度拉扯压力衣或局部过紧。

3. 保养

(1) 压力衣应每日清洗。

(2) 清洗前最好浸泡1小时,然后轻柔清洗。

(3) 应采用中性肥皂液于温水中洗涤、漂净,轻轻挤去水分,忌过分拧绞或洗衣机洗涤。

(4) 如必须用洗衣机洗涤时应将压力衣装于洗衣袋内,避免损坏。

(5) 压力衣应于室温下自然风干,避免熨斗熨干或直接暴晒于强烈日光下。

(6) 压力衣应平铺晾晒,避免夹起垂挂。

（7）定期复诊,检查压力衣的压力与治疗效果,当压力衣变松时,应及时进行压力衣收紧处理或更换新的压力衣。

二、压力垫制作

压力垫是指加于压力衣或压力绷带与皮肤表面之间,用以改变瘢痕表面的曲度或填充凹陷部位,使压力集中于所需部位的物品。

（一）应用原理

按 Laplace 原理,压力与曲率有关。在张力固定的情况下(不同弹力纤维其张力是恒定的),曲率越大处,所受压力越高(图 12-6)。人体大致划分为球体(头部、臀部、乳房)与柱状体(四肢、躯干)两种,但人体表面并非标准的几何体,因此需使用压力垫来改变局部曲率,以增加或减小局部压力。

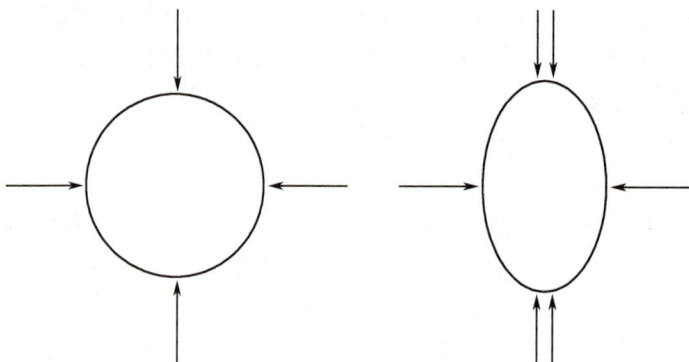

图 12-6　Laplace 原理

（二）常用工具

制作压力垫的常用工具有剪刀用于裁剪;加热炉用于材料的热塑形,无加热炉也可用电熨斗或热风枪代替。

（三）常用材料

1. 海绵　其特点是柔软,产生的剪切力小,价格便宜,但易在压力下变扁平,不能提供足够的局部压力。

2. 塑胶海绵　其特点是富有弹性,能增加局部压力。缺点是质地硬,易增加切力,且价格较贵,偶尔会导致过敏。但因其易于在高温下塑形,并能根据瘢痕进展改变外形而在临床上得以广泛使用。

3. 弱力胶　其特点是极易塑形。但因其价格较高,不能根据瘢痕进展做出适应性的改变,且不能调节或加以改制,临床上较少使用。

4. 硅酮锗喱　许多临床研究证实,硅酮锗喱能较好地抑制或预防瘢痕增生,促进瘢痕成熟。其伸展性与皮肤接近,覆盖在瘢痕处不会影响关节活动。另外,该物成分稳定,细菌不易通过,如保养得当可持续使用半个月以上。但不能用其覆盖在未愈合的创面。

（四）制作步骤

1. 根据需加压的部位和形状,确定所需压力垫的种类。

2. 在透明塑料上画出瘢痕的形状并确定压力垫的大小和形状。

3. 将确定好的形状画于压力垫材料上,并通过加热塑形或打磨出所需形状。

4. 如用于关节部位,则需在压力垫表面用刀割出缺口以保证关节的正常活动。

（五）注意事项

压力垫的大小与形状要视瘢痕情况而定,不宜太大使压力减低,也不能太小导致在活动时不能完全覆盖住瘢痕。压力垫的外部可加用棉质套,以减少过敏。此外,压力垫最好有独立的固定系统。在制作过程中,有以下几方面应值得注意。

1. 压力垫必须完整地覆盖整个瘢痕 对于大瘢痕区可使用整块垫,对于相隔较远的散在瘢痕,可使用多块;对于增生性瘢痕,压力垫边缘应盖住瘢痕边缘外 3~4mm,对于瘢痕疙瘩,为了避免向外生长应盖住瘢痕边缘 5~6mm。

2. 身体凸、凹面问题 应避免在曲率半径很小的骨性突起处压力过大,如尺、桡骨茎突。对于凹面应将其充填并确保压力垫完全与瘢痕表面接触,使其切实受压。

3. 适合度与韧度 压力垫与体表维持完整接触的能力称为适合度,而韧度是指维持形状与抵抗疲劳的能力。后者是压力垫的重要特点,并被认为是能否提供足够压力的标志。两者是对立统一的关系,不同材料在两方面各有所长,应综合应用,柔软的材料有较好的适合度,多用于快速反应、位于关节附近及活动较多部位的增生性瘢痕;韧度高的材料对于远离运动区的硬性瘢痕效果较好。

4. 动力因素 跨关节的压力垫应不妨碍关节活动。例如在肘关节屈侧放置压力垫,应剪一个 V 字形切口,以便屈曲时不受阻,在伸侧应垂直剪开,以便牵拉伸肘时活动不受限。

5. 边缘斜度 采用斜度不同的边缘对瘢痕压迫的效果不同(图 12-7)。斜度小的边缘处压力最大(图 12-7A),适用于放置压力衣开口处,因为在该处压力衣产生的压力较弱,衣、垫有互补作用。边缘斜度大的垫下压力较均匀,由于边缘处压力衣接触不到皮肤,避免了正常皮肤组织受压(图 12-7B)。

A. 压力较大　　　　　　　　　　　　　B. 压力均匀

图 12-7 不同斜度下的压力垫边缘压力示意图
A. 斜度小的边缘处压力最大;B. 边缘斜度大的垫下压力均匀

6. 固定 常用的固定方法有尼龙搭扣、扣带及外用弹力带等,可根据压力垫的放置位置选择适宜的固定方法。如背部可用尼龙搭扣,在需要活动的关节周围,可使用扣带或弹性绷带。另外,也应考虑患者的接受程度及穿脱方便性。

（六）智能压力垫

除上述的传统压力垫的材料和制作以外,近年来由香港理工大学研发的智能压力垫也开始逐步应用。智能压力垫结合了硅凝胶及压力治疗,用于软化及抑制瘢痕增生。智能压力垫由三层结构组成,即上层的医用硅胶层、中间的硅胶层和下层直接接触皮肤的硅凝胶。可根据患者所需压力,调整硅凝胶及硅胶层厚度,以调整所施压力。

三、压力支架及压力面罩制作

（一）压力支架

1. 作用 主要用于保护鼻部、耳部、下颌部及小口畸形的防治。

（1）鼻部支架:用于保护鼻部,避免因局部压力过大而塌陷。

（2）耳部支架:用于防止耳部变形和避免耳郭粘连于头部。

（3）下颌部支架:用于保护下颌部,避免因局部过大压力而变形。

（4）口部支架:用于预防和治疗小口畸形(图12-8)。

2. 材料 主要使用低温热塑板材,结合钢丝、固定钉等附件,在相应部位直接塑形而成。

3. 注意事项 支架边缘应光滑妥帖,压力均匀,不应产生局部压迫,必要时可加用衬垫。

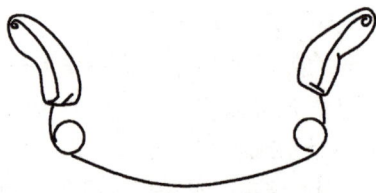

图 12-8 口部支架

（二）压力面罩

1. 主要作用 面罩适用于头面部烧伤和骨部损伤的保护。头面部瘢痕增生会对烧伤者容貌和心理产生重大影响,因此瘢痕控制和压力治疗的有效实施是头面部烧伤康复的重要措施。但头面部是人体最不规则的部位,眼鼻处的开口需求也会影响压力衣或头套的压力施加效果。

2. 常用材料 透明高温热塑材料及低温热塑板材,以及近年新兴的3D打印。配合弹力带、铆钉等附件。

（1）透明压力面罩:多用含硅凝胶的高温透明材料,便于观察瘢痕情况。可对口周、眼周施加有效压力,美观性较好。但制作过程包括取阴模、制作阳模、修模、成型、开孔及制作配件等步骤。对制作者的技术及患者的配合程度有较高要求。另外,也可局部制作用于鼻及眉的骨部保护。

（2）低温热塑板材面罩:与透明高温热塑材料相比,制作费用更低廉,且制作流程更简便,取型方法同矫形器,取型后割出眼、口等位置,使用弹性带(橡皮筋带)固定于头部。但由于材料透气性较差,不便于观察瘢痕情况,且美观性低于透明压力面罩。

（3）3D打印压力面罩:利用3D扫描及3D打印制作压力面罩。为近年新兴的制作方法,优点为制作过程智能化,敷贴性好,但目前技术尚不太成熟,且制作成本高。

3. 压力面罩加压注意事项

（1）确保压力面罩合体:由于压力面罩较硬,稍不合体就会造成局部压力过大或过小,导致皮肤损伤或达不到治疗效果。

（2）定时清洗:由于透气性不佳,穿戴后要及时清洗以免出现脏污及异味。

（3）定时解除压力:每穿戴压力面罩2小时后可解除压力几分钟并清洗面罩,以保护面部皮肤,避免因面罩透气性不佳、汗液聚集造成损害。

（罗 壹）

复习思考题

1. 常用的绷带加压法疗法有哪几种类型?分别适用于何种情况?

2. 压力疗法的适应证和禁忌证有哪些?

3. 压力衣设计制作时需要注意什么?

第十三章

环 境 调 适

ER-13-1

PPT 课件

学习目标

1. 详细描述环境的定义、环境调适的基本要求、无障碍环境设计原则、常用环境评定工具的使用。

2. 熟练应用环境改造评估流程、居住环境调适方法进行实践。

3. 简述通用设计与无障碍设计之间的区别、通用设计的七个原则。

第一节 概 述

一、环境的定义

环境是指人类的生存空间,是可以直接、间接影响人类生存和发展的各种自然因素和社会因素的总体。《国际功能、残疾和健康分类》将环境因素定义为构成个体生活背景的外部世界的所有方面,并对个体的功能发生影响。环境因素包括自然界及人造世界、产品和技术、支持和关系、态度、社会体制和服务。

1. 自然界及人造世界 是指自然环境中有生命和无生命的元素,以及被人类改造过的环境组成部分,以及在该环境中人类的特征。人类参与作业活动会影响自然环境的可持续性,人类行为方式及改变会对环境产生影响。

2. 产品和技术 是指收集、生产或制造的天然或人造产品,以及产品、设备和技术所构成的系统。

3. 支持和关系 是指在家庭、工作场所、学校、社区或日常生活的各个方面为他人提供体力辅助、情感支持、保护、帮助等的人或动物。

4. 态度 是指人群的习俗、实践习惯、意识、价值观、行为规范、信仰等可观察到的表现。

5. 社会体制和服务 由社会各个部门为满足个体和群体的需求而提供的福利,设计的结构化项目和制订的规则等。

当人与周围的环境进行互动时,环境因素可以支持或限制人们参与有意义的作业活动,这主要取决于环境究竟提供了支持性资源还是造成了阻碍。

二、环境调适的目的和意义

(一)环境的影响

1. 环境对作业活动的影响 可概括为供给和限制两方面。

（1）供给：指的是周围环境为作业活动的进行提供一定程度的选择和机会。例如，宽阔的公路给了行人和汽车行动的自由，只要是在安全和法律规定范围内，车辆可以自由行驶。

（2）限制：是指环境对个体在进行某些具体的作业活动时有一定的约束和要求。这可能是物理环境本身的限制，也可能是制度或文化的限制。例如，同样是在公路上开车，要求车辆遵守交通规则，不可以超速驾驶，要礼让和顾及行人安全；另外，不同路面本身也对车辆的行驶进行限制，如弯路较多的路段就要求车辆减速慢行。

2. 环境对心理和情绪的影响 环境的支持或限制程度不同，会对人的心理和情绪造成一定影响。如家人的鼓励和支持会给伤病者战胜困难的信心和勇气，使他们积极治疗和正确面对困难。但如果家人过于苛刻地要求患者一定要像伤病前一样去完成活动，稍有差错便进行指责，会令他们承受极大的压力，丧失信心，使他们变得焦虑或抑郁，患者可能会反抗甚至拒绝治疗。家属对患者过于纵容又容易使他们依赖心理加重，放松对自己的要求，不积极进行治疗。当环境的支持和挑战恰到好处时，人们的表现和能力会达到最佳状态，经过努力最终达到目的会给人们带来成就感，令他们更加自信。

3. 环境对行为技巧和习惯的影响 环境的限制是多方面的，有的限制可以克服，有的限制则必须服从。从总体上讲，随着时间的推移，环境的限制会影响个人的行为技巧和行为习惯的形成。比如，伤残人士康复后回到一个新的工作单位，需要一段时间去了解周围的环境和人，熟悉新的工作制度，以便对自己的行为和习惯进行调整，以适应新的工作环境。

4. 环境对个体的影响 环境对个体的影响包括支持和限制。环境对人类作业活动的影响因人而异，不同的人有不同的兴趣、习惯、角色、能力和价值观等，因而，对环境的判断和反应也会有所不同，人们会选择不同的行为方式和途径去达到自己的目标。

（二）环境调适的目的和意义

环境调适是指通过对环境的适当调整，使环境能够适应功能障碍者的生活、学习或工作需要。是通过建立无障碍设施，消除环境对功能障碍者造成的各种障碍，为残疾人参与社会活动创造基本条件。

具体而言，环境调适有以下几个方面的意义：

1. 自我照料方面

（1）增强环境安全性，降低意外伤害的风险；

（2）增加环境的便利性与舒适性，提高生活质量；

（3）提升功能障碍者的 ADL 能力。

2. 心理调节方面

（1）提高功能障碍者独立感和成就感，建立生活的信心；

（2）调节精神情绪，促进心理平衡。

3. 职业能力方面

（1）提高劳动技能，增强再就业的信心；

（2）提高职业适应能力，促进重返工作岗位。

4. 社会交往方面

（1）加强功能障碍者与他人的互动交流，改善社会交往和人际关系，促进重返社会；

（2）增强社会对功能障碍者的认知和理解。

第二节 环境评估

一、环境评估的内容

环境影响人类的行为活动,并提供了与我们角色相关的作业条件。环境具有物理、社会、文化、制度和时间维度,可以影响我们在个人、社区和社会层面上的作业表现和参与。作业治疗实践模式基本的核心理念包含两方面:①与大多数其他负面因素导致的作业表现障碍相比,由环境因素导致的作业障碍更容易得到改善甚至消除;②良好的环境支持能够促进最佳的作业参与。

在本节内容中,环境评定的内容可被分为家居环境、社区环境和工作场所评估。

(一)家居环境评估

家居环境评估是作业治疗师提供的治疗服务中一个重要的组成部分,特别是在从医院或康复机构回家的康复对象的出院计划过程中。基于家居环境评估结果对康复对象进行的作业表现的评估,是康复对象的自我报告、代理报告或基于医院环境下的评估所无法替代的。在基于家居环境进行作业表现评估的过程中,治疗师可以评估患者的作业参与程度,他们日常角色的完成情况,以及家庭环境。这种个性化的评估方法非常重要,因为一个人在家居环境下的作业参与程度因健康状况和残疾状况而异。例如,一个患有阿尔茨海默病的人与一个脊髓损伤的患者相比,家里的可达性和安全性要素将会有很大不同。

家居环境评估可以帮助作业治疗师及其康复对象发现具体的环境细节,其中最重要的评估内容为家居环境的安全性和防跌倒评估,用以防止因家居环境危险或不安全的作业方法造成的伤害。关于家居环境评估预防老年人跌倒的有效性研究表明,家居环境评估可以降低跌倒风险,特别是对那些过去有跌倒史的人。跌倒可能产生长期残疾和护理需求,患者失去信心,变得抑郁、脱离社会,甚至过早死亡等后果。因此,作业治疗在促进家居环境安全性和预防跌倒方面的作用至关重要。

确保康复对象的家居环境能够为他们的家居作业提供所需支持,对于他们能够继续安全生活很重要。人们对自己的家有很深的依恋,家居环境的设计和摆设对他们来说都很有意义。虽然治疗师可能认为有些特定的家居摆设会影响康复对象的作业表现或成为安全隐患,但康复对象可能对这些家居摆设的意义有不同看法。因此,治疗师应该能够敏锐地感知康复对象在家居环境评估中表现出的对自己的家居布置和摆设的看法和态度。

《康复环境和功能安全检查表》是临床使用范围较广的标准化家居环境评估工具。

(二)社区环境评估

作业治疗师需要详细考虑社区环境,使康复对象能充分参与和发挥社区角色。社区服务(含公共交通工具)项目应对功能障碍人士开放。在有些社区环境中,轮椅使用者没有无障碍电梯可以乘坐,冒着安全风险在机动车道路边行驶;或者在进入某栋大楼时没有无障碍坡道,这些情况都会严重影响障碍者的社区参与。为了使障碍人士充分参与并感觉到融入社区生活,他们应该能够方便、安全地进出他们想去的地方并使用或参与各类服务和项目(体育活动、志愿者活动等)。作业治疗师还可以与提供教育、文化、商业和宗教设施的团体一起担任咨询或宣传的角色,参与社区环境建设与调适。

(三)工作场所评估

工作场所评估是帮助作业治疗师了解工作场所因素如何影响工作绩效和安全的关键步骤。作业治疗师在帮助康复对象寻求或重返工作岗位,使他们实现自我提升和人生价值方面起着重要作用。工作场所安全性和可达性的评估至关重要,因为不同的工作场所环境可能存在显著不同,康复对象的需求也会因其病情的性质不同而有所不同。例如,因创伤性脑损伤导致认知障碍的人与脊髓损伤后返回工作的人有非常不同的需求。

此外,作业治疗师还应认识到,环境因素会影响个人的工作能力,工作环境评估并不限于物理环境方面的问题,还涉及社会环境和资源等领域。因此,评估工作的社会文化环境也很重要,包括社会支持、员工互动情况以及同事和主管的态度等。

二、环境评估的准备工作

作业治疗师在评估环境时,除了依靠经验、观察和访谈外,使用标准化评估工具也是必要的。

(一)评估前准备

1. 尽可能从雇主和雇员的角度获得对工作的描述(例如,职责、责任、顺序、时间模式、风险、任务复杂性的变化和基本功能需求)。

2. 获取对工作站和工作地点的描述(例如,结构、环境、布局、环境危害和位置)。

3. 使用数字记录设备(如适用),获得雇主/企业/行业代表和康复对象的书面同意(包括康复对象希望共享信息的意愿)。

4. 了解工人和雇主的观点(例如,期望、问题、能力等)。

5. 在访问前,与适当的人员(如康复对象的主管)安排访问,包括同意和准备计划。

6. 确保访问期间有联系人(例如,康复对象的主管和职业人员)。

7. 准备一个评估框架,包括问题清单、活动、安全问题等。

8. 准备并携带图表/评估表格以记录信息。

(二)工作场所评估所需的用品和材料

在评估前与雇主进行商讨(包括对工作现场的初步了解)有助于更准确地确定供应和材料需求。工作场所评估所需的用品和材料一般包括:数据记录工具(如表格、纸、笔、笔记本电脑等)、卷尺和轮式测量设备、秒表、拉/压力计、测功机、个人防护设备(如防护眼镜)、温度计、数码相机(有录像能力)等。

第三节　环境调适

一、居住环境调适

从最初的优先调适项目到最终的调适后评估,再到调适完成后对康复对象的教育和培训,家居环境的调适过程有许多程序。

(一)居住环境调适的具体过程

1. 与康复对象沟通,安排家访/评估时机。建议康复对象尽可能让所有有关方到场。让各个利益相关者参与房屋修改过程,确保所有相关问题都得到讨论和仔细考虑,并确保制订的干预方案对所有受其影响的人都可以接受和有用。此外,在访问时让利益相关者参与,可减少与各方协商所需的讨论和后续访问次数。

2. 做好评估前的准备工作,包括路线规划,编制适当的表格和评估工具,可能的干预方案等。

3. 前往康复对象家中,治疗师沿途可观察与康复对象房屋有关的当地设施的位置;公共交通的类型和位置;该地区的一般地形;周边地区的人行道、路缘和道路状况;以及附近房屋的风格和条件。通过观察康复对象的周围环境,治疗师可以理解为什么人们可能会选择不搬迁,特别是如果他们位于社区设施或支持服务机构附近时。甚至发现阻碍康复对象进行社区参与的潜在环境障碍。

4. 进入康复对象家中,与其见面。治疗师与康复对象确认可以开始家访,向在场的人介绍自己,并进一步了解每个人与康复对象的关系、他们在家中的地位及其日常生活。

5. 与康复对象进行访谈,了解其目前所担忧的家居作业;在家中的活动、日程和角色;家中各个场所的使用情况;家对康复对象的意义,包括家中的物件、空间或某些特性;希望将来自己的家是什么样的。

6. 检查家居环境。治疗师仔细检查康复对象的家居环境,以充分了解其布局、结构、固定装置和配件,以及对康复对象的作业表现构成障碍的地方。

7. 拍摄、测量家居环境数据。

8. 规划、选择和协商一系列干预措施;作业治疗师与康复对象合作,建立与家庭和社区作业表现相关的短期和长期目标。短期目标应包括解决与作业障碍或环境相关的问题;长期目标应是维持或提高与在家庭和社区中扮演不同角色相关的日常作业的表现。一旦康复对象的目标确定,治疗师就可与他/她一起确定和协商针对这些目标的干预措施。

9. 结束家访/评估。

10. 撰写报告并完成环境调适图纸。

11. 教育和培训康复对象在调试后的家居环境中进行作业。

12. 对家居环境调试后的效果进行评估,调试结束后作业治疗师需要再次检查和评估这些干预措施,以确定家居环境调适措施的合理性,是否已经达到了预期结果,并确保没有造成消极影响或困难。治疗师还需要进一步确认,调适和干预是否满足了康复对象的期望,康复对象的作业表现是否得到了支持或提高。如果环境调适没有帮助提高其作业表现,或者造成了其他障碍,就需要做出进一步的调适。

(二)居住环境调适方法

1. 卧室

(1)卧室应有直接采光和自然通风,卧室内设双控照明开关。

(2)卧室空间,单人卧室面积不应小于 $7.00m^2$,双人卧室面积不应小于 $10.50m^2$,兼起居室的卧室面积不应小于 $16.00m^2$;老年人合居型居室,每室不宜超过 3 人;房间内应有空间能保证轮椅进行回转,回转直径不小于 $1.50m$。

(3)床靠墙或墙角,床脚底部可用负压吸盘辅助固定,床的高度应以患者坐在床边,在髋和膝关节保持约 90°时,双脚能平放在地面为宜,一般为 45cm,要有利于患者进行转移,如高度不够可用木板或床垫增高。

(4)床前有充足的空间供患者转移,床前过道的宽度不应小于 $1.50m$,双人房床间距离不应小于 $1.20m$。

(5)家具和电器控制开关的位置和高度应方便乘轮椅者靠近和使用。

(6)床边应放置一张床头柜,便于摆设床头灯、电话、药品或呼叫铃,床上安装手触式开关。

(7)卧室衣柜内挂衣横杆的高度距地面 $1.30m$,壁柜挂钩距地面高度为 $1.00\sim1.40m$,其深度不超过 $0.60m$。为方便坐轮椅患者取挂衣物,衣柜内的横搁板距地面高度不能高于 $1.10m$。

(8)门以滑动门或折叠门及手柄式的门把较为合适,门扇开启净宽度不少于 80cm。

（9）听力障碍者的卧室室内应设置闪光提示门铃。

2. 走道

（1）户内门厅轮椅通行宽度不应小于1.50m,通往卧室、起居室（厅）、厨房、卫生间、储藏室及阳台的通道应为无障碍通道,宽度应大于1.20m,走道两边不要堆放箱子、桌椅等障碍物,保持通畅。

（2）室内走道地面应平整、不光滑、不积水。

（3）墙体阳角（即凸出的墙角）部位宜做成圆角或切角。

（4）使用不同材料铺装的地面应相互取平,如有高度差时不应大于15mm并应以斜面过渡。

（5）走道可在一侧或两侧墙面设置扶手,扶手的高度为85~90cm,扶手内侧与墙面的距离不应小于4cm;若为双层扶手则下层扶手高度为65~70cm。

3. 室内门

（1）不应采用力度大的弹簧门,门的色彩应与周围墙面有反差。

（2）门开启后的通行净宽度不应小于80cm。

（3）门扇内外应留有直径不小于150cm的轮椅回转空间。

（4）门扇在一只手操纵下应易于开启,应设距地90cm的把手,宜在距地35cm范围内安装护门板。

（5）在门把手一侧的墙面应留有不小于40cm的墙面。

4. 卫生间

（1）设坐便器、洗浴器（浴盆或淋浴）、脸盆三件卫生洁具的卫生间面积不应小于4.00m²;设坐便器、洗浴器两件卫生洁具的卫生间面积不应小于3.00m²;设坐便器、脸盆两件卫生洁具的卫生间面积不应小于2.50m²;单设坐便器的卫生间面积不应小于2.00m²。

（2）卫生间门应当采用平开门,门扇宜向外开启,如向内开启,需在开启后留有直径不小于1.50m的轮椅回转空间,门的通行净宽度不应小于80cm,平开门应设高90cm的横扶把手,在门扇里侧应采用门外可紧急开启的门锁。

（3）卫生间的入口和通道应方便乘轮椅者进入和进行回转,回转直径不小于1.50m。

（4）卫生间地面应防滑、不积水,最好没有门槛,或门槛高度小于2.5cm。

（5）卫生间内部应设坐便器、洗手盆、多功能台、挂衣钩和呼叫按钮。

（6）坐便器高度应为45cm,两侧应设高70cm的水平抓杆,在墙面一侧应加设高1.40m的垂直抓杆。

（7）卫生纸盒高度设在1.10m。

（8）洗手盆两侧和前缘5cm处应设置安全抓杆;洗手盆的水嘴中心距侧墙应大于55cm,其底部应留出宽75cm、高65cm、深45cm供乘轮椅者膝部和足尖部移动的空间,并在洗手盆上方安装镜子,出水龙头宜采用杠杆式水龙头或感应式自动出水方式。

（9）多功能台长度不宜小于70cm,宽度不宜小于40cm,高度宜为60cm。

（10）挂衣钩距地高度不应大于1.20m。

（11）在坐便器旁的墙面上应设高40~50cm的救助呼叫按钮。

（12）卫生间插座高度宜为70~80cm,并且安装防漏电保护。

5. 浴室

（1）浴室的入口和通道应方便乘轮椅者进入和进行回转,回转直径不小于1.50m。

（2）浴室地面应防滑、不积水,最好没有门槛,或门槛高度小于2.5cm。

（3）浴室入口宜采用活动门帘,当采用平开门时,门扇应向外开启,设高90cm的横扶把手,在关闭的门扇里侧设高 90cm 的关门拉手,并应采用门外可紧急开启的插销。

（4）无障碍淋浴间浴室面积不小于 3.50m²,短边宽度不应小于 1.50m;洗浴座椅高度宜为 45cm,深度不宜小于 45cm;淋浴间应设距地面高 70cm 的水平抓杆和高 1.40m 的垂直抓杆;淋浴喷头控制开关的高度距地面不应大于 1.20m。

（5）无障碍盆浴间门扇向外开启,浴室面积不应小于 4.50m²,短边净宽度不小于 200cm;浴盆一端设置方便进入和使用的坐台,其深度不应小于 40cm。

（6）浴盆内侧应设高 60cm 和 90cm 的两层水平抓杆,水平长度不小于 80cm;洗浴坐台一侧的墙上设高 90cm、水平长度不小于 60cm 的安全抓杆。

（7）浴室内毛巾架、杂物架的高度不应大于 1.20m。

（8）浴室内应屏蔽热水管。

6. 起居室

（1）起居室应有良好的朝向和视野,空间至少要有 14.00m²。

（2）室内家具、物品的摆放应符合轮椅通行、停留及回转的使用要求。

（3）橱柜高度应小于或等于 1.20m,深度应小于或等于 0.40m。

（4）电视机的高度为 0.90~1.20m。

（5）电器、天线和电话插座高度为 40~50cm。

（6）对讲机按钮与通话器的高度应为 1.00m。

7. 厨房

（1）厨房应布置在门口附近,以方便轮椅进出。

（2）厨房面积应大于或等于 6.00m²,净宽应大于或等于 2.00m,双排布置设备的厨房净宽应大于或等于 1.50m。

（3）操作台台面高度为 75~80cm,深度 50~55cm。

（4）洗涤池台口距地面小于 80cm,深度为 11~15cm,洗涤池下方净宽度和高度应大于或等于 60cm。

（5）吊柜柜底高度应小于 1.20m,深度应小于或等于 0.25m。

（6）厨房插座高度宜为 70~80cm。

（7）燃气灶及热水器应方便轮椅靠近,阀门及观察孔的高度应小于或等于 1.10m,应设排烟及拉线式机械排油烟装置,炉灶应设安全防火保护、自动灭火及燃气报警装置。

8. 阳台

（1）阳台门宽度不小于 80cm。

（2）阳台深度不应小于 150cm,向外开启的平开门应设关门拉手。

（3）阳台与居室地面高度差不应大于 1.5cm,并以斜面过渡。

（4）阳台应设可升降的晒衣物设施。

9. 其他

（1）电视机的高度为 0.90~1.20m。

（2）电器、天线和电话插座高度为 40~50cm。

（3）厨房、卫生间插座高度宜为 70~80cm,卫生间开关插座应安装防水盒(罩)。

（4）对讲机按钮与通话器的高度应为 1.00m。

二、无障碍环境设计

无障碍环境(barrier-free environment)的概念由联合国组织于 1974 年提出,指的是针对各种有障碍人士所进行的消除障碍的环境和产品设计。

无障碍环境主要包括两方面,分别是物质无障碍和信息与交流无障碍。为了保障残疾人、老年人、儿童及其他行动不便者在居住、出行、工作、休闲娱乐和参加其他社会活动时,能够自主、安全、方便地通行和使用所建设的物质环境就是无障碍设施。信息无障碍是指任何人(无论是健全人还是残疾人,无论是年轻人还是老年人)在任何情况下都能平等、方便、无障碍地获取信息、利用信息。

无障碍环境设计本意是为有行为能力障碍的人所做的消除障碍因素的环境或产品设计,现在主要是指运用现代技术为广大残疾人、老年人、妇女、儿童提供行动方便和安全空间,创造一个平等参与的环境,使其能够适应有障碍者在功能障碍阶段的生活、学习或工作需要。其基本思想是致力于对人类行为、意识与动作反应的细致研究,将为人所用的物与环境的设计进行优化,在使用操作界面上清除那些让使用者在信息、移动和操作上障碍的环境。强调功能障碍者在社会生活中平等参与的重要性,为使用者提供最大可能的方便。

无论是生活还是工作,人们都期望获得平等对待。早期的无障碍设计,虽然其目的主要是满足病伤残者、老年人等弱势群体的生理、生活需求,但是由于特殊的设计,对于功能障碍者来说可能有需求,但在其潜意识里认为被区别对待了,所以不愿意去使用;而对正常人来说更不愿意去使用,因为容易被他人误解,这样就造成了此类设计形同虚设。随着各国无障碍建设的不断完善,无障碍建设不再是仅仅为了功能障碍人群的特殊关照,1975年在"国际康复论坛"中,提出了"不仅对残障人士,对老年人和其他弱势人群都应给予关照"的观点,即以"面向所有人"这一理念为基础。1987年,美国肢体残障设计师 Ronald L. Mace 针对"面向所有人"的理念,提出了"通用设计"的概念,这是一种为所有使用者创造良好使用体验的设计理念,它强调以人为本,产品设计、环境、项目和服务可以最大限度地被所有人使用。后来,通用设计的理念为国际社会广泛认同和采纳。

对于通用设计而言,服务对象不是简单地分为残疾人或非残疾人,而应根据其所处特定情境的能力状况加以细分。Ronald L. Mace 和他的同事们经过一系列研究与实践提出了著名的通用设计7原则,7原则的提出不仅对通用设计的内涵以更加具体的形式进行阐明,也为通用设计的实践提供了清晰的工具,旨在设计方便所有人群使用的建筑和产品服务。这7个原则分别是:

1. 公平使用原则 产品的设计应尽可能让所有人都能公平使用。
(1)为所有使用者提供尽可能相同的使用方式;
(2)能引起所有使用者的兴趣;
(3)所有使用者应该拥有相同的隐私权和安全感;
(4)避免隔离或歧视使用者。

2. 灵活使用原则 设计要迎合广泛的个人喜好和能力。
(1)提供多种使用方式以供使用者选择;
(2)同时考虑左利手和右利手的使用;
(3)能增进用户的准确性和精确性;
(4)适应不同用户的不同使用节奏。

3. 简易而直观原则 设计的使用方法是容易理解明白的,不会受使用者的经验、知识、语言能力及当前的集中程度所影响。
(1)去掉不必要的复杂细节;
(2)根据信息重要程度进行编排;
(3)适应不同读写和语言水平的使用者;
(4)与用户的期望和直觉保持一致;

（5）在任务执行期间和完成之时提供有效的提示和反馈。

4. 明确的资讯原则　无论四周情况如何或使用者是否有感官上的缺陷，都应该把必要的信息传递给使用者。

（1）为重要信息提供不同的表达模式（图像的、语言的、触觉的）；

（2）重要信息和周边要有足够的对比；

（3）强化重要信息的可识读性；

（4）以可描述的方式区分不同的元素（例如，要便于发出指示和指令）；

（5）与感知能力障碍者所使用的技术装备兼容。

5. 容许错误原则　设计应该能够使错误操作或意外动作所造成的反面结果或危险减到最小。

（1）对不同元素进行精心安排，以降低危害和错误，如最常用的元素应该是最容易触及的，危害性的元素可采用消除、单独设置和加上保护罩等处理方式；

（2）提供危害和错误的警示信息；

（3）失效时能提供安全模式；

（4）在执行需要高度警觉的任务中，不鼓励分散注意力的无意识行为。

6. 尽可能省力原则　设计应该尽可能让使用者有效和舒适地使用。

（1）允许使用者保持一种省力的肢体位置；

（2）使用合适的操作（手、足操作等）；

（3）减少重复动作次数及持续性体力负荷。

7. 适当的尺寸及空间可供使用原则　提供适当的大小和空间，让使用者容易接近、触及、操作，并且不受其体型、姿势或行动障碍的影响。

（1）为坐姿和站姿的使用者提供观察重要元素的清晰视线；

（2）坐姿或站姿的使用者都能舒适地触及所有元素；

（3）兼容各种手部和抓握尺寸；

（4）为辅助设备和个人助理装置提供充足的空间。

虽然通用设计的原则主要强调使用上的便利性，但对于实际设计而言，单从使用方面考虑还是不够的，还须考虑其他因素如经济性、工程可行性、文化、性别、环境等诸多因素，并且某一设计并不一定要满足所有原则，只需要尽可能地根据上述原则将其特点整合到设计中去即可。总的来说，目前通用设计理念更加符合无障碍设计趋势。

目前国际通用的无障碍设计标准，大致有6个方面：①在一切公共建筑的入口处设置取代台阶的坡道，其坡度应不大于1∶12，如条件允许，最好设无障碍入口。②在盲人经常出入处设置盲道，在十字路口设置利于盲人辨向的音响设施。③门的净空廊宽度要在0.8m以上，采用旋转门的需另设残疾人入口。④所有建筑物走廊的净空宽度应在1.3m以上。⑤公共卫生间应设有带扶手的座式便器，门隔断应做成外开式或推拉式，以保证内部空间便于轮椅进入。⑥电梯的入口净宽均应在0.8m以上。

（祁　芳）

复习思考题

1. 为什么作业治疗师要为康复对象评估作业环境？

2. 对于患有膝关节炎的老年人，请列出不少于7个方面的有助于该老年人居家生活的环境支持。

ER-13-3
扫一扫
测一测

第十四章

辅 助 技 术

学习目标

1. 熟练运用轮椅、助行器的选择和使用原则对患者进行指导。
2. 描述辅助技术的概念及分类;辅助技术服务和应用流程、常用的生活辅助器具类型。
3. 了解自助具及简单矫形器的制作。

第一节 概 述

一、基本概念

辅助技术是指用来帮助残疾人、老年人进行功能代偿以促进其独立生活并充分发挥他们潜力的多种技术、服务和系统的统称,包括三方面:①技术:硬件(器具)、软件(方法);②服务:适配服务和供应服务;③系统:包括研发、生产、供应、服务和管理。辅助技术可概括为辅助器具和辅助技术服务两方面。

1. 辅助器具 2004 年发布的国家标准《残疾人辅助器具 分类和术语》中,残疾人辅助器具的定义是"残疾人使用的,特别生产的或一般有效的,防止、补偿、减轻、抵消残损、残疾或残障的任何产品、器械、设备或技术系统"。2001 年世界卫生大会通过的国际功能、残疾和健康分类(ICF),将辅助技术定义为"改善残疾人功能状况而采用适配的或专门设计的任何产品、器具、设备或技术"。

2. 辅助技术服务 根据联合国相关规定,任何协助个体在选择、取得及使用辅助器具过程中的服务,都称为辅助技术服务。其内容包括需求评估、经费取得、设计、定做、修改、维护、维修、训练及技术支持等;还包括国家应保障支持性服务的发展与供给,包含身心障碍者的辅助器具,以助其在日常生活中增加独立性并能行使权利。

(1) 国家应依身心障碍者的需要,保障辅助器具的供应、提供个人协助与翻译服务,作为达到机会均等的重要标准。

(2) 国家应支持辅助器具的发展、制造、分布及服务,以及传播辅助器具相关知识。

(3) 为达成以上目标,应利用相关的工业知识,在高科技工业国家,应充分利用其相关产业,以增进辅助器具的标准性及有效性,国家应尽量利用当地本身的物资及生产设备,来发展及生产简单与低价位的辅助器具,而身心障碍者本身也可以参与其中。

(4) 国家应保证所有的身心障碍者均应得到正确的辅助器具(其中包含经济上的协助),这表示国家应免费提供或是以很低的价格提供给身心障碍者购买。

（5）在康复服务中提供有关辅助器具服务时,国家应考虑残疾儿童的特殊需要,其中包含设计、耐用程度、适用年龄等考虑。

（6）国家应支持针对重度残疾及多重障碍者有关个人协助计划及翻译服务的发展与供给,这类计划将增加身心障碍者在家中、在工作上、在学校以及休闲活动上的参与程度。个人协助计划应对身心障碍者有决定性的影响。

二、辅助技术分类

（一）辅助器具分类

1. 按使用人群分类 不同类型的残疾人需要不同的辅助器具。根据《中华人民共和国残疾人保障法》,我国有七类残疾人,加上部分有需要的老年人,分别需要不同的辅助器具,包括如下:

（1）视力残疾辅助器具:如助视器、眼镜和导盲杖等。

（2）听力残疾辅助器具:如助听器。

（3）言语残疾辅助器具:语训器、沟通板。

（4）智力残疾辅助器具:如智力开发的器具和教材。

（5）精神残疾辅助器具:如手工作业辅助器具或感觉统合辅助器具等。

（6）肢体残疾辅助器具:如假肢、矫形器、轮椅等。

（7）多重残疾辅助器具:根据残疾情况,可能需要上述多种辅助器具。

（8）老年人辅助器具:如老花镜、手杖、轮椅等。

这种分类方法的优点是使用方便,有利于使用者,缺点是反映不出这些辅助器具的本质区别。特别是许多辅助器具并不局限于上述某一人群使用,属于通用辅助器具。

2. 按使用环境分类 不同的辅助器具用于不同的环境,根据辅助器具的使用环境分为以下几类:

（1）生活用辅助器具。

（2）移乘用辅助器具。

（3）通信用辅助器具。

（4）教育用辅助器具。

（5）就业用辅助器具。

（6）文体用辅助器具。

（7）宗教用辅助器具。

（8）公共建筑用辅助器具。

（9）私人建筑用辅助器具。

该分类方法的优点是使用方便、针对性强,对康复医生写辅助器具建议时很实用,缺点是反映不出这些辅助器具的本质区别,而且有些辅助器具如电脑辅助器具,在许多不同的环境下都需要,所以不是唯一使用环境。

3. 按使用功能分类 2014年6月,民政部颁布了《中国康复辅助器具目录》,按辅助器具的功能分为12个主类、93个次类和538个支类。这12个主类分别是:

（1）矫形器和假肢(06);

（2）个人移动辅助器具(12);

（3）个人生活自理和防护辅助器具(09);

（4）家庭和其他场所使用的家具及其适配件(18);

（5）沟通和信息辅助器具(22)；

（6）个人治疗辅助器具(04)；

（7）技能训练辅助器具(05)；

（8）操作物体和器具的辅助器具(24)；

（9）用于环境改善和评估的辅助器具(27)；

（10）家务辅助器具(15)；

（11）就业和职业训练辅助器具(28)；

（12）休闲娱乐辅助器具(30)。

前面括号里的数字为《中国康复辅助器具目录》编码,后面括号内为该类辅助器具的国际编码。该分类方法每一辅助器具都由三对数组组成,每组两位数,依次代表主类、次类、支类。

（二）辅助技术服务分类

参考美国 1998 年发布的相关内容,辅助技术服务包括下列 6 个项目：

1. 对功能障碍者的辅助技术服务需求评估。

2. 辅助器具的取得 包括采购、租用或其他途径。

3. 与辅助器具使用有关的服务 如选择、设计、安装、定做、调整、申请、维护、修理、替换。

4. 整合医疗、介入或服务的辅助器具资源。

5. 为使用者提供辅助器具使用的训练或技术协助 对身心障碍者家庭成员的训练或技术协助,如果适合的话也可以包括监护人、服务提供者或法定代理人。

6. 为相关专业人员提供辅助器具使用的训练或技术协助 为专业人员(包括提供教育和康复服务人员)、雇主,或其他提供服务、雇用、深入涉及身心障碍者主要生活功能的人提供训练或技术协助。

三、辅助技术应用流程

辅助器具选配必须由专业人员经严格的评定、使用前后训练、必要的环境改建、安全指导和随访等环节,不适当的辅助器具或使用不当不仅造成资金的浪费,还可能导致残疾加重,甚至带来严重安全问题。所以,康复辅助器具需进行严格管理,规范流程,以便最大限度地发挥辅助器具的功能和减少浪费。

（一）筛选并确定服务对象

提供辅助技术服务前应了解以下信息：

1. 决定辅助器具需求的适合性

（1）转介来源:由谁转介,转介的目的是什么?

（2）筛选信息:包括障碍程度、年龄及障碍发生时间、障碍进展、可能的辅助器具经费来源等内容。

（3）未来辅助器具介入会变更的可能性,例如手术、搬家、药物改变等。

2. 了解使用者的需要,确认使用者的目标及想要的结果。

3. 记录使用者基本需求及问题所在。

4. 决定是否可由辅助技术满足使用者的需求。

5. 开始搜集适当的基本资料。

（二）辅助技术评估

功能障碍不同,所需使用的辅助器具也不同,进行辅助器具选配前一定要进行系统地评定,了解使用者的目前功能及预后情况,以选择最适合使用者的辅助器具。除身体功能评估外,还应对活动和参与功能进行评估,如,需要使用辅助器具进行什么样的活动,活动的场所、过程等。当然,并不是所有评定均由作业治疗师完成,可以由康复治疗组的其他成员完成相应工作。

1. 运动功能评定　肌力、耐力、ROM、平衡、转移能力、ADL 能力等。
2. 感觉功能评定　深浅感觉、复合感觉(实体觉)、视觉、听觉等。
3. 认知功能评定　注意力、记忆力、学习能力、理解力、沟通能力、应变力。
4. 心理功能评定　抑郁、焦虑等。
5. 情绪行为评定　有无攻击行为、自伤行为、过激行为等。
6. 环境评定　家居环境、学习环境、工作环境、社区环境等。
7. 活动和参与水平的评定　会进行哪些活动、哪些人参与、场所、时间、过程等。

（三）辅助器具处方

根据评估结果,决定如何提供辅助技术服务,决定租用、制作(定做)还是购买,出具辅助器具处方。辅助器具处方主要考虑辅助器具的类型、尺寸、材料、使用范围。如需购买,需包含辅助器具的名称、型号、尺寸、材料、颜色、承重、其他配件、特殊要求等。如需制作,则需提供辅助器具的名称、尺寸、材料、承重、其他配件、特殊要求、图纸等内容。此外,还要考虑使用者的意愿、操作能力、安全性、重量、使用地点、外观、价格等问题。

（四）选配前训练

在配置前应进行系统训练,以利于日后更好地应用辅助器具。训练内容根据功能评定结果选择,一般包括肌力、耐力、ROM、平衡、转移、感觉、认知训练,以及心理治疗等。

（五）制作或选购

需考虑的因素如下:制作的时间、体位、使用者的耐受程度、配装过程、安全性、是否符合人体工效学和生物力学原理、制造商的信誉、维修保养等。最好能提供给使用者样品并试用,以便其选择最喜欢且适合其功能的产品。

（六）辅助器具使用训练

训练应包括穿戴或组装、保持平衡、转移、驱动、利用辅助器具进行 ADL 活动等内容,具体每一类辅助器具使用训练详见相关章节。

（七）使用后评定

配备辅助器具并进行适当训练后一定要进行再次评定,以了解是否达到预计功能,使用者能否正常使用,是否需要进行改良,有无安全方面的顾虑等,如存在问题应及时进行处理。

经评定,如果使用者可以安全独立地使用辅助器具,就可交付使用并给予详细的使用保养指导;如果达不到功能需要,则需对辅助器具进行改装;如果存在环境方面的限制而影响使用,应进行环境的改良并进行环境适应训练;如果使用者不能独立使用而需要他人护理,则应教会护理者正确的使用及保养方法。

（八）随访

辅助器具交付使用后要根据产品情况定期进行随访,了解使用过程中存在的问题及是否需要进行跟踪处理,随访最好以上门服务的形式进行,也可以委托社区康复人员进行,或通过电话、问卷等进行。

第二节 常用辅助技术

一、生活辅具应用

自助具是一类利用患者残存功能,无须外界能源,单凭患者自身力量即可帮助其独立完成日常生活活动的器具。自助具多与上肢功能和日常生活活动有关,自助具的使用不仅是一种积极的治疗手段,而且还有助于树立患者重返社会的信心。

1. 自助具的种类　自助具种类繁多,一般可分为以下几种:

(1) 进食类:匙、叉、筷子、碟、盘和杯子等。

(2) 梳洗修饰类:如带 C 形手柄的牙刷、改装指甲剪、带吸盘的刷子等。

(3) 穿着类:穿衣棒、扣纽扣自助具、拉锁环、穿袜器、鞋拔。

(4) 阅读书写类:如翻书器、书架、书写自助具、折射眼镜等。

(5) 通信交流类:如敲键杖、改装键盘、改装鼠标、沟通板等。

(6) 炊事类:如特制砧板、开关水龙头自助具、改装刀具等。

(7) 取物类:如拾物器、长柄夹等。

(8) 文娱类:如持牌器、改装游戏手柄等。

(9) 沐浴类:如长柄刷、带套环毛巾、特殊手套等。

(10) 其他:如开门自助具、特殊柄钥匙等。

2. 常用的自助具

(1) 进食类自助具

1) 加装弹簧的筷子:在筷子尾端加装一弹簧片,筷子在松手后由弹簧的张力自动分离(图 14-1),用于手指伸肌无力、力弱或灵活性较差不能自行释放筷子的患者。

2) 加长把手的叉、匙:适用于上肢活动受限,够不到碟或碗的患者。

3) 加粗把手的叉、匙:适用于指屈曲受限或握力不足的患者。把手加粗后即易于握持(图 14-2)。

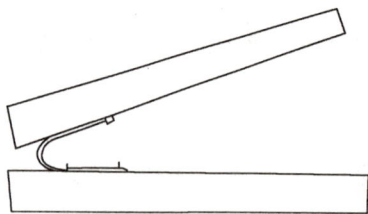

图 14-1　加装弹簧的筷子

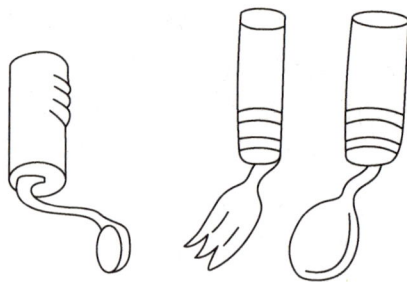

图 14-2　加粗把手的叉、匙

4) 倒 T 形锯刀:利用垂直的压力和呈锯状等优势来克服切割的困难(图 14-3)。

5) L 形刀:亦可用手握进行摇切(图 14-4)。

6) 锯刀:可利用手和臂的力量以及刀呈锯状的优势,来克服切割的困难(图 14-5)。

7) 配有碟档的碟子:其作用为防止食物被患者推出碟外(图 14-6),适合单手操匙者和手灵活性、稳定性欠佳者。

8) C 形握把的杯子:适用于握力不足的患者,用时四指一起穿入 C 形的中空部分(图 14-7)。

9) 带吸管夹及吸管的杯子:适合手无法持杯的患者喝水或饮料(图 14-8)。

图 14-3　倒 T 形锯刀

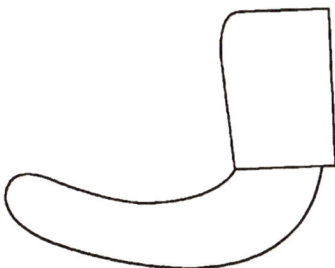

图 14-4　L 形刀

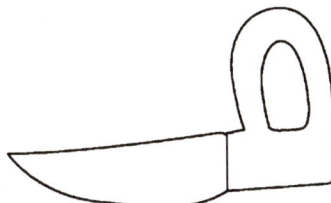

图 14-5　锯刀

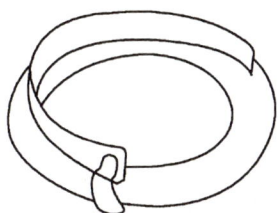

图 14-6　配有碟档的碟子

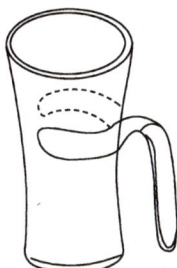

图 14-7　C 形握把的
杯子

图 14-8　带吸管
的杯子

10）克服震颤的勺子：近年国外研究出一款专门适合帕金森病患者进食的勺子，可抵消手部震颤，利于进食。

（2）梳洗修饰类自助具

1）加长手柄工具：主要用于关节活动受限者。

2）加粗手柄工具：用于指抓握力量不足或手因指屈曲受限而抓握不足者。

3）C 形手柄工具：用于无法抓握或握持者，如四肢瘫患者。

（3）穿着类自助具

1）穿衣棒：为偏瘫和截瘫者常用的穿衣自助具。一端为"?"形钩，另一端为推拉钩（图 14-9），用于关节活动受限或坐位平衡障碍者穿脱衣裤。

2）扣纽扣自助具：用于手精细功能障碍者扣纽扣（图 14-10）。

3）拉锁环：为一环形结构，可固定于拉链上，将手指套入扣环完成拉拉链动作（图 14-11）。用于手抓、捏功能较差者。亦可使用环形带子，使操作更为方便。

4）穿袜器：用于弯腰困难或下肢关节活动受限者。将袜子套入穿袜器后拉动绳子便能将袜子穿于脚上（图 14-12）。

5）鞋拔：用于平衡功能较差或躯干及下肢关节活动受限者。

（4）阅读书写类自助具

1）翻书器：用于手功能障碍者阅读时翻书（图 14-13）。

2）书架：用于不能持书者阅读时固定书，同时有助于保持良好的阅读姿势（图 14-14）。

3）折射眼镜：用于卧床者阅读（图 14-15）。

4）书写自助具：用于手功能障碍者书写，可根据使用者的功能和材料进行多种变化（图 14-16）。

（5）通信交流类自助具

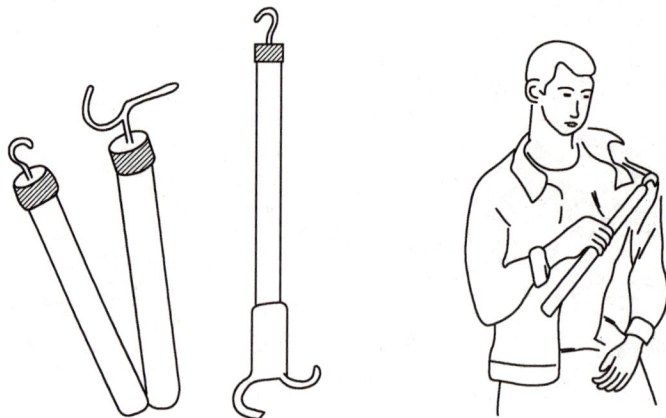

图 14-9　穿衣棒

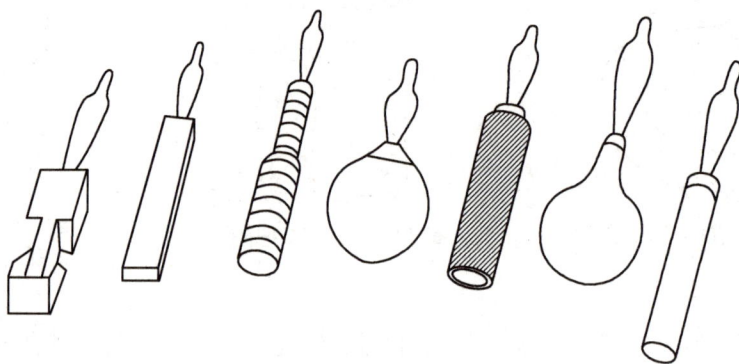

图 14-10　扣纽扣自助具

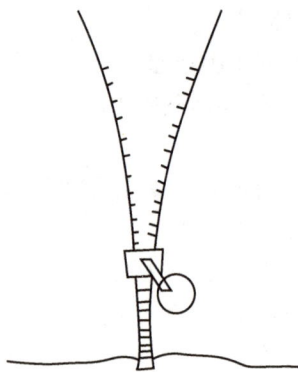

图 14-11　拉锁环

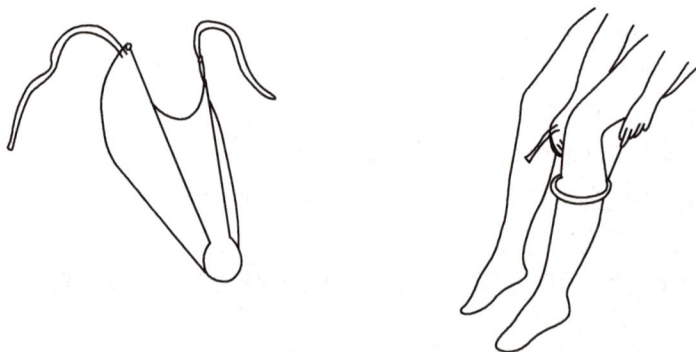

图 14-12　穿袜器

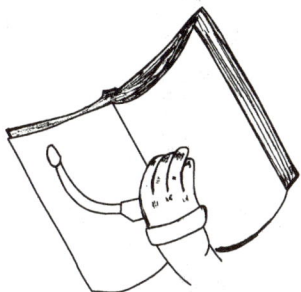

图 14-13　翻书器

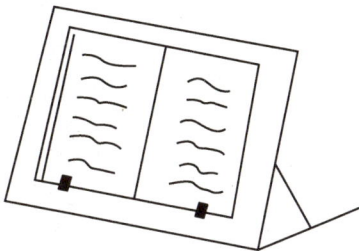

图 14-14　书架

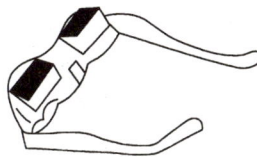

图 14-15　折射眼镜

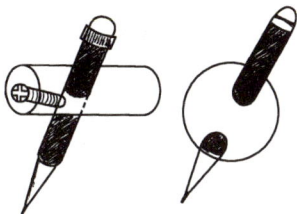

图 14-16　书写自助具

1）打电话自助具：为固定于电话听筒上一 U 形物品，帮助抓握困难者持电话，而手功能更差者需使用电话固定器（图 14-17）。

2）敲键杖：敲键杖（图 14-18）用于手指功能差而不能敲击键盘者，固定于手掌上通过腕关节屈曲或尺偏完成输入，对于上肢功能严重障碍者可以使用头棍或口棍（图 14-19）输入。

3）改装键盘：用于手功能障碍者，可根据需要选用单手输入键盘、加大键盘等（图 14-20）。

4）改装鼠标（图 14-21）：用于手功能障碍者，可根据功能需要选用追踪球、摇柄式鼠标、吹吸口控鼠标等。

5）沟通板：用于严重认知障碍或言语障碍而不能通过语言沟通者（图 14-22）。

（6）炊事类自助具

1）特制砧板：通过一些突起的钉子，可很好地固定食物（图 14-23）。主要用于偏瘫或一侧上肢截肢者。

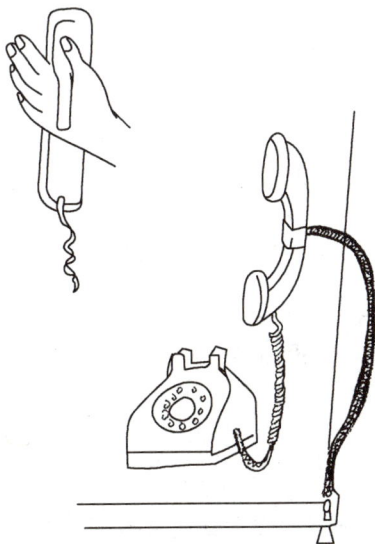

图 14-17　打电话自助具

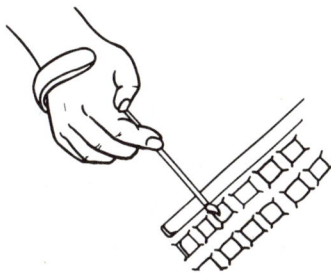

图 14-18　敲键杖

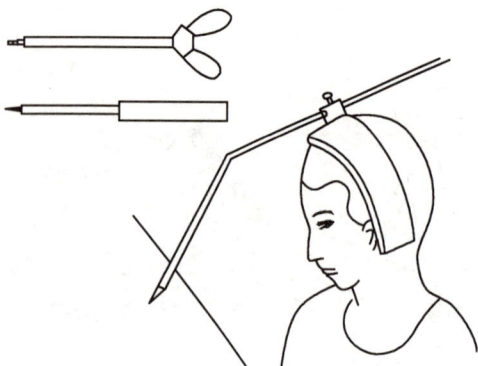

图 14-19 头棍、口棍

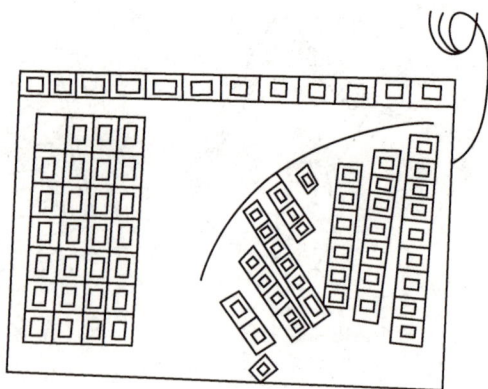

图 14-20 改装键盘

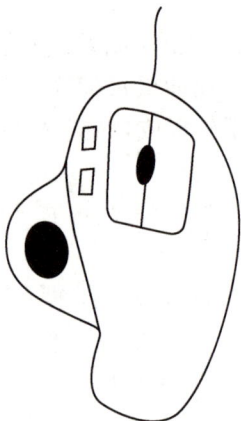

图 14-21 改装鼠标

图 14-22 沟通板

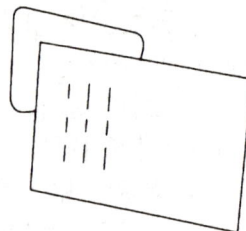

图 14-23 特制砧板

2）开关水龙头自助具：固定于普通水龙头上，使手功能障碍者可利用加长的手柄轻松开启和关闭水龙头。

3）改装刀具：主要用于手功能障碍者（图 14-24）。

（7）取物类自助具

1）拾物器：一端为控制握把，另一端为可开合的叉状开口，通过绳索相连，通过控制握把可拾起地上或稍远处物品（图 14-25）。主要用于不能弯腰拾物者，如脊髓损伤者或强直性脊柱炎患者。

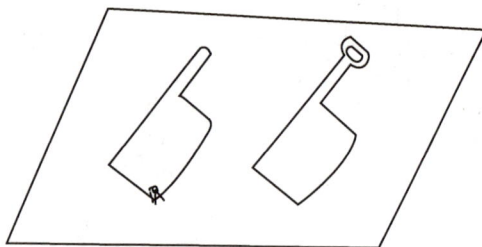

图 14-24 改装刀具

2）长柄夹：作用类似于拾物器，但没有绳索结构（图 14-26）。

（8）文娱类自助具

1）持牌器：用于手功能障碍者，可固定扑克牌于持牌器上而无须用手持牌（图 14-27）。

2）游戏手柄：通过加粗或加长游戏手柄可使手功能障碍者亦能轻松玩电子游戏（图 14-28）。

（9）沐浴类自助具

图 14-25 拾物器

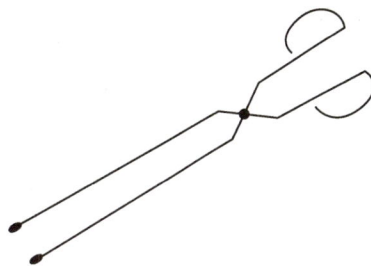

图 14-26 长柄夹

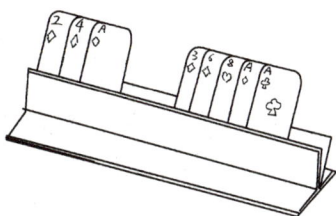

图 14-27 持牌器

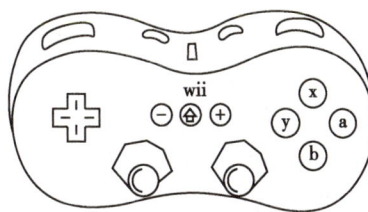

图 14-28 游戏手柄

1）长柄刷:主要用于偏瘫者或上肢关节活动范围受限者清洗后背(图 14-29)。

2）带套环毛巾:用于手抓握毛巾有困难者清洗背部(图 14-30)。

3）特殊手套:用于手抓握困难者,可通过手套擦洗身体或涂抹肥皂(图 14-31)。

（10）其他自助具

1）开门自助具:固定于门把手上,通过下压手柄开关门而无须旋转门把手,主要用于手功能障碍者(图 14-32)。

2）特殊柄钥匙:通过加长、加大的手柄减轻开锁难度,用于手捏力不佳或精细动作障碍者(图 14-33)。

3. 自助具的选用和制作原则　以实用、可靠和经济为原则,有市售产品尽量使用市售品或在市售品的基础上稍加修改。如无现成的市售品可用则需自制。一般认为制作自助具应遵循以下原则:

（1）应能达到其使用目的,并可改善患者生活自理能力。

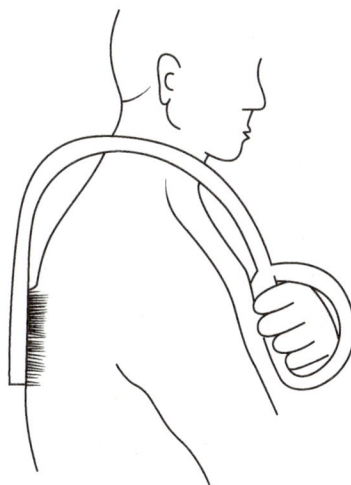

图 14-29 长柄刷

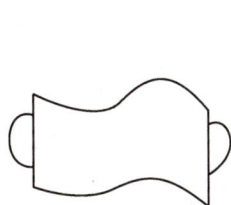

图 14-30 带套环毛巾

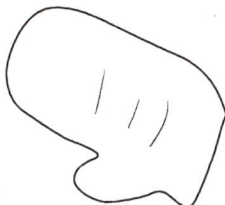

图 14-31 特殊手套

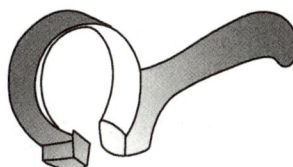

图 14-32 开门自助具

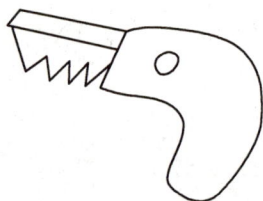

图 14-33 特殊柄钥匙

（2）简便、易制作、易学：尽量选用结构简单、易制作、易使用的自助具。

（3）美观、坚固、耐用：多数患者需长期使用自助具，因此自助具应坚固耐用、外形美观，这样也可提高患者使用的积极性。

（4）使用的材料易清洁：生活自助具使用频率较高，且与人体直接接触，因此需经常清洗，以保证卫生，所以自助具的材料应易清洁、易保存。

（5）易于调节：自助具应为可调性的，以满足患者需要，并在患者长大或体型发生变化时也能调节使用。

（6）轻便、舒适：因患者多数存在运动功能障碍，尤其常见的是肌力不足，所以自助具应尽量做到轻便。但对于协调障碍者，有时需加重自助具的重量以增加动作稳定性。

（7）材料价格低廉，购买方便：尤其对于经济条件不佳的使用者，如 C_6 脊髓损伤患者，使用带 C 形夹的勺子完全可独立进食，而没有必要花费几万元去购买自动喂食器。

4. 常用自助具的制作及应用

（1）制作工具：剪刀、穿孔机、钳子、铁锤、老虎钳、锉、恒温水箱、电吹风、万能胶等。

（2）制作材料

1）低温热塑材料：其热变性温度在 60~80℃，在热水或干燥器中软化、成形，易于操作，且可制作成各种形状。

2）泡沫塑料制品：具有重量轻、稳定性好等特点，制作出来的产品美观舒适。

3）尼龙搭扣：主要用于自助具的固定。

4）木材、钢丝、金属：用于自助具的主体或配件。

（3）常用自助具的简易制作与应用

1）多功能 C 形夹（图 14-34）：C 形夹为形状类似英文字母 C 的结构，可帮助抓握功能较差者有效握持工具，使用时可直接固定于工具手柄上或配合 ADL 套使用。其形状有多种，有的为宽型，其中带有 ADL 套，套口有 V 形缺口，以便将叉、匙、刀、笔等的把沿图中箭头方向插入；有的为封闭型，无开口；还有的为开口型，带有可以转动的 ADL 套，可根据需要改变 ADL 套的方向。C 形夹可直接固定于工具手柄上单独使用，也可和长对掌矫形器配合使用。

制作时用宽度为 2~3cm 的条形低温热塑板材，在恒温水槽中加热至软化后，敷贴在患

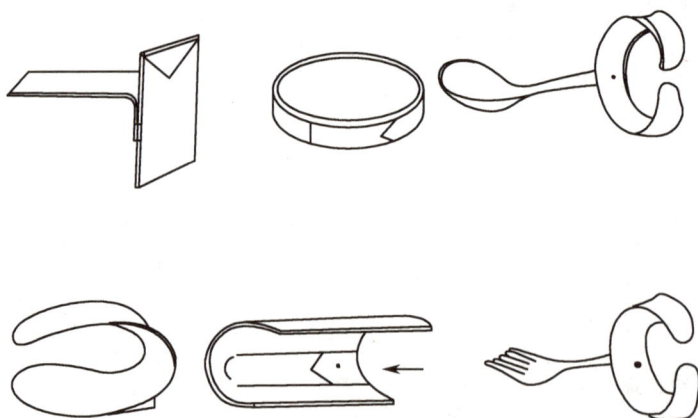

图 14-34 多功能 C 形夹

者手上成形、修剪,再用铆钉固定于工具手柄上,或在其掌面固定上可旋转或固定的 ADL 套,如有需要可使用魔术贴加固。

2)万能袖带:也称多功能固定带,其基本结构为一环绕手掌的硬质皮带,采用尼龙搭扣固定,在皮带的掌侧有一插口,用来插食具或牙刷的手柄(图 14-35)。用于握力减弱或丧失者。使用时直接将牙刷或勺子插入手掌部的插口即可。

制作方法:选用硬布或皮质材料,裁成宽 2~3cm 的长条状,其长度大于手掌沿掌横纹处周长约 5cm,在掌侧制作一个条形袋用于插入固定工具的手柄,并在背侧加尼龙搭扣固定。

3)各类特殊手柄工具:根据需要可制作以下常用手柄,如加粗手柄、加长手柄、带弯手柄、环状手柄等。

制作方法:①加粗手柄。可直接将工具手柄缠上纱布或棉布加粗,也可选用粗木柄、橡胶柄、塑料柄套或自行车把手等材料进行改造。②加长手柄。可直接用长木柄或橡胶柄、塑料柄加长工具手柄,也可选用铝合金条、钢条或低温板材固定于工具

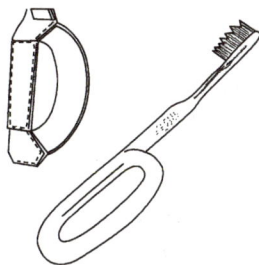

图 14-35　万能袖带

手柄上来加长手柄。③带弯手柄。直接用塑料或低温板材加热后弯成需要的形状,也可用木条、铝合金条加铆钉来达到弯曲效果。④环状手柄。用塑料或低温板材加热后弯成环状固定即可。

二、助行辅具应用

辅助人体支撑体重、保持平衡和行走的器具称为助行器,也可称为步行器、步行架或步行辅助器等,是下肢损伤者常用的辅助器具,具有保持身体平衡,减少下肢承重,缓解疼痛,改善步态,改进步行功能等作用。

1. 助行器的作用

(1)保持平衡:如老年人、非中枢性失调的下肢无力、下肢痉挛前伸不佳、重心移动不能的平衡障碍者站立平衡的维持。

(2)辅助行走:用于辅助下肢无力者、平衡欠佳者以及体力虚弱者步行,这也正是使用助行器的最主要目的。

(3)支持体重:用于下肢无力、类风湿关节炎及关节病等致负重而疼痛时,或下肢骨折早期不能支撑体重时等。

(4)增强肌力:由于使用助行器时需经常用手或上肢支撑身体,因此有增强上肢伸肌肌力作用。

(5)警示作用:可提醒他人了解使用者存在摔倒或受伤的危险,注意避免与其碰撞,如盲人所使用的导盲杖等。

2. 助行器的分类　根据分类方式不同,助行器有不同的分类方法。

(1)根据助行器的结构和功能分类:根据结构和功能不同,可将其分为无动力式助行器、功能性电刺激助行器和动力式助行器。

(2)根据操作方式进行分类:《中国康复辅助器具目录》将助行器归为个人移动辅助器具主类,包括单臂操作助行器和双臂操作助行器。

1)单臂操作助行器:指用单臂操作的单个或成对使用的助行器,通常称为拐杖,包括手杖、肘拐、前臂支撑拐、腋拐和带座拐杖。

2)双臂操作助行器:单个使用的需用双臂进行操作的助行器,包括框式助行架、轮式助行器、座式助行器和台式助行器。

3. 助行器的选用原则　选用助行器时应考虑的因素包括:使用者的一般情况(如身高、体重、年龄、诊断、环境、生活方式、使用目的等)、使用者的功能状况(包括认知能力、平衡能力、下肢负重能力、步行能力、步态、握力和上肢力量)。选用的原则如下:

1) 符合功能需要:助行器首先应满足使用者的功能需要,因此需对使用者进行系统的功能评定,包括身体功能、认知心理功能、环境和社会等方面。

2) 美观、安全、耐用:因使用者存在下肢肌力不足、平衡障碍或疼痛,存在损伤或摔倒的危险,故选择助行器时一定要保证安全,此外,在保证安全的基础上可结合使用者的个人爱好选择适合其使用的产品。

3) 使用方便,易操作:目前市售产品基本能符合这一要求。

4) 轻便、舒适:在安全的前提下尽量选用轻便的产品,如铝合金材料的助行器,此外,握把、臂托、腋托尽量选用舒适的外形和材料。

5) 价格合理:考虑使用者的经济能力和必要性,一般国产产品均能符合使用者需要,因此不一定需要多花两到三倍的价格去购买进口产品。

6) 购买维修方便:为方便使用者日后使用,售后服务也是需要考虑的内容之一。

4. 助行器的选择

(1) 单足手杖:适用于握力好、上肢支撑力强的使用者,如偏瘫患者的健侧、老年人等。

(2) 多足手杖:用于平衡能力欠佳、但抓握能力较好的使用者。

(3) 前臂支撑拐:主要适用于握力差、前臂力较弱或平衡功能稍差而不能使用手杖,但又不需要使用腋拐者,如部分脊髓损伤、脊髓灰质炎患者。

(4) 腋拐:主要适用于截瘫或较严重的下肢伤病患者。

(5) 框式助行架:适用于立位平衡差、下肢肌力差而不宜使用拐杖的患者或老年人。

(6) 轮式助行器:适用于上肢肌力差,单侧或整个提起步行器有困难的下肢肌力不足或立位平衡差的使用者。

(7) 座式助行器:主要适用于老年人和下肢肌力不足或立位平衡较差的使用者社区活动或购物时使用。

(8) 台式助行器:主要适于步行不稳的老年人、全身肌力低下者、脑血管疾病引起的步行障碍者、慢性关节炎患者以及长期卧床者的步行训练等。

5. 助行器长度(高度)的选择与调节

(1) 手杖长度的选择

1) 一般使用者:使用者穿鞋(需使用下肢矫形器者需穿矫形器)站立,地面到大转子的高度即为手杖的长度。

2) 肢体畸形者:若使用者的下肢或上肢有短缩畸形时,让使用者穿上鞋或下肢矫形器站立,肘关节屈曲30°,腕关节背伸,小趾前外侧15cm处至背伸手掌面的距离即为手杖的长度(图14-36)。

3) 直立困难患者:患者仰卧,双手置于体侧,肘关节屈曲30°,测量自尺骨茎突到足跟的距离,然后加2.5cm,即为手杖高度。

(2) 前臂支撑拐长度的选择

1) 把手到地面的长度:把手位置的确定同手杖。

2) 把手至前臂托的长度:腕背伸,手掌面至尺骨鹰嘴的距离。

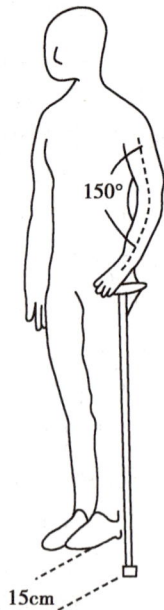

图 14-36　手杖长度的选择

（3）腋拐长度的选择

1）确定腋拐长度最简单的方法是身长减去41cm即为腋拐的长度(图14-37)。

2）站立时腋窝至地面的高度即为腋拐的长度。

3）下肢或上肢有短缩畸形,可让患者穿上鞋或下肢矫形器仰卧,将腋杖轻轻贴近腋窝。在小趾前外侧15cm处与足底平齐处即为腋杖最适当的长度(图14-38)。

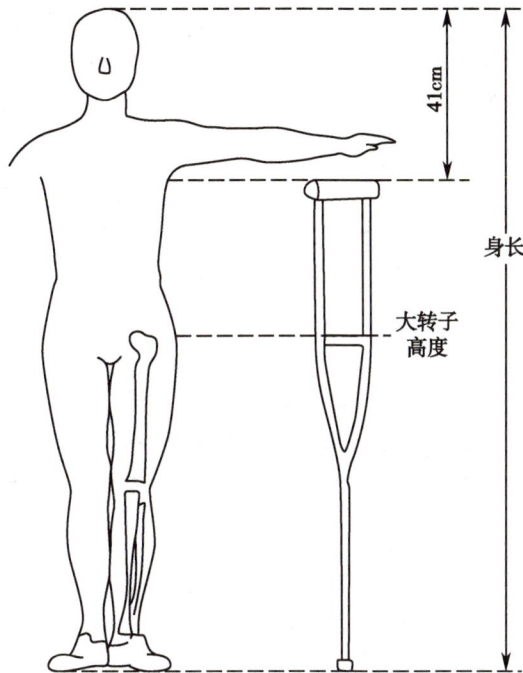

图 14-37 腋拐长度的选择 1

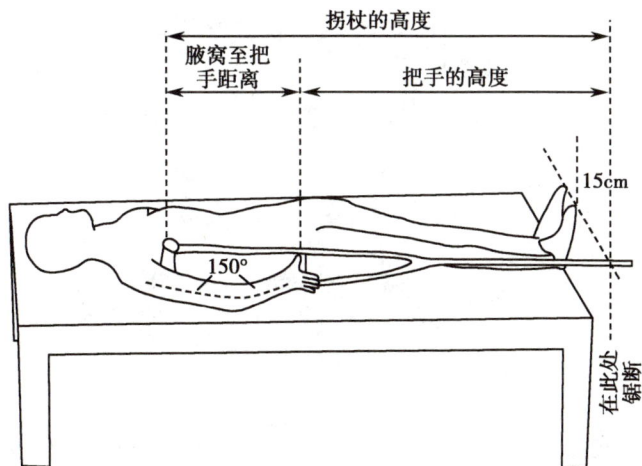

图 14-38 腋拐长度的选择 2

4）把手位置:确定方法同手杖。

（4）框式助行架:高度选择如图14-39所示,把手的高度与手杖高度相同。轮式助行器、座式助行器高度选择与框式助行架相同。

（5）台式助行器:助行架的高度应以身体直立,肘屈曲30°的状态下,将前臂放在平台上为宜。

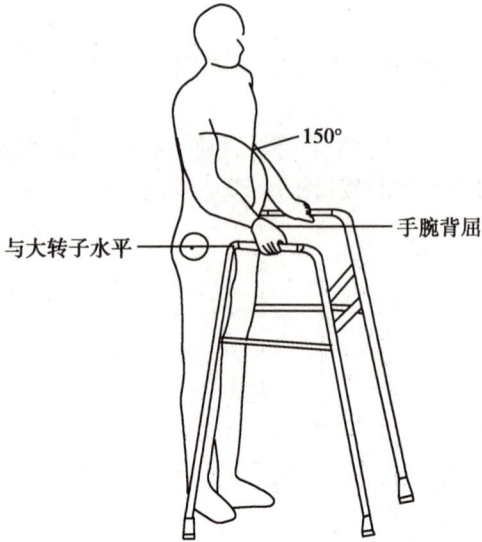

图 14-39 助行架高度的选择

(150°, 与大转子水平, 手腕背屈)

三、轮椅适配与使用

轮椅是步行或转移困难者的有效代步工具,对于一些严重功能障碍者来说(如脊髓损伤),轮椅是他们赖以行动的双腿。但轮椅的作用绝不仅是肢体伤残者的代步工具,更是使他们参与社会活动的工具,在残疾人重返社会中发挥着重要作用。

1. 轮椅的基本结构(图 14-40)

(1)骨架:指轮椅的框架结构,可由铁质、不锈钢、铝合金或其他轻金属制作。承受力以不锈钢为最强,重量以铁质为最重。较轻的轮椅推动较省力,且便于携带或运输。

(2)轮胎:有充气胎、硬胎(实心胎)及PU 实心胎等三种轮胎。充气胎具有良好的避震功能,较适合在户外使用,但容易被尖锐物品刺破,有时需要经常充气;实心胎结实耐用,应用方便,不需充气,但避震效果差,主要适合室内或平坦路面使用;PU 实心胎介于两者之间,结实耐用又有一定的防震效果,目前使用较多。

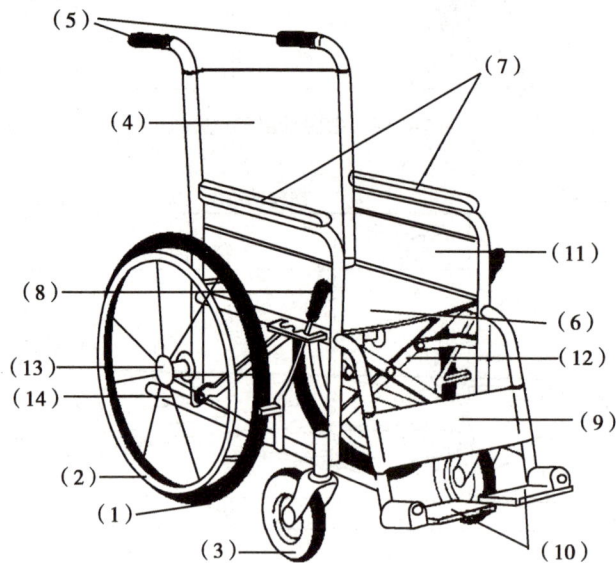

图 14-40 轮椅的基本结构
(1)轮胎;(2)大轮;(3)小轮;(4)靠背;(5)手推把;(6)椅座;
(7)扶手;(8)手闸;(9)脚托;(10)脚踏板;(11)侧板;(12)轮椅
架;(13)轮轴;(14)防倾杆

(3)大轮:大轮常为轮椅的后轮,直径为 20.32~66.04cm 不等,一般手推轮椅常见的尺寸是 50.8cm 及 60.96cm,配有手推轮圈。手推轮圈是轮椅驱动部分,应有适度摩擦力,不宜太光滑,以便于自行推动。大轮的轮辐有两种形式,一种是钢线轮辐,一种是玻璃纤维轮辐。前者重量较轻,但需经常检查及调整钢线的张力,且较容易受损;后者的优点是不需要维修及保养,但重量较重。

（4）小轮：小轮常为轮椅的前轮，直径为 10.16～20.32cm 不等,最常见的是 15.24cm 或 20.32cm。直径过小则难以通过障碍物,直径过大则容易触碰脚部,不方便轮椅转向。

（5）刹车系统：利用杠杆原理来锁住轮子运动的装置。为方便侧面转移方式的使用者,其刹车手柄高度不可超过椅面。上肢肌力不足的患者,则手柄可加长,或为长度可调整型。

（6）座椅：座椅系统可以粗分为坐垫与靠背两部分。由于轮椅的设计与使用目的不同,有多种不同的材质与款式。最简单的就是各以一片布料制成坐垫与靠背,但此种布料不足以支持适当的坐姿,且用久后容易变形;另也有以硬板为底,上面加上其他材质（如海绵、气囊等）做成的坐垫或靠背,较能提供适当支撑,避免骨盆倾斜产生继发的脊椎侧弯。通常此类硬底式坐垫或靠背可设计成从轮椅骨架上拆卸或安装以便于收折轮椅。

（7）扶手：有固定型及可移开型两类,后者又分为"可拆卸"及"后掀式"两种,以方便使用者从侧面转移。扶手依长度不同又可分为全长式、近桌式、可调高度式等。

（8）脚踏板：主要分为固定式及可旋开取下式两类。可旋开取下式又有两种,一种可调节脚踏板的角度,便于配合背部可后倾轮椅;另一种则是单纯的旋开取下式。可旋开取下式脚踏板可以使轮椅更接近转移目标,让患者较安全轻松地转移。

（9）防倾杆：主要用于防止轮椅向后翻覆,确保轮椅使用的安全。

2. 轮椅的功能

（1）改善行动能力：通过使用轮椅可提高病伤残者的行动能力,这是轮椅的基本功能。

（2）增强肌力、耐力：通过驱动轮椅,可增强使用者上肢的肌力及耐力,改善运动功能。

（3）改善呼吸,提高心肺耐力：通过使用轮椅进行适当活动,可改善心肺功能。

（4）改善膀胱控制能力：通过坐位下活动,促进膀胱排空,改善膀胱控制能力。

（5）预防压疮等并发症：轮椅活动减少卧床时间,有助于避免一些骨突部位长期受压,减少了压疮的发生机会。

（6）改善血管舒缩能力：适当的体位变换有助于改善血管舒缩能力,对治疗直立性低血压有一定帮助。

（7）增强躯干控制能力：维持轮椅坐位需要躯干控制的参与,有助于提高躯干控制能力。

（8）改善心理状态：轮椅使重度伤残者摆脱了长期卧床的困境,并且可以平等地参与许多日常生活活动和社会活动,有助于改善使用者的心理功能。

（9）提高 ADL 能力：轮椅的使用者可以完成多种转移及活动,部分使用者可借助轮椅生活完全自理。

（10）提高工作能力：轮椅的使用使病伤残者有机会进入到职场,增加就业或再就业的机会。

（11）促进参与社会活动：通过轮椅的使用,可促进使用者参与到社会活动中去,如集会、旅游、访友等。

（12）提高生活质量：通过轮椅的使用,可协助改善身体功能、心理状态,促进活动和参与,有助于提高生活质量。

3. 轮椅的分类 根据《中国康复辅助器具目录》,轮椅分为手动轮椅车和动力轮椅车两大类。

（1）手动轮椅车

1）双手驱动轮椅车：包括后轮驱动轮椅车、前轮驱动轮椅车、带坐便轮椅车、洗浴轮椅车、定制轮椅、多功能手动轮椅车、篮球轮椅、乒乓球轮椅、竞速轮椅车、站立式手动轮椅车、斜躺式手动轮椅车、雪地轮椅车、沙滩轮椅车、泳池轮椅车。

2）摆杆驱动轮椅车:包括双手摆杆驱动轮椅、杠杆驱动型轮椅。

3）单手驱动轮椅车:包括单手轮驱动轮椅车和单手摆杆轮驱动轮椅车。

4）电力辅助手动轮椅车。

5）脚驱动轮椅车。

6）护理者操纵的轮椅车:包括助推式轮椅车、可躺式轮椅车、高靠背带坐便轮椅车、带坐便或餐桌轮椅车、站立式轮椅车。

（2）动力轮椅车

1）电动轮椅车:包括室内型电动轮椅车、室外型电动轮椅车、道路型电动轮椅车。

2）机动轮椅车:包括三轮机动轮椅车和四轮机动轮椅车。

3）爬楼梯轮椅车:包括行星轮式爬楼梯轮椅车、履带式爬楼梯轮椅车。

以上为《中国康复辅助器具目录》中的分类,日常生活中也常用习惯性分类:普通轮椅、高靠背轮椅、坐便轮椅、运动轮椅、电动轮椅、特殊轮椅(如升降轮椅、站立轮椅、爬楼梯轮椅)等。

4. 轮椅的选择原则　遵循辅助器具选择的一般原则,包括通用设计原则和个体化原则。

（1）通用设计原则:在有市售产品的情况下,首选市售的通用设计辅助器具。基本原则包括:

1）公平原则:不受其他条件限制,公平对待每一个有需要者。

2）简单实用原则:在保证功能的前提下,尽可能选择简单、易得、易用的轮椅。

3）不伤害原则:所选轮椅必须是安全的,即使使用过程中发生意外时,所致伤害或副作用也应该是最轻的。

4）节省体能原则:轮椅的应用应有利于节省能量消耗,在不导致疲劳的情况下易于舒适地使用。

（2）个体化原则:进行轮椅选择时,必须考虑使用者的个人情况,以作为选择轮椅时的参考。需要时对轮椅进行修改,修改也不能满足需要的则需量身定制。

1）功能导向原则:所选轮椅应结合使用者的身体功能和认知心理功能,满足基本功能需要并有助于发挥功能潜力。

2）合身原则:所选择的轮椅尺寸符合使用者的需要。

3）弹性使用原则:使用者可根据自己的需要和喜好选择轮椅。

5. 轮椅的选择

（1）轮椅选择的基本要求:①安全。需考虑质量、刹车、边缘、防翻轮、保护带等内容。②实用。适合使用者的功能、使用环境、转移及护理需要。③使用方便。尺寸合适,方便转移和驱动,方便保养和维护。④位置稳定:需考虑椅座、靠背、头托、坐姿维持、固定带等维持坐姿稳定的部件或因素。⑤舒适。椅座、靠背、坐垫、扶手、脚踏、坐姿维持等应利于使用者舒适地使用轮椅。⑥压力分布均匀。提供合适的椅座、坐垫、坐姿维持、脚踏,令使用者均匀地分布压力,特别是臀部压力分布均匀,减少压疮风险。

（2）根据使用者驱动轮椅的能力选择

1）完全不能操纵者只能选用他人推动的轮椅。如双侧上肢完全瘫痪以及有严重智力障碍者等。

2）双侧上肢虽无驱动轮椅的力量,但有残余能力可推/拉动小手把或按动开关者可选用普通电动轮椅。

3）极严重肢体功能障碍而不能通过手和上肢控制轮椅者,可选用颌控、气控或声控电动轮椅。

4）肩、肘肌有驱动力量,但手的握力不够者可在手轮圈上包塑料海绵,或选用带有突起的手轮圈。如 C_5 脊髓损伤者可利用肱二头肌的肌力操作水平推把;而肩手关节活动受限者可选用垂直推把;手指屈曲运动受限而不易握拳时选用加粗推把。

5）只有一只手能驱动轮椅者,可选用单侧驱动轮椅或选用电动轮椅。

6）偏瘫患者可以选用底座低的普通轮椅,用健手驱动手轮圈,健足着地控制方向。

7）双上肢肌力差者应安装延长杆以便于操作车闸。

8）躯干控制较好、坐位平衡佳者(如残疾运动员),可选运动轮椅进行竞技运动。

（3）根据使用者的姿势和体位选择

1）髋关节强直者应选用可倾斜式靠背轮椅。

2）膝关节强直者应选用可抬起的脚托支架。

3）双下肢完全瘫痪者应选择带腿托的轮椅,在脚托上还应有脚跟环。

4）有可能发生压疮者应加用轮椅坐垫。

5）下肢截肢特别是双侧大腿截肢者,要把轮椅的车轴后移,安装后倾杆。

6）不能维持坐位稳定者应加用安全带固定。

7）躯干肌麻痹伴有严重麻痹性脊柱侧弯者宜选用手动式担架车。

8）不能长时间维持坐位或不方便减压者可选用可站立式电动轮椅。

9）由于工作或生活需要而需经常拿取高处物体者可使用可升降式电动轮椅。

（4）不同疾病、损伤与轮椅选择

1）偏瘫:如果无认知障碍、有较好的理解能力和协调性者,可选单侧驱动轮椅;病情严重者选用他人推动轮椅。平衡功能好者可选用座位高度较低的标准轮椅,安装可拆卸式脚托和腿托,以使脚充分着地,用健侧的上下肢完成操作。若需要帮助转移者最好选用可拆卸式扶手。

2）截瘫:除高位胸髓损伤者需考虑躯干的平衡控制问题外,对轮椅的要求基本相同。普通轮椅(标准轮椅)基本可满足日常生活的需要,扶手和脚踏板最好选用可拆卸式以方便转移。若需要从后方完成转移动作,可在靠背上安放上拉链或选择可倾倒式靠背的轮椅;踝部有痉挛或阵挛者需增加脚踝带、脚跟环。生活环境的路面状况较好时选用实心轮胎以提高速度,并配合较厚的坐垫防震。

3）四肢瘫: C_4 及以上损伤者可选择气控或颌控电动轮椅或由护理者操作的轮椅。C_5 以下损伤者可通过上肢的屈曲操作水平把手,故可选择前臂控制高靠背电动轮椅,功能较好者可选用轻便的手动轮椅。有直立性低血压者应选用可倾斜式高靠背轮椅,安装头托,并配合选用膝部角度可调的开合可卸式脚托。车轴要尽可能靠后,安装倾倒杆,并选择较厚的坐垫。

4）截肢:双下肢截肢者轮椅坐位时身体重心后移,轮椅易向后方翻倒。解决办法有:①把轮椅车轴后移以使人体重心落在车轴前方,防止向后方倾倒;②在脚踏板上加沙袋或其他重物以使轮椅重心前移;③加装防翻轮;④在早期可使用大车轮在前的轮椅,若有假肢时要安装腿托和脚托。此外,在截肢早期,轮椅上应配有帮助维持下肢良好体位的配件,如小腿截肢者轮椅坐位时在腿下加一长的腿托,以使膝关节保持在伸直位,避免膝关节屈曲挛缩而影响日后的步行功能。

5）帕金森综合征:病情严重者可选择多功能轮椅(高靠背轮椅)。

6）脑瘫:多选择儿童轮椅并配坐姿保持系统。

7）老年人:普通轮椅或护理者推动轮椅。

8）下肢伤残及其他:下肢伤残者一般选用标准轮椅;年老、体弱、病情严重者一般选用他人推动轮椅。其他障碍要根据残疾或损伤的程度、关节活动情况、肌力以及体重、躯干平衡、生活环境等综合考虑。

6. **轮椅应用流程** 包括以下 8 个步骤：

（1）**转介**：可由医生、社工或其他相关人员转介有需要进行轮椅相关服务者给治疗师，也可以是需要者自我转介，寻求相应服务。

（2）**评估**：对第一需要者进行功能评估并考虑生活方式、职业、家庭环境等因素。

（3）**轮椅处方**：根据评估结果，结合使用者、照顾者及家庭成员的需求，制订轮椅处方，其内容应包括：轮椅类型、尺寸、附件和改造等。

（4）**提供或订购轮椅**：根据轮椅处方寻找合适的轮椅。

（5）**轮椅准备**：包括轮椅的组装、初步适配、改造等工作。

（6）**适配**：使用者试用轮椅，看轮椅是否符合使用者的功能需要，如需进行改造或姿势支持，需待这些工作完成后再次试用。

（7）**使用训练**：训练使用者或照顾者如何安全有效使用和保养轮椅。

（8）**随访维护及维修**：定期随访以检查轮椅，并为需要者提供进一步训练和支持。同时为有需要者进行轮椅保养及维修服务。如需更换轮椅，则重复以上步骤。

7. **轮椅处方** 轮椅处方是康复医师、治疗师等根据残疾者的年龄、疾病及损伤的程度、健康状况、转移能力、生活方式等开具的轮椅选择方案。轮椅处方应包含的内容有：一般情况、轮椅型号、尺寸、材料、驱动方式、轮胎、座位、靠背、扶手、脚踏、颜色、承重、其他配件等。

（1）**座位宽度**：根据 WHO 最新资料，建议轮椅座宽即为坐位时两臀间宽度。如果座位太窄，上下轮椅比较困难，臀部及大腿组织受到压迫，舒适度也受影响；如座位太宽则操作不便，进出窄的门口和通道困难，且坐位稳定性受影响。

（2）**座位长度**：测量坐下时后臀部至腘窝之间的水平距离，将测量结果减 3~6cm，即为轮椅座位长度，如两侧长度不等，取短的一侧长度进行计算。如座位太短，体重主要集中在坐骨上，局部易受压过多；座位太长会压迫腘窝部，影响局部血液循环，并易刺激该部皮肤。

（3）**座位高度**：脚踏板高度为坐下时足跟（或鞋跟）至腘窝的距离，再减去坐垫的高度（通常为 5cm），脚踏板离地至少 5cm，因此轮椅座高应为腘窝至足跟（需经常穿鞋者为鞋跟）的距离减去坐垫高度再加 5cm，以上如无须坐垫，则不需减去坐垫高度。

（4）**扶手高度**：WHO 建议在考虑安全及舒适性的前提下，扶手高度越低越好。

（5）**靠背高度**：普通靠背的高度为肩胛下角至座位的高度再加上坐垫的高度（通常为 5cm）；低靠背的高度为胸腔下端至座位的高度再加坐垫的高度。WHO 建议在考虑安全及舒适性的前提下，靠背高度越低越好。

（6）**脚踏板高度**：如上文所述，脚踏板高度为坐下时足跟（或鞋跟）至腘窝的距离，再减去坐垫的高度（通常为 5cm）。另外，要求脚踏板离地至少 5cm，以方便上下斜坡及过障碍。

8. **轮椅适配** 选定轮椅后，要进行适配检测，以确保配备的轮椅符合要求，具体如下：

（1）**座宽**：轮椅直立坐姿下检测者双手放于臀部两侧，要求手指刚能通过，不紧不松。

（2）**座深**：轮椅直立坐姿，臀部及后背触及靠背情况下，腘窝与坐垫间应有 2~3 指距离（3~6cm）。

（3）**脚踏高度**：足部平放脚踏板上，检测者的手放于使用者大腿下方，要求手部"无压无缝"。脚踏离地面距离不少于 5cm。如需脚驱动轮椅，需调整座位高度至足部刚好能平放于地面为合适。

（4）**靠背高度**：原则上越低越好，但需考虑使用者的平衡功能和躯干控制能力，同时应有良好的舒适度。

（5）后轮位置:要求手自然下垂时应在后轮轴心位置;手在大轮 12 点位置肘关节屈曲 90°。

（6）同时需考虑坐位平衡情况,在进行轮椅驱动时应可保持安全坐姿。

（7）轮椅各部件固定牢固,螺丝无松动滑脱,刹车安全有效。

（8）臀部压力测试:使用者轮椅独立坐姿下,WHO 推荐采用简易压力测试方法(图 14-41)。分级标准见表 14-1。

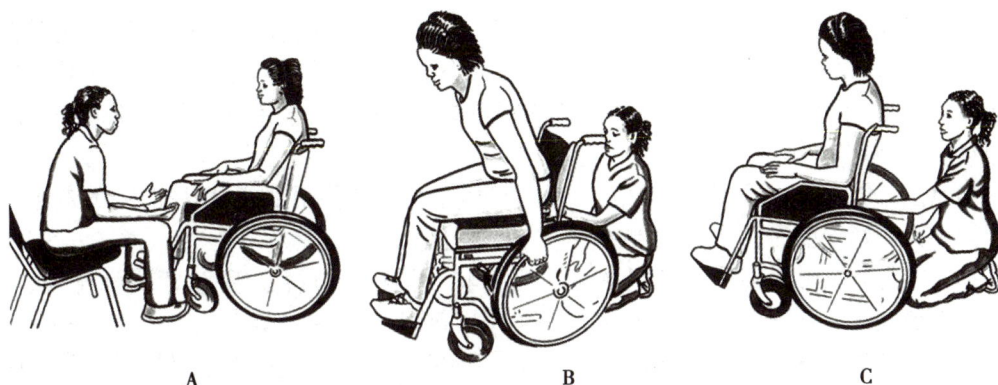

图 14-41　臀部压力测试
A. 向使用者解释;B. 放置手指于坐骨结节下方;C. 活动手指并感觉压力

表 14-1　简易臀部压力测试法分级

分级	等级	标准
1 级	安全	指尖可上下活动 5mm 或更多
2 级	注意	指尖不能活动,但能轻易滑出
3 级	危险	指尖被牢牢压紧,难以拿出

9. 轮椅的使用

（1）平地驱动:操作前先将刹车松开,身体向后坐下,眼看前方,双上肢后伸,稍屈肘,双手紧握轮环的后半部分。推动时,上身前倾,双上肢同时向前推并伸直肘关节,当肘完全伸直后放开轮环,如此反复进行。对一侧肢体功能正常、另一侧功能障碍的患者,如偏瘫、一侧上下肢骨折等,可以利用健侧上下肢同时操纵轮椅。方法如下:先将健侧脚踏板翻起,健足放在地上,健手握住轮椅。推动时,健足在地上向前踏步,与健手配合,将轮椅向前移动。

（2）上下斜坡:上斜坡时注意保持上身前倾,重心前移,其他方法同平地推轮椅。如果上坡时轮椅后倾,很容易发生轮椅后翻。如不能将重心足够前移,则可退行上斜坡。下斜坡时则反之:上身向后靠,重心后倾。

（3）大轮平衡技术:是指在小轮悬空离地、大轮支持的情况下,保持轮椅平衡而不致摔倒的一种技术。这种技巧对越过环境障碍帮助极大,如上下台阶或人行道。大轮平衡只适用于双手健全、手眼协调正常的患者。开始学习这种技术时,应在治疗人员的指导和保护下进行,以保证训练时的安全。

具体技术分准备、启动、保持平衡 3 个步骤。①准备:患者端坐在轮椅中,头稍后仰,上身挺直,双上肢后伸,肘稍屈,手紧握轮环,拇指放在轮胎上。②启动:先将轮环向后拉,随后快速向前推,此时小轮便会离地。③保持平衡:根据轮椅倾斜方向,调整身体和轮环,如果轮椅前倾,则上身后仰同时向前推轮环;如果轮椅后倾,则需上身前倾同时向后拉轮环。

笔记栏

（4）上下台阶：上一级台阶或过马路边石时，可先使用大轮平衡技术，抬起小轮，置于台阶上，放下的同时驱动后轮，利用惯性和上肢力量，配合躯干前倾，使大轮翻过台阶。或先采用大轮平衡技术抬起前轮，倒退至台阶边，利用上肢力量将轮椅拉上台阶，退至安全位置后放下小轮，此方法较前一方法费力但易于掌握。此外，上多级台阶时只能应用这一方法而无法应用前一方法。

下台阶时先用大轮平衡技术抬起前轮，面向台阶轻轻放下大轮，此时注意重心的控制，避免摔倒，大轮落至台阶下地面后放下小轮。下多级台阶方法相同。

（5）轮椅上减压：为减少臀部尤其是坐骨结节处过度受压，预防压疮的发生，轮椅坐位时应定时进行减压。一旦患者可坐轮椅就需学习如何减压，并应指导患者和家属养成定时减压的习惯，每半小时至少减压10秒。不同节段损伤因残留功能不同需使用不同的减压技术，具体做法参考如下：

1）C_5完全损伤：用一侧肘部从后方绕过轮椅手把并勾住手把，利用屈肘的力量将身体拉向同侧并使躯干前屈，从而使对侧减压，然后进行另一侧。

2）C_6完全损伤：无肱三头肌功能的患者可将一侧肘关节绕过手把，手支撑于大轮上，利用肘部的被动锁定支撑身体上抬，完成一侧减压，然后进行另一侧。

3）C_7完全损伤：患者有一定的伸肘功能，可将手支撑于一侧扶手上，另一侧屈肘，前臂支撑于扶手上，用伸肘的力量将同侧躯干上抬进行减压，然后进行另一侧。

4）C_8完全损伤：可一手支撑于扶手上，另一手支撑于对侧大轮，双侧同时伸肘，使支撑于扶手侧充分减压，然后进行另一侧。

5）$T_1 \sim T_4$完全损伤：双上肢可同时支撑于两侧大轮上，使躯干上抬，但由于躯干上部力量及平衡的影响，还不能将手支撑于轮椅扶手上将躯干充分抬高。

6）T_5及以下完全损伤：患者双上肢肌力足够，上部躯干控制良好，可直接将手支撑于两侧扶手上充分抬高躯干进行减压。

7）帮助下减压：部分患者由于损伤严重、体重过重、并发症等原因不能进行自我减压，需要照顾者帮助进行。方法为：①帮助者跨步站立于轮椅后面，患者双臂交叉放于胸前，帮助者双手从患者双腋下穿过，抓住患者的前臂；②帮助者双臂紧贴患者胸壁，伸直髋部，利用躯干和下肢的力量抬起患者，此时应注意不能将患者重量放在腋部以免造成肩部损伤；③抬高20~30秒后慢慢放低。若帮助者力量或身高不足，不能完成上述动作，也可将患者轮椅后倾数秒，通过改变受力点位置来完成减压。

（祁　芳）

复习思考题

1. C_6完全性脊髓损伤患者在自理过程中可能会用到哪些辅助器？

2. 你认为运动轮椅应该具备哪些特点？

ER-14-2
辅助技术
视频

ER-14-3
扫一扫
测一测

第十五章

社区健康促进

📎 学习目标

1. 举例说明作业治疗在社区健康促进领域能够发挥的作用。
2. 应用社区康复评定方法开展社会功能、生活质量和社区融合评定。
3. 综合应用家庭与社区康复干预设计作业治疗方案。

第一节 概　　述

一、健康促进

健康促进的概念是在 1986 年加拿大渥太华召开的第一届全球健康促进大会上首次提出,这次大会奠定了健康促进的理论基础。该会议通过的《渥太华宪章》提出,健康促进是通过行政或组织手段,广泛动员和协调社会各成员、部门以及社区、家庭、个人,使其各自履行对健康的责任,共同维护和促进健康的一种社会行为和社会战略。当前,"健康促进"已经成为各个国家应对健康问题的首选策略和核心策略。健康促进涉及 5 个主要活动领域:

1. 制定促进健康的公共政策　健康促进的含义已超出卫生保健的范畴,明确要求非卫生部门建立和实行健康促进政策,其目的就是要使人们更容易作出更有利健康的抉择。

2. 创造支持性环境　健康促进必须为人们创造安全的、满意的和愉快的生活和工作环境。系统评估快速变化的环境对健康的影响,以保证社会和自然环境有利于健康的发展。

3. 加强社区的行动　充分发动社区力量,积极有效地参与卫生保健计划的制订和执行,挖掘社区资源,帮助他们认识自己的健康问题,并提出解决办法。

4. 发展个人技能　通过提供健康信息,教育并帮助人们选择改善健康的技能,来支持个人和社会的发展。

5. 调整卫生服务方向　调整卫生服务类型与方向,将健康促进和预防作为提供卫生服务模式的组成部分,让最广大的人群受益。

党的二十大报告指出:"人民健康是民族昌盛和国家强盛的重要标志。把保障人民健康放在优先发展的战略位置,完善人民健康促进政策。"康复事业是国家健康服务的重要组成部分,发展康复服务,促进实现"健康中国 2030"目标是当前康复发展的重要任务。"共建共享、全民健康"是建设健康中国的战略主题。核心是以人民健康为中心,以改革创新为动力,预防为主,中西医并重,把健康融入所有政策,针对生活行为方式、生产生活环境以及医疗卫生服务等健康影响因素,推动人人参与、人人尽力、人人享有,落实预防为主,推行健康生活方式,减少疾病发生,强化早诊断、早治疗、早康复,实现全民健康。

家庭与社区是构成个人生活的基本单位,是活动和参与的最基本和最主要的场所,也是残疾人能否真正回归社会的前提,在功能障碍者康复中发挥着重要作用。因此,为完善康复工作体系,提高康复服务水平,应积极推进社区康复,把康复服务引入家庭。

二、社区与社区康复

(一)基本概念

1. 社区　WHO 于 1974 年对社区的定义为:社区是指一固定的地理区域范围内的社会团体,其成员有着共同的兴趣,彼此认识且互相来往,行使社会功能,创造社会规范,形成特有的价值体系和社会福利事业。每个成员均经由家庭、近邻、社区而融入更大的社区。社区的功能主要有:满足生活需求功能、社会化功能、社会控制功能、社会参与功能、社会互助功能等。

2. 社区康复　社区康复是 WHO 向世界各国,尤其是发展中国家建议的一种新型、经济、有效的康复服务形式,也是我国实现"人人享有康复服务"这一目标的重要措施之一。

世界卫生组织、国际劳工组织、联合国教科文组织对社区康复的定义为:社区康复是在社区发展的过程中为残疾人提供康复、平等参与及交往的一种策略。社区康复通过多方参与来实施,包括残疾人本身,家庭,社区以及适当的卫生、教育、职业及社会机构共同来贯彻执行。

(二)社区康复的结构

根据世界卫生组织发布的《社区康复指南》内容,社区康复的基本结构包括健康、教育、谋生、社会、赋能五个方面,如图 15-1 所示。

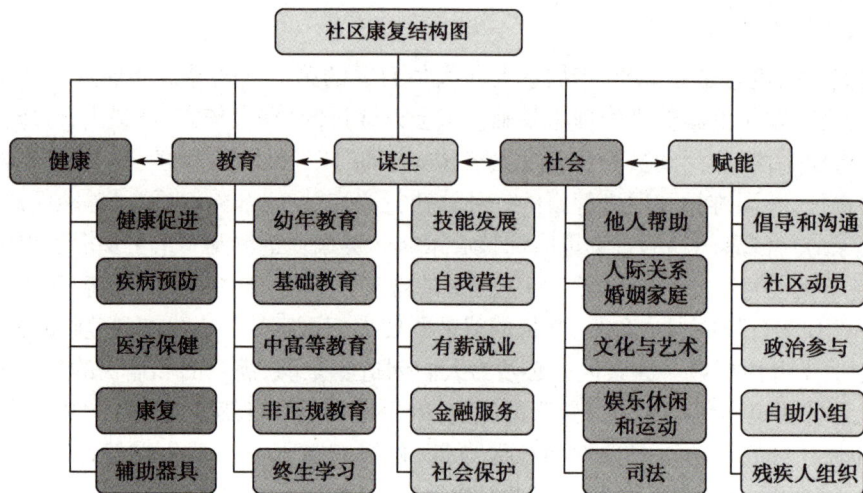

图 15-1　社区康复结构图

(三)社区康复的特征

1. 给残疾等康复需求人群提供就近的服务。

2. 需全面考虑。考虑到活动性、交流、无障碍环境、教育、工作、社区生活技巧、社会意识等各个方面。

3. 动员和利用当地资源。

4. 具备有效的转介系统。

5. 推动残疾意识和社区态度的正向变化。

6. 倾听残疾人的声音,使残疾人能真正参与社区康复计划的制订、实施、评估。

7. 持续获得政府支持。

（四）社区康复的目标

社区康复的最终目标是改善残疾人或慢性病患者等康复对象的生活质量,具体包括以下几个方面:

1. 尽可能服务更多的康复对象。

2. 确保满足基本的需要。

3. 帮助他们走出家门,参与到家庭和社区生活中去。

4. 充分利用社区资源。

5. 培养自尊、自爱和赋能。

6. 残疾人有主要的发言权。

（五）社区康复的内容

1. 家居训练　根据患者、伤残人士及高龄老年人等康复对象的需要,治疗师协助他们制订日常生活活动计划,进行日常生活技能训练及娱乐活动训练。例如,协助有认知障碍的脑卒中患者设计日常生活时间表,帮助他们及照顾者应对日常生活需要,让他们可选择有意义的生活。此外,治疗师也可在家庭中实地提供自我照顾及家务训练,使训练能更有效地贴近患者的日常生活需要,提高独立生活能力。

2. 社区训练　包括购物训练、财政预算训练、使用交通工具训练、认识社区资源及使用公共设施的训练等。

3. 社区无障碍设计　协助功能障碍者进行社区环境改造,使他们能够走出家门,参与社区活动。

4. 家居环境改造　为减少环境障碍及家居危险,提高家居安全及自我照顾能力,常需对有长期或慢性疾病患者、伤残人士、高龄老人等康复对象进行家居环境改造。治疗师通过了解他们的个人情况、自我照顾能力及生活所需,在家庭中进行实地的环境评估,提供适当的家居改造建议,并协助他们利用当地资源,解决资金及实施等问题。

5. 辅助器具评估及训练　使用适当的辅助器具能维持及提高病伤残人士和高龄老人的独立生活能力和减轻照顾者的负担。治疗师需要对这些康复对象的辅助器具需求、辅助器具适合性及使用情况进行评估,指导购买及正确使用辅助器具,并跟进他们使用辅助器具的情况,确保能正确及安全地使用辅助器具。

6. 照顾者培训　除了为康复对象提供训练外,治疗师还需要对照顾者提供适当的照顾技巧训练。如教会照顾者如何协助康复对象转移、如何协助其进行 ADL 活动、出现特殊情况(如癫痫)时应如何处理等。

7. 社区资源运用　治疗师需要认识社区资源的种类及其服务内容,在提供专业评估和治疗的同时,治疗师要了解康复对象及家人的需要和困难,及时寻找或转介合适的社区资源予以解决,支持康复对象及家人在社区生活。

8. 合理转介　作业治疗的理念是全面性的,故此,社区作业治疗师除了提供作业治疗服务外,还应按患者及伤残人士等的个别需要,适当地转介至其他相应服务机构。如为困难家庭向中国残疾人联合会申请辅助器具补助,转介有需要者到社区康复中心等。

第二节　社区康复评定

社区康复评定是指按照一定标准,以检查社区康复服务规划目标、策略、行动计划的执行情况和康复对象的康复效果为依据,对社区康复服务的各项工作和康复对象进行客观、科学地鉴定。鉴别活动能力与作业表现问题是评价实践中最重要的因素,社区康复中常对社会功能、生活质量和社区融合开展评定。

一、社会功能评定

康复医学的最终目标就是提高康复对象的生活质量,回归社会。而回归社会除了要求康复对象有良好的躯体功能外,还需有较好的社会功能。因此,有必要对社会功能进行评定。社会功能是指个人能够在社会上发挥一个公民应有的功能及其在社会上发挥作用的大小。常用的评价方法主要是问卷及量表,主要包括社会功能缺陷筛选量表(SDSS)、功能状态问卷、社会行为计划量表等。

(一)社会功能缺陷筛选量表

该量表是 WHO 制订的用于评定社区慢性病患者及精神病患者社会功能缺陷程度的量表。该量表包含 10 项内容的评估:职业和工作、婚姻职能、父母职能、社会性退缩、家庭外的社会活动、家庭内活动过少、家庭职能、个人生活自理、对外界的兴趣和关心、责任心和计划性,每项评分为 0~2 分。0 分为无异常或仅有不引起抱怨或问题的极轻微缺陷;1 分为确有功能缺陷;2 分为严重功能缺陷。完成该量表需时 5~10 分钟。该量表的优点是有效性及可靠性好,缺点是不适合住院期间的评定(表 15-1)。

表 15-1　社会功能缺陷筛选量表

项目	内容	1	2
职业和工作	指工作和职业活动的能力、质量和效率,遵守劳动纪律和规章制度,完成生产任务,在工作中与他人合作等	水平明显下降,出现问题,或需减轻工作	无法工作,或工作中发生严重问题。可能或已经被处分
婚姻职能	仅评已婚者。指夫妻间相互交流,共同处理家务,对对方负责,相互间的爱、支持和鼓励	有争吵,不交流,不支持,逃避责任	经常争吵,完全不理对方,或夫妻关系濒于破裂
父母职能	仅评有子女者。指对子女的生活照顾,情感交流,共同活动,以及关心子女的健康和成长	对子女不关心或缺乏兴趣	根本不负责任,或不得不由别人照顾孩子
社会性退缩	指主动回避和他人交往	确有回避他人的情况,经说服仍可克服	严重退缩,说服无效
家庭外的社会活动	指与其他家庭及社会的接触和活动,以及参加集体活动的情况	不参加某些应该且可能参加的社会活动	不参加任何社会活动
家庭内活动过少	指在家庭中不干事,也不与人说话的情况	多数日子至少每天 2 小时什么都不干	几乎整天什么都不干
家庭职能	指日常家庭活动中应起的作用,如分担家务、参加家庭娱乐、讨论家庭事务等	不履行家庭义务,较少参加家庭活动	几乎不参加家庭活动,不理家人
个人生活自理	指保持个人身体、衣饰、住处的整洁,大小便习惯,进食等	生活自理差	生活不能自理,影响自己和他人
对外界的兴趣和关心	了解和关心单位、周围、当地和全国的重要消息和新闻	不太关心	完全不闻不问
责任心和计划性	关心本人及家庭成员的进步,努力完成任务,发展新的兴趣或计划	对进步和未来不关心	完全不关心进步和未来,没有主动性,对未来不考虑

（二）社会行为计划量表

该量表主要用于个体先前 1 个月的行为测评,主要测评行为的频率与程度,主要考虑频率。评分级别为 0~4 分,5 级(表 15-2)。

表 15-2　社会行为计划量表

1. 交流:主动开始交流	13. 不为社会接受的习惯和方式
2. 交流:不着边际	14. 破坏性行为(针对财物)
3. 交谈:怪异/不恰当	15. 抑郁(仅 0~3 分)
4. 社会融合:以适当方式进行社会接触	16. 不当性行为
5. 社会融合:具有敌意的社会接触的比例	17. 个人外表和卫生
6. 社会融合:寻求被注意的行为	18. 迟缓
7. 自杀和自我伤害的意念与行为	19. 少动
8. 惊恐和恐惧	20. 专注力(仅 0~2 分)
9. 多动不安	21. 妨碍进步的行为
10. 大笑和自语	22. 上班日职业类型(0~5 分)
11. 因怪异念头而起的行动(仅 0~2 分)	23. 闲暇活动
12. 作态和装相	

二、生活质量评定

（一）定义

生活质量(quality of life,QOL),又称为生存质量,由美国经济学家在 20 世纪 50 年代首先提出,属于社会学概念。后来这一术语被引入医学研究,主要是指个体生理、心理、社会功能三方面的状态评估,即健康质量。与存活和其他类型的临床结果一样,患者的生活质量也是他们所接受的医疗保健服务有效性的一个重要指标。随着社会科学领域对于生活质量研究的不断完善和医学研究领域的拓展与发展,生活质量研究于 20 世纪 70 年代末期逐渐成为医学研究的一个热门,在包括康复医学在内的各个医学分支学科得到广泛研究,并被医学界作为衡量疾病对患者的影响程度和医疗服务成效的指标之一。康复医学区别于其他临床医学学科的最显著特点,在于它不仅只是治病救命,更重要的是它着重关注患者存活后的功能恢复和生活质量的提高。我国关于生活质量的研究始于 20 世纪80 年代中期。

（二）内容

WHO 提出的与生活质量有关的因素包括:

1. 躯体功能　饮食、睡眠、行走、家务、休闲等。
2. 心理状态　抑郁感、忧虑感、孤独感、记忆力、推理能力、应变能力等。
3. 自理能力　自我料理、大小便等。
4. 社会关系　家庭关系、与他人交往、社会整合、社会角色等。
5. 生活环境　社会支持、就业情况、经济状况等。
6. 宗教信仰与精神寄托　宗教信仰的种类等。

（三）评定方法

生活质量评定是康复评定中的一项重要内容,常用的评定方法主要有:

1. 访谈法　研究者通过与康复对象交谈来了解康复对象的生活质量各个方面。该法灵活、适用广泛,但主观性较强且花费较多。

2. 观察法 通过对康复对象的观察来判断其生活质量的水平,此法适合于一些特殊人群,如精神病患者、阿尔茨海默病患者等。

3. 主观报告法 由康复对象根据自己对生活质量的解读来报告其生活质量的等级,该法容易统计分析,但可靠性差。

4. 量表评价法 目前医学领域已经开发了很多生活质量评定量表,概括起来可以分为两大类:①普适性量表,适用于不同健康状态和疾病类型不一的一般人群;②疾病专用量表,专门用于某一种疾病患者的评定。

(1) 普适性量表

1) 世界卫生组织生活质量-100 量表(WHO-QOL-100):该量表的内容包括生理、心理、独立性、社会关系、环境和精神支柱/宗教/个人信仰 6 个领域,共 24 个方面(表 15-3)。随着 WHO-QOL-100 的逐渐发展,它已在多个国家进行广泛检验,可靠性高,有效性好,已被全世界各地广泛使用。

表 15-3 WHO-QOL-100

Ⅰ. 生理领域	Ⅳ. 社会关系领域
1. 疼痛与不适	13. 个人关系
2. 精力与疲倦	14. 所需社会支持的满足程度
3. 睡眠与休息	15. 性生活
Ⅱ. 心理领域	Ⅴ. 环境领域
4. 积极感受	16. 社会安全保障
5. 思想、学习、记忆和注意力	17. 住房环境
6. 自尊	18. 经济来源
7. 身材与相貌	19. 医疗服务与社会保障:获取途径与质量
8. 消极感受	20. 获取新信息、知识、技能的机会
Ⅲ. 独立性领域	21. 休闲娱乐活动的参与机会与参与程度
9. 行动能力	22. 环境条件(污染/噪声/交通/气候)
10. 日常生活能力	23. 交通条件
11. 对药物及医疗手段的依赖性	Ⅵ. 精神支柱/宗教/个人信仰
12. 工作能力	24. 精神支柱/宗教/个人信仰

2) 健康调查量表 36(SF-36):该量表于 20 世纪 80 年代初期开始研制,90 年代初完成了含有 36 个条目的健康调查简表。我国于 1991 年由浙江大学医学院社会医学教研室翻译了中文版的 SF-36。该量表主要内容包括躯体活动功能、躯体功能对角色的影响、躯体疼痛、总体健康自评、活力、社会功能、情绪对角色的影响和精神健康 8 个领域,需时 5~10 分钟。该量表目前是世界上公认的具有较高信度和效度的普适性生活质量评价量表之一。

3) Spitzer 生活质量指数:该量表最早开发用于测评受试者活动水平、社会支持和精神健康状况,主要包含 5 个方面的内容:活动、日常生活、健康、支持、情感。量表采用三级评分(0~2 分),评分最高为 10 分,最低为 0 分。分数越高,表示 QOL 越佳(表 15-4)。

4) 生活满意度指数 A 量表:该量表于 1961 年提出,主要用于测量受试者对于生活的满意程度,包含 20 个题目,其中 12 个为正向问题,8 个负向问题,涉及热情与冷漠、决心与不屈服,愿望与实现目标的统一等内容。采用三级评分,分数越高表明生活满意度越高,有效性好、可靠性高(表 15-5)。

表 15-4　Spitzer 生活质量指数

项目	内容	评分
1. 活动	（1）无论退休与否，全天或接近全天在通常的职业中工作或学习；或处理家务；或参加无报酬的志愿活动	2 分
	（2）在通常的职业中工作或学习；或处理自己的家务；或参加无报酬的志愿活动，但需要较多帮助，或显著缩短工作时间或请病假	1 分
	（3）不能在任何岗位上工作或学习，并且不能处理自己的家务	0 分
2. 日常生活	（1）自己能独立地进食、沐浴、如厕和穿衣，利用公共交通工具或驾驶自己的车子	2 分
	（2）在日常生活中和交通转移中需要帮助（另一人或特殊仪器），但可进行轻的作业	1 分
	（3）既不能照料自己也不能进行轻的作业，或根本不能离开自己的家或医疗机构	0 分
3. 健康	（1）感觉良好或大多数时间都感觉良好	2 分
	（2）缺乏力量，或除偶然以外，并不感到能完全达到一般人的水平	1 分
	（3）感到十分不适或糟糕，大多数时间感到软弱和失去精力，或者意识丧失	0 分
4. 支持	（1）患者与他人有良好的相互关系，并且至少从一个家庭成员或朋友中得到有力的支持	2 分
	（2）从家人和朋友中得到的支持有限	1 分
	（3）从家人和朋友中得到的支持是不经常的，或只是绝对需要时或患者昏迷时才能得到	0 分
5. 情感	（1）表现出宁静和自信的情绪，能够接受和控制个人的环境和周围事物	2 分
	（2）由于不能充分控制个人的环境而有时变得烦恼，或一些时期有明显的焦虑或抑郁	1 分
	（3）严重的错乱或非常害怕或者持续的焦虑和抑郁，或意识不清	0 分

表 15-5　生活满意度指数 A 量表

	同意	不同意	其他
1. 当我年纪变大时，事情似乎会比我想象得要好些	2	0	1
2. 在生活中，和大多数我熟悉的人相比，我已得到较多的休息时间	2	0	1
3. 这是我生活中最使人意气消沉的时间	0	2	1
4. 我和我年轻的时候一样快活	2	0	1
5. 我的生活本应比现在更快乐	0	2	1
6. 这是我生活中最佳的几年	2	0	1
7. 我做的大多数事情都是烦人和单调的	0	2	1
8. 我希望将来发生一件使我感兴趣和愉快的事情	2	0	1
9. 我所做的事情和以往一样使我感兴趣	2	0	1
10. 我觉得衰老和有些疲倦	0	2	1
11. 我感到年纪已大，但它不会使我麻烦	2	0	1
12. 当我回首往事时，我相当满意	2	0	1
13. 即使我能够，我也不会改变我过去的生活	2	0	1
14. 和与我年龄相当的人相比，在我生活中我已做了许多愚蠢的决定	0	2	1
15. 和其他与我同年龄的人相比，我的外表很好	2	0	1
16. 我已做出从现在起 1 个月或 1 年以后将要做的事情的计划	2	0	1
17. 当我回首往事时，我没有获得大多数我想要的重要东西			
18. 和他人相比，我常常沮丧	0	2	1
19. 我已得到很多从生活中我所希望的愉快事情			
20. 不管人们怎么说，大多数普通人都变得越来越坏而不是好些	0	2	1
	2	0	1
	0	2	1

（2）疾病专用量表:这类量表能够比较敏感地反映治疗措施实施后,患者在躯体症状、心理状态、社会关系等方面的变化,如脑卒中专用生活质量量表。该量表包括体能、家庭角色、语言、移动能力、情绪、个性、自理、社会角色、思维、上肢功能、视力和工作能力 12 个方面内容,共 49 个条目,采用 0~5 分 6 级评分,得分越高代表生活质量越高。优点是针对性较强,覆盖面较全,弥补了其他量表的一些不足。

三、社区融合评定

社区融合包含三方面内容:与他人的关系、生活独立性及作业活动的丰富性。常用的社区融合评定量表有重返正常生活指数、克雷格障碍评估和报告(Craig handicap assessment and reporting technique,CHART)、社区融合问卷、社区融合量表、社区参与能力量表等。

1. 重返正常生活指数　该量表于 1988 年提出,用于评估个体或群体伤残发病后在恢复正常生活模式过程中的变化情况。所评估的对象主要是突然发病导致残疾的患者。该量表使用视觉模拟反应的方法来评价 11 个方面,总分是 110 分,可用于自测或访谈,需时 5~10 分钟。可靠性高,有效性好。

2. 克雷格障碍评估和报告　该量表于 1992 年提出,主要用于评定个体在社区环境的受阻碍程度,一开始是为脊髓损伤患者设计的,修订后的量表包含了认知功能评定并应用到其他康复群体。该量表包含了 6 个方面(躯体独立性、认知独立性、功能性移动、作业、社会融合及经济独立性)共 32 项问题。评估采用访谈形式,需时约 30 分钟。该量表有效性未见报道,重复可靠性为 0.80~0.95。

3. 社区融合问卷　该问卷于 1993 年提出,主要针对大脑损伤后社区融合的妨碍程度,用来评价大脑损伤后康复的患者,也用于其他康复对象。该问卷分为三部分(家庭融入、社会融入及生产活动),共 15 个条目,需时约 10 分钟。该问卷重复可靠性为 0.91~0.97,有效性好。

4. 社区融合量表　该量表于 1997 年提出,是一个简短的以个体为中心的社区融合量表,主要用于大脑损伤患者,也用于其他康复人群。该量表共有 10 个条目,可自我检测,也可通过访谈(电话或面对面)的形式获得,需时约 5 分钟。内在可靠性为 0.87,有效性未见报道。

5. 社区参与能力量表　该量表共有 39 个条目,主要用于神经系统损伤患者,关注活动的频率和对参与表现的满意度,在我国脊髓损伤人群中应用,具有良好的信度和效度。

第三节　家庭及社区作业治疗

一、家庭与家庭康复

家庭是以婚姻和血缘关系为纽带的基本社会单位,成员包括父母子女及生活在一起的其他家属。家庭支持在康复中发挥着十分重要的作用,家庭成员对伤病者或其他事务的看法和态度将影响到其个人的行为和行动。

家庭康复是以家庭为基地进行康复的一种措施。帮助康复目标人群具有适应家庭生活环境的能力,参加家庭生活和家务劳动,以家庭一员的身份与其他成员相处,使家庭康复成为康复医疗整体服务中的一个组成部分。在专业人员的指导下由家庭训练员(家属)负责。主要开展家庭康复训练,内容有疾病知识介绍和防治处理方法,简易康复器材的使用,康复性医疗体育训练,家务活动训练等。

1. 家庭成员在康复中的作用

（1）提供基本的治疗和生活条件:家庭成员有对伤病者提供基本生活保障和医疗的责

任和义务,而基本生活和医疗保障是康复的前提。对康复对象来说,家庭支持尤为重要。

（2）监督、鼓励或协助康复对象参与康复治疗活动:家庭成员最了解康复对象的情况,在康复治疗过程中起监督、沟通、帮助的作用。没有家庭成员参与的康复治疗是不成功的治疗。

（3）治疗的直接实施者:家庭成员是部分治疗项目的实施者,特别是对于慢性病、长期伤残者,出院后康复治疗的主要实施者由家庭成员承担。

（4）资源整合者:家庭成员是康复治疗资源的整合者,特别是出院后的患者,家庭和社区康复资源主要通过家属进行整合,以合理利用资源,达到最佳治疗效果。

（5）辅助器具的保养和维护者:通常,家庭成员承担着保养和维护辅助器具的任务,需掌握轮椅等辅助器具检查和简单维修技巧以确保安全应用。

（6）功能评估和治疗计划的参与者:由于与患者共同生活,家庭成员更了解康复对象的功能变化,对其功能状态和治疗效果进行基本评估,协助治疗方案的调整。

2. 家庭成员的教育　由于家庭成员在康复中起着举足轻重的作用,在整个康复进程中对家庭成员的宣传教育十分必要。教育内容包括:

（1）让家庭成员了解康复对象的病情、治疗及预后、功能水平等情况,取得理解与配合。

（2）指导家庭成员协助康复对象进行日常生活和治疗或干预。如教会家属安全地将伤病患者从轮椅转移到床上的方法。

（3）教育家属对康复对象进行鼓励和支持。

（4）指导家属整合康复资源。

（5）指导家属进行家庭环境改造（包括辅助器具使用、物理环境改造、物件的合理摆放、活动方式调整等）。

（6）教会家属基本护理和训练技巧,如体位摆放、导尿、排痰等。

二、社区康复与作业治疗

社区作业治疗是社区康复的重要组成部分,是指在社区为康复对象提供与其日常生活活动、休闲娱乐活动或学习、工作等相关的训练和指导,实地评估、改造家居和社区环境,是医院康复服务的一项重要延伸。旨在帮助患者或残疾者等康复目标人群提高日常生活、社会生活或工作的独立能力,提高生存质量,使其真正融入家庭和回归社会。

（一）社区作业治疗的原则

1. 立足社区　康复对象是在家庭或社区层次进行的康复治疗或作业治疗,因此需要让其家庭及社区对患者和残疾者的生存质量及全面康复,承担起责任。

2. 共同参与　康复对象与其家庭成员或社区人员共同参与作业治疗活动。

3. 经济实用　鼓励应用简便、经济、实用、有效的手段和方法,因地制宜地开展作业治疗。

4. 共享资源　充分利用社区的各种资源,通过当地的医疗卫生保健系统,为康复对象提供康复服务。

5. 完善系统　应建立较完善的转诊系统并要有医院康复资源中心的支持,定期对患者或残疾者等康复对象进行康复评估和提出指导性建议。

（二）社区作业治疗的工作内容

社区作业治疗的服务全面而广泛。以住院患者为例,从患者计划出院时开始,到回到社区后的长期跟进,社区作业治疗师均应参与评估、提供训练及治疗,促进患者的康复及协助他们重返社区。出院患者的社区作业治疗大致上可以分为出院前准备、出院后跟进及社区长期随访三个阶段。

1. 出院前准备　对拟出院的患者,作业治疗师应提供相应的作业治疗指导,协助患者

笔记栏

及家人做好出院前准备,使患者能早日安全地回到熟悉的家居环境。具体内容如下:

(1) 了解患者的病情、身体功能、活动能力、生活自理能力和家庭环境,与家属、医生、护士及其他相关人员进行讨论,制订出院计划。

(2) 根据患者及家人需要,为患者提供训练,包括:①教会家人照顾患者的方法;②提供适当的辅助器具并进行相关指导;③查找社区资源,进行转介服务。

(3) 安排出院前家访,评估家居环境及提出环境改造建议,为患者准备一个无障碍的家居环境,利于促进患者早日出院,重返社区。

2. 出院后跟进

(1) 评估出院前计划的成效,修改训练计划及强化照顾者照顾技巧等。

(2) 详细评估患者辅助器具方面的需要和使用方法,确保他们安全、正确地使用辅助器具,减轻照顾者的负担及提高患者的自我照顾能力。

(3) 重新评估家居及社区环境和患者适应情况,检讨及修改环境改造建议和社区训练方法,使患者克服环境困难,融入社会。

(4) 转介患者到相应的社区治疗服务机构。

3. 社区长期随访 提供长期随访服务,以确保患者或伤残人士能在家中及熟悉的社区中得到持续性的治疗服务,从而令他们能健康、安全地继续在家中及社区生活,有效降低他们的再入院率。

(三) 作业治疗与健康促进

新时期的卫生与健康工作方针推动人人参与,落实预防为主,推行健康生活方式,减少疾病发生,强化早诊断、早治疗、早康复,实现全民健康。健康促进是作业治疗在现代公共卫生领域的主要服务领域,其目标对象是整个社区或更广泛的人群,除了传统的出院患者和伤残人士之外,还包括高龄老年人等其他有康复需求的人群,服务方式包括教育宣传和其他预防性措施。以作业为基础的健康促进是帮助个人、家庭、社区或全社会追求并实现作业健康的过程。

作业治疗在健康促进和疾病/残疾预防中的主要作用包括以下几方面:

1. 评估作业能力、价值观和作业表现。

2. 开展作业角色表现和作业平衡等的相关教育培训。

3. 在作业参与中识别并减少危险因素。

4. 在日常作业活动背景下提供技能发展的培训。

5. 提供疾病预防和健康管理培训。

6. 为满足健康和安全的作业环境开展环境调适。

7. 与其他医疗卫生人员、组织机构、社区和卫生管理人员合作,从作业活动的角度促进健康。

8. 提供适应变化和应对逆境的培训,通过参与有意义的作业活动和人际关系,维持和促进社会心理健康。

(张 琪)

复习思考题

1. 你认为什么是影响人们生活质量的关键?如何确定哪些因素对功能障碍人士的生活质量提升有帮助,哪些因素会影响他们的生活质量?

2. 请检索并分享最近的关于作业治疗在健康促进领域的评估和干预方案的研究证据。

扫一扫
测一测

下 篇

实践应用

第十六章

神经系统疾病作业治疗

学习目标

1. 描述脑卒中、颅脑损伤、脊髓损伤、周围神经损伤、神经退行性病变等疾病的临床表现及功能障碍。

2. 阐释上述疾病的作业治疗原则和方法。

3. 应用所学知识,对上述疾病功能障碍患者进行常用的作业评定和作业治疗干预。

第一节 脑 卒 中

一、概述

脑卒中(stroke)即脑血管意外(cerebralvascular accident),又称脑中风,是由不同病因引起的急性脑血管循环障碍性疾病的总称,包括缺血性卒中和出血性卒中。以发病急骤、持续性(>24 小时)、局灶性神经功能缺损症状为临床共同特征。临床表现以猝然晕倒、不省人事或突然发生口眼歪斜、半身不遂、舌强言謇、智力障碍为主要特征。脑卒中已经成为严重影响公众健康的世界性问题,是神经系统的临床常见病和多发病,具有明显的高发病率、高患病率、高致残率、高复发率及高死亡率特点,近年来年轻化趋势明显。我国为脑卒中高发国家,据统计,每年新发脑卒中病例高达 200 万,发病率约为 250/10 万。全国存活的脑卒中患者中约 3/4 有不同程度的残疾。流行病学调查发现,高血压、动脉硬化、心脏病、糖尿病、高血脂、高龄、嗜酒等是导致脑卒中的危险因素。

康复对脑卒中整体治疗的效果和重要性已被国际认可,早期康复介入可明显降低脑卒中患者的致残率和致残程度。由于病情、治疗介入及个体情况的差异,脑卒中恢复情况和对患者功能的影响也有所不同。有学者描述了一种脑卒中恢复模型,包括内在的神经适应性恢复和代偿适应性恢复。前者指神经损伤的修复,如偏瘫肢体运动、感觉功能的恢复;后者是在神经功能未完全恢复的情况下,患者恢复执行有意义活动、任务和角色的能力,例如应用健侧手进行修饰、穿衣、步行等。在疾病恢复过程中,大多数患者可在一定程度上获得上述两个层面的恢复。

二、临床表现及功能障碍

由于脑卒中所致脑损伤的部位、性质、病变严重程度等不同,患者可有不同的临床表现,并组成各种复杂的临床综合征。某些功能障碍可能与大脑损伤部位有关。例如,左侧脑损伤更易引起右侧偏瘫、言语障碍，和/或失用症或运动计划障碍。右侧脑损伤更易引起左侧偏瘫、单侧空间忽略、视野缺陷、判断力减弱和/或冲动行为。

1. 运动功能障碍　脑卒中后所出现的运动功能障碍，取决于病变的血管和由此所产生的受损部位，多表现为脑损伤对侧肢体不同程度的瘫痪，部分病例伴有一侧中枢性面瘫。瘫痪肢体丧失正常运动功能而表现为异常运动模式，联合反应和共同运动是最常见的表现形式。异常运动模式见表 16-1，这种运动模式的存在严重妨碍了肢体功能活动的完成。

表 16-1　异常运动模式

上肢	异常运动模式	下肢	异常运动模式
肩胛骨	后缩、上提	髋关节	伸展、内收、内旋
肩关节	外展、外旋	膝关节	伸展
肘关节	屈曲	踝关节	足跖屈、内翻
前臂	旋后	足趾	屈曲
腕关节	屈曲		
手关节	屈曲		
拇指	屈曲、内收		

2. 感觉功能障碍　表现为受累肢体深、浅感觉迟钝、麻木甚至丧失。主要表现为痛觉、温度觉、触觉、本体觉的减退或丧失。有少数患者表现为感觉过敏。也有的患者表现为复视、偏盲等。

3. 言语障碍　包括口语交流和阅读书写等能力障碍。

4. 知觉障碍　主要表现为忽略、失认、失用等。

5. 认知障碍　常表现为注意力、记忆力减退，计算、学习困难，综合、逻辑推理困难等。

6. 日常生活能力降低　表现为不能独立完成日常生活的基本活动，生活质量低下。

7. 心理与社会交往能力受限　患者多表现为情绪抑郁、焦虑、悲观失望、动作迟缓、失眠等，社会交往受到不同程度的影响。

三、检查与评估

作业治疗应以患者为中心，选择和实施作业评定。评定过程中，应选择适宜的模式（参见本书相关章节），既考虑患者在生活、工作及社会活动中所遇到的障碍，又充分考虑患者的家庭环境、社会角色、兴趣和文化背景等因素。脑卒中患者的作业评定，主要包括运动功能、日常生活自理能力、感知觉、认知、需求、环境等各方面，为作业治疗提供依据。

美国国立卫生研究院卒中量表（NIHSS）是目前世界上较为通用的、简明易行的脑卒中评价工具，较全面地评价了脑卒中后的功能障碍，包括意识、凝视、面瘫、肢体肌力、共济失调、失语、构音障碍、感觉、视野、忽视、远端肢体功能，被广泛用作卒中的评定。

（一）日常生活活动能力评定

可采用改良 Barthel 指数评定治疗前后的功能状况，预测恢复情况。但对于病情较轻者可能有"天花板效应"，应予以注意。功能独立性评定量表来评价患者综合功能，包括躯体、言语、认知和社交能力。功能活动问卷、工具性日常生活活动量表进行 IADL 的评定。

（二）运动功能评定

除了常用的徒手肌力检查法，肌张力、肌肉耐力、关节活动度评定等方法以外，Brunnstrom 运动功能恢复分期、上田敏法、Fugl-Meyer 运动功能评定、Wolf 运动功能量表等也用于评定脑卒中患者的运动功能。

根据患者上肢功能情况,可选用明尼苏达手灵巧度测试、Purdue 钉板测试、Jebsen 手功能测试、九孔插板试验、Carroll 上肢功能评定、上肢动作研究量表、简易上肢功能检查等来评定患侧手及上肢功能。偏瘫上肢功能测试(香港版)由 12 项任务组成,并根据任务的复杂程度及一般偏瘫上肢的恢复趋势分为 7 个等级(表 16-2),用于评价脑卒中患者在日常生活中使用上肢的能力。

表 16-2　偏瘫上肢功能测试(香港版)

序号	等级	任务
1	患侧肩膀、肘、手尚无任何活动能力	无
2	患侧肩或手肘开始有少许活动能力	A-联合反应
		B-患手放在大腿上
3	肩膀或手肘可以大约提起至腹部,手指能开始轻微弯曲	C-健手将衣服塞入裤里时,提患侧手臂
		D-提着袋子(持续 15 秒)
4	患侧肩膀或手肘可以提至胸前,手指能进行基本抓放活动	E-稳定瓶盖(用健手打开瓶盖)
		F-将湿毛巾拧干
5	肩膀及手肘可举高过头,手指可进行较轻微的抓放活动	G-拿起并搬移小木块
		H-用勺子进食
6	肩膀、手肘及手腕都能独立并协调地活动,但手指活动仍欠灵活	I-提举盒子
		J-用塑料杯喝水
7	上肢和肌肉都能活动自如,但对于复杂或粗重工作仍有不足	K-用钥匙开锁
		L1-控制筷子(强手)
		L2-控制夹子(非强手)

(三)感觉功能评定

脑卒中引起的感觉障碍以视、听、平衡觉和躯体感觉较为常见。不同类型感觉障碍的特点有助于评估病变部位和严重程度。感觉检查包括浅感觉、深感觉和复合感觉。感觉障碍类型包括感觉缺失、感觉减弱或迟钝、感觉过敏、感觉倒错等,可采用简化的感觉指数评分法来评估,该方法简单易行,适用于临床。此外还有 NIHSS 量表、Lindmark 评定法以及脑卒中神经功能统一量表(unified form for neurological stroke scale,UNSS)等。对于感觉异常,临床上可采用目测类比评分法、麦吉尔疼痛问卷(McGill pain questionnaire,MPQ)及压力测痛法等。感觉功能评价比较客观的检测方法是躯体感觉诱发电位,该方法可具体反映病损部位、范围和严重程度,有助于判断康复疗效和预后。

(四)平衡功能评定

包括定性、半定量和定量的平衡功能评定方法;也包括静态、动态平衡功能评定等。平衡功能的评定量表主要包括伯格平衡量表(Berg balance scale)、Fugl-Meyer 平衡量表、"起立-行走"计时测试(TUG)、Brunel 平衡量表、脑卒中患者姿势控制量表(PASS)等。

(五)认知和知觉功能评定

脑卒中患者的认知障碍主要表现在记忆、注意、定向、思维、解决问题等方面,常用的认知功能筛选评估方法有简易精神状态检查量表、神经行为认知状况测试及蒙特利尔认知评估等。知觉障碍如失认症、失用症、空间关系障碍、躯体构图障碍等,不同分型常用的评定方法请参见相关章节。

在针对某项认知功能的特异性评定量表中,也有专门为作业治疗师设计的量表,应注意选用,如 Rivermead 行为记忆测验,可用于评估每天生活中的记忆能力。

(六) 作业表现评定

采用加拿大作业表现模式(CMOP)评定,详见本书相关章节。作业表现技能评估有助于确定个体的运动和认知能力,以恢复有价值的任务和角色。患者因素的评估有助于确定技能和作业表现的改善潜力。不过,近年来,越来越多的学者鼓励更多关注患者在日常生活活动中的能力,而非作业表现技能。有学者认为评估上肢相关功能的测试可归为任务导向的评估,通过部分开展或者模拟熟悉的活动而非现实生活活动,对患者进行功能评估。

(七) 其他评定

包括生活质量评定、环境评定、职业评估、视觉功能、语言功能评定、运动规划能力、心理评定等。请参见本套教材相关章节。

四、方案与实施

(一) 作业治疗原则

1. 早期介入　一般在生命体征稳定、原发神经病学疾患无加重,药物治疗的同时即可介入。有研究显示,最佳康复开始时间为 14 天以内。预防性康复措施的早期介入,不仅有助于改善脑卒中患者受损功能,减轻残疾程度,还可防止各种并发症的发生,提高生活质量。

2. 循序渐进　康复训练是一个持续过程,而作业治疗贯穿于脑卒中康复治疗的全过程。实施作业治疗时,既要达到一定的训练强度,又要持续一定时间,应循序渐进。如逐渐延长治疗时间、加大训练强度、减少辅助量等。

3. 持之以恒　脑卒中康复是一个漫长而艰难的过程,实施作业治疗应持之以恒。

4. 医患合作　在实施作业治疗时,作业治疗师应充分调动患者和家属的积极性,使患者主动参与,家属积极配合,以利于重复训练、强化训练效果,有利于把训练效果泛化到日常生活中去,实现康复目标。

5. 系统管理　实施作业治疗应有计划、有步骤地进行。不仅需要治疗师、患者、家属(照顾者)相互配合,实施有效的监督和指导,还需要建立和完善综合医院、康复医院到社区/家庭的康复医疗网络,保证训练计划的延续性,使患者获得最大程度的自理和最高的生活质量。

(二) 脑卒中作业治疗方法

脑卒中常用的作业治疗方法包括:保持正确肢体位、维持和改善关节活动度训练、上肢和手功能训练、认知及感知觉训练、日常生活活动能力训练、跌倒和压疮预防、环境适应、健康教育、心理社会调整、职业康复等。

1. 保持正确肢体位　由于脑卒中患者早期卧位或坐位时间相对较长,保持正确的卧位、坐姿和肢体位置能有效预防或对抗痉挛姿势的出现和发展。

(1) 保持正确卧姿:可仰卧位、健侧卧位及患侧卧位三种姿势轮换,以患侧卧最为重要,尽量少用仰卧位。

1) 患侧卧位:头部患侧置于高度适中的枕头上,上颈段稍微前屈,躯干稍向后旋;后背用枕头稳定支持;患肩前伸,上肢前伸与躯干的角度不小于 90°,肘关节伸直,前臂旋后,掌心向上,腕背伸,手指伸展散开;患侧下肢髋关节伸展,膝关节微屈,踝背伸,足面与小腿尽量保持垂直。健侧上肢自然放在身上,健侧下肢屈髋、屈膝呈迈步位,置于体前支撑良好的垫枕上,以免压迫患侧(图 16-1)。患侧卧位可以增加对患侧的感觉输入刺激,并使患侧躯干被动

ER-16-2

良肢位患侧
卧位视频

拉长,有助于抑制痉挛,健手可以自由活动。

2)健侧卧位:头部健侧置于高度适中的枕头上,躯干与床面大致成直角侧卧。患肩前伸,向头顶方向上举100°,肘、腕、指各关节均保持伸展放置于胸前的枕垫上,使肩及上肢保持外展位;患侧下肢完全由枕头垫起,髋、膝自然屈曲,踝略背伸,足不能内翻。健侧肢体在床上取舒适自然位放置(图16-2)。健侧卧位是患者感觉比较舒适的体位,有利于患侧的血液循环,可减轻患侧肢体的痉挛和水肿,便于偏瘫侧的治疗性操作。

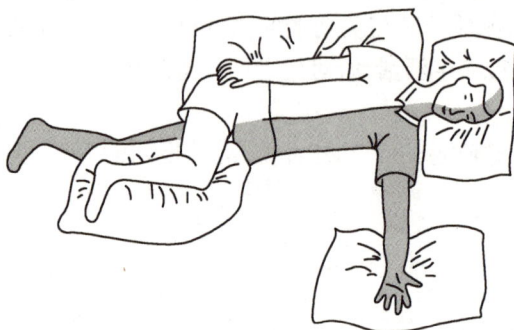

图 16-1 患侧卧位   图 16-2 健侧卧位

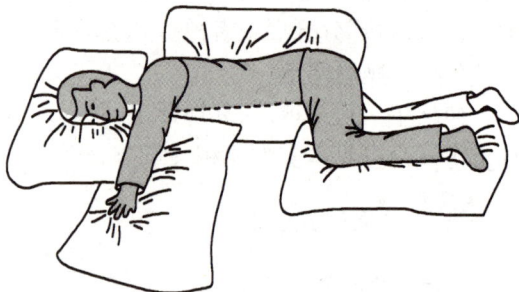

3)仰卧位:头正中位或面向患侧。枕头高低适中仰卧,勿使患者成半卧位,以免诱发异常肌张力。患侧上臂放在体旁的枕头上,肩胛骨尽量前伸,肩外展外旋45°,肘伸展、前臂旋后、腕背伸、手指伸展及拇指外展;患侧臀部和大腿下放置软枕支撑,使骨盆前伸、髋关节稍内旋,膝下放置一小枕使膝关节微屈曲,踝关节保持中立位,足底勿放置任何物品(图16-3)。

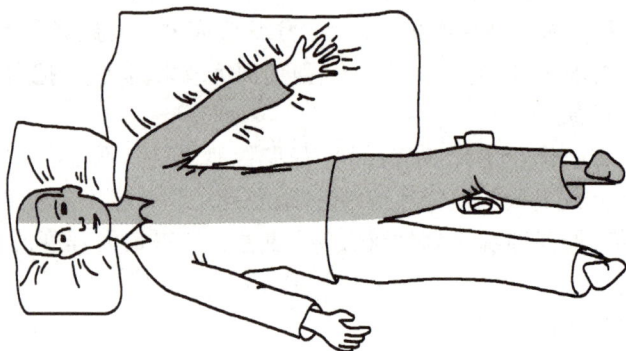

图 16-3 仰卧位

4)体位变换:主要目的是预防压疮和肺感染,另外由于仰卧位强化伸肌优势,健侧卧位强化患侧屈肌优势,患侧卧位强化患侧伸肌优势,不断变换体位可使肢体的伸屈肌张力达到平衡,预防痉挛模式出现。一般每1~2分钟变换体位一次并拍背。被动的体位变换一直要持续到患者可自主翻身。

(2)保持正确坐姿:坐位对于患者改善心肺功能、预防失用综合征、减少并发症、恢复早期自理活动、促进早期功能恢复都具有非常重要的意义。在病情稳定、医生许可的情况下,作业治疗的第一步就是让患者尽早坐起来。床上坐位训练是最基本的日常生活活动训练,如果患者可以完成床上坐位,就意味着其生活活动范围可以从居室环境扩大到社区。良好的坐姿要求骨盆提供稳定的支持,躯干保持直立位,两侧对称。

1)床上长坐位:用手摇床或靠背支架让患者逐渐从平卧位过渡到直立位(90°),必要时

ER-16-3

良肢位健侧卧位视频

ER-16-4

良肢位仰卧位视频

可用大枕垫于身后以保持患者躯干端正、背部伸展,髋关节屈曲90°,尽量避免取半卧位;双上肢对称地放置于身前的小桌上,使患侧上肢始终位于患者的视野内。为避免膝关节过度伸展,可以在膝下垫一小垫(图16-4)。

2)床边(或椅子)坐位:患者坐在床边(或椅子)时,应保持骨盆直立,髋、膝、踝关节分别屈曲90°,双足底平放在地面上(床或椅子过高时可以足底垫木箱);保持躯干伸展,头、颈、躯干及双肩左右两侧对称。

3)轮椅坐位:选择适合患者身材的轮椅,使其保持躯干伸直,患侧上肢伸直放置在轮椅桌上。必要时在患侧下肢侧方放置垫子以避免患侧髋关节外展、外旋(图16-5)。轮椅桌的长度及宽度应使患者的双侧上肢放置在其上时能够对称地充分向前伸展,患侧前臂采取旋后位或中立位。

图16-4 床上长坐位

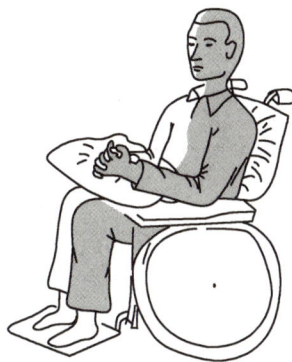

图16-5 轮椅坐位

2. 维持和改善关节活动度训练 治疗小组中的所有成员都应鼓励和指导患者采用正确的方法进行被动、辅助主动或主动肢体活动,以改善肢体的血液循环,预防关节僵硬和挛缩。

(1)被动运动:应尽早开始,每天给患肢进行各关节各方向、全范围的被动活动,直至患肢恢复主动活动。通常从近端关节至远端关节,每次每个关节活动3~5次,每日2次。实施时动作宜舒缓而有节律,避免突然用力或活动度过大。

(2)辅助主动训练:如在恢复初期,肩关节往往缺乏自发的随意运动,需要由健手或他人帮助,诱发患侧上肢尽早出现分离运动。

1)自助被动运动:可以在卧位、坐位下进行。Bobath握手,肩部充分前伸,患侧肘关节伸展,由健肢带动患侧上肢进行上举、前伸、外展、内收等自助被动运动。动作要缓慢,反复进行。

2)磨砂板活动:根据患者的功能水平,调节磨砂板台面的角度。患者可以坐或站在磨砂板前,双手Bobath握手,或用健侧手掌按压在患侧手背上保持患侧手指的伸展,上肢向前或两侧推动磨砂板以达到肩关节屈曲、外展、内收,肘关节屈曲、伸展的目的。

3)滚筒活动:治疗师站在患者患侧,嘱患者Bobath握手,利用健侧上肢带动患肢完成肩关节屈曲、肘关节伸展、前臂旋后、腕关节背伸的运动。必要时治疗师可辅助患侧伸展肘关节(图16-6)。

3. 上肢和手功能训练 对于肌张力增高的患

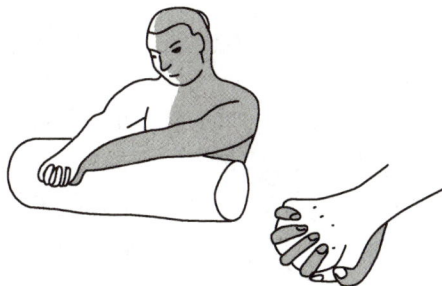

图16-6 滚筒活动

磨砂板视频

滚筒视频

者,在进行患侧上肢和手功能训练前应抑制痉挛,进行分离运动训练;随着功能改善,逐步增加上肢和手的运动控制及协调性训练,并尽可能应用到日常生活中去。

（1）抑制痉挛:让患者及照顾者了解并掌握预防和控制痉挛的方法。

1）抑制患侧上肢痉挛:训练中应避免急速、过度用力的动作;患侧上肢痉挛比较明显时可采用牵伸、挤压等方法。例如以抗痉挛模式负重,即患者坐在治疗床上,患侧上肢伸直,掌面放在体侧稍后的床面上,手指向外后方展开,身体重心移向患侧臀部。

图 16-7 抑制患侧上肢痉挛

利用负重练习或在负重状态下进行作业活动,可以促进患侧肩胛骨上提、肘伸直、腕背伸和手指伸展(图16-7),降低患侧上肢的肌痉挛。

2）抑制手指屈曲痉挛:首先,治疗师四指用蚓状抓握的方法握住患者的患侧大鱼际,使拇指外展(图16-8);治疗师另一手固定肘关节,将患肢前臂旋后,停留数秒,痉挛的手指可自动伸展。

（2）分离运动训练:通过治疗性作业活动打破协同运动模式,逐步确立各个关节的分离运动。例如,上肢持球训练(图16-9)、持棒训练等。

图 16-8 抑制手指屈曲痉挛

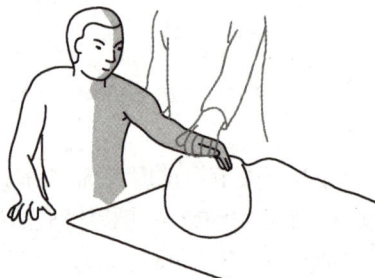

图 16-9 上肢持球

（3）上肢的运动控制能力训练:一般遵循"由近端到远端,由粗大到精细"的恢复规律。例如地面上推动巴氏球活动(图16-10)。

（4）双手协调性训练:即选择由双手完成的活动,根据患手功能,可以用患手固定以健手进行操作,或者由健手固定,患手操作。如切菜、拧瓶盖、拼图等作业活动。

（5）手指抓握及精细运动:进行棋牌游戏、木钉盘活动等,在娱乐的同时训练手指对粗细、大小、方圆等不同规格、不同形状物体的抓握活动。也可用捡豆子、编织、粗线打结以及操作电脑等方法进行手指精细活动。

4. 新技术在上肢和手功能训练中的应用 近年来,一些新的治疗技术应用于脑卒中患者上肢功能训练,并取得了一定疗效,如运动再学习技术、限制性诱导运动疗法、运动想象疗法、镜像治疗、双侧训练、任务导向训练、虚拟现实技术和上肢机器人辅助训练等。

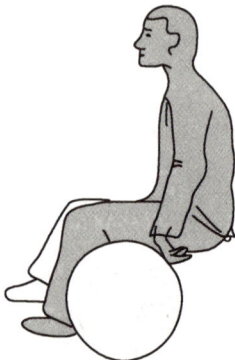

图 16-10 推巴氏球活动

（1）运动再学习技术（motor relearning programme，MRP）：在 20 世纪 80 年代初创立。MRP 以神经生理学、运动医学、生物力学、行为科学等为理论基础，以作业或功能为导向，强调患者的主观参与和认知的重要性，通过设计与患者功能水平相适应的作业或功能性活动，创造良好的学习和恢复环境，激发患者的训练动机、兴趣，集中患者注意力，教育患者克服不需要的肌肉活动，反复练习正确运动，通过家属积极参与，将训练转移到日常生活中，从而达到恢复随意控制的功能性作业活动目的，是目前比较推崇的治疗方法。MRP 对"上肢功能"训练分为四个步骤，即步骤 1：分析上肢功能，找出患者缺失的运动成分和过多或不需要的代偿活动。步骤 2 和步骤 3：练习上肢功能，包括引发"前伸"和"前指"的肌肉活动和运动控制；维持肌肉长度；引发肌肉活动及训练操作的运动控制，如训练伸腕，前臂旋后，拇指外展和对掌、对指，操作物体和改善使用餐具等。步骤 4：将训练转移到日常生活中去。

（2）限制性诱导运动疗法（constraint-induced movement therapy，CIMT）：目前主要用于发病 6 个月以上脑卒中慢性期患者的患侧上肢训练，患侧上肢功能需要满足至少可伸腕 10°、拇指掌侧内收或桡侧外展 10°、其余 4 指中任意 2 指的掌指关节和指间关节可伸展 10°，患肢无明显的痉挛和疼痛，患者没有明显的平衡障碍，能安全地戴着吊带走动；无感觉性失语、患侧忽略、记忆障碍、视觉障碍、注意力不集中等明显的认知障碍。CIMT 的基本概念是在生活环境中限制脑损伤患者使用健肢，强制其反复使用患侧上肢。实施时用特制手套和吊带或休息位夹板固定健侧上肢，限制健侧上肢的活动，每天的限制时间为不少于其清醒时间的 90%，持续 2 周；强制使用患侧上肢，即除日常生活中强制使用患侧上肢外，还要进行针对性的强化上肢训练，每天 6 小时，每周 5 天，连续 2 周；针对性地强化上肢训练内容，视患侧上肢运动障碍的具体情况而定，由易到难；训练期间及时给予患者鼓励。

（3）运动想象疗法：运动想象是指运动活动在内心反复地模拟、排练，而不伴有明显的身体运动。近年来的研究和临床实践显示，运动想象结合康复训练有助于改善脑卒中偏瘫患者的上肢功能，并认为是一种可行的、经济有效的治疗脑卒中偏瘫患者上肢功能障碍的方法。

（4）镜像治疗：镜像治疗最早应用于截肢后幻肢痛病例中，近年来被用于脑卒中等脑损伤患者，特别是对早期上肢远端无动作者是一个有效的治疗方法。

（5）双侧训练：近年来有研究报道该方法用于恢复期、慢性期脑卒中患者比常规训练方法更有效，尤其适用于上肢功能中度到重度残损的脑损伤患者。患者可以独立或在辅助下完成双侧上肢动作，如双侧上肢减重下在水平面同时以同一节律进行双侧肩关节外展、内收动作；双侧上肢用磨砂板同时进行推拉动作等。

（6）任务导向训练：本训练旨在通过目标导向的实践练习和不断重复的过程，提高执行任务所需的部分功能。如让患者练习拿水杯、握笔、用筷子夹豆子等任务以提高手功能。在进行任务导向训练过程中，要注重患者参与有意义的活动，如鼓励患者用偏瘫侧上肢洗漱、穿衣等参与性活动，提高作业动机，促进其最大限度地选择、参与有意义的活动。同时，有研究显示，专注于任务而非运动/动作本身的训练效果更佳。基于患者水平和兴趣，为其设计并选择恰当的活动，是作业治疗师所需具备的技能。越来越多的证据表明，选择与情境相关的、有意义的活动参与相比传统的训练方式可以使患者获得更多技能。

（7）虚拟现实技术和上肢机器人辅助训练：近年来虚拟现实技术和上肢机器人辅助训练技术也在脑卒中偏瘫患者的上肢康复训练中得到应用，并取得了较好的训练效果。由于设备价格较高，尚未普及。

5. 感觉功能训练　感觉是运动的基础，感觉障碍会影响运动功能，对感觉障碍应予以同等重视并加以训练。

（1）患侧上肢负重训练：利用坐位时患侧上肢负重抗痉挛模式的方法，达到同时训练运动功能和感觉功能的目的。即在支撑手掌的下面，交替放置手感、质地不同的材料。

（2）手的抓握训练：可将木钉盘活动灵活运用于感觉训练。将木块、木棒或棋子等分别缠绕不同的材料，如丝绸、棉布、海绵等，指导患者拿放木钉，或在水杯、手机等常用器具表面围绕不同材质或纹理（各种材质的布、塑料、泡沫等）的材料，鼓励患者在日常生活中使用患侧手来抓握，从而提高感觉能力。

（3）辨别物体的练习：用各种质地的物品擦刷患者皮肤；用患侧手寻找埋藏在细沙、米粒、豆子内的积木块和各种玩具等物品；或遮住患者视线，要求通过患侧手判断物体的大小、轻重、软硬、形状等。

（4）对于偏盲者应让其了解自己的病情，练习向患侧转头做跨越中线的视觉搜索作业等。

6. 认知及知觉障碍的训练　认知功能是影响整体康复预后的重要因素，应给予重视。认知及知觉障碍的训练包括注意力、记忆力、失认症、失用症、忽略症训练等，详见本书相关章节。

7. 日常生活活动能力训练　脑卒中患者基础 ADL 能力的康复训练方法主要包括以下内容。

（1）进食训练：脑卒中患者多伴有吞咽障碍。综合吞咽康复训练包括吞咽功能训练（口颊和舌部的主、被动活动以及口腔冰棒刺激）以及低频和电针疗法。此外，可联合应用 Bobath 训练技术和作业疗法，即通过改善躯干和头颈部的稳定性、指向性，矫正头颈部不恰当的运动模式，诱导从下颌和颅底分离的舌、口唇的活动，进而改善脑卒中后患者的吞咽障碍。

（2）穿脱衣物训练：需在坐位平衡的条件下选用大小、薄厚和松紧适宜且便于穿脱的衣物进行训练。

1）前开襟上衣的穿脱：原则是先穿患侧、再穿健侧。先将患手伸入衣袖内，用健手将衣领向上拉至肩部，抓住衣领并拉向健侧肩，再将健手伸入衣袖内，用健手系扣并整理。脱上衣时先脱健侧、再脱患侧。

2）套头上衣的穿脱：患手穿好衣袖并拉至肘以上，再穿健手侧的衣袖，最后套头。脱衣时先将衣身脱至胸部以上，用健手将衣服拉住，自背部从头脱出，再脱出健手，最后脱出患手。

3）裤子的穿脱：在床上穿裤子时取坐位，先将患腿交叉置于健腿上，穿好患侧裤腿至膝上部，放下患腿，然后穿好健侧裤腿并尽量上提裤子，最后立起将裤子上提至腰部并系好裤带，拉好拉链。脱裤子时的动作顺序相反，先脱健侧、再脱患侧。

（3）洗漱、洗澡和刷牙训练：洗漱能力是脑卒中后 ADL 能力训练的重要内容，患者应在康复师的指导下循序渐进地进行。

（4）坐—站转移和步态训练：脑卒中后患者偏瘫侧肢体的运动控制以及平衡能力降低，致使坐—站转移所需的时间延长，加之双下肢负重不对称，姿势稳定性降低，甚至可能无法完成坐—站转移。脑卒中后偏瘫患者进行坐—站转移训练，可使得患者的足底负重对称性提高，完成坐—站转移的足底应力中心点的摆动幅度减小，跌倒风险降低，平衡功能得到提高。此外，佩戴足踝矫形器可显著改善患者的最大步速、身体重心的垂直和侧方移动能力、骨盆的前后倾斜和旋转运动能力。

（5）上下楼训练：原则上应遵循上楼时患腿先上、健腿再上的顺序，下楼时则先用健腿，以保持身体平衡，防止跌倒。脑卒中后患者常伴有患侧踝关节运动控制障碍，而踝关节作为

ER-16-13

进食训练
视频

ER-16-14

穿衣训练穿
上衣视频

ER-16-15

穿衣训练脱
上衣视频

ER-16-16

穿衣训练穿
裤子视频

ER-16-17

穿衣训练脱
裤子视频

人体和地面作用与反作用力的直接的微调枢纽,其运动控制障碍却常在患者的整个病程中被忽视或未及时得到关注,致使影响患者步行能力的康复。Bobath 训练技术、电刺激引导下局部肌肉内注射 A 型肉毒毒素、踝足矫形器、生物反馈疗法、功能性电刺激和针灸治疗等均对脑卒中后患者踝关节运动控制功能有一定的改善效果。

此外,为维持独立生活,还可进行如使用电话、购物、处理家务、理财、利用交通工具和休闲活动等工具性 ADL 训练内容。

8. 跌倒预防 跌倒是脑卒中最常见的损伤原因,同时也是患者非常容易出现的不良事件。跌倒的高危因素包括高龄、平衡或协调能力差、运动功能减弱、冲动行为、视力障碍或忽视等。环境评估与调试、制订活动日志或养成定期进行某项活动的习惯,运动控制优化,选用适合的辅具,并向患者和家属传授安全步行策略,有利于跌倒预防。

9. 压疮预防 压疮是脑卒中患者常见的并发症,特别是存在意识障碍、营养不良、合并患有糖尿病或周围血管疾病、感觉异常的人群面临更高风险。作业治疗师通过良肢位摆放、适当的姿势控制和转移技术、协助进行轮椅和座椅选择与调试、压疮预防知识宣教等方法进行预防,帮助患者保持皮肤的完整性。

10. 环境适应 可根据患者的功能水平对其家庭及社区环境进行必要改造,使患者更容易适应家庭、社区生活,参加一些力所能及的家务劳动、社区娱乐活动等,从而在心理、身体上获得最高质量的生活。

11. 健康教育 在整个康复治疗过程中,要加强对患者及其家属进行脑卒中相关知识的宣传教育及心理指导,使其正确认识脑卒中给患者各个方面造成的影响及作业治疗的目的,并结合示范演示、实践指导以及小组会议等,尽可能加强患者和家属与治疗师间的互动与合作,参与有意义的活动。如能将治疗方案纳入到日常生活、娱乐休息或自我护理过程中,可能获益更佳。最大限度发挥患者残存功能,提高治疗的有效性。

12. 心理社会调整 对患者和家属进行健康的情绪调整,使他们加强对于脑卒中功能障碍的认知以及恢复过程的理解,让其了解作业干预不仅可以改善身体与心理功能,还可帮助患者恢复其生活角色,提高活动和社会参与。

13. 职业康复 对于某些患者还需要进行职业前培训和专门的职业训练,以助其回归工作或适应新的职业(或岗位)。

(三) 作业治疗实施

对脑卒中患者实施作业治疗应尽早开始,一般在患者生命体征稳定、神经功能缺损症状不再发展的 48 小时后开始。在急性期、恢复期及后遗症期,作业治疗的目标和方法也各有重点。

1. 急性期(卧床期) 一般指发病后的 1~4 周。这期间作业治疗应与临床治疗同时进行。

(1) 治疗目标:预防各种并发症及继发障碍,恢复脑卒中患者的作业表现技能。必要时可以修改活动需求和环境,促进健康与社会参与。

(2) 治疗方法

1) 保持良肢位:方法同前述。应为患者准备一些大小和形状不同的枕垫,以支撑身体的不同部位。

2) 体位转换(床上翻身):原则上每 2 小时翻身 1 次,从完全帮助到部分帮助,直到独立完成床上翻身。

3) 维持关节活动度:进行各关节的被动或自主活动,方法同前述。注意保护患肢尤其是患侧肩关节。

4）坐位训练:床上坐位训练的方法同前述。初次坐起时应逐渐抬高床头并观察患者有无直立性低血压的表现,直到坐直。每次坐位的持续时间应根据患者的耐受情况而定,每天坐起的次数也以患者的耐受程度为限,注意随时纠正其坐姿。

5）指导患者进行早期自理活动:如进食、排便、更衣等的体位和方法。

6）认知与知觉障碍的早期发现与干预:患者意识清醒后即应开始注意患者有无认知与知觉障碍相关表现,并尽早干预。

7）压疮预防、健康教育、心理社会调整等。

2. 恢复期(离床后)　脑卒中发病后 1 个月左右即进入恢复期。恢复早期(发病后 1~3 个月)和恢复中期(发病后 3~6 个月)是康复治疗和功能恢复的最佳时期,恢复后期(发病后 6~12 个月)功能恢复逐渐缓慢。良好的作业干预可以协助患者进行功能恢复,并积极采取适合的补偿与替代策略以实现其作业角色。

（1）治疗目标:加强患肢的协调性和选择性随意运动,并结合患者日常生活活动进行实用功能的强化训练,适时应用辅助具以补偿患肢功能,预防常见并发症,最大限度恢复患者功能和日常生活活动能力。

（2）治疗方法

1）维持和改善关节活动度:可选择磨砂板作业、滚筒作业等进行上肢功能训练,方法同前述。应注意:①利用健侧上肢的辅助,诱导患肢分离运动。②设计上肢实用性运动模式组合,提高上肢运动功能,如利用磨砂板的角度、磨具的重量、磨把的变换等。③强调动作的准确性。

2）保持正确坐姿:鼓励并帮助患者尽早过渡到床边坐位训练和轮椅坐位,方法同前述。注意纠正坐姿。

3）上肢和手的功能训练:大部分患者会相继出现不同程度联合反应和肌痉挛,影响肢体功能恢复。此期应以抑制痉挛、促进分离运动的训练为主。上肢和手的功能训练:包括上肢和手的运动控制能力训练,双手协调性训练,手指抓握及精细操作运动等,方法同前述。

4）日常生活活动训练:包括床上翻身、床边坐起、床与轮椅间的转移、进食、如厕及更衣训练等。逐项指导和练习,从简到繁,从易到难,不能独立完成者可使用辅助具。通过作业治疗,使患者尽可能实现生活自理,方法同前述。

5）辅助具的选择与使用:当患者的某些功能活动难以恢复到独立进行时应指导患者选择、使用自助具或矫形器等。如对餐具进行加工改造,选择使用各种日常生活辅助用具等,参见相关章节。

6）认知及感知觉训练、跌倒预防、环境适应、健康教育、心理社会调整、职业康复等。

3. 后遗症期　通常在脑卒中发病后 6~12 个月或 1~2 年,患者受损功能在相当长的时间内不会有明显改善。

（1）治疗目标:根据患者需求和残存的功能,结合其家庭、工作情况以及社区环境等,经过与患者及家属协商确定回归场所,并进行相应出院指导、职业前训练、提出环境改造以及辅助器具的选择和使用建议等,为患者提供可以利用的社会资源,帮助其参与社会活动。

（2）治疗方法:对患者进行必要的日常生活指导、健康教育和环境改造等。

1）强化上肢和手功能的作业治疗,强化在日常生活中使用患侧上肢。

2）强化整体日常生活活动能力,提高自理能力。

3）环境改造及适应训练:进行在家庭、社区环境下的训练,并对家庭环境做必要的、可能的改造,如去除门槛、改为坐式便器等。

4）辅助手的训练与利手交换训练:手功能较差者应进行辅助手的训练,以使患手具有一定的固定能力,如练习撕报纸、折纸、雕刻等作业活动。并指导患者把患手的固定能力用于日常生活中,如写字时用患手固定纸张、切菜时固定蔬菜等。还要鼓励和指导患者在日常生活中应尽可能使用患手或双手完成各种活动,养成使用患手的习惯,以最大限度地发挥患手的残存功能。如为利手瘫痪且难以恢复到较为实用的功能时,可以考虑利手转换,即反复练习用健侧手(非利手)进行有一定难度的精细动作等。

4. 并发症的预防和作业治疗　肩痛、肩关节半脱位、肩手综合征、压疮、水肿是脑卒中患者常见的肩部并发症。这些并发症的存在,不仅影响上肢功能的恢复,也影响患者的心理状态,并对其日常生活活动能力产生不利影响。因此,在脑卒中早期即应加强宣教和指导,这对于预防这些并发症非常重要。主要预防措施有:在早期应正确摆放肢体,给上肢适当的支撑,以预防或减轻痉挛;在活动肩部时动作应轻柔,避免产生疼痛;正确进行被动运动,保持正常的肩肱节律;注意保护肩关节,避免牵拉患肢等。一旦出现肩部并发症,应积极进行作业治疗,主要手段有:对痉挛所致的僵硬和肩痛者可先进行肩胛骨的被动活动,改善肩胛骨和肩关节活动度,恢复正常肩肱节律;对于肌张力低者,可以刺激肩关节周围稳定肌以增加其张力,增加肩部的稳定性;尽可能让患肢在无痛下进行各种主动活动,对抗痉挛,逐渐增大关节活动度;必要时应用适合的肩吊带或者其他替代方式辅助患侧上肢支撑。对于出现水肿的患者可以采用抬高患肢、穿戴压力手套/套袖、回溯性按摩、避免患侧肢体长时间悬空等方法。具体方法参见本节"上肢和手功能训练"部分。

5. 脑卒中的功能预后　一般认为,脑卒中功能恢复从病后数日开始,至病后6～12个月,进行科学规范的作业治疗,将对其功能恢复、自理能力的提高和回归家庭、社会产生积极有利的影响。

第二节　颅脑损伤

一、概述

颅脑损伤(traumatic brain injury,TBI)是指各种致伤因素作用于头部,导致脑组织结构的破坏或功能障碍。流行病学资料统计显示,颅脑损伤的发病率在各种类型的创伤中居于首位,或仅次于四肢损伤,占全身各部位损伤的9%～21%。在我国,颅脑损伤的年发病率为55.4/10万人,在美国,年发病率为100/10万人。跌倒、交通事故、创伤、运动损伤等是颅脑损伤的常见病因。

颅脑损伤患者可出现不同程度的运动和感觉功能障碍,同时伴有认知和感知功能、语言交流功能、日常生活自理能力、行为、心理以及社会交往等方面的障碍。这些功能障碍导致患者执行有价值的角色、任务和活动的能力发生变化,可能影响患者数月、数年甚至数十年的作业功能。颅脑损伤康复的难度较大且复杂,不仅是肢体运动功能的康复,还包括中枢高级功能障碍的康复。因此,应积极开展早期康复,预防颅脑损伤的并发症,减少后遗症,提高患者作业表现技能,使其受损功能得到最大限度的恢复和代偿。

二、临床表现及功能障碍

由于受致伤机制、受伤部位、伤情轻重、就诊时机等因素影响,颅脑损伤的临床表现差异较大。主要包括运动功能障碍、感知觉障碍、认知障碍,及日常生活自理能力、心理和社会交往等方面的障碍。

1. 意识障碍 根据意识障碍的程度可分为嗜睡、昏睡、浅昏迷和深昏迷。不同程度的意识障碍往往预示伤情的轻重程度,而意识障碍程度的变化又提示病情的好转或恶化。

2. 运动功能障碍 表现是多方面的,如肌力减弱、关节活动受限、姿势不良、异常运动模式、运动整合能力丧失等。其中一些与脑卒中的障碍相类似,一些由于其认知、行为和情绪障碍所致而具有特殊性。

3. 感觉障碍 大脑皮质的感觉区域受损可引起感觉异常或缺失。

4. 知觉障碍 知觉障碍的种类与病变部位有关。常见类型有失认症及失用症,具体分型的评估及训练方法请参见相关章节。

5. 认知障碍 包括注意、记忆、思维、言语及心理等功能障碍。主要表现为注意力降低、记忆减退、动作开始及终止能力受损、安全感降低和判断能力受损、反应迟钝、执行功能困难和抽象思维能力障碍等,严重影响患者的日常生活活动与社会交往。

6. 性格、情绪及行为异常 性格异常可表现为焦虑、抑郁、易怒、易冲动等,情绪异常多表现为沮丧、情绪不稳、情感淡漠、呆傻、神经过敏等,行为异常可表现为躁动不安、易激惹甚或有攻击性行为等。

7. 其他功能障碍 如吞咽障碍、言语障碍、社会心理障碍及日常生活活动能力障碍等。

三、检查与评估

1. 颅脑损伤严重程度的评定 意识障碍的程度与持续时间、伤后遗忘持续时间是判断颅脑损伤严重程度的指标。

(1) 急性期损伤严重程度的评定:格拉斯哥昏迷量表(GCS)是反映颅脑损伤严重程度的一个可靠指标,可定量评定患者的昏迷程度。该量表考察颅脑损伤患者的睁眼反应(E)、言语反应(V)和运动反应(M)3 项指标,将上述 3 项总分作为判断伤情轻重的依据(表 16-3)。记录方式式为 E___V___M___,字母中间用数字表示,如 E3V3M5＝GCS11。量表最高计分 15 分,为正常;最低 3 分。

表 16-3 格拉斯哥昏迷量表

检查项目	患者反应	评分	检查项目	患者反应	评分
睁眼反应（E）	1. 无睁眼	1	运动反应（M）	1. 无运动反应	1
	2. 疼痛刺痛睁眼	2		2. 疼痛刺激伸直	2
	3. 语言命令睁眼	3		3. 疼痛刺激屈曲	3
	4. 自然睁眼	4		4. 逃避疼痛	4
言语反应（V）	1. 无语言反应	1		5. 疼痛定位	5
	2. 无意义的声音	2		6. 遵嘱运动	6
	3. 无意义的语言	3			
	4. 语言含糊	4			
	5. 定向力好	5			

根据 GCS 计分和昏迷时间长短,可将颅脑损伤分为轻、中、重 3 型:①轻度损伤:13~15 分,伤后昏迷 20 分钟以内;②中度损伤:9~12 分,伤后昏迷 20 分钟至 6 小时;③重度损伤:总分小于或等于 8 分,伤后昏迷或再次昏迷持续 6 小时以上。

(2) 持续植物状态(persistent vegetative state,PVS)评定:重度颅脑损伤,若伤后昏迷持续 1 个月仍无反应即进入植物状态(vegetative state,VS),以后可从昏迷中苏醒并逐渐恢复功能。如昏迷时间再延长,即为持续植物状态,其时间愈长,康复的可能性愈小。我国于

1996 年在南京制订了持续植物状态的临床诊断标准(暂定):①认知功能丧失,无意识活动,不能执行指令;②保持自主呼吸和血压;③有睡眠-觉醒周期;④不能理解或表达语言;⑤能自动睁眼或在刺激下睁眼;⑥可有无目的性的眼球跟踪运动;⑦下丘脑及脑干功能基本保存。如果以上症状在脑损伤后持续 1 个月以上,即可定为持续植物状态。

(3)恢复期伤情严重程度的评定:可根据伤后遗忘(post-traumatic amnesia,PTA)时间的长短进行评定。PTA 是指受伤后记忆丧失到连续记忆恢复所需的时间。对于患者是否仍处于 PTA 之中,还是已恢复了连续记忆,常用定向遗忘试验(Galveston orientation and amnesia test,GOAT)(表 16-4)评定。该试验主要通过提问方式了解患者的记忆情况,患者回答不正确时按规定扣分,将 100 减去总扣分即为 GOAT 分。100 分为满分,75~100 分为正常,66~74 分为异常边缘,低于 66 分为异常。一般认为,达到 75 分才算脱离了伤后遗忘。PTA 持续时间的长短与脑损伤严重程度高度相关(表 16-5)。

表 16-4 定向遗忘试验

问题		答错扣分
1. 你姓什么,叫什么名字		-2(姓-1,名-1)
你何时出生		-4
住在哪里		-4
2. 你现在在哪	如答不出城市名	-5
	如答不出在医院	-5
3. 你是哪一天入院的		-5
你是怎样到医院的	如答不出运送方式	-5
4. 伤后你记得的第一件事是什么(如苏醒过来等)		-5
你能详细描述一下你伤后记得的第一件事吗（如时间、地点、伴随人等）		-5
5. 伤前你记得的最后一件事是什么		-5
你能详细描述一下你伤前记得的第一件事吗		-5
6. 现在是几点几分	至多	-5(与正确时间每相差 0.5 小时-1)
7. 现在是星期几	至多	-5(与正确日期每相差 1 天-1)
8. 今天是几号	至多	-5(与正确日期每相差 1 天-1)
9. 现在是几月	至多	-15(与正确月份每相差 1 个月-5)
10. 今年是哪一年	至多	-30(与正确年份每相差 1 年-10)

表 16-5 伤后遗忘(PTA)时间与脑损伤严重性

PTA	严重性	PTA	严重性
<5 分钟	极轻	1~7 天	重
5~60 分钟	轻	1~4 周	很重
1~24 小时	中	>4 周	极重

2. 认知障碍的评定

(1)认知障碍严重程度的评定:认知障碍的轻重是判断颅脑损伤严重程度的重要指标,颅脑损伤认知功能评定通常采用 Rancho Los Amigos(RLA)认知功能分级(表 16-6)。

(2)Loewenstein 认知功能评定量表:是目前作业疗法中较为系统的评定方法,与其他方法相比,具有信度高、效度高、项目简化、费时少等优点。

(3)Halstead-Reitan 神经心理学成套测验。

表 16-6　RLA 认知功能分级

分级	特点	认知与行为表现
Ⅰ级	没有反应	患者处于深昏迷,对任何刺激完全无反应
Ⅱ级	一般反应	患者对无特定方式的刺激呈现不协调和无目的的反应,与出现的刺激无关
Ⅲ级	局部反应	患者对特殊刺激起反应,但与刺激不协调,反应直接与刺激的类型有关,以不协调延迟方式(如闭着眼睛或握着手)执行简单命令
Ⅳ级	烦躁反应	患者处于躁动状态,行为古怪,毫无目的,不能辨别人与物,不能配合治疗,词语常与环境不相干或不恰当,可出现虚构症,无选择性注意,缺乏短期和长期的回忆
Ⅴ级	错乱反应	患者能对简单命令取得相当一致的反应,但随着命令复杂性增加或缺乏外在结构,反应呈无目的、随机或零碎性;对环境可表现出总体上的注意,但精力涣散,缺乏特殊注意能力,用词常常不恰当并且是闲谈,记忆严重障碍常显示出使用对象不当;可以完成以前常有结构性的学习任务,如借助帮助可完成自理活动、在监护下可完成进食等,但不能学习新信息
Ⅵ级	适当反应	患者表现出与目的有关的行为,但要依赖外界的传入与指导,遵从简单的指令,过去的记忆比现在的记忆更深、更详细
Ⅶ级	自主反应	患者在医院和家中表现恰当,能自主进行日常生活活动,很少出差错,但比较机械,对活动回忆肤浅,能进行新的活动,但速度慢,借助机构能够启动社会或娱乐性活动,判断力仍有障碍
Ⅷ级	有目的反应	患者能够回忆并且整合过去和最近的事件,对环境有认识和反应,能进行新学习,一旦学习活动展开,不需要监视,但仍未完全恢复到发病前的能力,如抽象思维、对应激的耐受性、对紧急或不寻常情况的判断等

3. 感知觉障碍的评定　主要为失认症与失用症的评定。

(1) Rivermead 知觉评定表(Rivermead perceptual assessment battery,RPAB):包括图画匹配、物体匹配、颜色匹配、大小辨识、系列辨识、动物两侧辨识、文章遗漏、图形-背景辨识、关联图画、体像、右-左形状复制、右-左单词复制、三维空间复制、立体复制、字母消失、自我识别 16 项内容,可用于脑损伤患者认知功能的评定。

(2) Goodglass 失用测验法:可同时评定和鉴别运动性失用、意念性失用和意念运动性失用三类失用症。

4. 情绪障碍的评定　多采用汉密尔顿焦虑量表(Hamilton anxiety scale,HAMA)和汉密尔顿抑郁量表(Hamilton depression scale,HAMD)。

5. 日常生活活动能力的评定　可采用改良 Barthel 指数和功能独立性评定量表。

6. 作业表现评定　参考本书相关章节。

7. 其他功能障碍的评定　如吞咽障碍、言语障碍、运动功能障碍、脑神经损伤、生活质量、环境、职业评定等。

8. 颅脑损伤结局的评定　常用 Glasgow 结局量表预测颅脑损伤的结局(表 16-7)。

表 16-7　Glasgow 结局量表

分级	简写	特征
Ⅰ死亡	D	死亡
Ⅱ持续植物状态	PVS	无意识、无言语、无反应,有心跳呼吸,在睡眠觉醒阶段偶有睁眼、哈欠、吸吮等无意识动作,从行为判断大脑皮质无功能。特点:无意识,但仍存活
Ⅲ严重残疾	SD	有意识,但由于精神、躯体残疾或由于精神残疾而躯体尚好而不能生活自理。记忆、注意、思维、言语均有严重残疾,24 小时均需他人照顾。特点:有意识,但不能独立
Ⅳ中度残疾	MD	有记忆、思维、言语障碍,极轻偏瘫、共济失调等,可勉强利用交通工具,在日常生活、家庭中尚能独立,可在庇护性工厂中参加一些工作。特点:残疾,但能独立
Ⅴ恢复良好	GR	能重新进入正常社交生活,并能恢复工作,可遗留各种轻度的神经学和病理学缺陷。特点:恢复良好,但仍有缺陷

四、方案与实施

（一）作业治疗原则

1. 早期介入，全面康复　脑损伤患者的病情复杂且快速多变，所引起的功能障碍是多方面的，在急性期早期介入预防性的康复措施是康复治疗的关键。一般认为，一旦病情（包括基础疾患、原发疾患、并发症等）稳定 48~72 小时后，即使患者意识尚未恢复，康复性处理措施就应当加以考虑应用。同时，针对颅脑损伤的治疗，需要多学科、多种专业人员的共同努力、配合，采取综合康复治疗手段，从不同方面帮助患者全面恢复，以保证康复效果。

2. 长期康复，循序渐进　颅脑损伤的康复是长期的、艰巨的，从急性期到恢复期贯穿始终，少数患者甚至终生都需要进行康复治疗。一般躯体运动功能的恢复先于认知功能，躯体方面的障碍在 1 年内大多已经趋于稳定，而认知、行为及社会心理方面的康复则是长期性的。行为、情绪、认知障碍又严重影响康复训练的正常进行及训练效果，故应优先处理。作业治疗难度由简单到复杂，时间由短到长，康复措施由被动到主动，逐步增强患者对作业治疗的信心。

3. 个体化方案，家属参与　颅脑损伤所引起的功能障碍多种多样，个体差异很大，作业治疗目标与计划应因人而异，作业治疗措施的强度应取决于患者的体质和伤情的稳定性。中、重度颅脑损伤患者的康复往往需要持续多年，一些患者可能需要长期照顾，甚至是终生。此种情况下，一些日常不复杂的辅助性作业活动及训练，由其家属继续执行是最为现实、可靠的。因此，颅脑损伤的作业治疗，应将其家属作为治疗组成员之一，需家属的积极配合、共同参与。

（二）作业治疗方法

1. 一般康复处理　急性卧床期，不论患者意识状态如何，一般康复治疗措施应包括：

（1）良肢位摆放：床上正确姿势与体位的摆放，使患者感觉舒适、处于对抗痉挛模式及预防关节挛缩、变形和异常姿势的体位。为了预防或避免皮肤受损，可使用气垫床、充气垫圈等，预防压疮的发生。

（2）定时翻身与拍背：每 2 小时变换体位，每次翻身时用空掌从患者背部肺底部向上拍打至肺尖部，帮助患者排痰。并指导患者做体位引流排痰，保持呼吸道通畅。可由作业治疗师指导家属操作。

（3）维持和改善关节活动度：应尽早活动，帮助患者进行各关节的被动或辅助活动，对易于短缩的肌群与软组织进行牵拉、伸展，必要时应用矫形器固定关节于功能位。

2. 促醒治疗　颅脑损伤患者会出现不同程度的意识障碍，综合促醒治疗是早期作业治疗的一项重要内容。通过听觉、触觉、视觉等多种刺激，帮助患者苏醒，促进意识恢复。家属应积极配合进行亲情唤醒。观察患者面部表情或脉搏、呼吸、睁眼等变化对各种刺激的反应。

（1）听觉刺激：音乐或语言刺激。①声音刺激：用录音机或电视机等，定时播放患者伤前比较喜欢、熟悉的音乐、节目；②亲情唤醒：亲属经常呼唤患者的名字，定时与患者说话、耳语，特别是患者既往比较关心、喜欢的话题。

（2）触觉刺激：嘱家属经常抚摸患者的头面部、体表，或梳头、洗脸，从肢体远端至近端擦试患者肢体皮肤等。可在全身不同部位适当使用冷与热、软与硬、粗糙与光滑等相反的刺激。可同时结合语言的抚慰。

（3）视觉刺激：利用不断变化的五彩灯光照射患者头面部，或让患者注视亲人、熟悉物体之照片，或者仅注视周围环境中的人、物等。

（4）运动觉刺激:治疗师或家属每天被动活动患者的四肢关节。

（5）嗅觉和味觉刺激:可使用食物、香水等物品对患者进行嗅觉刺激。在患者吞咽和呕吐反射存在的条件下,可适当使用不同味道的食物对患者进行味觉刺激。

3. 感知觉障碍的康复 知觉障碍是颅脑损伤的常见症状,可影响康复训练的顺利进行,作业治疗应先行处理,加强相关训练。

（1）单侧忽略

1）加强忽略侧感觉刺激:①对忽略侧肢体的皮肤进行冷热刺激、拍打、按摩、挤压、擦刷等感觉刺激;②治疗师及家庭成员在与患者交谈及训练时,尽可能站在患者忽略侧,并不断提醒患者集中注意其忽略的一侧;③训练患者对忽略侧进行有意识的视扫描,如面对镜子梳头、穿衣、修饰等,增加患者对患侧的关心和注意。

2）环境调整:①在忽略侧放置色彩鲜艳的物品或灯光提醒其对患侧的注意;②将床头柜、电视机及患者的日常用品等放在忽略侧,鼓励患者健侧上肢越过中线在患侧进行作业活动。

3）主动或被动活动忽略侧肢体:①要求患者做双手十字交叉（Bobath 握手）活动及双手对称性活动,必要时可用健手辅助患手;②鼓励患者患侧卧位,翻身时患者 Bobath 握手,双上肢和躯干一起翻向对侧。

4）促进患者重视忽略侧:如良好的肢体位摆放,家属及治疗师的口语提醒、暗示,用音乐等声音从忽略侧对患者进行听觉刺激,阅读时可在忽略侧用彩色线条标出或放上颜色鲜艳的规尺给予视觉暗示。

（2）Gerstmann 综合征

1）左、右失认:反复辨认身体的左方或右方,辨认左方或右方的物体。左右辨认训练可贯穿于作业治疗及日常生活活动中。

2）手指失认:给患者手指各种触觉刺激,让其说出该手指的名称,反复在不同手指上进行。也可教患者做手指运动,如屈示指、对指捏、做数字手势等。

3）失算:给患者包含数字的作业任务,让他辨认和熟悉其中的数字。如玩扑克牌、投骰子等游戏性活动,提供患者熟悉和辨认数字的机会;让患者进行算术运算,难度从易到难,并给予适当指导;也可进行模拟购物等训练。

4）失写:可从描写、抄写、书写姓名等开始。辅助患者书写并告知写出材料的意义,着重训练健手书写。

（3）结构性失用:让患者按治疗师要求用积木、拼板等构成不同图案,如用彩色积木拼图;训练患者对家庭常用物品进行排列、有次序地堆放等。治疗师示范,患者模仿。开始练习时可一步一步给予较多的暗示、提醒,遵循从易到难、从平面到立体的原则,逐渐增加难度。

（4）运动性失用:训练活动开始前,治疗师与患者一起讨论活动的方法与步骤,并把活动步骤逐一示范给患者看,然后提示或手把手地教患者一步一步学习并完成活动。如训练患者完成刷牙运动,治疗师可把刷牙动作分解、示范给患者,然后提示患者一步一步完成。也可以将牙刷放在患者手中,通过触觉提示完成一系列刷牙动作。需要给予大量的暗示、提醒,反复训练,改善后可减少暗示、提醒等,并加入复杂动作。

（5）穿衣失用:教给患者辨别各类衣服、分清衣服的各个部位,以及它们与身体某个部位的对应关系。训练时,治疗师可一步一步地用暗示、语言提醒,或手把手教授患者穿衣。最好在衣服的左右、领口、袖口处作上明显的记号以引起注意。

（6）优化视觉和视觉感知功能:作业治疗师通过帮助患者改变环境和活动实施的策略

等方式,以规避视觉和视觉-知觉障碍的影响。例如,对脑外伤所致阅读书写障碍儿童进行作业治疗时,可结合评估结果、患者个人特点等,采取改变阅读书写照明环境,选择适合材质、颜色和形式的纸张和笔,眼部肌肉练习,调整书写策略等方法,帮助其恢复此有价值的活动。

4.认知障碍的康复　认知障碍主要表现为注意、记忆、问题解决等障碍。

(1)注意障碍的康复:是认知康复的核心问题,只有纠正了注意障碍,记忆、学习、解决问题等认知障碍的康复才能有效进行。注意障碍的康复训练应遵循以下原则:①确信患者有注意能力,是每次训练时给予口令、提供信息或改变活动的前提;②避免干扰,提供一个安静的治疗环境,并教会患者主动观察周围环境,排除不利因素的影响;③应用功能性活动治疗,选择患者感兴趣的熟悉的生活活动;④当注意力改善时,应逐渐增加治疗时间和难度;⑤鼓励家属参与、配合,监督、指导患者在生活活动中应用训练所学的技巧。

1)分类训练:注意可分为连续性注意、选择性注意、交替注意及分别注意等。训练内容应根据注意障碍成分的不同,分清轻重缓急,精心设计与安排。操作多以纸笔练习形式进行,要求患者按指示完成;或对录音机、计算机中的指示做出适当反应。原则上每天进行。

2)实践性活动:让患者模仿、参与简单的任务性活动或游戏,并在规定时间内完成。如分拣豆类、击鼓传花游戏、抛接球、搭积木、拼图等,逐渐增加任务的复杂性,以改善注意力、加强注意的目的性。

3)电脑辅助法:电脑游戏等软件对注意的改善有极大帮助。特别是近年来应用逐渐广泛的虚拟现实技术,通过身临其境的感觉、丰富多彩的画面、声音提示及主动参与(使用特制的键盘与鼠标),能够强烈吸引患者的注意,根据注意障碍的不同成分,可设计不同程序,让患者操作完成。

4)兴趣法:根据患者既往的兴趣爱好设计康复训练方法,利用患者的兴趣提高康复治疗效果,注意恰当变更训练方法,避免重复不变的训练使患者感到枯燥乏味,影响患者的配合度。

5)示范法:同时予患者动作示范及语言解说,同时进行视觉、听觉刺激,有助于改善患者的注意障碍。

(2)记忆障碍的作业治疗:应依据认知功能恢复的不同时期(RLA分级标准)、不同障碍程度,采用不同的治疗策略。早期(Ⅱ、Ⅲ):对患者进行躯体感觉方面的刺激,提高其觉醒能力,使其能认出环境中的人和物。中期(Ⅳ、Ⅴ、Ⅵ):减少患者的定向障碍和言语错乱,进行记忆、注意、思维的训练。后期(Ⅶ、Ⅷ):增强患者在各种环境中的独立和适应能力,提高中期训练中各种功能的技巧,并推广到日常生活中。

1)环境适应:适用于记忆系统失去足够功能的患者。运用环境能影响行为的原理,通过环境重建,满足患者日常生活的需要。基本方法是:①保持恒定、重复的常规和环境,将各种常用物品根据患者的需求放置,或强调按一定规律摆放;②简化环境,控制环境中信息的量和呈现条件;③充分利用环境中的记忆辅助物。

2)辅助性策略:让患者学会利用身体外在辅助物或提示来帮助记忆的方法。如利用日记本、日历、活动日程表等,记录活动安排,按计划执行。或应用某些记忆提示工具,如闹钟、手机、标签等辅助物提醒患者。将常用工具放在最容易见到和拿到的地方。

(3)思维障碍的训练:脑外伤可引起推理、分析、综合、抽象、概括等认知障碍,常表现为解决问题的能力降低。训练解决问题的能力,有助于改善思维障碍。常用方法有:

1)提取信息训练:给患者一幅图画或播放动画片、新闻纪录片等,让患者尽可能多地复述出不同种类的信息。

2）物品分类训练:提供动物、衣物、食品等多种物品的彩色图片,打乱后让患者根据用途、种类等进行分类、配对。

3）排序训练:如数字排序、简单作业活动动作步骤的排序(如刷牙)等。

4）推理训练:可用续编故事结局法、连锁提问法、情景设疑法等。例如,讲个不完整的故事,让患者设想几种结局。

5. 行为障碍的康复 行为异常的治疗目标是设法消除患者不正常的、不为社会所接受的行为,促进其亲近社会的行为。

（1）环境管理:创造适合于行为治疗的环境,是改变不良行为的关键。①稳定限制的住所与结构化的环境,可避免或减少环境中不良因素的刺激;②减少或降低环境中刺激水平和患者周围认知的复杂性,降低患者的认知混乱;③避免患者自伤或伤害别人,降低不恰当行为的发生概率;④对恰当行为提供积极的反馈;⑤允许患者一定程度的情感宣泄,为不安情绪提供宣泄的方式等。这需要所有工作人员和家属的共同努力,遵守同一个严格的行为规范。

（2）行为治疗:这项治疗技术是通过修饰某一行为,来抑制或鼓励某一行为模式。奖励会强化特殊的行为反应,应遵循以下原则:①对所有恰当的行为进行奖励;②在不恰当行为发生后的短时间内,拒绝一切奖励性刺激;③一旦不恰当行为出现,应用预先声明的惩罚。适用于患者在日常生活中的所有活动。

6. 运动障碍的康复 参见本书相关章节内容。

7. 日常生活能力训练 日常生活能力的训练逐步扩展到出院后的家庭生活技能,康复训练的地点可从医院扩展到社区及家庭。

8. 心理指导及健康教育 颅脑损伤病情稳定后,需长时间进行精心的护理和康复训练,此时患者及家属易产生焦虑、烦躁情绪,应指导家属让患者时刻感到被关怀、理解和支持,增强患者的自信心。鼓励家属尽早参与患者的作业治疗,接受患者残疾现实的存在,熟悉残疾情况,教会家属为患者提供帮助的技能等。

9. 其他 还可使用运动再学习、任务导向训练、镜像疗法、强制使用以及药物疗法等进行治疗。

（三）作业治疗实施

颅脑损伤的作业治疗可分为三个阶段进行,即急性期、恢复期和后遗症期。

1. 急性期作业治疗 患者生命体征稳定,特别是颅内压 24 小时持续稳定在 2.7kPa (20mmHg)以内,即可开始作业治疗。

（1）治疗目标:稳定病情,预防各种并发症,提高觉醒能力,促进创伤后行为障碍的恢复,促进功能恢复。

（2）治疗方法

1）一般康复处理。

2）促醒治疗。

3）伤后遗忘的作业治疗:伤后遗忘患者学习新信息的能力最低或不存在,在伤后遗忘早期,可应用视觉记忆法、地图作业、日常生活活动训练等进行治疗。

4）情绪行为异常的作业治疗:在伤后遗忘期间,部分患者有认识混乱、情感极度不稳定、活动过度、有身体或言语性攻击,患者易被激怒,对工作人员、家庭成员等有粗俗的不适当行为。作业治疗措施包括:①排除诱因:排除引起躁动不安的一些原因,如睡眠不良、营养不良及电解质紊乱等;②环境管理:保持环境安静,限制不必要的声音、人员,尽可能固定专人护理及治疗等;③行为治疗:允许患者适当宣泄情感。参见前文"行为障碍的康复"。

2. 恢复期作业治疗　急性期后,生命体征已稳定1~2周,病情稳定,即可开始恢复期作业治疗。

(1)治疗目标:最大限度地恢复患者的运动、感觉、认知、语言等功能,提高生活自理能力,提高生存质量。此期注重能力和技能,活动和习惯,以及任务执行能力的提高。

(2)治疗方法

1)恢复在自我维持任务中的能力:结合患者因素和评估结果,通过提示、任务调试、环境调试等方法,由易到难,由简单到复杂,逐渐提高患者在自我维持任务中的能力。如在穿衣过程中,治疗师要对患者已具备的技能和能力进行评估,结合其个人习惯、角色、目标等设计训练任务,从给予提示进行指导到取消提示,从简化任务到综合任务,以及在训练过程中减少环境干扰等方式,增强患者作业技能和能力。

2)认知障碍的作业治疗:不同形式、程度的认知障碍,是所有损害中影响患者最终康复结局的最重要因素。认知障碍的作业治疗,应贯穿康复治疗的全过程。方法同前述。

3)感知障碍的作业治疗。

4)行为障碍的作业治疗。

5)运动障碍的作业治疗。

6)日常生活能力训练。

7)运动再学习、镜像疗法、强制使用、心理指导及健康教育等。

3. 后遗症期作业治疗　各功能障碍已有不同程度恢复,作业治疗应以促进患者重新融入家庭及社会的训练为主。

(1)治疗目标:使患者学会应对功能不全状况,增强患者在各种环境中的独立和适应能力,回归家庭与社会。此期注重习惯、任务的执行能力和对生活角色的满意度。

(2)治疗方法

1)维持或强化认知等障碍的作业治疗:利用家庭或社区环境,尽可能开展力所能及的认知与语言训练,如读报纸、看电视、交流表达训练等,以维持或促进功能进步,预防功能退化。

2)加强日常生活能力训练:强化患者生活自我料理的能力,各种自助具的应用,参加力所能及的社区活动等。

3)矫形器与轮椅的训练:当患者功能无法恢复到理想状况时,患者应学会正确使用矫形支具与轮椅。

4)心理及行为障碍指导,健康教育,环境调试等。

5)复职前训练:对于青壮年患者,当认知、运动功能等基本恢复后,应同时进行就业前的专项技术技能训练,以利于重返工作岗位。

第三节　脊　髓　损　伤

一、概述

脊髓损伤(spinal cord injury,SCI)是由于外伤、疾病和先天因素导致损伤平面以下的运动、感觉功能部分或全部障碍,常发生在青壮年人群中,年龄在40岁以下者约占80%,男性比女性多4倍左右。脊髓损伤的原因包括交通事故、高处坠落、打击伤或砸伤、运动损伤以及暴力伤等。另外,脊髓损伤也可因炎症、肿瘤、血管病变等引起。致伤暴力导致的脊柱损伤是外伤性脊髓损伤(特别是继发性脊髓损伤)的主要原因。脊髓损伤最常见的部位为颈段,所占比例超过 50%,其次为胸腰段。目前我国尚无全国发病率的准确统计,但现有脊髓损伤患者已超过 100 万人,并以每年约 1 万人的速度递增。

脊髓损伤后致残率很高,多遗留四肢瘫或截瘫,以及二便障碍和性功能障碍等。身体功能下降,患者转移受限和日常生活受限会加剧患者的心理压力,降低其对于回归家庭、重返工作和社会参与的积极性和自信心。研究显示,尽早开展全面系统的康复治疗,可显著缩短住院时间,降低医疗费用。作业治疗可以通过多种干预,帮助患者参与有意义的活动,促进其社会参与。

二、临床表现及功能障碍

脊髓损伤患者表现为损伤平面以下脊神经功能障碍,主要有运动功能障碍、感觉功能障碍、呼吸障碍(见于高位损伤患者)、平衡障碍、膀胱控制障碍、直肠控制障碍、自主神经调节功能障碍、性和生殖功能障碍、日常生活活动能力受限、社会参与能力受限以及心理障碍等。不同病因、不同类型、不同平面、不同程度脊髓损伤的临床表现千差万别。典型的横贯性损伤表现为损伤平面以下的感觉和运动功能障碍。

1. 脊髓休克(spinal shock) 表现为损伤平面以下感觉、运动和反射(包括球海绵体反射、肛门反射)的暂时丧失。即脊髓损伤后,受损平面以下立即出现肢体的弛缓性瘫痪,肌张力低下或消失,深浅感觉完全丧失,呈无张力性(充盈性)尿便失禁。如无器质性损伤(脊髓震荡),数日至数周内可以完全恢复,无神经系统后遗症状残留;如有器质性损伤(脊髓挫伤、断裂伤),休克过后将残留轻重不同的功能障碍。在脊髓休克中常难以判断脊髓损伤是功能性阻断还是解剖上的横断,出现球海绵体反射、肛门反射是脊髓休克消失的最早表现。脊髓休克消失的早或晚,是一个重要的预后指征。

2. 运动障碍 脊髓损伤平面以下脊神经所支配肌肉的功能部分或全部丧失,表现为随意运动消失或肌力下降。颈髓损伤表现为四肢瘫;胸段以下损伤表现为截瘫。在损伤急性期表现为弛缓性瘫痪,可持续数周,然后高位截瘫者进入痉挛期。

3. 感觉障碍 脊髓损伤的部位、程度不同,感觉障碍的临床特点不同。不完全性脊髓损伤:①前部损伤,表现为损伤平面以下痛觉、温度觉迟钝或消失;②后部损伤,表现为损伤平面以下的深感觉障碍;③半侧损伤,损伤侧本体深感觉障碍,对侧痛、温觉障碍。完全性脊髓损伤,在脊髓休克期过后各种感觉无恢复,损伤平面以下所有感觉完全消失。

4. 呼吸功能障碍 损伤平面越高对呼吸的影响越严重。呼吸肌麻痹、呼吸肌力量不足、呼吸量减少、咳痰无力及排痰不畅等常易引发呼吸道及肺部感染。

5. 排便功能障碍 ①膀胱功能障碍:脊髓休克期常表现为尿潴留,休克期过后,骶髓平面以上的损伤可形成自动反射膀胱,但不能随意排尿;骶髓或骶神经根损伤可出现尿失禁或尿潴留。②直肠功能障碍:脊髓休克期常表现为大便失禁;休克期过后多数表现为便秘。

6. 心理障碍 脊髓损伤后患者往往经历一系列心理变化,如焦虑和抑郁、情感障碍等,甚至会产生轻生的念头。

7. 疼痛、疲劳 疼痛和疲劳是脊髓损伤患者常出现的症状,对患者的作业活动和参与造成一定的影响。

8. 并发症 脊髓损伤可导致机体多系统、多器官功能紊乱,出现各种并发症,如压疮、泌尿系感染、痉挛、直立性低血压、神经病理性痛、体温控制障碍、自主神经反射亢进、骨质疏松、异位骨化、下肢深静脉血栓等。

三、检查与评估

脊髓损伤后,及时、准确的神经功能检查和对损伤程度的正确评价,对制订康复治疗方案有重要的指导意义。

目前,脊髓损伤的评定普遍采用美国脊髓损伤协会(American spinal injury association,ASIA)制订的脊髓损伤神经功能分类标准。

1. 脊髓损伤水平的评定　以最低一个功能完整的节段为脊髓损伤平面,需要根据各节段脊髓所支配肌肉的肌力及皮肤感觉检查来判定。

(1) 运动平面的确定:通过关键肌来确定,关键肌是确定运动平面的标志性肌肉。

1) 运动评分:依据 ASIA 制订的标准,分别检查躯体两侧 10 对关键肌的肌力(表 16-8)。根据徒手肌力评分法,将肌力分(0~5 级)作为分值,把各关键肌的分值相加。正常者每侧得分最高 50 分,两侧运动功能总分为 100 分。

表 16-8　运动平面关键肌及评分

右侧评分	神经节段	关键肌	左侧评分	右侧评分	神经节段	关键肌	左侧评分
	C_5	肘屈肌群			L_2	髋屈肌群	
	C_6	腕伸肌群			L_3	膝伸肌群	
	C_7	肘伸肌群			L_4	踝背伸肌群	
	C_8	指屈肌群			L_5	趾长伸肌群	
	T_1	指外展肌群			S_1	踝跖屈肌群	

2) 运动平面的确定:运动平面是指脊髓损伤后保持运动功能的最低脊髓神经节段(肌节),身体两侧可以不同。将肌力 3 级的关键肌作为运动神经平面,但该平面以上关键肌的肌力必须正常(5 级)。例如,C_7 支配的关键肌无任何活动,C_6 支配的肌肉肌力为 3 级,C_5 所支配肌肉的肌力为 5 级,则该侧的运动平面在 C_6。

(2) 感觉平面的确定:采用感觉关键点法,感觉损伤平面关键点指感觉神经平面的皮肤标志性部位。

1) 感觉评分:依据 ASIA 制订的标准,检查躯体两侧 28 对皮肤关键点(表 16-9)。每个关键点要检查针刺觉及轻触觉,并按三个等级分别评定打分。0=缺失;1=障碍(部分障碍或感觉改变,包括感觉过敏);2=正常;NT=无法检查。每种感觉分为左、右两侧评分,正常每侧最高得分 56 分,两侧针刺觉和轻触觉的总分各为 112 分。

2) 感觉平面的确定:感觉平面是指身体两侧具有正常感觉功能的最低脊髓节段。确定感觉平面时,须从 C_2 节段开始检查,直到针刺觉或轻触觉少于 2 分的平面为止。由于左右两侧的感觉平面可能不一致,因此需分别评定。

(3) 脊髓神经损伤水平的确定:通过对两侧感觉平面和运动平面的检查来确定脊髓损伤水平。

1) 脊髓损伤水平的综合判断以运动平面为主要依据:对于无法应用徒手肌力检查法的肌节,如 C_1~C_4、T_2~L_1、S_2~S_5,运动平面可参考感觉平面来确定。C_4 损伤以膈肌作为运动平面的主要参考依据。

2) 损伤平面的记录:评定时需分别检查身体两侧的运动损伤平面和感觉损伤平面,并分别记录。用左、右侧感觉节段及左、右侧运动节段来表示神经平面。

表 16-9　感觉平面检查的关键点及评分

右侧评分	神经节段	检查部位	左侧评分	右侧评分	神经节段	检查部位	左侧评分
	C_2	枕骨粗隆			T_8	第 8 肋间（T_7~T_9 之间）*	
	C_3	锁骨上窝			T_9	第 9 肋间（T_8~T_{10} 之间）*	
	C_4	肩锁关节的顶部			T_{10}	第 10 肋间（平脐）*	
	C_5	肘前窝的外侧面			T_{11}	第 11 肋间（T_{10}~T_{12} 之间）*	
	C_6	拇指近节背侧皮肤			T_{12}	腹股沟韧带中点	
	C_7	中指近节背侧皮肤			L_1	T_{12} 与 L_2 之间上 1/3 处	
	C_8	小指近节背侧皮肤			L_2	大腿前中部	
	T_1	肘前窝的尺侧面			L_3	股骨内侧髁	
	T_2	腋窝顶部			L_4	内踝	
	T_3	第 3 肋间*			L_5	足背侧第 3 跖趾关节	
	T_4	第 4 肋间（乳线）*			S_1	足跟外侧	
	T_5	第 5 肋间（T_4~T_6 之间）*			S_2	腘窝中点	
	T_6	第 6 肋间（剑突水平）*			S_3	坐骨结节	
	T_7	第 7 肋间（T_6~T_8 之间）*			S_4~S_5	肛门周围（作为 1 个平面）	

注：*指位于锁骨中线上的关键点。

（4）脊髓功能部分保留区:完全性脊髓损伤的损伤平面以下 1~3 个节段中仍有可能保留部分感觉和运动功能,脊髓损伤水平与脊髓功能完全消失水平之间的脊髓节段范围称为脊髓功能部分保留区。应分别记录身体两侧的感觉和运动功能。依据 ASIA 标准,完全性损伤是指最低骶段(S_4~S_5)的感觉和运动功能完全消失,若骶段有感觉和/或运动功能有保留则为不完全性损伤。

2. 脊髓损伤程度的评定　根据 ASIA 损伤分级来确定脊髓损伤程度(表 16-10)。损伤分级以最低骶节(S_4~S_5)有无残留功能为准。

表 16-10　ASIA 脊髓损伤程度分级

分级	损伤程度	临床表现
A	完全性损伤	骶段（S_4~S_5）无任何感觉和运动功能保留
B	不完全性损伤	损伤平面以下包括骶段保留感觉功能，但无运动功能
C	不完全性损伤	损伤平面以下保留运动功能，超过 50% 的关键肌肌力 <3 级
D	不完全性损伤	损伤平面以下保留运动功能，超过 50% 的关键肌肌力 ≥3 级
E	正常	感觉和运动功能正常

3. 颈髓损伤上肢功能评价(Zancolli 法)　专门针对颈髓损伤患者使用。该评价方法是将肘关节、腕关节和手指各个关节的功能按照脊髓节段进行分类,能够表明各关节活动与脊髓节段的关系,从而对上肢运动功能进行精细、准确的评价,是指导临床作业治疗的重要评价方法。

4. 日常生活能力评定

（1）截瘫患者日常生活能力评定:可采用改良 Barthel 指数和功能独立性评定量表。

（2）四肢瘫患者日常生活能力评定：可用四肢瘫功能指数（QIF）评定量表。

5. 作业表现评定 采用 COPM，详见本书相关章节。

6. 其他功能的评定 脊髓损伤患者身体水平的康复评定，还包括神经源性膀胱、性功能障碍、心肺功能、心理功能、环境、职业的评定等。

四、方案与实施

（一）作业治疗原则

1. 早期介入，持之以恒 脊髓损伤一旦发生，临床治疗的同时即应开始床旁康复措施，及早进行康复干预，以预防并发症和减轻残疾程度。脊髓损伤后会立即出现全身多系统的功能障碍，在脊柱稳定性得到确定之后，康复治疗将是促进脊髓功能改善、提高生活质量、回归家庭和社会的重要手段，而作业治疗是脊髓损伤患者从医院回到家庭或社会的桥梁和纽带。脊髓损伤康复需要持续一定时间才能获得显著疗效。故需要长期坚持不懈，甚至维持终生。

2. 综合治疗，主动参与 康复治疗方案一般由临床医师、康复医师、护士、物理治疗师、作业治疗师、心理医生及其他相关科室人员组成的康复小组共同制订、执行，发挥其协同治疗作用。但在整个康复治疗过程中，患者应成为康复治疗小组的核心，是重要的主动参与者，而不是被动的接受者。患者应学会自我管理，强化作业训练效果，这是作业治疗成功的关键。

3. 因人制宜 即个体化原则，作业治疗师应对患者的身体、心理及日常生活活动能力进行全面评价，针对存在的问题，确定优先治疗和重点改善的功能项目，从而维持、改善和补偿患者的功能，最大限度地帮助患者改善或提高其在生活自理、职业活动和社会生活等方面的能力，通过作业治疗使患者获得最理想的独立性和功能性，回归家庭、社会，获得身心功能的全面康复。

（二）作业治疗目标

根据患者的需求、身体功能和能力的评定结果，并结合其社会背景、文化背景、心理因素、环境因素及经济状况等综合考虑，既要重视躯体功能的提高与恢复，还要关注患者的精神、心理方面的功能与能力发展，以全面提升患者的独立生活能力，改善其生活质量，回归社会。总体作业治疗目标包括维持、改善和补偿丧失的功能，实现最大程度的功能独立和回归社会。包括：①维持或增加关节活动度，预防挛缩；②增加失神经和部分失神经支配肌肉的力量；③增加体能与耐力，控制或减少并发症的发生；④通过家居、社区和工作环境的改造，使患者最大限度的安全和独立，参与有意义的活动；⑤为患者推荐必需、耐用的医疗和适应性用具，并指导使用和保养方法，促进自我照料、移动、家务等，实现最大程度的功能独立；⑥发展娱乐兴趣，做好心理调整，促进社会交往；⑦发展职业潜能，帮助患者发展与建立社会支持力量，争取实现再就业。

（三）作业治疗

1. 保持良肢位 保持肢体处于功能位，预防压疮、肢体挛缩及肌肉痉挛等并发症的发生。必要时可以使用矫形器具。

（1）仰卧位：两腿之间放一枕头，髋关节伸展并轻度外展，膝关节下垫毛巾卷保持微屈，踝背屈及足趾伸展。高位颈髓损伤者，在仰卧位时肩关节应摆放于轻度外展、屈曲位；肘关节伸展位，特别是肱二头肌肌力残存、肱三头肌麻痹时预防肘关节屈曲挛缩非常重要；肩下方应垫起以预防肩胛带后缩，并使两手的位置高于肩部，预防上肢水肿。肩下垫枕以防肩胛骨后缩，肘关节伸展。腕背屈 40°，手指微屈，拇指对掌位。

（2）侧卧位：位于下面的下肢髋、膝关节伸展，位于上面的下肢微屈髋、屈膝，踝关节背伸和足趾伸展，两腿间放置枕垫。四肢瘫者，下方肩关节前屈 90°、肘伸展、前臂旋后；上方上肢的肩前屈、上肢旋后位自然放置于胸前的软枕上，腕关节应处于背伸位；手中可以放置毛巾卷等以保持手指轻微屈曲、拇指对掌位，防止形成"猿手"。有条件者可以佩戴短支具（图 16-11）。

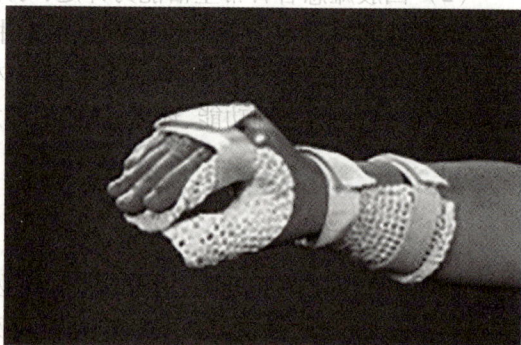

图 16-11　手休息位夹板

2. 体位变换　脊柱不稳定或刚刚稳定时，变换体位必须注意维持脊柱的稳定。

（1）定时翻身：一般每 2 小时变换 1 次体位。在搬运或变换体位时应注意保持身体纵轴的一致性。通常进行轴向翻身时需 2~3 人共同进行，避免扭曲、旋转和拖动。

（2）起立床站立训练：脊柱稳定性良好、病情基本稳定者，应尽早进行。可用电动斜板床，从倾斜 30° 开始，根据患者的适应情况逐渐增加倾斜角度，直至 90° 且无不适感为止。每日 2 次，每次约 30 分钟。如站立过程中患者出现头晕、视物模糊、面色苍白、出汗等症状，应立即将起立床放平。使用下肢弹性绷带和腹带可以减轻直立性低血压的发生。

3. 维持关节活动度　生命体征稳定后，尽早开始进行。在脊柱外固定或不影响脊柱稳定的条件下，尽早在床边进行维持关节活动度训练。从近端到远端关节，每个关节在各轴向生理活动范围内活动，动作轻柔、缓慢，每日 2 次。在安全的情况下，应尽早指导患者进行自主训练。C_4、C_5 损伤者容易出现肩关节外展、肘关节屈曲、前臂旋前位的挛缩，应指导患者学习放松的方法。对于残存主动伸腕能力的患者，在进行腕关节被动活动时，应采用腕屈曲时手指被动伸直，腕伸展时手指抓握的方式，以利用屈肌腱反应完成用手抓握和操控物件的活动（图 16-12），并指导患者、家属等正确活动手部关节的方法。

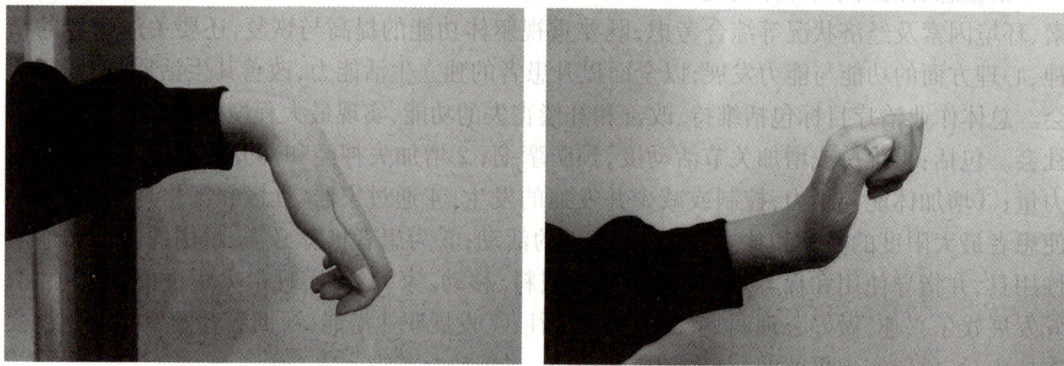

图 16-12　肌腱固定抓握练习

4. 转移训练　通过转移训练可以提高患者的独立性。进行转移训练的基本条件包括心肺功能稳定、皮肤完整并可承重、肌肉痉挛可控制、必要的肌力和关节活动度等。C_7 以下损伤的患者可以用撑起动作完成向前、向后移动，上下轮椅等；可采用滑动转移方式，从轮椅的正面、侧面或后面完成轮椅与床之间的转移。

5. 上肢及手功能训练　对于颈髓损伤患者，最大限度地维持和改善上肢及手功能对于其日常生活活动部分或全部自理至关重要。上肢及手功能训练内容包括：①保持适当的关节活动度，尤应注意腕关节、近端指间关节和拇指功能训练。②最大限度恢复残存功能肌肉的肌力和耐力,增强手的精细活动能力。③配置并教会患者使用辅助器具,充分发挥手部残存功能和代偿功能,以提高上肢及手的作业活动能力。

6. 辅助具的应用 指导患者正确选择、熟练应用自助具,必要时为患者设计制作个性化辅助器具,以代偿丧失的功能,完成日常生活活动,如万能袖带、翻书器、定制键盘敲击器等;为促进腕关节背伸的抓握功能,可以早期使用辅助抓捏矫形器(图 16-13)进行抓握练习。如果患者腕关节伸展肌力能够达到 3+,也可以采用短拇指对掌夹板(图 16-14)。

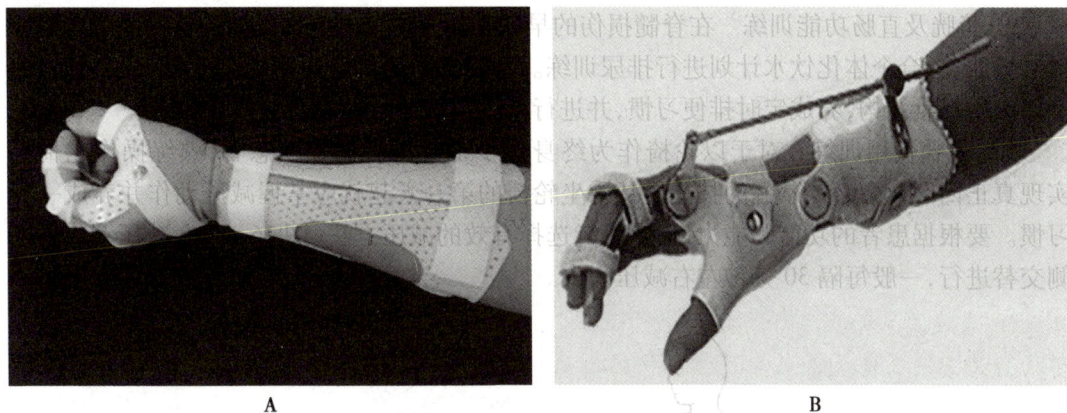

A   B

图 16-13 辅助抓捏矫形器

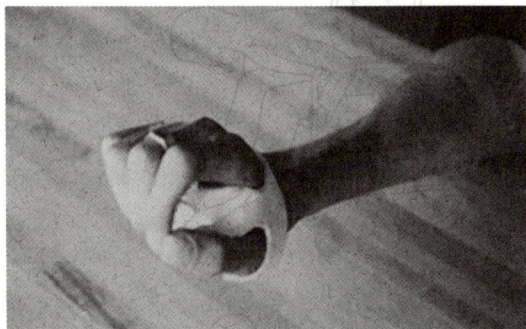

图 16-14 短拇指对掌夹板

7. 生活自理能力训练 日常生活能力与脊髓损伤节段密切相关。在可能的情况下鼓励患者进行自我照料性活动。如当病情稳定后可在床上开始吃饭、看书、写字、梳洗等 ADL 训练。必要时配备辅助用具如万能袖带等。

(1)C_4 损伤:患者头、口仍有功能,可以训练患者使用口棒或头棒操作一些仪器或进行其他活动,如进行电脑键盘操作、阅读、打字、拨电话号码或操纵自动化环境控制系统等。应用智能技术和设备实现多种功能,如应用语音控制系统等智能设备进行家庭电器、通信设备、医用器械、报警系统的控制。

(2)C_5 损伤:患者伸肘、腕、手的所有功能均缺乏。应训练双手的把持动作,如用双手夹持住物体并将其转移的训练;教会患者使用各种辅助具,如把勺子固定在患者手上,练习自己进食等,通过使用各种辅助器具完成进食、梳洗、个人卫生、刷牙、写字等日常活动。

(3)C_6 损伤:患者缺乏伸肘、屈腕能力,手功能丧失,其余上肢功能基本正常。指导患者通过腕部的主动伸展,利用肌腱效应,应用万能 C 形夹等辅助具,其上可插勺、笔、梳子等,需要时固定在手上,完成进食、刷牙、梳洗、写字、打字等动作,抓住和操控重量较轻物体等。

(4)C_7 损伤:手的内在肌神经支配不完整,抓握、释放和灵巧度有一定障碍,不能捏。应进行增强上肢残存肌力训练,手指抓握能力及灵巧性训练。指导患者利用肱三头肌的伸展功能,实现伸手拿取高于头部水平的橱柜中的物件;驱动手动轮椅;进行各种日常转移;并尽量独立完成个人卫生动作(如刷牙、洗脸、穿衣等)。

(5)C_8 损伤:训练利用掌指关节伸直、近指和远指关节屈曲的钩状抓握方式完成各种抓物动作,进行适宜的职业训练。

（6）T₁ 及以下节段:由于上肢功能不受影响,患者能更容易和更快速地获得技能。如能够弯腰使身体从一侧偏向另一侧,能够完成二便管理、穿脱下身衣物和洗澡等活动,应积极进行适宜的职业训练。

8. 呼吸功能训练　包括腹式呼吸训练、体位排痰训练等,还可进行咳嗽训练帮助排痰。治疗师可指导患者通过适当的体位摆放,利用重力作用进行有效的体位引流排痰,必要时体位引流排痰与胸部叩击等可同时使用。

9. 膀胱及直肠功能训练　在脊髓损伤的早期多采用留置导尿的方法,之后可采用间断清洁导尿,配合个体化饮水计划进行排尿训练。脊髓损伤后的直肠问题主要是便秘,便秘患者要改变饮食结构,养成定时排便习惯,并进行排便训练。

10. 轮椅使用训练　对于以轮椅作为终身代步工具的脊髓损伤患者,熟练操作轮椅是实现真正回归社会必须掌握的技能。从乘坐轮椅的第一天起就应掌握减压动作并养成一种习惯。要根据患者的功能和能力,指导患者选择有效的减压方法（图 16-15）。减压动作要两侧交替进行,一般每隔 30 分钟左右减压一次。

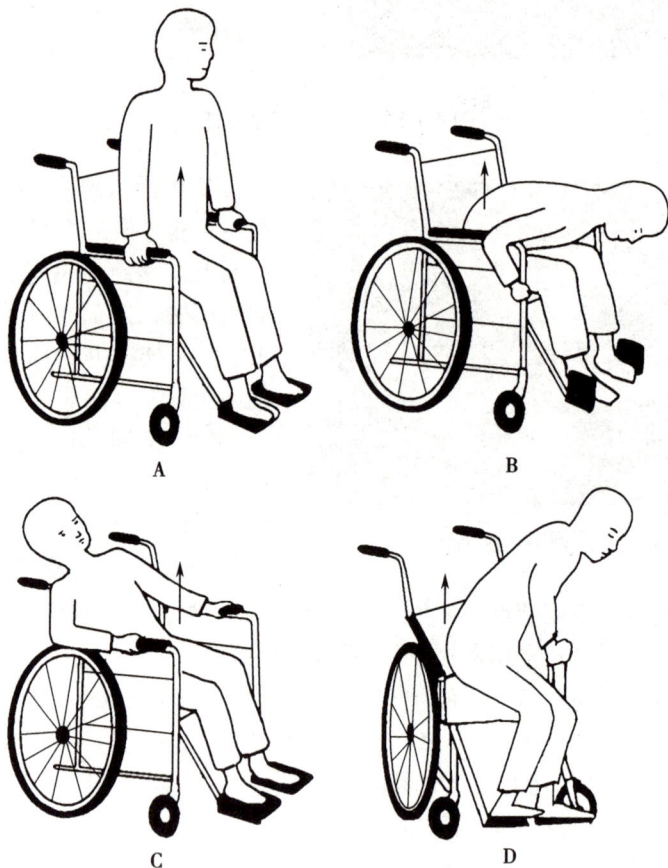

图 16-15　轮椅减压动作举例

11. 家庭环境改造　适当的家庭环境改造和无障碍环境支持,可使截瘫或四肢瘫患者在家能顺利完成日常生活动作。通过对周围环境进行调整,使患者能够部分控制其需要进行的活动。例如,把床头的呼叫铃、手机等尽可能放置在其能够够到的位置,并根据其手的操控能力对呼叫铃开关、手机等进行改造;在可能的情况下,把电视机、床头灯等的开关进行改造,以方便患者操控等。

12. 对患者及家属的支持和教育　作业治疗师要利用一切机会与患者及家属建立良好的信任关系,并引导患者思考其在生活中的角色、所需完成的活动以及活动的意义,使其对可能遗留的残疾尽早做出心理调整。指导患者与家属学习有关脊髓损伤的基本知识,掌握脊髓损伤作业治疗及护理方面的知识与技巧,理解损伤及其结局,有助于以积极的态度面对问题,学习掌握在家庭和社区生活的技能,培养独立解决问题的能力和方法,最大限度地调动患者参与社会生活的积极性,以利于长期保持独立生活能力和回归社会。

13. 职业技能与就业准备性训练　对于有就业愿望和就业可能的患者,作业治疗师要通过职业能力评定,为其提供针对性职业技能训练等,提供有关社会福利、保险体系和制度、残疾人保障法和相关岗位招聘等信息,争取实现再就业。

（四）作业治疗实施

1. 急性期作业治疗　脊髓损伤后 8 周内,由于损伤脊柱病情尚不稳定,通常需要卧床和进行必要的制动,此时期康复治疗与临床治疗应同时进行。

（1）治疗目标:预防并发症,维持关节活动度和瘫痪肌肉软组织的正常长度,防止失用;稳定患者及家属的情绪和心理状态;提供必要的辅助用具以帮助其部分完成自己所需进行的活动。在此期间,作业治疗注重为患者提供教育和支持,并帮助患者开始探索有意义的活动,以恢复效能感和自尊。

（2）治疗方法:在脊柱外固定或不影响脊柱稳定的条件下,作业治疗主要包括以下几个方面:保持良肢位;定时变换体位;维持关节活动度训练;早期辅助具的应用;日常生活活动训练;呼吸功能训练;膀胱与直肠功能训练;对患者及家属的支持和教育。

2. 恢复早期作业治疗　大约在伤后 8 周至 3 个月,患者脊柱稳定性基本恢复,脊髓损伤引起的病理生理改变进入相对稳定的阶段,临床治疗基本结束,患者能够离床进行相关训练。

（1）治疗目标:改善和加强残存功能,预防并发症,最大限度地获得日常生活活动能力。此期间注重促进充分参与,提高生活质量和增进健康。

（2）治疗方法:在急性期训练的基础上加强轮椅训练及生活自理能力训练,如各种转移训练、轮椅使用训练、上肢及手功能训练、辅助具的选择与应用训练、生活自理能力训练等。

3. 后期作业治疗　脊髓损伤 3 个月以上,应开展针对性作业治疗,为回归家庭、社会做准备。

（1）治疗目标:教育患者和家属理解损伤及其结局,结合其家庭生活、社会生活和工作需要,通过合理的针对性作业治疗,对家庭和工作环境的改造以及职业训练,使其尽可能多地获得日常生活活动能力,帮助其以积极态度面对残疾,最大限度地回归家庭和社会。

（2）治疗方法:除继续前期的相关治疗外,作业治疗的重点是:①功能性训练。手功能训练及生活自理能力训练,宜结合患者家庭和社会生活的需要,以利于家庭生活的顺利完成。②家庭环境改造。③职业康复训练。

4. 并发症的预防及作业治疗　压疮、疼痛、自主神经反射亢进是脊髓损伤患者的常见并发症,应从急性期开始,并贯穿作业治疗的始终。

（1）压疮:又称褥疮,因身体局部过度受压引起血液循环障碍,造成皮肤及皮下组织坏死。95% 的压疮是可以避免的,保持皮肤清洁干燥通气、避免受压是预防压疮的关键。预防方法:①定时变换体位,避免局部长时间受压,卧位每 2 小时变换一次体位;在搬运患者时注意防止剪切力损伤皮肤;在取坐位时应间隔 20~30 分钟进行减压。②使用防压疮气垫。③保持皮肤清洁。④加强对患者和家属的宣教和指导。

（2）疼痛:疼痛是脊髓损伤常见并发症,常表现为损伤平面以下呈扩散性的感觉异常性疼痛,如烧灼痛、针刺痛、麻木或跳动痛等,一般为自发性,多与情绪改变有关,严重者可影响患者饮食、睡眠及日常生活。作业治疗方法包括摩擦或拍打疼痛部位,加强肢体运动,学会放松技巧等。药物、康复训练及心理治疗等综合应用可取得更好的效果。作业治疗师可以通过倾听患者,教会患者在减少、管理和应对疼痛方面的技能,促进患者从事积极和有意义的活动。如面对疼痛的困扰,患者可能选择减少外出和社交,更多时间待在家里。但通过疼痛管理的教育,使患者能在减轻疼痛的前提下改变对于疼痛的看法,可促使患者更多地外出并提高社会参与。

（3）自主神经反射亢进:多发生于 T_6 以上的脊髓损伤患者,是一种血管反射,可源于任何一个高位损伤时低于损伤平面的器官。常见诱因如膀胱充盈、便秘、感染、痉挛、结石、器械操作等,引起交感神经节过度兴奋,导致突然大量出汗,面色潮红,脉搏缓慢,血压升高和头痛等,其首要是预防,如每天坚持肠道和膀胱管理,保持皮肤清洁干燥,避免感染,向患者宣教有关知识。一旦出现应立即抬高床头或先让患者坐起(或直立位)、解开衣物,以减少对自主神经的刺激,并尽快解除诱因。

（4）深静脉血栓形成:最常发生在下肢、腹部或骨盆区。栓子如脱落可能随血液循环进入不同部位或器官,对人体造成威胁。作业治疗师通过观察下肢颜色、大小以及温度的不对称来帮助做出初步判断。如出现深静脉血栓形成,患者需卧床休息并服用抗凝药物以防止栓塞,治疗师需对患者和家属进行相关知识健康宣教。

第四节　周围神经损伤

一、概述

周围神经病损是指因感染、外伤、受压、缺血、中毒、营养缺乏、代谢障碍等引起的周围神经丛、神经干或其分支发生损伤。主要表现为运动、感觉和自主神经功能障碍。习惯上将属于炎症性质的病变称为神经炎;将由于中毒、缺血、营养缺乏、代谢障碍等所致的病变称为周围神经病;将外力作用的损伤称为周围神经损伤。本节主要讨论周围神经损伤的作业治疗。周围神经损伤十分常见,多发生于臂丛神经、桡神经、尺神经、正中神经、坐骨神经、腓总神经等,上肢神经损伤占四肢神经损伤的 60%~70%。周围神经损伤常见病因包括火器伤、牵拉伤、压迫性损伤、切割伤、缺血性损伤等。

周围神经损伤可表现为运动、感觉、自主神经功能障碍,影响到患者的作业活动及社会参与,并对患者和家属造成心理负担。

二、临床表现及功能障碍

由于损伤部位不同,病情严重程度不同,患者的临床表现各异。主要包括运动障碍、感觉障碍、反射障碍、自主神经功能障碍以及日常生活活动能力、生活质量、心理等方面的障碍。

1. 运动障碍　受损神经所支配的肌肉或肌群弛缓性瘫痪、肌张力降低、肌肉萎缩、深肌腱反射减弱或消失、关节挛缩畸形等。

2. 感觉障碍　损伤部位和程度不同,感觉障碍表现各异。可表现为主观感觉障碍,如自发疼痛、感觉异常、麻木感等。也可表现为感觉减退、感觉丧失、感觉过敏、感觉倒错。

3. 反射障碍　深反射减弱或消失。

4. 自主神经功能障碍　刺激性损伤可表现为皮肤潮红或发绀、皮温升高、潮湿、角化过度及脱皮等,破坏性损伤可表现为皮肤发绀、冰凉、干燥无汗或少汗、皮下组织轻度肿胀、指(趾)甲粗糙变脆等。

5. 日常生活活动能力、生活质量　上、下肢周围神经损伤可影响绝大多数日常生活活动,导致患者生活自理能力、工作能力及社会参与受限,最终影响生活质量。

6. 心理问题　常表现为抑郁、焦躁等。损伤导致患者功能障碍,可能影响其日常生活,患者担心损伤能否恢复,功能障碍能否改善,能否开展有意义的活动,恢复其作业角色,甚至影响到工作、家庭及社会参与等。

三、检查与评估

周围神经损伤的诊断并不困难,结合病史、体格检查、临床表现和体征可初步判定神经受损的部位和程度。通过电生理学评定有助于判断神经损伤的范围、程度、恢复情况及可能的预后。

(一)形态检查

皮肤完整性、肌肉萎缩及肿胀、姿势、体位及步态异常、畸形等。

(二)运动功能评定

1. 患肢周径测量　测量受累肢体周径,并与健侧对比。

2. 肌力评定　徒手肌力评定、器械肌力评定,如捏力、握力、背肌力测试等。

3. 关节活动度评定　测试患者的主动、被动关节活动度,并与健侧对比。

4. 手功能评定　参考本书中"手外伤"部分。

5. 反射检查　受累肢体深反射检查为主,并与健侧对比。

6. 周围神经损伤后运动功能恢复评定表　见表16-11。

表 16-11　周围神经损伤后运动功能恢复评定表

恢复等级	评定标准	恢复等级	评定标准
0级(M0)	无肌肉收缩	3级(M3)	所有重要肌肉均可抗阻力收缩
1级(M1)	近端肌肉可见收缩	4级(M4)	能进行所有运动,包括独立和协同运动
2级(M2)	近、远端肌肉均可见收缩	5级(M5)	完全正常

(三)感觉功能评定

感觉功能评定包括浅感觉、深感觉、复合感觉的评定。其中,两点分辨觉是对周围神经损伤的定量评价方法,可用于检测皮肤神经支配和失神经区域,评定感觉功能恢复状况,并可在一定程度上预测预后。随着神经功能的不断恢复,两点分辨觉距离逐渐减小,且动态两点分辨觉的恢复一般早于静态两点分辨觉。

周围神经损伤后感觉功能恢复评定见表16-12。

表 16-12　周围神经损伤后感觉功能恢复评定表

恢复等级	评定标准	恢复等级	评定标准
0级(S0)	无感觉恢复	3级(S3)	痛觉和触觉恢复,感觉过敏消失
1级(S1)	支配区内深的皮肤痛觉恢复	4级(S3+)	同S3,两点分辨觉部分恢复
2级(S2)	支配区内浅的皮肤痛觉和触觉一定程度恢复	5级(S4)	完全恢复

（四）自主神经功能检查

1. 温水浸泡起皱试验 将患者手浸泡于 40℃ 左右的清水中约 30 分钟,失神经支配处皮肤无皱纹出现,正常或神经再支配处有皱纹出现。

2. 发汗试验 常用碘淀粉试验及茚三酮试验。无汗表示神经损伤,无汗到有汗表示神经功能恢复,恢复早期可表现为多汗。

（五）Tinel 征

Tinel 征,即神经干叩击试验,再生的神经纤维早期无髓鞘包裹,此时按压或叩击损伤神经远端,可出现疼痛、放射痛或过电感等过敏现象。Tinel 征有利于判断神经损伤部位,也可检查神经再生的情况。

（六）电生理评定

电生理评定能够反映神经肌肉的基本状态,对判断神经损伤的部位、范围、性质、程度及预后有重要意义。定期进行电生理评定,亦可检测神经损伤的再生和恢复情况。常用的电生理检查有直流感应电检查法、强度-时间曲线、肌电图检查、神经传导速度测定、躯体感觉诱发电位等。

（七）日常生活活动能力和生活质量评定

日常生活活动能力评定包括基础性日常生活活动及工具性日常生活活动评定,前者常用的方法为改良 Barthel 指数、功能独立性评定量表、Katz 指数、Klein 日常活动量表、Kenny 自理评定等;后者常用快速残疾评定量表、Frenchay 活动量表、功能活动问卷等。生活质量评定常用 WHO-QOL-100、SF-36 等,详见本书相关章节。

（八）作业表现评定

采用加拿大作业表现评估量表(COPM),详见本书相关章节。

（九）其他

如心理评定、环境评定、职业评定等。

四、方案与实施

（一）作业治疗原则

根据损伤部位及严重程度不同,周围神经损伤患者可能出现不同的功能障碍和并发症。积极有效的作业治疗方法可以减轻或消除患者的功能障碍,使其最大限度地恢复日常生活活动能力和工作能力,尽早参加社会活动。作业治疗原则为促进组织愈合,预防软组织粘连和关节挛缩,促进功能恢复,早日回归家庭、工作和社会。

1. 促进组织愈合,预防软组织粘连和关节挛缩

（1）促进组织愈合:周围神经损伤常合并骨、关节、血管、肌腱等损伤。患者容易出现疼痛、肿胀。周围神经损伤导致的疼痛,可采用疼痛管理的方法干预。对于肿胀的处理,可采用抬高患肢、冰敷、压力治疗、绷带包扎等方法消肿,并配合适当的运动,促进消肿。必要的情况下,使用矫形器和压力衣。

（2）预防软组织粘连和关节挛缩:损伤或手术易致组织炎性渗出,产生软组织粘连。同时由于损伤所致受累肌肉与其拮抗肌之间平衡障碍,导致关节挛缩和异常模式的出现。因此,要在疾病早期即开始进行良肢位摆放、被动运动、关节活动,并佩戴适合的矫形器,预防及改善软组织粘连和关节挛缩。

2. 促进功能恢复 功能恢复依赖于关节活动度、肌力、肌肉耐力、感觉、自主神经功能等的恢复。患者只有恢复其最基本功能,改善精细能力、灵巧性、下肢平衡、步行功能,才能更好地恢复其日常功能。在训练过程中,要注意循序渐进,训练难度由易到难,时间由短到

长,由被动运动逐渐过渡到主动运动。

3. 早日回归家庭、工作和社会　康复训练的最终目标是使患者改善生活自理能力,最终回归家庭、工作和社会。在康复训练中,要以患者为中心,为患者制订综合治疗方案,并做好患者与其家属、工作机构、社会机构之间的协调工作,为其设计或推荐适当的矫形器和支具,必要情况下进行环境改造方案设计,使患者早日回归家庭、工作,并参与到社会活动当中。

（二）作业治疗方法

1. 保持关节功能位与关节活动度训练　周围神经损伤后,受累肌与拮抗肌之间失去平衡,容易出现肌腱挛缩。如桡神经损伤出现腕下垂,正中神经受损出现"猿手",尺神经损伤出现"爪形手",以及腓总神经损伤导致足下垂等。因此,应尽早使用矫形器、石膏托等将关节固定于合适体位,防止肌肉挛缩。同时根据患者情况适当选择被动、主动运动训练。在选择矫形器时,要注意适合患者个体情况、简便舒适、避免对病变部位产生压迫。

2. 肿胀的处理　肿胀是周围神经损伤的常见症状之一,与神经损伤后血液及淋巴回流受阻、组织液渗出有关。可采用如下方法:患肢抬高、弹力绷带包扎、压力治疗(压力衣、压力手套、压力指套)、主动活动、被动运动、轻柔向心性按摩、未制动关节做各轴向的主动运动等促进水肿吸收。

3. 疼痛管理　疼痛是周围神经损伤最常见、最容易引起患者情绪变化的症状之一。对于神经性疼痛的管理需要综合进行。常用的方法有松弛疗法、认知行为疗法、想象疗法、对治疗师和患者进行康复教育培训等。

4. 矫形器的使用　矫形器固定对于周围神经损伤有一定疗效,有利于帮助患者防止、矫正畸形,并起到一定辅助作用。根据患者的不同损伤情况,应选择适合的矫形器。同时,治疗师应告知患者使用矫形器的原因、目的、方法、时间、注意事项等,避免对感觉功能障碍区域的压迫,最大程度上取得患者的配合。

5. 促进感觉功能的恢复

（1）感觉再训练:根据患者个体情况,选择适合的方法。早期主要进行移动性触觉、持续触觉、压觉和触觉定位等训练。如用铅笔橡皮头或指尖压在治疗部位来回移动,嘱患者注视压点,通过视觉协助判断压点位置,然后闭上眼睛感受压点触感。反复练习直到患者能够分辨移动性触觉后,可采用按压固定某一点的方法训练固定触觉定位。训练程序与移动性触觉训练相同。后期训练主要专注于患者的辨别能力,包括对形状、质地和日常物品的辨别。如形状识别可从简单体积较大的物品开始,嘱患者闭目,尽可能描述手中物品的特征,是方是圆,是冷是热等,再让患者睁眼补充描述,重复步骤,由简入难。质地辨别从差异明显的材料开始,选择形状相同但质地不同的物品,例如丝绒和粗砂纸,随着功能的提高再识别分辨难度大的物品。识别日常生活用品如打火机、羽毛球、棋子、硬币、大头针、纽扣等,由较大体积物品逐步过渡到识别小巧的物品。可以将这些物品混合放在一个盛有豆子或沙子的盆里以增加难度,同时记录准确度和速度,一天训练3次,一次半小时以上。

（2）感觉再教育:由于感觉障碍,受损肢体易引起继发性损害,如烫伤、冻伤、外伤。同时由于局部营养物质代谢障碍,一旦发生损伤不易恢复。因此,应重视对损伤部位的感觉再教育。教会患者日常生活活动中的安全知识,如避免将受累区域暴露于热、冷和锐器环境中;避免使用小把柄的工具;抓握物体时不宜过于用力,可以采用把手加粗的方案,避免对损伤部位的损害;避免长时间使用患手,常更换使用工具的部位;经常观察皮肤受压情况,有无红、肿、热等现象;对于感觉缺失区域的皮肤破溃及创伤,及时处理,避免感染,预防进一步损伤;失神经支配区域皮肤用温和肥皂水或温水清洗,轻拍干燥;容易出汗之处涂抹滑石粉,过于干燥处涂抹润肤乳等。

（3）感觉脱敏：告知患者感觉敏感是疾病恢复的必经阶段，且会随着疾病的恢复逐渐减轻，减少其恐惧心理。逐渐增加敏感区域的刺激量。可由无刺激开始，患者适应后，通过不同接触方式进行刺激，如振动、按摩、叩击、冰水刺激等；患者耐受后，可改用不同质地刺激，如棉花、棉布、毛巾、毛刷、豆子、沙子等。通过不断加大刺激量，使之产生适应和耐受。

6. 改善作业活动　神经受损后，适当的作业治疗活动有利于改善血液循环、增强肌力和耐力、增加关节活动度、促进神经损伤的恢复，并促进患者早日改善 ADL 功能，回归家庭、工作和社会。在选择作业活动时，应根据患者的性别、年龄、受教育程度、职业、习惯、神经损伤部位和损害程度、功能障碍情况、个人兴趣爱好、治疗目标等选择适合的作业活动。

上肢神经损伤患者可选择木工、飞镖、编织、套圈、棋艺、雕刻、泥塑、插板、绘画、写字、刺绣、系鞋带、拧螺丝等。下肢神经损伤患者可选择缝纫机、踏自行车、织布机等。ADL 训练可选择进食、修饰、穿衣、伸手取物、步行等练习；在训练过程中逐渐增加动作难度及训练时间，同时注意保护失神经支配区域，避免损伤。患者恢复后期，也可加入职业康复训练部分。

7. 认知行为治疗　患者教育是康复训练的重要内容。教育患者选择正确的活动模式、合理的关节活动范围、适度抗阻训练、穿戴适合的矫形器。恰当的教育不仅可以降低进一步损伤的风险，也可以帮助患者确立切实可行的成果预期。患者必须了解其疾病发展过程，了解为何选择某些活动，此类活动对疾病康复的意义，对生活、工作有何益处，从而帮助患者更好地分析其作业治疗活动，促使其积极投入到训练中，以保证与其治疗目标相一致。对于周围神经损伤后，患者出现情绪低落、心情抑郁等问题，可对其采取心理咨询、小组治疗等方法，并对其家属进行指导，以减轻或消除心理问题，使其积极配合治疗师进行康复训练，早日改善功能障碍。

8. 其他　还可使用镜像疗法、任务导向训练、生物反馈、神经肌肉电刺激疗法、短波以及药物疗法等进行治疗。

（三）作业治疗实施

周围神经损伤的作业治疗可分为三个阶段，即早期（损伤后 1~3 周）、中期（损伤后 4~6 周）和后期（6 周以后）。

1. 早期　受损部位疼痛、肿胀、充血，纤维细胞和胶原蛋白增多。

（1）治疗目标：祛除病因，及早消炎、消肿、镇痛、促进伤口愈合，减轻神经损害，保护感觉减退或缺失部位，预防粘连、挛缩。

（2）治疗方法：关节体位保持；消除肿胀；疼痛管理；想象和认知行为治疗。

2. 中期　此期软组织开始恢复，肌肉张力增加，肌腱损伤逐渐恢复，易出现组织粘连。

（1）治疗目标：预防组织粘连、关节挛缩，改善关节活动度，提高感觉控制能力，促进神经再生。

（2）治疗方法：作业活动训练；预防组织粘连；促进感觉功能恢复。注意：对于依然有疼痛、肿胀、过敏及开放性伤口者，需先探明原因，根据病情进行脱敏、止痛或手术治疗后，再进行感觉再训练。

3. 后期　此期伤口逐渐愈合，肌力、肌肉耐力恢复，患者功能障碍逐渐改善。

（1）治疗目标：矫正畸形，抑制瘢痕增生，增加肌力、改善关节活动范围、促进感觉功能恢复、提高手的灵敏度及协调性，最大限度地改善患者的日常生活和工作能力，提高生活质量。

（2）治疗方法：作业活动训练；感觉功能训练；抑制瘢痕增生（理疗、压力训练）；职业训练。注意：对于恢复不完全或无法恢复的功能，可适当使用矫形器。

（四）临床常见周围神经损伤

周围神经损伤范围很广,常见的有臂丛神经损伤、腋神经损伤、桡神经损伤、尺神经损伤、正中神经损伤、腕管综合征、腰骶丛神经损伤、坐骨神经损伤、腓总神经损伤等。本节重点介绍桡神经损伤、尺神经损伤、正中神经损伤以及腓总神经损伤的作业治疗。

1. 桡神经损伤　①高位损伤:常见于肱骨损伤患者。表现为上肢伸肌瘫痪,肘关节伸直受限,垂腕,伸指、前臂旋后和拇指桡侧外展受限。肘关节、上臂及前臂后、手背桡侧感觉功能障碍。②发生于肱三头肌分支下部的肱骨中 1/3 损伤,肱三头肌功能完好。③前臂中 1/3 以下受损主要表现为伸指障碍,不出现垂腕。

（1）早期:①疼痛管理;②控制水肿:抬高患肢,对其进行轻柔向心性按摩、未制动关节做各轴向的主动运动,物理治疗等;③前臂旋后功能受限者,术后 1 周内进行前臂被动或主动助力旋前旋后训练;④感觉功能训练;⑤想象和认知行为疗法;⑥矫形器的使用。

（2）中期:①手部肌力训练。利用橡皮泥、皮筋进行手部肌力训练。抓握时稳定腕关节,同时将腕关节和手指伸展,提高腕关节、手指指间关节肌力,改善手指的精细动作能力。②关节活动度训练:改善受累前臂、腕关节、指间关节活动范围。③预防组织粘连和畸形。④感觉功能训练。

（3）后期:①肌力训练;②感觉功能训练;③作业活动训练,如打字、飞镖、拧螺丝、棋类项目以提高肌力,改善关节活动度和手的精细动作及协调能力;④职业康复训练;⑤对于神经不可恢复者,可进行手术,帮助改善功能。对于有瘢痕产生者,通过压力训练和理疗抑制瘢痕。

2. 尺神经损伤　表现为"爪形手",环指和小指掌指关节过伸,远节指间关节屈曲,拇指内收受限。手掌面尺侧、小指和环指尺侧半,手背部小指、环指和一半中指可出现感觉功能障碍。拇内收肌失去尺神经支配可出现手的力量、稳定性和协调性丧失,患者捏、抓握较大物体功能受限。

（1）早期:①疼痛管理;②控制水肿;③矫形器的使用;④想象和认知行为疗法。

（2）中期:①手部协调性、抓握能力和肌力训练;穿珠子、折纸改善手部协调能力;抓握并转移木钉改善患者抓握能力;捏锥形橡皮泥、弹力带训练改善患者手内肌肌力。②关节活动度训练。③预防组织粘连和畸形。④感觉功能训练:书写可以促进尺侧缘皮肤感觉功能恢复。

（3）后期:①肌力训练;②感觉功能训练;③作业活动训练;④职业康复训练。对有瘢痕者进行瘢痕抑制。

3. 正中神经损伤　①低位损伤:损伤位于腕部,鱼际肌和蚓状肌麻痹,拇指对掌受限,手桡侧三个半指感觉功能可出现障碍。②高位损伤:损伤接近或位于肘部。正中神经支配的前臂肌麻痹,除低位损伤表现外,还可出现前臂旋前受限,屈肌群萎缩,屈腕力下降,拇指和示指屈曲受限,对指不能,捏物不能,手掌变平,大鱼际萎缩,拇指紧靠示指,表现为"猿手"。拇指掌侧外展功能受限,稳定性减弱,可导致患者虎口抓握功能受限,特别是大口径物体。

（1）早期:①疼痛管理;②控制水肿;③矫形器的应用;④想象和认知行为疗法。

（2）中期:①手部肌力训练。抓握较大直径物体,手指粗大运动和精细动作训练。②关节活动度训练。③预防组织粘连和畸形。④感觉功能训练。

（3）后期:①肌力训练;②感觉功能训练;③作业活动训练;④职业康复训练。对瘢痕者进行瘢痕抑制。

4. 腓总神经损伤　腓总神经损伤时,小腿前外侧伸肌麻痹,表现为足下垂、内翻,行走时呈现跨阈步态,后期可形成马蹄内翻足。小腿外侧及足背皮肤可出现感觉功能障碍。

（1）早期:①疼痛管理;②控制水肿;③利用足托或矫形鞋保护受损肢体,保持关节功能位;④想象和认知行为疗法。

（2）中期:①小腿前外侧肌肌力训练。可进行跟腱牵拉、踝关节背屈训练。采用手法治疗或借助器械实现。②关节活动度训练。③预防组织粘连和畸形。④感觉功能训练。

（3）后期:①肌力训练;②感觉功能训练;③平衡、协调和步态训练。

第五节 多发性硬化

神经退行性疾病,又称为神经退化性疾病,是一种大脑和脊髓的神经元结构和功能逐渐丧失的疾病状态。以特异性神经元大量丢失为主要特征,病变过程可涉及大脑和脊髓的神经细胞,以及髓鞘等其他部分。由于神经元具有的功能不同,且大脑和脊髓的神经元不可再生。因此,一旦受损,神经功能将不可逆转。神经退行性疾病根据表型可分为两种:一种主要影响运动功能,如肌萎缩侧索硬化、小脑共济失调等;另一种可影响大脑学习、记忆能力,如老年痴呆症等。根据发病时间可分为急性神经退行性疾病和慢性神经退行性疾病,前者主要包括脑缺血、脑损伤;后者主要包括阿尔茨海默病（Alzheimer's disease,AD）、帕金森病（Parkinson disease,PD）、多发性硬化（multiple sclerosis,MS）、肌萎缩侧索硬化（amyotrophic lateral sclerosis,ALS）、吉兰-巴雷综合征（Guillain-Barré syndrome,GBS）、亨廷顿病（Huntington disease,HD）等。目前尚无有效方法阻止疾病进展,临床治疗手段多数都是改善症状的对症治疗。

神经退行性疾病发病过程有两大伴随症状:运动症状与非运动症状。运动症状影响患者日常生活能力及工作,非运动症状影响患者日常生活质量。对于上述两种症状应采用综合治疗,包括药物治疗、手术治疗、运动疗法、心理疏导等。无论哪种治疗方法都以改善症状、提高工作能力和生活质量为目标。作业疗法作为一种以有目的、有选择的作业活动来维持和改善患者功能的治疗手段,可以帮助伴有运动症状的神经退行性病变患者最大限度地改善日常生活能力,提高生活质量。

本节主要介绍多发性硬化的临床表现、检查评估以及作业治疗的方法与实施。

一、概述

多发性硬化(MS)是一种以中枢神经系统炎性脱髓鞘病变为主要特点的免疫介导性疾病,病变主要累及白质,其病因尚不明确,可能与遗传、环境、病毒感染等多种因素相关。MS病理上表现为中枢神经系统多发髓鞘脱失,可伴有神经细胞及其轴索损伤,磁共振成像（MRI）上病灶分布、形态及信号表现具有一定特征性。MS病变具有时间多发和空间多发的特点,主要损害脑、脊髓、视神经,临床表现常以视力下降、复视、肢体感觉障碍、肢体运动障碍、共济失调、膀胱或直肠功能障碍等为主。由于 MRI 的研究和应用逐渐广泛,多发性硬化的诊断在过去的 30 年里得到了快速发展。多发性硬化分为复发缓解型（relapsing-remitting multiple sclerosis,RRMS）、继发进展型（secondary progressive multiple sclerosis,SPMS）、原发进展型（primary progressive multiple sclerosis,PPMS）和其他类型。目前国内外推荐使用 2017年 McDonald 多发性硬化诊断标准进行诊断。MS 的发病率在世界范围内不断增加,影响全球约 280 万人,其患病率中位数为 33/10 万,不同国家之间存在显著差异。2021 年中国 MS患者生存报告显示,62.8%的患者过去 1 年中至少复发 1 次,提示我国 MS 患者复发控制欠佳。流行病学调查显示,MS 多发于 20~40 岁的青壮年,女性发病率是男性的 2~3 倍。MS 是缓慢进展性疾病,大约 15%~30% 患者在发病 15~20 年后从 RRMS 逐渐演变为 SPMS。随着疾病的进展,患者身体残疾、心理社会适应能力和重返社会能力逐渐恶化,给患者家庭及社会带来较大负担。

康复治疗在维持和改善神经功能状态方面具有显著优势,从发病初期到进展期,专业性的康复训练能减轻多发性硬化患者病情和功能障碍,如肌无力、肌肉痉挛、共济失调、感觉和认知障碍等。作业疗法对多发性硬化神经功能障碍患者的康复有重要价值,可帮助患者的功能障碍恢复,改变异常运动模式,提高生活自理能力,缩短其回归家庭和社会的进程。

二、临床表现及功能障碍

由于多发性硬化损伤部位和节段的不同,严重程度不一,不同患者临床表现不一,其中以脑、视神经、脊髓损伤引起的神经功能障碍最常见。具体功能障碍和临床表现如下。

1. 运动功能障碍 肌无力、肌肉痉挛所导致的肢体活动异常,部分患者存在合并感觉功能障碍的痛性痉挛或痉挛性双下肢瘫,或者共济失调引起的走路不稳,肢体协调不良。

2. 疲劳 疲劳是多发性硬化最常见的症状,也是患者于康复科就诊的重要原因。约 3/4 的多发性硬化患者会出现疲劳,患者可表现为精力不充沛,活力不足,持续疲劳及不可抗拒的睡眠等。疲劳是多发性硬化患者重要的致残因素,甚至影响到患者工作。

3. 认知障碍 认知问题可见于疾病的所有阶段,约 2/3 的多发性硬化患者伴有认知问题,且患者间认知损伤程度差异较大。部分患者的认知问题可影响到患者的日常活动,甚至工作。常表现为注意力、记忆力减退,计算、学习困难,综合、逻辑推理困难等,部分患者可出现感知-认知障碍,如视觉-空间障碍,严重影响患者的日常生活。

4. 感觉功能障碍 主要表现为痛觉、温度觉、触觉、本体觉的减退或丧失。有少数患者表现为感觉过敏。也有的患者表现为复视、视物模糊、偏盲等。

5. 精神和心理障碍 包括病态苦笑、欣快感、躁狂、幻觉和抑郁,尤以抑郁为常见。

6. 震颤和共济失调 以意向性震颤最为常见。当患者进行活动并逐渐接近目标时,震颤可能愈加严重。意向性震颤多发生于上肢,共济失调多见于躯干和下肢,且常与其他功能障碍同时存在。震颤和共济失调严重影响到患者的日常生活。

7. 疼痛 半数甚至更多的多发性硬化患者可能出现疼痛,其中约一半患者可能经历慢性疼痛。疼痛可能表现为神经性疼痛、感觉迟钝性疼痛、痉挛性疼痛、过劳相关骨骼-肌肉疼痛等多种类型,严重影响到患者的情绪及生活质量。

8. 自主神经功能障碍 包括膀胱、直肠和性功能障碍。膀胱功能障碍表现为尿频、尿急、排尿淋沥和不能完全排空等;直肠功能障碍以便秘、大便失禁为主;性功能障碍可以发生于男性或女性患者,包括性欲减退、勃起障碍、阴道干涩、体位困难等。

9. 言语和吞咽功能障碍 言语功能障碍表现为口齿不清、言语困难,某些单词的发声困难;吞咽功能障碍主要为吞咽困难,甚至会引起呛咳。

三、检查与评估

(一)辅助检查

对诊断多发性硬化有临床意义的辅助检查主要以脑脊液检查、诱发电位和磁共振成像三项检查为主。

1. 脑脊液检查 脑脊液(cerebrospinal fluid,CSF)检查可为原发进展型 MS 临床诊断和 MS 的鉴别诊断提供依据。

（1）CSF 单个核细胞数：轻度增高或正常，一般在 $15×10^6/L$ 以内，当超过 $50×10^6/L$ 时，应考虑其他疾病而非 MS。

（2）IgG 鞘内合成检测：包括 CSF-IgG 指数和 CSF-IgG 寡克隆区带（oligoclonal bands，OB）。前者约有 70% MS 患者增高，后者测定需同时检测 CSF 和血清，若 CSF 中存在 OB 而血清缺如才可诊断 MS。

2. 诱发电位　包括躯体感觉诱发电位（SEF）、视觉诱发电位（VEP）和脑干听觉诱发电位（BAEP）等，50%～90% MS 患者可出现诱发电位异常。

3. MRI 检查　侧脑室前角与后角周围、半卵圆中心及胼胝体可见大小不一圆形的 T_1 低信号、T_2 高信号或侧脑室体部可见融合斑；或斑点状不规则 T_1 低信号及 T_2 高信号斑块，多见于脑干、小脑和脊髓。

（二）作业评估

1. 临床扩展致残量表评分　多发性硬化患者的神经功能障碍和疾病严重程度一般选用临床扩展致残量表评分（expanded disability status scale，EDSS）进行评估（表 16-13）。EDSS 评分目前是评价多发性硬化功能障碍的金标准。EDSS 基于对中枢神经系统八个功能区的评价，根据功能障碍的程度来评定各系统分值。评分范围为 0～10 分，得分越高表明神经功能缺损越严重，EDSS 评分≤2.5 分为低分组，3～6 分之间为中分组，≥6.5 分为高分组。

表 16-13　临床扩展致残量表评分

评分	评分标准
0 分	神经体征无
1 分	没有残疾，体检仅有轻度异常
2 分	累及 1 个功能系统的轻度残疾
3 分	独立行走，但是 1 个功能系统有中度残疾
4 分	独立行走 500 米以上，但是有累及 1 个功能系统的重度残疾
5 分	独立行走 200 米以上，但不能正常工作
6 分	辅助下行走 100 米，中途需或无需休息
7 分	即使辅助下，行走距离也只有 5 米，可独立使用轮椅
8 分	活动限于轮椅、床、座位上，上肢功能保留，但帮助下才可移动
9 分	可以吃饭、讲话，但卧床不起，上肢无功能
10 分	死于多发性硬化（不常见）

EDSS 评价的功能系统包括：锥体束、脑干、视觉、大脑、小脑、感觉、膀胱和直肠功能、其他。

2. 作业能力评定

（1）综合功能障碍评定：一般采用多发性硬化障碍程度分级（Cailliet），见表 16-14。

表 16-14　多发性硬化障碍程度分级（Cailliet）

分级	评定标准
0 级	神经系统检查正常
1 级	无功能障碍，轻微客观体征（Babinski 征阳性，指鼻试验不准，震动觉减退）
2 级	轻度功能障碍（肌力稍弱，不灵活，轻度步行障碍，轻度视力障碍）
3 级	中度功能障碍（不完全性单瘫，中度偏瘫，中度膀胱或眼症状，或各种轻度障碍并存）
4 级	重度功能障碍，但步行、日常生活尚能维持，性生活正常

续表

分级	评定标准
5 级	有步行障碍，但短距离尚可步行
6 级	需持手杖、拐杖，借助矫形器步行
7 级	只能坐轮椅生活，但自己尚能驱动和完成转移动作
8 级	卧床不起，上肢可以活动
9 级	终日卧床，不能做任何动作
10 级	死于多发性硬化

（2）日常生活活动评定：一般选用改良 Barthel 指数，该量表已被证实具有良好的信度与效度，具体评分标准见本书相关章节。

（3）疲劳评估：一般采用疲劳严重程度量表（FSS）和改良疲劳影响量表（MFIS），也可采用 6 分钟步行测试评估患者耐力和疲劳。FSS 于 1989 年由美国学者 Krupp 等研制，通过评估躯体疲劳了解其对患者 ADL 的影响。MFIS 包含三个子量表，分别是身体、心理和认知，共 21 个条目。上述两个量表对多发性硬化患者疲劳评估的信度和效度已被证实。

（4）运动功能评估：包括关节活动度、肌力、肌张力、平衡功能、协调功能、步行功能评定。其中，步行功能评定可用多发性硬化步行功能量表、"起立-行走"计时测试，也可用功能独立性量表的移动部分评定患者步行及转移。其他运动功能评定方法参考相关章节。

（5）感觉功能评估：Semmes-Weinstein 单丝测验及其他常用的感觉功能评定方法。

（6）认知功能评估：参考相关章节。MS 神经心理筛查问卷（MS neuropsychological screening questionnaire）、多发性硬化患者认知功能最低评估（minimal assessment of cognitive function in multiple sclerosis，MACFIMS）等在国际上用于多发性硬化患者认知功能的评估，不过目前尚无汉化版。

（7）手操作功能评估：可用九孔插板试验或 Purdue 钉板测试来评估手的灵活性。

（8）其他评估：如生活质量、抑郁焦虑、睡眠、视觉评定等。

四、方案与实施

（一）作业治疗原则

1. 早期开始，综合康复 对于 MS 患者，作业治疗应当从早期开始介入。研究显示，约 60% 患者在 2 周内达到疾病发展的最高峰，80% 患者在 3 周内达到高峰；而恢复开始于发病的第 2~4 周，一般严重的 MS 患者需要 3~6 周的住院时间康复和 3~4 个月以家庭或社区为基础的康复治疗。因此，在早期介入预防性的康复措施是康复治疗的关键。除此之外，MS 的症状变化很大，常伴有复杂问题，需要各专业团队之间协同合作。通过综合康复，使患者的很多问题能够得到及时解决，帮助患者最大限度地恢复功能和改善生活质量。

2. 循序渐进，持之以恒 患者在患病最初 3 个月内运动功能恢复最快，3~6 个月时肢体肌力增加变得缓慢，但患病 12 个月后患者的肌力仍有进步，故建议患者至少应进行 12 个月的综合康复治疗及管理。康复训练是一个持续过程，而作业治疗应贯穿于 MS 康复治疗的整个过程。实施作业治疗时，既要达到一定的训练强度，又要持续一定时间，应循序渐进、持之以恒。

3. 医患合作，主动参与 由于 MS 的复杂性、多变性、长期性、进展性和不可预知性，所以对于患者的管理具有一定的特殊性和挑战性。以患者为中心，让患者主动参与到康复治疗中去是当前较为有效的康复干预模式。因此，在实施作业治疗时，作业治疗师应充分调动患者的积极性,使患者主动参与,把训练泛化到日常生活中去,从而实现最终的康复目标。

4. 因人制宜,个体管理 由于本病当前尚未找到有效的根治方法,因此,患者一旦患病,往往与疾病终生为伴。患者预后呈现的多样性也未可预知,有些患者的后遗症很少,有些患者的功能障碍会随着时间进展而逐渐加重。因此,作业治疗师应对患者的身体、心理及日常生活活动能力进行全面评价,针对存在的问题,确定优先治疗和重点改善的功能项目,通过作业治疗使患者获得最理想的独立性和功能性,以回归家庭和社会。

5. 健康教育,家属参与 在对疾病的认识上,医务工作者应耐心对患者及亲属进行宣教指导,强调早期干预、早期治疗的必要性,合理交代病情及预后,增强患者治疗疾病的信心,提高治疗依从性。医务工作者还应在遗传、婚姻、妊娠、饮食、心理及用药等生活的各个方面提供合理建议,包括避免预防接种,避免过热的热水澡、强烈阳光下高温暴晒,保持心情愉快,不吸烟,作息规律,适量运动,补充维生素 D 等。

(二)作业治疗方法

1. 一般康复处理 由于 MS 患者早期卧位或坐位时间相对较长,保持正常坐姿、卧姿,并且维持和改善关节活动度十分重要。因此,对于 MS 患者而言,一般康复处理如下:

(1)保持正确卧姿:仰卧位、健侧卧位及患侧卧位三种姿势轮换。患侧卧位头部患侧置于枕上,后背用枕头支持,健侧上肢自然放在身上,健侧下肢屈髋、屈膝,置于体前垫枕上,以免压迫患侧。健侧卧位头部健侧置于枕头上,躯干与床面大致成直角侧卧。仰卧位,头正中位或面向患侧,勿使患者成半卧位,以免诱发异常肌张力。

(2)保持正确坐姿:主要包括床上长坐位、床边坐位及轮椅坐位。床上长坐位让患者逐渐从平卧位过渡到直立位,双上肢对称地放置于身前的小桌上。床边坐位应保持骨盆直立,髋、膝、踝关节屈曲 90°,双足底平放在地面上,保持躯干伸展、两侧对称。轮椅坐位保持躯干伸直,患侧上肢放置在轮椅桌上,双上肢对称、充分向前伸展。

(3)维持和改善关节活动度训练:患者应尽早采用正确的方法进行被动、辅助主动或主动肢体活动,以改善肢体的血液循环,预防关节僵硬和挛缩。其中被动运动应尽早开始,每天给患肢进行各关节各方向、全范围的被动活动,直至患肢恢复主动活动。而辅助主动训练通常在恢复初期进行,包括自主被动运动、磨砂板运动及滚筒运动等。以上运动均有助于患者肩、肘、腕关节的伸展。

2. 上肢和手功能训练 对于肌张力增高的患者,在进行患侧上肢和手功能训练前应抑制痉挛,并进行分离运动训练。患侧上肢痉挛比较明显时可采用牵伸、挤压等方法。同时,通过上肢持球训练、持棒训练等分离运动训练逐步确立各个关节的分离运动。随着功能改善,逐步增加上肢和手的运动控制及协调性训练,一般遵循"由近端到远端,由粗大到精细"的恢复规律。最后,可进行手指抓握及精细运动,可采用棋牌游戏、捡豆子、操作电脑等。

3. 认知障碍的训练 认知功能、行为改变是患者反应最强烈的症状。这些功能障碍的程度及表现与病变部位及程度有关,额叶病灶常导致步态失用、原始反射的释放和解决问题中的起始障碍等,而短期记忆、抽象概念和精神运动能力等的障碍常常影响康复治疗的进行。目前,基于计算机技术的认知训练正在被广泛应用,它对轻、中度认知障碍患者的记忆力和注意力有较好改善。而对于较严重的认知障碍患者,可以通过补偿或代替策略。其中,补偿策略,如恰当的时间管理、规律睡眠、记忆排队、日历等是有效的。认知障碍时,使用认知辅助设备也是很好的补偿手段,如使用计算机、电子记忆辅助设备,及日常活动手册等。

4. 日常生活活动能力训练 绝大部分患者最终都要回归家庭,治疗师需帮助患者提高日常生活能力以使他们能适应环境,重新建立与社会的联系以及实现社会价值,特别是对于那些症状较重和无人照料的老年患者。日常生活活动能力训练可选择进食、修饰、穿衣、伸手取物、步行等练习。应根据患者的性别、年龄、受教育程度、职业、习惯、功能障碍情况、个人兴趣爱好、治疗目标等选择适合的作业活动。

5. 疲劳管理 基于对患者的评估,分析患者的疲劳情况,以及疲劳对患者日常生活、工作和娱乐休息的影响。为患者设计治疗策略缓解疲劳,常用技术包括能量节约技术、辅具等。能量节约技术包括:应用智能技术和设备实现多种功能,如人体感应灯、语音控制开关、扫地机器人、智能轮椅、借助智能手机应用程序进行实时或远程疲劳管理等;使用符合人体工效学的桌椅;平衡生活方式、休息、姿势控制和高效的沟通等。辅具可利用踝足矫形器、助行器、杖类减少步行耗能。

6. 疼痛管理 分析疼痛出现的原因,对于因肌无力或肌肉痉挛所致的疼痛,可采用姿势控制、牵伸技术、辅具、运动、人体工程学座椅等进行干预,以缓解疼痛。

7. 震颤和共济失调干预 可通过近端稳定或支持,以及辅具调试方法。近端稳定涉及躯干和上下肢等大关节。如患者坐位时,可以利用下肢支撑,躯干靠于办公桌保持稳定,上肢支撑在桌上。手腕适度增加重量有利于缓解震颤,但有可能加剧疲劳,因此要结合患者个人情况进行个性化选择与方案制订。

8. 环境适应 可根据患者的功能水平对其家庭及社区环境进行必要改造,通过对周围环境进行调整,使患者能够部分控制其需要进行的活动。使患者更容易适应家庭、社区生活,参加一些力所能及的家务劳动、社区娱乐活动等,从而在心理、身体上获得最高质量的生活。由于患者对温度敏感,因此可应用空调、风扇、冷却装置和衣物等保持较低体温,避免使用电热毯、电褥、暖手宝等。

9. 健康教育 MS 患者需长时间进行精心的护理和康复训练,此时患者及家属易产生焦虑、烦躁情绪,作业治疗师要利用一切机会与患者及家属建立良好的信任关系,并引导患者思考其在生活中的角色、所需完成的活动以及活动的意义,使其对可能遗留的残疾尽早做出心理调整。指导患者与家属学习有关 MS 的基本知识,有助于其以积极的态度面对问题。

(三)作业治疗实施

以下根据多发性硬化的不同发病时期,介绍相应的训练方法。对于不同的发病期在训练中都应注意,预防由于环境温度升高引起的病情加重,防止患者过度疲劳。

1. 急性期及恶化期 该期患者症状较为严重,一般在患者生命体征稳定后开始,主要以安静休息为主,注意体位的变换。

(1)治疗目标:减轻急性期症状、缩短病程、改善残疾程度和防止并发症,防止失用性功能障碍。

(2)治疗方法

1)一般康复处理:保持正常卧姿,进行坐姿训练,注意体位转换,原则上每 2 小时变换 1 次,并且进行各关节的被动或自主活动,以维持和改善关节活动度。

2)日常生活活动能力训练:根据患者的功能障碍程度,可选择进食、排便、穿衣、伸手取物等练习。

3)认知障碍的干预:患者意识清醒后即应开始注意患者有无认知障碍相关表现,并尽早干预。

4)疲劳管理:应用能量节约技术、辅具等减轻患者疲劳。

5)疼痛管理:分析疼痛原因,采用对应的干预方法以缓解疼痛。

6)震颤和共济失调:可通过近端稳定或支持,以及辅具调试方法干预。

2. 缓解期（恢复期） 该期患者症状逐渐缓解,抓住时机开始针对主要症状的训练。

（1）治疗目标:改善患者的主要症状,加强患肢的运动能力及协调性,进行日常生活活动的强化训练,最大限度恢复患者功能和日常生活活动能力。

（2）治疗方法

1）一般康复处理:首先,注意保持正确坐姿,鼓励并帮助患者尽早过渡到床边坐位训练和轮椅坐位,并且及时纠正患者坐姿。其次,选择磨砂板作业、滚筒作业等进行上肢功能训练以维持和改善关节活动度,注意动作的准确性。

2）上肢和手的功能训练:此期应以抑制痉挛、促进分离运动的训练为主,可进行上肢和手的运动控制能力训练,双手协调性训练,手指抓握及精细操作运动等。

3）日常生活活动训练:从简到繁,从易到难,强化日常生活活动能力,不能独立完成者可使用辅助具。通过作业治疗,使患者尽可能实现生活自理。

4）疲劳、疼痛、震颤和共济失调:方法同前。

3. 维持期（慢性期） 在这一阶段,各功能障碍已有不同程度恢复,尽量以家庭和社会训练为主。

（1）治疗目标:维持已获得的日常生活活动能力,教育患者和家属主动参与康复治疗,结合其家庭生活和工作需要,通过针对性作业治疗,使其尽可能多地获得日常生活活动能力,同时,给患者和家属做好健康教育,使患者能最大限度地回归家庭和社会。

（2）治疗方法

1）上肢和手功能的训练:强化患肢的功能训练,强化患者在日常生活中使用患侧上肢的意识。

2）日常生活活动训练:强化上肢和手的运动控制及协调性训练,强化手指抓握和精细运动的训练。

3）环境改造及适应训练:对住院患者,应该对病房进行贴近实际生活环境的改造。对门诊患者,则对其家庭环境进行相应改造,同时积极有效地利用矫形器具。制作矫形器应使用质地轻的塑料材料,以节省患者体力。

4）健康教育:指导患者与家属学习有关 MS 的基本知识,指导家属让患者时刻感到被关怀、理解和支持,增强患者自信心。鼓励家属尽早参与患者的作业治疗,教会家属为患者提供帮助的技能等。

第六节　肌萎缩侧索硬化

一、概述

肌萎缩侧索硬化（ALS）是一种累及上、下运动神经元致命的进行性神经退行性疾病。临床表现以进行性骨骼肌无力、萎缩、肌束颤动、延髓麻痹和锥体束征为主。

ALS 每年的发病率为(1~2.6)/10 万,中老年人多见,我国 ALS 发病年龄高峰在 50 岁左右,且有年轻化趋势。男性、年龄增长和遗传是主要的危险因素。有研究表明,20% ~ 50%的 ALS 病例可能出现认知障碍,5% ~ 15% 的病例通常发展为额颞叶痴呆。因呼吸衰竭导致的死亡平均出现在发病后 2~4 年,但 5% ~ 10% 的患者可能存活 10 年以上。ALS 的病因尚不清楚,有研究认为可能与神经免疫、氨基酸毒性作用、遗传环境等因素有关。以使用延缓病情发展药物、营养管理、呼吸支持、对症和心理治疗等为主,目前尚无已知的 ALS 治愈方法或有效的药物治疗方法,但经对症治疗,患者的痉挛、步态异常等症状可能好转,经过康复训练,ALS患者的其他肌肉可实现对已萎缩肌肉的代偿,以完成既往难以完成的动作,早期诊断、早期康复治疗有助于改善患者生活质量、延长生存期。

二、临床表现及功能障碍

ALS早期的临床表现多样,通常不对称,多从某一部位开始,逐步扩展至其他区域。主要包括下运动神经元、上运动神经元及认知、行为和精神等方面的障碍。

1. 运动功能障碍　下运动神经元受累主要表现为肌肉无力、萎缩和肌束颤动。起病通常首见于手部小肌肉,出现肌肉无力和萎缩,一侧或双侧发病,或从一侧逐渐累及对侧。肌肉无力在某一肢体受累早期可主要局限于单个肢体的远端或近端,之后可扩展到其他肢体,而最早发病的肢体通常近、远端均会受累。肢体无力在发病早期通常不对称,但随着病情进展,两侧均明显受累时,可出现类似相对对称的体征。ALS患者拇短展肌和第一骨间背侧肌受累程度远重于小指展肌时,可表现为"分裂手"现象,是ALS较为特异性的表现,其他肌群也可出现类似现象。肌萎缩常见于大小鱼际和骨间肌,可表现为爪状手,向上逐渐侵犯至前臂、上臂及肩带。少数肌萎缩从下肢的胫前肌和腓骨肌或从颈部的伸肌开始,个别也可从上下肢的近端肌肉开始。肌束颤动是ALS的常见体征,可局限于某些肌群或广泛存在,用手拍打时较易出现,其本身并无特异性,也可以见于周围神经病变或焦虑等某些生理情况。

上运动神经元受累表现为肢体无力、痉挛、动作欠灵活。起病首见于双下肢,逐渐累及双上肢,且以下肢为重。常常表现为肢体力弱,肌张力增高,步行困难,呈痉挛性剪刀步态,腱反射亢进,病理反射呈阳性。

2. 非运动功能障碍　部分ALS患者可以伴有认知、行为和精神异常等。患者可表现为记忆力下降、痴呆,或躁动不安、易激惹甚至出现攻击性行为,或常有因疾病预后不良而产生的焦虑、抑郁情绪。延髓麻痹型ALS表现为发音轻、吞咽障碍、构音障碍、下颌反射亢进等,随着舌肌萎缩硬化,吞咽困难进行性加重,导致患者出现营养不良,体重明显下降。患者一般无客观的感觉障碍,但常有主观的感觉症状,如麻木等,可伴有非持续性肢体麻木疼痛。随着病程进展,晚期患者全身肌肉均可萎缩,以致卧床不起,并因呼吸肌麻痹而引起呼吸功能不全。患者可因呼吸肌无力加重,肺活量显著下降,出现呼吸困难,或因无力排痰,死于呼吸衰竭和肺部感染。

三、检查与评定

对ALS患者的评估应基于其不同阶段的功能水平、个人需求和优先事项,当疾病进展时需要重新进行评估。

1. 整体功能评定　可采用ALS功能评分量表(ALSFRS)、ALS功能评分量表修订版(ALSFRS-R)、Norris量表、改良Norris量表及Appel量表等。临床中较常用的为ALS功能评分量表修订版(表16-15),ALS患者得分越低,表明神经功能受损程度越严重。

表16-15　ALS功能评分量表修订版

内容	症状描述	得分
(1) 言语	4=言语正常 3=可发觉的言语紊乱 2=重复后可理解 1=结合非言语的交流方式 0=失去有效的言语表达能力	

续表

内容	症状描述	得分
（2） 流涎	4＝正常 3＝轻度但明确的口中唾液增多；可以有夜间流涎 2＝中等程度的唾液增多；可以有轻度流涎表现 1＝显著的唾液增多，伴有流涎 0＝显著的流涎；长期需要手绢等物品	
（3） 吞咽	4＝正常的饮食习惯 3＝早期进食正常，经常噎住 2＝饮食浓度习惯改变 1＝需要鼻饲补充 0＝专业的肠外营养或者肠道喂养	
（4） 书写（患 ALS 之前的优势手）	4＝正常 3＝缓慢或者字间距大，但所有字迹清晰 2＝并不是所有字迹清晰 1＝可以握笔，但是不能书写 0＝不能握笔	
（5a） 使用餐具（患者未行胃肠造瘘术）	4＝正常 3＝有些缓慢和笨拙，但是不需要帮助 2＝尽管缓慢和笨拙，但是可以切大多数食品，需要一些帮助 1＝需要他人切割食品，但是仍可以自行缓慢进食 0＝需要喂养	
（5b） 使用餐具（患者行胃肠造瘘术）	4＝正常 3＝笨拙，但是可以独立地进行操作 2＝闭管和固定需要一些帮助 1＝需要护理人员提供少量的帮助 0＝不能执行任何操作	
（6） 穿衣和洗漱	4＝功能正常 3＝经过努力可以独立穿衣和搞个人卫生，或者效率降低 2＝间断需要帮助或者其他替代方法 1＝个人卫生需要护理员 0＝完全依赖他人	
（7） 床上翻身和调整被褥	4＝正常 3＝有些缓慢和笨拙，但是不需要帮助 2＝可以独立翻身或者调整被褥，但是很困难 1＝可以启动，但是不能独立翻身或者调整被褥 0＝无助的	
（8） 行走	4＝正常 3＝早期行走困难 2＝需要帮助行走（任何辅助器，包括 AFOs） 1＝仅能产生不能移动的运动 0＝没有目的的腿部运动	
（9） 爬楼梯	4＝正常 3＝缓慢 2＝轻度蹒跚，或者疲劳 1＝需要帮助（包括扶手） 0＝不能爬楼梯	

续表

内容	症状描述	得分
（10）呼吸困难	4=无 3=行走时会发生 2=吃饭、洗澡或穿衣时发生 1=休息时也会发生，甚至是坐或卧 0=非常困难，依赖呼吸器	
（11）端坐呼吸	4=没有 3=因呼吸浅短而睡觉有些困难，一般不需要用两个以上枕头 2=需要两个以上的枕头 1=只能坐着睡觉 0=无法睡觉	
（12）呼吸功能不全	4=无 3=间断需要 BiPAP 2=晚上需要连续使用 BiPAP 1=白天和晚上都需要使用 BiPAP 0=需要插管/气管进行机械通气	

注：AFOs：踝足矫形器；BiPAP：双相气道正压通气。

2. 生活质量评定　可采用肌萎缩侧索硬化自我评估量表（ALSAQ-40）、SF-36 等。肌萎缩侧索硬化自我评估量表（表 16-16）可从身体运动能力、生活自理能力、饮食能力、社会交往能力、情绪反应五方面对 ALS 患者进行评估。

表 16-16　肌萎缩侧索硬化自我评估量表

	从无	很少	有时	经常	总是/完全不能
1. 短距离行走困难					
2. 行走时会摔倒					
3. 行走时会绊倒					
4. 行走时会失去平衡					
5. 行走时必须集中精力					
6. 行走使我精疲力竭					
7. 行走时腿痛					
8. 上下楼梯困难					
9. 站起来困难					
10. 从椅子上起来困难					
11. 使用臂和手困难					
12. 在床上翻身、挪动困难					
13. 拿东西困难					
14. 拿书或者报纸或者翻页困难					
15. 书写困难					
16. 在房子周围做事困难					
17. 自己进食困难					
18. 梳头或刷牙困难					
19. 穿衣服困难					
20. 用脸盆盥洗困难					
21. 吞咽困难					

续表

	从无	很少	有时	经常	总是/完全不能
22. 吃固体食物困难					
23. 喝液体困难					
24. 参加会话困难					
25. 我说话别人难以理解					
26. 说话时结巴					
27. 说话必须非常慢					
28. 我比过去说话少了					
29. 说话使我沮丧					
30. 说话害羞					
31. 我感到孤独					
32. 我感到厌烦					
33. 在公共场所窘迫					
34. 感到将来没有希望					
35. 我担心成为别人的拖累					
36. 不知道为什么要活着					
37. 对生病感到愤怒					
38. 感到抑郁					
39. 担心病情将来对我的影响					
40. 感到没有自由					

3. 认知功能评定　可采用爱丁堡 ALS 认知和行为筛查(ECAS)、简易 ALS 认知评估(ALSBCA)、ALS 认知行为量表(ALS-CBS)等。

4. 疲劳评定　研究显示,疲劳是 ALS 患者最常出现的症状,严重影响其日常功能活动和生活质量。可采用多维疲劳量表(表 16-17)(multidimensional fatigue inventory, MFI)以及其他常用疲劳评估量表对患者进行评估。多维疲劳量表由 5 个维度 20 个条目组成,分别是精神、活动、整体、积极性及躯体情况。采用 Likert5 级评分法,其中 10 个条目表述疲劳采用正向计分,10 个条目表述不疲劳采用反向计分,总分 100 分,分数越高,代表患者越疲劳。

表 16-17　多维疲劳量表

序号	条目	完全不符合	有点符合	符合	比较符合	完全符合
1	我精神很好	5	4	3	2	1
2	我感觉我的体力使我只能做少量工作	1	2	3	4	5
3	我感觉自己精力充沛	5	4	3	2	1
4	我想要做各种自己感觉好的事情	5	4	3	2	1
5	我觉得累	1	2	3	4	5
6	我认为一天中我做了很多事	5	4	3	2	1
7	我在做事时能够集中注意力	5	4	3	2	1
8	根据我的身体状况,我能承担很多工作	5	4	3	2	1
9	我害怕必须做事	1	2	3	4	5
10	我认为我一天中做的事情太少了	1	2	3	4	5

续表

序号	条目	完全不符合	有点符合	符合	比较符合	完全符合
11	我能够很好地集中注意力	5	4	3	2	1
12	我休息得很好	5	4	3	2	1
13	我要集中注意力很费劲	1	2	3	4	5
14	我觉得自己的身体状况不好	1	2	3	4	5
15	我有很多想做的事情	5	4	3	2	1
16	我容易疲倦	1	2	3	4	5
17	我做的事很少	1	2	3	4	5
18	我不想做任何事	1	2	3	4	5
19	我的思想很容易走神	1	2	3	4	5
20	我感觉我的身体状况非常好	5	4	3	2	1

5. 吞咽功能评定　可采用洼田饮水试验、反复唾液吞咽测试、吞咽造影检查等。

6. 其他评定　还包括肌肉僵硬、肌肉痉挛、呼吸、睡眠、疼痛、抑郁焦虑、语言功能、心理评定等,详见相关章节。其中,ALS 抑郁量表(ALS depression inventory-12,ADI-12)是目前唯一的肌萎缩侧索硬化特异性抑郁症筛查工具。

四、方案与实施

(一)作业治疗原则

1. 充分评估,因人制宜　ALS 的作业治疗应建立在充分评估的基础上,临床医生通过诊疗确定 ALS 类型,有利于预测患者预后,及早制订治疗方案;专业的神经康复医师和作业治疗师通过评价患者的功能障碍,确定严重程度,从而采取不同的治疗措施。根据 ALS 类型,在实施康复治疗时需要考虑功能障碍及其出现的时间先后对日常生活影响的严重程度,从而有针对性地制订作业治疗方案。个体化的治疗要求考虑不同患者的耐受性,循序渐进,因人制宜。

2. 分期治疗,持之以恒　早期以预防维持功能为主,患者以肌无力、易疲劳和功能性活动能力降低为主要表现,此时强调维持和改善患者运动能力、耐力,辅导和指导日常生活能力的训练;后期以代偿治疗为主,患者表现为进行性肌无力和移动能力减退等,常需要矫形器和辅助器具来代偿失用的肌肉功能。一旦诊断 ALS,对患者和家庭来说即是一个漫长的过程,意味着需要付出更多的时间,投入大量精力去维持,甚至可能终身治疗。

3. 心理支持,综合护理　ALS 患者的心理健康问题需要获得医务工作者、家庭成员及照料者的特殊关注,在确诊之初及随着病情的进展,患者身体功能日渐衰退,对疾病的恐惧焦虑、对自身前途的担忧、对家庭成员的自责和愧疚之情等,都严重损害患者的心理健康,在巨大的心理压力下,患者不愿配合治疗,不利于其预后。此外,在疾病后期,需要长期的家庭照护,给予患者安全有效的日常生活环境,营养和辅具支持,综合各方面对患者进行细致的护理。

(二)作业治疗方法

1. 关节活动度和肌力增强训练　包括主动训练和被动训练,主要有关节活动技术、关节松动技术、肌肉牵伸技术、改善肌力与肌耐力技术、平衡与协调训练技术、步行训练、牵引技术等。早期鼓励患者主动进行简单的锻炼,以缓解肌肉萎缩无力,延缓关节僵硬造成的屈

笔记栏

曲伸展困难。同时可进行游泳、骑自行车等运动以维持患者的体能和耐力,应注意劳逸结合。患者的自主运动量不足时,则必须给予必要的被动运动。一般从上肢的远端开始,先活动手指关节,逐渐向上伸屈肘关节,旋转活动肩关节,鼓励患者做深而慢的有效胸式呼吸运动,下肢先被动活动踝关节,伸屈膝、髋关节,髋关节做内收外旋运动,每天两次,每次半小时左右。

2. 日常生活活动能力训练　对于手部肌肉无力的患者,为保护肌肉,需要早期指导其日常生活活动完成方法和技术改变,尽可能维持患者日常生活活动的能力和习惯。具体做法:由家属及照料者提供帮助,向患者提供必需的用具与设备,如教会患者容易的穿脱方法,保证患者的进食体位,若患者无力需要双臂支撑在桌面上,应选择有扶手的椅子,建议使用长柄轻型的进餐用具,学会以坐位姿势在洗手盆内洗手,建议患者使用电动牙刷,下肢无力的患者可在坐便器旁安装把手和使用加高的坐便器,等等。

3. 情绪调节　作业治疗师提供给患者的心理咨询和支持性技术对患者及其家庭都是十分必要的。治疗师需要耐心倾听患者的抱怨、担心和恐惧,与患者及家人讨论患者的病情、功能现状及需求,鼓励患者以积极的态度面对因疾病可能带来或已经带来的生活改变。有研究发现音乐疗法可以缓解 ALS 患者抑郁焦虑状态,提高生活质量。

4. 矫形器与辅具的应用　在疾病的各个时期均需要矫形器和辅具,最常使用的有手休息夹板、对手短夹板、踝足矫形器、软颈围、踝支具,助行辅具有手杖、拐杖、助行器和轮椅,另外还有纽扣钩、尼龙魔术贴、拉链环、双把口杯、带有护边的盘子、用于固定餐具的袖口和手臂移动支撑辅具等日常生活辅具。由于轮椅常成为患者后期的主要移动工具,因此,为患者选择合适的轮椅进行移动尤为重要,严重者可以考虑选择电动轮椅。随着患者疾病不断进展,更多智能技术和自适应设备可以增加患者生活的便利性,如应用语音控制系统进行家庭电器、通信设备、医用器械、报警系统的控制等。上述系统亦可达到能量节约目的。

5. 环境布局和改造　居住环境布局包括卧室、客厅、浴室、厕所、厨房等,需要考虑面积、有无冷暖设备、家具大小和数量、屋外有无坡路和台阶,台阶数量、高度及有无扶手,道路状态等。根据患者的实际情况,可在室内安装防滑、防跌倒设施。居家环境改造需要考虑:①转移和移动:房屋内外楼梯、通行宽度、扶手高度、有无电梯等都影响患者的转移和移动;②便器的选择、扶手的位置;③浴室:浴缸两侧增加扶手、消除浴缸入口的台阶等;④卧室:床垫的选择、高度,桌椅的安排以及其他设备的安装等。通过建立无障碍环境,消除环境对功能障碍者的影响,从而为其提供支持与便利,有利于回归社会生活。

6. 其他　通过能量节约技术进行疲劳管理、采用牵伸运动缓解肌肉僵硬痉挛,寻找疼痛来源并介入治疗进行疼痛管理,应用呼吸训练改善患者呼吸障碍、提高生存率,通过辅助设备/矫形器、平衡训练及健康宣教降低跌倒风险。

（三）作业治疗实施

根据 ALS 障碍程度分级,作业治疗可按以下方面实施:

1. ADL 自理期(1~3级)　患者出现肌肉萎缩,不能完成精细动作,尚能独立完成一般的运动,日常生活不需帮助。

（1）治疗目标:此阶段以预防失用性功能障碍为主,但应避免肌肉关节的过度使用和误用,选择适当的负荷进行运动锻炼,且运动后不遗留肌肉疼痛和肌肉疲劳。

（2）治疗方法:早期为预防肌肉萎缩失用而导致的关节变形挛缩,可进行关节活动和肌力增强训练。各种类型的 ALS 患者均进行以起立步行为中心的起居动作、移乘动作以及体操训练的练习指导;此外,延髓麻痹型 ALS 患者应进行呼吸训练,计划未来可能应用的交谈方式并做好准备;上肢型和下肢型 ALS 患者需进行相应的 ROM 训练和肌力维持训练,因病

274

情进展较快,对于 ALS 患者的预后要及早预测并想好对策,可向患者介绍配备矫形器和轮椅等辅助器具的重要性及使用方法。

2. ADL 介助期(4~5 级)　患者日常生活需要帮助,能进行一些简单的运动,进食、交流方面欠缺。

(1)治疗目标:此阶段以维持并最大限度延长患者日常生活自理的时间为主,使患者生存期限尽可能延长,各类训练活动要缓和,不引起疲劳,并尽量提供一些辅助用具,保护患者残存功能,代偿丧失的功能。

(2)治疗方法:各种类型的 ALS 患者都需进行呼吸练习,尤其是延髓麻痹型患者,应积极进行呼吸训练和学习新的沟通交流方法,并同时进行吞咽练习。上肢型 ALS 患者为保护肌肉,此时应进行维持饮食动作的训练,如用前臂平衡支具,其他自助具的训练也非常重要,同时根据上肢功能进行 ADL 的维持训练。下肢型 ALS 患者,配备步行器等步行辅助器和下肢矫形器对于下肢运动功能障碍必不可少,轮椅的介绍对于患者进行体位变换和位置转移较为关键,同时需进行起居、移动训练。通过能量节约技术进行疲劳管理,应用呼吸训练改善患者呼吸障碍,通过平衡训练及健康宣教降低跌倒风险。此外,还应指导家属及照料者对患者日常生活活动进行练习,鼓励并激励患者,给予心理方面的支持。

3. ADL 全介助期(6~7 级)　患者日常生活不能自理,完全需要帮助,卧床不起,不能经口进食或不能自主呼吸。

(1)治疗目标:此阶段主要借助辅具的作用,以维持患者的呼吸、吞咽等重要功能,延长患者的生存时间,保证其生存质量。

(2)治疗方法:进行四肢(以大关节为中心)和躯干的关节活动范围训练和残存肌力的维持练习。所有类型的 ALS 患者都需进行持续的呼吸练习,根据患者的残存功能,设计可提供给患者的复杂用具,如利用舌和下腭操纵文字信息的处理和通信,以学习新的交流沟通手段,应用语音控制系统进行家庭电器、通信设备、医用器械、报警系统的控制。

(王嘉麟　赵美丹)

复习思考题

1. 作业治疗如何改善脑卒中患者上肢和手的功能?
2. 目前有哪些新技术可用于脑卒中患者上肢和手功能的改善?
3. 如何对颅脑损伤恢复期患者开展作业治疗?
4. 不同节段脊髓损伤患者可进行哪些日常生活活动?作业治疗师应如何对其进行治疗?
5. 如何促进周围神经损伤患者感觉功能恢复?
6. 如何指导多发性硬化患者患侧卧位?
7. 多发性硬化患者的作业治疗目标在不同分期有何区别?
8. 作业治疗中,如何指导 ALS 患者进行关节活动度和肌力增强训练?
9. ALS 患者在 ADL 介助期的作业治疗目标及方法是什么?

◇◇◇ 第十七章 ◇◇◇

骨骼肌肉相关障碍的作业治疗

> **学习目标**
>
> 1. 描述骨关节炎、类风湿关节炎、颈椎病、腰腿痛、骨折、手外伤、人工关节置换术后、截肢、慢性累积性损伤的常见临床特征。
> 2. 阐释上述疾病的治疗原则及注意事项。
> 3. 应用所学知识,对上述疾病功能障碍患者开展作业治疗评定,制订作业治疗方案。

第一节 骨 关 节 炎

一、概述

骨关节炎(osteoarthritis,OA)是由多种因素(关节损伤、机械应力、生物化学与基因等)相互作用引起关节软骨纤维化、皲裂、溃疡、脱失而致的关节疾病。膝关节、髋关节等负重关节最易出现骨关节炎,其他关节如手、脚、腰椎、颈椎等关节也可发生。原发性骨关节炎患病率随着年龄增长而增加,中老年多见,易患因素包括遗传、年龄、性别、肥胖等。继发性骨关节炎多发生于青壮年,可继发于创伤、关节不稳定炎症、积累性劳损或先天性发育异常。

骨关节炎的发展是一个长期、渐进的过程,涉及全身许多因素,如生物力学改变、软骨营养代谢异常等因素,整个疾病过程会累及韧带、关节囊、滑膜及关节周围肌肉,最终导致关节疼痛和功能障碍。早期病理变化发生于关节软骨,首先是关节软骨局部发生软化、糜烂,导致软骨下骨外露,随之继发骨膜、关节囊及关节周围肌肉的改变,导致关节的生物力学改变,长期异常不平衡的应力,使关节病变逐渐加重。作业治疗的目的是缓解症状,保护受累关节,防止关节功能进一步减退,预防及减缓畸形的形成和发展。

二、临床表现及功能障碍

1. 疼痛　疼痛是本病最常见的表现。病变初期疼痛表现为轻、中度间断性隐痛,伴沉重、酸胀淤滞感。晚期可出现持续性的疼痛和夜间痛。与气温、气压、环境、情绪有关。活动后加重,休息后好转。

2. 关节僵硬　在晨起和久坐起立时有关节僵硬和发紧感。持续时间一般不超过 30 分钟。气温降低和空气湿度增加时症状加重。

3. 关节活动受限　由于软骨破坏,关节表面粗糙,出现关节活动时骨摩擦音(感)、捻发感,或伴有关节局部疼痛。病程较长时可出现关节弹响。

4. 肿胀和畸形　病变早期关节周围局限性肿胀,随病情进展,出现弥漫性肿胀、滑囊增厚或伴关节积液。病变时间长且关节破坏较重者出现关节畸形。

5. 活动功能受限　疼痛、肌肉萎缩及关节周围韧带、关节囊、软组织挛缩均可导致活动度下降、无力行走时腿打软或关节交锁,关节活动障碍。

6. 活动和参与能力受限　由于疼痛、肿胀、关节僵硬导致患者的日常生活活动、休闲活动、生产活动减少。

7. 生活质量下降和心理障碍　关节疼痛反复发作和活动参与能力受限,患者常表现为对各种活动的参与减少甚至恐惧,长此以往生活质量显著下降,同时产生不同程度的心理障碍。

三、检查与评估

在评定前需了解患者的一般状况(包括性别、年龄、职业、生活习惯等),询问疾病的发生时间和累及关节。

1. 疼痛　包括疼痛部位、持续时间、强度(视觉模拟评分法、压力疼痛评定)、加重和缓解因素等。较全面的疼痛评定应包括生物、社会及心理因素。

2. 关节活动度　使用量角器或电子角度尺等测量病变关节及相邻关节的活动度。

3. 肌肉结构与功能　常用的评定方法是肢体围度测量、肌肉超声、表面肌电图、徒手肌力测试、等速肌力评定等。

4. 关节结构　关节畸形、力线变化采用目测、三维步态分析等。

5. 韧带的稳定性　根据病损关节采取相应的检查评定,如膝关节可采取抽屉试验检查交叉韧带等。

6. 功能活动能力的评定　可采用针对各个关节功能受限所设计的评定方法,如 HSS 膝关节评分标准(表 17-1)。

表 17-1　HSS 膝关节评分标准

序号	条目	评分	序号	条目	评分
1	疼痛（30 分）			能上楼梯	5
	任何时候均无疼痛	30		能上楼梯,但需支具	2
	行走时无疼痛	15		屋内行走,无须支具	5
	行走时轻微疼痛	10		屋内行走,需要支具	2
	行走时中度疼痛	5	3	活动度（18 分）	
	行走时严重疼痛	0		每活动 8°得 1 分,最高 18 分	18
	休息时无疼痛	15	4	肌力（10 分）	
	休息时轻度疼痛	10		优:完全能对抗阻力	10
	休息时中度疼痛	5		良:部分对抗阻力	8
	休息时重度疼痛	0		中:能带动关节活动	4
2	功能（22 分）			差:不能带动关节活动	0
	行走、站立无限制	12	5	固定畸形（10 分）	
	行走 2 500～5 000m	10		无畸形	10
	行走 500～2 500m	8		小于 5°	8
	行走少于 500m	4		5°～10°	5
	不能行走	0		大于 10°	0

续表

序号	条目	评分	序号	条目	评分
6	稳定性（10分）			单拐杖	-2
	正常	10		双拐杖	-3
	轻微不稳 0°~5°	8		伸直滞缺 5°	-5
	中度不稳 5°~15°	5		伸直滞缺 10°	-3
	严重不稳 >15°	0		伸直滞缺 15°	-2
7	减分项目			每5°外翻扣1分	-1
	单手杖	-1		每5°内翻扣1分	-1

7. 生活质量评定　可采用SF-36、关节炎影响评定表（AIMS）了解患者的生存质量。得分越高表示关节炎对患者的影响程度越重。采用加拿大作业表现评估量表，找出患者作业活动中存在的最主要问题，为确定个体化治疗方向、制订治疗计划提供依据。

四、方案与实施

1. 作业治疗目的

（1）保护关节、预防畸形和继发性损伤。

（2）缓解疼痛，阻止或延缓疾病发展。

（3）改善关节活动度，增强肌力和全身耐力。

（4）改善日常生活活动能力，提高生存质量。

2. 作业治疗实施

（1）健康教育：骨关节炎康复治疗是一个长期过程。因此，面向患者及家属进行骨关节炎的健康教育是作业治疗的内容。让患者及家属正确认识骨关节炎的发病与发展进程及对关节功能的影响，学会发挥主动健康理念，积极管理。具体包括通过宣教正确认识骨关节炎；积极调整和改变生活方式，注意适当保暖，控制体重，减少对关节的负荷；辅助器具使用等。

（2）适度运动：除急性期外，运动可以提高心肺功能，改善情绪。进行一些对关节低负重的运动，如园艺、游泳、散步、体操、太极拳、轻松的舞蹈等既可以减轻关节症状，又能增加关节的稳定性和活动范围，有利于病情恢复和疾病控制。目前认为训练是骨关节炎三级预防中的重要部分。但活动中应避免出现疼痛加重，不要长时间进行同一种运动。作业活动方案应循序渐进，因人而异。尽量减少上下楼梯次数和长时间下蹲、站立、跪坐、爬山及远途跋涉等较剧烈的对关节有损伤的运动，尤其在关节肿胀时更应避免。应根据个体化和循序渐进的原则，科学制订运动处方。

（3）保护关节：控制关节避免过度负荷、改善环境、使用辅助器具、合理安排休息与活动，可以有效保护关节。

1）减轻体重：肥胖会增加关节负重，关节负荷过重是骨关节炎的危险因素之一。可以通过控制饮食和科学运动以减轻体重，减少关节负重。

2）重视疼痛：疼痛是关节炎的重要信号。急性期疼痛时，宜停止或减轻活动。疼痛处于慢性期，应避免不当的姿势或活动。

3）在最稳定的解剖面或功能面使用关节：最稳定的解剖面或功能面是指肌肉而非骨骼或韧带提供动力的平面，当处于非稳定面时，应避免活动或者借助其他辅具活动。

（4）合理休息：休息可以减轻炎症反应、缓解疼痛和关节肿胀等症状。因此，在急性期关节严重疼痛者需要制动休息。可采用三种方式，即完全卧床休息、使用夹板或支具制动、一日之中短时间多次休息。静止期应掌握自己每天可能引起不适的工作和活动，并避免长时间进行这些活动。也可借助省力策略或其他方法少量分次完成。

（5）环境改造：了解社区、家庭和工作单位中的建筑物和室内结构对患者是否有不利影响，提出改造方案和建议，帮助患者最大限度地在生活或工作中获得独立性。家居和工作环境的改造以无障碍环境、关节保护、节能为原则。如将常用的物品放在容易拿到的地方，不用过度弯腰。调整座椅高度，腰部后使用靠垫放松腰部肌肉，避免受累关节及周围组织损伤。

（6）辅助器具与矫形器的使用：把手、手杖、拐杖、护膝、步行器等辅助器具可以增加支撑、提升平衡及保护关节稳定性。如使用穿袜器穿袜子，使用鞋拔穿鞋，沐浴时使用防滑沐浴椅等。

第二节　类风湿关节炎

一、概述

类风湿关节炎（rheumatoid arthritis，RA）是一种以慢性、对称性、多关节炎为主的全身性自身免疫性疾病。该病好发于手、足等小关节，也可累及任何有滑膜的关节、韧带、肌腱、骨骼、心、肺及血管。RA病理特点包括滑膜炎、滑膜增生、血管炎形成，严重侵蚀和破坏关节软骨面、软骨下骨质、关节囊、韧带和关节附近的肌腱组织，造成关节脱位、畸形和强直，最终导致关节完全丧失功能。RA累及心、肺、肾等器官，可引起心包炎、心肌炎、间质性肺炎等。

RA多见于女性，男女之比为1:3。各年龄人群皆可发病，以30~50岁为发病高峰。本病的病因尚不清楚，可能与自身免疫、遗传、感染及精神因素有关。类风湿关节炎的致残率很高，约8%患者会因病情反复加重，最终导致关节功能减退或丧失。凡初诊时功能活动能力差者，其预后及结局不佳的危险性亦较大。

二、临床表现及功能障碍

1. 关节表现

（1）晨僵：关节较长时间不活动后（如晨起）出现活动障碍、僵硬等，持续时间超过1小时。

（2）肿胀：关节肿胀呈对称性，以手指近端指间关节、掌指关节、腕关节多见。

（3）关节疼痛及压痛：关节疼痛及压痛常为对称性，并且持续不缓解。

（4）关节畸形：常出现于病程中晚期，由于炎症侵蚀关节，同时影响肌肉和肌腱，局部的肌力平衡破坏，导致关节畸形。近端指间关节的梭形肿大为早期表现，腕背部肿胀是RA最早体征之一。约20%患者会发生"天鹅颈"畸形。

（5）关节功能障碍：按照轻重程度可分为以下4级。

Ⅰ级：能正常进行各种日常工作和日常生活活动。

Ⅱ级：能正常进行各种日常生活活动和某些特定工作，其他工作受限。

Ⅲ级：能正常进行各种日常生活活动，不能胜任工作。

Ⅳ级：各种日常生活和工作活动均受限。

2. 关节外表现　除关节症状外，类风湿关节炎患者还会出现类风湿结节、类风湿血管炎及身体其他系统损害，如肺间质纤维化、心包炎、肾炎、神经系统损害等。

3. 心理障碍　疾病反复发作并逐渐加重使患者遭受巨大痛苦。绝大多数患者心理负担较重，甚至对治疗失去信心，表现为性格内向、焦虑、抑郁、情绪不稳。作业治疗师应给予患者及家属正面引导和教育，使其了解负面心理因素对疾病康复产生的弊端。通过保护关节、节能技术、使用辅助器具等方法提高患者的能力，使其增强自信心，改变生活态度，从而提高生存质量。

三、检查与评估

作业治疗师通过询问病史，查阅病历，了解患者的一般情况，包括性别、年龄、职业等，记录类风湿关节炎活动的症状、关节损伤程度、关节外表现、影像学关节破坏情况等。评估功能障碍程度及对日常生活、工作的影响。

1. 疼痛　可采用 McGill 疼痛问卷调查了解疼痛性质，用目测类比法、口述分级评分法、数字评分法、恒定疼痛强度占体表面积百分法等量化疼痛程度。

2. 关节压痛　多采用 Ritchie 关节指数来评定。

3. 肌力与耐力　检查肌力时应以等长收缩形式为主，评测关节周围的肌群力量而非单块肌肉力量。抗阻力运动会使受累关节产生疼痛并加重炎症反应，因此应尽量减少。耐力评定可以明确患者的运动能力，选择与之相应的训练方案。

4. 关节活动度　使用量角器测量关节活动度。也可采用功能检查量表——功能障碍评分（signals of functional impairment，SOFI）（表 17-2）进行评价。该量表包括手功能、上肢功能和下肢功能三部分评定，每项有 3~4 个具体完成动作，总分越高，功能障碍程度越重。每部分内容也可以单独使用，每个评定项目能反映疾病影响关节的常见功能障碍。

表 17-2　SOFI 测试方法及评分

部位	测试方法	评分
手功能测定	1. 能用手掌、手指握紧一个塑料管（男：直径 8cm，女：直径 6cm）	0
	手指能握紧塑料管壁，但手掌不能紧贴管壁	1
	能用 1~4 个手指紧握塑料管	2
	2. 能用 2~5 指紧握铅笔	0
	能用 2~5 指紧握圆管（直径 2.5cm）	1
	手指不能屈曲紧握	2
	3. 拇指与示指能握成圆形	0
	拇指与示指能握成半圆形	1
	拇指与示指不能完成任何握式	2
	4. 拇指能对掌到小指基底部	0
	拇指能对掌到示指基底部（不必触及）	1
	拇指不能对掌到示指基底部	2
上肢功能测定	1. 双肩外展 90°屈肘，手置于颈项部，能触及脊柱棘突	0
	双肩外展 <90°，屈肘，手置于颈部，能触及脊柱棘突	1
	上述动作不能完成	2

续表

部位	测试方法	评分
	2. 坐于桌前,肘屈90°前臂置于正中位并旋后,手背能平放在桌面,第2~5掌指关节能接触桌面	0
	能完成上述一半动作,第4~5掌指关节能接触桌面	1
	上述一半动作亦不能完成	2
	3. 用量角器测量肘关节伸直角度,能完全伸直	0
	肘关节呈屈曲畸形≤15°	1
	肘关节呈屈曲畸形>15°	2
下肢功能测定	1. 坐于椅上,背部靠紧椅背,足跟能放至对侧膝上	0
	足跟能放至对侧小腿一半高	1
	不能完成	2
	2. 仰卧位,用量角器测量膝伸直角度,膝能完全伸直	0
	膝呈屈曲畸形≤10°	1
	膝呈屈曲畸形>10°	2
	3. 赤足单腿直立于木板上,木板下垫有一直径为4cm的圆柱体倾斜木板,使足跟侧木板缘接触地板	0
	能部分倾斜木板,足跟侧木板缘距地板最小距离为2cm	1
	不能完成	2
	4. 赤足站于平地,用足尖站立	
	能完成	0
	能完成,但感到疼痛	1
	不能完成	2

5. 手和腕关节的畸形　了解类风湿关节炎的重要病变部位,有无关节肿胀、关节脱位或半脱位、拇指畸形及稳定性、尺侧偏畸形、纽扣样畸形或鹅颈样畸形等。

6. 功能活动　对患者的日常生活活动能力和移动能力进行评价,有助于作业治疗师制订出具体的康复计划。对其在日常生活活动中的"独立性",应注明是在基本无疼痛的情况下独立完成的,还是在非常困难或疼痛的情况下独立完成的。因为对类风湿关节炎患者而言,应尽量避免在活动中出现疼痛,这样的评价就让治疗师能正确地选择帮助患者的方法。

常采用美国风湿病学会1991年制订的类风湿关节炎患者功能状况评估表(表17-3)、类风湿关节炎功能状况指数(表17-4)以及加拿大作业表现评估量表等方法找出患者作业活动中存在的问题点,为制订治疗计划提供依据。

表17-3　类风湿关节炎患者功能状况评估表

级别	功能状况
Ⅰ级	患者完成正常活动的能力无任何限制
Ⅱ级	虽有中度限制,但仍能适应
Ⅲ级	重度限制,不能完成大部分的日常工作或活动
Ⅳ级	失去活动能力、卧床,或仅能应用轮椅活动

表 17-4 类风湿关节炎功能状况指数

活动	辅助	疼痛	困难	注释
1. 移动能力 室内行走 上楼梯 从椅位上站起				
2. 自理能力 穿裤子 系衣扣 洗全身				
3. 家务 吸尘 手伸进低位橱柜中 洗衣服 整理院子				
4. 手功能 写字 打开容器 拨电话				
5. 社区活动 工作 驾车 参加会议 探亲访友				

注：评分标准（过去7天的情况）：
辅助：1分=独立；2分=轻度疼痛；3分=人力帮助；4分=人力和辅助器具均需要；5分=不能完成活动
疼痛：1分=无疼痛；2分=轻度疼痛；3分=中度疼痛；4分=重度疼痛
困难：1分=无困难；2分=轻度困难；3分=中度困难；4分=重度困难

四、方案与实施

1. 作业治疗目的　作业治疗的目的在于控制关节及其他组织炎症,缓解症状;保持关节功能、防止畸形;修复受损关节以减轻疼痛和恢复功能,使患者在能力范围内最大限度地提高 ADL、工作和社会参与能力。

2. 作业治疗方法

（1）维持关节活动度训练:在急性期,为了防止炎症加重,以休息为主,活动不宜过多。在运动之前可采取局部冷疗法缓解疼痛、减少渗出。关节活动形式为主动或助动运动,每个关节进行 1~2 次全关节活动范围练习,每日 1~2 次。急性期不宜进行牵伸性治疗,避免进一步关节损伤。在非急性期,运动前采取温热疗法改善局部血液循环,缓解疼痛。被动活动关节要轻柔、缓慢,不要引起关节剧烈疼痛。每个关节 3~5 次全范围活动练习,每日 3~4 次。如果活动后所引起的疼痛或不适在训练停止 1 小时后仍不缓解,提示运动量过大或运动时间过长,需要调整训练计划,如游泳、太极拳等。

（2）保护关节,预防畸形:作业治疗师在治疗中的任务是教会患者以保护关节、节约能量、预防畸形为原则,学会自我照料,且日常生活和工作中根据具体情况改变运动方式,改装生活用具或使用自助具、支具等辅助器具,以改善生活自理能力及提高社会适应能力。

由于关节不稳定及肌肉力量不易控制,在生活和工作中易导致关节进一步受损,从而加

重关节畸形。因此,学会保护关节的基本方法很重要。具体原则如下:

1) 正确的体位及运动模式:急性期患者主要以卧位为主,为防止关节畸形的出现应该注意以下几点:使用颈部有支撑的低枕,避免颈椎过度前屈所致畸形。不使用软床,以免臀部下沉引起髋关节屈曲畸形。膝关节不应长期保持伸直或屈曲位。手指轻握毛巾,仰卧位时足部放置支架,以此将被服架空,防止双脚长期受压出现足下垂。正确的坐姿是屈髋、屈膝各90°,避免脚尖用力。拿起地上物品时,屈曲髋、膝关节完成而不是弯腰伸膝。

2) 使用较强大的关节完成活动:如从椅子站起来时,尽量用手掌根部或手腕及前臂支撑,避免手指负重。提重物时使用肘关节而不是手指提取。关门或抽屉时使用手臂力量或侧身用力代替手推。

3) 使关节在最稳定的解剖和功能平面上负重:站立时膝关节外侧用力,防止膝内侧副韧带过度拉长而造成膝关节损伤。

4) 避免加重畸形的体位和活动:如使用改造的开瓶器打开瓶盖,减少手指用力。

5) 尽量避免长时间维持同一种姿势:如久坐、久站等。

(3) 节省体能:在进行各种作业活动时均应以节约体能为原则。有效地减少关节活动次数和躯干摆动幅度,从而起到节省体力、保护关节、预防继发损害的作用。主要方法如下:

1) 提前安排好每日活动,出行前提前做好准备。白天生活和工作过程中,应安排多次短暂的休息,不要过劳。

2) 家务劳动尽量使用家用电器代劳,工作尽量应用自动化工具,如电动绞肉机、电动开罐器、洗碗机、扫地机器人等。

3) 使用辅助器具,省力并且保护关节,如开瓶器、粗柄工具、电动牙刷。

4) 生活及工作的周围环境应出入方便,出行时要尽量乘车和电梯,减少步行及上下楼梯次数。

(4) 合理安排休息与活动:运动过多会使病情加重,而过长时间卧床又会造成肌肉萎缩、关节活动受限,这些对于疾病恢复都极其不利。因此,合理安排每日的休息与活动非常重要。急性期以卧床休息为主,随着病情缓解,活动量逐渐增加。多次短时间的休息要比少而长时间的休息更有益处。在日常活动或工作中,每小时至少应休息10分钟,每日睡眠不少于8小时,且最好有午休。

(5) 应用矫形器:严重的关节炎症不仅使疼痛症状加重,对关节和肌腱也会产生进行性破坏。早期使用夹板的目的是抑制炎症反应,缓解疼痛,延缓或减轻关节畸形。夹板或矫形器分为固定式和功能性两大类。佩戴何种夹板要根据受累关节来决定。如:固定式手指矫形器可以防止关节挛缩或过伸,也可用于将指间关节、掌指关节固定于功能位;固定式腕部矫形器可防止腕关节下垂。

急性期,固定性夹板可以昼夜使用,每天卸去一次,适度主动活动,防止发生关节僵硬。亚急性期,逐步减少白天使用夹板固定的时间,最后夹板尽量在晚上使用。常规使用的功能性夜用夹板,应将腕关节保持在10°~30°的背伸位,并轻度尺偏,指尖微屈自然排列。轻度腕关节滑膜炎可以仅使用腕关节夹板且拇指能够自由活动。

(6) 使用辅助具:类风湿关节炎主要侵犯手指关节,导致伸手和抓握能力下降。使用辅助具的目的是代偿手功能、节约体能,利用力学原理借助重力完成各种活动,从而起到保护关节的作用。将菜刀、各种勺、锅把手柄加粗;使用多功能固定带;取重量较轻的物品时使用拾物器;用手推车或步行器运送物品;改造菜刀和切菜板;尽可能采取坐位完成活动;将物品放置在固定且便于拿取的地方。

（7）环境改造：环境改造包括家居和工作环境的改造。以节约体能、保护关节为原则调整室内物件的摆放及改良常用器具。环境改造的目的是创造机会使患者能够适应环境要求，预防受累关节承受不必要的应力，同时继续生活和工作。通过环境评估了解患者实际工作环境，并根据人体工效学改造常用工具，使用辅助器具提高工作能力。如不能返回原岗位则选择其他职业。

第三节 颈 椎 病

一、概述

颈椎病是指颈椎间盘及相应的椎间关节退行性改变所致邻近组织（脊髓、神经根、椎动脉、交感神经）受累，引起的一系列症状和体征。本病多发于 30～60 岁，以长期伏案工作者多见。近年其发病有年轻化趋势。

颈椎退行性改变是颈椎病的发病基础。长期伏案工作，颈椎固定姿势导致颈椎急慢性损伤也可加速颈椎退变。颈椎稳定性下降会导致颈椎代偿性增生，钩椎关节、椎体边缘、椎体间关节会形成骨赘。骨赘会刺激局部软组织，也可能压迫脊神经根、椎动脉、脊髓、交感神经，从而产生相应的临床症状。颈椎病临床分型包括颈型颈椎病、神经根型颈椎病、椎动脉型颈椎病、脊髓型颈椎病、交感型颈椎病，若两种及两种以上类型同时出现，即为混合型颈椎病。

二、临床表现及功能障碍

1. 临床表现　各型颈椎病都以颈型颈椎病的症状为基本临床表现，具体为颈部酸痛，肩背酸胀不适，也可出现偏头痛等症状。

神经根型颈椎病以神经根受压并出现神经根支配区感觉及运动功能异常（肩背部及上肢疼痛、麻木、无力等）为主要临床表现。临床症状包括神经根受压所致症状：①放射性上肢痛；②手臂麻木；③手臂无力等。

交感型颈椎病的特殊临床表现包括头痛、头晕、眼部不适或视力异常、出汗异常、心慌、恶心等。可见心率加快、心律不齐、血压升高等。

椎动脉型颈椎病的特殊表现是眩晕，眩晕的发作与颈椎活动相关，呈间歇性，常伴有恶心、耳鸣等症状，甚则猝倒。

脊髓型颈椎病以脊髓压迫引起的锥体束征，如上下肢麻木、疼痛、无力、步态不稳为主要临床表现，严重时甚至出现四肢痉挛性瘫痪、大小便障碍。临床症状包括：双下肢无力、步态不稳，走路有"踩棉花"感，可伴上肢麻木、无力及双手不灵活。可出现不能站立，生活不能自理，大小便失禁。

2. 功能障碍

（1）运动功能障碍：颈部和肩背关节活动受限，如颈椎屈曲、伸展、侧弯及旋转障碍，颈部、上肢、下肢肌肉肌力下降，手握力减退，手持物易坠落，步态异常等。

（2）感觉功能障碍：颈、肩、背、上肢疼痛，皮肤过敏、麻木、躯干部紧束感。

（3）日常生活活动能力障碍：患者由于上述运动及感觉功能障碍，常导致日常生活活动能力下降，如梳头、进食、穿衣、提物、行走等明显受限，影响患者生活质量。

（4）心理障碍：各种功能障碍影响患者日常生活和工作，患者易产生焦虑、恐惧、悲观、抑郁等心理问题。

三、检查与评估

1. 检查　颈椎病检查时可触及颈项部肌肉紧张，棘突及椎间关节突排列不整，相应椎间关节及肌肉起止点压痛。X线平片可见：颈椎生理曲度变直或反弓，椎间隙狭窄、椎间孔狭窄、椎体后缘或钩椎关节增生。

神经根型颈椎病体格检查可见颈部肌肉痉挛，受累节段颈椎棘突压痛；受损神经根支配区分布的感觉减退，手或上肢肌力减弱；臂丛神经牵拉试验阳性。CT 或 MR 可见椎间盘突出及神经根受压征象；有时可见硬膜囊受压及异常骨化现象。

椎动脉根型颈椎病体格检查可见旋颈试验(+)。X线平片可见钩椎关节增生、椎间孔狭窄、颈椎生理曲度改变等。椎动脉多普勒彩超及脑血流图示管径变窄，血流量减少。MRI 可见横突孔左右侧椎动脉管径不等。

脊髓型颈椎病体格检查可见锥体束征，下肢及上肢肌张力增高，四肢生理反射亢进。出现受累水平以下躯干感觉减退平面，病理征如 Hoffman 征、Babinski 征阳性，髌阵挛、踝阵挛阳性。CT 或 MRI 可见颈椎间盘突出、脊髓受压、颈椎骨质增生、后纵韧带或黄韧带骨化。

2. 评估

（1）评估病史：询问患者的起病年龄及病情进展，了解起病初期有无诱发因素，如睡眠时头、颈位置不当，受寒或体力活动时颈部突然扭转，颈部外伤等。

（2）颈椎活动范围：颈椎可沿冠状轴做屈伸活动，沿矢状轴做侧屈运动，沿纵轴做侧旋运动。正常情况下，颈椎前屈 35°~45°，后伸 35°~45°，左右侧屈各 45°，左右侧旋转各 60°~80°。

（3）颈椎稳定性评定：脊柱失稳是由于脊柱功能单位或辅助结构的损害，造成在正常生理负载的情况下，脊柱功能单位失去维持正常结构关系的能力，发生异常活动、移位或引起进行性加重的畸形，或引起脊髓神经功能损害。目前临床可使用颈椎过屈-过伸动态 X 线片检查评估颈椎稳定性，如过屈-过伸动态 X 线片显示与邻近的椎间隙成角超过 15°或移位超过 3mm，就能判定为颈椎不稳。

（4）日常生活活动能力评定：各型颈椎病都不同程度影响患者的日常生活活动能力，主要包括运动、自理、交流及家务活动等，通常采用 Barthel 指数进行评定。

（5）功能状态评估：常采用 Nurick 颈椎病评分（表 17-5）和颈椎病脊髓功能状态评定法（表 17-6）找出颈椎病患者作业活动中存在的问题点，为制订治疗计划提供依据。

表 17-5　Nurick 颈椎病评分

分级	临床表现
0	有神经根症状和体征，但是没有脊髓功能障碍
1	有脊髓功能障碍，但是步态正常
2	轻微步态异常，但是能工作
3	不用辅助器具能行走，但是步态异常影响就业
4	离开辅助器具不能行走
5	只能依赖轮椅或卧床不起

表 17-6 颈椎病脊髓功能状态评定法

分级	临床表现
0	上肢功能，两侧共 16 分
	0：无使用功能
	2：勉强握食品进餐，不能系扣、写字
	4：能持匙进食，勉强系扣，写字扭曲
	6：能持筷，系扣，但不灵活
	8：基本正常
1	下肢功能，不分左右，共 12 分
	0：不能端坐站立
	2：能端坐，但不能站立
	4：能站立，但不能行走
	6：扶双拐或需人费力搀扶，勉强行走
	8：扶双拐或扶楼梯上下楼行走
	12：基本正常
2	括约肌功能，共 6 分
	0：尿闭或大小便失禁
	3：大小便困难或其他障碍
	6：基本正常
3	四肢感觉：上下肢分别评定，共 4 分
	0：有麻、痛、紧、沉等异常感觉或痛觉减退
	2：基本正常
4	束带感：指躯干部，共 2 分
	0：有束带感
	2：基本正常
	一级肢体残疾：完全不能实现日常生活活动，0~10 分
	二级肢体残疾：基本不能实现日常生活活动，11~20 分
	三级肢体残疾：能够部分实现日常生活活动，21~30 分
	四级肢体残疾：基本能实现日常生活活动，31~40 分

注：本表用于脊髓型颈椎病患者的评估，治疗前后分别评分，改善率=（术后分值−术前分值）÷术前分值×100%。

四、方案与实施

1. 作业治疗目的　缓解或消除颈椎病症状，阻止和延缓病情发展，改善颈项部功能，提高患者生活质量。

2. 作业治疗方法与实施

（1）健康教育：通过健康宣教使患者及家属正确认识颈椎病的病因及防治，深刻理解颈椎病症状主要是因长期累积性退变导致的，无法一次性根治，应针对性作长期颈椎防护，包括改变生活方式，调整颈部不良姿势，避免长期久坐办公，积极休息，注意颈部保暖，科学锻炼等。

（2）合理用枕和调整睡姿：是颈椎病患者的首要治疗措施。首先应选择硬度适中的圆形或有坡度的长形枕头,枕头的高度与枕的位置要讲究。一般枕头的高度为 10~15cm,患者仰卧时,将枕头置于颈下,使颈项部有明显的支撑作用,这样有利于缓解颈项部疲劳和恢复颈椎生理曲度,纠正患者颈椎曲度变直或反弓。患者侧卧时,枕头调到与肩等高,保持头、颈在同一水平面上,这样可以避免颈椎侧弯和颈部肌肉过度拉伸。

(3) 颈椎保护技巧:坐位办公时,双脚自然放平,下巴微收,肩部放松,胸部打开,腹部微收,避免耸肩、含胸,避免坐位时体重由一侧臀部承担。双上肢垂于身体两侧,肘部与腰部高度平齐,避免肘部向两侧张开角度大于 20°,肘部避免高于腕部水平。前臂与地面平行,抬高或放低前臂时,以肘部为支点转动。避免前臂与上臂角度<60°。

日常生活中注意保持良好姿势,如刷牙时上身不宜过于弯曲,避免头颈部处于过度仰伸状态,饮水时头颈部也要避免过度仰伸。看电视时,不宜倚靠在沙发上或半躺半靠在床头。打牌时,要注意经常调整身体姿势,适当活动颈椎,避免长时间固定姿势导致肩背部疲劳。

(4) 功能性作业活动

1) 家务活动:鼓励颈椎病患者(各型颈椎病急性疼痛期、脊髓型颈椎病、椎动脉型颈椎病除外)积极参与仰头擦窗、仰头修剪树木等活动。通过这些活动可以锻炼肩背部肌肉,改善颈椎和肩关节功能。

2) 颈椎保健操:手掌心放在颈后部,用示、中、环及小指与掌根相对用力,提捏颈部肌肉。左手捏九下,右手捏九下。手掌放在颈后部,用手指、手掌连同掌根,沿颈项做横向的来回往返摩擦。左手摩九下,右手摩九下,至颈项部发热舒适为度。示、中、环、小指放在颈后部,头缓缓向后仰,同时手指向前扳拉。左手扳九下,右手扳九下。使颈后部有被牵拉感。

3) 传统体育活动:可以采用少林内功站裆势进行颈椎姿势锻炼和全身静力性收缩练习,每天锻炼 1~2 次,每次 30 分钟。也可选择八段锦、易筋经等传统养生功法。

(5) 环境改造:家庭枕头配置应合适,更换过高或过低的枕头,一般以元宝形的枕头(即中间凹陷、两端略高)较为合适,它的优点是可以维持颈椎正常的生理曲度,也可以对头颈部起到相对制动和固定的作用;对于硬度,枕头还是要有一定的弹性为好,不宜过硬,填充物尽量选择质地柔软、透气性较好的木棉或谷物皮壳等为好。

家庭和单位的办公桌应根据颈椎病防护需求调整适宜。首先要使案台与座椅高度相称,适于自身,避免过度低头屈颈,桌台宜高不宜低,鼠标宜低不宜高,半坡式的斜面办公桌较平面桌更为有利。

电视机放置高度应使荧屏中心点与人的瞳孔在同一水平线上,以免看电视时长时间低头和仰视。

颈椎保健
操视频

第四节　腰　腿　痛

一、概述

腰腿痛是指下腰、腰骶、骶髂、臀部等处的疼痛,可伴有一侧或两侧下肢疼痛、马尾神经症状。它是一组临床中非常常见的症状,以腰椎的退行性疾病多见。近年来由于临床医师对腰椎的病理生理学、解剖学和生物力学的进一步掌握与理解,再加上 CT、MRI 和脊髓造影的帮助,使得腰腿痛的诊断治疗效果有了明显提高。

　　导致腰腿痛的病因较多,病理机制复杂,但是各种原因的腰腿痛均在不同程度上与慢性腰部肌肉疲劳和收缩能力下降有着互为因果的关系。疼痛可不同程度地限制腰部肌肉的活动强度和范围,造成肌肉萎缩和功能退化;而肌肉收缩能力下降又可直接影响腰部脊柱的结构稳定性,造成椎间小关节及其周围韧带组织和椎间盘损伤,从而加重疼痛。

二、临床表现及功能障碍

　　以腰腿痛为主要表现的疾病主要包括以下几种:

　　1. 腰椎间盘突出症　最典型的症状为腰腿痛,患者主诉腰部疼痛并向一侧或双侧下肢放射,好发于腰4/5或腰5骶1椎间隙,患者有椎间隙或椎旁的压痛与放射痛,可见直腿抬高试验和直腿抬高加强试验(+),屈颈试验(+),跟臀试验(+)。CT或MRI可见与临床症状相符的椎间盘突出,压迫相应脊神经根。

　　2. 腰椎管狭窄症　腰椎间盘突出症往往与腰椎管狭窄症同时存在,其发生率可高达40%以上,间歇性跛行是腰椎管狭窄症最突出的症状,而坐骨神经一般不受累,患肢感觉、运动和反射往往无异常改变。影像学可见椎管矢状径变窄,或椎管周围组织均明显退行性病变,关节突肥大、增生、内聚,黄韧带肥厚,可合并椎间盘退变,硬膜囊受压。

　　3. 肌筋膜炎　肌筋膜炎也可出现腰痛伴下肢的放射痛,但肌筋膜炎在按压疼痛部位时,下肢放射痛一般局限在大腿外侧或臀部,很少达到腘窝以下。肌筋膜炎患者影像学无特异性表现。

　　4. 其他　如腰椎结核、腰椎肿瘤、腰椎滑脱等也可出现腰痛伴下肢痛症状,但这些疾病的首发症状是腰痛,在疾病后期,当病变累及神经根时才会出现下肢疼痛症状。

三、检查与评估

　　对腰腿痛的作业治疗评定,应考虑以下几个方面:

　　1. 基本情况　包括患者的一般情况、身高、体重、职业及生活状态、诱发因素、相关检查结果、既往史等。

　　2. 疼痛　应当问清疼痛部位、性质、程度、发作频率,是否伴有腰背活动受限,以及受凉、受潮、腰部屈伸等是否诱发加重等。检查腰背部压痛,要分清浅、深压痛和间接压痛。浅压痛表示浅部病变,如棘上、棘间韧带等浅组织病变;深压痛和间接压痛表示深部病变,如椎体、小关节和椎间盘等组织病变。

　　3. 肌力评定　主要包括伸膝、屈膝、踝背屈、跖屈、跖背屈肌力评定。

　　4. 关节活动度评定　腰腿痛患者的关节活动受限是功能性的,主要表现为腰椎前屈受限、脊柱侧凸等。

　　5. 步态评定　腰椎管狭窄症患者可有典型的间歇性跛行,并常须使腰椎维持于相对屈曲的姿势。其他的腰腿痛患者连续步行后也会表现相应步态。如拘谨步态表现为腰部板直或过度后伸,迈步缓慢、谨慎,或两手叉腰,或需人搀扶,常见于急性腰扭伤、腰椎间盘突出症或肌筋膜炎较严重者。

　　6. 活动参与能力评定　采用Oswestry功能障碍指数问卷(Oswestry disability index,ODI)进行评定(表17-7)。

　　7. 环境评定　包括工作环境、社会保障服务体制、劳动就业服务体制、亲属态度、社会态度等。腰腿痛患者的工作环境评定尤为重要,如座椅和工作台设计、工作的特点等。

表 17-7　Oswestry 功能障碍指数问卷

项目	评分
1. 疼痛的程度（腰背痛或腿痛）	
□ 无任何疼痛	0
□ 有轻微的疼痛	1
□ 较明显的疼痛（中度）	2
□ 明显的疼痛（相当严重）	3
□ 严重的疼痛（非常严重）	4
□ 痛得不能做任何事	5
2. 日常生活自理能力（洗漱、穿脱衣服等活动）	
□ 日常生活完全能自理，一点儿也不伴腰背痛或腿痛	0
□ 日常生活完全能自理，但引起腰背痛或腰痛加重	1
□ 日常生活虽能自理，由于活动时腰背或腿痛加重，以致动作小心、缓慢	2
□ 多数日常活动可自理，有的需他人帮助	3
□ 绝大多数的日常活动需要他人帮助	4
□ 穿脱衣服、洗漱困难，只能躺在床上	5
3. 提物	
□ 提重物时并不引起腰背或腿痛加重	0
□ 能提重物，但腰背或腿痛加重	1
□ 由于腰背或腿痛，以致不能将地面上较轻的物体拿起，但能从桌上拿	2
□ 疼痛时不能从桌上拿重物	3
□ 只能拿一点儿轻的东西	4
□ 任何东西都提不起来或拿不动	5
4. 行走	
□ 腰背或腿痛，但一点儿也不妨碍走多远	0
□ 由于腰背或腿痛，最多只能走 1 000m	1
□ 由于腰背或腿痛，最多只能走 500m	2
□ 由于腰背或腿痛，最多只能走 100m	3
□ 只能借助拐杖或手杖行走	4
□ 不得不躺在床上，排便也只能用便盆	5
5. 坐	
□ 随便多高的椅子，想坐多久，就坐多久	0
□ 只要椅子高矮合适，想坐多久，就坐多久	1
□ 由于疼痛加重，最多只能坐 1 个小时	2
□ 由于疼痛加重，最多只能坐半个小时	3
□ 由于疼痛加重，最多只能坐 10 分钟	4
□ 由于疼痛加重，一点儿也不敢坐	5
6. 站立	
□ 想站多久，就站多久，疼痛不会加重	0
□ 想站多久，就站多久，但疼痛有些加重	1
□ 由于疼痛加重，最多只能站 1 个小时	2
□ 由于疼痛加重，最多只能站半个小时	3
□ 由于疼痛加重，最多只能站 10 分钟	4
□ 由于疼痛加重，一点儿也不敢站	5
7. 睡眠	
□ 半夜不会痛醒	0
□ 有时晚上会被痛醒	1
□ 由于疼痛，最多只能睡 6 个小时	2
□ 由于疼痛，最多只能睡 4 个小时	3
□ 由于疼痛，最多只能睡 2 个小时	4
□ 由于疼痛，根本无法入睡	5

续表

项目	评分
8. 性生活	
□ 性生活完全正常，决不会导致疼痛加重	0
□ 性生活完全正常，但会加重疼痛	1
□ 性生活基本正常，但会很痛	2
□ 由于疼痛，性生活严重受限	3
□ 由于疼痛，基本没有性生活	4
□ 由于疼痛，根本没有性生活	5
9. 社会活动	
□ 社会活动完全正常，不会因此加重疼痛	0
□ 社会活动完全正常，但会加重疼痛	1
□ 疼痛限制剧烈活动，如运动，但对其他社会活动无明显影响	2
□ 疼痛限制正常社会活动，只能在家从事一些社会活动	3
□ 疼痛限制正常社会活动，不能参加一些社会活动	4
□ 由于疼痛，根本不能从事任何社会活动	5
10. 旅行（郊游）	
□ 能到任何地方去旅行，腰或腿部不会痛	0
□ 能到任何地方去旅行，但疼痛会加重	1
□ 由于疼痛，外出郊游不超过 2 小时	2
□ 由于疼痛，外出郊游不超过 1 小时	3
□ 由于疼痛，外出郊游不超过 30 分钟	4
□ 由于疼痛，除了到医院，根本无法外出	5

四、方案与实施

（一）作业治疗目的

提高腰腿痛患者对疼痛的耐受度，主要降低腰腿痛发生的风险及减轻症状；指导其替代性动作模式；任务调整；提高日常生活活动能力；提供患者职业技能训练，以适应工作场所。

（二）作业治疗方法

1. 健康教育　目的在于鼓励患者学会自我处理，提高身体能力，减少病痛疾病自然恢复的阻碍（如焦虑、恐惧、不良生活方式等）。教育内容包括：腰腿痛的病因、预后、可提供的治疗、自我处理腰腿痛的建议、人体工效学、提物技巧、省力策略、姿势和活动的安全性原则（如避免在腰椎侧弯及扭转时突然用力）等。应当告诉患者如何正确进行基本的日常生活能力训练、家务训练、艺术及手工等。除了对急、慢性期患者进行口头教育，还可考虑教育手册的使用。手册通常可作为面对面交流的补充，治疗师应鼓励患者在家中借助教育手册进行复习。

2. 卧床休息及限制活动　腰腿痛急性期要求患者平卧休息，特别是腰椎间盘突出症患者，应取垫高小腿使髋和膝屈曲、髂腰肌放松的平卧位，可使腰椎压力降至最低水平，有利于消肿及症状缓解。疼痛缓解后，可在床上进行腰背肌和腹肌的锻炼，锻炼时可以俯卧床上，去枕，双手背后，用力挺胸抬头，使头胸离开床面，同时膝关节伸直，两大腿用力向后也离开床面，持续 3~5 秒，然后肌肉放松休息 3~5 秒为一个周期，这种方法俗称"燕飞"。仰卧位采用摩腹法放松腹肌，右手掌心置于肚脐，左手重叠于右手背，以神阙穴为中心，顺时针摩 50~100 次；换左手在下，逆时针方向摩 50~100 次。

3. 指导患者合理使用腰围　腰围是腰腿痛患者常用的治疗或保健工具，佩戴腰围对腰椎及腰部软组织具有较好的制动和保护作用，使局部软组织在有利的环境下自行康复。腰围分担了脊柱的重力负荷,减弱了椎间盘小关节间的压力,从而缓解局部疼痛。但使用腰围后,脊柱负重减小,脊柱周围的肌肉必然会产生失用性萎缩,一旦除去腰围将导致脊柱稳定性降低而加重症状,因此,腰围的使用应遵循动静结合的原则。在腰椎病的发作期和腰椎手术后,给予必要的制动和固定,有利于创伤和局部炎症的恢复,避免外伤。

4. 应用人体工效学　姿势、位置和疼痛之间有直接关系,避免产生疼痛和不利姿势是管理好目前疼痛以及充分发挥脊柱潜能的重要原则之一。

疼痛通常会导致脊柱曲度异常,所有日常活动我们都能通过改变运动模式来避免伤害脊柱,找到无痛的身体姿势。有些人会习惯采取"胎儿"式的睡姿,这会压迫到椎间盘而使疼痛更敏感,解决方法就是找到那些能够在睡眠中维持脊柱自然曲度的姿势。又比如做系鞋带这个动作时,很多人会坐下来,弯下腰去够鞋带,这会加重脊柱负荷。此时应该把脚抬到椅子或阶梯上,屈膝去够鞋带,保持躯干正直,使脊柱维持在中立位,髋部向脚的方向移动,以缩短距离。进行每一个任务时,找到并保持脊柱的中立位,为脊柱负重做好准备。

（1）在日常生活中应用调适、节省体力和人体工效学的技巧,可以帮助腰腿痛患者有策略和轻松地完成自理和家务。

1）坐:避免弯腰驼背坐着,这会对椎间盘后部造成压力。坐下时应保持脊柱自然曲度,也可在身后放置一个腰垫,支撑腰背部的自然弯曲(图 17-1)。

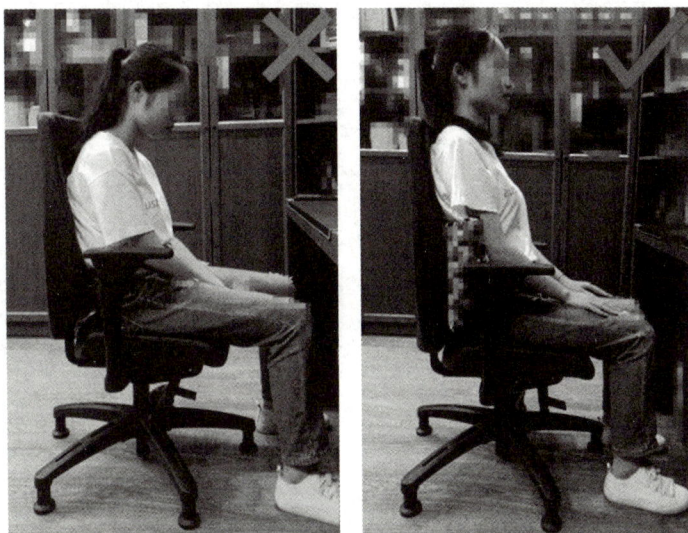

图 17-1　坐姿正确与错误示例

在日常生活中,所有坐下的动作都应保持脊柱的自然曲度(图 17-2),尤其是早晨起床坐着的时候。

2）站立:不良的站立姿势通过不断收缩下背部的伸展肌肉,影响着下背部的活动范围。可以尝试一下下面这个纠正性练习:拇指展开到竖大拇指的姿势,然后肩外旋,将胸腔抬起,使上身与髋成一直线,注意背部肌肉的放松(图 17-3)。

双手抱在胸前站立,会增加背部肌肉和脊柱负荷。相比之下,手背在身后站立,会减少肌肉活动以及相关的肌肉痉挛(图 17-4)。

3）行走:疼痛引起的脊柱和髋屈曲产生了弯腰驼背的姿势,缓慢行走也会引起更多疼痛。改变弯腰驼背的行走方式,把身体姿势纠正得更加直立,让手臂以肩为轴摆动(不要以肘为轴来摆动),步子便会迈得更大更快(图 17-5)。

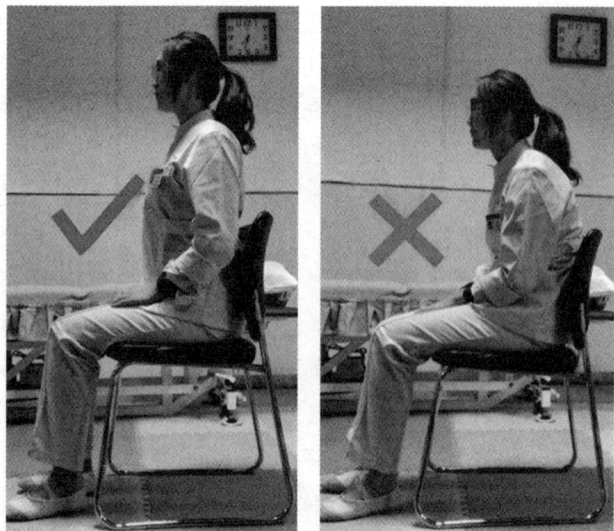

图 17-2 日常生活坐姿正确与错误示例

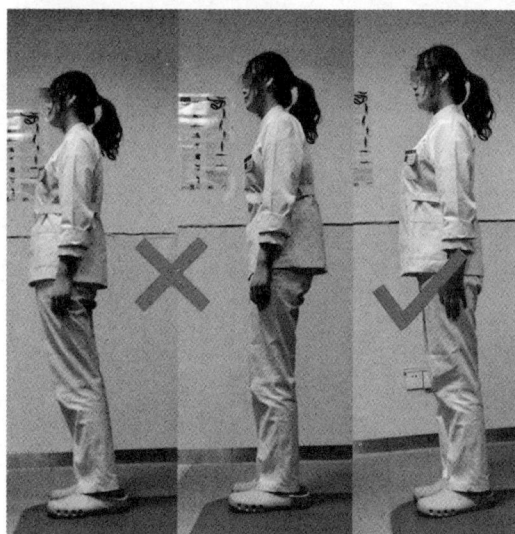

图 17-3 站姿示例

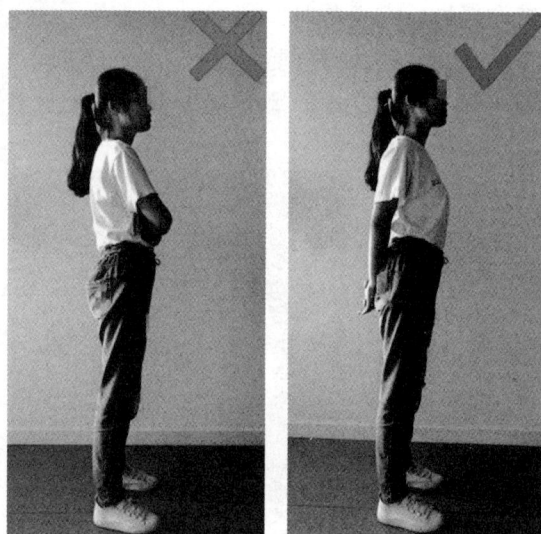

图 17-4 站立时手的摆放

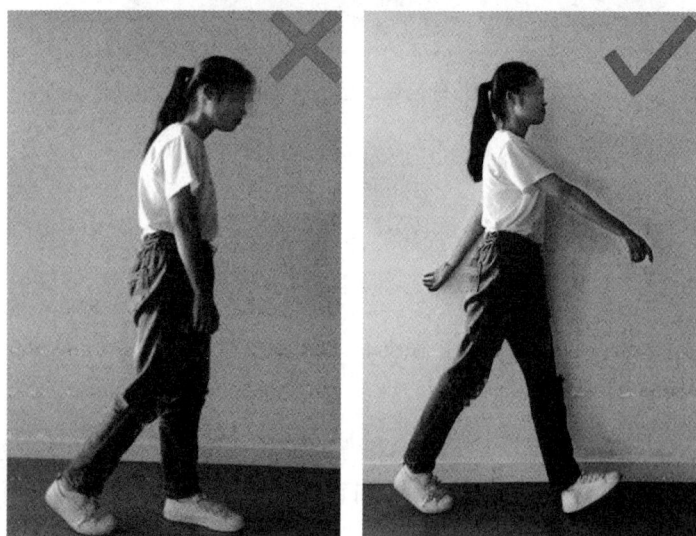

图 17-5 行走示例

292

4）身体前屈：当用髋的屈曲代替脊柱屈曲时，可以避免很多潜在的疼痛触发因素。例如，刷牙时如果没有屈髋，则会给椎间盘一定压力，造成疼痛。正确的做法是先从髋的屈曲开始，双手顺着大腿往下滑，然后，将一只手放在台面上，用另一只手刷牙。刷完牙后，把一只手放在膝上，另一只手也放在膝上，把髋拉向前方（图17-6）。

图 17-6　身体前屈示例

同样的，在使用洗衣机时，一只手用来给背部提供支撑，另一只手去洗衣机里拿衣物，脊柱一直处于中立位。完成这个任务后，还是要把一只手放在膝上，另一只手也放在膝上，然后以髋为轴发力使身体站直（图17-7）。

图 17-7　使用洗衣机示例

5）推和拉：在进行推和拉的动作时，躯干应保持直立，让力的方向保持从手指向肚脐，换句话说，推力或拉力的施力路径应当朝向或是离开身体的最核心部位（图17-8）。

（2）采用多样化姿势：当意识到哪些姿势会导致疼痛后，则每当处于这些姿势时，在疼痛出现之前，就要将身体调整到理想位置。即使那些不经常遭受腰背痛的人，长时间处于一

图 17-8 推拉姿势示例

种姿势也会令他们痛苦。所以在保护好脊柱的前提下,一天中尽可能多地改变姿势。例如,如果预计坐 10 分钟就会产生疼痛,那么在 8 分钟的时候就换到一个站立姿势,或者另一个替代姿势。

(3)选择身体承载负荷最小的姿势:手持物体远离身体时会给背部肌肉增加过多负荷,也会给脊柱增加过多负荷。因此,当搬运、抬起、移动物体时,将物体尽量靠近自己的身体。

(4)有策略地调整任务,尽量减少操作物体的重量:在完成一些任务时,一次举起物体一半重量是可能的(例如将箱子的一角抬起,或只是抬起木头的一端,就能调整它们的位置,或是只抬起物体的一端,比如木头)。当有更聪明的搬运方法时,不要使身体承受过重的负担。

(5)选择最佳的腰背休息策略:腰背最佳的休息方式需要与不同的工作和任务相适应。如果工作是动态的,休息的时候就采取坐着的形式;如果任务需要坐着进行,休息就要采用行走的方式。总之,休息应该是与任务的力学要求相反。

5. 环境调整 作业治疗在环境调整方面的应用,主要表现在社会环境和物理环境的调整。在社会环境方面,保险制度、价值观、伦理及人际关系处理均能影响腰腿痛的发展进程。提供完备的康复评估及病程记录,为保险制度的完善提供帮助及安全宣教,都是作业治疗师社会环境调整的工作内容。在物理环境方面,如生活环境的改造,可以通过调整家具或设备来实施。同时,工作场所的人体工程学设计对背部健康也有重要优势。利用人体工程学原则优化工作设计,并以安全的方式活动,对于避免过劳损伤有重要意义。

6. 重返工作 早期对腰腿痛患者进行有效的健康宣教,让他们克服恐惧心理,尽可能避免卧床,鼓励保持活动、坚持工作和正常功能是必要的。即使已经排除了年龄、性别、教育水平、工作年限等因素,影响全身的振动、重体力活、频繁弯腰、站起以及集中需求是腰腿痛发生的工作环境风险因素。每天的工作时长越长,则会有更高的风险。增加工作间隙休息、改善身体姿势可以降低工作期间的肌肉骨骼不适。虽然"坐下"姿势被很多人认为也是一个风险因素,但是相较于长时间的"站起","坐下"还是能够显著减少腰腿痛风险。一个有支撑的坐位姿势以及改变工作者姿势是减少脊柱负荷和降低姿势疲劳的重要因素。通过限制重复性任务和减少工作时间,对任务进行调整,可使腰腿痛患者继续当前的工作。比起在康复治疗部进行治疗,在患者的工作场所进行治疗性干预更有效。

7. 保持活动　治疗师应当告诉患者保持活动,在疼痛可承受范围内尽可能地维持日常生活活动,而不需要绝对卧床。如果疼痛严重,一般最长不超过 2 天,并鼓励及早恢复活动。这里应当区分被动治疗活动与主动治疗活动对腰腿痛患者的不同影响。主动治疗需要患者以某种方式参与治疗过程,例如,学会一种避免触发疼痛的活动方式进行活动就是积极治疗。在对腰腿痛患者进行干预时,一定要向患者强调主动活动的重要性。

中国传统功法是值得推荐的主动活动。五禽戏的虎扑、鹿抵及熊晃练习过程中,重心的转移造成了脊柱的不稳定状态,为维持脊柱稳定,需要通过增强多裂肌的收缩来克服重心变化做功,从而使多裂肌的收缩能力和主动做功率增加,通过改善肌肉协调性和局部结构的稳定性来缓解疼痛。配合呼吸和主动冥想的方法也能较好地缓解慢性非特异性腰腿痛。健身气功六字诀呼吸训练可锻炼膈肌和腹横肌等深层核心肌肉群,减轻椎体间压力,提高附着于腰椎棘突、横突上的胸腰筋膜张力,从而稳定椎体。主动活动的所有部分之间需要保持一定平衡,包括力量、耐力、爆发力、柔韧性、平衡和动作技巧等,以保护关节的方式进行锻炼。

8. 心理调节　腰腿痛的发生对诱发工作应激或工作者的行为变化产生不利的心理因素,进而产生与腰腿痛有关的生理和主观感受变化的结果,两者之间存在双向的反馈机制。慢性腰腿痛患者的心理问题是一个很重要的因素,需要心理与行为治疗的干预。出现心理问题的患者就不能单纯依赖物理治疗解决问题。在临床工作中应以患者为本,从疼痛的原因、发作特点、疼痛强度、持续时间、疼痛与运动的关系、疼痛对睡眠和功能的影响等多方面分析每一位患者,并以此为依据选择治疗方法。

第五节　骨　　折

一、概述

骨的完整性和连续性中断称为骨折。骨折的分类较多,根据致伤原因不同分为创伤性骨折、疲劳性骨折、病理性骨折;根据损伤程度分为完全性骨折和不完全性骨折;根据骨折端是否与外界相通分为闭合性骨折、开放性骨折;根据断端的稳定程度分为稳定性骨折、不稳定性骨折;根据有无伴随邻近神经血管损伤分为单纯性骨折和复杂性骨折。

骨折的并发症一般分为早期和晚期两种。骨折早期可并发休克、脂肪栓塞综合征、重要内脏器官损伤、重要周围组织损伤,重要血管、周围神经损伤,及骨筋膜隔室综合征等并发症。由于长期卧床或活动不良,骨折晚期易并发坠积性肺炎、压疮、下肢静脉血栓、感染、损伤性骨化、创伤性关节炎、关节僵硬、急性骨萎缩、缺血性骨坏死、缺血性肌痉挛等。

骨折的作业治疗目标中,最重要的是让复位后的断骨愈合,预防并发症,同时让受伤的肢体尽快恢复原来的功能,使患者尽早地回归家庭与社会。本节主要介绍四肢骨折的作业治疗。

二、临床表现及功能障碍

1. 损伤后的炎症反应　损伤后局部肿胀、疼痛、功能障碍为骨折后常见临床表现。由于受损组织出血、体液渗出、局部静脉淋巴淤滞和回流受阻产生骨折周围组织的肿胀和疼痛。疼痛可以引起交感性动脉痉挛,使损伤局部缺血,而缺血又会加重疼痛。

2. 肌肉萎缩和肌力下降　为促进骨折愈合,术后早期需进行局部制动。组织学观察显示,制动 7 天肌纤维间结缔组织增生,肌纤维变细,排列紊乱。健康人石膏固定 4 周后,前臂周径减少 5%。肌肉体积减小,肌纤维间的结缔组织增生,非收缩成分增加,导致肌肉单位面积的张力下降,肌力下降。

3. 关节活动受限　长期制动会产生严重的关节退变,关节周围韧带的刚度降低,强度下降,肌肉附着点处变得脆弱,韧带易断裂。关节囊壁的血管、滑膜增生、纤维结缔组织和软骨面之间发生粘连,出现疼痛,继而关节囊收缩,关节挛缩,活动范围减小。

4. 骨强度改变　骨折后骨痂的形成需要应力刺激。局部制动和活动减少使损伤处的骨骼缺乏应力刺激而出现骨膜下骨质的吸收,骨强度降低。而反复承受高应力会引起骨膜下增生。研究表明,骨骼都有其最适宜的应力范围,过高或过低的应力都会使骨吸收加快。

5. 整体功能下降　制动骨骼及肌肉系统、消化系统、呼吸系统、泌尿系统、心血管系统对骨骼肌肌力和耐力均有明显影响。骨折制动及功能障碍可导致患者的活动参与能力受限。

三、检查与评估

1. 骨折愈合及炎症反应情况　包括骨折对位对线、骨痂生长情况、延迟愈合或未愈合、畸形愈合、假关节形成、异位性骨化、骨化性肌炎、骨质疏松等,可通过 X 线、CT 或 MRI 检查。还要检查骨折或伤口处是否存在红肿热痛等炎症反应情况,以及严重程度。

2. 关节活动度　使用量角器测量骨折部位相邻关节的活动度。还可以通过计算机三维运动分析上肢骨折在功能性活动时各关节的协调运动,下肢骨折步行时各关节的协调运动。

3. 肌力　采用徒手肌力评定法或用仪器进行等速肌力测试。

4. 肢体长度及周径　肢体长度的改变对下肢影响较大,长期异常站立及步态会导致骨盆和躯干的继发性病变。进行肢体周径测量时,需要进行双侧对比,选择两侧肢体对应的部位进行测量,以了解有无软组织缺损、肿胀及肌肉萎缩情况。

5. 感觉功能评定　骨折后同样会影响肢体的感觉功能,需要检查感觉损伤的部位、范围、种类和性质,以及对日常生活的影响程度。分别进行浅感觉、深感觉和复合感觉检查。浅感觉重点检查部位应是手指指腹和足底,因为这两处对于 ADL 影响最大。

6. 日常生活活动能力评定　Barthel 指数、FIM,但要注意这两个量表均存在一定的局限性,针对性不强。需要针对每个患者的具体情况评定对其影响较大的日常生活活动,方法可选择前面章节中所提到的各种模式。上肢骨折重点评估穿衣、洗漱、修饰、清洁卫生、进食、写字等情况;下肢骨折重点评估行走能力。

四、方案与实施

骨折后作业治疗的目的是协调固定与运动之间的矛盾,预防或减少关节活动受限、粘连、僵硬、畸形等并发症的发生,促进骨折肢体尽早恢复日常生活和工作。在进行作业治疗前,治疗师应该与临床医生进行良好的沟通与交流,以便详细了解患者的基本情况,包括手术情况、骨折愈合程度、有无神经损伤及其他并发症、训练时有无特殊禁忌等。在制订作业治疗计划时需考虑患者全身状况、年龄、职业、生活环境、经济条件、心理状态、家属态度等因素,根据个体情况及时修正和调整治疗方案。

（一）骨折作业治疗方案

1. 骨折固定期的作业治疗方案　要根据患者的不同情况具体设计,应符合患者需求并具有一定趣味性,与患者自理活动、生产活动、休闲活动密切相关,且有助于患肢功能和技能恢复。

（1）早期未固定关节主动或助动的作业活动：固定有利于骨折愈合，但也限制了关节活动，即使是未受累关节，由于长期不进行全范围关节活动同样也会受到影响。因此，在不影响骨折制动和愈合的前提下，应及早进行相邻关节的主动或助动运动以保持关节和肌肉功能。主要以等长收缩的作业活动为主。虽然关节发生粘连乃至僵硬的原因是多方面的，但其重要原因则是肌肉不活动。合理的功能性作业活动既可促进局部的血液循环，使新生血管得以较快成长，又可通过肌肉收缩作用，借助外固定以保持骨折端的良好接触。

（2）使用辅助具提高 ADL 能力：上肢选用进食类、梳洗修饰类、穿衣类、沐浴类自助具。下肢使用长柄的穿鞋器、洗澡刷、防滑类、持物类。

（3）改善患者的心理状态：尤其是老年患者外伤导致骨折后，心理障碍程度相对较重，抓住患者的兴趣及爱好设计一些作业活动，可以调节情绪，消除抑郁，促进心理平衡。

2. 骨折愈合期的作业治疗方案　康复目标是通过功能性作业活动消除残存肿胀，松解粘连，牵伸挛缩组织，增加关节活动度和肌力，提高肌肉的协调性和灵巧性，提高日常生活和工作能力。在骨折愈合后期，骨痂达到正常的生理功能还需要经过一个强固和改造过程，而这些只能通过运动和使用才能完成。方案的实施应根据骨折愈合情况进行设计。每一种活动都必须有其目的，且能达到一定的目标，既符合患者的需求又能被接受。选择的作业活动与患者的日常生活及工作密切相关，为恢复和维持基本生活提供必要的工作技能，并最好具备一定的娱乐性，以便提高患者的参与度。主要治疗方案如下：

（1）改善关节活动度的作业活动：应用球类运动、舞蹈、绘画、书法、编织、特殊传感控制器控制的电子游戏、橡皮泥作业、纺织等治疗方法。

（2）增强肌力和耐力：如木工、飞镖、制陶、泥塑、投篮、舞蹈、较重的家务活动等。

（3）职业前训练：根据患者情况，分析是否能重返原岗位工作，进行针对性的练习。目的是提高劳动技能和职业适应能力，增强患者再就业的信心。

（4）感觉再教育：治疗骨折伴有神经损伤导致的感觉障碍是作业治疗的主要目标之一。

（二）常见骨折的作业治疗实施

1. 常见上肢骨折的作业治疗　上肢常见的日常生活活动包括：打开全新或很紧的瓶盖、转动钥匙、写字、使用电脑或手机等电子产品、准备饭菜、打开很重的门、从事较粗重的家务（拖地等）、整理床铺、把东西放在头上方的架子上、搬运购物袋或者文件袋、洗头或使用吹风机、搬 5kg 以上的重物、穿套头衣物、从事轻量休闲活动或较大运动量的运动或是需要很大活动度的运动、使用大众交通工具等，在进行 ADL 评估时应重点考察这些活动。

（1）肩部损伤的作业治疗

1）锁骨骨折：好发于青少年，多为间接暴力所致。如跌倒时手、肘或肩部先着地，力量沿上肢传至锁骨，致斜形或横形骨折。直接暴力大多导致粉碎性骨折，但直接暴力较少见。锁骨损伤后主要影响肩关节功能。

伤后 1 周进行患肢的肘关节、腕关节、手指各关节及前臂旋前旋后的作业活动，以不引起患肢疼痛为度。将治疗桌调整至适宜高度，可进行绘画、写字、编织、刺绣、翻扑克牌等活动，需要负重的日常生活活动由健侧来完成。

2~3 周后可在不引起肩关节疼痛的前提下做垂臂钟摆练习，范围由小到大，但肩关节外展不超过 90°；垂臂摆放作业练习，使用悬吊装置或滑板进行患侧减重各方向运动；腕部、三角肌等长收缩练习，手指等张练习，如捏橡皮泥。

4~6 周，处于骨折修复期，逐渐有骨痂形成，骨折基本稳定。可扩大各方向主动活动范围，逐渐增加抗阻练习。使用改善活动度和增强肌力的作业活动，如推滚筒、磨砂板改善肩关节前屈及外展功能。改变作业活动目标位置，练习肩关节的屈曲、外展、内旋、外旋功能，如捡木钉、体操棒、推磨砂板、取放轻物品、拉拉链、擦玻璃、浇花、双手投掷,日常生活能力练习如洗漱、梳头、吃饭、穿衣等。

7~12周为塑形期,骨痂开始塑形。各关节应最大限度主动活动。可在负重情况下进行上一阶段练习。增加功能性作业活动,如金工、木工、飞镖、制陶、投掷、园艺、羽毛球、纺织、烹饪等。

2)肱骨近端骨折:可发生于任何年龄,但以中老年人居多,为避免关节囊粘连、关节挛缩和肩关节周围肌肉萎缩影响肩关节功能,应在医生允许的情况下及早使用患肢进行日常生活活动练习。

伤后1~2周内不活动肩关节和肘关节,患肢不应负重。腕指关节主动屈伸练习,不做前臂旋转活动。可进行写字、绘画、捏橡皮泥等。

伤后3~4周,主动活动肘部及以下关节。在无痛的前提下开始垂臂作业练习,合并肩袖损伤手术修复者4周内不要进行主动活动,防止牵拉修复组织。

伤后5~6周,加大肩关节与肘关节的主动及被动活动范围,肩袖和三角肌力量训练。如俯卧位摆放物品、高吊滑轮、肋木、手指阶梯、体操棒等。肩关节旋转练习要慎重,需考虑骨折愈合情况。增加前臂旋前、旋后。应用患肢进行较轻的日常生活活动,将常用物品放置于容易拿取的位置,使用辅助器具提高ADL。

伤后7~12周,进行最大限度的主动活动以恢复肩关节活动范围及肌力。使用捻线机练习肩关节旋转功能;鼓励患者参加休闲活动,这样有助于肩关节功能恢复,如射箭可以增加肩关节后伸,同时锻炼肌力;投掷飞镖可改善肘关节屈曲及肩关节内外旋,乒乓球、台球能提高上肢活动度和灵活性,金工、木工增强上肢肌力;制陶、园艺、游泳、舞蹈、太极拳、八段锦、五禽戏既能改善关节活动度,又能调节患者情绪,消除抑郁、振奋精神。

3)肱骨干骨折:指肱骨外科颈以下1~2cm至肱骨髁上2cm之间的骨折。多发于骨干中部,其次为下部,上部最少。中下1/3骨折易合并桡神经损伤,下1/3骨折易发生骨不连。

伤后1周内制动有利于肿胀消退,主动活动手指及腕关节,上臂前臂肌肉等长收缩。

伤后2~4周,患侧肩关节主动活动或辅助运动,如钟摆运动。肩胛胸廓关节稳定肌群的主动关节运动和等长收缩运动。从小到大,逐步进行肱二头肌的等长肌力训练,再逐步进行肘关节的轻柔主动辅助关节运动,包括屈伸运动和前臂旋转运动。此外,引导患者进行单手的日常生活活动,需要时可使用辅助具。注意:如为保守治疗,肩外展不应超过60°,且各种运动引起的疼痛要在可承受范围内。

伤后4~6周,加大肩关节及肘关节各方向主动及辅助活动范围,逐渐增加肌力训练,充分利用悬吊装置减轻肢体重量,使肌力和协调能力均能得到及早练习。可进行个人卫生清洁如梳洗、穿衣,或写字活动,还可进行治疗性游戏,如阅读、绘画、手工艺等。使用辅助器具如进食类、梳洗修饰类、穿衣类、沐浴类自助具。

伤后7~12周,最大范围地扩大关节活动度,增强肌力和耐力,训练幅度及治疗强度增大,方法基本同上。

注意:肱骨干骨折往往合并桡神经损伤,在早期就要进行评估。若发现确实存在桡神经损伤,要及时处理,避免出现并发症。

(2)肘部及前臂损伤的作业治疗

1)肘部骨折:术后0~2周,肱骨远端骨折固定在屈肘90°,前臂取中立位,尺骨鹰嘴和尺骨近端可以固定在屈肘60°~75°,前臂取中立位而腕关节轻度背伸,桡骨小头骨折或脱位可固定在屈肘120°,以稳定桡骨小头。主动运动肩关节、腕关节及五指。肱骨髁上骨折伸直型可加强肱二头肌练习,屈曲型做肱三头肌的等长收缩练习。如果关节内固定或关节稳定,可在临床医生同意的情况下做保护性肘关节的屈曲、伸展和前臂旋前、旋后练习。

术后2~8周,对于早期出现肘关节明显僵硬者可使用静态或进展型静态肘部可动夹板进行治疗。这段时间进行夹板固定时,将关节固定在主动活动的最大范围以便于长时间牵伸,被动牵伸应在8周以后。使用滑板或悬吊架进行改善肘关节功能的作业活动,如进食、洗漱、梳头和擦桌子等日常生活活动,使用辅助具同上。在进行前臂旋转的助力运动训练时,可使用装有部分水的瓶子进行辅助。

术后8周至6个月,当骨折部位达到临床愈合或手术内固定稳定时,即可进行全方位的功能训练,目标是达到最大限度的关节活动度,增加肌力和耐力,恢复正常生活和工作。尽量使用患肢进行轻度日常生活活动,进行职业前工作适应训练。

2)前臂骨折:0~2周,手指及腕关节做主动屈、伸练习,不要做旋转练习。简单手工艺制作,可以增加三角肌、肱二头肌、肱三头肌等长收缩。如为管型石膏固定勿做前臂肌肉锻炼。注意观察手指血液循环及感觉变化,防止骨筋膜隔室综合征的发生。

2~4周,可加大手工艺制作幅度,前臂缓慢旋前、旋后作业,如翻扑克、刺绣、翻书。肩关节屈伸、外展、内收等功能的练习。

4~6周,患肢辅助健侧完成一些轻的日常生活动作,经医生允许,内固定手术者可去除外固定物。增加日常生活能力训练,避免前臂被动活动,保守治疗者通常在6周时去除石膏,且勿过度用力。

7~9周,如骨折稳定可逐渐加至全负重关节最大限度主动活动,适当增加被动活动,去除外固定后进行肩、肘、腕、手关节的功能练习,着重训练前臂的旋前、旋后功能,可采用钉钉子、扇扇子、舞蹈、纺织、刺绣练习。正常愈合者可使用患肢正常生活。

2. 常见下肢骨折的作业治疗　下肢骨折时,要注意由于不能行走,活动量明显减少,长时间可导致心肺功能下降,故要增加上肢活动,以便维持心肺功能。下肢骨折很重要的作业治疗目标是恢复到受伤前的移动能力。训练时,可以参考以下顺序进行:站立床→站立架→平衡杆内站立→平衡杆内行走→使用助行器步行→拐杖步行→户外步行。

(1)股骨颈骨折的作业治疗:股骨颈骨折内固定术后患肢穿丁字形矫形鞋,防止患肢旋转;两腿间夹枕头防止患肢内收。

术后1~3天进行深呼吸咳嗽练习,每次3~5分钟,每日2~3次。上肢持哑铃做扩胸运动练习,每次10~15分钟,每日2~3次。踝泵训练,第2天在不引起异常疼痛的情况下做主动或被动屈髋(小于90°)、屈膝(小于45°)练习。被动患肢平行外展(小于45°)。

术后4天至2周,加强患肢非负重主动、被动运动。直腿抬高30°~40°,每次10秒,每组10次,每日3组。逐渐增加抬高次数和时间,角度以不超过90°为宜。体位变换:双手后撑,屈健腿,用双手和健腿支撑将臀部抬起至合适位置,完成平移。双手支撑并屈曲健腿抬高患肢移至床边,坐于床沿,健腿触地,双上肢拄拐站立完成由坐至站位转换。注意患肢不负重。ADL训练采取半卧位。进行编织、绘画、书法、手工艺制作等活动可以调节情绪、减轻疼痛。

术后2~4周,使用助行器或拐进行站立步行、上下楼梯和斜坡练习。上楼梯的顺序是健肢-拐-患肢,下楼梯时为患肢-拐-健肢,要点是患侧下肢受力由拐杖替代,以避免疼痛。日常生活活动中注意不要坐低椅、沙发及低的马桶。睡觉时采取仰卧位患肢外展,双足不能重叠。侧卧位时两腿之间夹枕头防止髋内收内旋。坐位时双腿及双足不要交叉。起坐的正确方法是挪动臀部至椅子前缘,保持手术侧髋关节伸直,然后用双手向上支撑扶手,抬起身体。注意身体不能前倾。沐浴时应有防滑垫、洗澡凳、安全扶手等设施。洗澡凳应该有足够高度,防止髋关节屈曲超过80°~90°。使用辅助器具如穿袜器、拾物器,洗浴时用长柄刷等。

术后 5 周至 3 个月,负重平衡练习,如 X 线摄片显示骨折已愈合,无股骨头坏死,负重由 1/4 体重增加至 1/2 体重、2/3 体重、4/5 体重、100% 体重,逐渐过渡。术后 3 个月增加肌力和关节活动度练习,使用功率自行车、作业治疗车床,调节负荷量及座椅高度。术后 4~6 个月骨折多已愈合,加强患肢的灵活性训练,强化肌力和关节稳定性,髋关节各肌群主动参与抗阻练习,如进行斜板站立、坐站转换练习、马步练习、跨越障碍物练习。此外,可逐步改变上下楼梯的方式。

(2)膝部损伤的作业治疗

1)膝部骨折:术后即开始患肢踝关节及足趾主动运动、股四头肌等长收缩。股四头肌肌力训练对于膝关节损伤后极其重要,应贯穿于治疗始终。术后进行翻身起坐练习、床上转移、穿脱裤子。使用关节功能训练机进行膝关节屈曲练习。进行双上肢和健肢的主动活动练习。髌骨骨折如无禁忌应进行每日 2~3 次的髌骨被动活动。

术后第 2 周开始辅助关节主动屈曲 ROM 训练,使用悬吊装置减轻患肢重量,进行主动屈伸膝练习。

术后 3~4 周开始主动屈膝练习,将治疗床调高,患肢屈髋屈膝各 90°,足底控球练习膝部屈伸。

术后 4~6 周后可部分负重,选用脚踏线锯、木制车床、编织机和治疗性游戏,开始扶拐部分负重行走,上下楼梯、下蹲取物练习。闭链运动增加下肢肌力和膝关节稳定性。患肢可全部负重后进行功率自行车训练、慢跑、本体感觉训练等。逐渐增加开链运动,如踢口袋、踢皮球、踢毽子。

2)胫骨平台骨折:需 6~8 周后根据 X 线片骨折愈合情况决定负重重量,不可过早负重。

(3)踝和足损伤:踝和足是既具稳定性又具灵活性的关节。在人体站立、行走、下蹲等诸多运动与平衡调节中起到重要作用。因此,作业疗法的重点是提高平衡功能,改善步态,恢复踝和足的灵活性。

术后 3 周内,在医生允许的情况下进行未固定关节的主动运动,直腿抬高和股四头肌肌力训练。

4~8 周踝关节及下肢负重练习。力量增加后可双手提物作为负荷或在踝关节绑沙袋增加负重,强化踝关节周围肌力,可选用脚踏缝纫机、脚踏风琴、踏自行车等。平衡和协调能力训练可采用平衡板、轮胎、硬海绵、网球等。应用体育活动改善踝关节和足的功能,如舞蹈、体操、太极拳等。

第六节 手 外 伤

一、概述

手外伤是指发生于手或上肢且对手功能有直接影响的外伤。颈部以远神经或血管损伤,肘关节以远肌肉、肌腱损伤,桡尺骨远端以远的骨关节损伤都归为手外伤的范畴。据统计,手外伤的发生率居全部外伤之首,约占外伤的 1/3~1/2。手外伤常见原因有挤压伤、切割伤、砸伤、撕脱伤、烧伤、烫伤、刃器损伤、枪伤、爆炸伤、咬伤等。

手外伤会导致手部水肿、疼痛与营养障碍、关节僵硬、运动功能障碍、感觉障碍、生活和工作能力障碍等。手部检查与功能评估的详细内容参考第十章。

手外伤的作业疗法针对伤手的功能障碍,从日常生活活动、手工劳动或文体活动中选出一些针对性强,能恢复伤手功能和技巧的作业,让患者按照要求进行训练以逐步恢复伤手功能。作业治疗可促进手外伤恢复及功能恢复,预防挛缩及畸形,治疗控制外伤或手术后瘢痕的增生,预防和治疗瘢痕所导致的关节挛缩与变形,提高手外伤患者生活和工作能力。

二、注意事项

1. 首先评估患者手的功能,以及对作业活动的性质、特点、治疗作用进行必要的分析。

2. 根据患者的性别、年龄、职业、症状及预期目标来选择作业治疗的项目和活动量。

3. 向患者讲清楚手外伤作业治疗的意义和重要性。教给伤者具体做法,并给予具体指导,定期评估,发现问题及时纠正。

4. 开展作业治疗要因地制宜,就地取材,方便易行,安全可靠。用于作业治疗的项目,只要和伤者的治疗目的一致,采用任何形式的活动都可以。

三、方案与实施

(一)手外伤作业治疗方法

1. 维持和扩大关节活动度技术 包括主动活动(握、捏、指屈肌腱滑动练习)、被动运动、关节松动技术、矫形器的应用等。

(1)主动活动:手外伤后早期在固定或保护下进行主动活动是防止肌肉萎缩、肌腱粘连、关节挛缩,维持关节活动度最有效的方法。例如进行捏橡皮泥、单人象棋、拧系列螺钉、开关门锁、系带子、拾拣豆子等活动,以增加抓握、捏力与持物功能和手指活动的协调性及灵活性,改善局部血液循环,促进伤口愈合、水肿消退,减轻疼痛,预防及松解粘连。

(2)被动运动:当因神经损伤丧失了主动活动能力或早期不允许主动活动时,可由他人或健手进行被动活动练习。练习时注意在有效的保护下进行,可由他人或健手牢固固定近端和/或远端关节进行被动活动,也可以在矫形器保护下进行活动。

(3)关节松动技术:当关节因疼痛或僵硬而活动受限时,可采用关节松动技术。具体手法包括关节的牵引、滑动、滚动、挤压、旋转等。其手法可分为四级,Ⅰ、Ⅱ级手法主要用于疼痛引起的关节活动范围受限,Ⅲ、Ⅳ级手法主要用于关节力学结构异常时所出现的活动范围受限。

(4)矫形器的应用:矫形器具有防止和纠正畸形、代偿肌肉功能、保护和支持等作用。可根据损伤情况选择合适的矫形器。

2. 减轻水肿技术

(1)抬高患手:是预防和减轻水肿的基本方法,使手高于心脏位置,且应手高于肘、肘高于肩、肩高于心脏,以利于血液回流,减轻水肿。但要注意应以高于心脏10~20cm为宜,不能过高以免造成缺血。

(2)冰敷:如果没有血管和组织缺血情况,使用冰敷可减少急性期的液体渗出。为预防组织冻伤,通常在皮肤和冰袋之间垫一干毛巾。冰敷不能用于断手再植或断指再植的患者,以免造成再植手的缺血坏死。

(3)主动活动:可促进血液循环、减轻水肿。

(4)压力治疗:包括向心缠绕、压力指套、压力手套等,此法见效快但持续时间短,所以应长时间使用,使用过程中注意观察指尖血运情况以免造成缺血。

(5)向心按摩:采用摩法和推法,在抬高患肢的同时进行向心方向按摩,可促进静脉回流、减轻水肿。

ER-17-3
手外伤向心按摩视频

301

3. 瘢痕控制技术

（1）压力疗法：是指通过对人体体表施加适当压力，以预防或抑制皮肤瘢痕增生，防治肢体肿胀的治疗方法。压力疗法是目前公认的治疗肥厚性瘢痕最有效的方法。

（2）硅胶片、硅胶贴：可以增加皮肤的水合作用，导致毛细血管活动、胶原蛋白沉积、充血减少，每天穿戴时间至少 12 小时。

（3）按摩：可加羊脂膏或润肤膏于瘢痕部位，然后以推、摩、按、揉等手法进行按摩，随瘢痕组织的老化而手法逐渐加重，每次 15 分钟左右，手法应均匀用力、柔和缓慢。

（4）功能训练：主动活动和牵伸技术的应用可松解瘢痕，维持手部正常功能。

（5）体位和矫形器的应用：早期将手置于对抗可能发生瘢痕挛缩的体位并使用矫形器固定。如手烧伤应用手保护位矫形器、拇指外展矫形器对瘢痕进行加压和牵伸。

4. 防治关节挛缩技术

（1）合理体位：手外伤后易发生掌指关节屈曲挛缩、拇指内收挛缩、指间关节屈曲/伸直位挛缩等，可将手置于对抗可能发生关节挛缩的部位加以预防。

（2）手部矫形器：可以用来预防和纠正关节挛缩，常用的手部矫形器有手保护位矫形器、拇指外展矫形器、屈指套、屈指圈、伸指/屈指矫形器等。

（3）功能训练：早期开始主动活动和肌力训练是防止关节挛缩的最好方法，但因损伤而不能进行主动活动时则可早期应用持续被动活动训练器（CPM）、被动运动等方法。对已出现的关节挛缩可采取牵伸、关节松动技术进行治疗。

5. 感觉障碍治疗

（1）感觉脱敏技术：首先，教育患者减少恐惧心理，有意识地使用敏感区，在敏感区逐渐增加刺激。

（2）感觉再教育：①避免接触过热、过冷物品和锐器；②避免使用小把柄的工具；③抓握物品不宜过力；④避免长时间使用患手，使用工具的部位应经常更换，预防某一部位的皮肤有过多压力；⑤经常检查手部皮肤有无受压征象，如红、肿、热等情况；⑥假如感觉缺损区皮肤破溃，应及时处理伤口，避免组织进一步损伤。

（3）感觉再训练：①要求患者在手上画出感觉缺失区域；②训练前进行感觉评定；③当保护觉恢复时，感觉训练程序即可开始；④感觉训练后再评定。具体训练内容包括保护觉训练、定位觉训练、辨别觉训练、需要运动功能参与的感觉训练（如拣拾物品、日常生活活动和作业活动训练等）。

（二）作业治疗实施

手外伤作业治疗应尽早开始，根据外伤后修复过程，手外伤康复大体分为四期，每期作业治疗重点各不相同。需注意的是创伤愈合是一个连续过程，康复治疗也没有绝对的分期，患者之间亦存在个体差异，实际工作中要结合患者的实际情况进行康复治疗。

1. 康复第一期　受伤或术后 3 周内。这一时期手部充血、肿胀，坏死细胞被清理，纤维细胞、胶原纤维在增多。

治疗目标：减轻肿胀，消除疼痛，促进伤口愈合和肌腱、骨折的早期愈合，防止并发症的发生。

治疗方法：以早期应用手支具、轻柔的被动运动、未受累关节主动运动等为主，注意治疗在有效固定的前提下完成。手部骨折、神经损伤通常需要使用矫形器固定 2~3 周，固定期间可在保护下由治疗师进行轻柔的被动运动或在治疗师指导下进行主动活动。肌腱损伤修复术后，视手术情况可在早期石膏全固定（图 17-9）、早期被动运动矫形器（图 17-10）或早期主动运动矫形器（图 17-11）的保护下进行治疗。

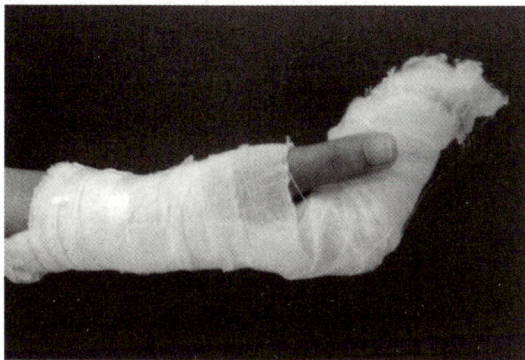

图 17-9　早期石膏全固定

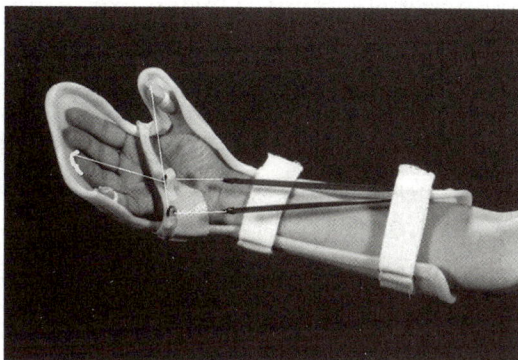

图 17-10　早期被动运动矫形器

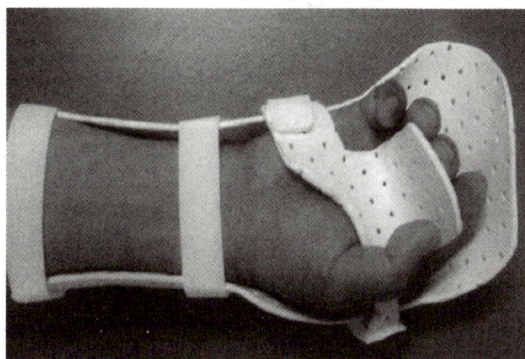

图 17-11　早期主动运动矫形器

2. 康复第二期　受伤或术后 3~6 周。这一时期胶原增加,组织的抗张力开始恢复,肌腱和骨折逐步牢固,此期亦是粘连好发时期。

治疗目标:预防粘连、促进创伤愈合和功能恢复。

治疗方法:以不抗阻的主动运动为主,有时需继续使用矫形器(如夜间睡眠时、较大范围活动时)。骨折、神经损伤可在保护下逐渐进行不抗阻的主动运动,肌腱损伤可在矫形器的保护下进行手指全范围不抗阻主动活动。周围神经损伤者常需应用矫形器代偿失去的功能,促进神经修复,预防畸形。

3. 康复第三期　受伤或术后 6~12 周,进入伤口愈合的成熟期,胶原纤维逐渐增多,表层(瘢痕)与深层(粘连)纤维组织增多,肌腱、骨折的愈合比较牢固。

治疗目标:减少纤维组织的影响,抑制瘢痕增生,争取更大的关节活动范围。

治疗方法:以循序渐进的抗阻运动和功能活动为主,增强肌力和手的实用功能。除神经损伤或纠正挛缩和畸形外,此期通常不需要使用矫形器,视组织愈合情况逐渐增加活动范围和进行渐进抗阻练习。此外,对于存在感觉障碍者,需根据情况进行针对性的感觉训练。

4. 康复第四期　受伤或术后 12 周以后,此期手功能基本恢复,治疗以职业康复为主,可考虑进行功能重建和二期修补手术,如肌腱松解等。

治疗目标:恢复伤前手功能,重返工作岗位。

治疗方法:在前期治疗的基础上,重点进行工具性日常生活活动训练和职业训练。根据伤者的原先职业和现有的手功能情况,可分别选择相关的木工、金工、电器等作业活动,进行增强肌力、耐力和协调性的强化训练,为伤者重新就业作职业前的训练。工具性日常生活活动的训练方法还应考虑使用辅助具,环境改造等。

第七节　人工关节置换术后

一、概述

人工关节置换是采用生物学材料或非生物学材料,用工程学的方法模拟人体髋、膝、肘、踝、肩等关节制成假体,用以替代严重受损关节的一种功能重建手术。缓解或消除疼痛、提供稳定的关节活动、消除畸形是人工关节置换的主要目的。骨关节炎、复杂关节内骨折、类风湿关节炎、骨缺血坏死、关节严重畸形、骨关节肿瘤等疾患导致的关节功能严重丧失或伴有严重疼痛且用非手术治疗无缓解者,均可采取手术治疗。

关节成形术始于19世纪中叶,随着技术和材料科学的进步,人工关节置换手术日益成熟。进入21世纪,人工关节置换随着手术技术的提高及良好的设备、器材的应用,术后效果大多理想。由于目前国内开展较为普及的是人工髋、膝关节置换,因此,本节主要阐述髋、膝关节置换术后的作业治疗。

二、临床表现及功能障碍

1. 身体功能障碍 常表现为患肢肌力和耐力下降或不均衡、关节活动受限、平衡协调能力障碍、步行障碍等。主要原因是术后关节肿胀、疼痛、肌肉萎缩、训练不及时或损伤周围组织粘连等。

2. 日常生活能力障碍 上肢关节置换术后表现为进食、穿衣、洗漱、修饰、洗澡、个人卫生、书写,以及工具性ADL障碍,如做饭、打扫卫生、购物、洗衣、开车等。下肢术后常表现为穿衣、如厕、翻身、从床上起坐、空间位置转移、上下楼梯、驾车、弯腰拾物等障碍。

3. 活动和参与障碍 主要表现在不能或很少参加社会活动、休闲活动、体育运动和工作方面。由于术前基础疾病如骨关节炎、类风湿关节炎伴有严重的疼痛、关节活动受限、软组织挛缩等症状,致使工作能力下降或丧失。术后虽然关节在结构上基本恢复,但仍然需要系统的康复治疗,才能获得良好的功能和活动参与能力。

三、检查与评估

1. 一般评定 包括关节活动度、肌力、肌围、肢体的长度、感觉、平衡、步行能力、认知功能的评定。

2. 关节功能评定

(1) 髋关节功能评定:目前国内外最常使用的是Harris人工髋关节功能评分表,满分为100分,包括疼痛、功能性活动、髋关节畸形、髋关节活动范围四个方面的内容。

(2) 膝关节功能评定:以美国1976年提出的HSS膝关节评分为常用方法。评估内容包括膝关节的疼痛、关节活动范围、韧带稳定性、肌肉力量、骨对线、挛缩、畸形及功能(日常生活能力、行走能力、上下楼梯、是否需要辅助器具等)。

3. 日常生活能力评定 可采用Barthel指数、FIM。

4. 环境评定 关节置换者以老年人居多,评估重点是居住环境和社区环境。在开始计划出院时进行,通过调查问卷和与患者及其家属交谈,必要时进行家访。评估可为出院后的安全问题、康复治疗、环境改造以及正确使用辅助器具提供依据。

四、方案与实施

(一) 髋关节置换术后的作业治疗

全髋关节置换术后主要表现为髋部肌肉力量下降、活动度减小、站立平衡及本体感觉能力下降、功能性活动耐力下降、移动性活动时疼痛增加、步态异常,上下台阶、驾车及基本日常生活能力障碍,自理能力、活动参与能力下降。作业治疗师的职责是使患者了解术后注意事项及如何安全地进行日常生活活动和使用辅助器具。

1. 作业治疗方案

1~4 周：教会患者关节置换术后的注意事项、独立转移、使用辅助器具步行、独立进行基本 ADL 训练。

5~8 周：减轻疼痛、控制水肿；独立日常生活活动；平衡和本体感觉训练；步行训练。

9~14 周：下身穿戴训练；交替性上下台阶；特殊的功能性活动。

2. 作业治疗的实施

（1）术前教育：介绍术后应避免的危险动作及体位，进行心理指导，消除患者对手术的恐惧及康复的畏惧情绪，指导早期床上体位转移的方法。

（2）关节置换术后的注意事项：术前教育通过示范和日常生活活动视频教会患者术后应避免的危险动作和体位，以防术后手术侧髋关节的过度屈曲和外展。内容包括安全转移、上下座椅或马桶、进出汽车或浴室，如何使用辅助器具穿衣、洗澡、拾物等。内容列举如下几点：

术后 1 周内：行后路手术者避免髋关节屈曲大于 90°、内收超过中线、内旋超过中立位；避免术侧卧位；仰卧位时双下肢间夹楔形垫或枕，勿将手术侧的腿搭在另一侧腿上。勿在膝关节下垫枕，防止髋关节屈曲挛缩；避免一次坐位时间超过 1 小时；坐位时，不要交叉双腿。

术后 2~8 周：避免疼痛下进行治疗性训练或功能性作业活动；避免双腿交替性爬楼梯，直至上下台阶练习已完成方可；不要将身体弯向术侧；向术侧转身时应同时移动术侧下肢，因为向术侧转身而不旋转足则会使髋关节外旋，且处于一种不安全的位置；调整座椅或马桶高度，注意不要屈髋超过 90°；避免弯腰超过 90°，尤其是弯腰系鞋带或者捡地上的物品时，应该使用辅助器具协助完成。术后 6~8 周内避免性生活，防止手术侧下肢极度外展受压。

术后 8~14 周：避免疼痛下进行日常生活活动及治疗性训练并控制活动量。

（3）体位变换与转移能力训练

1）翻身练习：双侧均可练习，在确保安全的情况下独立完成。鼓励向患侧翻身。向健侧翻身时需在他人帮助下维持患髋外展中立位，以免因肌力不足导致髋屈曲、内收和内旋造成脱位。

2）卧位-起坐训练：用双臂支撑坐起，开始练习时如不能独立完成可给予少量辅助，逐渐过渡到独立完成。切忌借助床头系带或他人大力牵拉坐起。尤其是长期卧床或年长者，因腘绳肌紧张患者不易控制屈髋角度，易导致关节脱位。

3）长腿坐-床边坐位转移：将患肢移至床边，身体前移并将双脚搬离床面，双手支撑床边，缓慢向前移动，直至双脚接触地面，牢记患腿始终在前。

4）坐-站的转移：患侧膝足在前、健侧膝足在后，双手支撑助行器，健腿负重，重心移动过程中注意屈髋不能超过 90°，用辅助器具将身体撑起。由站立到卧床的步骤刚好相反。

5）洗手间的转移：使用助行器或拐杖走到厕所，背对坐厕并向后移动，直至足跟接触硬物，抓住扶手提供支撑，健腿支撑缓慢坐下。起立时，步骤相反。

（4）使用辅助器具步行：根据适当的承重要求，治疗师教会患者在步行器或拐杖辅助下对手术侧下肢进行部分承重的步态训练。在辅助器具协助下进行渐进性步行，下肢对称性负重、交替性步行和非交替性台阶练习。站立时避免在没有支点的情况下旋转手术侧下肢，转身时不要旋转或扭动术侧下肢。上楼梯或者跨越栏杆时先迈健侧腿，下楼梯时先迈手术侧腿。

（5）独立进行基本 ADL 训练：由于患者在一段时间内不能过度屈曲髋关节或将足靠近手，所以需要使用辅助器具来帮助穿衣、洗澡、如厕、功能性活动及家务活动（表 17-8）。

表 17-8   人工髋关节/膝关节置换术后常用的辅助具

问题	辅助具
穿脱袜子	穿袜器
穿脱裤子	穿衣钩
穿脱鞋	长柄鞋拔
厕所、椅子和床之间转移	加高厕所底座或增高便器、椅子、床的高度
坐椅子	椅背加置楔形靠垫
洗澡	长柄洗澡海绵、防滑垫、扶手、洗澡凳
拾物	持物器

1）穿衣服：尽量穿舒适宽松的衣服。穿衣服时，不要过度弯曲腿、交叉腿和抬高腿，不要单腿站立穿裤子。使用辅助器具如穿衣钩、鞋拔、穿袜器等帮助完成穿鞋、裤、裙、袜动作。

2）洗漱和修饰：患者不能负重或接触式负重时最好采用坐位进行 ADL，当患者能够部分负重，尽量在安全情况下站立进行洗漱和修饰等活动。

3）如厕：马桶使用加高坐垫防止髋关节坐下和站起时过度屈曲。可安装固定扶手和防滑垫增加安全性。加高坐垫一般使用至术后 8~12 周。

4）洗澡：沐浴过程中注意髋关节各种危险体位和姿势。使用坚固并具有合适高度的沐浴椅；浴室地板铺防滑垫；在墙上安装把手；肥皂用绳子系上防止滑落；使用淋浴花洒更利于完成该项活动。

5）非交替性上下台阶：上楼梯时，健腿先上一台阶，然后术腿迈向同一台阶。下楼梯时术腿先下一台阶，然后下健腿。根据医生和治疗师的建议，使用助行器步行 4~6 周。

（6）平衡和本体感觉训练：单侧负重训练前应以具备双侧负重转移能力为前提。在不同支撑面上练习，如单向摇板，可从矢状面上开始，逐渐过渡到冠状面。还可采用平衡训练系统来提高平衡及本体感觉能力。

（7）家居环境改造：充分考虑座椅、床、凳子、坐厕等的高度，确保稳定性和安全性。注意室内地面是否光滑，避免潜在危险。移除可能引起绊倒的物品或家具，确保在使用助行器或拐杖的情况下能顺利通过；橱柜、衣柜、书柜内常用物品放置在容易拿取到的位置；厕所和浴室的地面铺防滑垫、安装安全扶手等。

（二）膝关节置换术后的作业治疗

作业治疗的目的是增加关节活动度和肌力、提高本体感觉和步行能力，改善步态，提高日常生活能力如转移、上下楼梯、穿衣、穿鞋袜、家务活动等。指导使用辅助器具站立和步行。

1. 作业治疗方案

1 周内：转移训练；使用助行器步行训练；出院前家庭环境的评估；使用辅助器具进行 ADL 训练。

2~8 周：主动辅助屈膝≥105°；有或无辅助器具下恢复正常步态；独立进行 ADL。

9~12 周：最大限度地恢复 ROM，主动辅助屈曲膝关节≥115°，独立进行 ADL，包括系鞋带、穿袜子等。上台阶高度 15~20cm，下台阶高度 10~15cm。

2. 膝关节置换术后的作业治疗实施   治疗中如出现患侧肢体的肿胀加重，切口处有血液流出，切口边缘裂开，膝关节的运动损伤，小腿剧烈疼痛，应及时告知医生以便进行诊断和处理。

（1）床上活动：侧卧位时，在双膝之间夹枕头使患侧下肢放松，以减少双膝之间的摩擦和挤压;仰卧位时,勿将枕头放在膝关节下方,踝下垫毛巾卷被动伸膝;如膝关节肿胀或疼痛明显者,可冷敷膝关节 10~20 分钟;尽量屈伸膝关节以减轻僵硬;运动后抬高患肢防止水肿。

（2）转移训练:由卧位到站立位方法比较简单,起坐后用双手支撑将身体移至床边,健腿先下,后将术侧下肢移动到床边,身体前倾双手支撑助行器与健侧下肢同时用力支撑站起。伸直术侧下肢,重心逐渐放在双足上。坐下动作与之相反。转移时不应使膝关节产生严重的疼痛。

（3）步行训练:需要与手术医生讨论具体下地负荷及行走时间。使用辅助器具在能够忍受疼痛的范围内负重进行步行训练。站立时,尽量保持将重量放在双脚上;避免长时间的坐位、站立和行走;避免活动时产生严重疼痛。

（4）辅助器具的使用:为了防止过度屈膝产生的疼痛及关节不稳,建议患者使用辅助器具来帮助完成日常生活活动。早期因膝关节疼痛、肿胀、活动受限,穿衣、袜子、长裤、内裤、短裤、鞋子等成了暂时问题。使用辅助器具可以帮助患者独立地完成大部分作业活动。

（5）上下阶梯训练:由每阶 5~10cm 开始,待股四头肌力量强化练习后可将台阶高度增加至 15~20cm,下台阶的高度在 10~15cm。上台阶时,先将健侧肢体迈上一台阶,术侧肢体跟上同一台阶,拐杖紧跟上同一台阶,重复。下楼梯时,将拐杖移至下一台阶,术侧肢体移下台阶,健侧下肢移下同一台阶,重复。拐杖放在前面,渐渐地将重量放在拐杖上,然后慢慢放在手术侧肢体上。

（6）穿衣训练:使用辅助器具完成,如穿衣钩、穿袜器。

（7）本体感觉训练:盲视下关节角度重复训练,单腿静态站立,双侧关节感知训练等。

（8）环境评估:出院前作业治疗师根据患者的具体情况和要求,对家庭及社区环境进行评估,可通过与患者面谈、问卷调查或实际考察完成,目的是了解家庭及社区中的安全性以及舒适和方便程度。评价患者需要何种辅助器具或设备,为出院后回家做准备。例如,房间物体的摆放是否有利于进出,移除可能引起绊倒的物品或家具,确保在使用助行器或拐杖的情况下能顺利通过;重新摆放物件腾出更多便于自由活动的空间;经常坐的座椅和沙发不宜太低;橱柜、衣柜、书柜内常用物品放置在容易拿到的位置;厕所和浴室的地面铺防滑垫、安装安全扶手等。

第八节　截　　肢

一、概述

截肢是指将无生命和无功能、无法或不能保留的肢体全部或部分切除,其中经关节平面的截肢又称为关节离断。截肢是将已失去生存能力、危及患者生命安全或已丧失生理功能的肢体切除,以挽救患者的生命,因此截肢是一种破坏性手术。由于截肢,患者将失去肢体的一部分,造成终身残疾;但截肢更是一种重建与修复性手术,手术目的是尽可能保留残肢和残肢功能,并通过残肢训练和安装假肢,代替和重建已切除肢体的功能,使患者尽早回归社会。

大多数截肢是为了挽救或延长患者的生命而不得已采用的手术;有时也会由于有的肢体已完成丧失功能,解除后安装假肢可更有利于恢复功能而截肢。常见的截肢原因有:严重创伤、严重感染、肿瘤、周围血管病变、神经损伤或疾病、小儿先天性发育异常等。

二、临床表现及功能障碍

1. 残肢痛　截肢术后 3~5 天出现的整个肢体顽固性疼痛,患者并不感觉手术伤口疼痛,而是整个肢体疼痛,白天不明显,夜间加重,疼痛发作时在他人提醒后,患者看到自己疼痛的肢体根本不存在时疼痛可缓解,研究表明中枢神经或周围神经损伤及心理因素是残肢痛的主要原因。

2. 幻肢痛　患者肢体被截除后,仍感觉到被截除的肢体出现钳夹样、针刺样、灼烧样或切割样疼痛,其常与残肢痛并存,发生率通常在 50%~80%。

3. 肌力下降　截肢前由于肢体长期病损而出现失用性肌萎缩,以及截肢后短期内肢体失用而出现肌力下降的现象极其普遍。上臂或前臂截肢后,残留的屈肌肌力和肩周肌群力量可能会下降;大腿截肢后,髋周肌群(如臀大肌、臀中肌、髂腰肌等)肌力会有下降的可能;小腿截肢后,还应该考虑股四头肌和腘绳肌肌力下降的可能。

4. 关节活动受限　截肢前肢体长期活动不充分,或者截肢后短期内因为畏惧心理等因素而限制活动均会造成截肢邻近关节活动不同程度受限。

5. 皮肤异常　皮肤条件的好坏直接影响假肢的佩戴。截肢后残肢皮肤常有瘢痕、溃疡、窦道、肿胀、褶皱或松弛等情况。同时也要考虑残肢感觉有无异常(迟钝、敏感),以及皮肤的血液循环状态是否正常。

6. 残肢畸形　截肢后容易出现外形畸形,如大腿截肢后容易出现髋关节屈曲外展畸形,小腿截肢易伴膝关节屈曲畸形或腓骨外展畸形。

7. 活动和参与能力受限　由于感觉异常、肿胀、关节僵硬导致患者的日常生活活动、休闲活动、生产活动减少。而身体活动减少又会增加肥胖、高血脂、高血压、冠心病等疾病的发病率。

8. 生活质量下降和心理障碍　幻肢痛反复发作和活动参与能力受限,患者常表现为对各种活动的参与减少甚至恐惧,长此以往生活质量显著下降,同时产生不同程度的心理障碍。

三、检查和评估

对截肢患者不仅要进行残肢状态的评估,而且不能忽视对患者全身状态,以及活动和参与能力的评估。

1. 残肢评估　残肢条件直接影响假肢的装配和后续功能发挥,常见的残肢可分为理想残肢和非理想残肢。①理想残肢:残肢有一定长度,呈圆柱状。残肢末端皮肤及软组织血运状态良好、无大片瘢痕增生,感觉良好,无幻肢痛和残肢痛,肌力正常,关节活动度良好,无畸形等。通过良好的康复训练之后,假肢对残肢有良好的悬吊、称重和控制能力,可以发挥良好的功能代偿。②非理想残肢:残肢不能达到理想残肢的所有条件,影响假肢的制作和穿戴。如大面积瘢痕、神经瘤、关节屈曲畸形、残端骨刺、圆锥形残肢等,对于非理想残肢,需要接受系统、规范康复治疗才能更好地装配和使用假肢。

(1) 残肢外形:作业治疗师应该观察残肢是否有畸形,如出现圆锥形残肢、明显畸形等不宜安装假肢,即使安装也会影响假肢的穿戴和使用。

(2) 残肢皮肤:皮肤状态决定假肢使用的舒适度及其功能发挥状态。作业治疗师要检查残肢皮肤有无明显的溃破和瘢痕,对残肢深感觉和浅感觉的评估也至关重要。

(3) 残肢长度:残肢长度与假肢种类的选择密切相关,并且影响假肢的控制能力、承重能力和代偿功能。长残肢患者可选用活动性高的假肢;短残肢患者可选用稳定性高的假肢。

残肢长度的测量方法如下:①上臂残肢长度是从腋窝前缘到残肢末端;②前臂残肢长度是从尺骨鹰嘴沿尺骨到残肢末端;③大腿残肢长度是从坐骨结节沿大腿后侧到残肢末端;④小腿残肢长度是从膝关节外侧间隙到残肢末端。

（4）关节活动度:使用量角器测量截肢部位相邻关节的活动度。还可以通过计算机三维运动分析残肢在功能性活动时各关节的协调运动。

（5）肌力:采用徒手肌力评定法或用仪器进行等速肌力测试。

（6）残肢痛:可用视觉模拟评分法(VAS)自评疼痛程度,也可采用 McGill 疼痛问卷调查了解疼痛性质,用目测类比法、口述分级评分法、数字评分法等量化疼痛程度。

（7）幻肢痛:同上。

2. 日常生活活动能力评估 截肢患者在生活或工作方面都会遇到诸多不便,影响其日常生活活动参与,可使用改良 Barthel 指数、FIM 等进行评估。

3. 整体状态评估 除了评估患者残肢局部外,还要关注患者整体状态,如营养状况、身高胖瘦、年龄、职业、兴趣爱好等。

四、方案与实施

截肢患者作业治疗的目的是预防或减少关节活动受限、粘连、僵硬、畸形等并发症的发生;减缓或阻止肌肉力量与耐力的下降;减少残肢末端皮肤的异常感觉;帮助减轻患者幻肢痛或残肢痛状态,促进生活、工作及社区参与,提高患者生活质量,提升其社会价值感和幸福感。对于截肢患者的作业治疗介入应该在截肢前和截肢后分别进行。

（一）截肢术前作业治疗

1. 心理干预 大多数截肢患者在手术前后会有较大的心理压力,他们往往感到焦虑、害怕、不安,甚至充满悲观,对未来失去希望。作业治疗师应该积极引导患者及家属正视疾病的严重性和截肢的必要性,使患者及家属早有心理准备。并且,对家属或照护者的心理干预和正向引导也极其关键,因为照护者的情绪和心理状态会直接或间接影响患者的心理感受。作业治疗师应该抓住患者的兴趣及爱好设计一些趣味性作业活动,可以调节情绪,减缓压力,促进心理平衡。

2. 关节活动训练 对于一些患病日久或老年患者,由于长期卧床或疼痛不适等引起的关节活动受限,作业治疗师可应用球类运动、舞蹈、绘画、书法、编织、特殊传感控制器控制的电子游戏、橡皮泥作业、纺织等方法以增加患者关节活动度。

3. 肌力和耐力训练 为了术后残肢更好地控制和使用假肢,术前应该加强患肢肢体力量和耐力训练。作业治疗师可以使用沙袋、弹力带、哑铃等对患者进行肢体力量和耐力训练,同时也可以使用手功能综合康复训练设备或减重力跑台等仪器设备对患者进行训练。

4. ADL 训练 作业治疗的最终目的是帮助截肢患者能够更好地参与日常生活、工作和社会。因而对于上肢截肢的患者在截肢前,作业治疗师应该教授"非利手"健手的使用方法;对于下肢截肢患者在截肢前,作业治疗师应该宣教患者健侧单腿平衡训练,及拐杖和助行器的使用方法,上下楼梯,进出交通工具等。

（二）截肢术后作业治疗

1. 心理干预 上肢丧失会导致抓握、感觉和操纵物体的能力发生变化;下肢丧失会影响患者步行及参与社交活动。这种损失会深刻影响一个人的身体结构、自尊和效能感。肢体丧失不仅影响身体功能,而且影响患者在生活角色中的能力和满意度、自我维持及自我提升,因而截肢对患者精神上的打击胜过身体,影响康复进程。作业治疗师应该通过以下方法帮助患者尽早摆脱心理障碍。

（1）截肢术后康复宣教：通过短视频、讲座、图册等形式向患者介绍假肢装配及截肢后康复相关知识。

（2）请截肢术后康复成功的患者进行现身说法，对患者进行鼓励和安慰，帮助他们重新树立康复的信心和勇气。

（3）对患者家属或陪伴者进行宣教，让他们了解截肢对患者本人心理的打击和创伤，在日常生活中对患者多包容、鼓励，有助于调整患者的心态。

2. 保持合理的残肢体位　下肢截肢后由于双侧肌力不平衡，致使残肢在短时间内处于错误体位而造成挛缩，对安装假肢不利。

大腿截肢后，髋关节应保持伸直位，避免外展。仰卧位时不要在腰部下面或两腿之间放入枕头，站立时不要将残肢放在腋拐的扶手上，以防止髋关节屈曲外展畸形。理想的大腿截肢后的良肢位应该是仰卧位时髋关节保持伸展、内收位，侧卧位时患侧在上、髋关节内收，还可采取俯卧位的睡觉姿势。

小腿截肢，卧位时膝关节应伸直，不要在膝部的下面垫枕头，不要躺在床上将小腿垂在床边，也不要坐在床边或轮椅上下垂小腿。小腿残肢的正确体位应当是保持膝关节伸直位。

3. 镜像治疗　幻肢痛严重影响截肢患者的生活质量，镜像治疗对有效缓解幻肢痛已得到临床证实。镜像视觉反馈（mirror visual feedback，MVF）疗法是一种新型的想象疗法，运用平面镜成像原理，在治疗时将镜子置于健、患侧肢体之间阻断视线，两侧肢体均进行活动训练时，在镜子中可反射出健侧肢体完整的功能活动，以此激活大脑中的镜像神经元，将视觉观察到的健侧肢体活动画面在大脑中复制到患侧，使患者产生患肢的肢体功能增强的视觉错觉，从而触发患侧肢体运动，促进功能康复。作业治疗师可鼓励患者根据自身情况每天锻炼 15~20 分钟，作为家庭计划的一部分。建议患者每天使用视觉模拟评分法，跟踪幻肢痛发作的次数和持续时间，以确定镜像疗法是否有效。

4. 残肢皮肤护理　截肢术后手术创伤面积大，血液循环差，再加上术后需使用弹力绷带缠绕，皮肤透气性差，残肢皮肤易出现水疱、汗疹、皮肤擦伤、细菌或真菌感染。一旦发生以上问题，将影响肢体的功能训练及穿戴假肢。因此，作业治疗师应指导患者保持残肢皮肤清洁、干燥。具体做法：每日睡前清洗残肢，用干毛巾擦干。残肢套应保持清洁、干燥，每天至少更换 1 次，如出汗多或有其他问题，应增加更换次数。穿戴残肢套时一定要注意防止出现皱褶。一旦残肢出现水疱、汗疹等应及时采取措施。局部用外用药涂抹，暂时不穿戴假肢。

5. 弹性绷带包扎技术　截肢术后或伤口拆线后，持续进行弹性绷带包扎残肢，是预防或减少残肢肿胀，促进残肢定型的最重要方法（图 17-12）。

具体方法如下：用 15~20cm 宽的弹性绷带包扎残肢，包扎时必须牢固地贴合肢体，先顺沿残肢长轴包绕 2~3 次，再从远端开始斜行向近端包扎，应以斜 8 字形方式缠绕。不能环状缠绕，压力从远端向近端应逐渐减小，否则会使末端肿胀加重。残肢绝对不能以圆形方式包裹，因为这样会造成止血带效应并限制血液循环。对于大腿残肢，应缠绕至骨盆部，小腿残肢应缠绕到大腿部。建议患者每天取下绷带 2~3 次，检查皮肤是否有红肿或压力过大。绷带可以用温和的肥皂清洗，然后自然晾干。

6. 肌力和耐力训练　同术前。

7. 关节活动训练　同术前。

8. ADL 训练　术后应根据患者病情尽早开始 ADL 训练，如翻身、坐起、上下床、使用轮椅或腋拐转移、如厕、洗漱和穿衣等日常生活动作。要让截肢者尽早掌握截肢后的转移方法，开始转移训练。训练中要注意观察患者的反应和全身状况，以免发生危险。

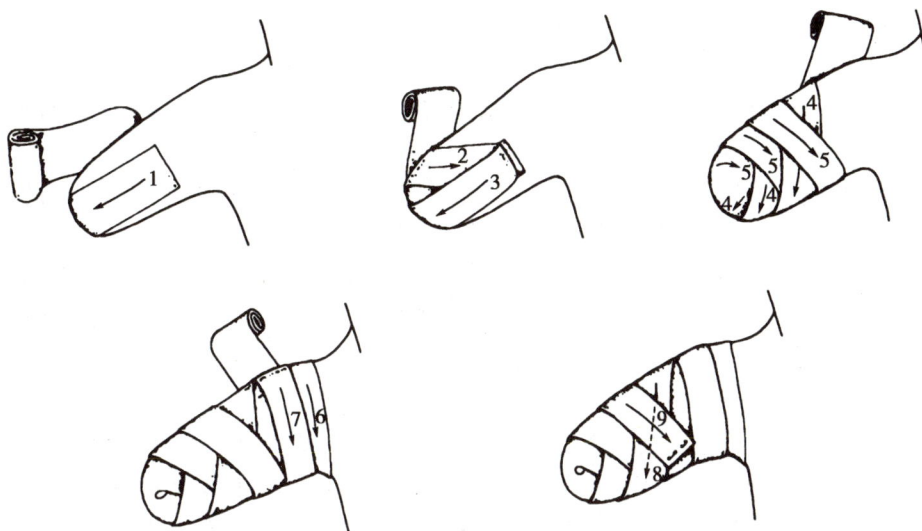

图 17-12　弹性绷带包扎技术

第九节　慢性累积性损伤

一、概述

近年来随着手机、电脑的普及,以及现代生活、工作方式的改变,慢性累积性损伤的发生率越来越高。人体长期、反复、持续地处于某种体位或姿势,造成对某一局部的应力而产生的损伤,称为慢性累积性损伤。其临床表现常有以下共性:特定部位有压痛点,常伴随特定体征;近期有与疼痛相关的不良姿势或体位;局部炎症不明显;患者的职业有造成损伤的姿势或体位的风险。本章主要介绍几种临床常见的慢性累积性损伤,如肩关节周围炎、肱骨外上髁炎(俗称网球肘)、狭窄性腱鞘炎。

慢性累积性损伤除了引起局部疼痛不适之外,还会引起局部甚至相邻部位的运动功能障碍,严重者可影响患者的生活质量、睡眠和精神状态。当症状首次发作时,患者除了积极接受治疗外,也应该避免引起不适症状的体位,对于严重者应该考虑调换工作。

二、临床表现及功能障碍

1. **身体功能障碍**　常表现为损伤局部的疼痛、肌肉萎缩、邻近关节活动受限、肌力下降、手功能障碍等。主要原因是早期疼痛限制了患者对病患部位的使用,进而出现软组织粘连及失用性萎缩。

2. **日常生活能力障碍**　常表现为进食、穿衣、洗漱、修饰、洗澡、个人卫生、书写、敲键盘,以及做饭、打扫卫生、购物、洗衣、开车、使用手机等障碍。

3. **活动和参与能力障碍**　常表现为不能或很少参与工作、社会、休闲及体育运动。患者由于疼痛、活动受限或肌肉无力等致使参与能力及效率下降,如果不能及时调适环境或姿势,症状还会进一步加重。

4. **心理障碍**　因为日常生活中不可避免地用上肢而导致疾病反复发作,并且迁延不愈,使得绝大多数患者心理负担较重,甚至对治疗失去信心,表现为焦虑甚至抑郁。作业治疗师应给予患者及家属正面引导和宣教,使其了解负面心理因素对疾病康复产生的弊端。

三、检查与评估

作业治疗师对患者进行详细、客观的评估有助于制订康复方案,以最大限度地帮助患者回归之前的生活或工作状态。

1. **一般评定** 包括疼痛、关节活动度、肌力、肌肉围度、耐力、感觉、认知功能等的评定。

2. **日常生活能力评定** 可采用改良 Barthel 指数、FIM 等进行评估。

3. **环境评估** 慢性累积性损伤多发于长期固定姿势的人群,因而除了进行康复治疗之外,环境调适同样重要。作业治疗师可通过问卷调查或者实地探访的方式对患者的生活或工作环境进行评估,为环境改造和辅具适配提供依据。

4. **特殊评估**

(1) 肩关节功能评定:根据患者肩关节疼痛(P)、关节活动度(R)、日常生活活动能力(A)、肌力(M)及关节局部形态(F)5 个方面进行综合评定,总分(T)为 100 分。P:患者自觉疼痛的程度和是否影响活动评分,最高 30 分;R:患侧肩关节 ROM 评分,最高 25 分;A:穿上衣、梳头、翻衣领、系围裙、使用手纸、擦对侧腋窝及系腰带 7 项日常生活活动评分,每项最高5 分,共 35 分;M:徒手肌力评定法对肩关节五大肌群(前屈、外展、后伸、外旋及内旋)的肌力进行综合评分,最高 5 分;F:肩关节有无脱位、畸形、假关节形成及其程度评分,最高 5 分。其中,P、R、A 的总分占 90%,M、F 的总分占 10%。在治疗前后分别进行评测,分值越高,肩关节功能越好(表 17-9)。

表 17-9 肩关节功能评价量表

项目			评分标准				得分	小计
1. P(30分)	无							
	有时略微疼痛,活动无障碍							
	轻度疼痛,普通活动无障碍							
	中度疼痛,能够忍受							
	高度疼痛,活动严重受限							
	因疼痛而完全不能活动							
2. R(25分)		6	5	4/3*	2	1	0	
	前屈	>150°	149°~120°	119°~90°	89°~60°	59°~30°	<30°	
	外展	>150°	149°~120°	119°~90°	89°~60°	59°~30°	<30°	
	外旋		>60°	59°~40°	39°~20°	19°~10°	<10°	
	内旋		>60°	59°~40°	39°~20°	19°~10°	<10°	
	后伸			>45°	44°~30°	29°~15°	<15°	
3. M(5分)	5级	4级	3级	2级	1级	0级		
	5	4	3	2	1	0		
4. A(35分)			容易完成	勉强疼痛困难	无法完成			
	穿上衣		5	3	0			
	梳头		5	3	0			
	翻衣领		5	3	0			
	系围裙		5	3	0			
	使用手纸		5	3	0			
	擦对侧腋窝		5	3	0			
	系腰带		5	3	0			

笔记栏

续表

项目	评分标准				得分	小计
F（5分）	无异常	轻度异常	中度异常	重度异常		
	5	3	2	0		
（备注：* 外旋、内旋、后伸为 3 分）	总分：　　　分					
评定者：	评定日期：　　年　　月　　日					

（2）肱骨外上髁炎疼痛程度评估：除了常用的视觉模拟评分法、McGill 疼痛问卷之外，还可以用 Nirschl 肌腱病疼痛分期量表进行评估（表 17-10）。

表 17-10　Nirschl 肌腱病疼痛分期

1 期	运动后轻度疼痛，24 小时内缓解
2 期	运动后疼痛超过 48 小时，通过热身缓解
3 期	运动时疼痛但不影响运动
4 期	运动时疼痛且影响运动
5 期	日常重体力活动引起疼痛
6 期	间歇性静息痛但不影响睡眠，日常轻体力活动可引起疼痛
7 期	持续性静息痛（钝痛），影响睡眠

（3）疗效评定：常采用 Verhaar 网球肘疗效评分对肱骨外上髁炎的疗效进行评定，分为优、良、可、差 4 个等级（表 17-11）。

表 17-11　Verhaar 网球肘疗效评分

分级	临床表现
优	外上髁疼痛完全解除；握力没有下降；腕关节背伸时不诱发疼痛；患者对治疗结果满意
良	外上髁疼痛偶尔发生，用力之后疼痛明显；握力没有或轻微下降；腕关节背伸时不诱发疼痛；患者对治疗结果满意
可	用力活动后外上髁处不适，但是比治疗前好得多；握力轻度或中度下降；腕关节背伸时诱发轻度或中度疼痛；患者对治疗结果满意或中等满意
差	外上髁的疼痛没有减轻；握力明显下降；患者对治疗结果不满意

四、方案与实施

作业治疗方案的拟定是基于科学、系统的评估，作业治疗师应合理运用理论架构，充分考虑人、环境、作业活动三者之间的动态关系，灵活制订或调整作业治疗方案，以帮助患者可以顺利、持续地配合作业训练。

（一）肩关节周围炎的作业治疗

1. 作业治疗目的

（1）急性期：以缓解疼痛为主，适度进行作业活动。

（2）慢性期：以维持和松解关节活动度、增强肌力的作业活动为主。

（3）功能恢复期：以作业活动参与为主，回归正常生活、工作状态。

2. 作业治疗方法

（1）急性期

1）作业治疗宣教：患者在急性期往往不知所措，并且进行不合理的作业活动，这些行为会对患肩造成进一步伤害。作业治疗师应该告诉患者在此期间能做和不能做的事情，比如说当疼痛明显时，患者应该以患肩局部制动为主，尽量少用或不用患侧肩关节。患者不能做患肩暴力性动作或挤压，如打球、过度用力、提重物、睡觉时侧身挤压患肩等。同时，作业治疗师应该让患者知道，此病是一种自愈性疾病，不用过于焦虑，科学合理地对待，情况会越来越好。

2）缓解疼痛：疼痛是肩周炎急性期最为突出的症状，有的患者因为疼痛而影响睡眠，严重影响患者生活质量，并且容易造成心理疾病。作业治疗师可以教授患者自我缓解的方法，如在此期间可以通过深呼吸、听轻音乐、意念转移等方法缓解疼痛；也可以通过理疗、冰敷、服用镇痛药等方法缓解疼痛。

（2）慢性期及功能恢复期

1）肩关节活动度训练：经历了急性期的因为疼痛而制动后，肩周各关节活动度出现不同程度的受限，如盂肱关节、肩胛胸壁关节等。作业治疗师除了进行手法松解外，还应该进行作业活动训练，如肩关节闭链全范围活动操（图 17-13），手持体操棒上下、左右向训练（图17-14、图 17-15），套圈训练（图 17-16），抛接球训练，上肢综合训练设备训练（图 17-17），正（侧）位爬墙训练等。训练强度和时间应遵循"循序渐进"原则，一切以"患者为中心"，随时调整作业治疗方案，并且应该对患者的训练情况进行追踪、随访。

2）肩周肌群力量训练：急性期患侧肩关节的制动导致肩周肌群失用性萎缩、无力，特别是三角肌萎缩临床最为常见。力量降低会极大限制患者的 ADL 参与，影响生活质量。作业治疗师可以对患者进行力量训练，如手持哑铃或弹力带进行肩外展、前屈、后伸等动作训练（图 17-18）；也可以有意识地手持随身包进行外展等不同方向锻炼。

3）作业活动参与：这两个阶段的患者都应该尽可能地参与作业活动，作业活动不仅是患者融入生活、工作和社会的体现，更是一种康复锻炼方式。作业治疗师应该和患者一起设计适合患者的作业活动，作业活动应该遵循"实用、合宜、可持续锻炼"的原则，以确保最大限度地帮助患者回归生活、职业和社会。

图 17-13　肩关节闭链活动

图 17-14　体操棒上下向训练

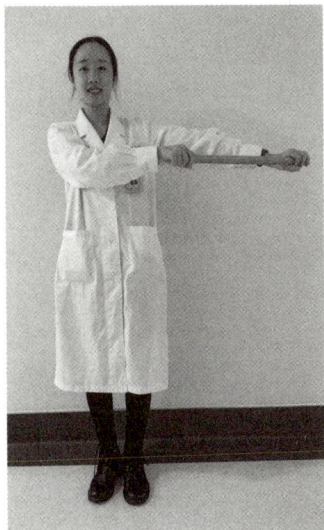

图 17-15　体操棒左右向训练

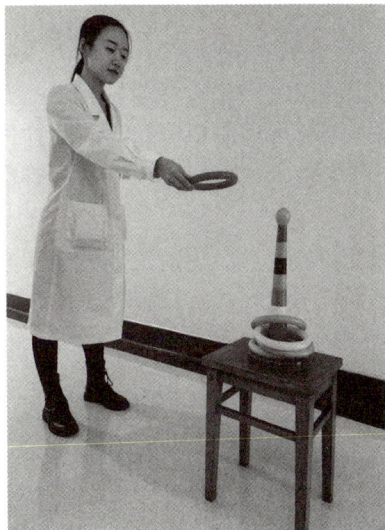

图 17-16　套圈训练

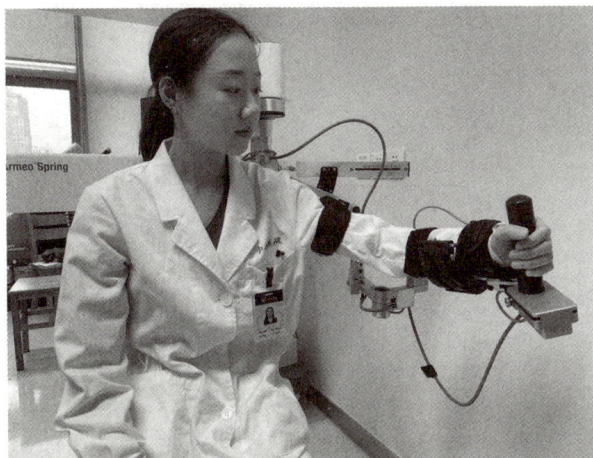

图 17-17　上肢综合训练设备

图 17-18　弹力带后伸训练

（二）肱骨外上髁炎的作业治疗

1. 作业治疗目的

（1）缓解疼痛，减少焦虑情绪。

（2）健康宣教，增强患者及家属对此病的了解。

（3）维持受累关节的活动度。

（4）维持受累肌群的肌力和耐力。

（5）调整作业策略，增强 ADL 参与，提高生活质量。

2. 作业治疗方法

（1）急性期

1）缓解疼痛，安抚情绪：网球肘导致肱骨外上髁附近疼痛，并且一般的日常作业活动均可引起疼痛不适感，长期疼痛会给患者带来极大的心理负担。作业治疗师可以建议患者通过冷敷、听轻音乐、深呼吸、转移注意力、手法按摩、超声治疗、理疗，佩戴支具、反力固定带

（图 17-19）等方式缓解疼痛和焦虑情绪。

2）健康宣教：作业治疗师对患者及家属进行肱骨外上髁炎病理生理、预防及康复方法等相关知识的宣教。让患者增强信心，知晓此病是一种自愈性疾病，非手术治疗也常能奏效。在急性期要严格避免引起疼痛的动作和姿势；愈后也应该注意保暖，并且在日常活动中避免长时间提重物、骑电动车、打网球等作业活动。

（2）恢复期

1）肌力和耐力训练：对于前臂和手部肌力及耐力下降患者，作业治疗师可设计一些针对性的作业活动，如握弹力球（图 17-20）、指力训练器（图 17-21）、抓指弹力网（图 17-22）、揉捏橡皮泥（图 17-23）、哑铃、弹力带等对前臂肌力和耐力进行训练。

2）关节活动度训练：作业治疗师可通过关节松动技术、手法牵伸僵硬挛缩的关节，也可使用镜像康复手功能仪（图 17-24）、套杯训练（图 17-25）、智能运动康复等仪器设备进行训练。

3）节省能量，调整作业策略：正确使用能量节约技术、根据人体工效学原理进行日常生活和工作环境改造对肱骨外上髁炎患者的康复至关重要。患者日常生活中应尽量减少肘关节旋后、腕关节背伸等动作的使用频率和强度，以减少损伤的进一步发生、发展。科学合理

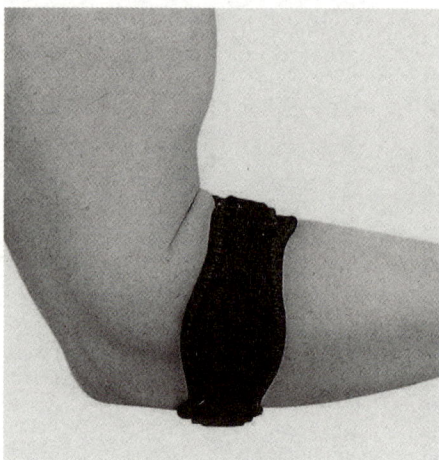

图 17-19　反力固定带

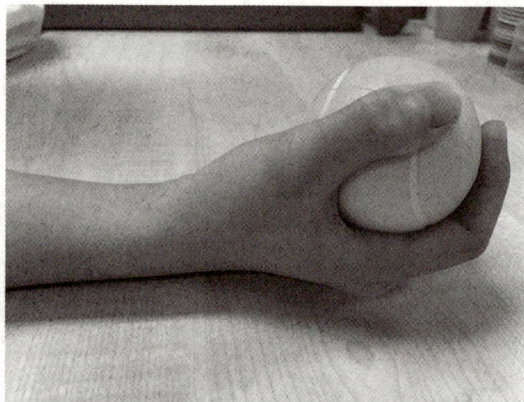

图 17-20　弹力球训练

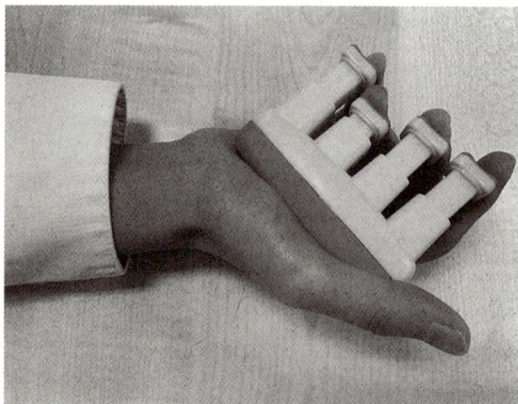

图 17-21　指力训练器训练

图 17-22　抓指弹力网训练

图 17-23　橡皮泥训练

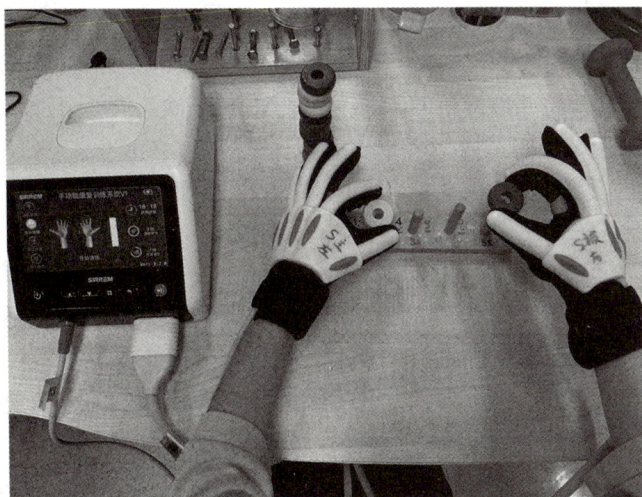

图 17-24　镜像康复手功能仪

图 17-25　套杯训练

地调整作业策略对患者的康复也很必要,如家务劳动尽量使用家用电器而避免用手,如洗衣机、电动开罐器、洗碗机、扫地机器人等;对工作环境进行合理改造,尽量减少对肱骨外上髁的刺激和损害;建议患者使用矫形器或辅助器具,不仅省力、减缓疼痛而且可以保护关节,如反力固定带、粗柄工具、支具等。

(三)狭窄性腱鞘炎的作业治疗

1. 作业治疗目的

(1) 舒缓情绪,缓解疼痛。

(2) 节约能量,节省体力。

(3) 维持关节活动度,防止关节挛缩。

(4) 科学宣教,让患者对该病有认知。

(5) 改造环境,便于生活和工作。

(6) 辅助器具赋能预防和矫正畸形,提高 ADL 参与能力。

2. 作业治疗方法

(1) 缓解疼痛,舒缓情绪:狭窄性腱鞘炎导致的腕、手局部疼痛容易反复发作,并且病程较长,长期疼痛给患者带来极大的心理负担。作业治疗师可以建议患者通过热敷保暖、听轻音乐、深呼吸、转移注意力等方式缓解疼痛和焦虑情绪。

（2）节省能量：作业治疗师应对狭窄性腱鞘炎患者进行能量节约技术的宣教，患者的日常生活活动一定以节省能量为原则，尽量减少腕、手指关节的使用频率和强度，以减少损伤的进一步发生、发展。具体如下：

1）提前列好每日工作及日常生活活动的时间表，不能长时间使腕和手指维持一个姿势进行作业活动，并且需要劳逸结合。

2）家务劳动尽量使用自动化设备，工作尽量应用自动化工具，如电动绞肉机、电动开罐器、洗碗机、扫地机器人等。

3）使用辅助器具，如开瓶器、粗柄工具、电动牙刷、腕关节保护鼠标垫以保护关节。

4）使用支具固定损伤关节，以减少损伤部位受力，抑制炎症反应，不仅可有效防止或减缓疼痛，还可防止受伤关节变形或畸形。

（3）力量和耐力训练：狭窄性腱鞘炎由于疼痛、肿胀、感觉障碍等原因而使患手的活动参与减少，长时间失用导致患手及邻近肌群的肌力和耐力减退。作业治疗师可以对患者进行手指肌力和耐力训练，如用手指握力器（图17-26）、捏乒乓球（图17-27）、腕关节哑铃训练（图17-28、图17-29）、掌根按压橡皮泥训练（图17-30）等。在急性期，为了防止炎症加重，应以休息为主，活动不宜过多；运动前可采取局部冷疗法缓解疼痛、减少渗出，关节活动形式以主动或助动运动为主；急性期不宜进行牵伸性治疗，以免进一步损伤关节。在非急性期，运动前采取温热疗法改善局部血液循环，缓解疼痛；被动活动关节要轻柔、缓慢，不要引起关节剧烈疼痛；训练的时间和强度应循序渐进，以患者耐受为度。

（4）感觉训练：对于腕管综合征导致的正中神经卡压引起的桡侧三个半手指的感觉障碍，需要进行感觉训练。感觉过敏者，作业治疗师可用刷子、不同质感的物品对患部进行脱敏治疗；感觉迟钝者，作业治疗师可用刺激球对患部进行感觉刺激训练（图17-31）。

（5）宣教：作业治疗师应对患者及其家属进行狭窄性腱鞘炎的发病机制、预后转归、康复治疗方案、居家自我康复护理等相关知识宣教，消除患者和家属的顾虑，增加康复治疗的积极性。

（6）环境改造：包括家居和工作环境的改造。以节约体能、保护关节为原则，调整室内物件的摆放及改良常用器具。环境改造的目的是创造机会使患者能够适应环境要求，预防受累关节承受不必要的应力，同时继续生活和工作。患者也可以尝试改变利手，对于功能障碍严重影响正常工作时，可以考虑更换工作岗位。

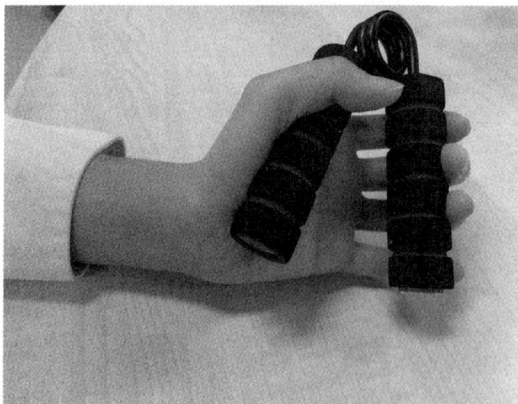

图 17-26 手指握力器训练

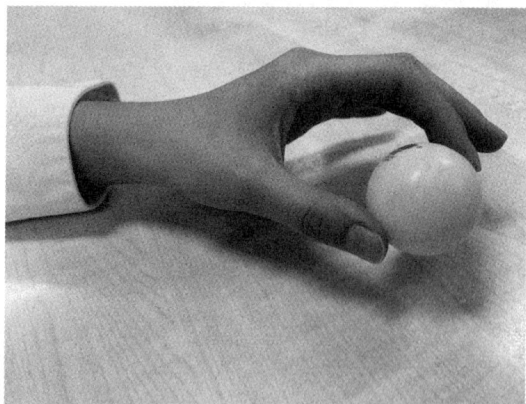

图 17-27 捏乒乓球训练

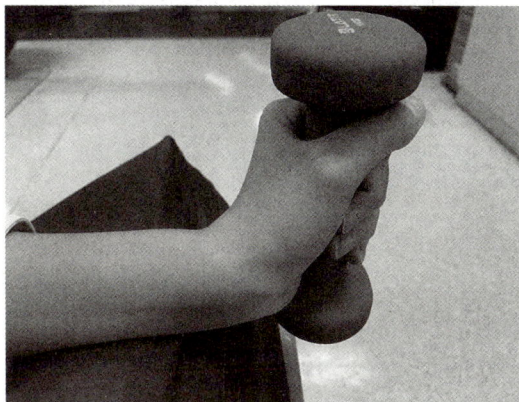

图 17-28　腕关节哑铃训练 1

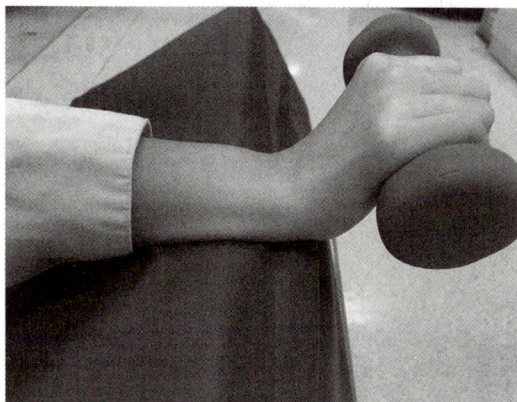

图 17-29　腕关节哑铃训练 2

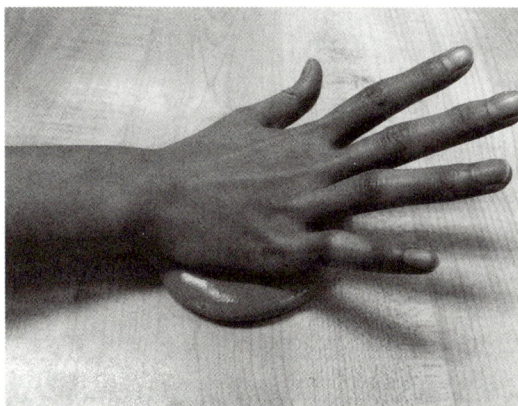

图 17-30　掌根按压橡皮泥训练

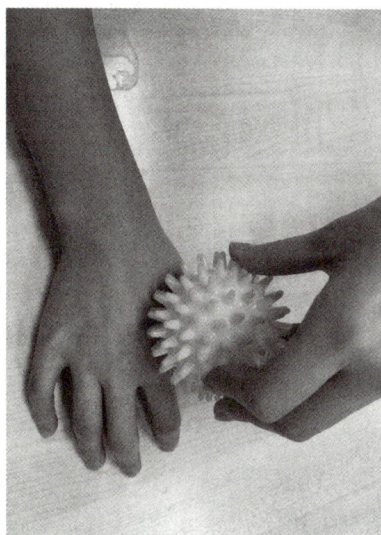

图 17-31　感觉刺激训练

ER-17-8

扫一扫
测一测

●（王晓东　屠金康）

复习思考题

1. 举例说明，如何设计膝骨关节炎患者可以在家庭和工作中应用的功能性活动训练方法。

2. 试述腰椎间盘突出症患者的作业治疗方案。

3. 试述骨折愈合期的作业治疗方案。

4. 举例说明髋关节置换术后实施作业治疗方案的注意事项。

5. 对比分析肩周炎三个不同阶段的作业治疗方案差异。

第十八章

发育障碍与儿童相关疾病的作业治疗

学习目标

1. 描述脑瘫、孤独症谱系障碍、智力发育障碍、注意缺陷多动障碍、发展性协调障碍和学习障碍的临床表现和功能障碍。

2. 阐释上述疾病的作业治疗原则和方法。

3. 应用所学知识,为上述疾病制订作业治疗方案,并开展作业评定和作业治疗干预。

第一节　脑　性　瘫　痪

一、概述

（一）定义

脑性瘫痪（cerebral palsy,CP）,简称脑瘫,是一组持续存在的中枢性运动和姿势发育障碍、活动受限综合征,这种综合征是由于发育中的胎儿或婴幼儿脑部非进行性损伤所致。脑瘫的运动障碍常伴有感觉、知觉、认知、交流和行为障碍,以及癫痫和继发性肌肉、骨骼等问题。脑瘫是一种发育障碍性疾病,会影响儿童终生的发育轨迹及其家庭生活。

（二）高危因素

1. 产前因素　早产（尤其是胎龄<28周、出生体重低于1 000g的极度未成熟儿）,多胎,宫内感染（绒毛膜羊膜炎、各类病毒及细菌感染）,胎儿不良环境暴露（母亲酗酒、吸烟、吸毒,接触放射线、毒物,高热）等。

2. 产时因素　母亲合并症及产程中的突发事件,如胎盘早剥、脐带脱垂、羊水栓塞等引发胎儿宫内窘迫、新生儿窒息,并由此导致严重的围生期脑损伤。

3. 产后因素　是由新生儿出生后所患疾病导致的各种脑损伤和急性脑病,如中枢神经系统感染、低血糖脑病、胆红素脑病,还有严重的脑实质出血、脑梗死、代谢性脑病等。

4. 发育畸形　存在发育畸形,尤其是中枢神经系统结构畸形时,可能造成分娩过程异常、新生儿缺氧窒息,发生脑病的概率是不伴出生缺陷新生儿的3倍,成为这些儿童后期发展为脑瘫的病因。另一研究发现,在脑瘫儿童中,存在中枢神经系统畸形率为14%,而对照组仅为1%。这些儿童在妊娠期脑发育关键时段,不良因素影响了神经细胞的增殖、迁移、分化和突触的形成,脑结构异常成为分娩过程困难和后期脑瘫的生物学基础。

5. 遗传因素　近年研究发现,在部分脑瘫儿童的发病中,有亲缘性、家族聚集的发病倾向,即在同一家系中重复出现脑瘫患者。一些研究提出基因多态性与脑瘫的易感性有关,如血栓形成与炎症相关的基因等。基因突变和拷贝数变异在脑瘫的发病中起到了一定作用,对脑瘫儿童全基因外显子测序显示,14%的病例存在单基因突变,采用染色体微阵列分析进行基因检测发现,31%的儿童存在有临床意义的基因拷贝数变异。

越来越多的研究证明儿童脑瘫与遗传的关系,并具有复杂性,即脑瘫是多种高危因素与遗传学交互作用的结果,基因变异有可能是早产、多胎、宫内发育迟缓、先天畸形等产前高危因素的原因,最终结局是脑瘫。

(三)临床分型和分级

1. 临床分型

(1) 痉挛型四肢瘫:以锥体系受损为主,包括皮质运动区损伤。

(2) 痉挛型双瘫:表现为双下肢痉挛及功能障碍重于双上肢。

(3) 痉挛型偏瘫:痉挛表现在一侧肢体。

(4) 不随意运动型脑瘫:以锥体外系受损为主。

(5) 共济失调型脑瘫:以小脑受损为主,可累及锥体系、锥体外系。

(6) Worster-Drought 综合征:是一种以先天性假性延髓(球上)轻瘫为特征的脑瘫。

(7) 混合型脑瘫:具有上述任意两型以上的特点。

2. 运动功能分级　采用粗大运动功能分级系统(gross motor function classification system,GMFCS)进行脑瘫儿童运动功能障碍程度的评估。GMFCS 是根据脑瘫儿童运动功能受限随年龄变化规律而设计的一套分级系统,是脑瘫运动功能障碍程度的主要依据之一。GMFCS 将脑瘫儿童分为 5 个年龄组(0~2 岁、2~4 岁、4~6 岁、6~12 岁、12~18 岁),每个年龄组根据其运动功能从高至低分为 5 个级别(Ⅰ~Ⅴ级),研究和临床试验证明,GMFCS 对≥2 岁脑瘫儿童运动功能障碍的程度判定结果更为准确。

二、临床表现及功能障碍

脑瘫的临床表现与儿童脑部病变的程度,以及病变部位的分布密切相关。除了中枢性运动功能障碍,脑瘫常伴有其他神经功能异常,如智力发育障碍、癫痫、语言障碍、行为异常等。

(一)脑瘫的临床表现

1. 痉挛型四肢瘫　牵张反射亢进是本型的主要特征。四肢肌张力增高,肩关节后伸、内收、内旋,拇指内收,躯干前屈,下肢内收、内旋、交叉,膝关节屈曲、剪刀步、尖足、足内外翻,拱背坐,腱反射亢进、踝阵挛、锥体束征以及肌张力检查时呈折刀征等。

2. 痉挛型双瘫　症状同痉挛型四肢瘫,主要表现为双下肢痉挛及功能障碍重于双上肢。

3. 痉挛型偏瘫　症状同痉挛型四肢瘫,表现在一侧肢体。

4. 不随意运动型脑瘫　以锥体外系受损为主,婴儿期多表现为肌张力低下,主要包括:①舞蹈征;②手足徐动;③舞蹈-手足徐动;④肌张力障碍。该型最明显的特征为非对称性姿势,头部和四肢出现不随意运动。该型肌张力可高可低,可随年龄改变。腱反射正常,锥体外系征阳性,如紧张性迷路反射(tonic labyrinthine reflex,TLR)、非对称性紧张性颈反射(asymmetrical tonic neck reflex,ATNR)阳性。静止时肌张力低下,随意运动时增高,对刺激敏感,表情奇特,挤眉弄眼,颈部不稳定,构音与发音障碍,流涎,摄食困难。

5. 共济失调型脑瘫　主要特点为因运动感觉和平衡感觉障碍造成不协调运动。为获得平衡,两脚左右分离较远,步态蹒跚,方向性差。运动笨拙、不协调,可有意向性震颤及眼球震颤,平衡障碍,站立时重心在足跟部,基底宽、醉汉步态、身体僵硬。肌张力可偏低,运动速度慢、头部活动少,分离动作差。闭目难立征(+),指鼻试验(+),腱反射正常。

6. Worster-Drought 综合征　表现为嘴唇、舌头和软腭的选择性肌力减低,吞咽困难、发音困难、流涎和下颌抽搐。

7. 混合型　有以上两种或两种以上类型的特点。

(二)合并其他问题

还可合并以下问题:①感知觉障碍;②认知障碍;③语言交流障碍;④心理行为异常;⑤学习困难;⑥癫痫或惊厥;⑦睡眠障碍;⑧口腔功能问题;⑨牙齿问题;⑩消化系统和泌尿系统问题;⑪感染问题,等等。

三、检查与评定

脑瘫儿童的作业评定,除了要全面了解儿童的生理功能、心理功能和社会功能以外,还需综合考虑个人因素和环境因素对儿童躯体结构功能、活动能力和参与能力的影响。所以,合适有效的评定方法,有助于作业治疗师做出更合理的作业治疗"诊断",也能够为后续作业治疗方案的制订及治疗效果的判定提供依据。

(一)基本信息的采集

包括脑瘫儿童的主诉、现病史、个人史(出生史、发育史、喂养史、预防接种史等)、既往史(高危因素、早期症状、既往检查和用药情况等)、家族遗传史、社会史和教育史等。此外,还包括儿童的日常生活活动、社交状况、家庭环境因素、家庭经济情况、治疗经过、看护人情况、父母养育态度等。

(二)作业技能评定

主要包括儿童的运动功能尤其是精细运动功能,认知功能和感知觉功能的评定。此外,还有社会交往能力、心理行为及适应性行为的评定。

1. 精细运动功能评定

(1) Peabody 运动发育量表(Peabody developmental motor scales-Ⅱ,PDMS-2):主要评定儿童应用视觉感知技能完成一些复杂的手眼协调任务的能力,适用于 0~72 个月的所有儿童。该量表分为 6 个分测验,包括反射、姿势、移动、实物操作、抓握和视觉-运动整合。其中,前 4 个分测验反映了粗大运动能力;后 2 个分测验反映了精细运动能力,两者综合后为总体运动能力。该量表可以得出儿童精细运动的发育商,并找出对应问题。

(2) 精细运动功能测试量表(fine motor function measure,FMFM):适用于 0~3 岁儿童。可以合理判断儿童的精细运动功能水平,主要评定其上肢功能的活动和参与能力,可以有效地评定不同类型脑瘫儿童精细运动能力的差别,有助于为其精细运动功能障碍制订针对性的康复计划,也能客观地反映脑瘫儿童作业治疗的疗效。

(3) Carroll 上肢功能评定(upper extremity function test,UEFT):共 33 个项目,主要检查上肢的抓握、对指功能和协调功能,可以较全面地评定手的整体功能。

(4) Melbourne 单侧上肢评定量表(Melbourne assessment of unilateral upper limb function):适用于 2.5~18 岁脑瘫儿童。其中文版量表包括 14 个测试项和 30 个评分项。14 个测试项分别为向前伸手、侧方伸手-举高、抓起蜡笔、握住蜡笔画画、放下蜡笔、抓起小球、放下小球、手指动作的控制、使用手指、将手从前额伸至颈后、触摸臀部、前臂旋前/旋后、触及对侧肩膀、抬手到口再放下。由两名经过严格培训的作业治疗师通过录像对评估结果进行评分。完成一个完整的评估约需 8~20 分钟。

(5) 上肢技巧质量测试量表(quality of upper extremity skills test,QUEST):适用于 1.5~8 岁痉挛型脑性瘫痪,主要对儿童手部技巧质量进行评定。

(6) 脑瘫儿童手功能分级系统(manual ability classification system,MACS):适用于 4~18

岁脑瘫儿童,是针对患儿日常生活中操作物品的能力进行分级的系统,旨在反映儿童在家庭、学校和社区中最典型的日常能力表现,通过分级评定双手在日常活动中的参与能力。

(7)偏瘫儿童手功能评定:包括抓握评定、双手活动时患手功能的评定、实体觉的评定等。

(8)House上肢实用功能分级法(House classification of upper extremity functional use):通过九个级别的分类方法,判断上肢的功能水平和功能基线。

(9)香港学前儿童精细动作发育评定(Hong Kong preschool fine motor development assessment,HK-PFMDA):适用于0~6岁儿童,是一份高信度与效度的标准化发育评定工具。包含3个分测验,分别是基本手部操作技巧、手眼协调和操作、书写前技巧。评定方式与PDMS-2类似。评分者可根据动作完成质量给每个动作打分,从而获得项目分数、各分测验得分和总分。

(10)参照粗大运动功能分级系统制订的精细运动分级(bimanual fine motor function,BFMF):适用于各年龄段的脑性瘫痪儿童,主要特点是将双手精细运动功能分为5级,其中Ⅰ级为最佳功能,Ⅴ级为最有限的功能,可以同时判断单手和双手的功能。

2. 认知功能评定

(1)韦氏幼儿智力量表(第4版)(中文版):适用于2.5岁至6岁11个月儿童。可用于评定儿童的一般智力功能,也可用于评定资优儿童、认知发育迟缓和智力残疾儿童。该量表最终可得出儿童的总智商。

(2)韦氏儿童智力量表(Wechsler intelligence scale for children,WISC):适用于6~16岁儿童,目前使用的是第4版(WISC-Ⅳ),包括14个分测验,分为10个核心分测验和4个补充分测验。14个分测验组成包括言语理解、知觉推理、工作记忆和加工速度4个指数。前两个指数说明一般能力,后两个指数说明认知效率。

(3)儿童作业疗法认知功能动态评定量表(中文版)(dynamic occupational therapy cognitive assessment for children,DOTCA-Ch):以色列希伯来大学著名作业治疗师Noomi Katz于2002年制订,用于评定6~12岁儿童认知功能。

3. 感知觉功能评定

(1)儿童感觉统合能力发展评估量表:由中国台湾郑信雄根据Ayres的研究成果编制而成,后经原北京医科大学精神卫生研究所修订,用于评定儿童感觉统合能力的发展水平。由儿童的父母或知情人根据儿童近1个月的情况如实填写。量表分为5部分,总计58项。

(2)视觉功能评定:早期可以通过患儿观察到的距离,判断其视觉功能的发育水平。眼动技能也是视觉功能发育的一个常见评定指标,可通过眼球运动的控制能力(如追视、聚散离合等)来评定视觉功能的发育。

(三)作业活动表现评定

1. 脑瘫儿童ADL能力评定量表 在国际功能、残疾和健康分类儿童和青少年版(ICF-CY)理论指导下,选取日常生活活动能力量表中,脑瘫儿童自理能力评定类目而制订的量表。

2. 儿童生活功能量表(pediatric evaluation of disability inventory,PEDI) 适用于6个月至7.5岁的儿童及能力低于7.5岁水平的儿童。量表由功能性技巧、照顾者援助及调整项目3部分组成,每部分又分为自理能力、移动能力和社会功能3个方面。评定者可通过观察儿童的实际操作能力,询问家长和看护人有关儿童的能力情况,来获得PEDI得分。

3. Vineland适应能力量表(Vineland adaptive behavior scales,VABS)适用于0~18岁人群。包括交流沟通、生活能力、社会交往、动作能力及问题行为5个分测验。评定时可根据特定的目的,选择全部或其中某个分测验。

4. 婴儿-初中生社会生活能力量表(infant-junior high school student's social living ability scale,S-M) 适用于 6 个月至 14 岁的儿童,包括独立生活能力、运动能力、作业能力、交往能力、参加集体活动能力、自我管理能力 6 部分,共 132 个项目。由家长或看护人根据相应年龄逐项填写,标准分低于 10 分为异常。

5. 其他评定量表 关于脑瘫儿童作业活动表现的评定量表较多,可根据实际评定需求进行选择。常用的评定量表还有儿童功能独立性评定量表(WeeFIM)和儿童适应行为评定量表等。

(四)环境评定

环境评定是针对脑瘫儿童所处的医院或康复机构、家庭环境、幼儿园、学校环境以及社区人工环境的评定。还包括康复治疗人员、学校老师及同学、社区人员、父母及其他家庭成员等的态度。

1. 辅助器具评定 评定使用辅助器具对儿童身体功能的要求,以及辅助器具所起到的作用与儿童需求间的差异。

2. 家庭环境评定 主要考察入口、楼梯、地面、家用电器以及浴室的安全性,还有电源插座的位置、电话及紧急出口等。

3. 社区环境评定 儿童及照顾者能否利用交通工具及社区服务质量是评定的两个基本点。人行道、斜坡、扶手、路边石、台阶、入口、走廊、洗手间使用等都必须符合无障碍标准,便于脑瘫儿童使用。

4. 人文环境评定 主要包括儿童接受康复教育、社会交往及生活环境中的人文因素,如康复机构、幼儿园、学校、社区、家庭以及社会各类人员的态度,政府及相关机构的法律、法规及政策等。

四、方案与实施

(一)作业治疗目的

作业疗法是有目的、有针对性地从日常生活活动、职业劳动、认知活动中选择一些作业活动,以训练日常生活能力为主要目标,对儿童进行训练从而改善功能的一种方法。它侧重于上肢功能、日常生活活动训练,以及感知觉的发育和社会化的促进,使脑瘫儿童身心功能全面康复,促进他们在运动功能和精神上获得最大限度的康复,尽最大可能达到生活自理,为其将来参与社会活动、劳动和工作奠定基础。

(二)作业治疗原则

1. 早发现早治疗 由于神经系统有较强的可塑性,尽早介入治疗,可大大降低脑瘫儿童的功能障碍。

2. 促通与抑制并用 脑瘫儿童处于神经系统发育的高峰,通过一定的抑制手段,可降低异常发育风险,通过一定的促通方法,可加速正常发育进程。因此,促通与抑制并用,才能更好地改善脑瘫儿童的作业技能。

3. 医教结合 鉴于脑瘫儿童的特殊性,较多的作业治疗活动需要在家庭开展,因此对家长的培训指导,成为了脑瘫儿童作业治疗过程中不可或缺的手段之一。

4. 将治疗活动游戏化 如何将游戏贯穿于儿童的作业治疗中,是许多作业治疗师需要面对的重要问题。通过游戏主导儿童的作业活动,既能培养儿童的兴趣,又能引导儿童认识客观世界,促进儿童身心发展。通过游戏,可以让儿童的运动器官得到很好的发展。通过游戏,可以让儿童更感兴趣于游戏中的某一角色和任务,使儿童的动作更富有目的性和积极性。游戏是儿童的天性,是儿童认识世界、学习知识、增长本领的主要内容和形式。因此,脑瘫的作业治疗应该在游戏中进行。

5. 考虑生长发育对治疗的影响　儿童是一个生长发育的个体。所以儿童的作业治疗存在一定的特殊性,除了要考虑作业功能障碍的问题,还要考虑生长发育对儿童作业技能和活动的影响。因此,在制订脑瘫儿童作业治疗方案的同时,要考虑儿童年龄对作业治疗的影响,以发展变化的原则来开展脑瘫儿童的作业治疗。

6. 强调 ADL 在治疗中的重要性　应紧密围绕儿童的日常生活活动、学习活动和游戏活动制订治疗目标,开展治疗活动。通过活动分析与组合,将治疗活动细化到日常技能的运用中,在日常生活活动中逐渐提高自身的作业表现能力。

（三）作业治疗的方案与实施

1. 促进正确姿势的作业治疗　对于脑瘫儿童而言,正确姿势的维持是其他作业活动的前提。正确的卧位姿势是卧位活动的基础;正确的坐姿需保证躯干伸展,髋关节、膝关节、踝关节 90°。例如脑瘫儿童进行坐位手功能训练时,一定要使其双足平放着地,如果儿童的双足无法着地,可以在其脚下放一适当高度的木板或泡沫垫。

常见的促进正确姿势的训练活动有以下几种。

（1）整合原始反射的作业活动。例如对非对称性紧张性颈反射的整合,可将儿童摆放在反射抑制体位上,如当儿童的头转向身体的一侧时,将其脸所正对着的一侧上肢保持在屈曲位上,而使另一侧上肢保持在伸展位。

（2）诱导基本动作模式的作业活动。脑瘫儿童在早期的基本动作模式上大多存在不同程度的缺陷,所以在生长发育的早期,应尽早引入作业指导的理念,通过作业指导,诱导出早期基本的动作模式。

1~5 个月的儿童,作业治疗师可以诱导完成以下动作模式:

1）抓握或紧握自己的脚;

2）伸展手肘;

3）髋关节的屈曲活动;

4）固定身体某一部位去活动其他部位;

5）在正中线内活动,包括头的控制及对称(图 18-1)。

（3）训练坐位平衡,诱导保护性伸展反应的作业活动。对于 6~8 个月的儿童,作业治疗师可以利用玩具诱导其坐位平衡功能的出现,诱导从仰卧位旋转身体 90°到侧卧位,再从侧卧位转为坐起,诱导坐位下的屈髋、伸肘和双上肢支撑动作(图 18-2)。

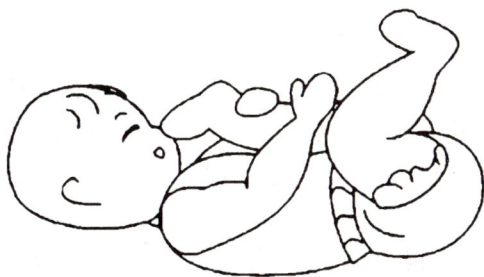

图 18-1　1~5 个月正常儿童动作模式　　　　图 18-2　6~8 个月正常儿童动作模式

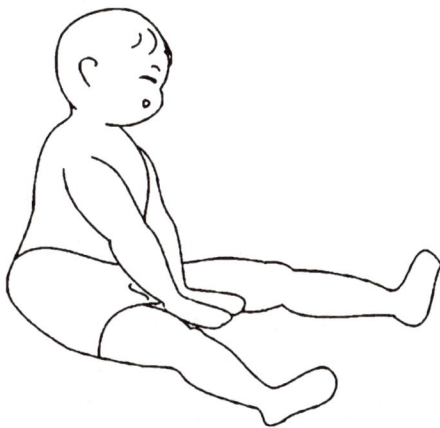

（4）成熟爬行活动的诱导。9～10个月，儿童能完成仰卧位到俯卧位的转换，能变成四点支持位和高爬位，为站立做准备。此阶段治疗师可以诱导三点支撑位，双手和双脚以及躯干的中线位活动，为后期的四爬和高爬做准备（图18-3）。

（5）诱导双手中线位置活动与手口眼协调运动的活动。脑瘫儿童的抓握能力较差，表现为不能抓握，或能抓握不能松开。姿势控制能力差，不能独立地活动身体一部分而同时又不影响其他部分的活动，伸手取物时肘关节不能伸直，不能很好地控制头部，中线内活动困难。维持坐位时，因髋关节不能充分屈曲，而出现双臂向后屈曲，两脚悬空，足、臀、手都不能固定（图18-4）。

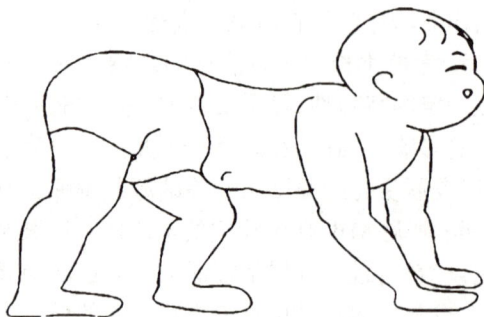

图 18-3 9～10 个月正常儿童动作模式

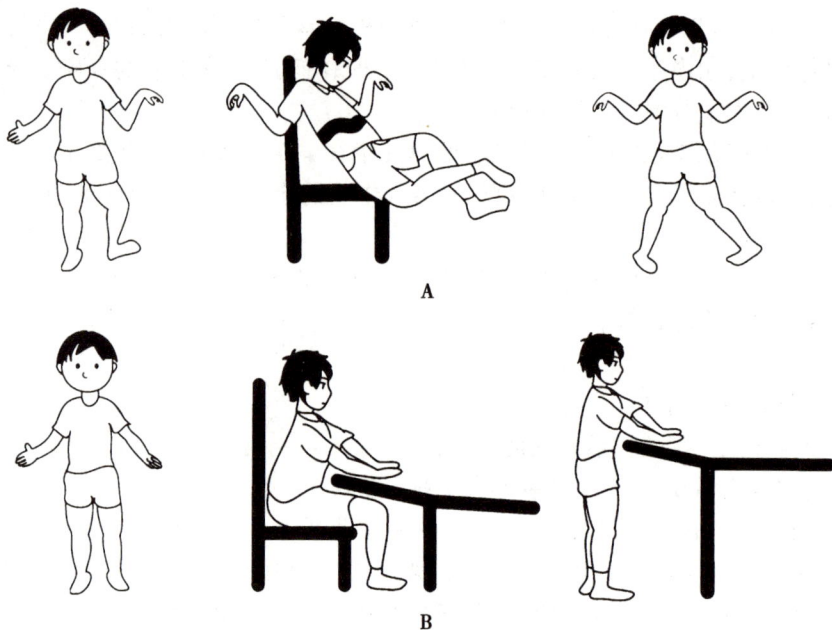

图 18-4 脑性瘫痪儿童与正常儿童动作模式
A. 脑性瘫痪儿童;B. 正常儿童

2. 促进手部精细运动功能的作业治疗 早期视觉运动的整合和有目的性地使用手部，是脑瘫作业治疗中发展手部精细运动功能的基础。作业治疗师可以在治疗过程中，使用有趣的玩具来帮助脑瘫儿童练习视觉定位、注视、视觉跟踪和手眼协调功能。

（1）视觉运动整合训练:可以利用各种色彩鲜明、背景对比清晰及反光良好的玩具进行。让儿童取坐位，将球置于桌面上，从桌面的左侧滚动到右侧，或者右侧滚动到左侧，让儿童用视觉去跟踪球。也可以把球放于儿童头部上方约10cm处，然后让球自由下落，嘱儿童追视自由落体的球，训练儿童视觉追随目标的能力。

（2）手功能训练:包括日常生活中手的大把抓握能力、三指捏能力、指尖捏能力、指腹捏能力、指侧捏能力和动态三指捏能力。可以根据儿童的日常生活活动，适当选择针对性的训练。

（3）手眼协调能力训练：主要训练视觉配合下的手部精细运动。如利用纸撕人物训练、穿珠子训练和拼插卡训练等。

（4）手部精细运动功能训练的注意事项：在正确的姿势控制下训练精细运动能力；注意双侧控制；注重感觉输入；鼓励使用双手完成活动；动作难度应设置在儿童通过努力就能完成的范围内；可以考虑使用辅助具。

3. 提升日常生活活动技巧的作业治疗　包括进食训练（图 18-5）、穿脱衣训练（图 18-6、图 18-7）、如厕训练（图 18-8）和其他日常生活技巧的训练（图 18-9）等。

在训练中，要充分考虑儿童的年龄、自身意愿、功能障碍的程度和现有的功能等因素，制订切实可行的训练计划，按照由易到难、由简到繁、循序渐进、寓训练于娱乐的原则进行。

4. 感觉统合训练　感觉统合是一个感觉信息输入和输出的过程，包括视觉、听觉、前庭觉、本体觉、触觉等感觉的整合和使用（图 18-10）。若统合的过程中出现问题，则不能有效地接收、处理讯息，不能合理地输出支配肢体活动的信息，进而出现"感觉统合失调"（图 18-11）。

ER-18-3

穿珠子训练视频

ER-18-4

拼插卡训练视频

图 18-5　进食训练

图 18-6　脱衣训练

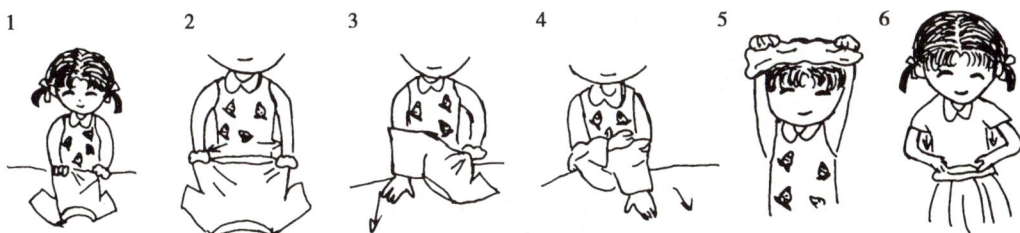

图 18-7　穿衣训练

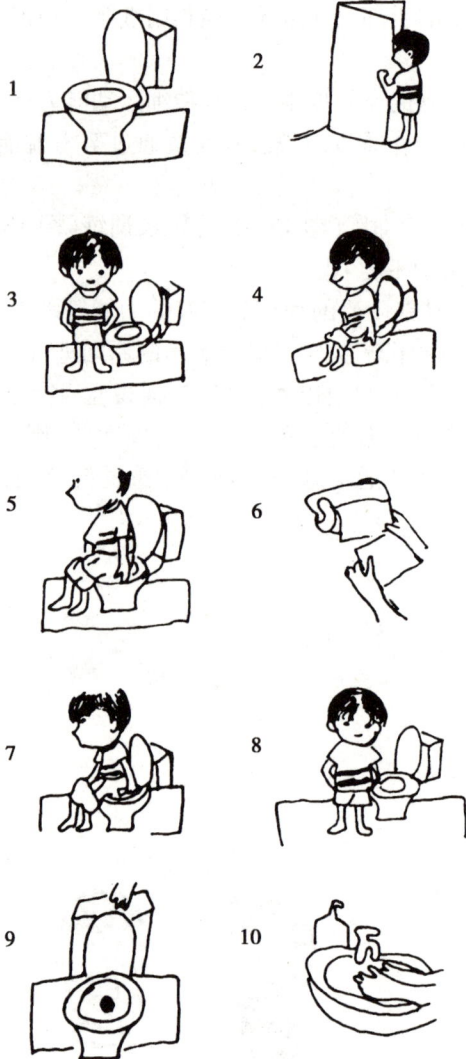

图 18-8　如厕训练

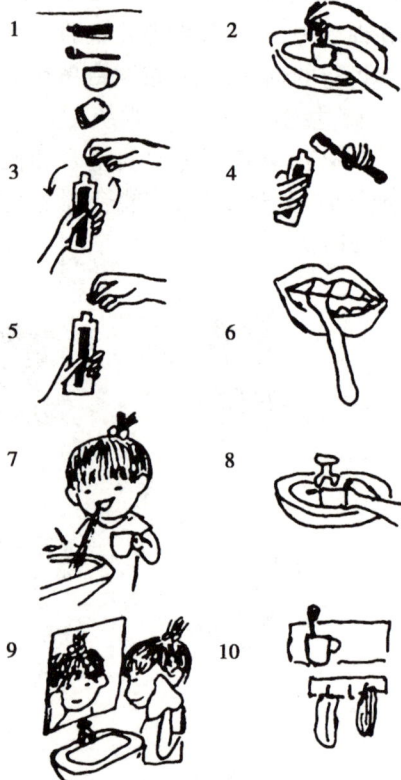

图 18-9　梳洗训练

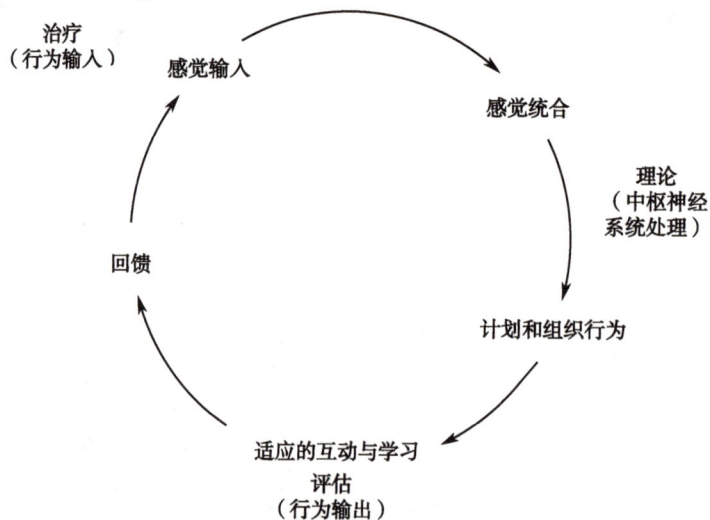

图 18-10　感觉统合的处理流程图

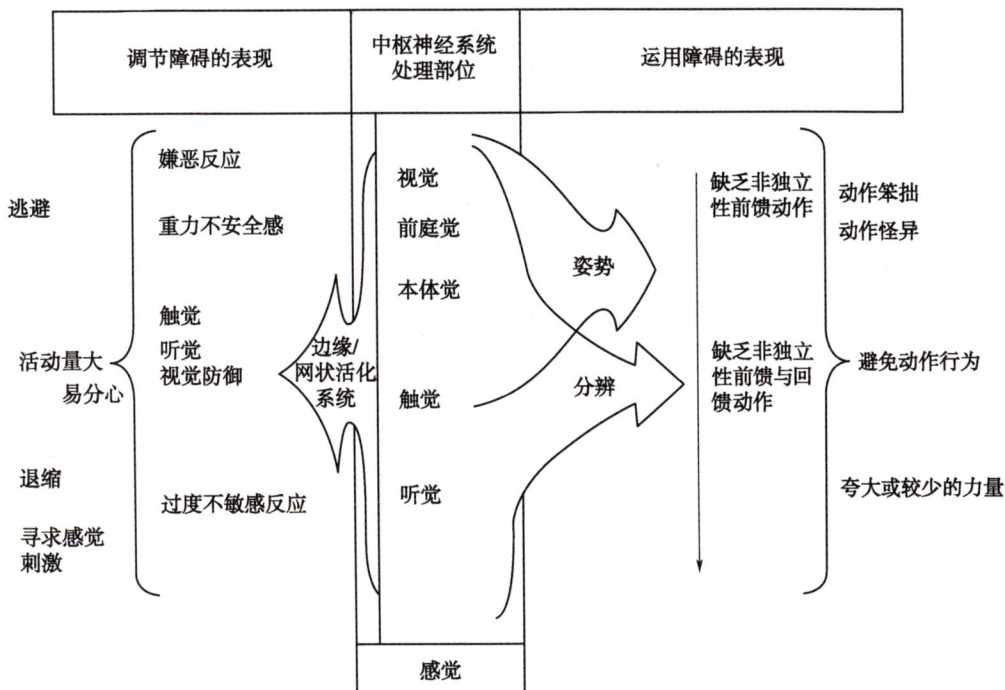

图 18-11　感觉统合失调的理论基础

感觉统合障碍可分为以下几种：

（1）感觉调节障碍：儿童感觉调节障碍会出现容易分心、冲动、多动、缺乏组织、焦虑、自制力差等行为，可以分为对感觉反应过敏、对感觉反应过低和过度寻求感觉刺激。

（2）感觉动作协调障碍：指儿童在处理前庭平衡觉及本体觉讯息有障碍时，不能准确调整姿势或调整一连串的动作，因而不能适应环境。表现为动作协调障碍和姿势失调。

（3）感觉分析障碍：指不能恰当地处理和分析不同的感觉信息（如触觉、视觉、听觉、嗅觉、本体觉、前庭平衡觉），导致难以辨别讯息的位置及作出适当反应、辨别讯息强弱程度、辨别物件距离、对空间感等有困难。

可通过以下活动来改善：

（1）前庭平衡觉活动：如转盘游戏、秋千游戏、旋转的机器人、接住陨落之星、摸脚游戏（图 18-12）等。

图 18-12　摸脚游戏

（2）本体觉活动:如人力车游戏等。

（3）触觉活动:如欢乐的球池游戏等。

（4）动作计划和身体协调活动:如"小袋鼠跳跳跳"游戏等。

（5）口肌活动:如吹泡泡等。

以上大部分游戏活动会调动儿童的感官系统和运动系统,让儿童在游戏过程中不断探索和接触周围环境及事物,促进其智力、创造力、解决问题能力的发展,达到培养儿童的注意力、记忆力、判断力和思维能力的目的。

5. 引导式教育法　引导式教育(conductive education,CE)又称 Peto 疗法,于 20 世纪 40 年代由匈牙利医生 Peto 教授创立,它在吸收神经发育学及康复医学等相关学科知识的基础上,通过教育过程,施行康复教育整合方案,对提高脑瘫儿童的运动、言语、智力和生活自理方面具有重要作用,已逐渐成为治疗脑瘫最有效的手段之一。

引导式教育训练需按儿童年龄、作业表现能力进行分组,每组 4~6 人,以小组形式由专业引导员进行训练,同时指导家长参与儿童的训练活动。训练内容包括运动技能的运用、体位转移、手功能和认知功能等方面,用儿歌或节律性语言将复杂的作业活动分解成小的作业单元,同时让家长辅助儿童边说边做,让语言引导动作,在模拟现实的生活环境中完成活动。作业治疗师也可以使用此方法指导儿童的日常生活活动,使儿童的日常活动更接近正常生活。从儿童起床到儿童就寝,包括穿脱衣物、洗漱、排泄、行为、就餐、入浴等一系列内容,均可作为学习内容。通过学习-应用-复习,促进儿童感觉、语言、智能、社会性行为及人格的发育,从而整体提高儿童的作业活动技能。

6. 辅助器具的使用　是作业治疗的重要内容之一,在脑瘫儿童全面康复中发挥着越来越重要的作用。特别是对于一些功能障碍严重的儿童,应用辅助技术可提高他们的行动能力,促进其更好地回归家庭和参与社会。

7. "以家庭为中心"的服务模式　该模式是脑瘫儿童作业治疗及早期介入中极为重要的一环。以家庭为中心的介入强调治疗师及医疗人员与家庭成员间的合作,共同为儿童及其家庭设定符合其家庭所需的评定和服务计划。在提供服务的过程中要让家庭成员感觉被尊重,并且要提供充足的信息,包括儿童情况、权利及资源等,以便家庭成员充分了解情况,促进家庭成员能够与医疗人员合作,完成对儿童和家庭的最佳临床决策。参加的成员包括儿童父母、家中也有特殊需求儿童的照顾者(作为陪同家长)和跨专业人员。

8. 虚拟现实技术　虚拟现实的介入可以从脑瘫儿童与虚拟环境产生的互动开始。通过虚拟现实技术,为儿童带来更多探索环境与参与玩耍活动的机会,获得乐趣;降低脑瘫儿童在真实环境中执行任务时产生的挫折感;也可让儿童增加在接受以训练动作为基础的活动时的自信心,完成真实环境中无法达到的成就,减少专注力的分散。

9. 家庭宣教与指导

（1）家庭宣教:通过作业宣教的形式,告知家长与脑瘫儿童相关的知识,包括疾病的相关表现,疾病的功能障碍,疾病的预后,疾病的影响,以及疾病并发功能障碍的预防等知识。指导家长克服心理障碍,接受和适应客观事实,正确处理与儿童的关系,尽最大努力帮助儿童,勇敢地承担家长的责任和义务等。

（2）家庭指导:指导家长采取正确的方式与儿童相处,包括争取儿童配合,尽量吸引儿童注意力,避免强迫;训练的形式要多样;遵循示范-等待-鼓励-等待-示范的原则,让儿童有足够时间去反应;当儿童完成一件事情,做好一个动作,要适当地给予鼓励,让儿童有成就感;遇到儿童反抗或产生消极情绪时,可采用忽视疗法等。

第二节　孤独症谱系障碍

一、概述

（一）定义

孤独症谱系障碍（autism spectrum disorder，ASD）简称孤独症，是以社会交往和沟通障碍、狭隘兴趣与刻板重复行为为主要特征的神经发育障碍性疾病。孤独症谱系障碍包括典型孤独症、阿斯佩格综合征（Asperger syndrome）、童年瓦解性障碍（childhood disintegrative disorder）和未分类的广泛性发育障碍。

（二）流行病学特征

ASD 在世界范围内发病率约为 1%，发达国家由于诊断理念及技术更为先进，确诊率稍高。美国疾控中心 2021 年发布的数据显示，大约每 44 名儿童中便有 1 名 ASD 儿童。我国人口基数大，相关流行病学调查难度较大，因此几十年来一直缺乏准确的流行病学数据。2019 年剑桥大学 Carol Brayne 教授团队对我国吉林市、深圳市和佳木斯市三个城市的 6~10 岁儿童进行了评估及统计，通过小样本数据估算我国 ASD 发病率约为 1.08%，同时也发现了我国 ASD 存在漏诊现状。2020 年，复旦大学附属儿科医院、国家儿童医学中心的王艺教授团队通过在我国上海、北京、广州等 8 个城市对 142 086 名学龄儿童开展 ASD 患病诊断和调查，首次报道了我国 6~12 岁儿童 ASD 患病率为 0.7%，男女比例为 4.1∶1。其患病率与种族、地域、文化和社会经济发展水平无关。

（三）病因

ASD 发病机制复杂，并不是由父母的教育方式不当所造成，也与环境因素、儿童的营养问题无关，病因目前医学上尚无定论，很可能是多方面因素造成的。

1. 遗传因素　遗传因素是 ASD 发病最为公认的因素之一。近年来，美国等西方国家通过大样本外显子测序研究，发现了大量与 ASD 相关的基因发生了突变。截至 2022 年 10 月，全世界最大的 ASD 数据库 SFARI Gene 已经报道了 1 095 个 ASD 的风险基因。然而不同地域人群 ASD 风险基因新发突变存在差异。因此，针对中国人群筛选 ASD 相关特异性的新发突变并开展相关的功能学研究，对于我国 ASD 人群是极为重要的。

2. 产前、孕产期及围生期生物学因素　孕产期及围生期危险因素与 ASD 的发生密切相关。虽然 ASD 的发病机制尚未明确，但近年的研究已明确了许多危险因素是导致 ASD 的重要原因。例如母体孕期感染，产前接触丙戊酸盐、酒精和沙利度胺等化学物质或有害物质，孕期被动吸烟等。此外，母亲疾病（如妊娠期糖尿病、孕产妇精神疾病、癫痫、肥胖、高血压、糖尿病、多囊卵巢综合征、感染、哮喘）也是 ASD 的危险因素。

3. 新陈代谢性疾病　如苯丙酮尿症等先天性新陈代谢障碍。这类问题除了造成脑细胞功能失调，还会影响脑神经信息传递功能，造成 ASD。

4. 脑部结构异常　脑部结构异常的部分儿童也会出现 ASD，如脑室扩大、小脑发育不良等。

5. 其他因素　如金属代谢障碍、社会心理因素和孕产妇的心理健康等也可能与 ASD 的发病有关。

二、临床表现及功能障碍

（一）社会交往障碍

ASD 儿童在社会交往方面存在质的缺陷，他们不同程度地缺乏与人交往的兴趣，也缺乏正常的交往方式和技巧。典型的表现为:回避目光、对呼唤缺少反应、缺乏与人交往的兴趣、难以理解他人情绪和想法、不懂得社交规则、不能够根据社交场景和线索调整自己的社交行为、难以建立友谊等。ASD 儿童具体表现会随年龄和疾病严重程度的不同而有所不同,其中以与同龄人的交往障碍最为突出。

(二) 交流障碍

ASD 儿童在言语交流和非言语交流中会表现出不同程度的障碍。大多数以言语交流障碍最为突出,常伴有言语功能发育迟缓,严重的可能终生不会说话。有的 ASD 儿童虽然语言功能发育良好或者稍弱于正常儿童的发育水平,但是也不能和别人正常交流,表现为对别人冷漠、不回应别人,有时还会不停模仿别人讲话。有的儿童能够交流,但是使用的词汇很少,讲话时没有音调的变化,像机器人一样。有的儿童分不清"你""我""他",经常混淆。非言语交流障碍主要表现为交流的表情、动作、姿势单调。

(三) 狭隘兴趣与重复刻板行为

ASD 儿童兴趣范围比较狭隘,行为上常常表现出刻板重复,即倾向于使用僵化刻板、墨守成规的方式去应付日常生活。也常常缺少泛化学习的能力。如经常长时间专注一项活动,比如着迷于自我原地转圈圈,每天玩的玩具、看的书永远是相同的,一旦发现改变有可能会大喊大闹或者一动不动地坐着发呆。也有一部分儿童表现为喜欢抠鼻子、咬指甲、咬嘴唇等,严重的甚至会有自残行为。

(四) 其他伴随症状

ASD 儿童除以上核心症状外,常常不同程度地伴随其他症状。如情绪及行为异常,表现为自笑、情绪不稳定难以控制、冲动攻击、自伤等。不同程度的认知发育落后及不均衡,大部分表现为智力发育落后于正常儿童,仅有少部分智力与正常儿童持平。部分儿童机械记忆(文字、符号等)与计算能力相对较好。还有部分儿童很容易被音乐感染,烦躁时可以在舒缓的音乐中慢慢安静下来。很多儿童也存在感知觉异常,比如追寻视光觉刺激,声音敏感,触觉敏感等。

(五) 共患病

许多 ASD 儿童的个体存在不属于该病范畴的精神疾病症状,即其他共患病相关症状。多数儿童在 8 岁前存在睡眠障碍,还常伴有精神发育迟滞、注意障碍、有过度活动倾向和感觉系统受损等表现。此外,部分 ASD 儿童同时患有注意缺陷多动障碍、抽动秽语综合征、癫痫、脑瘫和巨头症等。

三、检查与评定

至今为止,还没有相关的实验室和影像学检查指标可以用于 ASD 的确诊。因此,ASD 的诊断与治疗依然基于儿童详细的病史采集、疾病发展及行为特征和全面的神经心理评定。

(一) 基本信息的采集

主要包括 ASD 儿童的生长发育史、既往史、辅助检查及结果、诊断治疗经过、家庭、学校及社区基本情况等,还包括儿童的主要看护人、父母的养育态度等。

(二) 作业技能评定

主要包括 ASD 儿童的精细运动功能、智力水平、感觉统合能力、发育水平和神经心理的评定。

1. 精细运动功能评定

(1) Peabody 运动发育量表:主要评定 ASD 儿童应用视觉感知技能完成一些复杂的手眼协调任务的能力,适用于 0~72 个月的所有儿童。

（2）Carroll 上肢功能评定：主要用于检查 ASD 儿童的上肢对指功能和协调功能，能较全面地评定手的整体功能。

（3）香港学前儿童精细动作发育评定：适用于 0~6 岁儿童，是一份信度及效度均较高的标准化发育评定工具。

2. 智力评定

（1）韦氏幼儿智力量表（第 4 版）（中文版）：适用于 2.5 岁至 6 岁 11 个月的儿童。可用于评定一般智力功能。

（2）韦氏儿童智力量表：适用于 6~16 岁儿童。

3. 感觉统合能力评定　运用儿童感觉统合能力发展评估量表评定儿童感觉统合能力的发展水平。由儿童的父母或陪护人根据儿童近 1 个月的情况如实填写。

4. 发育评定

（1）格塞尔发育诊断量表（Gesell development diagnosis scale，GDDS）：GDDS 是康复评定中使用较多的一种评估量表，能较为准确地判断儿童的发育水平。其测试内容包括适应行为、大运动行为、精细动作行为、语言行为和个人-社交行为五个方面。测试结果通常以发育商的形式体现。

（2）格里菲斯神经发育评估量表（中文版）（Griffiths mental development scales-China，GDS-C）：该量表适用于 0~8 岁中国儿童，主要包括 6 个能区领域。①A-运动领域：评估儿童粗大运动功能，包括早期粗大运动发育状况，对躯体平衡的掌控能力和协调控制肢体动作的能力；②B-个人与社会领域：评估儿童日常生活的活动能力，包括儿童对日常生活活动的掌握程度和独立程度以及与其他儿童交往的能力；③C-听力和语言领域：评估儿童理解和应用语言的能力，包括儿童对语言的听理解能力和自发语言的言语表达能力；④D-手眼协调领域：评估儿童精细运动能力，包括视觉注视下的手眼协调能力和手部小肌肉群的控制能力；⑤E-表现领域：评估儿童视觉空间能力，包括对视觉空间的分析能力和对目标作业的完成速度和准确程度；⑥F-实际推理领域：评估儿童解决实际问题的能力，包括日常常识的辨识能力和对抽象概念的掌握程度。该量表共有 228 个项目，能得出儿童各领域发育年龄和百分位。用生理年龄，可计算各领域发育商。发育商=（发育年龄/生理年龄）×100。

（3）其他：如贝利婴儿发展量表等评估方法。

5. 神经心理评定

（1）孤独症诊断访谈量表（修订版）（autism diagnostic interview-revised，ADI-R）：该量表由国际疾病分类（ICD-10）中孤独症的定义发展而来。是一种用于对父母或儿童主要抚养人进行访谈的标准化问卷，完成整个问卷大约需时 90~120 分钟。问卷由 6 个部分组成，核心部分有 3 个：社会交互作用方面的缺陷，语言及交流方面的异常，刻板、局限、重复的兴趣与行为。是目前国际认可的孤独症诊断金标准之一。

（2）孤独症诊断观察量表（autism diagnostic observation schedule-2，ADOS-2）：是一种半结构化的评估工具，其中设置了大量有关社会互动、日常生活的游戏和访谈，包含了一系列标准化、层层递进的活动和材料。通过观察儿童在游戏中的表现和对材料的使用，重点对他们的沟通、社会交往，以及使用材料时的想象能力加以评估。是目前国际认可的孤独症诊断金标准之一。

（3）儿童孤独症评定量表（childhood autism rating scale，CARS）：我国由于 ASD 的诊治工作开展较晚，因此，不少地区依然将该量表作为 ASD 的诊断量表。作为对 ASD 儿童进行客观评定的常用量表之一，CARS 主要适用于医师或儿童心理测验专职人员。量表测试总分大于 30 分时，考虑儿童患有 ASD，30~37 分考虑轻度或者中度 ASD，大于 37 分时，则考虑为重度 ASD。

（4）婴幼儿孤独症筛查量表（checklist for autism in toddlers，CHAT）：该量表一般用于18
个月以前的孩子筛查（表18-1），分为两部分进行，若儿童未通过 CHAT 筛查，1 个月后需再
次筛查确定。目前已有改良版本，分别是 M-CHAT 和 CHAT-23。

表 18-1 婴幼儿孤独症筛查量表

A. 询问父母

项目	内容
1	您的孩子喜欢坐在您的膝盖上被摇晃、跳动吗？
2	您的孩子对别的孩子感兴趣吗？
3	您的孩子喜欢爬高，比如上楼梯吗？
4	您的孩子喜欢玩"躲猫猫"游戏吗？
5	您孩子曾经玩过"假扮"游戏吗？（如假装打电话、照顾玩具娃娃，或假装其他事情）
6	您的孩子曾经用过示指去指、去要某件东西吗？
7	您的孩子曾经用过示指去指、去表明对某件东西感兴趣吗？
8	您的孩子会恰当地玩玩具（如小汽车、积木）吗？（而不是只是放在嘴里、乱拨或乱摔）
9	您的孩子曾经拿过什么东西给您（们）看吗？

B. 观察者评定

项目	内容
1	在诊室里，孩子与您有目光接触吗？
2	吸引孩子的注意，然后指向房间对侧一个有趣的玩具，说："嘿，看，那里有一个（玩具名）。"观察孩子的脸，孩子有没有看你所指的玩具。
3	吸引孩子的注意，然后给孩子一个玩具小茶杯和茶壶，对孩子说："你能倒一杯茶吗？"观察孩子，看他有无假装倒茶、喝茶等动作。
4	问孩子："灯在哪里？"或者说："把灯指给我看看。"观察孩子是否会用他的示指指灯。
5	孩子会用积木搭塔吗？（如果会，多少？）（积木的数量：____）

评分标准：①明显高危儿童的标准：至少5个关键项目不能通过，必须包括有意向性用手指：A7 和 B4；眼凝视：B2；玩的意向：A5 和 B3。②一般高危儿童的标准：至少5个关键项目不能通过，不满足明显高危儿童的标准，但必须包括有意向性用手指：A7 和 B4。

（5）孤独症行为量表（autism behavior checklist，ABC）：该量表是一份筛查量表，由 Krug
于1978年编制。要求评定者与儿童至少生活3周，或填写者需要与儿童生活半年以上。量
表要求按每道题后面的分数给分，例如第一题答案为是，则给4分，如为不是，给0分，最后
把所有总分加起来。当筛查分在52分以上时，提示存在可疑 ASD 症状，若总分在66分以
上，提示存在 ASD 症状。

（6）孤独症谱系及相关发育障碍儿童评估用心理教育量表（中文修订第3版）（C-PEP-3）：
适用于2~12周岁的孤独症谱系障碍儿童，其前身是心理教育量表（Psycho-Educational Pro-
file，PEP），由美国舍普勒（E. Schopler）等人在1979年编制而成，后来由辽宁师范大学、北京
大学第六医院进行联合修订汉化而成。该量表能够充分反映出中国发育障碍儿童的生理及
心理特点，具有良好的效度和信度。可用于对 ASD 相关发育障碍儿童进行个别化发育评
估，是 ASD 儿童临床评估的有效工具。

C-PEP-3 包括7个功能发育量表和5个病理行为量表，共计139个条目。功能发育量表
可提供有关儿童当前身心发展水平的信息，以了解其不均衡的学习模式；病理量表可作为诊

断的辅助工具,识别儿童在情感、人际关系及合作模式、游戏及材料的喜好、感觉模式、语言等领域的病理行为及严重程度。C-PEP-3评估报告能帮助我们了解孤独症儿童当前功能水平的相关信息。

（三）作业活动表现评定

1. 儿童功能独立性评定量表　适用于6个月至7岁正常儿童以及6个月至21岁的功能障碍或发育落后儿童,包括18个项目,其中自理区和移动区共13项,认知区5项。自理区包括个人自理、括约肌控制等项目,移动区包括移动能力、行动能力等项目,认知区包括交流、社会认知等项目。

2. 日常生活活动能力评定量表　包括个人卫生、进食、更衣、排便、器具使用、认识交流、床上、移动、步行等动作,共9部分,50项内容。

3. Vineland适应能力量表　适用于0~18岁。包括交流沟通、生活能力、社会交往、动作能力及问题行为5个分测验。评定时可根据特定目的选择全部或其中某个分测验。

4. 婴儿-初中生社会生活能力量表　适用于6个月至14岁儿童,包括独立生活、运动、作业、交往、参加集体活动、自我管理6部分能力,共132个项目。由家长或每天照料人根据相应年龄逐项填写,10分为正常。

5. 儿童适应行为评定量表　用于评定儿童适应行为发展水平。适用于3~12岁低智力儿童或正常儿童。包括独立功能、认知功能和社会/自制三部分。适应行为离差商(adaptive development quotient, ADQ)大于84为适应行为正常,70~84为适应行为边界,小于70为适应行为缺损。

（四）环境评定

环境评定是针对ASD儿童所处的医院或康复机构、家庭、幼儿园、学校以及社区人工环境的评定,还包括康复治疗人员、学校老师及同学、社区人员、父母及其他家庭成员等的态度。

四、方案与实施

孤独症儿童的治疗主要指教育以及行为干预训练途径,教育干预的目的在于培养儿童生活自理和独立生活能力,改善生活质量,力争使部分儿童在成年后具有独立学习、工作和生活的能力。

（一）作业治疗的原则

1. 早期长程　对ASD儿童而言,年龄越大,障碍越明显,所以诊断应尽早,干预要尽快,治疗要持之以恒。

2. 全方位　治疗师和教师应当给予儿童家庭全方位的支持和教育,以提高家庭参与程度。

3. 科学系统　ASD儿童的干预需要治疗师、家长和教师多方面配合,使用科学有效的方法开展。

4. 有针对性　根据ASD儿童在症状、智力、行为等方面的问题,有针对性地选定目标,积极开展个体训练。

（二）作业治疗方法

1. 应用行为分析(applied behavior analysis, ABA)　是目前国内外最受欢迎、最认可的训练方法之一。其特点就是不断地重复训练,使儿童的功能不断得到强化。因此,在国外一个儿童的治疗师往往有3名以上,这样才可以满足一个星期30~40个小时的训练强度。ABA有很好的治疗效果,但是经常由于治疗费用的问题不能很好地被实施。

ABA训练最常采用的方式是分解式操作教学(discrete trial teaching, DTT)。DTT是一种

笔记栏

具体的训练技术,包括以下特点:①将每一项要完成的作业活动分解,然后一步步练习;②强化性教学,对每一个分解步骤进行反复训练;③使用提示帮助孩子做出正确反应;④使用强化物及强化手段(一般选择表扬或者奖励的方式)。例如教孩子刷牙,则会将刷牙这项作业活动分解成往杯子里装水、打开牙膏、拿起牙刷、往牙刷上挤牙膏、漱口、刷牙、漱口、将洗漱用具放好等步骤。然后从第一个动作开始,进行强化训练,最后教患者将这些动作组合起来,从而学会正确的刷牙方式。

2. 结构化教学 也称系统教学法,就是根据儿童的学习特点,有组织、有系统地安排学习环境、学习材料及学习程序,让儿童按照设计好的结构从中学习的一种教学方法。其基本思想是把教学空间、教学设备、时间安排、交往方式、教学手段等方面做统一的系统安排,形成一种特有模式,使教学的各种因素有机地形成一体,全方位地帮助孤独症儿童进行学习。

结构化教学法由5部分组成,即视觉结构、环境结构、常规、程序时间表和个人工作系统。

(1) 视觉结构:结构化教学法是以视觉提示为导向,从而弥补 ASD 儿童的语言能力不足。儿童的训练环境需要精心安排,训练器材分类要明确,颜色要突出,位置摆放整齐有序,不能杂乱无章。训练室中的所有物品都要能够清晰明了地呈现在儿童的视觉中。

(2) 环境结构:就是训练儿童在特定的作业环境中完成特定的作业活动。在整个日常活动中,作业环境在不停改变,也要训练 ASD 儿童去适应环境,并且根据作业环境的变化而改变作业活动方式。

(3) 常规:就是指日常生活和学习过程中的一般规律。ASD 儿童做事往往没有很好的思考方式,不能够理解日常作业活动的正常顺序。在训练时,治疗师要根据儿童的不同情况,制订相应的治疗策略。

(4) 程序时间表:就是时间安排表,与课表类似。可以分为每日时间安排表或每周时间安排表。通过时间表上的内容,可以让儿童知道在某一特定时间段需要去完成一件特定的事。程序时间表可以用来培养儿童良好的时间观念和做事的条理性。

(5) 个人工作系统:是指每一个 ASD 儿童都有其特殊性,病情轻重程度不同、功能障碍不同,所以每一个 ASD 儿童都需要有一套适合自己的独立的训练方式。治疗策略不能千篇一律,要做到因材施教。

3. 感觉统合训练 是一种以游戏形式丰富儿童感觉刺激,培养儿童自身协调能力和社会交往能力的训练方法。该方法能够使儿童性格开朗、情绪稳定和自信心充足。训练时可以是一对一训练,也可以是儿童之间的合作训练。由于 ASD 是神经系统障碍性疾病,所以诊断初期,医生都建议对 ASD 儿童进行感知觉统合训练。实践证明,科学、系统的感知觉统合训练是 ASD 儿童教育康复的重要内容之一,对于改善儿童神经系统的信息整合、促进各部感觉器官的发育具有积极作用。一般20次为1个疗程,每周至少2次,每次至少1个小时。一般在2~3个月后,ASD 儿童的表现会有明显改善。

训练方式有抛接球、热水浴、平衡踩踏车、滑梯、平衡台、晃动独木桥、爬行、跨障碍物和平衡木等。

训练时要遵循以下原则:

(1) 考虑儿童心理发育能力,选择最容易学习和运动方式比较简单的活动。

(2) 干预方式和活动要遵循儿童正常反射和运动发育顺序。

(3) 训练项目尽量让儿童独立完成,避免受其他人影响。

(4) 逐步增加训练器械的使用,避免超过儿童的耐受性。

(5) 感知觉以及运动反应的促进,有利于本体感觉的发育、体位转换和抗阻运动;利用一些触觉和平衡刺激有利于增加运动控制能力。

（6）训练项目的选择要循序渐进，从易到难，只有当儿童逐渐掌握后才能改变训练项目。

4. 音乐治疗　是一个系统的干预过程，在这个过程中，治疗师运用各种形式的音乐体验（如歌唱、律动、乐器、游戏等），以及在治疗过程中发展起来的、作为治疗动力的治疗关系，来帮助治疗对象达到康复目的。音乐治疗有三大特性：灵活性、广泛性和有效性。音乐本身是一种能量，有不同的音调、速度和节奏，这些特性有机结合，成为复合的听觉信息，听觉细胞将信息通过神经冲动传到大脑，从而产生知觉与情感上的共鸣，使相应的器官兴奋或抑制。音乐中的情绪发散是无意识的、不知不觉的。音乐对神经结构，特别是对大脑皮质有直接影响。不同乐器作用于人的器官，所用乐曲的旋律、速度、音调不同，可分别使人产生镇静安神、轻松愉快、活跃兴奋等不同作用。音乐活动是一种人与人之间情感交往的桥梁。ASD儿童与外界的正常联系减少，音乐是弥补这种情感需要的一种良好手段。音乐活动为儿童提供了一个通过音乐和语言交流来表达、宣泄内心情感的机会。

5. 交流能力训练　交流障碍是 ASD 儿童的主要障碍之一，严重影响儿童的社会参与，所以改善儿童的交流能力十分必要，但由于 ASD 这一疾病的特殊性，儿童改善的速度很缓慢，所以治疗师一定要有耐心。

第三节　智力发育障碍

一、概述

（一）定义

智力发育障碍（intellectual developmental disorder，IDD）是一组病因多样的神经发育障碍性疾病，表现为发育时期的标准化测试结果中，智力功能和社会适应性行为评分显著低于平均水平 2 个或 2 个以上标准差。只有儿童的智商（intelligence quotient，IQ）和社会适应行为（social adaptation ability，SAB）共同缺陷才可以诊断为 IDD。在没有适当规范和标准化测试的情况下，IDD 的诊断主要依赖标志性的行为发育指标和临床判断。

部分儿童由于一些其他原因，不能马上诊断为 IDD，但部分症状与 IDD 相符，此时可以考虑该儿童是否符合诊断为暂时性智力发育障碍（provisional intellectual developmental disorder，PIDD）。

（二）流行病学特征

《精神障碍诊断与统计手册（第 5 版）》（DSM-5）统计，普通人群 IDD 患病率约为 1%，严重 IDD 患病率约为 0.6%。男性较女性更易被诊断为轻度 IDD（平均男女比例为 1.6∶1）和重度 IDD（平均男女比例为 1.2∶1）。我国≤6 岁儿童 IDD 患率为 0.931%，年均发病率为 0.133%，相当于我国已有 IDD 儿童 1 300 万例，每年新增 13.6 万例。

（三）诊断

1. 认知功能损害　推理、解决问题、计划、抽象思维、判断和学习功能及实践经验均有损害，由临床评估和个体化、标准化的智力测试确定。

2. 社会适应能力缺陷　不能达到自身发育和社会文化标准要求的个人独立性和社会责任性；若无持续性的帮助，儿童在日常生活的一项和多项活动中功能受限，如交流、社会参与、独立生活能力、适应多环境（家、学校、单位和社区）转换等。

3. 认知功能损害和适应能力缺陷　出现在发育期。

（四）鉴别诊断

1. 脑性瘫痪　婴幼儿出现运动发育障碍、姿势发育异常、反射发育异常和肌张力及肌力异常，可结合临床诊断为 CP。

2. 孤独症谱系障碍　儿童以交流障碍、语言障碍和异常刻板行为为主，可通过 ASD 的相关量表检查进行诊断。PIDD 和 ASD 可共同存在。

3. 先天性甲状腺功能低下　存在发育落后、生理功能低下和特殊面容（黏液性水肿）等症状。血清游离甲状腺素（FT$_4$）水平较低、促甲状腺素（TSH）水平增高并伴有骨龄发育落后时可确诊为该病。

4. 其他遗传疾病　通过症状表现，结合遗传物质检测即可鉴别。

二、临床表现和功能障碍

（一）运动功能障碍

智力障碍儿童的运动能力普遍偏低，特别是精细运动的发育明显落后于同龄正常儿童。越是重度智力障碍的儿童，其运动发育与正常儿童的差异越显著。运动发育方面最差的是视觉控制、平衡、上肢协调、速度与灵巧，体力与反应速度也多差于正常儿童。

（二）认知障碍

认知发育即为各种心理功能的发育，包括感知觉、注意、记忆、语言与思维能力的发育。与同龄正常儿童相比，智力障碍儿童的认知发育速度慢、发育水平低。智力障碍儿童的感知觉较迟钝，感受性慢，范围狭窄，辨别能力弱；注意力很难集中，注意范围狭窄，可接收的信息量少，注意的分配能力差；思维多为直觉行动思维，缺乏概括能力，思维不灵活，缺乏独立性，易受外界影响，通常不理解事物的因果关系。

（三）情绪和行为发育障碍

智力障碍儿童的情绪和行为发育水平低，控制能力差，反应直接。情绪与行为往往受机体生理需要所支配，一旦需要得不到满足，便可能有明显的情绪与行为表现，难以控制。同时，他们的情绪反应时间短暂，从一种情绪向另一种情绪过渡的时间很短。智力障碍儿童发生情绪行为问题的风险远高于同龄正常儿童。

（四）社会适应能力发育障碍

智力障碍儿童社会适应能力水平低于同龄正常儿童，社会适应能力发育不均衡。已有研究发现，智力障碍儿童的社会/自制能力发育会好一些，独立生活技能次之，发育最差的是认知技能。智力障碍越严重，发育不平衡表现得越明显，由于障碍程度不同，其社会适应能力的个体间差异也比较大。随着年龄增长，智力障碍儿童的社会适应能力也会逐渐提高。

三、检查与评定

（一）基本信息评定

主要评定儿童的相关信息，包括主诉、病史及生长发育过程，可通过问诊和观察记录进行。观察记录是全面了解儿童身心发育情况的最基本方法，是在正常生活中，其活动及表现都比较自然的状态下进行的。通过有目的、有计划的活动，考察儿童在日常生活、游戏和学习过程中的整体表现。观察内容包括以下几个方面：①面容和体态；②对外界的反应性；③情绪情感方面；④语言和动作的发育。

（二）作业技能的评定

1. 筛查性评定

（1）丹佛发育筛查测验（Denver developmental screen test，DDST）：是一种标准化的儿童

发育筛查工具。适用于0~6岁。它由104个项目组成,分为4个能区:个人-社交能区、精细动作-适应性能区、语言能区和大运动能区。

（2）画人测验（draw a person test,DAPT）:是评定儿童智力的主要方法之一,适用于6~12岁儿童。DAPT是一种能激发儿童兴趣,简便易行而且有效的测验方法。整个评分系统包括14类,分别为:头、发、眼、耳、鼻、口、颈、躯干、上肢、手、下肢、脚、连接、服饰,除连接这一类外,其他各类都按照有（无）、比例、细节以及奖励四个维度来设置评分项目,每类4~8项,共有75个评分项目。研究表明,该测验能够有效地测量儿童智力中非言语成分的发育状况。

（3）联合瑞文测验（combined Raven's test,CRT）:适用于5~75岁人群,用于测量个体的观察力和思维辨别能力,也可用于言语障碍或交流不便者的智力测量。一般可团体施测（10~15人）,对于儿童、智力障碍者以及不能自行书写的老年人可个别施测。施测时间30~40分钟,适用于大规模智力筛查或对智力进行初步分级。

2. 功能评定

（1）感觉运动基本功能评定:针对不同的感觉与运动问题,选用不同的评定方法。感觉功能评定,主要评定儿童的痛觉、触觉、温度觉、运动觉、两点分辨觉和振动觉等;运动功能评定,主要评定儿童的各项运动指标,如关节活动度（可用关节量角器进行主动和被动活动度测量）和肌力（可进行徒手肌力评定,也可用捏力计、握力计测量手指捏力和握力）等。必要时可考虑神经电生理检查。

（2）Carroll上肢功能评定:主要检查上肢的抓握、对指功能和协调功能。

（3）Peabody运动发育量表:主要评定儿童应用视觉感知技能完成一些复杂的手眼协调任务的能力。

（4）格里菲斯神经发育评估量表（中文版）:该量表适用于0~8岁中国儿童,通过此量表可获得儿童处于测试时间的发育水平,以及对其优势领域和劣势领域的认识。

（5）中国儿童发育量表（China developmental scale for children,CDSC）:适用于0~6岁儿童,具有诊断量表的特征,同时具有较高的信度和效度。量表共有261个项目,包括5个能区:大运动、精细动作、适应能力、语言及社会行为。项目测试采用两分法记分,通过的项目计1分,未通过则计0分。

（6）格塞尔发育诊断量表:主要从适应行为、大运动行为、精细动作行为、语言行为和个人-社交行为5个方面,按8个关键年龄对婴儿进行检查,适用于0至3岁半婴幼儿。改良格塞尔发育量表适用于0~6岁婴幼儿。

（7）儿童语言发育迟缓评定:主要用于评定受试者建立符号与指示内容关系（sign-significant relation）的能力,又称为S-S法。适用于1.5~6岁儿童。

（8）Hammersmith婴幼儿神经系统检查（Hammersmith infant neurological examination,HINE）:可作为早期预测神经发育障碍性疾病的神经学检查工具之一,适合于2~24个月的婴幼儿。

3. 智力评定

（1）韦氏儿童智力量表:适用于6~16岁儿童。

（2）韦氏幼儿智力量表（第4版）（中文版）:适用于2.5岁至6岁11个月,可用于评定一般智力功能。

（3）中国比奈智力量表:适用于2~18岁儿童,内容涉及儿童的运动、词汇、记忆、空间知觉等能力,包括言语推理、抽象/视觉推理、数量推理及短时记忆4个分量表,共15个分测验,51个项目。

（三）作业活动表现评定

1. 适应行为评定

（1）适应行为诊断量表（diagnostic adaptive behavior scale，DABS）：适用于4~21岁，采用半结构式访谈进行。包括3个领域：概念技能（94项）、社交技能（86项）、实用技能（80项），共计260个考察项目。总量表的平均分为100，标准差为15。

（2）婴儿-初中生社会生活能力量表：适用于6个月至14岁儿童，包括独立生活能力、运动能力、作业能力、交往能力、参加集体活动能力、自我管理能力6部分，共132个项目。由家长或看护人根据相应年龄逐项填写，≥10分为正常，<9分提示社会适应能力降低，同时伴有IQ降低，可考虑诊断为IDD。

（3）Vineland适应能力量表：适用于0~18岁人群。包括交流沟通、生活能力、社会交往、动作能力及问题行为5个分测验。评定时可根据特定目的，选择全部或其中某个分测验。

2. 日常生活活动能力评定

（1）日常生活活动能力评定量表：评估内容包括个人卫生、进食、更衣、排便、器具使用、认识交流（阅读、书写、表达、打电话等）、床上、移动和步行等动作，共9部分，50项内容。

（2）儿童功能独立性评定量表：适用于6个月至7岁正常儿童以及6个月至21岁的功能障碍或发育落后儿童，包括18个项目，其中自理区和移动区共13项，认知区5项。自理区包括个人自理、括约肌控制等项目，移动区包括移动能力、行动能力等项目，认知区包括交流、社会认知等项目。

（四）环境评定

IDD的环境评定主要针对的是儿童所处的康复机构、家庭环境以及社区环境。针对智力障碍儿童即将回归的环境进行实地考察、分析，以了解儿童在实际生活环境中，活动的完成情况及安全性，向儿童所在的家庭、社区（包括幼儿园、学校）及政府机构提供环境改造的适当建议，最大限度地提高其参与能力。

（五）检查与评定的应用

作业评定是为了熟悉儿童的实际功能水平，了解他们的认知、语言、运动、交流和情绪行为等是否正常，以便明确诊断和更好地制订治疗方案。正确的评定是合理康复的前提和关键，因此检查与评定过程中要有目的地选择国内外公认的评定方法和工具。同时，要注重儿童整体功能的发育，在ICF-CY的框架下，去开展身体结构与功能、活动与参与能力、环境因素和个人因素方面的全面评定。

在智力障碍儿童的评定过程中，主要涉及两个重要因素：智力水平和适应能力水平。因此，实际的评估流程和方法会依据儿童的实际年龄而有所不同。

1. 在0~6岁儿童智力障碍评定中的应用

（1）选用丹佛发育筛查测验进行筛查。筛查结果如果显示阴性，则直接判断为正常儿童；如果结果显示阳性，则判断为疑似智力障碍儿童，需进一步评定。

（2）针对疑似智力障碍儿童，使用格塞尔发育诊断量表进行确诊。需根据适应能区测查分数进行二次分类。

1）分数大于78分，直接诊断为正常。

2）分数在72~78分之间，须根据儿童年龄加以处理。

3）分数小于72分，可直接诊断为智力障碍，并进行智力障碍分级。

2. 在7岁及7岁以上儿童智力障碍评定中的应用

（1）通过观察、问卷等方法进行初筛。

（2）进行适应行为评估。

（3）进行智力测验。

（4）根据测试结果，做出评定结论。儿童智商和适应行为水平都达到智力障碍标准即确定为智力障碍；儿童仅完成了适应行为的评估（因不合作等原因未完成智力测验），则按适应行为评估的结果确定智力障碍及其分级。

四、方案与实施

（一）作业治疗原则

1. 尽早介入，全面干预　早期干预理论是基于神经可塑性和表观遗传学理论。对 IDD 儿童应尽早提供作业治疗干预措施，帮助儿童提高认知、运动、情感、行为和社会适应能力。

2. 目标明确，计划合理　在 ICF-CY 框架下，根据儿童的评定结果结合神经影像学、电生理等表现，分析儿童的作业能力和需求，制订目标明确和计划合理的作业治疗方案，同时要个体训练与团体训练相结合，更好地提高疗效。

3. 强调科学性，注重趣味性　通过搭建游戏平台，将其他的干预方法融入游戏之中，在保证科学性、连贯性的前提下，设计趣味性强、可操作的游戏，引导和激发儿童兴趣，让儿童在欢乐愉快的游戏中主动接受语言、运动、交流、认知和行为等各种功能的训练，促进儿童功能的改善。

（二）作业治疗方法

1. 认知训练　通过视觉、听觉、触觉和嗅觉等丰富的感官刺激活动，向大脑不断输送丰富的感觉信息，促进儿童对外界的感知、应答和理解，即大脑与外界环境刺激的互动。因此，一定要让 IDD 儿童多看、多听、多说，多接触社会和大自然，多与小朋友互动，扩大其认知范围，增强其社会互动。

常用的作业活动：感知觉游戏、记忆游戏、匹配游戏、对应游戏、顺序游戏、分类游戏和概念性游戏等。

2. 运动训练　主要针对 IDD 儿童早期的竖头、坐、站和走等粗大运动，以及手部精细运动和协调能力。IDD 儿童的运动训练应结合日常生活技能进行，通过运动训练，提高 IDD 儿童的运动技能，扩大其活动范围，增长新的知识，同时可增进认知功能的发育。

常用的作业活动：大把抓握游戏、精细抓捏游戏、协调性游戏（串珠、抛接球、挤牙膏、拧毛巾等）、折纸游戏、画线游戏、剪纸游戏等。

3. 感觉统合训练　在游戏中进行感觉统合训练，让大脑接收各种感觉信息并进行综合处理，正确决策，从而提高儿童注意力、自我控制能力、组织能力、概念与推理能力等。

感觉统合训练可改善儿童的感觉障碍及神经心理发育，刺激儿童的前庭-眼动系统，增加视觉感觉统合、视觉功能和协调功能，尤其对伴有感觉统合失调的 IDD 儿童综合能力的提高有明显效果。

4. 引导式教育　以儿童需要为目标，引导儿童主动思考。利用环境设施和小组动力诱发学习动力，通过娱乐性、节律性意向，激发儿童兴趣，最大限度地诱发儿童自身潜能。引导式教育强调"全人"理念、整体意识，将认知、运动、言语、生活技能及社会交往、情感、性格和体能等多方面结合，通过游戏活动促进儿童全面发展。

5. 日常生活活动能力训练　训练对象为 18 个月以上的儿童。训练过程：观察学习→动作帮助或口语指导→适当提醒→独立完成。

6. 目标-活动-运动环境（goals-activity-motor enrichment，GAME）疗法：GAME 疗法是基于家庭训练的干预措施。以家庭为中心，将运动训练、家长教育和丰富的儿童学习环境相结合。训练中所有教授给家庭的信息及方法,都是根据父母的问题和要求,以及儿童所面临的问题而制订的。

7. 家庭作业指导

(1) 合理的喂养指导:物质营养是儿童发育的基础。营养素可以促进和改善人的神经系统功能。IDD 儿童拥有健康的身体是保证训练的基础。

(2) 合理的日常生活指导:①指导家长将训练内容贯穿于儿童的日常生活中,通过日常生活的各种活动训练,使儿童掌握进食、更衣、如厕、学习等基本的日常生活能力,为将来参与社会、融入社会做好准备。②注重培养生活自理能力,避免养成依赖心理而无法独立生活。③培养儿童独立思考能力,引导其自主思考,提高认知水平;帮助其与正常儿童交流,学会正常儿童交往模式,多鼓励多表扬,提高孩子自信心。④教会儿童调整心态,丰富儿童情感。积极调节消极情绪,引导其积极向上和勇于拼搏的能力。

8. 作业宣教

(1) 家长宣教

1) 强调家长参与的重要性。向家长普及基本作业治疗理念和治疗知识,鼓励家长参与制订并执行作业计划。

2) 改善家长心态,提高家长对 IDD 的认知水平。指导家长端正自己的心态,避免过度消极,忽视或放弃对儿童的干预治疗。指导家长正确处理儿童的心理问题,为儿童提供和谐的家庭氛围,避免儿童在日常生活或学习中受挫而出现自卑情绪,甚至抵触行为。

3) 正确指导父母对儿童的家庭养护,提高养护水平,改善儿童生活质量。

(2) 社会宣教:积极开展社会宣教,正确引导儿童生活的社区、幼儿园、学校等相关机构和人员对该类儿童的态度,创建良好的社会干预环境。通过社会宣教,整合现有社会服务资源,形成 PIDD 儿童早期干预的全新模式。

(3) 安全宣教:避免发生意外,因 IDD 儿童安全认知能力较差,不知避让危险,应加强对 IDD 儿童的看护,避免其接触各种危险因素,保护儿童身心健康。

第四节　注意缺陷多动障碍

一、概述

(一)定义

注意缺陷多动障碍(attention deficit and hyperactive disorder,ADHD)是儿童和青少年时期常见的一种早发性、持续性发育障碍。病程一般持续 6 个月以上,以与儿童年龄、发育水平和智力预期不符的注意力不集中、多动、冲动为三大核心症状。ADHD 不仅影响个体的学业、职业、社会交往和健康状况,也增加了社会负担和医疗支出。

(二)流行病学特征

该病在全球范围内的社区患病率为 2% ~7% ,平均为 5% ,中国儿童青少年的患病率约为 6.26% ,其中以 ADHD-Ⅰ型患病率最高,其次为 ADHD-HI、ADHD-C。男孩的患病率高于女孩,性别比约为 2.5∶1,但在成年后,这种差距出现缩小趋势。该病可以从儿童持续到青少年,但也存在晚发性的一些问题。

(三)诊断

ADHD 的诊断多以家长和教师提供的病史、临床表现特征、体格和精神检查为主要依据,采用量表评分,辅以相关检查排除其他精神疾患后作出诊断。《中国注意缺陷多动障碍防治指南》(第2版)建议采用DSM-5的诊断标准,以确保诊断的准确性和减少诊断方法的变异。DSM-5的诊断必须符合以下5项指标:

1. 症状学标准　包括:①注意缺陷症状;②多动、冲动症状。

2. 起病与病程　12岁以前出现症状,至少持续6个月。

3. 必须具有跨越至少两种场合的一致性　即在家中和学校都必须表现为此症状才符合要求。某些症状造成的损害至少在两种场合出现。

4. 严重程度标准　在社交、学业或成年后职业功能上,具有负性的影响证据。

5. 必须与其他疾病进行鉴别。

(四)分型

DSM-5将ADHD分为临床可见注意缺陷型(predominately inattentive type,ADHD-I)、多动冲动型(predominately hyperactive-impulsive type,ADHD-HI)和混合型(combined type,ADHD-C)三种类型。ICD-11中又增加了其他特指的表现和未特指的表现两种类型。

二、临床表现及功能障碍

(一)三大核心症状

1. 注意力缺陷　主要表现为注意力不集中,无法抵御外界干扰,注意力集中时间短,难以持续地完成任务中各项活动的组织,进而无法完成任务等。

2. 多动行为　无法安静地坐在课堂上;无目的地来回走动、跑跳;不停地活动与说话;课堂小动作多。

3. 冲动行为　极端缺乏耐心;行为唐突;突然插话;干扰他人;难以自制。

(二)继发症状

包括以下几个方面:

1. 学习困难　最突出的表现是成绩波动性大,一般都学习成绩低下。

2. 运动与感知觉功能异常　部分ADHD儿童和青少年手指精细协调困难,快速轮替动作不灵活,拿筷子、握笔书写、扣纽扣、系鞋带、做手工操作等动作笨拙;手眼协调性差,共济活动不协调;视觉-运动功能障碍,空间位置障碍,左右分辨困难,眼球轻微震颤。

3. 品行问题　由于ADHD儿童和青少年对环境中抑制性信息反应缺乏,难以接受约束和控制,所以部分ADHD儿童和青少年出现违抗性、攻击性和反社会性行为。

4. 情绪问题　ADHD儿童和青少年常常自我评价降低,自信心不足,把自己看成不成功和无能的人。表现为烦躁、烦恼、激越、烦闷,甚至还出现自伤、攻击他人的行为。

5. 人际关系问题　由于核心症状及继发性品行问题,ADHD儿童和青少年在与同伴、老师及父母关系方面经常存在问题,与环境发生冲突,社会适应和调节能力出现困难。

三、检查与评定

ADHD的临床表现差异较大,因此需要多方面的测试和观察,才能获得真实有效的评定结果。近年来,一些国外常用的注意缺陷多动障碍的评定方法和工具,陆续被引入国内并进行了标准化,为ADHD的评定提供了必要依据。

(一)基本信息的采集

通过问卷调查和访谈,从主要看护者或教师处获得ADHD儿童和青少年的个人史,包括出生史、生长发育史、学校表现、儿童社交、家庭关系和学习兴趣等。

(二)作业技能评定

1. 韦氏幼儿智力量表(第4版)(中文版)　适用于2.5岁至6岁11个月儿童,可用于评定一般智力功能。

2. 韦氏儿童智力量表　适用于 6~16 岁儿童。

（三）作业活动表现评定

1. 中文版注意缺陷多动障碍 SNAP-Ⅳ评定量表（父母版）（Chinese version of Swanson Nolan and Pelham,Version Ⅳ Scale-parent form,SNAP-Ⅳ）　包含注意力缺陷和多动冲动的 DSM-5 症状（各 9 项）和对立违抗（8 项），共 26 项条目。每项条目采取 0~3 分四级评分：0 分，"从不或者很少"；1 分，"有时"；2 分，"经常"；3 分，"非常常见"。每个分量表的平均分为所得条目总分与所含条目数之比。得分 0~1 分为正常，1.1~1.5 分为临界，1.6~2 分为中度，>2 分为重度。该量表从注意缺陷、多动冲动和对立性三方面进行评估，是临床常用的评估工具。

2. Conners 简明症状问卷（abbreviated symptom questionnaire,ASQ）　包括 10 项条目，这 10 项条目是根据 Conners 家长用表（parent symptom questionnaire,PSQ）中关于多动方面的常见症状而制订，测评结果被称为多动指数。每项条目采取 0~3 分四级评分：0 分，"无"；1 分，"稍有"；2 分，"相当多"；3 分，"很多"。量表平均分为所得条目总分除以总条目数（10），得分≥1 分为阳性，否则为阴性。

3. Achenbach 儿童行为量表（child behavior checklist,CBCL）　适用于 4~18 岁儿童、青少年。主要用于评定儿童的社交能力和行为问题，此量表包括父母用表、教师用表及自评量表 3 种，在 3 个量表中采用同样的划分年龄组标准，使用相同的因子名称和因子组成，使家长、教师和儿童自评统一，便于从不同角度评估儿童问题。

4. 儿童适应技能评定　学龄期儿童适应技能评定量表是我国根据美国智力与发展障碍协会的适应技能定义，及发展心理学中对学龄儿童适应技能范围和特征的理解，参阅国内外相关适应技能量表，结合我国特定的文化背景，整合编写的量表。该量表采用分量表式结构，包括 4 个领域，分别是沟通、日常生活技能、社会化技能和劳动技能，共 198 个项目，能较完整地评估学龄期儿童的适应性行为。

（四）其他量表评估

1. 中医证候评分表　参考《中医病证诊断疗效标准》《儿童注意缺陷-多动障碍中药新药临床试验设计与评价技术指南》制订。主证包括注意力不集中、多动不宁和冲动任性 3 项条目，根据症状严重程度分为 0、2、4、6 分四级评分；次证包括记忆力差、头晕头痛、口干咽燥、烦躁易怒、五心烦热、夜寐不安、遗尿、盗汗、大便干 9 项条目，根据症状严重程度为 0~3 分四级评分。

2. Weiss 功能缺陷量表（父母版）（Weiss functional impairment scale-parent form,WFIRS-P）由父母进行评定，共有 50 项条目，每项条目采取 0~3 分四级评分：0 分为"从不"，1 分为"有时"，2 分为"经常"，3 分为"总是"。该量表共评估儿童 6 个方面的功能缺陷，分别是家庭、学习和学校、生活技能、自我管理、社会活动、冒险活动。每个方面为一个分量表，若每一分量表平均分>1.5 分，或有 1 个以上条目>3 分，或 2 分的条目>2 个，均可认为儿童在该领域有功能缺陷。

四、方案与实施

早期识别和正确诊断是及时采取恰当治疗的前提，综合应用多种康复治疗方法是 ADHD 儿童与青少年获得满意预后的关键环节。康复治疗不仅能有效地控制和改善 ADHD 的各种症状，更有利于建立儿童与青少年的自信心，使其更好地融入校园和社会。

（一）行为矫正疗法

行为矫正是指开展和实施某些程序和方法，来帮助人们改变他们的行为，包括通过改变环境影响行为的方法。在训练中出现适当行为时,就给予强化,以鼓励其保持并继续改进;当不适当行为出现时,就以惩罚或消退法帮助其减少或消除这些行为的发生。一般用于症状较轻的 ADHD 儿童。

1. 强化法 主要是指通过强化手段使 ADHD 儿童良好的行为得以持续。强化物的类型包括物质性强化物,如想要吃、喝、玩的事物,活动性强化物,如去公园玩等活动时间,和社会性强化物,如表扬、赞许等。当 ADHD 儿童在课堂上注意力集中时,老师就会对其微笑并表扬他,这样该儿童就更有可能集中注意力。在选择强化物的类型时,应熟悉了解孩子的性格和喜好,以帮助选择恰当的强化物(应该尽量选择和使用自然的强化物)。

实施正性强化应注意:①在目标行为出现后立即予以强化。②给予强化物时,要向儿童描述被强化的具体行为。例如,表扬时应说"你把书摆放得很整齐",而不是说"你是一个好孩子",这样能使他明确今后该怎么做。③分配强化物时,应灵活使用口头赞扬、拥抱、微笑等,并时常更换所用的赞扬语句。④为了防止强化物给予过量,儿童出现厌烦的情况,矫治时应适当地控制正强化物的发放数量。⑤可与惩罚法、消退法等联合使用。

具体操作方法如下:

(1) 确认目标行为,了解该行为的基线水平。所设定的目标行为应该是儿童能客观控制的、可观察到的且能够反复进行强化的行为。例如:了解儿童写作业难以坚持 20 分钟,就以儿童专心写作业 20 分钟为目标行为。

(2) 选择有效的强化方式。包括:社会性强化,如赞扬或鼓励;活动性强化,如儿童所喜爱的游戏和活动;物质性强化,如玩具、物品、食物或钱币等。

(3) 制订行为矫正方案,每当目标行为出现时,立即给予强化。例如:儿童专心做作业20 分钟,立即给予儿童所喜爱的强化物,并使儿童知道强化的具体行为,懂得该行为的结果。

(4) 当目标行为重复出现时逐渐延长作业时间,从原来的 20 分钟增加到 25 分钟,然后更长的时间,最终使儿童作业时间与上课时长相匹配。

(5) 强化目标行为的强化物应随目标行为的出现频率而有所改变,当目标行为多次出现后,强化物应以社会性强化(赞赏、表扬、鼓励)为主,使目标行为保持下来。

2. 惩罚法 是指当儿童在一定情境下产生不当行为后,及时使之承受厌恶刺激(又称惩罚物),或及时撤除正在接受的正强化物,使其以后在类似情境下,自觉降低该不当行为的发生频率。惩罚物(又称惩罚刺激)是指使某一特定行为将来发生的可能性减小的刺激。惩罚法与强化法相反,惩罚过程企图减少某种行为的发生。惩罚法从程序上可以分为两类:正性惩罚和负性惩罚,二者之间的区别是由行为的结果所决定的。正性惩罚是指一个行为发生之后跟随着一个刺激物的出现,而作为结果这一行为将来不太可能再次发生;负性惩罚法是指一个行为发生之后跟随着一个刺激物的消除,而作为结果这一行为将来不太可能再次发生。

常用的惩罚方式包括体罚、谴责和隔离。

(1) 体罚:往往可以立即见效,但体罚是家长在愤怒中采取的惩罚手段,因此除了有对儿童产生身体损伤的可能外,更可能导致儿童心理创伤,因此应尽量避免或禁止使用体罚。

(2) 谴责:谴责是指当儿童出现不良行为时,及时给予强烈的、否定的言语刺激或警告,以阻止或消除不良行为的出现。这只是一种惩罚的信号,不能成为一种独立的方法,必须与其他的惩罚技巧结合使用。其中,体罚和谴责属于正性惩罚。

(3) 隔离:是当儿童表现出某种不良行为时,及时撤除其正在享用的正强化物以阻止或削弱儿童这种不良行为的再现或把个体转移到正强化物较少的情境中去,这种改变行为的策略称为隔离。隔离也称为罚时出局,属于负性惩罚。对于儿童的一些外化性问题行为,例如攻击、违拗、破坏、无礼貌、危险行动、不服从、大叫大哭、威胁、不听劝告等,暂时隔离是非常有效的惩罚方法。所谓暂时隔离就是将儿童"关禁闭"。儿童的不良行为发生后首先警告,如果警告无效立即执行隔离,执行地点一般选择乏味但安全的地方(如房间的一角,他可以看到同伴们在玩耍却无法参与其中),有时也可以将孩子喜欢的物品拿走。隔离的目的是让孩子因为失去一些活动而感到遗憾,以抑制其在今后的活动中出现类似不良行为。

隔离法具体操作方式如下:

1)选择某一不能被家庭或教师所接受的行为作为目标行为,例如 ADHD 儿童的攻击性行为(打人)。

2)当目标行为即打人出现时,将儿童置于一隔离处,如房间一角。

3)明确规定隔离的时间,年幼儿童 1 岁隔离 1 分钟,8 岁以上儿童可达 30 分钟;如果隔离时间已到,儿童仍然大喊大叫,则重新规定隔离时间,直至其安静下来。

4)当儿童不愿服从隔离时,告知其必须遵守,否则加倍延长隔离时间,并坚持执行。

5)实施该方法时要让儿童知晓希望其改变的不良行为,当攻击性行为再次出现时还要受到隔离。

6)对发育迟缓或智能迟缓儿童,应根据其心理年龄规定隔离时间。

3. 消退法　消退是指在一确定的情境中,行为者产生了一个以前被强化的反应,若此时这个反应之后并不跟随着通常的强化,那么在下一次遇到相似情境时,该行为的发生率就会降低。如孩子一些无危险的、非破坏性的行为,如唠叨、发牢骚、哭、抱怨、制造噪声、顶嘴等,曾因经常被关注(批评)而得以强化,若现在予以漠视,久之则会因失去注意而逐渐减少或消失。消退所期望的效果极少即时出现,常常是在行为减少前,不良行为在频率和强度方面均有一个短暂的增加,经过一段时间后才能逐步见效。

在使用消退法时要注意如下策略:

(1)消退技术应与正性强化相结合,注意强化良好的行为。

(2)执行消退程序时,必须排除外界因素的干扰,或教育的不一致,例如:当儿童发脾气时,父母不予理会,奶奶却给了哄骗,造成消退法应用的失败。

(3)采用消退技术的开始阶段,当儿童某不良行为遭到"冷遇"时,可能会有较强烈的情绪反应,且该不良行为暂时频繁出现,此时需要注意儿童的安全;在无安全问题的基础上,予以坚持将会取得较好效果。

4. 示范法　是指为个体呈现一定的行为榜样,以帮助孩子模仿和建立良好行为的治疗技术。儿童的许多行为是通过观察和学习而产生的,模仿与强化一样,是学习的一种基本形式。

示范法包括以下几种:

(1)现场示范:让 ADHD 儿童在现实环境中,观察其他儿童如何遵守课堂纪律。

(2)参与模仿:让 ADHD 儿童在观察示范儿童与同伴友好交流后,令他在指导下试着参与交流活动。

(3)电视或录像示范:让儿童通过媒介的宣传和教育,逐渐模仿良好的行为举止。

在运用示范技术时,应根据 ADHD 儿童的能力确定目标行为。示范过程中还需评定儿童的注意能力,如果注意力尚能集中则可适当增加示范行为的呈现时间,让 ADHD 儿童有较多的时间观看示范行为。在模仿行为产生后,应记录并给予强化使所模仿的行为保持下来。

(二)认知行为训练

认知行为训练主旨是改变 ADHD 儿童的思维形式、信念态度和意见,以达到其行为的改变。认知行为治疗首先要识别 ADHD 儿童有害的自我认知方式,通过认知行为干预消除这种方式,通过训练可以养成"三思而后行"以及在活动中"停下来,看一看,听一听,想一想"的习惯,增强 ADHD 儿童的自我控制、自我指导、自我调节、勤思考和提高解决问题的能力。例如给儿童布置一项具体的作业,然后通过两种方式帮助儿童控制自己的行为。第一种方式是公开的言语指导,即让儿童边说指导语,边做作业,如"我现在要做作业了,必须集中注意力,认真细心地做,第一题是……"开始由老师或家长做示范,然后让儿童自己去做,这样有助于儿童集中注意力,较快完成作业,然后由出声的自言自语逐渐过渡到内心独白。在儿童未形成自我控制之前,必须由成人在旁指导和督促。第二种方式是视觉意象法,让 ADHD 儿童通过视觉意象来缓行。如让他想象自己成为一个动作缓慢、正在泥沼里打滚的笨重的河马,或让自己像电视镜头里慢镜头一样去行动,这种方法可有效控制过度活动,并可增强 ADHD 儿童的自信心。然而,近来有些自我指导训练效果分析表明,这种方法有一定的矫正效果,但其标准差过大,很难做进一步结论。

(三)感觉统合治疗

感觉统合是指大脑将从身体各种感觉器官传来的信息进行多次组织分析和综合处理,做出正确决策,使整个机体协调有效地运作。当大脑对感觉信息的整合出现异常时就会使机体不能有效运作,称为感觉统合失调(即感觉统合障碍),包括感觉调节障碍、感觉分析障碍和以躯体感觉为基础的感觉动作协调障碍。ADHD 儿童常伴有感觉统合失调,包括协调平衡障碍等问题,因此对儿童的感觉统合能力进行针对性的强化干预,可以帮助其建立健康和正常的学习模式。其治疗方法包括以下几个方面:

1. 感觉调节障碍治疗

(1)触觉调节:可以选择"三明治"游戏。

治疗要点:①将儿童用软垫夹成三明治状,但不可以压住头部;②治疗者轻轻滚动儿童,用手或物体在身体上面轻压,可以从足部开始,逐渐到臀部、腰部、背部;③压的时候力度要不断改变,并仔细观察儿童反应,儿童有不舒服的感觉时应立刻停止。

延伸活动:可进行象征性的故事游戏,假设儿童是压在五指山下的孙悟空,再问问他的感觉如何。压的时候可在对压到有感觉的部位进行提问,让儿童练习身体各部位的词汇。

(2)前庭觉调节:可选择"球上滚动"游戏。

治疗要点:①让儿童仰卧于 Bobath 球上,由治疗者握住儿童的下肢或腰部,做前后左右和不同速度的滚动;②做此治疗前,一定要先做好俯卧位 Bobath 球治疗,让儿童熟悉 Bobath 球的重力感后再进行此活动,这样儿童比较容易接受;③注意提醒儿童留意全身关节和肌肉的感觉,协助儿童控制自己身体平衡,对儿童运动计划能力的提高帮助较大。

延伸活动:可以用小型弹力球放置于儿童背后,让儿童自己去滚动;也可以让儿童坐在气球上,鼓励儿童设法坐破气球。

(3)本体觉调节:可选择模仿动作活动或者仰卧位于平衡台上。

治疗要点:①儿童躺在平衡台上,注意手脚要能自然伸展;②左右倾斜摇晃,要维持一定的韵律感,使重力感觉可以唤起脑干的觉醒;③速度加快时,要注意儿童姿势和表情的反应。

延伸活动:可让儿童分别以睁眼和闭眼做摇晃,并观察儿童的不同反应;或者摇晃时做明显停顿,先倾向左再倾向右,观察儿童两侧的反应情况;也可以让儿童以俯卧姿势进行摇晃,并观察儿童的不同反应。

注意事项:如果该儿童处于感觉防御阶段,恐惧且拒绝相应活动安排,那么一定及时停止该项活动。

2. 感觉分析障碍治疗

(1)触觉辨别:可以选择球池内"寻宝"游戏。

治疗要点:①指导儿童跳入或跨入球池中,将身体全部藏入球池以接受球的挤压;②将不同形状或者质地的玩具,给儿童触摸;③将目标玩具随机丢进球池内,儿童需要用手触摸的方式找到目标玩具。

(2)前庭觉及本体觉辨别:可选择蒙眼类活动。

治疗要点:①让儿童走过一个宽 20cm 的平衡木;②将眼睛蒙上,屏蔽视觉系统;③再让儿童走过刚才通过的平衡木。

注意事项:感觉过度防御的儿童,在进行辨别能力干预时,要注意儿童情绪的变化,如果儿童变得焦虑、恐惧或厌恶等,要及时进行安抚类活动。

3. 以躯体感觉为基础的感觉动作协调障碍的治疗

(1)姿势眼球控制:可以选择"双人划船"游戏。

治疗要点:①治疗者和儿童共同站在平衡台上,两人双手紧握,互相保持平衡;②观察儿童在完成动作时,头、手、足及躯干的适当反应;③平衡台摇晃时,可以先练习由治疗者带动儿童,再由两人在同一速度上,配合彼此摇动的韵律。

延伸活动:让儿童配合治疗者的动作,儿童完全处于无意识下,大脑皮质便不必接受有意识的动作。

(2)双侧统合:可选择悬吊类活动。

治疗要点:①儿童俯卧于网缆秋千内,儿童的腋窝处对着网缆的边缘;②儿童将双上肢伸展且抓住弹力绳;③儿童可左右交替拉绳,让自己摆荡起来。

延伸活动:①儿童可以在摆荡的最高处,停留 10 秒;②治疗师可以跟儿童进行接抛皮球的游戏。

(3)动作计划:可以选择滑板类活动。

治疗要点:①儿童自行俯卧于小滑板上,由大滑梯上滑下时,身体可以穿过预先设计好的一个小隧道;②儿童滑下来的同时,可以伸手去拿放置在旁边的小球,也可以反过来将小球投入固定的木箱或纸箱中;③儿童在滑下来时可以用手中木棒或纸棒击打置于旁边的标志物或玩具。

延伸活动:①儿童俯卧于滑板上,双手交互攀着预先架设好的绳索逐步前进;②儿童仰卧在滑板上,以手足交互夹住绳索,逐步前进。

注意事项:活动的具体方法要依据儿童的兴趣设定,以促进儿童适应性反应为标准进行游戏。

(四)疏泄疗法

让 ADHD 儿童将不满的情绪以及对事物或人的不满全部讲出来,然后一起分析,对的加以肯定,错的加以指导纠正,使其心情舒畅,能同大人和朋友融洽相处和相互合作;组织儿童多参加有趣的游戏、体育和文娱活动;或让 ADHD 儿童先跑步,运动一会儿再上课和做作业,并在课堂上多安排其为老师擦黑板、收发作业等任务,以宣泄其过剩的精力;放学后,要求家长在规定的时间陪孩子进行互相配合的游戏或体育活动,如打羽毛球、乒乓球等,对其赢球给予奖励,使其为了赢球而集中注意力打球。

(五)多感官训练法

多感官刺激训练是通过精心设计的灯光、声音与各式各样精巧的高科技设备,营造出一个富有吸引力且舒适的学习环境,给予 ADHD 儿童以触觉、本体觉、前庭觉、视觉和听觉等各种感觉刺激。给予孩子合适的课程安排和学习探索环境,提高注意力,减缓肌张力的不正常变化,缓解焦虑不安的情绪,矫正不适应性行为,增强社交能力和自控协调能力。

(六)对父母和老师的宣教

多数 ADHD 儿童的家长和老师对 ADHD 认识不足,他们常为孩子的种种表现感到无奈、焦虑甚至气愤。因此,对家长和老师进行培训,改进他们对 ADHD 的认识,是治疗效果得到保证的必备条件之一。

　　培训内容可以包括介绍什么是 ADHD,其病因、临床表现和功能损害,治疗原则及最新学术进展;讲述沟通技巧及行为治疗策略,包括行为矫正、分解任务、提高时间概念等。通过讲解告知家长和老师,对于 ADHD 儿童单纯的教育和责骂是无效的,甚至会起反作用,应该多理解、多支持、多鼓励孩子,家长应统一教养方式,与老师多沟通,保持一致的纪律制度,老师也应针对性地适当调整教学方法,相对宽松对待,如合理延长 ADHD 儿童的考试时间(如常规时间的 1.5 倍),他们就能回答更多问题,使分数明显提高,增强孩子自信心。也可组织小型的家长座谈会,反映教养问题,及时讨论解决;家长之间还可以彼此交流心得体会,在宣泄内心郁闷时互相取长补短,形成良好的教养方法。

　　除了上述说教式教学为主的传统意义上的父母管理训练外,另一种管理训练则是将发展理论融入社会学习,将重点放在亲子互动上。治疗师给家长提供反馈,并指导他们共同投入角色扮演中来实践技能,如亲子互动治疗(parent-child interaction therapy,PCIT)等。

(七) 饮食指导

　　指导 ADHD 儿童养成良好的饮食卫生习惯,少吃富含酪氨酸的挂面、糕点以及乳类等食品。指导家长不要给孩子使用含铅的食器,也不让孩子吃可能受铅污染的食物和含铅量高的食物。可适当进食红肉和动物肝脏,以增加铁和其他营养素的摄入。

第五节　发展性协调障碍

一、概述

(一) 定义

　　发展性协调障碍(developmental coordination disorder,DCD)是指由于运动能力和运动协调能力不足,导致儿童日常生活能力和学习成绩受到影响的一组神经发育障碍性疾病,又称发育性运用障碍(developmental dyspraxia)。

　　目前,国际上认可的学龄期儿童 DCD 的发生率为 5%~6%。中国近年来流行病学调查结果显示,学龄期儿童的患病率为 5%~10%,但性别差异明显,男女比例为 4:1。早产被认为是导致 DCD 的主要原因。

　　发展性协调障碍是儿童时期特殊的发育障碍性疾病,严重危害儿童身心健康,可导致儿童运动计划和协调障碍,如不治疗会持续终身,影响学习和日常生活活动。

(二) 诊断

DSM-5 对 DCD 的诊断做出了明确规定,4 项标准均满足才可以诊断,包括:

　　1. 在有机会进行技能学习的情况下,协调性运动技能的获得和执行远低于年龄预期水平。

　　2. 运动技能障碍严重干扰日常生活活动,并影响学业/学校表现、职前培训和职业活动,以及休闲和娱乐活动。

　　3. 发病时间为发育早期。

　　4. 运动技能困难不能用智力发育障碍、视力受损或其他影响运动的神经系统疾病来解释。

二、临床表现与功能障碍

发展性协调障碍主要表现为精细和大运动的协调能力发育受损。婴幼儿及学龄前儿童常表现为运动发育里程碑迟缓,例如坐立、爬行和走路晚于同龄儿童;动作不协调;平衡感和节奏感差,很容易绊倒;爬楼梯、骑脚踏车或玩球困难;拉拉链或扣纽扣困难;无法完成拼图游戏或沿线裁剪;难以按计划完成任务等。学龄期儿童常表现为书写困难;手眼协调能力差,包括玩球的技巧;本体感觉差;使用餐具困难;与同龄人相比,他们在掌握某项技能时速度慢且显得笨拙、精准度差,进行体育活动时也会面临更多的挑战。

(一)运动障碍

1. 运动协调障碍　在高级运动技能障碍中主要表现为协调性的不足,使用高级运动功能时的协调障碍,如骑三轮车/自行车、跳绳、接球、跨步、跳跃等活动不协调;运用精细运动功能时的灵活性欠佳,如手指不灵活,无法完成分离动作,系纽扣和鞋带困难,使用剪刀时动作笨拙等。也有部分儿童表现为使用单一运动技能尚可,但同时使用其他运动技能困难。

2. 姿势控制困难　DCD 儿童在运动过程中姿势变换困难,表现为姿势控制能力欠佳。大多数 DCD 儿童在行走时姿势不对称,在行走过程中姿势控制不良。此外,姿势控制障碍还包括体位控制障碍和身体平衡能力差。

(二)视知觉障碍

DCD 儿童往往视力正常,但视觉空间的感知能力存在障碍。例如在整理书桌或储物柜、写家庭作业或者控制书写间距时有障碍。不能快速地处理运动中出现的变化,不能准确地判断运动后出现的结果,不能严谨地采取相对应的策略,尤其是在兼顾速度和精确度的某些特定运动技能方面。

(三)合并其他问题

1. 学习障碍　约 50% ~ 70% 的 DCD 儿童共患学习障碍(LD),部分 LD 儿童表现为书写障碍,即不能完成工整书写或一般书写,书写不准确、不整齐,还有部分儿童表现为学业障碍,如数学计算障碍、拼音拼写障碍、阅读障碍或书面表达障碍。伴有 LD 的 DCD 儿童一般病情比较严重。

2. 注意缺陷多动障碍　约 50% ~ 70% 的 DCD 儿童共患注意缺陷多动障碍(ADHD),表现为注意缺陷、多动和冲动行为。

3. 特定性语言障碍　部分 DCD 儿童存在特定性语言障碍(specific language impairment,SLI),表现为言语理解问题,存在与语言有关的视空间知觉、知觉-运动功能、工作记忆、推理能力等方面的损害。

4. 情绪行为异常　主要包括社交退缩、挫败感、缺乏自尊,甚至焦虑、抑郁以及易疲劳等。随着年龄增长,行为问题可能更加突出,如对挫折的低耐受性,逃避与同龄人交往,尤其在运动场所中。严重者可终生伴有情感、行为和社会交往障碍等症状。

三、检查与评定

(一)作业评定目的

1. 掌握儿童的基本信息　通过与照顾者面谈,获取 DCD 儿童家庭背景、学校背景、角色与活动情况,以及既往史和治疗经过等。

2. 量化儿童当前的功能水平,明确当前的功能状态　通过对相关指标的量化,从个人、环境和作业活动三方面因素明确 DCD 儿童当前的功能障碍,为治疗师设计儿童治疗方案提供有效依据。

3. 制订治疗计划,预测治疗效果。

（二）作业评定内容

1. 基本信息的采集　通过问诊及医生转介过来的病历,进行基本信息的采集,包括 DCD 儿童的现病史、个人史(出生史、发育史、喂养史、预防接种史)、既往史(高危因素、早期症状、既往检查和用药情况)、社会史和受教育史等。

此外,与儿童相关的日常生活活动能力、社会交往、家庭、周边环境、幼儿园及学校情况,主要照顾者与父母的养育态度,作业治疗经历等,也是基本信息评定的内容。

2. 作业技能评定

（1）儿童运动协调能力评估量表(第 2 版)(movement assessment battery for children-2, MABC-2):是目前应用最广泛的 DCD 标准化评定工具,包括成套的运动测试和主观评定量表,被认为是判定儿童运动表现的"金标准"。适用年龄为 3~16 岁,可分为三个年龄段(即 3~6 岁、7~10 岁、11~16 岁)。我国 3~6 岁儿童的评定共包括 8 个项目:投币、串珠、描画、双手接袋、单手投袋、脚尖走路、单腿平衡和限制跳跃。总分<56 分提示运动协调能力异常,57~67 分为可疑,>67 分为正常。MABC-2 具有评定儿童轻、中度运动损伤的能力,特别适合学龄前及学龄期儿童早期运动协调问题的筛查。

（2）Bruininks-Oseretsky 动作熟练度测试(第 2 版)(Bruininks-Oseretsky test of motor proficiency-Ⅱ, BOTMP-2):是北美常用的 DCD 评定工具之一,适用年龄为 4~21 岁,用于评定 DCD 儿童的粗大运动和精细运动功能,常用来评定运动中的轻、中度动作缺陷。BOTMP-2 共包括 8 类 53 个项目,这 8 类分别是精细动作精准度、精细动作整合、灵巧动作、双侧协调、平衡能力、跑步速度和敏捷性、上肢协调和力量素质。

（3）Peabody 运动发育量表:适用于 0~6 岁儿童的运动发育评估工具,可以得出 DCD 儿童精细运动的发育商,并明确对应的问题。

（4）身体平衡协调能力评定:可以选用指鼻试验、指指试验、跟膝胫试验、轮替动作、闭目难立征、上肢准确性测验以及手指灵巧性评价等测试。

（5）儿童感觉统合能力发展评估量表:由 DCD 儿童父母或照顾者根据儿童近 1 个月的情况如实填写,用于评定儿童感觉统合能力的发展水平。

（6）发育性协调障碍问卷(developmental coordination disorder questionnaire, DCDQ-R):适用于 5~15 岁儿童,通过运动控制、精细运动技能/书写、粗大运动/计划能力、整体协调性评定 DCD 儿童的运动技能。中文版问卷分幼儿园版和小学版,包括 15 个与儿童年龄相关的动作发育项目。

（7）格里菲斯神经发育评估量表(中文版)(GDS-C):又称为 Griffiths 心理发育评估量表,该量表适用于 0~8 岁中国儿童(图 18-13),能得出 DCD 儿童各领域发育年龄和百分位,结合生理年龄,可计算各领域发育商。

（8）认知功能的评定:DCD 儿童一般不伴有认知障碍,如果存在认知障碍,可选择相

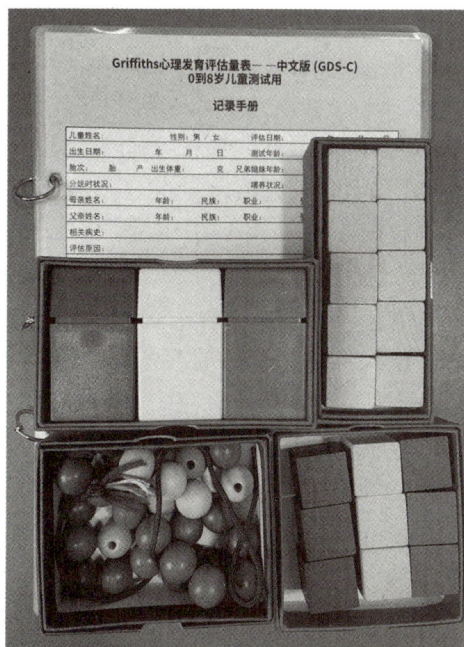

图 18-13　格里菲斯神经发育评估量表(中文版)

应量表进行评定。常用量表有韦氏儿童智力量表（WISC-Ⅳ）（图18-14A）、韦氏幼儿智力量表（WPPSI-Ⅳ）（图18-14B）和儿童作业疗法认知功能动态评定量表（中文版）等。

图 18-14A 韦氏儿童智力量表

图 18-14B 韦氏幼儿智力量表

3. 作业活动表现评定

（1）日常生活活动能力评定：可选用儿童功能独立性评定量表（WeeFIM）、儿童生活功能量表（PEDI）等。

（2）知觉效能和目标设定系统（perceived efficacy and goal setting system，PEGS）：是反映儿童日常作业能力的自我报告式评定工具，用于设立治疗目标及评定治疗结局。代表性测验有：Bruininks-Oseretsky 动作熟练度测试、Frosting 运动技能测验、Gibson 螺旋迷宫测验和 Hamm-Marburg 测验。

（3）视觉-动作整合发展测试：可用于评定 DCD 儿童在学习过程中有目的的操作活动，如视觉感知和手部运动相互协调的配合能力。通过让儿童仿画 24 个指定的几何图形，了解其视觉运动统合能力的发育水平。

（4）书写评定：对 DCD 儿童而言，书写能力的评定主要包括：身体结构与功能的评定（如书写过程中躯干的稳定性，小肌肉功能和协调性等）、握笔姿势的评定和字符空间结构的评定，以及书写的实际操作（如抄画，字母与汉字的书写等）评定等。

（5）其他量表评定：常用的 DCD 儿童作业活动表现评定量表还有婴儿-初中生社会生活能力量表和 Vineland 适应能力量表等。

4. 环境评定　主要针对 DCD 儿童的学校、家庭以及社区等环境，对其生活环境进行实地考察、分析，以了解儿童在实际生活环境中活动的完成情况及安全性，向儿童所在的家庭、社区（包括幼儿园、学校）及政府机构提供环境改造的适当建议，最大限度地提高其参与能力。

（1）家庭环境评定：可使用调查问卷或进行医患访谈，获取家庭环境评定结果，必要时可开展家访。

（2）社区环境评定：主要评定 DCD 儿童能否利用各种社区服务。

（3）人文环境评定：主要评定 DCD 儿童接受康复和教育的机构中的人文环境，如机构中各类人员的态度，政府及相关部门的法律、法规及政策等。

四、方案与实施

（一）作业治疗目标

1. 改善 DCD 儿童的运动协调性，减少协调能力不足对特定运动技能和高级运动技能的影响。

2. 提高 DCD 儿童的姿势控制能力，使其在姿势转换过程中更灵活。

3. 改善 DCD 儿童的视空间感知能力与书写能力，从而提高儿童的学业成就。

（二）作业治疗原则

1. 以评定结果为依据，结合 DCD 儿童的特点实施作业治疗。

2. 所选作业活动的性质与难易程度，需与儿童的实际障碍相适应。

3. 以实物操作为基础，逐步增加生活经验，最终泛化到儿童的日常生活中。尽可能在现实环境中开展作业治疗。

4. 应更多地关注家庭康复的重要性，以机构康复为引导，以家庭康复为主体。

5. 明确家庭指导在 DCD 作业治疗中的重要性，实时地对 DCD 儿童的家长和教师进行有针对性的培训。

（三）作业治疗方法

在 DCD 儿童的作业治疗过程中，治疗师要因材施教，对每个作业活动进行任务分析与活动分析，并清晰明确地告知儿童，在儿童充分理解并掌握训练的目的和要求后，循序渐进完成。训练过程中，可适当给予辅助。

1. 改善姿势控制的活动

（1）行走"独木桥"：提高儿童的平衡能力与姿势控制能力。

方法：治疗师将独木桥拼接配件组合成稳定的独木桥，辅助儿童从独木桥的一端缓慢稳定地走到另一端。

（2）抛接球游戏：改善儿童的平衡功能和四肢协调性，提高姿势变换过程中的稳定性。

方法：嘱儿童稳定地站在平衡板上，治疗师与儿童面对面保持一定的距离。在开始指令发出后，治疗师从不同的方向向儿童扔球，要求儿童在接住球的同时，维持平衡板上稳定的站立姿势。活动过程中，家长可在儿童身旁给予保护。

2. 提高运动技能的作业治疗　DCD 儿童的运动技能障碍主要表现在运动技能的使用、统合和执行上，常用的提高运动技能的作业活动如下。

（1）骑行平衡脚踏车活动：改善 DCD 儿童的动态平衡调整能力和四肢协调运动能力。

方法：让儿童抓住平衡脚踏车的把手，双下肢交替踩踏，配合双上肢的协调运动，驱动平衡脚踏车前行。治疗师可在旁辅以安全保护，适量给予帮助。

注意事项：骑行空间足够大且安全，平衡脚踏车的扶手高度适中。

（2）定向踢球：提高儿童的运动控制能力，改善儿童的运动协调性。

方法：让儿童从空间的一侧，不停顿地小跑到中等大小的球前，使用适当力度将球踢向指定的某一个方向。

注意事项：在空旷安全的空间进行。

（3）跳"房子"：提高儿童的跳跃能力，改善儿童的控制能力。

方法：在空旷安全的空间将积木一字排开，每两块积木之间间隔一定距离，儿童自始至终保持单侧下肢负重，另外一侧下肢不接触地面，依次将积木踢向某个指定的方向。

抛接球游戏视频

（4）袋鼠跳游戏:提高儿童的跳跃能力、弹跳能力、平衡能力和运动耐力。

方法:在空旷安全的空间将泡沫块按一定的距离摆开,要求儿童像袋鼠一样,通过连续跳跃,跨过摆好的泡沫块。

注意事项:泡沫块高度适中。

3. 改善视觉空间感知与手眼协调能力的活动　存在视觉感知障碍的儿童,在翻滚、走平衡木、荡秋千这些活动中会表现出一定障碍。当障碍表现在追视、注视能力上,儿童的阅读能力、书写能力以及文字知觉广度也会受到影响。

（1）悬吊接球游戏:调节儿童前庭感觉系统的统合能力,提高儿童视觉联想、视觉记忆、手眼协调、视觉追踪能力,改善手眼协调能力。

方法:将儿童俯卧位置于悬吊装置中,头、双手、腿后半部分置于悬吊装置外,治疗师在儿童侧面控制悬吊装置前后左右摆动,要求儿童从地上捡起置于一侧的指定颜色的球,并稳定地放到另外一侧的球筐中。

（2）穿越障碍游戏:提高儿童的视觉运动统合能力,改善儿童平衡协调能力。

方法:让儿童骑坐在羊角球上,利用羊角球的弹性和自身的跳跃能力向前移动,治疗师可以将不同颜色形状的障碍物,按顺序在地板上摆成圆形、弧形、"之"字形等,让儿童穿越障碍,从一侧的起点到达另一侧的终点。也可将障碍物改为数字。可根据儿童的能力水平,设置不同的难度,如按照指定的数字进行穿越,也可以与他人玩双人游戏,以最终达到终点者为胜。

注意事项:儿童需具备一定的跳跃能力。

（3）模型制作:提高儿童的视觉空间感知能力、视觉空间记忆能力,改善儿童的手眼协调能力。

方法:儿童取稳定舒适的坐位,治疗师先用不同颜色的积木块搭建一个模型,可以是平面模型,也可以是立体模型,让儿童依据已经搭建好的模型,重新搭建一个一样的模型。可根据儿童的能力,调整搭建的难易程度。

4. 改善日常生活活动能力的训练　DCD儿童常见的ADL训练项目有进食、饮水、穿脱衣物、扣纽扣、系鞋带、收纳整理以及打绳结等活动。通过日常生活活动能力的干预,帮助儿童调整活动方式,提高儿童的ADL参与程度和自理能力,最大限度地融入社会。

5. 提高学习能力的训练

（1）书写技巧练习:书写过程中运用到的感知觉有触觉、本体感觉及前庭觉;运用到的运动能力有躯干及上肢的稳定性,前臂及手腕控制能力,手指的力量及灵活性;运用到的认知能力有理解能力、记忆能力、辨认能力等。

针对书写能力的练习,常见的训练方法有捏橡皮泥、手指拉绳、夹夹子、手指操、搭积木、穿珠、拧螺丝和挑木棍等。

（2）桌面感觉统合训练:该训练是基于康复医学、心理学和神经科学原理,通过系统化的桌面游戏和任务操作,配合专业的教具,改善儿童的感觉统合能力,提高儿童学习能力的训练方法。此外,该训练还可以提升儿童的注意力及书写能力,改善坐不住、学不进、手眼脑不协调等问题。常用的桌面感觉统合训练如下（图18-15A、图18-15B）。

1）形象思维训练:包括平面空间视觉定位、印刻、复位能力。

2）记忆训练:主要包括拓宽记忆广度、提高记忆效率的训练。

3）手眼脑协调训练:通过设定的学习任务,使眼、手、脑三者同步。

4）符号化训练:培养抽象思维的符号化和形象再认能力的训练。

5）视听注意力训练:包括视听广度、视听记忆、视听转换、视听分配、视听统合、追视、跳视等训练。

ER-18-6

模型制作
（平面）
视频

ER-18-7

模型制作
（立体）
视频

查漏补缺

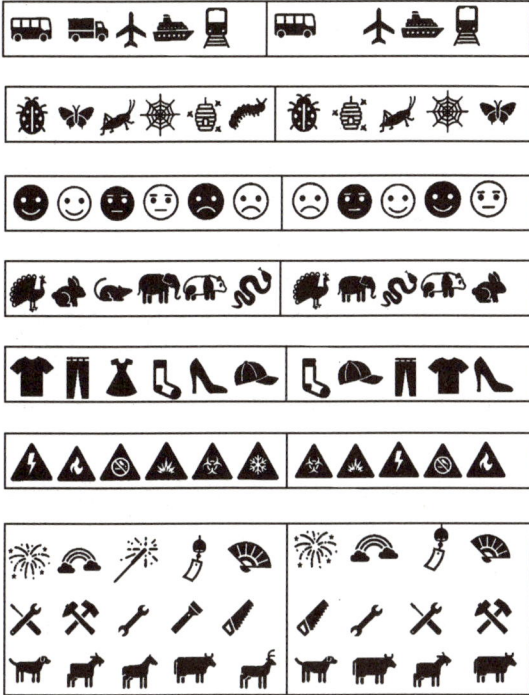

注意力稳定性——观察力

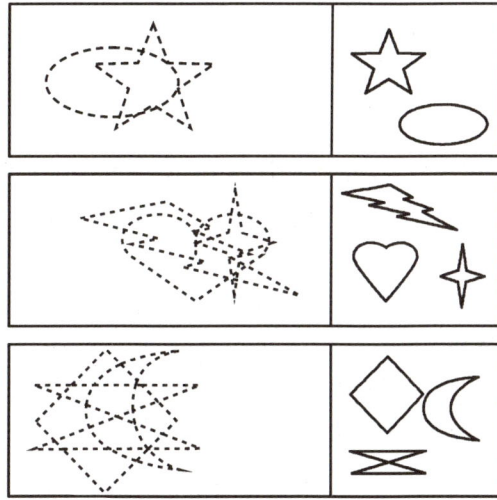

图 18-15A　桌面感统训练内容 1

运笔连线

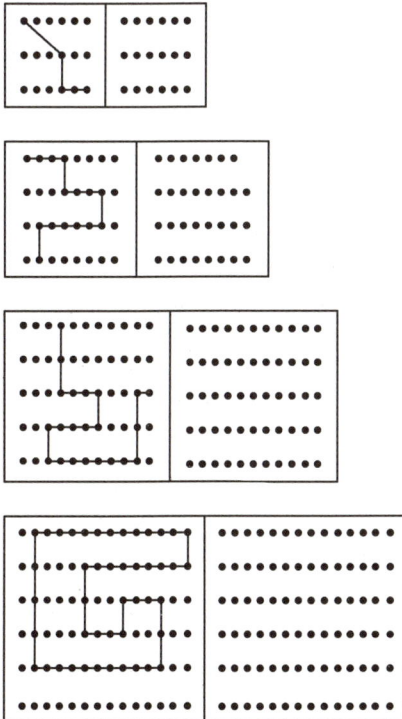

找相同

A级

2	4	4	3	1	1	7	1	3	8
3	3	5	5	9	6	8	8	7	7
5	6	8	3	4	4	9	9	0	8
8	8	9	6	2	3	4	8	2	7
6	9	1	7	7	7	2	3	6	6

B级

124	214	412	213	031	081	437	431	653	853
343	445	565	565	699	699	458	458	677	617
516	516	877	377	214	412	789	879	320	320
188	881	921	621	762	364	984	894	902	902
196	196	112	112	427	427	652	652	436	634

C级

1234	2143	4132	4213	0381	0381	4371	4371	9653	9853
5343	4435	8565	8565	6991	6997	4058	4058	6377	6317
5716	5716	1877	1377	2104	4102	7819	8719	3240	3240
1788	8871	9621	9621	7362	7364	1984	1894	9062	9092
1956	1596	1102	1012	4217	4217	6052	6502	4836	6834

图 18-15B　桌面感统训练内容 2

6）桌面行为训练：使儿童在学习的过程中定位准确、书写流畅、坐得住、学得进的训练。

7）时间观念训练：通过延迟满足、计时任务等训练，使儿童不再磨蹭拖拉。

6. 参与能力训练　通过参与能力训练，帮助 DCD 儿童更好地融入家庭、学校和社会环境中。在 DCD 儿童参与能力训练的过程中，需要注意以下几点。

（1）用于参与训练的活动，应该是儿童日常生活中最普通、最常见的体育活动，例如拔河、跳绳、踢球和骑车等。

（2）在参与能力训练的过程中，应根据儿童的实际情况对其进行个别辅助，尤其是训练较高的技能水平时。

（3）参与活动中，注意使用防护器具（如护腕、头盔）以确保安全。

（4）协助老师和社区负责人了解儿童的能力，以便他们在儿童遇到困难时对其进行支持和鼓励。

（5）鼓励儿童参加非运动性的集体活动，例如音乐、戏剧及各种俱乐部活动，以增加社会经验，使其从社会交往中收获更多自信。

7. 环境干预　在家庭环境中，DCD 儿童的问题往往因为家长的不重视而被忽略；在学校环境中，DCD 儿童往往因为游戏和体育活动中的笨拙动作而被其他同学取笑。因此，大部分的 DCD 儿童存在不自信和自卑感。作业治疗师要适时地向家长和学校宣教 DCD 的相关知识，对有社交退缩、挫败感、缺乏自尊，甚至焦虑、抑郁的 DCD 儿童，尽早进行心理学和行为学干预。

8. 辅助器具的使用　使用辅助器具的主要目的是改善 DCD 儿童的日常生活活动能力，提高 DCD 儿童的参与能力，使其更好地参与到社会活动中。在选配辅助器具时，除了要考虑 DCD 儿童当前的能力水平，还要考虑辅助器具在实际生活环境中的应用。

（1）进食自助具：DCD 儿童在进食方面涉及的辅助具主要是一些特殊的筷子，如弹簧筷子、辅助训练筷子等。此外，加粗手柄餐具、C 形杯架、吸盘碗和防洒碗等也可适当选择使用。

（2）穿脱衣物自助具：如系扣钩、鞋拔和魔术贴等辅助具。

（3）个人卫生自助具：如长柄刷、长柄梳和桌面指甲钳等。

（4）防护自助具：如轮滑活动中的护肘、护膝和防护头盔等。

（5）握笔辅助具：如握笔器、加粗口径铅笔、弹力绷带、夹板等。

9. 作业治疗宣教与指导　针对 DCD 儿童的作业障碍，常见的宣教形式有家庭宣教和学校宣教。学校宣教的目的是让 DCD 儿童的老师和同学了解 DCD，理解 DCD 儿童的某些行为，在 DCD 儿童出现功能障碍时给予帮助。家庭宣教的主要目的是让 DCD 儿童家长从家庭的角度认识 DCD，以便更好地支持 DCD 儿童的干预治疗。

第六节　学习障碍

一、概述

（一）定义

学习障碍（learning disorder，LD）是指智力正常儿童在没有视听觉障碍、环境剥夺和教育剥夺，也没有原发性情绪障碍的前提下，出现阅读、书写、拼字、计算、表达等方面的特殊学习技能获得困难的一组综合征。即智力正常儿童在阅读、书写、拼字、表达、计算、思考等方面的基本心理过程存在一种或一种以上的特殊性障碍,常伴有社会交往和自我行为调节障碍。这类儿童不存在感觉器官和运动能力缺陷,也不是由于原发性情绪障碍或环境教育剥夺所致。美国《精神障碍诊断与统计手册》(第5版)(DSM-5)将其命名为"特定学习障碍(specific learning disorder,SLD)"。

美国学者总结了学习障碍定义的9项内涵,包括:①低成就或个人能力表现有显著困难;②致病原因多为中枢神经系统功能失调;③表现的困难与心理过程有关;④任何年龄阶段均可能发生;⑤在言语表现上有显著困难,如听、说能力等;⑥在学习表现上有显著困难,如阅读、书写、数学等;⑦在知觉表现上有显著困难,如推理、思考等;⑧在其他方面表现有显著困难,如空间关系、沟通技巧或动作协调等;⑨允许其他障碍和学习障碍共存。

我国的研究学者认为,学习障碍儿童一般具有以下特点:

1. 学习障碍是一个特殊现象,是在某一特定学习能力方面出现问题,而不是不用功、没有良好的学习习惯及缺乏学习动机和学习兴趣。

2. 学习障碍与遗传、个体中枢神经系统结构功能异常、疾病和环境因素有关。

3. 智商落后不是确定学习障碍的标准。学习障碍儿童总体智商都在正常范围内,偶有偏高或偏低者。

4. 学习障碍除需排除智力障碍、视觉障碍、听觉障碍、肢体障碍、情绪障碍等,还应排除家庭、经济、文化水平的影响以及未能接受正规教育所致的学习方面的障碍。

5. 大多数学习障碍伴有交往和自我行为调节方面的障碍,且研究儿童学习障碍问题时应考虑其全面性:①学习障碍是通过儿童在不同学科上的学习问题表现出来的,但并不能因此将儿童在具体学科领域的表现作为学习障碍的全部表现;②学习障碍是一种综合征,在界定概念时应考虑其全面性。

（二）病因

从对学习障碍研究的历史及现状来看,不同时期,不同学科的研究者从不同角度揭示了学习障碍的形成原因。学习障碍的发生常常是多种因素的综合作用,目前主要认为与以下因素有关。

1. 遗传因素　这些证据主要来自对双胞胎的研究,基本上证实了学习障碍主要是阅读障碍的高度遗传性;学习障碍较多出现自身免疫缺陷疾病和过敏性疾病,且左利手居多。

2. 神经系统因素　头颅CT、功能磁共振成像(fMRI)、单光子发射计算机体层摄影(SPECT)等影像学研究发现,阅读障碍者呈对称性大脑结构异常。

3. 疾病因素　LD与ADHD、腭心面综合征(velo-cardiofacial syndrome,VCFS)、Turner综合征、Rett综合征、IDD等病因学可能有关联。

4. 环境因素　与家庭环境不良、父母教养方式不当、学校教育水平、社会环境因素、环境污染,以及某些营养缺失等因素有关。

（三）分类

不同的学习障碍儿童,其心理和行为能力表现特征不同。将学习障碍儿童划分为不同类型,可为开展个别化教育指导提供科学依据。国内外很多研究者从不同的学术领域和不同侧面,采用不同的研究方法,对学习障碍进行了类型划分。DSM-5把学习障碍分成了四类(表18-2)。

表18-2　学习障碍分类

学习障碍的类型	障碍的内容
阅读障碍	字母的再认和拼读障碍、阅读理解障碍、流畅性障碍等
数学计算障碍	计算和问题解决障碍
书写表达障碍	书写、拼写或写作障碍
其他，如非语言学习障碍、注意缺陷多动障碍	视觉组织、动作协调、社会技能障碍和执行功能障碍

二、临床表现及功能障碍

（一）认知发展不平衡

认知是全部认知过程的总称,包括注意、知觉、表象、记忆、思维、语言及其发展过程、人工智能等领域。从信息加工论的观点来看,学生的学习过程实际上是个体对外来知识信息进行接收、编码、提取以及运用信息与策略解决问题的过程。学习障碍儿童认知能力基本正常,但存在不平衡现象。如操作能力商值非常高,但语言发育商值非常低。研究表明,学习障碍儿童在感知觉、认知加工速度、记忆、认知风格与智力结构方面均表现出滞后和失常等特征。

（二）行为障碍

学习障碍儿童不仅在认知发展上落后于正常儿童,而且在社会适应和行为方面亦存在明显障碍。行为方面,学习障碍儿童由于在学科学习上存在能力上的缺陷,如在课堂上跟不上教师的教学节奏,听不懂教学内容,更容易出现课堂行为问题,如上课睡觉或打扰课堂纪律等。具体体现在两个方面:①外向性行为问题。这类问题儿童的表现主要包括互相争吵、推撞、挑衅等攻击性行为;高声喧哗、交头接耳等扰乱秩序的行为等。②内向性行为问题。这类问题儿童的表现通常与外向性行为相反,主要表现为服从依赖等特点,包括在课堂上心不在焉、胡思乱想、注意力涣散,害怕提问、抑郁孤僻、不与同学交往等退缩行为。

（三）注意障碍

国外学者把学习障碍儿童的注意问题分为以下三类:①引起注意障碍,即注意选择障碍,指学习障碍儿童在挑选本应引起他们注意的重要信息时存在困难和障碍;②做决定障碍,指学习障碍儿童注意力分散,凭借冲动做出决定;③保持注意障碍,指学习障碍儿童不能有始有终地坚持做一件事。在学习障碍儿童中,有20%~40%儿童同时伴有注意力问题,临床上被称为注意缺陷多动障碍。这类儿童在日常生活和学习中表现为注意力不集中、不持久、容易分散、性情急躁、任性冲动,而且自控能力差、与人相处困难等。

（四）视觉功能障碍

表现在阅读方面,出现跳字、漏行、增字、替换字、倒反念、猜测文意,或无法理解阅读内容,混淆相似字(例如"风"和"凤"等),拆字(例如"晚上吃饭"可能会看成"日免口乞反"),无法从文字推想画面,较爱看有图片的书籍,排斥文字较多的书,看不懂数学应用题,存在断句困难、阅读缓慢,用手指辅助阅读仍跳漏字等情况。

（五）感觉统合失调

主要表现为视觉信号无法转化为运动指令,出现空间知觉不良、方位感差;判断远近、长短、大小、高低、图形等困难;顺序和方位辨别困难,表现为穿鞋左右不分、反穿衣裤、走错房间,记不住乘车方向和路线,定位困难和容易迷路等。

（六）计算和数学推理障碍

数学计算是一个需要多种认知过程参与的活动,特别需要具有良好的推理、分类、组合、抽象、概括等能力。计算障碍儿童计算时常常忘记计算过程的进位或错位,竖式计算排位错误,数字顺序颠倒,抄错抄漏题;数学记忆不良,导致数量概念和应用题理解困难。

（七）书写困难和手眼协调障碍

表现在书写方面,有同音异字,书写时感到困难,镜反字,例如写字左右颠倒,部首错置（如"部"和"陪"）,字体歪斜,大小不一,超出网格线或过小,字迹潦草,容易写错字,或是别人看不懂,字迹工整但握笔吃力、写字缓慢、连字没有空格等。表现为动作发育不良,平衡能力差,精细动作协调困难。如不会灵活使用筷子,不会扣纽扣,系鞋带笨拙,绘画不良等。

（八）语言理解和语言表达障碍

表现为构音困难、听而不闻、不理会父母和老师的话,易被视为不懂礼貌。说话时常会省略辅音,语句缺乏关联词;有类似口吃表现、说话词不达意、节律混乱、语调缺乏抑扬、多用肢体语言等。

三、检查与评定

学习障碍儿童的表现个体差异较大,因此学习障碍的诊断和鉴别需要多方面测试和观察。近年来,一些国外常用的学习障碍的评定工具和方法陆续被引进并标准化,为分析和评定提供了必要的依据。

（一）检查与评定的内容

1. 基本信息的评定　通过问卷调查和访谈,从家长和教师处获得儿童的个人史,个人史涵盖了儿童出生史、生长发育史、学校表现、儿童社交、学习兴趣等。以上这些儿童发育的信息是诊断的重要参考。

2. 作业技能评定　主要评定儿童的感知觉与认知功能、视觉-运动整合、握笔能力、手部控制能力、书写技能等。

3. 作业活动表现评定　主要包括学业成就、阅读、书面表达及数学能力等的评定。

（二）检查与评定的方法

1. 视觉感知技能测试　适用于 4~12 岁儿童,用于评定视知觉能力,包括视觉注意、视觉记忆、视觉区辨等。

2. 非运动视知觉测试（MVPT-4）　适用于 4~11 岁儿童,用于评定视知觉能力。由形状恒常性、视觉区辨、视觉记忆、视觉完形、空间关系组成。

3. 视知觉发展测试（DTVP）　适用于 4~12 岁儿童,用于评定视知觉与动作统合能力。整个测试由手眼协调、视觉图形背景、物体恒常性、空间位置、空间关系组成。

4. 视觉-运动整合发展测试（VMI）　适用于 2~14 岁儿童,用于评定视知觉与精细动作的统合能力。包括视觉感知、运动协调和视觉运动整合评定。

5. 儿童作业疗法认知功能动态评定量表（中文版）（DOTCA-Ch）　以色列希伯来大学著名作业治疗师 Noomi Katz 于 2002 年制订,适用于 6~12 岁儿童,用于评定儿童作业治疗认知功能,国外多应用于学习障碍及注意缺陷多动障碍儿童的认知评估。由定向、空间知觉、运用、视运动组织、思维操作 5 个领域组成。

6. 韦氏幼儿智力量表（第 4 版）（中文版）　适用于 2.5 岁至 6 岁 11 个月儿童。可用于评定一般智力功能。

7. 韦氏儿童智力量表　适用于 6~16 岁儿童,目前使用的是第 4 版（WISC-Ⅳ）,包括 14 个分测验,分为 10 个核心分测验和 4 个补充分测验。

8. Peabody 运动发育量表　主要评定儿童应用视觉感知技能完成一些复杂的手眼协调任务的能力,适用于 0~72 个月的所有儿童,可以得出儿童精细运动的发育商。

9. 儿童感觉统合能力发展评估量表 主要用于评定儿童感觉统合能力的发展水平,由儿童的父母或陪护人根据儿童近1个月的情况如实填写。内容包括前庭失衡、触觉功能不良、本体感失调、学习能力发展不足和大年龄儿童的问题。

10. 儿童学习障碍筛查量表(the pupil rating scale revised screening for learning disabilities,PRS) 由美国心理和语言学家 H. R. Myklebust 编制,国内学者对其进行引入并标准化。PRS 是一种快速发现学习障碍儿童的筛选测试方法,由平时经常接触儿童或至少与儿童接触3个月的班主任或很熟悉这些儿童的人使用。为了客观地对学习障碍儿童进行评价,PRS 不适用于家庭检查。

11. 汉语阅读技能诊断测验(Chinese reading skill diagnostic test,CRSDT) 主要包括9项因子,分别为:汉字形-音识别、汉字形-义识别、识别准确度、词语匹配、读音准确性、朗读流畅性、朗读速度、阅读理解、组句成文。以上内容分为汉字识别、朗读、默读、词语匹配、组句理解和答题6种作业形式,字、词、句、篇章4个水平。

12. 儿童汉语阅读障碍量表(dyslexia checklist for Chinese children,DCCC) 主要包括视知觉障碍、听知觉障碍、意义理解障碍、书写障碍、口语障碍、书面表达障碍、不良阅读习惯和注意障碍8个维度,共57个条目。适用于国内三至五年级的儿童。

13. 学习障碍诊断标准化量表(学习成绩部分)(表18-3) 可用于儿童智力、心理过程、学业过程等内容的评定,以判断其是否存在异常及异常程度。

表 18-3 学习障碍诊断标准化量表（学习成绩部分）

量表名称	分测验内容
广泛成就测验（WRAT-R）	言语智商和操作
Peabody 个人成就测验（PLAT-R）	数学、阅读再认与理解书面表达、常识
学业进展测验	数学、阅读、拼写
考夫曼教育成就测验（KTEA）	阅读编码与理解、数学、拼写
Wood Cock-Johnson 成套测验-成就测验	词汇、人脸与地点、算术、阅读理解
Wood Cock 阅读掌握测验	单词、单词辨认、理解、段落理解、视听学习
Key math 诊断性算术测验（KM-R）	数概念、运算与应用
青少年语言测试-2	听、说、读、写、词汇语法等
语言能力测试（TLC-扩大版）	意图表达与解释
书面语言测验	主题、词汇使用、文体、拼写、字迹

14. 环境评估 包括对家庭及学校环境的评估。以调查问卷的形式对儿童父母、教师进行访谈,对其所处的环境进行了解、分析,了解父母、教师对学习障碍的知晓情况及家庭、学校的支持措施,向儿童家长、老师提供适当的建议和专业指导。

四、方案与实施

作业治疗对学习障碍的干预可以起到积极肯定的效果,治疗人员介入到以学校为基础的合作式服务、干预-应答模式以及学龄前的早期干预中,包括在医疗机构中一对一形式的作业治疗,促进儿童的全面发育。

（一）感觉运动训练

LD 儿童存在的主要问题是基本学习能力不足,包括视知觉能力、语言能力、理解能力和感觉能力,以及多动-注意障碍等行为问题。

通过操作性作业活动,能促进儿童手、眼、脑等协调发展,提高儿童的注意力和反思能力;通过提问的方式,建立视听旁路弥补或代偿视知觉的不足。建立鼓励机制,可以调节儿童情绪并增强学习动力;通过综合调整,视知觉能力、语言能力、社交能力、理解和感觉运动能力均可得到有效提高,促进中枢神经系统发育和认知功能的全面发展。

1. 视听觉训练 训练内容包括视听觉记忆、视听觉辨别、视觉注意、视觉空间感知和听理解等。训练中常用的作业活动有字母表扫描、数字/字母划消、视觉跟踪、符号排序、方向性训练、拼图/拼积木、物品分类、影子舞、图形辨认、形状/颜色匹配等。

2. 触觉训练 主要训练 LD 儿童的触觉辨别能力和触觉记忆能力。常用的训练活动有手背书写的触觉辨别,手指临摹的触觉记忆。

3. 运动能力训练 可以通过拍球、跳绳等训练,改善 LD 儿童的基本节奏感;通过辨识自己及空间物体的左右、丢接球等训练,来提高对空间方位的认识。随着基本运动能力的提高,可以开展一些需要较高运动技能的项目,如电脑操作训练、手语训练、视动训练、书法训练,以及打乒乓球等体育运动。提高儿童的各种运动平衡协调能力,促进注意力集中,从而提高学习效率。

(二)精细运动与书写训练

LD 儿童的精细运动障碍主要表现在双手的协调性和视觉配合下的手眼协调性上。可以结合儿童当前的功能状态,根据儿童的兴趣爱好,选择一些协调训练内容,如手部的控制能力、手部的精细抓握能力、手指的灵活性、手眼协调性、双手协调性等。常用的训练活动有黏土作业、挤压弹力球、翻转硬币、切割彩泥、剪纸、折纸、手指操、串珠子、穿线、旋瓶盖、转笔等。

书写障碍也是 LD 儿童常见的功能障碍之一。书写训练的内容主要包括握笔姿势和运笔控笔能力。常用的训练方法有涂色、描线、连线、画画等。

(三)阅读能力训练

主要针对的是由视觉功能障碍导致的 LD 儿童,其训练原则如下:

1. 适当的环境调适,保证良好的照明,使用柔和的彩色纸张,以减少眩光。

2. 简化阅读的难易程度。如设计短小精练的分组阅读材料;采用黑色垫子遮盖下面文字、标记下划线或放一把尺子在目标汉字下等。

3. 通过感官强化,改善阅读能力。如让儿童用手指点读,或他人在一旁朗读,以帮助儿童保持视觉注意;或者在阅读的时候佩戴耳机,减少其他的感官输入。

(四)逻辑推理能力训练

对于存在逻辑推理障碍的学习困难儿童,教育干预是最常使用的作业治疗方法。该方法主要是在教育教学的过程中,注重对儿童逻辑推理能力的培养。增强儿童逻辑推理能力的具体训练方法有演绎推理、归纳推理、逻辑推理,以及会聚性思维和发散性思维。在训练过程中,治疗师可以描述一些事件的特性或一些单一的关系,让儿童来推断其中的逻辑关系或联系。

(五)感觉统合训练

学习障碍儿童常出现视觉-运动障碍和感觉统合失调,导致学习能力不足,可以根据感觉统合能力评估结果,选择针对性的训练项目,整合前庭觉、本体觉、触觉、视觉等刺激,控制感觉信息的输入,提高感觉统合与手眼协调能力,从而提高作业技能。

(六)调适环境

通过父母和教师给 LD 儿童创造的良好发展环境,改善他们的行为问题。家长要多与孩子进行沟通,增进情感交流,建立和谐民主的家庭氛围,帮助孩子建立一个有针对性的学习

笔记栏

扫一扫
测一测

生活计划,给予具体的指导和鼓励。教师要以平等、亲切、尊重、关心的态度对待 LD 儿童,多采用鼓励的方法。

（七）作业指导与宣教

1. 搭建学校-家庭-医务人员沟通平台,帮助树立正确对待学习障碍儿童的教养态度,让家长正确认识学习障碍,让更多的人理解、接纳和善待 LD 儿童。从而改善 LD 儿童的家庭和学校氛围,减轻儿童的不安、自卑和恐惧心理,使之有一个良好的生活环境。

2. 指导家长和儿童学会时间管理,养成良好的学习习惯。通过时间定向,告知具体学习时间和作息时间,帮助学习障碍儿童逐步建立时间观念,其中要求家长监督儿童学习,严格遵循作息时间。

（项栋良）

复习思考题

1. 脑瘫的作业治疗原则是什么?
2. 孤独症谱系障碍的作业治疗方法有哪些?
3. 智力发育障碍常用的作业治疗方法有哪些?
4. 注意缺陷多动障碍的行为矫正疗法包括哪些内容?
5. 发展性协调障碍的评估内容有哪些?
6. 学习障碍的作业治疗方法有哪些?

第十九章

老年健康促进与作业治疗

📌 **学习目标**

1. 描述健康老龄化内在含义及形成过程。
2. 描述阿尔茨海默病、帕金森病的定义、流行病学、病理生理学及危险因素。
3. 讨论阿尔茨海默病、帕金森病的临床症状和对应的功能障碍。
4. 结合 ICF 框架和作业治疗模式,对阿尔茨海默病、帕金森病和老年人跌倒进行作业分析并制订适宜的治疗方案。
5. 列举并讨论阿尔茨海默病、帕金森病和老年人跌倒的作业治疗方法。

第一节　健康老龄化

一、概述

衰老是生命进程中必不可少的一部分,通常伴随渐进性的生理变化和急性、慢性病发病率的增加。从本质上说,年龄增长导致的衰老既不是疾病,也不是残疾,但它与生理功能受损和功能障碍的高发密切相关,许多功能障碍来自生理储备下降和慢性疾病的相互作用。目前的研究表明,有效的干预方式能够预防、延缓,最大限度地降低这种生理功能上的衰退。康复医学技术对健康老龄化是一种安全有效的支持/促进方式,其作用不仅在于改善由特殊疾病或损伤导致的功能障碍,而且可以通过相关治疗和训练项目改变生理结构,以防止衰老加速,避免老年人功能障碍进一步加剧。

越来越多的证据表明,老年人坚持健康的生活方式,在退休以后继续积极地参与社会活动,尽可能长时间地保持活力,不仅可以提高老年人的生活质量,还可以延缓社会老龄化和生理老龄化的进程,延长自身的独立自理时间和增强独立自理能力。作业治疗在老年人中的运用核心在于改善生活活动障碍,增强社会活动能力,有效维持并提高生活质量。

二、老龄化、成功老龄化与健康老龄化

在过去的 50 年中,全球大多数地区的社会经济发展都伴随着生育率的大幅度下降和预期寿命的显著增长。这一现象导致世界范围内人口结构的迅速变化:老年人占总人口的比例在相对短的时间内大幅增加。根据联合国数据,老龄人口的增长正在以前所未有的速度发生,并将在未来几十年加速,特别是在发展中国家。在我国,第七次全国人口普查结果显示,60 岁及以上人口已达 2.64 亿人,占全国总人口的 18.70%,我国即将进入中度老龄化社会。

老龄化,从狭隘意义上讲应为"原发性老龄化",与"继发性老龄化"不同的是,前者强调随着年龄增长而发生的生理变化,与疾病和环境因素无关。然而越来越多的研究表明,通过改善体力活动、饮食、营养、环境等可以减少老龄化进程中的不良作用,同时可有效延长预期寿命,这种虽然处于老龄阶段,但很少,甚至没有生理功能衰退的状况,称为成功老龄化。2015 年世界卫生组织(WHO)《关于老龄化与健康的全球报告》中提出,应从功能的角度出发,基于整个生命历程全局考虑健康老龄化(healthy aging)。WHO 将健康老龄化定义为发展和维护老年健康生活所需的功能发挥的过程。功能发挥是指使个体能够按照自身观念和偏好来生活和行动的健康相关因素。它由个人内在能力与相关环境特征以及两者之间的相互作用构成。内在能力是指个体在任何时候都能动用的全部身体功能和脑力的组合。

促进健康老龄化的方法可以有很多着手点,但共同的目标是尽可能改善功能发挥。作业治疗通过提高老年人独立生活及活动参与(工作、生产和娱乐、休闲)的能力,改善老年人的生活和工作环境,其最终目标不仅是维持和促进健康,更重要的是促进老年人积极参与社会生活,满足老年人的发展性和价值性需求,促进老龄化社会和谐发展。

三、健康老龄化与作业治疗

(一)作业评估

老年人作业治疗评定的重点应围绕生活质量展开,生活质量评定指老年人对自己的身体功能状态、心理状态、家庭和社会满意度、健康感觉以及与疾病相关的自觉症状等进行全面评估。生活质量的评定主要通过相关量表进行,包括 SF-36、WHO-QOL-100、生活质量指数量表、社会支持量表、生活满意度量表等。可从以下四个方面进行:

1. 躯体功能评估 躯体健康评定内容包括老年人的躯体症状、基本日常生活活动、工具性日常生活活动、主观身体健康等方面。基本日常生活活动可采用 Barthel 指数、功能独立性评定量表、Katz 指数、功能活动问卷等常用的标准化量表进行评定;工具性日常生活活动可使用工具性日常生活活动量表、执行功能表现测试(executive function performance test, EFPT)等进行评估;主观身体健康是个人对自己身体状况的评判。

2. 认知功能评估 老年人认知功能主要反映老年人对周围环境的认识和对自身所处状况的识别能力,对老年人晚年是否能独立生活以及生活质量起着重要作用。认知是个体推测和判断客观事物的思维过程,包括感知、学习、注意、记忆、思考等心理活动。评估可选用成套的认知功能量表,也可针对老年人某一项认知障碍进行评估。

3. 心理功能评估 由于老年人受到离退休和社会职能变化、经济问题、生活事件、家庭关系、衰老、疾病等影响,往往有抑郁、焦虑等心理问题。心理功能评定内容主要包括焦虑、抑郁及行为情绪控制等。

4. 角色评估 老年人一生中经历了多种角色的转变,角色评估是社会功能评估的重要内容之一。评估内容包括老年人的文化背景、工作、是否退休、人际关系、对自己担任的角色是否适应/是否满意等。

5. 环境评估 个体功能是否能够正常发挥很大程度上依赖于环境因素,特别是在衰老的进程中,良好的环境可以补偿缺损的功能;相反,不适宜的环境会妨碍老年人独立生活。老年人的环境评估内容有:①物理环境评估,包括地域、家庭、工作场所、病房等,其中居家环境是评估重点;②社会环境评估,包括个人、社会与心理需要的状况,主要有社区环境和邻里关系两大方面。

6. 生活质量评估 生活质量是一个包含生理、心理、社会功能的综合概念,具体内容包括以下几个方面:①躯体功能的评定:包括睡眠、饮食、行走、大小便自我控制、自我料理、家务操持、休闲娱乐;②精神心理功能的评定:包括抑郁、焦虑、孤独感、自尊、记忆力、推理能力和应变能力;③社会功能评定:包括家庭关系、社会支持、与他人交往、就业情况、经济状况、社会角色等;④疾病特征与治疗:包括疾病病症、治疗副作用等方面。可选用适宜量表评定老年人生活的客观状态,同时还要注意其主观评价。

（二）作业治疗

许多老年人伴有多种慢性疾病,但健康老龄化不只是延长寿命和减少慢性疾病的发生概率,而是在随着年龄增长,健康状况发生改变时,仍然可以有较高质量的独立生活能力,这对作业治疗师而言是极大的挑战。

1. 作业治疗目标　通过全面的作业治疗评估,在明确老年人生理、社会、认知、环境以及生活需求的基础上,制订个性化的康复目标。对大多数老年人而言,作业治疗最大的目标是降低老化带来的不利影响,提高老年人在不同环境中的适应能力,从而达到生活独立,并融入社区生活。

2. 作业治疗措施　针对老年人的功能障碍,从日常生活、社交参与、休闲娱乐等活动中,选择针对性强、能提高老年人环境适应能力的功能性作业活动进行训练,可综合应用肌力训练技术、关节活动技术、神经促通技术等方法。治疗中,作业治疗师应考虑以下常见影响因素:

（1）营养状况:体重的减轻可以引发多项日常生活活动能力受限,感觉障碍、口腔健康状况不佳、孤独和抑郁等,均可增加老年人营养不良的风险。在老化过程中,肌肉量减少、脂肪量增加,如果缺少足够的蛋白质摄入,老年人患有肌肉萎缩症、骨质疏松症和免疫反应受损的风险将会增加。因此,还应对肌肉质量、肌力进行评估和训练。

此外,作业治疗师还应考虑到年长老人可能由于自己不易准备食物、无法将食物从厨房端至餐桌、无法外出采买食材、无法维持进食姿势等原因,因地制宜地进行姿势、平衡及环境的评估和训练/改造。

（2）行动能力:行动能力是老年人身体功能的重要组成部分。肌肉质量和力量的丧失、灵活性的降低和平衡问题都会影响行动能力。作业治疗师可根据具体情况,进行肌力、肌张力、关节活动度、平衡功能、协调功能、步态、与步行相关的日常生活活动能力等相应功能的评估,以发现导致行动能力下降的确切因素。

跌倒往往在从事日常生活活动时发生,比如进入浴室、梳洗时,随着行动能力的减退,一些原本熟悉的动作可能就会变得很危险。因此,在对个人能力进行评估的同时,还应对动作成分进行分析,并对环境进行评估,适时调整功能性行动的技巧。

（3）感官功能:随着年龄增长而出现的感官功能障碍和活动幅度受限,使得梳洗和仪容的整理在老年变得困难。比如老年长者可能会因为看不清毛发而无法进行修饰,也可能由于无法碰到脚指甲而不能进行修剪,甚至由于关节疼痛而无法进行准确的抓握,作业治疗师应针对性地进行活动成分分析,结合感觉、疼痛、关节活动等功能的评估,明确日常生活活动受限是由于生理功能减退所导致的,还是由于老年人对整洁的不注意或不在乎。

老龄化还常常伴随着视力和听力的损失,这不仅限制了行动能力和日常活动,还可能导致社交障碍和自主性丧失,并伴随出现焦虑、抑郁和认知障碍。可以定期进行视力、听力筛查和相应检查。

（4）辅助器具选用:辅具可以代偿生理限制、增进安全、避免伤害等。老年长者可能会使用很多辅具,在选择行动辅具时,除了要对肢体长度、平衡功能、手抓握功能进行评估外,还应询问每位老人在不同生活情境下的反应,以确保能够了解老年人是否能借助行动辅具在不同环境中安然地移动;在选用其他功能辅具时,比如眼镜、矫形鞋垫、取物夹等以帮助他们维持平衡,提高行动能力,应注意观察老年人是否能独立保养这些辅具以保证其正常使用,如果不能则应由他人辅助介入。

选择有关辅具的建议之前,作业治疗师必须经过彻底评估,确认老年人的功能性问题与问题背后的原因,并优先考量其他实际解决办法,万不得已再使用辅具代偿。选择辅具时还需要考量的其他因素,包括是长期还是短期使用、使用辅助的耐受度、对于辅具的观感、购买与保养数据所需的花费等。

第二节　阿尔茨海默病

一、概述

阿尔茨海默病(Alzheimer's disease,AD)是主要发生于中老年人的原发性大脑皮质的退行性病变,以进行性加重的智能全面障碍,并导致日常生活、工作、社会交往能力下降为临床特征。本病最早可在 45 岁发生,且随着年龄的增长,发病率逐步上升。目前认为,阿尔茨海默病的两个病理特点是细胞外 β-淀粉样蛋白沉积(老年斑)和细胞内神经原纤维缠结(双螺旋丝),导致突触和神经元损伤,使得大脑的受损区域严重萎缩。此外,还与年龄、遗传、病毒感染、免疫功能改变、铝中毒、神经递质紊乱、脑血管病变、不良的心理社会因素刺激等密切相关。吸烟、酗酒、文化程度低或文盲、社会活动少等因素,也可导致本病的发病率上升。

按照 60 岁以上老人抽样调查的发病率推算,我国现有阿尔茨海默病患者约为 388.2 万人,预计到 2025 年,阿尔茨海默病人数将达到 1 009 万。因此,积极开展并迅速推广阿尔茨海默病的作业治疗服务对于提升患者的生活能力、减少家庭负担十分重要,而且势在必行。

二、临床表现及功能障碍

阿尔茨海默病患者有痴呆的症状和体征,病情进展大多较缓慢,可能在一段时间内较为稳定。常见临床表现及功能障碍有:

1. 记忆障碍　记忆障碍是阿尔茨海默病最早出现的症状。早期可仅有短期记忆力减退或丧失,主要表现为患者对新近或刚发生的事情不能回忆,如忘记物品放置的位置;手里拿着某物而寻找此物;忘记重要的约会及已许诺的事情;忘了炉灶上正在烧水等。随着病程进展,远期记忆力也受损。

2. 性格改变　阿尔茨海默患者常见的性格改变有两种,一种为以往的性格特征更加突出,如以往具有急躁、易激动、情绪不稳定、多疑等性格特征者,这些特征更加明显,很难与周围人相处;另外一种改变为与以往性格特征截然相反,使人感到患者与以往是两个不同性格的人。

3. 精神和行为异常　患者表现为情绪抑郁或不稳、幻觉、妄想、兴奋躁动、缺少主动性、丧失理性等精神症状,以及游荡、攻击、破坏等行为异常。

4. 言语交流困难　主要表现为语言量减少或沉默不语,语言空洞、缺乏中心。因找不到合适的词语而突然中断讲话,或不适当地加入某些无关的词语,使人无法理解其所表达的意思。

5. 认知缺损　患者表现为难以集中注意力,判断力下降,计算速度变慢或发生困难。严重时,可出现定向障碍,不能解决生活中遇到的简单问题,如经常迷路,不能辨认熟悉的人,不能依据气温的变化增减衣物,不能根据场合调整衣着等。

6. 日常生活能力、工作、社交能力下降　由于记忆力的减退和认知缺损等原因,患者的生活和工作能力明显降低,不能胜任日常工作和处理生活中的常见问题,或经常出差错,如做事颠三倒四、烧焦饭菜、忘关煤气开关,买东西时搞不清价钱,不能按时、按量服药等。由于定向障碍、言语交流困难,患者不愿或害怕外出,从而导致社交活动减少,能力进一步下降。

三、检查与评估

由于脑萎缩和病理组织改变,阿尔茨海默病患者伴有全身功能的持续性退化,进而造成作业表现技巧障碍和职能角色的转变,全面的评估可以围绕以下几点展开:

1. 运动功能　随着病程进展,患者的运动功能会出现进行性减退。检查与评估的内容可以依据患者的具体情况而有选择地进行。主要包括运动速度、平衡功能、步态、双侧肢体的协调性、手操控物件的能力以及手的灵活性等。

2. 感知功能　主要包括空间关系、深度知觉以及空间视觉定位能力等。

3. 认知功能　重点对注意力、记忆力、定向力、判断力、学习能力、交流能力进行评定。常用的评定方法有简易精神状态检查量表、韦氏记忆量表、修订版长谷川智能量表(Hastgawa dementia scale,HDS)、临床痴呆评定量表(clinical dementia rating,CDR)和阿尔茨海默病评定量表-认知分量表(Alzheimer's disease assessment scale-cognitive subscale,ADAS-Cog)等。

4. 精神及心理　重点对抑郁状态进行评定。常用的评定量表为汉密尔顿抑郁量表和老年抑郁量表(geriatric depression scale,GDS)。

5. 日常生活活动能力　患者通常先表现出需要精细运动功能参与的活动能力降低,特别是工具性日常生活活动部分。常用的评定量表有 Barthel 指数、功能独立性评定量表、Katz指数等,这些量表重点多在动作表现的评估上。近年来,有很多针对认知退化而导致的作业表现能力下降的评估量表,比如执行功能表现测试(EFPT)、艾伦认知水平测验(Allen cognitive level test,ACI)、认知表现测验(cognitive performance test,CPT)等,这些量表将多项 ADL任务与认知功能结合,兼顾了动作表现及认知程序表现。

6. 环境　可以通过与患者和/或家庭成员(照顾者)的访谈,以及家访(或实际居住环境的考察)方式,评定患者在现实环境中的作业表现及安全性。

7. 生活质量　可以采用 WHO 生活质量评定量表、生活满意度指数和阿尔茨海默病生命质量测评量表(the quality of life-Alzheimer's disease,QOL-AD)等工具进行评定。

四、方案与实施

由于本病呈进行性发展,患者存活期普遍较长(平均生存年限为 5~10 年),阿尔茨海默病的康复治疗需要多专业组成的团队共同和长期参与,且治疗应同时干预患者及其家属。治疗方案应依据患者的个体需要量身定做,同时适合于其所处的疾病阶段。治疗采用的路径是整体观和以解决问题为中心。干预可以是一对一形式,也可以是小组形式。

(一)治疗目标

阿尔茨海默病的作业治疗目标是维持或加强功能、促进参与有意义的治疗活动、提升健康和生活品质,以及与照顾者合作,减轻家属负担。按照病情进展,细分为早期、中期和晚期3 个阶段。

1. 早期　可以持续 1~3 年,患者仅表现为近期记忆功能和认知功能的减退,工作和家务能力受到轻微影响,可以正常生活与社交。此期的治疗目的主要为:尽可能维持患者各领域的功能独立;教授家人和/或照顾者如何应对与阿尔茨海默病患者相处所带来的压力。

2. 中期 可以持续2~10年,患者近、远期记忆明显障碍,流利性失语,语言理解及换语障碍,习惯改变,不能完成工具性日常生活活动,生活需要他人照料,但仍可自己进食、如厕等。此期的治疗目的主要为:鼓励患者进行身体锻炼与活动;促进其与他人交流和参加社交;对环境作出适当调整,并帮助其适应。

3. 晚期 仍然可以持续5~12年,患者的智能严重低下或完全丧失,记不住任何事情和新的信息,不能辨认亲近的家庭成员,对外界刺激丧失有意识的反应,少语或缄默,生活完全不能自理,因失去姿势控制能力而需终日卧床。此期的治疗目的主要为:最大限度地提升或维持患者的生活质量;促进患者对自我和他人的意识,维持其身体健康;预防或减轻挛缩,令其感觉舒适。

（二）治疗方法

1. 鼓励身体锻炼与活动,以维持移动能力及健康状态。当需要精细运动功能的活动出现困难或不可能完成时,可采用粗大运动性活动,如涉及坐、站、翻身或转身的活动,比如散步、打保龄球、拉弹力带、拍巴氏球等。必要时,采用夹板以预防挛缩的发生。

2. 尽可能长时间地维持平衡反应及能力,以预防可能的跌倒和损伤。可以进行踩晃晃板、荡秋千、玩跷跷板、打太极拳等活动。

3. 对阿尔茨海默病患者进行记忆力训练时,应关注训练过程,而不是训练结果,即并不一定要患者记住多少信息内容,而在于让其参加了训练,活动了大脑。训练方法包括以下内容:

（1）保持与复述:将要记忆的信息先朗读,再口头复述,心中默读,然后复习。

（2）回想:通过提示患者回想事件发生时的环境、情绪和身体状态,以促进记忆。

（3）内部策略:鼓励患者本人以一种损害较轻或正常功能去替代明显缺陷的功能来记住新信息,如患者言语性记忆差,就应鼓励其进行形象性记忆,或反之。言语记忆法包括:联想记忆、组块记忆、时空顺序记忆、首词记忆、比较记忆、自身联系记忆、编故事记忆等。形象记忆法包括:地点放置记忆(将新信息和固定排列的几何部位联系起来,再按顺序反复回顾进行记忆)、链接记忆(将待记信息与相关图像连在一起记忆)和分类记忆(将语言信息转变成不同类型的视觉形象加以记忆)等。

（4）外部策略:利用人体外部辅助或提示来帮助记忆的方法,可以采用日历本、日记本、备忘录和制订日程表的形式。日历本:将所需做的事标注在相应的日期上,或折起一角以提醒患者。日记本:通过写日记的方式,帮助患者记住过去的事。教会患者将日记编上页码,并在最后一页做索引以便查找。备忘录:将需要做的事写在备忘录上,并帮助患者养成每日翻阅备忘录的习惯。日程表:将一日内要完成的活动或任务,按完成时间先后次序制成日程表,每完成一项,用笔删除该项。

4. 进行针对性认知训练时,应使用简单的、只有1~2步的指令,以避免患者混淆或产生焦虑情绪。认知训练包括不同的训练活动,如现实导向性训练、思维能力训练、解决问题能力训练和怀旧治疗等。

（1）现实导向性训练:在患者房间内放一些日常生活中用得着的、简单醒目的物品,如日历、钟表、各种玩具等,训练患者对现实环境,如姓名、地点、日期、星期几、天气等的定向力,并帮助其建立有规律的生活作息,如什么时候起床、就寝、吃饭、服药、洗澡等。

（2）思维能力训练:人的思维过程非常复杂,常涉及分析、综合、比较、抽象、推理、判断、概括等认知能力的参与,其训练内容及难度应依据患者的具体情况而定,可以通过手写卡片、图文阅读、配对游戏、拼图练习、计算机软件来进行。

（3）解决问题能力训练:结合患者实际生活的需要进行训练,如丢了钱怎么办? 出门忘带钥匙怎么办? 到新地方迷了路怎么办?

（4）怀旧治疗:利用患者现存的、对往昔的记忆,给予追思和强化,以达到改善患者的认知,延缓痴呆病情的进展,愉悦心情,提升生活质量的目的。采取的方法可以是:给患者反复看以往有意义的照片(结婚照、全家福等);让患者讲述难忘的美好回忆;欣赏收藏的旧物等。

5. 心理治疗和行为干预,目的在于配合药物治疗,改善焦虑或抑郁等情绪,提高患者的记忆力和生活能力,建立对疾病治疗和生活的信心。可按本病的不同病程阶段,进行不同的治疗和干预。

6. 提供有组织的、结构化的、程序化环境,以减少患者焦虑。如在固定的时间、地点,做同样的事;按固定次序,使用相同的用具完成活动;坐在餐桌旁开始午餐之前,告诉患者需要洗手等。

（1）早期:患者症状较轻,可有一定的自知力。此时应把疾病的性质、治疗和预后告诉患者,以帮助其进一步认识自己的病情。鼓励患者如常生活,参加家务劳动,同时,告知患者放弃做需紧张用脑和易出现危险的事情(如驾驶汽车、游泳等)。

（2）中期:患者症状较严重,而且自知力丧失,记忆力和生活能力明显下降。为了改善患者的心理状况,可开展怀旧治疗、音乐治疗和支持性的心理治疗。

（3）晚期:患者记忆力大部分或完全丧失,生活不能自理,还常伴随情绪抑郁、幻觉、妄想、兴奋躁动等精神症状。重点对患者的家属及主要照顾者进行心理疏导或治疗,以缓解由患者所带来的焦虑、压抑、恐惧等情绪。

7. 日常生活能力训练时尽可能长时间地维持患者的自理能力,对早期生活尚能自理的患者,主要是督促和提醒他们主动完成所有日常事务性活动,并确保安全。对于失去部分日常生活能力的患者,可采取多次提醒、反复教、反复做的方法,日复一日地训练其失去能力的活动,直到学会为止;或通过改良完成活动的方法、步骤、用具等,提高其完成活动的能力及安全性。对于日常生活能力严重丧失但尚能合作的患者,应重点训练吃饭、穿衣、走路和刷牙等自理性活动。训练时,可能需要将活动分成若干步骤,然后,再按步骤进行。训练中,允许患者有充分的时间完成,避免催促。必要时,向患者推荐、提供自助具,并训练其使用。

8. 促进患者语言表达和社会化,为患者提供参与喜欢的娱乐活动的机会,当患者不能完成先前的娱乐活动时,可按照患者的兴趣或意愿对娱乐活动进行改良,或探索和发展新的娱乐活动。活动内容可以是读报、看电视、听音乐等被动性活动,更提倡聊天、户外游玩、唱歌、聚会等主动性活动。

9. 改善环境以增强患者日常生活的适应力,提高安全性。患者所处的环境应简单、整洁、通道畅通、无杂物、远离危险。可以采取常用物品,固定位置摆放;选择圆角、无玻璃的家具;在不同功能的房间门上贴上形象和醒目的标志;在门后的把手上挂一把钥匙,以提醒患者出门别忘记带钥匙;安装感应门铃,以在患者离家时发出声响,而对家人起提示作用;勿将患者单独留在家中,等等。

10. 家属教育。进行对家人及照顾者的教育时,先将疾病的性质、发展过程、治疗和预后告诉家人及照顾者;与他们讨论和改进患者的家居认知训练计划;指导他们正确地照顾和护理患者;教授他们积极应对和处理由于长期照顾和护理患者所产生的精神紧张与压抑,如自我放松和控制技巧等知识,以共同促进和维护患者及其家人(照顾者)的身心健康。

第三节 帕 金 森 病

一、概述

帕金森病(Parkinson disease,PD)是一种常见于中老年的神经系统退行性疾病,以静止性震颤、运动迟缓、肌强直和姿势异常为主要临床特征。目前认为其特征性病理改变为黑质多巴胺能神经元大量变性或丢失,残存的神经元胞质中 Lewy 小体形成。PD 患病率随着年龄增长而增加,40 岁以前少见,据调查,我国 65 岁以上人群患病率约为 1 000/10 万,70~90 岁年龄组达高峰。在地区分布上,我国以中南地区发病率最高,华北地区最低。男性稍高于女性。

PD 不同阶段的表现影响着患者功能状态的各个方面,作业治疗对于促进患者改善功能、回归家庭及社会具有重要而独特的作用。本节主要介绍帕金森病所导致的功能障碍、常见的评定方法,以及作业治疗在帕金森病康复中的作用。

二、临床表现及功能障碍

本病多于 60 岁以后发病,偶有 30 岁以下发病者。起病隐匿,进展缓慢。典型的帕金森病患者表现为一侧肢体症状,即非对称性表现,症状常始于一侧上肢,逐渐波及同侧下肢,再波及对侧上肢及下肢。根据帕金森病患者的表现,一般可分为两大类,一类以静止性震颤为主要表现;另一类则以肌强直和运动迟缓为主要表现,少有或没有静止性震颤。其他症状和体征可能同时存在。

1. 静止性震颤 首发症状,多始于一侧上肢远端,静止时出现或明显,随意运动时减轻或停止,劳累或紧张时加重,入睡后消失。其典型表现为拇指与示指呈"搓丸样"动作。

2. 肌强直 肢体被动活动时肌张力增高,被动活动时,全关节范围内张力大小一致,且基本不受被动运动的速度和力量的影响,类似弯曲铅管的感觉,故称为"铅管样强直";在有静止性震颤的患者中,可感到均匀增加的肌张力中出现断续停顿,如同转动齿轮,故称为"齿轮样强直"。并且当对侧肢体随意活动时肌张力增加。

3. 运动迟缓 随意运动减少,运动缓慢、笨拙、易疲劳。可见面容呆板、双眼凝视、瞬目减少,呈现"面具脸";口、咽、腭肌运动障碍,吞咽活动减少,语速减慢,语调低;书写时,字越写越小,呈"写字过小症"。

4. 姿势异常 平衡功能减退,姿势反射消失进而引起姿势不稳、易跌倒、步态异常,是病情进展的重要标志。患者有跌向一侧或向后跌倒的倾向,自坐位、卧位起立困难。行走时,上臂摆动幅度减小或消失,步幅减小,启动、转弯或跨越障碍时步态障碍尤为明显。在迈步后,身体向前冲,以极小的步伐越走越快,不能及时止步,称为"慌张步态";有时在行走中全身僵住,不能动弹,称为"冻结"现象。

5. 其他 患者常伴有便秘、出汗异常、脂溢性皮炎(脂颜)、直立性低血压、性功能减退等自主神经症状。吞咽活动减少时可出现口水过多、流涎。逼尿肌反射亢进引起尿频、尿急、夜尿增多。此外,约半数帕金森病患者存在抑郁和睡眠障碍,约 2/3 患者在疾病进程中都会出现疼痛症状,10%~30% 的患者在疾病晚期并发痴呆。常见的功能障碍见表 19-1。

表 19-1　帕金森病引起的功能障碍

运动	认知
静止性震颤	信息处理能力障碍
肌强直	痴呆
动作迟缓	**精神及心理**
动作启动及执行障碍	抑郁
步态异常	焦虑
感觉/疼痛	睡眠障碍
自主神经功能紊乱	幻觉等精神症状
便秘	**胃肠功能**
脂颜	吞咽困难
排汗异常	便秘
直立性低血压	**性功能障碍**

三、检查与评估

全面了解帕金森病患者的功能障碍才能更好地为患者提供有效治疗,目前尚缺乏能详细描述患者功能状态的专用量表,因此,治疗师需要根据患者的需要和治疗的侧重点,选择适宜的评估方法对患者进行评定。

(一)常规评定项目

1. 一般身体运动功能评定　主要包括关节活动范围测量,肌力、肌张力、平衡功能、步行能力,以及认知、心理功能的评定,作业治疗师可根据患者功能表现,按需选择项目进行评定。

2. 日常生活活动能力评定　包括生活自理(进食、更衣、洗漱等)、转移(轮椅使用、行走)、交流及家务劳动等方面。常用 Barthel 指数或 FIM 进行评定。

3. 帕金森病综合评定　目前国际上较通用的适用于帕金森病的评定量表有:统一帕金森病评定量表(unified Parkinson's disease rating scale,UPDRS)、Hoehn-Yahr 分期和 Webster 量表等。

(二)作业评估要点

1. 确定的作业活动问题　为了评估帕金森病患者的作业表现,作业治疗师首先评估 PD 患者对其的参与和活动主观评价,了解其遇到的问题和限制,发现主要功能障碍。

2. 分析与功能活动相关的问题背景　分析相关活动的背景为进一步评估和干预提供了方向,但是目前还没有专门针对帕金森病开发的活动分析模型。基于对活动分析和帕金森病的了解,作业治疗师应评估以下几方面:活动的意义、习惯、社会因素、活动的复杂性、应对和适应策略等。作业治疗师可以通过访谈、观察或两者结合的方式来进行分析。

3. 活动时间和能量分配评估　患者如有疲劳或表现波动,仔细分析这些与活动模式和/或服药时间的关系,可以更好地将活动模式与个人自身能力做对比。评定内容应包括:活动的性质、时间和持续时间(活动模式),活动所需的体力和/或脑力(能量需求)程度、疲劳程度、服药时间及其影响(反应波动)。

4. 环境评估　日常活动的表现总是在物理、社会和文化背景下进行的。地理位置、患者的作业表现以及环境特征可以促进或妨碍作业表现的独立性、效率和安全性。

5. 评估时间和地点

(1)评估时间:患者的功能状态在一天的不同时间表现不同,建议在帕金森病患者进入稳定的药物治疗状态后进行评估,并对帕金森病的功能障碍发作期和发作间期都进行评估。

(2)评估地点:评估可以在诊所、医疗机构或患者家中进行,研究表明评估地点会影响到患者的功能表现,因此建议观察患者在日常生活环境(而不是临床环境)中的作业表现,以便深入了解与安全、效率和独立性相关的问题。为了评估患者如何应对新的环境,可以有目的地观察患者在陌生环境中的工作表现。

四、方案与实施

(一)方案的制订

帕金森病患者病程缓慢,并且同时伴有躯体、心理和社会等各方面问题,因此更适合以患者为核心的治疗方法,确保患者关键的功能问题都被考虑和解决。由于患者的疾病分期、评估结果和治疗目标不同,以及个体之间存在差异,因而在治疗顺序上也有所区别。

1. 治疗目标与重点

(1) 疾病早期:患者仅有一侧肢体障碍,或两侧肢体都有障碍但平衡功能无障碍,治疗目标主要是尽量维持患者在家庭、工作、社会上的活动。这一时期的治疗重点为:①协助患者养成参与活动的习惯;②教会患者代偿方法,比如用加粗带把的用具以减少震颤影响,使用有扶手的座椅以方便站起,重新布置家具以减少跌倒的危险等;③改造工作环境,教会患者工作简化的技巧及工具改良的方法,以减少潜在的危险;④为患者制订每日的训练计划,维持关节全范围的活动、躯干控制训练、放松技巧等;⑤做好患者及家属的帕金森病宣教工作。

(2) 疾病中期:随着病情加重,患者开始出现姿势翻正障碍,日常生活活动能力逐渐受限,此期应以提高患者日常生活活动能力和安全防护为主要目标。治疗的重点有:①继续每日训练计划,以维持患者的关节活动度、动作协调性、姿势控制,改善姿势步态的异常;②使用提示技术,增进患者生活的独立性和活动的速度与顺序性;③使用辅助器具代偿手指活动的不足,利用视觉提示技术弥补认知功能的减退;④指导患者处理"冻结"现象,比如避免去拥挤的场合,提高注意力,一次只做一件事等;⑤指导患者在药物有效时间内从事重要活动;⑥评估患者的家庭环境,并根据评估结果进行改造,如增加照明,加高马桶座椅,使用安全扶手、助行器、轮椅等。

(3) 疾病晚期:患者病情全面发展,功能障碍严重,日常生活需全部辅助,此期治疗师应最大限度地维持其原有的功能和活动能力,使用代偿方式减轻患者运动功能的障碍。

在治疗过程中应定期对患者做评估,及时修改治疗方案,使其更符合患者目前的需要和目标。

2. 干预措施 ①使用合适的评定工具来评价和测量患者的功能情况;②教授患者利用视觉、听觉、认知和本体感觉的提示技术,改善运动作业功能;③在做有挑战的活动前,鼓励患者先进行内心演练,为活动做好准备;④使用提示技术,比如提示卡片,一个相关的特定地点或感觉,促进患者回想和使用特定的作业活动;⑤为患者仔细挑选辅助用具和装备,详细介绍适应性策略和技术,以提高患者的活动独立性。

(二) 治疗方法

1. 上肢功能训练 由于疾病的影响,帕金森病患者常常存在够取、抓握和操作物体能力的障碍,进行与日常生活活动相关的上肢功能训练对改善患者生活质量有非常重要的作用。根据患者情况,制订个体化的功能性作业治疗,可以使患者上肢的活动能力处于最佳水平。

可以进行的作业活动有:①扣扣子,用不同大小和形状的扣子练习;②穿脱衣物;③用不同大小、形状和重量的杯子进行够取、抓握和喝水练习;④将水从一个杯子倒入另一个杯子;⑤用拇指和示指捏取小物品(比如把螺丝和螺母组合好后再分解开、捏牙签、捏豆子等);⑥拨打家人、朋友和同事的电话号码;⑦书写练习;⑧上肢交互运动训练;⑨捏橡皮泥、陶土制作、用针线做手工缝纫、编竹筐、操作电脑键盘、演奏乐器等。

为了更好地适应生活环境,每一种练习应当做出多种变化,用不同的物体,不同的大小、形状、质地和重量,并用不同的运动速度和距离进行练习。也可以根据患者需要,设计一些增加肌肉力量的作业活动。

2. 书写练习 帕金森病患者由于臂、腕肌肉强直,逐渐出现写字困难,笔迹弯曲,越写越小,呈"写字过小症"。临床研究显示,外在提示可以增加字体的大小和清晰程度,改善患者的书写能力。

技巧和策略:①使用"出水"流畅的笔;②握笔器可以使患者更加舒适和放松地握住笔;③使用有线条或有格子的纸张,让患者沿着横线(格)书写,并注意比较字体的大小;④书写的时候集中注意力,并且不能急躁,避免背景音乐或者嘈杂环境的干扰;⑤书写时提醒自己:"写大点","写慢点","稳一点";⑥书写过程中可以停下来做一些牵伸,如双臂打开、两手掌对压,然后继续书写。

3. 进食　帕金森病患者进食速度减慢,但只要患者能够完成,都应鼓励其自己进食。进食的步骤包括:①拿起杯子/食物;②将水杯送至口边/将食物放进嘴里;③饮水/咀嚼;④吞咽。

技巧和策略:在进食前先指导患者对动作程序进行内心演练,进食过程中通过语言对活动的关键成分进行提示,或者在患者进食的地方放置提示卡,促进进食过程的顺利完成。帕金森病患者常伴有吞咽障碍,以口腔期最常见,可以对患者进行吞咽训练和采取相应的代偿措施,调整食物的性状,改善患者吞咽功能。调整餐具,必要时为患者配备进食辅具。

4. 穿衣　帕金森病患者每天要花很长的时间穿脱衣物,而且很容易感到疲劳,指导患者选择安全、省力、舒适的体位和技巧完成穿脱衣物有重要意义。

技巧和策略:①站着穿脱衣物很容易引起疲劳,而且还会引起平衡问题,因此,一般选择坐位进行;②选择易穿脱、重量轻、保暖舒适的衣服,选择穿脱方便、舒适、支撑好、有弹性、摩擦力大的鞋;③穿衣时,将所有要穿的衣服放在一起,并按照一定的顺序放好;④穿衣之前运用内在提示方法,想象自己穿衣服的动作;⑤穿衣时,边穿边默念(或大声念出)关键动作,如:"将右手伸进衣袖,然后向上拉"或"捏住纽扣,找到孔,将纽扣推入孔中,然后拉出来";⑥在确保有良好平衡功能的情况下,可以站起来将裤子提起;⑦坐下来将所有的扣子和带子系紧。

在穿脱衣服的过程中,指导患者集中注意力,恰当地运用提示技术。

5. 移动和转移

(1)床上翻身和坐起:翻身和从床上坐起来是一个复杂的序列性运动。包括:①掀开被子;②将骨盆移到床的中央;③旋转头和颈部;④将腿放置于床沿外;⑤将手臂伸向要翻身的方向,支撑坐起;⑥移动躯干到直立坐位;⑦调整身体平衡,保持直立坐位。

技巧和策略:①床的高度、硬度要适中,不影响体位的变换;②有条件的患者可在床边安装扶手来帮助患者翻身和坐起,扶手位置应与肩同高,便于患者抓握;③在翻身和坐起之前,先在内心对整个过程进行演练;④利用桥式运动(仰卧位,屈膝,将臀部抬离床面)由床中间向床边移动;⑤翻身之前先转头,对侧手跨过身体用力抓住床沿,协助骨盆的转动,完成翻身;⑥坐起时,同侧肘关节用力支撑身体,对侧手抓住床沿保持身体稳定;⑦可以通过视觉和听觉提示,按顺序激发患者的每一个运动成分;⑧提示患者有意识地将注意力集中到每一个动作中;⑨有条件的患者可以抬高床头或在床上方系一根绳子,辅助患者更轻松地完成。

由于帕金森病对自主神经的影响,同时患者括约肌控制能力减退,通常在夜间需要进行翻身和坐起,而此时多巴胺的浓度比较低,因此,建议患者晚上服用长效的多巴胺药物,可以促进患者在床上的活动。

(2)坐-站转移:帕金森病患者在进行坐位到站立位的转移时通常会出现顺序错误,从而导致站起困难。因此,首先应当让患者明确正确的起站步骤:①臀部移至椅子前缘;②双足分开,踝关节置于膝关节后方;③身体前移,使鼻尖超过足尖;④双手支撑,向下推压扶手,快速站起。

技巧和策略:①椅子的高度不宜太低、底座要牢固、扶手高度要适中。对于站起功能较差的患者应适当地增加椅子高度。在训练过程中,可以通过降低椅子的高度和减少扶手,逐渐增加训练难度。②站起来时,指导患者将身体重心充分前移,减少髋和膝的力矩。③运用内部提示和外部提示策略可以促进患者完成坐-站的转移;④对于运动不能的患者,可以使用本体感觉提示,站起来时做轻微向后和向前摆动身体的动作,使患者更容易站起来;⑤对于转移困难的患者,家属或照料者可以抬高椅子的后腿辅助患者站起,因此,治疗师应当教会家属及照料者正确的辅助方法和注意事项,避免患者跌倒和损伤。

由于翻正反射和平衡反应失调,患者在改变姿势和转体时容易出现姿势调节障碍,在进行移动和转移训练时,可根据障碍程度选择伴有转体动作的游戏,患者出现姿势障碍时,要注意纠正姿势。

6. 如厕 如厕是一项必不可少的序列性日常生活活动,包括:①从床或椅子转移至厕所;②脱下裤子;③坐在坐便器上;④局部清洁并站起;⑤整理衣物;⑥转移出厕。

技巧和策略:由于帕金森病患者常常伴有便秘,应嘱患者多喝水。在厕所安装固定扶手,卫生纸和冲水开关应置于患者易够取的地方。厕所地面应保持干燥或放置防滑垫,避免患者跌倒。另外还可以对患者的衣服进行改造,便于在厕所内穿脱。

7. 洗澡 洗澡是一项复杂的 ADL 活动,首先应评价患者在洗澡过程中的安全性。其活动成分包括:①准备更换的衣服;②转移至浴室;③准备水;④入浴、洗澡;⑤整理衣物;⑥转移出浴室。

技巧和策略:①浴室地板应铺防滑垫,墙上应安装扶手来帮助患者进出浴室。②淋浴应选用合适的浴椅。③使用浴缸时,可以使用浴板进出浴缸,步骤如下:将浴板放在浴缸上,站起,背对浴板坐下;双腿分别抬移至浴缸内;滑到浴缸中央,面对水龙头坐在浴板上。④洗澡时可用长柄刷、带圈的毛巾进行清洗。

8. 传统功法 太极拳、八段锦、五禽戏等传统功法训练是动静结合、刚柔相济、意气相随、身心并重的锻炼方法。帕金森病患者以肢体功能障碍为主要特点,动功着重于改善患者的运动障碍,静功则以调整大脑整体功能为主,动静结合,要求患者呼吸缓慢而有节奏、动作柔和而有力量、注意力集中而精神放松,可以改善其运动障碍程度、提高姿势控制和平衡功能,对患者有良好的整体调节作用,也体现了中医既病防变、病后防复的"治未病"作用。

9. 环境改造 帕金森病患者对复杂的视觉刺激非常敏感,环境的布局会对帕金森病患者动作的流畅性产生极大影响,对患者家庭和工作环境进行改造,可以减少视觉对患者活动产生干扰。

常用的环境改造方法如下:①过道和楼梯两侧安装栏杆,并且固定所有栏杆和卫生间扶手。②将患者家中的家具摆放至一侧,减少视觉混乱的同时,增加患者步行区域的宽度。③避免铺设有图案或不同颜色的地板,以免患者出现"冻结"现象。④在有图案的地板上交错铺设覆盖物,覆盖物要跨越房间门槛,避免患者在门槛处引起"冻结"。⑤地板标记,在患者经常行走的过道上平行地贴上有颜色的条带(条带颜色必须与过道颜色形成对比,间距与患者的步长匹配),可以增加步长,同时有效防止"冻结"现象的发生;在房间或走廊的拐角处可以沿转角贴一个扇形,提示患者转弯。⑥走道、楼梯处有充足的灯光照明,并且灯的开关位于患者容易触摸的位置。⑦在患者经常发生冻结的地方放置提示卡。

10. 其他问题的处理

(1)启动困难:对于启动困难的患者,可让其在内心演练该动作的步骤,并且在内心演练过程中让更多的感觉参与进来,这样能更清晰地指导接下来的动作。也可以调用对该动作的回忆策略,促进动作的启动。利用视觉或听觉来启动,比如在启动步行时,治疗师或陪护人员可以将脚置于患者脚的前方,让其以跨越障碍物的方式启动步行,也可以施加听觉刺激"跨过我的脚"。还可以训练患者利用节奏来启动动作,比如"1,2,3,站起来",节拍可以在患者心中默念,也可以念出来。

(2)跌倒的预防:帕金森病患者由于姿势控制能力减退、步态异常、冻结等原因,很容易发生跌倒。降低患者跌倒风险的方法有:①在走道、台阶和卫生间安装扶手并固定;②缓慢地由卧位和坐位站起,预防直立性低血压;③转弯时,先转脚;④行走时注意脚下,如果手中持有物品,应将物品放入背包中携带;⑤建议患者随身携带报警器,以便随时可以呼救。

(3)姿势控制:帕金森病患者的典型异常模式为弯腰驼背模式,长期的不良姿势影响了

ER-19-4

帕金森病启动困难的处理视频

正确的本体感觉的传入,患者很容易发生跌倒。在日常生活活动能力的训练中,治疗师应教会患者如何保持良好的姿势:①有规律地进行松弛和牵伸训练;②让患者面对镜子进行坐位和站立位的训练,经常检查患者的姿势并及时纠正;③背靠墙练习,患者足跟尽量靠近墙壁站直,用背部和头贴墙面,维持姿势一定时间;④为患者选择合适的座椅。

帕金森病患者的作业治疗是多样化的,在实践中,要根据患者的具体情况和需要制订适合的方案,定期对其功能进行评定,及时更改治疗计划,才可以保证治疗效果。

第四节　老年人跌倒

一、概述

跌倒在老年人中很常见。跌倒是指突发、不自主的体位改变,倒在地面或更低的平面上。跌倒是我国伤害死亡的第四位原因,而在 65 岁以上的老年人中则为首位。老年人跌倒死亡率随年龄的增加急剧上升。跌倒可能导致损伤和功能障碍,影响老年人的身心健康。跌倒后的恐惧心理会降低老年人的活动能力,使其活动范围受限,生活质量下降。本节内容从作业治疗学角度提出了干预措施和方法,以期有效降低老年人跌倒的发生。

二、跌倒的后果

1. 骨折　跌倒者中骨折发生率约为 3%~5%,且多为髋关节、骨盆、前臂等重要部位的骨折,而绝大多数的骨折发生在 70 岁以上老人中。

2. 死亡率增加　因跌倒而住院的老人,只有 50% 能在跌倒以后存活 1 年;大约 5% 的髋关节骨折老人在住院期间死亡,在 12 个月内的总死亡率为 12%~67%;在年龄、性别相当的人群中,髋关节骨折患者的死亡率比无髋关节骨折的人高出 12%~22%。

3. 生活质量降低　由跌倒所导致的骨折、软组织损伤,其直接后果往往就是功能丧失,影响老人生活的独立性;或老人由于害怕再次跌倒而主动减少活动和社会交往;或因需要较长时间的住院或卧床,而引发焦虑、抑郁等情绪。所有这些因素,都会使得老人的生活质量降低。

4. 家庭和社会负担增加　许多跌倒后重返家庭的老人,由于存在某些功能缺陷,需要家人的协助和支持,或需要借助辅助器具,甚至是专职保姆的帮助才能正常生活,家庭负担因此而增加。老年人跌倒后所需的治疗和护理非常多,而这些方面所耗费的人力、物力和经济费用是巨大的。

三、检查与评估

1. 评估对象　所有因跌倒而住院的老人;在过去 12 个月内有跌倒史,或在行走、转弯、转移中有不稳情况或有迷惑者;被认为具有高风险跌倒因素的人群,如阿尔茨海默病、帕金森病、脑卒中患者。

2. 评估方式　基于跌倒为多因素作用的结果,在可能的情况下,跌倒风险的评估应由多学科组成的医疗团队进行而非个人。

3. 评估时机　主要在个人环境发生改变,健康或功能状况出现变化,发生一次跌倒后和出院前进行。

4. 评估内容　主要是对可能导致老人跌倒的风险因素进行评估,且评估需要考虑与老人健康、功能状态有关的内在和外在因素。

5. 躯体功能   重点为感觉功能、下肢的关节活动度与肌力、姿势与平衡能力及移动能力。

（1）感觉功能：主要包括上、下肢的本体觉与振动觉,视觉（视力、视野、光适应、辨距及辨色）以及听力。

（2）下肢的关节活动度与肌力：除关注髋、膝、踝关节的活动度及与其活动相关的肌群力量之外,还应注意有无足部疾患如鸡眼、溃烂、胼胝、疼痛、畸形等。

（3）姿势与平衡能力：方法包括在不同支撑平面（双脚并立、前后迈步状、前后呈一条直线、单脚着地）的站立位下,保持 10 秒钟;站立位下,轻推老人的前胸部;让老人沿一条直线行走;单腿直立并转身 360°;迈步测试（15 秒内,单腿上下 7.5cm 高砖头的次数）以及功能性取物的距离（如肩关节前屈、外展 90° 取物）等。

（4）移动能力：方法可以采用 6 分钟走、计时坐到站、计时起身走等标准化测试,也可以要求老人完成卧位与坐位、坐位与站位的相互转换,不同路面上的行走（平坦、不平坦、木质、大理石、塑料、草地、坡道）,上、下楼梯,绕障碍行走,从地面捡拾物件以及携物行走等动作或任务。

6. 认知功能   通过面谈和使用简易精神状态检查量表,重点对老人的注意力、定向力、对周围环境的观察力、安全意识等能力做出判断。

7. 服用药物情况   镇静剂、抗抑郁制剂、抗帕金森制剂、利尿剂、降压药、安眠药等药物可产生精神不振、注意力涣散、直立性低血压等症状,从而增加发生跌倒的风险。

8. 精神心理方面   通过面谈和使用简版老年抑郁量表（GDS-15）,重点对老人的情绪（紧张、兴奋、低落、焦虑或抑郁）、合作能力、个人意志及心理动机等进行判断与评估。

9. 环境评估   主要对老人目前所处的实际环境进行评估,要在老人通常完成这些活动的时间和地点进行,而且使用相同的辅助用具。评估时,应重点关注老人对环境装置的使用（电灯开关、呼叫铃、开窗、打开橱柜够取物品、取放个人用物）和交流能力（请求帮助与交流需要的能力）,环境对老人造成的限制以及安全性。

10. 家庭评估   主要通过家访形式进行。全面而重点突出的家庭评估,对有效预防跌倒发挥着极其重要的作用,可显著降低高危人群的跌倒发生率。全面的家庭评估涉及所有老年个体可能存在的跌倒风险因素,包括老人常穿的鞋、助行用具、佩戴的眼镜、助听器、大小便习惯、床与厕所的距离,以及患者家庭成员或照顾者的照顾态度、技巧与能力等内容。另外,还需确定老人是否需要他人的监护或体力帮助。

四、方案与实施

根据世界卫生组织的报告,如果没有政策制定者、研究者、实施者共同采取的行动,由跌倒所带来的经济和社会负担在未来的几十年将以蔓延的速度增加。政策的作用就是为预防跌倒融入实践提供基础设施和支持性条件;研究者就是要提供证据以支持预防措施的有效应用;实施者就是依据政策所制定的标准和方案,将有效的证据应用到实践场所。

在老年人口快速增长的当今社会中,跌倒的风险因素复杂而多样,这就需要具有系统化的预防策略,并提前采取行动。预防跌倒的工作不仅需要包括护士、物理治疗师、作业治疗师、医生、药剂师、营养师、社工等组成的健康和社会服务团队的参与,还应尽可能包括为老年人的健康和安全服务的相关部门和社会各界人士。

1. 作业治疗目的   降低老人跌倒和意外死亡的机会;减少因跌倒后骨折所造成的老人不能步行和/或生活不能自理等;降低老人因害怕跌倒,而减少活动与社会交往的障碍心理的发生率;为创建健康老龄化社会这一目标作出贡献。

2. 治疗方法   有效的预防跌倒方案应依据评估结果而制订,并能够系统地干预被证明存在的风险因素。预防跌倒的方案中至少应包含下列内容:

（1）跌倒预防教育：对象除了老人以外，还应包括家庭成员、照顾者，甚至是老人入住的养老护理机构的工作人员。内容主要包括：谁是发生跌倒的风险人群？为什么？什么是已知的可以降低风险的措施？教育方法包括通过收音机、电视、互联网、发放印刷品等途径，传播预防跌倒的信息，或者通过讲座、会议、持续的教育方案等进行宣传。

（2）确保移动安全：①进行实际移动能力评估。②通过书面、语言、视觉等交流形式，与家庭成员或照顾者一同确定老人安全移动的范围或区域。③确定将助行用具摆放在老人喜欢离床的一侧，并在可能的情况下圈定具体的摆放位置。④确定在移动的过程中，穿着合适的防滑鞋。不鼓励老人着袜或穿拖鞋行走。⑤确定已配备需要使用的辅助用具，包括眼镜、助听器、拐杖等，并能够熟练和安全地使用。⑥必要时，监护或帮助老人。

（3）鼓励身体锻炼：特别是能够改善步态、下肢协调性与肌肉力量、移动能力、平衡能力的锻炼性活动，是多因素干预方案中最重要的内容之一。尽管有关锻炼的最佳类型、时间、频度和强度的研究较少，但持续进行 10 周或更长时间的锻炼是必要的。最好由专业人士提供和制订个性化的运动处方，以确保运动的安全和有效。

（4）积极参与功能性和娱乐性活动：尽量保持日常生活自理，保留或发展新的兴趣、爱好，积极参加手工艺制作、有组织地出外游玩，参加烹饪小组、朋友聚会等活动，以尽可能多的方式让每天变得更充实。

（5）健康教育：向无认知损害的老人，提供有关所用药物的服药时间、剂量、副作用，以及与食物、其他药物和补充剂的相互作用等方面的教育。确定没有服用不必要的非处方用药，并提醒其按时和定期复诊。

（6）控制和减少尿失禁的发生：从本质上来说，尿失禁并不是跌倒的直接危险因素，但老人为了避免或减少尿失禁的机会而频繁和匆忙地排尿，会大大增加跌倒风险。

（7）控制和减少跌倒发生的医学情况：如治疗心律失常和安静状态下的低血压；停止或减少使用能引发直立性低血压或有镇静作用的药物；纠正视觉和听觉障碍等。

（8）环境改善：①清理地板：清除杂物、小家具、宠物用品、电线、小地毯和任何可能导致绊倒的东西；②布置或移除家具，以便有足够的空间行走；③将必需品放在容易拿到的地方；④在浴缸或淋浴间内外以及马桶旁添加扶手；⑤楼梯两边加装栏杆，保证楼梯和走廊采光良好；⑥确保室外区域光线充足，人行道光滑且没有水坑和冰；⑦必要时使用拐杖或助行器。

（9）其他：包括必要的认知和行为干预，安全转移的训练，营养补充，补充维生素 D 和钙，辅助具的提供和修理，以及使用髋关节保护垫等。值得注意的是，部分身体或药物方面的限制措施，并不能有效减少跌倒的发生，反而有证据支持增加了跌倒风险。

（舒　乐）

ER-19-6

扫一扫
测一测

复习思考题

1. 健康老龄化的含义是什么？
2. 如何制订阿尔茨海默病的作业治疗目标？
3. 列举 3 种打破帕金森病"冻结"现象的方法。
4. 对有跌倒风险的老人，你会搜集哪些必要信息来开展治疗计划？

◆◆◆ 第二十章 ◆◆◆

精神障碍的作业治疗

学习目标

1. 描述精神障碍及精神卫生的定义、精神障碍的病因和分类。
2. 简述作业治疗学在精神卫生领域的基本观点和理论基础。
3. 熟悉精神障碍基本的作业评估及治疗方法。

第一节　精神障碍与精神卫生

一、精神障碍及精神卫生的定义

精神障碍是一类具有诊断意义的精神方面的问题,特征为认知、情绪、行为等方面的改变,可有痛苦体验和/或功能性损害。例如,阿尔茨海默病有典型的认知(特别是记忆)方面的损伤,抑郁症有明显病态的抑郁体验,而儿童注意缺陷障碍的主要特征是多动。这些认知、情绪、行为的改变使得服务对象感到痛苦、功能受损或增加服务对象残疾甚至死亡的危险性。精神障碍患者因患病不能正常工作、学习,行使自己的社会责任,也可能由于社会歧视而丧失工作、学习及生活的机会。

精神卫生是健康不可或缺的重要组成部分。世界卫生组织规定:"健康不仅是免于疾病和衰弱,而是保持体格方面、精神方面和社会方面的完美状态。"该定义的重要意义在于对精神卫生的描述超出了没有精神疾患或残疾的范畴。

精神卫生是指一种健康状态,在这种状态中,每个人可以发挥自己的能力,应对正常的生活压力,有成效地从事工作,并能够对其社区作出贡献。从积极意义上来说,精神卫生是个人保持健康和社区有效运作的基础。

二、精神障碍的病因

与感染性疾病不同,对于大多数所谓功能性精神障碍,目前还未找到确切的病因与发病机制,也未找到敏感、特异的体征与实验室指标。精神障碍与其他躯体疾病一样,均是生物、心理、社会(文化)因素相互作用的结果。

(一)生物学因素

影响精神卫生和精神障碍的主要生物学因素大致可以分为遗传、神经发育异常、感染、躯体疾病、创伤、营养不良、有毒有害物质等。

1. 遗传　大部分精神障碍都不能用单基因遗传来解释,而是多个基因相互作用,使危险性增加,加上环境因素的参与,产生了精神障碍。遗传因素所产生的影响程度称为遗传度。了解遗传度最有效的办法是双生子研究,如果疾病与遗传相关,那么同卵双生子的同病率应高于异卵双生子,通过比较同卵双生子和异卵双生子的同病率,即可计算出遗传度。例如,精神分裂症同卵双生子同病率不到50%。

2. 神经发育异常　神经发育异常学说认为神经发育障碍者的大脑从一开始就未能够正常发育,由于遗传和某些神经发育危险因素的相互作用,在胚胎期大脑发育过程中就出现了某些精神病理改变,这些改变的即刻效应并不显著,随着进入青春期或成年早期,在外界环境因素的不良刺激下,最终导致疾病发生。

3. 感染　感染因素能影响中枢神经系统,产生精神障碍。神经性梅毒主要表现为神经系统的退行性变。引起精神障碍的感染还有人类免疫缺陷病毒(HIV)感染、弓形虫感染、单纯疱疹性脑炎、麻疹性脑脊髓炎、慢性脑膜炎、亚急性硬化性全脑炎等。

（二）心理、社会因素

心理、社会因素既可以作为原因在精神障碍的发病中起重要作用,如创伤后应激障碍等;也可以作为相关因素影响精神障碍的发生、发展,如神经症、心理生理障碍;还可以在躯体疾病发生、发展中起重要作用,如心身疾病。

1. 应激　任何个体都不可避免地遇到各种各样的生活事件,这些事件常常是导致个体产生应激反应的应激源。

2. 人格特征　人格是个体在日常生活中所执行出的情绪和行为特征的总和,此特征相对稳定并可预测。有些人的性格自幼就明显偏离正常、适应不良,达到害人害己的程度,称之为人格障碍。

三、常见精神障碍的分类

精神障碍的分类是将纷繁复杂的精神现象,根据拟定的标准加以分门别类。

常见的精神障碍分类系统包括:世界卫生组织编写的《国际疾病分类》(ICD),美国精神医学学会出版的《精神障碍诊断与统计手册》(DSM),《中国精神障碍分类与诊断标准》(CCMD)。

（一）《国际疾病分类》(ICD)系统

ICD-11 主要分类如下:

6A00-6A06:神经发育障碍

6A20-6A25:精神分裂症或其他原发性精神病性障碍

6A40-6A41:紧张症

6A60-6A62/6A70-6A73/6A80:心境障碍

6B00-6B06:焦虑或恐惧相关性障碍

6B20-6B25:强迫症或相关障碍

6B40-6B45:应激相关障碍

6B61-6B66:分离障碍

6B80-6B85:喂食或进食障碍

6C20-6C21:躯体不适或躯体体验障碍

6C40-6C51:物质使用或成瘾行为所致障碍

6C70-6C73:冲动控制障碍

6C90-6C91:破坏性行为或社交紊乱型障碍

6D10-6D11:人格障碍及相关人格特质

6D30-6D36:性欲倒错障碍

6D50-6D51：做作性障碍

6D70-6D72：神经认知障碍

6E20-6E21：与妊娠、分娩或产褥期有关的精神或行为障碍

6E40.0-6E40.4：心理或行为因素影响分类于他处的疾患或疾病

6E60-6E70：与分类于他处的障碍或疾病相关的继发性精神或行为综合征

（二）《精神障碍诊断与统计手册》系统

美国精神病学会于 1952 年出版了《精神障碍诊断与统计手册》第一版，称为 DSM-1。最新版本为 2013 年出版的 DSM-5，根据有关疾病或残疾的不同方面，将每个精神障碍诊断分为五个轴：

第一轴：除了精神发育迟滞和人格障碍之外的所有心理诊断类别。

第二轴：人格障碍与智力发育迟缓。

第三轴：一般医疗状况；急性医疗状况和身体障碍。

第四轴：影响精神障碍的心理社会因素。

第五轴：全球功能性评估或儿童全球功能性评估。

（三）《中国精神障碍分类与诊断标准》系统

《中国精神障碍分类与诊断标准》（CCMD）出版于 1978 年，最新版本为 2013 年出版的 CCMD-4，其主要分类如下：

0：器质性精神障碍；

1：精神活性物质所致精神障碍或非成瘾物质所致精神障碍；

2：分裂症（精神分裂症）和其他精神病性障碍；

3：情感性精神障碍（心境障碍）；

4：癔症、严重应激障碍和适应障碍，及神经症；

5：心理因素相关生理障碍；

6：人格障碍、习惯和冲动控制障碍，及性心理障碍；

7：精神发育迟滞与童年和少年期心理发育障碍；

8：童年和少年期的多动障碍、品行障碍，及情绪障碍；

9：其他或待分类的精神障碍和精神卫生情况。

第二节　常见精神障碍

一、精神病性障碍

精神病性障碍为一组重性精神障碍，是所有病因不明精神疾病中最严重的一类疾病，它直接导致服务对象不能有效地与他人社交，不能正常地生活和工作，出现各种怪异或退缩行为，甚至冲动暴力行为。精神病性障碍中，精神分裂症最常见。

精神分裂症是一组病因未明的综合、复杂的重性精神病，其确诊标准为患者在一个月内至少出现妄想、幻觉、言语紊乱、错乱或紧张性行为，或消极症状中的两个，且这两种症状中至少有一种必须是妄想、幻觉或言语紊乱。精神分裂症以思维障碍为核心症状，多在青壮年缓慢或亚急性起病，临床上往往表现为症状各异的综合征，涉及感知、思维、情感和行为等多方面的障碍，以及精神活动的不协调。服务对象一般意识清醒，无意识障碍和明显的智力障碍，但部分服务对象在疾病过程中会出现功能损害。病程一般迁延，呈反复发作、加重或恶

化,部分服务对象最终出现衰退和精神残疾,但有的服务对象经过治疗后可保持痊愈或基本痊愈状态。

精神分裂症服务对象早期可逐渐变得退缩、孤僻,不再关心自己的仪表等,学习或工作的成绩开始恶化。到了显症期,服务对象开始出现明显的精神病症状,如幻觉、妄想、思维形式紊乱、言语行为紊乱或孤僻、退缩等。显症期主要障碍有:感知觉障碍(如幻听、幻视)、思维障碍(如妄想)、情感障碍(如迟钝、淡漠)、意志行为障碍(如孤傲离群、活动减少)。为了更好地理解与精神分裂症相关的症状,帮助解释该疾病的不同表现,许多研究人员使用统计技术来识别症状簇。国外有许多研究揭示了该病不同的症状维度,但大多数研究支持如下四种不同的症状群:精神症状、阴性症状、无组织症状和情感症状。如果患者在一个症状群中有某种症状,就更有可能在同一症状群中伴有其他症状(表20-1)。

表 20-1　精神分裂症症状群

症状群	症状
精神症状	幻觉(在没有感官刺激的情况下发生的知觉体验)
	妄想(一种涉及错误信念的思维障碍)
阴性症状	失语(自发性语言减少、内容空洞乏味)
	情感淡漠(缺乏面部表情和肢体语言的改变)
	意志力减弱(难以启动和执行目标导向的任务)
	快感缺乏(无法体验到快乐)
	注意障碍(难以集中注意力和剔除无关信息)
无组织症状	无组织的言语(难以理解的言语,包括诸如松散的联想、新词、魔法思维和难以抽象化等症状)
	无组织或奇怪的行为(包括不正常的运动行为或参与无目的或奇怪的行为)
	不恰当的情感(与言语或情境不一致的情感,或没有明显理由的微笑和傻笑)
情感症状	狂躁(躁狂、兴奋)
	抑郁(悲伤、焦虑)

精神分裂症的症状包括阴性症状与阳性症状,阴性症状的表现有情感平淡、言语贫乏、意志减退、快感缺乏和社会孤立等;阳性症状的表现有幻觉、妄想、兴奋、紊乱的言语和行为(瓦解症状)等。在治疗过程中,阳性症状首先消失,而阴性症状的改善较为困难。

二、心境障碍

个体在一段时间内,持续性地保持某种情绪状态,称为心境。心境障碍又称情感性精神障碍,是以显著而持久的情感或心境改变为主要特征的一组障碍。

(一)抑郁症

抑郁症又称抑郁障碍,起病多缓慢,可由精神因素或躯体疾病诱发,常有失眠、疲乏、无力、工作学习效率降低,各种内感性不适。情绪的消沉可以从闷闷不乐到悲痛欲绝,自卑抑郁,甚至悲观厌世,可有自杀企图或行为;甚至发生木僵;部分病例有明显的焦虑和运动性激越;严重者可出现幻觉、妄想等精神病性症状。每次发作持续至少2周,长者甚或数年,多数病例有反复发作的倾向,每次发作大多数可以缓解,部分可有残留症状或转为慢性。

(二)躁狂症

躁狂症起病可急可缓,发病前数日即可出现睡眠障碍,如不易入睡或早醒、白天头晕、疲乏、食欲减退、心绪不宁,有的可呈现沉闷抑郁。发作时以情感高涨或易激惹为主,伴随精力旺盛、言语增多、活动增多,严重时伴有幻觉、妄想、紧张症状等精神病性症状。躁狂发作时间需持续一周以上,但除了老年期外很少超过一年。一般呈发作性病程,每次发作后进入精神状态正常的间歇缓解期,大多数服务对象有反复发作倾向。

(三)双向障碍

以抑郁发作与躁狂或轻躁狂发作交替出现,或躁狂抑郁混合发作为特征的一类精神障碍。双向障碍表现为频繁发作,即在过去 12 个月中至少有 4 次情感障碍发作。

三、神经症性障碍

神经症性障碍(简称神经症),起病常与社会心理因素有关,病前多有一定的易感素质和人格基础;主要表现为脑功能失调症状、情绪症状、强迫症状、疑病症状、各种躯体不适感等,疾病痛苦感明显,但社会功能相对完好,病程大多持续迁延。

(一)惊恐障碍及恐惧症

惊恐障碍又称急性焦虑障碍,其主要特点是突然发作、不可预测、反复出现的强烈惊恐体验,一般历时 5~20 分钟,伴濒死感或失控感,服务对象常体验到濒临灾难性结局的害怕和恐惧,并伴有自主神经功能失调的症状。惊恐障碍是一种慢性复发性疾病,伴随显著的社会功能损害。惊恐障碍的特点是莫名突发惊恐,随即缓解,间歇期有预期焦虑,部分服务对象有回避行为。

恐惧症是一种以过分和不合理地惧怕外界某种客观事物或情境为主要表现,服务对象明知这种恐惧反应是过分的或不合理的,但仍反复出现,难以控制。恐惧发生时常常伴有明显的焦虑和自主神经紊乱症状,服务对象极力回避导致恐惧的客观事物或情境,或是带着畏惧去忍受,因而影响其正常生活。恐惧症主要临床表现有广场恐惧症、社交焦虑障碍、特定恐惧症。

(二)广泛性焦虑障碍

广泛性焦虑障碍是一种以焦虑为主要临床表现的精神障碍,服务对象长期感到紧张和不安,常常有不明原因的提心吊胆,并有显著的自主神经功能紊乱症状、肌肉紧张及运动性不安。病程不定,但趋于波动并成为慢性。多数服务对象合并有抑郁障碍或其他焦虑障碍。

(三)强迫障碍

服务对象表现为来源于自我的强迫观念和强迫行为,多数服务对象认为这些观念和行为是没有必要或异常的,是违反自己意愿的,强迫与反强迫的强烈冲突使服务对象感到焦虑和痛苦,但无法摆脱,病程迁延者可表现出仪式性行为,此时焦虑和精神痛苦减轻,但社会功能严重受损。

(四)神经性厌食症

神经性厌食症(anorexia nervosa,AN),是指患者自己有意造成体重明显下降,甚至在正常生理标准体重以下,并极力维持该状态的一种心理生理障碍。主要分为限制性厌食症和暴食清除型厌食症两型,前者是指患者过度节食、禁食,或过度运动控制体重;后者是指患者合并暴食和/或清除行为,通过自我诱导呕吐,使用泻药、利尿剂或灌肠剂等以实现体重减轻。

四、应激相关障碍

应激相关障碍是一类与应激源(主要是精神创伤或精神应激)有明显因果关系的精神障碍。主要包括急性应激障碍、创伤后应激障碍与适应障碍三大类。其中,创伤后应激障碍是临床症状最严重、预后最差、可能有脑损害的一类应激障碍。

应激源是作用于个体,使其产生应激反应的刺激物。人类的应激源十分广泛,按不同的环境因素可分为三大类:家庭因素、工作或学习因素和社会因素。

（一）急性应激障碍

急性应激障碍,又称急性应激反应,是指以急剧、严重的精神刺激、生活事件或持续困境作为直接原因,服务对象在受刺激后立即发病,有强烈恐惧体验的精神运动性兴奋,行为有一定的盲目性,或者为精神运动性抑制,甚至木僵。如果应激源被消除,症状往往历时短暂,一般在几天至一周内完全恢复,预后良好,缓解完全。

（二）创伤后应激障碍

创伤后应激障碍是由于受到异乎寻常的威胁性、灾难性心理创伤,导致延迟出现和长期持续的精神障碍。这类事件包括战争、严重事故、地震,被强暴、绑架等。几乎所有经历这类事件的人都会感到巨大的痛苦,常引起个体极度恐惧、害怕、无助之感。事件本身的严重程度是产生创伤后应激障碍的先决条件,研究提示,"创伤性体验"应该具备两个特点:第一,对未来的情绪体验具有创伤性影响;第二,是对躯体或生命产生极大的伤害或威胁。当然,个体人格特征、个人经历、认知评价、社会支持、躯体健康水平等也是病情和病程的影响因素。

（三）适应障碍

适应障碍是指在明显的生活改变或环境变化时产生的、短期和轻度的烦恼状态和情绪失调,常有一定程度的行为变化等,但并不出现精神病性症状。典型的生活事件包括居丧、离婚、失业、转学、迁居、患重病、经济危机、退休等,发病往往与生活事件的严重程度、个体心理素质、心理应对方式等有关。

第三节　作业治疗在精神卫生领域的应用

一、心理社会学理论基础

作业治疗学科的起源与精神医学密不可分,作业治疗最初的治疗对象为精神疾病患者及战伤伤员,之后才慢慢扩展到其他疾病领域。服务于精神卫生领域的作业治疗师更需对治疗对象有相对全面的认识,包含相应的生理、精神及社会文化因素,以设计更有效率及意义的作业活动。因此,通过不同关于精神健康的理论,认识服务对象及他们的需求的过程变得至关重要。在这些理论中,较为突出的有人文学、生理心理学、精神动力学、行为学及认知学。每个理论体系都代表着对精神障碍及精神卫生领域独特的看法及假设,包括相关的病因学因素和相应的治疗策略。在实际应用中,没有一个理论可以独立支持作业治疗师解释所有的精神病因病理学现象和精神卫生因素。因此,大部分作业治疗师选择从众多的理论中汲取概念和技能,来理解和解决服务对象所面临的问题。此方法意味着治疗师将其个人认为最合适的部分提炼出来,综合采集的元素,最终发展为一个综合疗法。虽然导致方法起效的因素众多,但使用这样的方式解决复杂的精神卫生需求比较合乎科学性原则。

（一）人文学

人文学观点强调价值和人的内在潜力,关注服务对象与治疗者之间诚信的关系。无论何专业的实践者都可以运用该心理学的哲学原理及方法参与解决服务对象的心理压力。源自理论最初对个人经历的关注,人文学观点较其他心理学理论(如生理心理理论、习得性学习理论及认知过程理论)更具有包容性。

笔记栏

人文学的观点在作业治疗学的应用十分广泛,最为核心的部分是以人为本的观念,在《作业治疗实践框架:领域及过程》这类指南性的文件中均有体现。作业治疗师一直尝试引导每个服务对象意识到其个体的价值。以人为本的作业治疗方法认为服务对象是可以被允许、被鼓励分享他们各自的经验和才能,与作业治疗师一起合作,达到他们自己认识到的有意义的治疗目的。着眼于其具备的优势和自我认定,服务对象可通过自我实施和管理的方式获得资源及技能,从而进入恢复的进程中。自助小组,有时被称作互助小组,被认为对慢性精神障碍、情绪障碍等均有很高的价值,这些小组的建立均基于人文学的原理。另外,作为治疗进程中的一部分,使用人文学的原理与服务对象建立关系也十分有用。对服务对象保持公正的态度(提供同理心)对整个治疗中的改变过程至关重要。治疗师努力创造让服务对象感觉安全、愿意表达自我、学习新的或复习旧的知识技能、投入原本有的角色并愿意与社会保持接触的最佳环境。

(二)生理心理学

生理心理学提供了关于精神活动现象与潜在行为之间联系的认识。通过这一理论,精神障碍的症状被认为源自潜在的生物学效应。长久以来,生理因素被认为是异常行为可能的决定因素,但除了梅毒鉴定以外,没有证据可以证明生理因素是一系列精神症状的原因,包括妄想症以及神经麻痹。于是,科学家们不断从生物学方向找寻其他精神障碍的原因。

生理心理学理论为作业治疗师提供了许多有用的信息,帮助他们与患有精神障碍的服务对象共处。了解这种疾病的生物逻辑基础,可以指导临床实践者制订适当的治疗计划。例如,了解精神分裂症的生物学基础可以让其认识到药物治疗在症状治疗中的重要性。与服务对象一起制订药物常规或时间表可能是治疗的重点。此外,家庭成员和照顾者可以通过理解疾病的生理心理学基础消除自责,更好地协助服务对象投入治疗及生活。

生理心理学理论也可以作为感官调制的基础。感官调制的方法被用于作业治疗实践中,成为行为管理的一种工具。在这种方法中,服务对象感官的敏感性和需求被评估,然后处理。通过感官调制技术,对降低自我和他人的攻击性行为具有积极的结果。由于现代科学的进步,通过磁共振成像(MRI)、脑磁图(MEG)、正电子发射体层成像(PET)、计算机断层扫描(CT),科学家能够深入地研究大脑及其过程。随着技术进步和药物疗法在缓解心理障碍方面的巨大进展,使得临床实践者能够更好地了解异常行为的生理机制。

(三)精神动力学

精神动力学最初着眼于个人情绪和个性化的发展,认为儿童的早期经历是形成个性的重要因素。精神分析治疗是奥地利著名精神病学家西格蒙德·弗洛伊德所创建的一种特殊心理治疗技术,既可适用于某些精神疾病,也可帮助人们解决某些心理行为问题。它是建立在潜意识理论基础上的。认为许多精神障碍的发病原因,主要源于压抑在潜意识内的某些本能欲望、意念、情感、矛盾情绪与精神创伤等因素。这些被压抑的东西,虽然人们自己不能觉察,但在潜意识内并不安分守己,而是不断兴风作浪,从而引起服务对象自己也不理解的焦虑、紧张、恐惧、抑郁与烦躁不安,并产生各种精神障碍症状。有些精神分裂症、躁郁症与偏执性精神病的症状,可以通过精神分析,从其潜意识的心理机制方面获得较深的理解。此外,人们日常生活中发生的失言、笔误、错误言行与意外事故等心理行为问题,都与人们的潜意识心理活动有关,也可通过精神分析治疗得到帮助。弗洛伊德之后的许多心理学家都在新的方向上采用了心理动力学模型。弗洛伊德自己强调儿童早期是人格形成的阶段。新弗洛伊德主义的理论学家把弗洛伊德的理论扩展了,包括发生在个体整个人生的社会影响和互动。

心理动力学理论对西方文化产生了深远影响,对其的理解可以帮助作业治疗师保持对内在因素的敏感性,以及理解早期童年经历如何影响服务对象现有的生活状态。防御机制和适应不良的应对机制理论也可能被证明在实践中对作业治疗师有价值。此外,自我反思的工作模式也是作业治疗师可以通过心理动力学理论所汲取的。考虑这些因素可能有助于治疗过程,并为服务对象制订更有效的治疗计划。这种思想也支持作业治疗实践框架所定义的以自己为媒介的治疗方式。

(四)行为学

行为主义的基本原则是所有行为都是习得的。这与作业治疗学的理念和实践不一致,作业治疗学认为行为除了受学习影响之外,还可能受到各种因素的影响,如与环境的相互作用和感觉调制。然而,作业治疗师和健康促进者经常将一些行为准则,如强化和奖励运用在作业治疗实践中,特别是运用在长期护理机构、精神障碍患者以及校正有行为问题的儿童。

因为行为的策略是相对具体的,不需要复杂的言语、认知、心理的能力,它们可以被有效地用于这些人群。此外,了解服务对象的学习历史,包括加强环境突发事件影响的行为,可以在设计治疗方案时向作业治疗师提供信息,可能有助于更积极的结果并对服务对象非常有用。服务于成年人的作业治疗师也可以协助服务对象明确可能可以激励或帮助他们(服务对象)的强化因素,并促进这些强化因素融入其每日或每周的生活规律中。

(五)认知学

虽然对认知过程的兴趣有着悠久的历史,但当传统行为学里异常行为作为心理过程的中介效应被驳斥后,认知学在精神障碍中的重要性才开始出现。因此,认知观点的支持者认为,行为不仅受外界环境刺激因素的影响,环境刺激所引起的反应也会影响其行为。这些理论家认为人们想什么、相信什么、期望什么、记住什么,将会影响他们的行为。特定条件下,功能失调的认知过程会产生精神障碍。此外,改变一个人的认知(使其更具功能性和适应性)可以改善精神状况。虽然行为主义者认同精神世界的存在,但是他们认定行为是认知的原因。另外,认知心理学家认为认知是精神病理学中的主要因素,因此,应作为治疗的优先目标。

认知学显然是当代作业治疗学临床思维中比较突出的一个。它关注认知行为的认知过程,是实证研究中一个非常丰富的领域。此外,在心理评估和治疗介入中纳入认知成分,为许多服务对象提供了更全面和有效的治疗结果。通过功能性评价、期望、归因和信念,治疗师也许能够更好地帮助服务对象认识到自己的认知过程,包括他们的情绪,从而促进服务对象行为和情绪的变化。许多生活技能性的活动都可体现作业治疗师如何应用认知学的概念。活动分析及活动分级皆是从认知的角度简化及构建任务,并运用认知学的方法去分析个体在自然环境和社会环境中的参与需求。

二、作业治疗实践应用

作业治疗在精神疾病的介入过程中,始终把评估作为重要的媒介和手段,精准而科学的评估是制订符合服务对象最佳作业治疗方案的前提和基础。

(一)评估及结果评价

1. 评估及结果评价过程 评估及结果评价可分为三个阶段(图 20-1),分述如下:

(1)初次评估:提供服务对象一个机会去了解其对作业治疗的期望,并让其开始认识作业治疗师。初次评估可视为定义问题、解决问题或找出欲达成目标的一步。这个步骤让治疗师可以收集服务对象的信息,以有效地找到问题、设立结果目标和安排治疗。初次评估的确立对精神卫生领域的作业治疗师而言至关重要,一些切实的难题在此需要有效处理。

首先,由于精神障碍对象的特殊性,与之建立关系常较其他人群需要使用更多的专业技

```
转介
  ↓
初次评估
筛检转介
建立关系
建立资料库
需求确认
建立结果目标
标准评估
介入安排
  ↓
初步计划
  ↓
持续评估
监测过程
确认是否符合需求
调整介入
  ↓
反馈性评估
测量结果
出院计划
安排追踪
接触结束
```

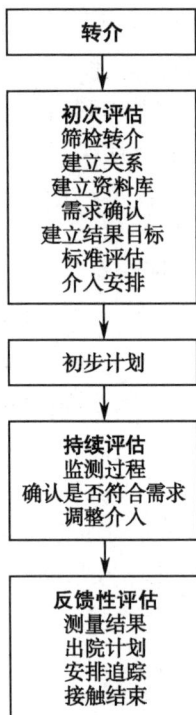

图 20-1 评估及
结果评价过程

能。所有的接触前均需做好充分准备,对其一般情况如年龄、职业、婚姻、家庭状况、入院日期、病历号、临床诊断、临床治疗过程等尽量从病历中摘取,力求客观有效;接触时明白自己所传递出的态度、语言、语调、语气、姿态、表情是否令人舒适;接触时的过程是否自然流畅;与服务对象之间的距离及角色关系是否恰当。

其次,在确认关系较为稳定的基础上,评估的过程常需分为几次进行。方式可分为直接观察法及间接评定法。直接观察法是让服务对象进入一个作业活动中,治疗师观察其在参与活动时的各项能力。间接评定法是指针对不能直接观察到的项目,通过询问方式进行了解和评定的方法,包括信访、电话询问和面谈等,如了解其兴趣爱好和生活习惯。可供使用的评估包括结构化评估与非结构化评估,前者可以减少偏误、提供可解读的信息;后者可以在自然情境下收集信息。

最后,通过一系列的接触和观察,作业治疗师可以完成初次评估。初次评估可以涵盖的部分包括:服务对象的基本信息、精神状态及作业治疗模式指导下的作业表现分析,最常用的便是人类作业模式。其治疗优势与问题、挑战,用以引导接下来的治疗目标与策略。在这个阶段需要精准明确地了解服务对象的情况,且引出新的想法,促成想要改变的行动。

(2)持续评估:在介入治疗的过程中,让治疗师和服务对象可以察觉或自我察觉改变,决定是否已符合治疗目标的需求,确定是否需要修正治疗方案,检测原定目标是否仍然适合,可以进一步收集信息、调整治疗或是回顾之前安排的结果。

(3)反馈性评估:在介入结束时,评价是否达成结果目标,并安排适当的追踪计划。在一些阶段中,会发现不是无法达到预期结果,而是有原因导致当时没有进一步进展。理想状态下是由治疗师和服务对象一起决定是否要结束治疗,但某些情况下,可能是单方面的决定。

2. 评估范畴 服务于精神卫生领域的作业治疗师,需要对服务对象的整体情况,包括精神状态、个人经历、生活面貌及能力技能水平等均有把握。从治疗策略入手,确定服务对象的需求,再提供专门和深度的评估。在某些情况下,服务对象会清楚地知道需要什么协助,且不接受广泛性的评估。的确,有些评估被视为是不恰当的,甚至是有侵略性的。

(1)服务对象的评估:包括以下层面,如作业活动、日常生活活动、特点与优点、兴趣爱好;问题或失能的领域范围,如感觉动作技能(听觉、手眼协调能力)、认知技能(注意力、记忆力)、心理社会技能(倾听、轮流排队),评估后确认服务对象渴望和期待的改变及改变的方向。

(2)环境的评估:包括以下层面,如人与环境无法分开,需要学习如何适应环境,或改造环境以符合自己的需求。通过在环境中行动,及接受行动带来的影响,人们学习如何以最佳方式达成目标。行动所需的技能只有在探索环境和动作中发展,无法适应环境将会造成失能。健全的环境会让人们使用各种各样的方式来符合他们的需求。有时候人们会发觉自己在某种环境下无法以健康的方式调适,或者环境无法提供改变的机会。人们因环境因素而变得不健康,于是疾病促使人去满足自身的需求,适应方法为远离困难的环境,或改变身旁其他人的态度和行为。环境包括物理因素(居住地、工作场所、社区)和社会因素(社交世界)。

3. 评定量表 本段主要介绍常见于精神卫生领域的评估方法。

(1)人类职能模式筛选量表(model of human occupation screening tool,MOHOST):该量

表是根据 MOHO 理论发展出来的一种重要评估工具,使用此工具者,均需对 MOHO 理论非常熟悉。MOHOST 从生物-心理-社会学层面对服务对象进行全面客观地功能评价,较好地解决了在精神康复过程中应该为服务对象做什么、怎么做、效果评价标准等问题,从而使各种康复治疗更加具有指导性与有效性(表 20-2)。

表 20-2 人类职能模式筛选量表

评分总则:		
支(S)	Strength	支持职能参与
小(D)	Difficulty	小部分干扰职能参与
大(W)	Weakness	大部分干扰职能参与
妨(P)	Problem	妨碍职能参与
优势及限制分析:		

评分总表:					
职能动机	对能力的评价	支	小	大	妨
	对成功的预期	支	小	大	妨
	兴趣	支	小	大	妨
	义务	支	小	大	妨
职能形式	例行公事	支	小	大	妨
	适应感	支	小	大	妨
	责任感	支	小	大	妨
	角色	支	小	大	妨
沟通与互动技巧	非语言技巧	支	小	大	妨
	谈话	支	小	大	妨
	口语表达	支	小	大	妨
	关系	支	小	大	妨
处理技巧	知识	支	小	大	妨
	计划	支	小	大	妨
	组织	支	小	大	妨
	问题解决	支	小	大	妨
动作技巧	姿势与移动性	支	小	大	妨
	协调度	支	小	大	妨
	力量与费力度	支	小	大	妨
	精力	支	小	大	妨
环境	物理空间	支	小	大	妨
	物力资源	支	小	大	妨
	社会团体	支	小	大	妨
	职能需求	支	小	大	妨

（2）与 MOHOST 相关联的评定量表：在完成 MOHOST 的测量后，如有需要还可以选用其他工具进行更加详细的评估（图 20-2）。

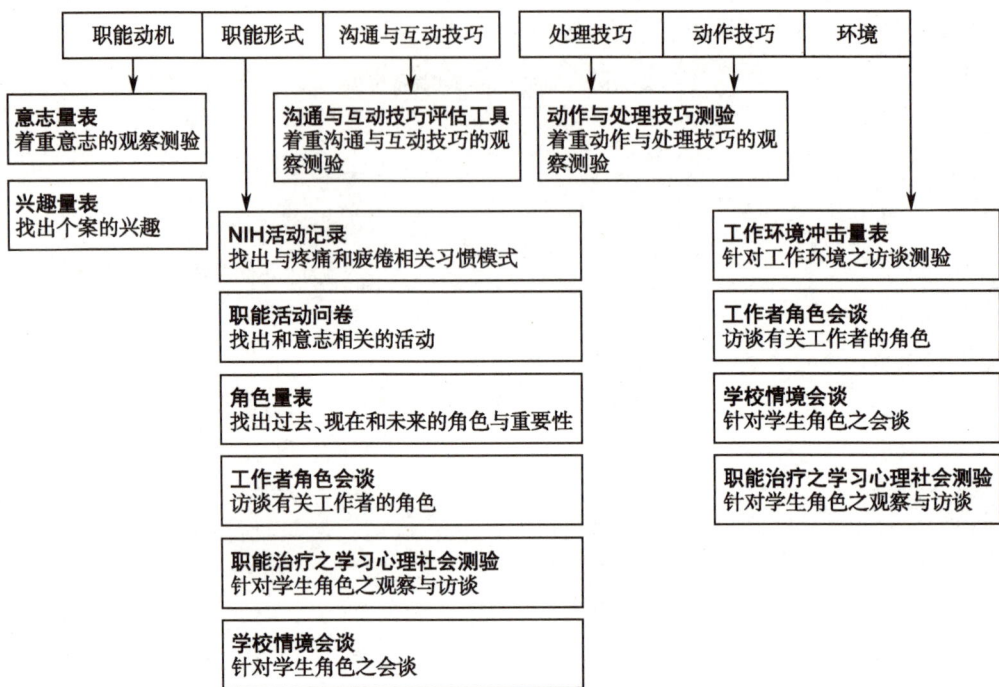

图 20-2　进一步评定可选择的工具

（二）治疗实施

世界作业治疗师联盟把作业治疗学定义为通过治疗性的作业活动去促进个体及团体参与到家庭、学习、工作场所、社会及其他环境中，保持不同角色、习惯和生活流程。因此如何设计、调控及运用作业活动也是作业治疗师服务于精神障碍领域的核心。不同于其他方向，作业治疗师最常在此领域使用的治疗途径是通过对人文学和行为认知学的理解而衍生出的团队动力学及小组治疗。

1. 小组治疗的流程　小组治疗包括介绍、活动、分享、处理、概化、应用、总结 7 个步骤。

（1）介绍：在作业治疗师带领小组的初期阶段，治疗师对服务对象了解有限，仅知道成员是谁，他们的障碍及来参加小组的原因，组员还未认识彼此。因此，小组集合后，治疗师先向小组做自我介绍，包括治疗师的名字、职称及即将开始的小组名称。即使成员彼此认识对方，仍需要求成员轮流向小组说出自己的名字并互相问候。此过程可让成员们知道彼此的姓名、认同他们为小组的一员，并邀请他们参加小组。

1）热身活动：是一种抓住小组注意力的活动，既可以是有结构性的，也可以是即兴随性的。但热身活动应该达到几项目标：游戏可产生自发性及趣味性，也可让成员重新聚焦，不管如何都可以让他们专心于当下的小组事务中去。如果热身活动顺利进行，就可使小组成员注意到接下来的活动，并鼓励他们在小组中合作。

2）准备情绪：选择热身活动以产生适当的情绪很重要，但只依靠热身活动是不够的，环境、治疗师的面部表情、说话方式及使用的媒介均有助于小组情绪的准备。小组开始前应先留意将环境准备妥当，包括适当的照明、移除杂物、准备器材、用具、数目刚好的椅子，尽可能地移除使人分心的物品。

3）对小组的期待：治疗师的态度及表情会反映出他（她）对小组的期待。不管治疗师

388

对小组的意图如何,他(她)永远是组员的学习模范。以直接且有威严的方式介绍小组,是成为专业小组带领者的必学技巧之一。

4)清楚地解释目的:此项工作在介绍期间是首要之务。进行方式依照小组的种类及组员的理解能力而定。小组的目的与成员参与此小组的原因,虽然之前应该做过解释,作业治疗师仍应以组员可以理解的方式再次说明。在描述小组目的时,这个系列的小组课程目标也应在首次课程中简要说明,尽可能将这些目标以具体的词句说明。在之后各次的小组活动中,目的的叙述不会像第一次那么久,但每次的活动目标都应在当次小组的开始前就解释清楚,意思是再次提醒组员,小组如何帮助他们。

5)简介小组大纲:包括时间安排、工具及过程。比如,课程若是持续一个小时的画自画像活动,作业治疗师可以说:"接下来的20分钟,我们会发下纸和彩色笔来作画,画完后会请每个自画像小组成员展示自己的作品,并用后半节时间来做活动讨论。"这样说明有几个目的,不仅告知活动时间,也提醒组员不须画出他(她)不想对团体分享的部分,给予他们机会去控制他(她)想在小组面前呈现的形象。对于像剪纸、捏橡皮泥这类活动亦是如此,因为当他们知道要说明自己的作品,他们会画得更专心,轮到分享环节时也会更有准备。介绍的步骤在每个小组活动时都相似,结构可以不那么正式,或可以加入操作环节,但基本元素不变,每个元素在小组效果的成败上,都是举足轻重的。

(2)活动:在规划活动时应考虑许多因素,在专业环境中,这是一个非常复杂的过程,包括作业治疗师所学的关于个人、健康状况、相关失能、评估、治疗计划、活动分析与活动合成及团体动力学。选择一个适当的治疗活动需要设计所有临床推理的过程,通常治疗师需要花2~3年的时间来学习。若在接触理论前先学习团体技巧,会有过程过度简化及不够全面的问题。简单而言,选择治疗性的活动需考虑以下问题:时间性,治疗目标,组员生理及心理的能力,带领者的知识和技巧,对活动的调整。当带领以组员为中心的小组时,尽量让组员依照他们的需求及重要性来共同选择活动。

1)时间性:活动安排需简短,活动所占时间应不超过这个小组课程的1/3。依照七步骤形式,如为1小时课程,小组需将活动时间适当地调整到10~20分钟内完成,并达到治疗目标。

2)治疗目标:目标设定是为了成果,是组员及作业治疗师共同努力想要完成的事。设定治疗目标需评估每个组员的需求,并运用治疗师对个人能力和障碍的了解来做处理。转介者如医院的治疗团队、医师及护士可能已经确认了服务对象的问题,而小组目标应符合多数组员的需求。因此,每个组员都有可能有不同治疗目标,这需从不同层面找到小组治疗目标的契合。一旦目标确立,即是设计或选择活动的开始。

3)组员生理及心理的能力:活动的选择或是体验取决于组员生理及心理的能力。假设组员是没有生理或心理障碍的20岁大学生,在活动上几乎没有限制。真正的挑战可能是吸引他们的兴趣以产生新的、有意义的学习。当组员为老年人时,生理及精细动作的活动可能受限。用气球玩空中排球的游戏或以兴趣为主题的讨论较为合适。当小组组员的认知受限为主要考量时,较多肢体性及具体性的操作活动比较适合。

4)带领者的知识和技巧:小组的带领者通常会以他(她)熟悉或者曾经做过的活动作为小组的选择。有上过舞蹈课程的带领者对于律动性的活动带领起来会比较自在;一个较有艺术天分的带领者可选择绘画活动。手工艺、游戏、教育或者社交经验是较为熟悉且可调整的活动。

5)调整活动:调整活动需要活动分析及合成的知识,以及作业治疗临床推理的复杂过程,从许多知识体系引进的概念会影响作业治疗师对治疗媒介的选择。

笔记栏

画画视频

剪纸视频

捏橡皮泥视频

（3）分享：无论在哪种情况下，带领者都有责任让每个组员均有机会分享，并确保每位都会得到认同。认同可以经由口语及非口语的方式表达。有时，一个微笑或点头就已足够。组员通常会回应另一位组员的分享，但是治疗师仍须以身作则，表现重视与关心的回应。有时，组员会因各种因素而不愿意分享，治疗师需支持及鼓励服务对象或者是确保不会有负面的结果。依照怎样的顺序分享并不重要，通常以询问是否有自愿者先开始是最好的方式，让各组员觉得自己在小组中有自己的掌控权。

（4）处理：处理阶段是最困难的一个步骤，需要组员表达对经历、带领者及其他组员的感受。感受可以引导行为，这对个体在作业治疗小组中有绝对的影响，如果这些情绪没有被表达出来，就无法真正了解小组的成效。在正面经历下，表达感受并不困难，但负面经历通常使人逃避去表达它，不管是带领者或组员都是一样。过程处理得当时，可以获得一些重要且相关的讯息。整个处理过程可分别影响作业活动参与及参与障碍的部分。

（5）概化：概化是指小组中认知学习的部分。作业治疗师回顾小组对活动的反应，并将这些反应整理为通则。小组中讨论的通则并非事先计划的，而应直接从成员的反应得知。

（6）应用：应用阶段紧接在概化阶段之后，但是更为深入。治疗师协助小组了解如何将学习到的通则应用到日常生活中去。应用就是要回答这样的问题："现在你知道事情的本质是如此，那你应该怎么做呢？"

（7）总结：总结的目的是治疗性小组中最重要的部分，使小组成员可以正确了解并记住，总结是无法事先计划好的。要强调的部分直接从小组的反应而来。小组的情绪也非常重要，特别当组员对小组有正面的感受或是过程中情绪变好，作业治疗师将这些感受说出来，可帮助组员记得小组的正面经验。

2. 常见小组治疗的类型及实例

（1）日常生活技能小组：生活技能一般是指一个人有效地应对日常生活中的需求和挑战的能力，是一个人保持良好的精神状态，在其所处的文化环境中和在与他人交往中所表现出来的适当和健康的行为。精神障碍类疾病患者病程多迁延，常遗留有自理能力及社会功能缺陷。研究表明，患者总病程、总住院时间、连续住院时间越长，其日常生活能力缺陷越严重，而出院天数和参加作业治疗次数越多，其日常生活能力缺陷程度越轻。但病程在 5 年内的服务对象社会功能缺陷尚不严重，及早对服务对象进行生活技能训练，不仅能预防社会功能缺陷的发生，减少疾病复发，还能提升服务对象的生活质量。

生活技能小组包括学习生活技能、培训生活技巧，使精神障碍的服务对象获得独立生活能力。生活技能训练的内容主要涵盖个人卫生、饮食、理财、出行、基本社交礼仪、求助、合理着装等。当训练的类型和频率与疾病的阶段联系在一起时，服务对象可以学习和保持社会交往和独立生活的各种技能。在相应情境中，给予服务对象机会、鼓励和强化时，他们可以使用日常生活中的普通技能。根据一定的入组和排除标准，选择合适的成员以小组训练的形式进行理论讲解及实践练习，并加以强化，要求服务对象在日常生活中不断使用学习到的各种技能，料理自己的一切生活，定期召开康复座谈会，给予一定正向鼓励。训练内容可以根据现实条件而做出相应调整，但应以帮助服务对象恢复基本的独立生活能力为原则。

（2）社交技能小组：社交技能是指符合社会规范，得到社会认可的人际行为能力。社交技能包括衣着得体、谈吐得当、合理地表达感受、保持恰当的人际交往距离等内容，还包括在不同场合能做出相应的恰当行为。患精神障碍与疾病的服务对象在记忆、注意、学习等广泛的认知领域均存在功能缺陷，这些缺陷影响了其日常生活中包括社交技能在内的多种技能的掌握。社交技能缺陷影响了这些服务对象建立和维持社会关系、独立生活和就业，严重影响了他们的生活质量和社会功能。例如，社交技能训练教程中，将复杂的社交技能分解成一个个单元,分别进行训练。这些单元包括四种基本的社交技能(发起谈话、维持谈话、表达积极感受、表达消极感受)、会谈技能、决断技能、处理冲突的技能、集体生活技能、交友约会的技能、维护健康的技能、职业/工作的技能等。

(3)心理教育小组:心理教育小组使用行为认知学的理论,教育服务对象理解必须掌握的知识,例如药物自我处置技能小组。该小组的设计,是为了帮助服务对象逐渐独立地使用抗精神病药物来治疗自己的疾病。包括4个技能领域:

1)获得抗精神病药物作用的有关知识,包括:学习药物如何起作用的知识,了解为什么需要维持治疗和服药有何益处。

2)学会自我管理和评价药物作用的正确方法,包括:学会正确服药和评价药物疗效的方法。

3)识别和处置药物的副作用,包括:学习服药会产生哪些副作用,如何处理这些副作用。

4)学会与医务人员联系商讨有关药物治疗问题的技能,包括:学习当服药过程中出现问题时寻求帮助的方法,例如,如何给医院医生打电话、汇报症状和病情的进展等。

每个技能领域都被分为7个学习步骤,包括:内容介绍;看录像和提出与回答问题;角色扮演;资源管理;解决新出现的问题;实地练习;家庭作业。

——（屠金康）

ER-20-5

扫一扫
测一测

复习思考题

1. 精神障碍及精神卫生的定义是什么?
2. 作业治疗在精神卫生领域所使用的理论基础有哪些?

◆◆◆ 第二十一章 ◆◆◆

其他疾病和损伤的作业治疗

学习目标

1. 描述心血管疾病、慢性阻塞性肺疾病、肿瘤、烧伤等疾病的临床表现及功能障碍。
2. 阐释上述疾病功能障碍的作业治疗原则和方法。
3. 应用所学知识,对上述疾病进行常用的作业评定和作业治疗。

第一节 心血管疾病

一、概述

心血管疾病(cardiovascular disease,CVD)是一种多因素引起的慢性非传染性疾病,其发病率和死亡率均居各疾病之首。美国心脏协会 2021 年的数据显示,美国成人心血管疾病患病率高达 49.2%。《中国心血管健康与疾病报告 2021》数据显示,2019 年农村、城市中 CVD 分别占死因的 46.74% 和 44.26%。年龄、性别、家族史、吸烟、高胆固醇、高血压、肥胖、糖尿病、心理压力和长期伏案的生活方式,可以增加罹患心脏动脉疾病的机会。常见的心血管疾病主要包括冠状动脉粥样硬化性心脏病(简称冠心病)、周围动脉血管疾病、先天性心脏病及深静脉血栓和肺栓塞等。本节以常见的冠心病为例,介绍其作业治疗相关内容。

冠心病是导致人类死亡和残疾的最常见原因之一。随着冠心病的发病率在全世界范围内呈逐年上升的趋势,以及急救医学和临床医学水平的不断提高,更多冠心病患者的生命得以挽救,使得冠心病的康复成为全球重点关注与发展的内容。冠心病康复通常需要多学科成员组成的团队参与,医生、护士、作业治疗师、物理治疗师、运动生理学家、营养师等均在冠心病康复中发挥作用。作业治疗师主要通过评估和分析冠心病患者的日常生活活动,帮助他们改良先前需要和乐于进行的活动,使其能够安全地继续从事该类活动,拥有积极的、有意义的、高质量的生活。

二、临床表现及功能障碍

1. 心绞痛 是冠心病的主要临床表现。心绞痛是指心前区出现压迫、缩窄、烧灼性疼痛,可以向左上肢内侧、左颈部、下腭、上腹部等部位放射,持续时间一般为数分钟,很少超过 25~30 分钟。常见的诱因为用力、情绪激动、劳累等。去除诱因或服用药物后,疼痛往往可以突然缓解。

2. 乏力、心慌、胸闷,甚至呼吸困难　心功能不全患者,会明显地出现此类临床表现。

3. 肌力、体能、耐力的降低　可能是骨骼肌血流灌注减少的结果。

4. 日常生活活动能力下降　由于疼痛或虚弱,患者可能不能完成需要高举上肢过头的活动,如脱套头衫,取高处橱柜中的物品等。出于担心或恐惧,患者可能会有意识地停止某些活动。

5. 工作能力下降　患者可能因为疼痛、虚弱或工作任务所需耗能超过了安全限制等原因,不能继续从事先前的工作。

6. 精神、心理异常　患者可能因为疼痛、虚弱、害怕死亡,而出现压抑、焦虑情绪以及无望、无助感。

三、检查与评估

1. 心血管的一般功能　主要包括血压、心率和脉搏。

2. 肌力、体能、耐力　患者常出现肌力与体能下降,精细运动与灵活性减低,容易疲劳等情形。

3. 心电运动试验　评估患者的心肺功能状态,并确定相对安全的运动或活动水平。常用的运动试验方法有心电监护下的运动平板试验和功率自行车试验。

4. 日常生活活动能力　通常采用 Barthel 指数和功能独立性评定量表进行评定。

5. 工作分析与能力评定　可以将根据心电运动试验测定的结果,与特定工种所需的能量消耗水平进行比较,以评定患者是否具备安全从事某种工作活动的能力。表 21-1 是美国心脏协会在 1989 年发表,后来被世界卫生组织所推荐的某些工作活动所需的能量消耗情况。

表 21-1　某些工作活动所需的能量消耗

工作活动	能量需求		
	kJ/min	kcal/min	METs
面点店的一般活动	11.7	2.8	2.3
装订书籍	11.7	2.8	2.3
木工的一般活动	15.9	3.8	3.2
女侍者、保姆	11.7	2.8	2.3
室外建筑工人	25.1	6.0	5.0
电工:铅管内铺线	15.9	3.8	3.2
农民:捆草、清扫谷仓	36.8	8.8	7.3
放牧家畜	15.9	3.8	3.2
驾驶收割机/拖拉机	11.7	2.8	2.3
饲养动物	18.4	4.4	3.7
救火队员	20.9	5.0	4.2
林业:用斧伐木(快速地)	79.5	19.0	15.8
剥树皮	23.0	5.5	4.6
搬运木头	50.2	12.0	10.0
放平木头	36.8	8.8	7.3

续表

工作活动	能量需求		
	kJ/min	kcal/min	METs
机械加工（用机器）			
加工金属板	11.7	2.8	2.3
操纵车床	14.6	3.5	2.9
操纵冲压机	23.0	5.5	4.6
水泥工、混凝土工	32.2	7.7	6.4
搬运工、推重物（>75kg）	32.2	7.7	6.4
操纵大功率设备	11.7	2.8	2.3
园林工	20.9	5.0	4.2
养路工	27.6	6.6	5.5
修鞋匠	11.7	2.8	2.3
用铁锹挖沟	39.3	9.4	7.8
坐位：轻工作（集会/准备、	7.1	1.7	1.4
办公室/接电话、驾驶汽车等）			
缝纫工作：一般的	11.7	2.8	2.3
紧急的	18.4	4.4	3.7
打字、修表	7.1	1.7	1.4
步行（5km/h）	16.3	3.9	3.3
轻松漫步或站立，负重<25kg	20.9	5.0	4.2
漫步或站立，负重29~40kg	23.0	5.5	4.6
漫步或站立，负重50~74kg	29.7	7.1	5.9

注：MET，指代谢当量（metabolic equivalent，MET）。 1MET代表机体静息状态下的代谢率，约为每千克体重每分钟耗氧3.5ml[3.5ml/（kg·min）]。 世界卫生组织曾对日常生活活动、家务劳动、文娱活动、职业劳动中代谢当量进行测定，供制订治疗方案时参考。

6. 精神与心理方面　可以根据患者的具体情况进行选择性评定。常采用焦虑或抑郁自评量表，以评定患者有无焦虑或抑郁情形。

四、方案与实施

（一）治疗目标

冠心病的作业治疗可分三个时期进行。

Ⅰ期：是指发生急性心肌梗死，接受冠状动脉旁路移植术或经皮冠状动脉腔内成形术，或不稳定型心绞痛患者的整个住院时期。此期的主要治疗目标为：预防由于卧床带来的肌肉力量丢失；通过检查和评估患者的功能性活动能力，确定患者适当的家居活动；教育患者个人存在的风险因素，并教授降低这些风险的办法。

Ⅱ期：是指自患者出院起，至病情稳定性完全建立为止的一段时期，通常为5~6周的时间。此期的主要治疗目标为：在安全限度内，逐步恢复患者包括轻度家务劳动、娱乐活动在内的一般性日常生活活动能力。

Ⅲ期：是指病情处于稳定状态的时期。康复对象主要包括陈旧性心肌梗死、稳定型心绞痛、隐匿性冠心病、冠状动脉旁路移植术和经皮冠状动脉腔内成形术后的人群。此期的主要治疗目标为:在安全限度内,全面提高患者的运动与活动能力;控制和改善冠心病的危险因素;尽可能恢复患者病前的生活和工作;提升患者的生活质量。

(二)治疗时机

Ⅰ期治疗开始的时机为在过去 8 小时内,没有新的或再发的胸痛,没有新的、明显的心律失常或心电图改变,肌酸激酶和/或肌钙蛋白水平没有升高,没有出现新的心力衰竭失代偿征兆(静息时呼吸困难伴湿啰音)。

(三)可继续进行活动的指征

在康复进程中,当患者活动后出现以下反应,可继续进行活动:适量的心率增加;与静息时相比,收缩压增加 10~40mmHg;心率监测没有新的心律失常或 ST 段改变;没有心悸、呼吸困难、过度疲乏、胸痛等症状出现。

(四)须停止活动的指征

在康复进程中,当患者活动后出现下列情况时,须立即停止活动:舒张压>110mmHg;收缩压下降>10mmHg;明显的室性、房性心律失常;二度或三度房室传导阻滞;不能耐受运动的症状体征,包括心绞痛、明显气短、心电图缺血改变等。

(五)治疗方法

1.Ⅰ期 刚开始的治疗是一对一的形式,以便于作业治疗师可以通过面谈了解患者的生活方式,并评估患者对于运动或活动的心血管反应。运动或活动需要在心电监护下进行,并记录心率、血压、运动心电图变化和症状。

(1)适当的运动和/或活动:具体的内容可以是:

第一天:充分床上休息后,下床到椅子上,床边大小便。

第二天:例行第一天活动,坐位下轻微的柔韧性活动,房间内走步。

第三天:站立位下,轻微的柔韧性活动,大厅内行走 5~10 分钟,2~3 次。

第四天:站立位下,轻微的柔韧性活动,大厅内行走 5~10 分钟,3~4 次。

随着患者的能力进展,运动或活动的时间可以逐渐增加,活动内容可以参考表 21-2。

表 21-2 适用于Ⅰ期心脏康复的活动

活动	方法	MET	平均反应心率
如厕	便盆	1~2	比休息时每分钟增加 5~15 次
	尿壶(床上)	1~2	
	尿壶(站立)	1~2	
洗澡	床上洗澡	2~3	比休息时每分钟增加 10~20 次
	盆浴	2~3	
	淋浴	2~3	
走路	平坦路面:		比休息时每分钟增加 5~15 次
	每小时 3.2km	2~2.5	
	每小时 4.0km	2.5~2.9	
	每小时 4.8km	3~3.3	
上体运动	站立时:		比休息时每分钟增加 10~20 次
	上肢运动	2.6~3.1	
	躯干运动	2~2.2	
腿部体操		2.5~4.5	比休息时每分钟增加 15~25 次
爬楼梯	1 层楼=12 个台阶:		
	下 1 层楼	2.5	比休息时每分钟增加 10 次
	上 1~2 层楼	4.0	比休息时每分钟增加 10~25 次

（2）危险因素的教育：针对患者个人存在的危险因素进行教育，并教授患者主动防范办法。

2. Ⅱ期　每一个患者在出院前，都要给予其个性化的家居康复治疗方案，内容包括活动和运动指引；活动或任务简化；性生活指导；运动不耐受的症状和体征等。方案尽量与患者的生活方式相适应。如果可能，最好在开始前，给患者做心电运动试验，然后，依据试验结果制订运动或活动方案。

（1）心肌梗死患者的居家作业训练方案：心肌愈合需要 4~8 周时间，在这一时期，患者的活动通常被限制在 2~4MET 的范围。重点解释可以增加心脏压力和负荷的活动或任务（弯腰用力、上肢上举过头）。当患者能够快步走或爬两层楼梯（接近 5MET）而没有不耐受的症状时，他们就能够重新恢复性生活。由于某些心脏病药物可能对患者的情绪、性功能和个人意愿产生重要影响，所以，当这些情况发生改变时，应告知他们与医生联系，考虑更换新药。告诉患者，当出现下列运动不耐受的症状与体征时，应立即停止活动：胸痛或疼痛放射到牙齿、颌部、耳朵或上肢；呼吸短促、运动性疲劳；轻度头痛或头晕；反胃或呕吐；1~3 天内体重不寻常地增加 1.4~2.3kg。

（2）冠状动脉旁路移植术后患者的居家作业训练方案：在术后 2~5 周进行运动试验，根据运动试验的结果给患者提供安全的运动和活动。因为胸骨被打开，需要告知患者，在术后 6~12 周内，避免提举和推拉 4.5kg 以上的物件，尤其是身体侧方的提举和拉的动作；端起一个重的水瓶或咖啡壶时，要用双手端起，一只手托住底部，另一只手抓住把手。有些患者在进行复诊时，主诉在居家活动中做某些动作时听到有"咔嗒"声，那么患者需避免任何引起"咔嗒"声的活动，并禁止上肢的一切运动。

（3）经皮冠状动脉腔内成形术后患者的居家作业训练方案：心电运动试验可以早至术后 2~3 天，但常规是在术后 2~5 周进行，6 个月时重复。一方面评估患者能够耐受的运动水平，一方面判断有无血管再狭窄。所采用的运动形式，应该是患者有兴趣参与的、能够完成和坚持的，如果患者喜欢散步，可以建议其在商场散步、运动平板上行走、户外散步等。在腹股沟处行导管穿刺者，应在穿刺部位已基本愈合后，再开始下肢运动。

3. Ⅲ期　程序性治疗一般为 2~3 个月，自我锻炼应该持续终身。具体的治疗方法应依据个体的实际情况而定，在治疗内容的选择上，需充分考虑并尊重其兴趣、爱好、特长、生活习惯等因素，以促进其拥有健康、平衡、高质量的生活。

（1）增加患者的体能与耐力：根据运动试验的结果，提供在安全限度以内不同内容与强度（MET）的活动，形式可以是个人性的，也可以是小组性的。活动内容可以参见表 21-3~表 21-5。

（2）增加柔韧性的活动：柔韧性差会导致日常生活能力下降。患者应以缓慢、可控制的方式进行柔韧性活动，并逐渐增加活动范围。建议每周 2~3 天，活动范围力求达到产生轻度不适感，但无疼痛，并保持该体位 30~90 秒，其间保持正常呼吸。

表 21-3　家居性活动的代谢当量

MET	活动内容
1.0~2.5	拖地、去尘、直起身、取食、布置餐台、缝纫和编织、将食品之类的杂货放回原处、整理床铺、安静地站起、用驾驶型的割草机修整草坪、性生活、穿脱衣物、睡觉、看电视、洗碗
2.6~4.0	照顾孩子、洗澡、洗漱、散步、跑步、与孩子中等强度的玩耍、平常的家居清洁、下楼、打扫车库、耙草、提 6.8kg 重物步行
4.1~6.0	擦窗子、用力移动家具、跪着擦地板、清理下水道、刷外墙漆、粉刷和给室内贴墙纸、除草
6.1~10.0	提着杂物上楼、从盒子中搬出家用品、每分钟铲土超过 7.3kg、负重 22.7~33.6kg 站立或行走

表 21-4　休闲和娱乐活动的代谢当量

MET	活动内容
1.0~2.5	乘坐动力船、乘船钓鱼、用气泵充气、打字、使用电脑进行轻度的办公室工作、打牌、弹钢琴、使用缝纫机、坐着学习、读书、写字
2.6~4.0	栽秧、打鼓、喂小型的农场动物、站着捆扎小到中等的盒子、站着工作的酒吧招待、院中散步
4.1~6.0	铺地毯或地砖、缓慢地劈木材、干农活、喂牛、木匠活、打磨家具表面、筑路、提重物
6.1~10.0	干农活、捆干草、用混凝土涂抹墙壁、移动重物、携带消防水带的消防员

表 21-5　锻炼和体育运动的代谢当量

MET	活动内容
1.0~2.5	慢速度的散步、抛接篮球或足球
2.6~4.0	极轻负荷的功率自行车、提举轻到中度的物件、中等速度的散步、牵伸运动、瑜伽、水中有氧运动
4.1~6.0	骑车 16.0~19.0km/h、躲避球、跳房子、有氧舞蹈、中等费力的活动
6.1~10.0	跑步 8~9.6km/h、打篮球、跳绳、竞走、中等速度游泳、中等速度骑车 >19.2km/h

（3）压力管理的指导和训练：由于疼痛、虚弱和对生命安全的担心，患者常承受很大的心理压力，甚至产生焦虑和压抑情绪。指导和训练患者：采用腹式呼吸方法；将注意力集中于安慰性的事实或想象；对活动水平的自我监测；突发心脏问题的应急处理等技术，利于舒缓压力，减轻焦虑与压抑。

（4）体重控制与管理：冠心病患者通常伴有肥胖，而肥胖本身又是导致或加重冠心病的重要因素，因此，有必要对冠心病患者实施体重控制与管理计划。干预办法主要包括针对性运动，配合饮食和行为干预。

（5）提供辅助用具及必要的日常生活指导和训练：部分冠心病患者可能会因为疾病的严重程度，或受到其他伴随疾病如骨性关节炎、慢性阻塞性肺疾病等的影响，出现日常生活能力受限的情形，作业治疗师可以针对其受限活动进行指导和训练，如用坐位代替站位，或提供长柄夹、晾衣叉等辅助用具，以减少上肢上举过头的需要，从而减轻心脏负担。

（6）心理与社会支持：通过提供讨论性的小组或咨询活动，鼓励患者表达情感、思想、需要，促进与焦虑、害怕、生活方式、饮食、社交技巧等主题相关的讨论。帮助患者建立、发展家庭与社会支持力量，提高其社会适应力。

（7）危险因素的管理和干预：在冠心病的危险因素中，吸烟、高胆固醇、高血压、肥胖、糖尿病、心理压力及长期伏案的生活方式，被认为是可以干预的。具体方法包括：①戒烟；②减少饮食中脂肪特别是饱和脂肪（<总热量的 7%）和胆固醇（<200mg/d）的摄入，增加 ω-3 脂肪酸、可溶性纤维（10~25g/d）和植物固醇（2g/d）的摄入；③多吃水果、蔬菜，适量饮酒（酒精摄入量少于 30ml/d），限制盐的摄入（氯化钠盐<6g/d 或钠盐<2.4g/d）；④控制高血压与体重，增加运动；⑤控制糖尿病，规律运动；⑥增加心理调节能力，积极参加社交活动，争取社会支持；⑦改良生活方式，增加活动时间，避免久坐。

（8）职业康复：对于年龄在 50 岁以下的青壮年患者，他们往往具有正常的躯体功能和骨骼肌质量，大部分患者可以在出院后很快恢复工作。美国心脏协会 1998 年的报告称：88% 的 65 岁以下冠心病患者能够重返工作。对于心脏负荷试验正常的低危患者，可于 2 周后恢复工作。需要恢复高强度体力工作的患者，可以加强力量训练性活动，并于恢复工作前进行力量性评估，必要时，在严密监控下，对心脏负荷大的活动（如提举重物）进行评估，以确保安全。

（9）康复教育：教育是冠心病康复的重要内容，并应贯穿整个康复过程。教育对象包括患者及其家属，教育方式可以是个体化的一对一，或小组性，也可以是举办学习班，编写和派发有关的宣传册或科普文章。内容主要包括：①冠心病的病理生理和临床基础知识；②冠心病的所有已知危险因素及可采取的干预措施；③如何处理突发心脏问题；④利用代谢当量系统，教会患者建立完成不同任务需要不同水平能量消耗的概念；⑤教授有关能量节省与工作简化的概念；⑥教会患者制订时间管理表，合理安排休息与活动，建立自理、工作、娱乐间的平衡；⑦运动中的注意事项；⑧需干预的临床问题。

第二节　慢性阻塞性肺疾病

一、概述

慢性阻塞性肺疾病(chronic obstructive pulmonary disease,COPD)是一种具有气流受限特征的、可以预防和治疗的疾病，气流受限不完全可逆、呈进行性发展，与肺部对香烟烟雾等有害气体或有害颗粒的异常炎症反应有关。COPD主要累及肺，但也可引起全身的不良反应。有资料显示，到2033年我国因COPD死亡者将达6 500万人。遗传、吸烟、呼吸系统感染，接触粉尘、废气和烟雾的职业环境，空气污染等是COPD的危险因素。

慢性阻塞性肺疾病的康复主要是通过多种锻炼程序和持续的教育与管理，阻止或延缓肺部病变的进展，有效地利用现存的肺功能并争取改善肺功能，提高体力与活动能力，改善心理及情绪状态，延长寿命及提高生活质量。

二、临床表现及功能障碍

1. 慢性咳嗽、咳痰和劳力性呼吸困难　这是慢性阻塞性肺疾病患者的主要临床表现。合并感染时，可出现咳血性痰或咯血。严重时，可出现呼吸衰竭的症状。

2. 体能、耐力和活动能力降低　由于肺的气体交换功能受到阻碍，机体常处于慢性缺氧状态，加之慢性咳嗽、咳痰、异常呼吸模式等因素所造成的额外体能消耗，慢性阻塞性肺疾病患者在体能、耐力，对活动的耐受性方面，均会出现不同程度的降低。

3. 姿势控制异常，平衡和移动能力降低　由于体能下降、容易疲劳和呼吸困难等原因，慢性阻塞性肺疾病患者为了减少肌肉用力，增加肺的通气量，通常采用驼背、吸气时双侧耸肩的适应性呼吸模式，进而引发姿势控制异常，影响平衡和移动能力。

4. 日常生活活动能力降低　由于体能下降、容易疲劳，活动会加重呼吸困难等原因，慢性阻塞性肺疾病患者可能会出现日常生活活动能力下降或不同程度的依赖情形。

5. 焦虑和/或抑郁　有大量的研究表明，慢性阻塞性肺疾病患者抑郁和焦虑的发病率明显高于其他疾病患者，且抑郁、焦虑状态的共患率在50%左右。

6. 生活质量低下　慢性阻塞性肺疾病患者由于肺功能减退，活动能力逐渐丧失，常常表现出社会活动明显减少，甚至与社会隔离，加上用于疾病诊治所带来的沉重经济与精神负担，其生活质量严重下降。

三、检查与评估

1. 肺功能测定及检查　用于了解患者肺功能的受累范围、程度和可恢复性，并可以客观和动态地观察疾病的进展情况和判断治疗效果。内容重点包括：

（1）最大自主通气量（maximal voluntary ventilation，MVV）：简称最大通气量，是指以尽可能大的幅度和尽可能快的呼吸频率呼吸时，每分钟的肺通气量，是临床上反映气道通气功能的重要指标。COPD 患者常出现最大通气量显著降低。

（2）第一秒用力呼气量/用力呼气量：嘱患者深吸气到肺总量后，用爆发力快速将全部肺活量在最短时间内呼出，即可测到用力呼气量的曲线，此为容量-时间曲线。计算出第一秒钟的用力呼气量和总的用力呼气量，然后，再计算出第一秒用力呼气量与用力呼气量的比值。该指标可以反映气管、支气管阻力情况的特征，从而判断被检查者有无阻塞性气道功能障碍、阻塞程度及其可逆性。慢性阻塞性肺疾病患者该比值<70%。

（3）残气量/肺总量：残气量是指最大呼气末，肺内残留的气体量；肺总量，是指最大吸气末，肺内所含气体的总量。慢性阻塞性肺疾病患者，由于肺弹性回缩力下降，肺总量增加，同时，由于气道早期闭合，使得残气量增加，因此，该比值通常>40%。

2. 上肢和手的肌力、关节活动度评定　可使用握力计、量角器和徒手肌力评定等用具及方法进行评定。

3. 姿势控制、平衡和移动能力评定　可通过平衡仪测定和实际完成功能性活动等方法进行评定。

4. 体能、耐力，对活动的耐受性评定　可采用6分钟或12分钟行走距离测定，运动平板或功率自行车试验等方法进行评定。如果慢性阻塞性肺疾病患者同时伴有心脏病，还应该评估患者对活动或运动的心血管反应。

5. 认知功能评定　主要通过谈话和观察患者实际完成功能性活动等方法，了解其对疾病及由疾病所带来的问题的认识，在生活中的安全性。必要时，需对患者的认知能力进一步评估。

6. 日常生活活动能力评定　可以采用 Barthel 指数或功能独立性评定量表来评定。在进行日常生活能力评估的同时，应注意观察患者的呼吸模式，有无屏气、呼吸变浅促，或呼吸时上抬肩部的现象，并测量心率和血压。必要时，需监测血氧饱和度，如在完成日常生活活动中血氧饱和度低于90%，就要考虑吸氧。

7. 精神与心理方面评定　常用的评估量表有贝克忧郁量表、贝克焦虑量表和老年抑郁量表，以及抑郁自评量表和抑郁状态问卷等。

8. 生活质量方面评定　目前，广泛用于慢性阻塞性肺疾病患者的普适性生活质量评估量表有 WHO-QOL-100、SF-36 和疾病影响程度量表（sickness impact profile，SIP）等。特殊性生活质量评估的量表有圣乔治呼吸问卷（St. George's respiratory questionnaire，SGRQ）、慢性呼吸疾病调查问卷（chronic respiratory questionnaire，CRQ）和西雅图阻塞性肺疾病问卷（Seattle obstructive lung disease questionnaire，SOLDQ）等。

四、方案与实施

（一）治疗目标

由于慢性阻塞性肺疾病是不能够被完全逆转或纠正的慢性障碍，因此，对该病患者的治疗目标主要是在障碍的限制下，令其最大限度地发挥功能。具体目标如下：

1. 患者具备完成功能性活动所需要的体能、耐力和关节活动度。

2. 患者能够最大限度地完成与障碍限制相一致的日常生活活动。

3. 在完成日常生活活动期间，患者有恰当的呼吸能力。

4. 保持良好的精神、心理状态，享有高质量的生活。

5. 维护和促进患者的肺健康,延长寿命,降低死亡率。

（二）治疗方法

1. 日常生活指导　保证患者能够顺利地完成一天的任务与活动。

（1）制订计划:计划好一天所要做的各种事情,确定什么是必须做的,然后,排好先后完成的顺序;在身体状况好的时候,做费力的工作;尽量采取坐位下完成活动;复杂与简单的工作交替着做;将复杂的工作,分步骤在不同的时间里做;在家庭成员间养成分工合作的习惯。

（2）利用工具完成日常活动:如使用带轮子的推车搬运重物,使用带烘干功能的全自动洗衣机、自动洗碗机、自动升降的晾衣架、自动饮水机或电子水瓶、吸尘器等工具完成家务活动。尽量坐着干活,推动物体比拉动物体省力。

（3）出现呼吸困难时的处理方法:先坐下,用双手撑住膝部,使身体稍向前倾,并尽力保持情绪镇定和放松。如果就近没有凳子或椅子,可以在附近找一可以依靠的物体就地坐下,手腕交叉置于脑后以利于呼吸。闭上眼睛,尽可能地放松腹部、胸部、颌部肌肉。必要时,拨打急救电话。

（4）活动简化与能量节省技术:洗澡是一项特别费力的活动,因为热而潮湿的空气和较多上肢与手的用力活动会增加呼吸难度。最常采用的建议是:洗澡时使用排气扇或保持浴室门敞开,以降低空气湿度;坐在椅子上洗澡;在洗头、剃须、搓洗上肢和胸部时,将肘部支撑于大腿上;着浴袍代替用毛巾擦干身体等。

（5）饮食指导:慢性阻塞性肺疾病患者和健康人相比,呼吸需要花费更多能量,因此,患者应选择营养丰富、价值高的食物,以保证充足的能量、维生素、微量元素与矿物质等营养物质的摄入,从而保证内脏和肌肉的正常工作。进食时保持心情放松,时间充足,止于"八分饱"。一般说来,均衡地摄取水果、乳制品、肉类、豆类、淀粉类、食用油,就能够保证充足的维生素和矿物质的供应,但如果患者食欲不振,或正在服用药物,就可能需要额外地补充维生素。富含维生素的食物有黄绿色的蔬菜,如海草类、菌类、芋类、菠菜、甜玉米、胡萝卜、南瓜、番茄等,以及如橙子、草莓、哈密瓜、猕猴桃等水果。慢性阻塞性肺疾病患者如果水分摄入不足,可以引起便秘,痰液黏稠不易咳出,口腔黏膜干燥等症状,因此,患者每天应饮用8~10杯水(包括饮料、牛奶、汤等)。

2. 提供患者练习和使用正确呼吸运动的机会　正常情况下,人通过鼻子进行呼吸运动。气体经过鼻腔的过滤与加温、湿润进入肺部,可以有效预防空气中的污物、有害物质及冷刺激对肺造成的伤害,而慢性阻塞性肺疾病患者,由于呼吸运动模式的异常、呼吸困难,常出现张口呼吸和无效呼吸,进一步加重对肺的伤害性刺激和呼吸困难。通过正确的呼吸运动训练,可以改善异常的呼吸运动模式,减轻呼吸困难。

3. 放松练习　慢性阻塞性肺疾病患者常因气促,而使用辅助呼吸肌,甚至全身肌肉来参与呼吸,这种情形不仅导致体能消耗与身体对氧的需要增加,还会使得全身肌肉处于紧张状态。为了缓解或消除这一紧张状态,可以教授患者适当的放松技术与技巧,具体的做法如下:

（1）传统锻炼的放松功:患者取床上卧位或椅上坐位,松开衣领、袖口、裤带等,以减少对身体的束缚,双眼微闭,思想集中在"静"与"松"上。可以口中缓慢默念"头颈松-肩膀松-手臂松-胸腹松-背部松-大腿松-小腿松",同时配合相应动作,如此反复,直至身体完全放松。

（2）坐位放松:患者取舒适坐位,头颈与躯干前倾,趴伏在身体前方桌上的被子或枕头上,充分放松肩背部肌肉。

（3）立位放松:患者背靠着墙壁或坚实的家具站立,双脚自然分开并稍离开墙壁或家具,双手自然下垂于身体两侧,含胸、塌背,使肩背部肌肉完全放松。

（4）休息放松：取舒适的坐位或床上半卧位,轻闭双眼,做缓慢、深长的呼吸。

（5）在各种活动中的放松：日常活动尽可能选择在坐位下、桌面上进行,以减少双上肢的用力;活动安排有计划、时间充裕,以减少情绪紧张;边听节奏舒缓的音乐,边完成活动,以音乐节奏带动完成活动的节奏;在完成日常活动时,放松与完成活动无关的身体其他肌群,以减少不必要的肌肉紧张。

4. 增加上肢肌力与耐力的练习　大多数慢性阻塞性肺疾病患者,在进行如梳头、晾衣物等上肢性的日常生活活动时,容易出现呼吸困难,其原因在于这样的活动一方面导致肺通气量增加,另一方面导致辅助呼吸肌因参与了上肢活动而减少了参与呼吸方面的做功。增加上肢肌力与耐力的练习,可以减少上肢活动时对辅助呼吸肌的依赖,从而减轻呼吸困难。练习方法可以利用弹力带、橡皮筋、拉力器等作为练习用具;可以通过游泳、划船、打乒乓球等娱乐性活动;也可以采用木工作业、陶艺制作等治疗性活动,更鼓励患者在日常生活中,通过多从事上肢上举过头的活动来发展和获得上肢的肌力与耐力。

5. 心理治疗　慢性阻塞性肺疾病患者的心理紊乱或障碍是多方面的,包括认知情感障碍（焦虑、抑郁）、应激相关障碍（急性应激、适应障碍）、神经症（广泛性焦虑障碍和惊恐发作）和人格障碍等。因此,心理辅导与治疗应成为慢性阻塞性肺疾病康复的重要内容。治疗方法主要包括小组讨论,发展支持小组或应激管理小组,传授放松和相关问题（如与配偶、朋友、工作伙伴的相处）的处理技巧,行为干预和必要的认知-行为治疗等,以支持和鼓励患者,积极投入和参与现实生活,尽量减少对配偶或照顾者的依赖,达到或保持社会化。

6. 提供药物吸入疗法训练　吸入疗法就是利用呼吸道的特点,通过各种吸入装置,使药物以气溶胶或干粉形式进入呼吸道,与呼吸道黏膜结合,发挥药物的局部治疗作用。吸入疗法的装置主要有手控型压力定量吸入器和干粉吸入器两种,具备使用方便、起效快、体积小、易携带等特点。药物吸入疗法对慢性阻塞性肺疾病患者急性期与稳定期的治疗都十分重要。

7. 提供或推荐辅助用具,并训练其使用　并不是所有的患者都需要使用自助具,但随着病情进展,一些自助具将有助于减少患者发生呼吸困难的机会与程度,或帮助其完成日常所需活动。如弯腰系鞋带、穿裤子时,也许会引起患者明显的呼吸困难,弹力鞋带、长柄鞋拔或长柄夹对其是有帮助的。

8. 改善家居环境　具体做法有：调整家具的摆放位置,保持通道宽敞与畅通;重新安排物品存储位置,将常用物品放在触手可及的地方;合适的操作台高度（比肘部低6cm左右）;配备能使后背和上下肢得到充分放松的椅子;避免不必要的弯腰、举臂和用力够物动作等。目的在于减少患者的体能消耗,减少呼吸困难发生的机会或程度,增加家居生活的安全性。

9. 长期家居氧疗　长期家居氧疗是指患者脱离医院环境后,在社区或家中施行的长期用氧治疗。长期家居氧疗的适应指征主要包括慢性呼吸衰竭的稳定期、睡眠性低氧血症以及运动性低氧血症。每天吸氧18~24小时,持续时间达到6个月以上。治疗师可以根据患者的病情需要、经济能力、活动范围（是否需要离家）及家居具体环境等因素,做出推荐,并协助患者进行选择。

10. 患者和家属的教育　通过教育,以提高患者对慢性阻塞性肺疾病的认识和自身处理疾病的能力,更好地配合治疗;主动加强预防措施,维持病情稳定,减少病情反复加重的机会,提高生活质量。可以通过开设慢性阻塞性肺疾病患者学习班、俱乐部、联谊会;组织患者集体观看相关内容的电视节目、录像或听录音带;编写和派发与慢性阻塞性肺疾病有关的宣传册或科普文章;组织慢性阻塞性肺疾病患者防治疾病讨论会,分享各自对疾病防治的经验和体会等多途径、多种方式的教育活动,要求和鼓励患者积极地参加。教育内容包括：

①COPD 的病理生理和临床基础知识;②常用药物的作用、用法和不良反应;③吸入用药技术;④一些切实可行的锻炼方法,如腹式呼吸、深呼吸及缩唇呼吸锻炼;⑤一些最基本的判断病情轻重的方法,如 6 分钟步行、登楼梯或呼吸流量峰值(PEF)的测定;⑥赴医院就诊的时机;⑦如何减轻呼吸困难症状;⑧如何识别导致额外呼吸问题的可能伤害;⑨对于符合指征且具备条件者,帮助他们开展长期家庭氧疗,并教授相关设备的使用与保养方法;⑩如何减少与控制危险因素,如戒烟,湿冷季节或空气污染时段避免外出等。

第三节 肿 瘤

一、概述

肿瘤是一组以不受控制的异常细胞生长和扩散为特征的疾病,可发生于全身任何部位、任何脏器。肿瘤发生的诱因可以分为内部因素和外部因素两方面。常见的引起肿瘤的外部因素包括化学物质、辐射和病毒等,内部因素包括激素水平的改变、免疫性疾病和遗传性突变等。自 20 世纪中期以来,肿瘤的发病和死亡例数一直在增加,由于这一原因导致的死亡,在经济欠发达和发达国家地区的排名都在前三位。世界卫生组织国际癌症研究机构(IARC)报道,2012 年全世界肿瘤发病人数达到 1 410 万左右,而死亡人数高达 820 万,相当于平均每 6 秒钟就有一个人死于恶性肿瘤。依照目前的肿瘤发病趋势,估计到 2025 年全球将有 1 900 万新发病例,到 2050 年该病的死亡人数将达到 1 750 万人。

随着我国医疗技术水平的飞速发展,恶性肿瘤患者的存活期得到显著延长。一半以上新近确诊的恶性肿瘤患者平均存活时间大于 5 年。许多患者除了恶性肿瘤治疗所遗留的多种后遗症和功能障碍外,也并无其他疾病。部分处于肿瘤活动期的患者,通过手术、激素、化疗、放疗和免疫疗法的治疗,最终亦可控制症状。对这部分人群而言,肿瘤相当于是一种慢性疾病。对这种"慢性疾病"的治疗,或多或少都会使身体多种器官和功能受到影响。因此,开展肿瘤康复的作业治疗师,应积极协调治疗团队,随时关注患者病情进展,合理地采取各种应对措施,避免患者出现更严重的器官受损和功能障碍。

(一)肿瘤与作业治疗

从作业治疗的角度来看,存在肿瘤相关问题的人群,都是作业治疗的服务对象。其中包括已经治愈或是正在治疗的人群,还包括无治愈希望的患者。基于患者现有的功能状态,开展肿瘤的作业治疗,其目的是协助患者在最大限度内获得最佳的躯体结构与功能水平、活动能力和社会参与能力。作为肿瘤作业治疗的执行者,作业治疗师扮演着极其重要的角色。围绕肿瘤康复干预的总体目标,作业治疗师可以从肿瘤各个阶段的特点开展相应的作业治疗服务。对于存在心理问题的患者,作业治疗师可以通过一些改善心理状态的作业活动,给予一定的支持和指导。对于存在 ADL 障碍的患者,可以考虑使用代偿性技术或辅助器具,提高患者作业表现能力。此外,环境调适也是作业治疗师在进行评估和治疗时要考虑的问题。总之,在作业治疗的过程中,如果患者出现了突发状况,作业治疗师应随时协同团队其他人员,帮助患者解决问题。

(二)肿瘤的作业治疗层次

处于不同阶段的肿瘤患者,其作业治疗的目的不同。可以结合患者的状态和疾病程度,从四个层次开展。

1. 预防层次 通过早期的作业指导与宣教,预防后期的功能障碍。包括早期疾病知识的宣教,早期改善功能障碍的指导,还有早期的心理调整、心理干预和心理疏导。

2. 干预层次　恢复性干预针对的是急性期治疗结束,处于稳定状态的肿瘤患者。其目的是使患者恢复至患病前的身体结构与功能水平,活动能力、参与能力与职业能力。

3. 支持层次　主要是针对处于肿瘤康复稳定期的患者。目的是帮助患者适应恢复期后的功能障碍,减少与功能障碍相关的继发影响。包括指导患者使用矫形器与自助具,协助患者进行自我管理、获得自理能力与社会参与能力。

4. 姑息层次　主要针对的是病情严重的肿瘤患者。在姑息治疗阶段,作业治疗的目标应围绕减轻或消除并发症、提供抚慰与支持开展。姑息性作业治疗的目标包括:控制疼痛,预防挛缩与压疮,避免不必要的加重病情的活动,以及患者与家庭的心理支持等。

二、临床表现与功能障碍

(一)临床表现

1. 疼痛与运动功能障碍　肿瘤造成的组织损伤,或治疗带来的并发症,都会造成患者的疼痛与运动功能障碍。疼痛会影响患者的自我照顾、工作或参与其他活动的能力,也会对患者或其照顾者造成困扰。

2. 认知障碍　肿瘤后的认知障碍通常表现为注意力不集中、记忆力下降、言语障碍、知觉障碍、基本生活技能丧失和信息的组织与处理困难。认知障碍导致患者在从事以前容易进行的活动时变得困难,这都使得患者无法回归自己以往的工作,部分导致家庭、工作、社会生活角色的独立性不同程度丧失。

3. 癌因性疲乏　癌因性疲乏是恶性肿瘤患者最常见的并发症之一。其原因与生理因素和心理因素有关。癌因性疲乏往往与近期活动不成比例,并且干扰正常功能,甚至会持续到治疗后期。几乎所有的患者,在肿瘤治疗的某个时间点,都会出现疲乏,这些疲乏直接导致了患者生活质量下降,影响患者的康复进程。

4. 心肺功能降低　对于直接影响心肺系统的癌症(如原发性或转移性肺癌),患者的心肺功能不可避免地会降低。一些不直接影响心肺系统的癌症,会间接地通过运动耐力的降低,来影响患者的心肺功能。心肺功能的下降,最终导致患者无法完成一些简单的作业活动。

5. 日常生活活动能力下降　ADL 是人们为了满足日常生活需要以及精神需要所必须完成的一系列活动。在确诊为恶性肿瘤的患者中,有接近一半的患者存在 ADL 障碍,这些障碍会导致患者生活不能自理,生活质量下降,成为家庭的负担。

6. 淋巴水肿　肿瘤患者常因临床治疗造成淋巴结缺失或淋巴管缺损,导致淋巴液回流障碍,最终出现淋巴水肿。淋巴水肿多发生于四肢,但也可发生在面部、颊部、颈部及外生殖器等部位。水肿后的肢体肿胀,组织出现纤维化,作业表现能力受限。

7. 其他常见问题　包括疾病后的跌倒和心理问题。

(1)跌倒:恶性肿瘤患者会因疾病消耗、体质虚弱、癌因性疲乏、合并骨转移/脑转移、药物不良反应和安全保护教育不到位等因素导致平衡能力下降,跌倒风险增加。

(2)心理问题:恶性肿瘤患者大多有不同程度的焦虑、抑郁,甚至有些患者会出现严重的精神问题。患者在担心自己健康的同时,也会担心对家人的影响,长此以往,大大增加了患者的生活压力。

(二)功能障碍

不同部位、类型和程度的肿瘤,所对应的功能障碍不同。根据世界卫生组织(WHO)新版 ICF 的指导,结合作业治疗的特点,将常见肿瘤的功能障碍归纳如下(表 21-6)。

表 21-6　常见肿瘤的功能障碍

类型与部位	躯体结构与功能障碍	活动与参与障碍
骨骼肌肉系统肿瘤	骨骼肌肉疼痛； 组织损伤； 运动功能丧失或受损	ADL 能力受限； 社会参与能力降低； 影响工作就业
神经系统肿瘤	神经损伤； 感知觉与运动障碍； 认知障碍； 疼痛	ADL/自我照料障碍； 社会参与障碍； 社会适应性降低； 丧失职业角色
呼吸系统肿瘤	肺部损伤； 口腔器官损伤； 构音器官损伤	ADL 受限； 参与障碍

（三）功能障碍的特点

1. 直接效应　由肿瘤的占位效应导致。例如颅内肿瘤会直接压迫脑组织，导致肿瘤灶周围脑组织水肿，出现脑出血，进一步加重对脑组织的压迫，最终引起患者偏瘫，出现偏身运动功能和感觉功能障碍、失语和吞咽障碍等。脊柱椎管内肿瘤可导致脊髓损伤，引起相应脊髓节段功能损伤，如截瘫、四肢瘫等。

2. 远隔效应　部分肿瘤除了会直接破坏病灶周围组织外，还会影响患者身体其他部位的障碍。例如某些肿瘤患者（如小细胞肺癌、妇科肿瘤）常见的小脑退行性病变，除了导致共济失调性步态，还会导致肢体及躯干运动的协调障碍，甚至导致部分患者需要通过轮椅进行代步。此外，肺部肿瘤患者常见的混合性运动感觉轴突退变，乳腺肿瘤、卵巢肿瘤、肺部肿瘤、胃部肿瘤和前列腺肿瘤患者常见的多发性肌炎和皮肌炎，恶性淋巴瘤患者的运动性神经病变、下肢无痛性肌无力等，都属于肿瘤的远隔效应。

3. 副作用效应　各种肿瘤在经历常规治疗后，无法避免地会出现或多或少的副作用。副作用的出现，除了会影响患者的功能状态，也会导致其他诸多不良影响。包括化疗所致的黏膜炎、神经毒性作用、心肺毒性作用等；包括放疗所致的神经损害、关节挛缩等；还包括手术治疗所致的器官组织切除等。

三、检查与评估

与正常人相比，肿瘤患者在生理和心理方面都承受着巨大压力，严重影响患者的生活质量。因此，应关注患者的生活现状，与患者建立良好的沟通，熟悉患者的病情、相关不良事件及个性特征，了解疾病对患者造成的潜在影响，通过解决患者的功能需求进行活动分析，将医疗问题转化为日常功能，改善患者生存质量。常用的作业评估方法如下：

（一）躯体与器官功能障碍的评估

肿瘤及其治疗不仅影响患者的躯体功能，也对患者的日常生活、社会参与等有重要影响。因此，进行躯体与器官功能障碍的评估对于作业治疗师了解患者病情及其存在的功能障碍有重要意义，同时也为制订针对性的作业治疗计划提供参考。临床常用卡诺夫斯凯计分（Kanofsky performance score，KPS）进行评估（表 21-7）。

（二）癌因性疲乏评估

疲劳是癌症的常见症状，常在疾病初期、治疗期及治疗后持续数月至数年，对患者功能和生活质量造成了负面影响。可应用简易疲乏量表（brief fatigue inventory，BFI）评估患者的疲劳程度及其对患者日常生活的影响。

表 21-7　卡诺夫斯凯计分

	表现	计分
能进行正常活动，不需要特殊照顾	正常，无症状，无疾病的表现	100
	能进行正常活动，症状与体征很轻	90
	经努力能正常活动，有些许症状和体征	80
不能工作，生活需不同程度的协助	能自我照料，但不能维持正常生活或工作	70
	偶需他人协助，但生活能大部分自理	60
	需要他人较多的帮助，常需医疗护理	50
不能自理生活，需特殊照顾，病情发展加重	致残，需特殊照顾与协助	40
	严重致残，应住院，无死亡危险	30
	病重，需住院，必须进行积极的支持性治疗	20
	濒临死亡	10
	死亡	0

（三）生活质量评估

生活质量是从多个维度进行的主观评估，包括生理功能、疾病和治疗相关症状、心理功能和社会功能。专用量表可采用癌症治疗功能评价量表（functional assessment of cancer therapy，FACT），该量表针对不同情况有多个版本。此外，癌症患者生活质量问卷（quality of life-cancer survivor questionnaire，QOL-CS）、SF-36、WHO-QOL-100 等也可用于生活质量的评估。

（四）日常生活活动能力评定

可选用改良 Barthel 指数、FIM 等进行评估。

（五）疼痛与运动功能障碍评估

可评估患者的静息疼痛和运动疼痛，应用世界卫生组织（WHO）疼痛分类法（表 21-8）、视觉模拟评分法（VAS）、数字分级评分法（numerical rating scale，NRS）、McGill 疼痛问卷等进行评估。运动障碍评估包括关节活动度、肌力、耐力评定等，详见相关章节。

表 21-8　世界卫生组织（WHO）疼痛分类法

积分	程度	积分	程度
0 度	无痛	Ⅲ度（重度）	持续剧痛，必须用药才能缓解
Ⅰ度（轻度）	间歇痛，可不用药	Ⅳ度（严重）	持续剧痛，并伴血压、脉搏等变化
Ⅱ度（中度）	持续痛，影响休息，需用止痛药		

（六）水肿评估

目前常用上肢臂围和体积评估患者水肿程度，生物电阻抗在水肿诊断与评估方面具有重要价值。淋巴显像（lymph imaging）技术被认为是诊断淋巴水肿的"金标准"。

（七）认知功能评定

脑部手术患者可能出现记忆、注意力等问题。部分其他癌症患者可能在放化疗后出现注意力、学习、执行功能和信息处理速度方面的轻度认知障碍，评定方法参考相关章节。

（八）其他

如焦虑、抑郁等心理问题评估。

四、方案与实施

（一）治疗目标

由于肿瘤及其治疗方案都可能会对患者造成较大影响。因此，对该类患者的治疗目标主要在于缓解疾病所致的症状、功能障碍,最大程度改善疾病治疗所导致的不良事件,提高患者生活质量。由于不同肿瘤所致的功能障碍不一,因此,其治疗目的也存在差异,常见的治疗目标概括归纳如下:

1. 改善患者运动功能障碍,降低其活动受限程度。

2. 减轻癌因性疲乏。

3. 缓解患者疼痛严重程度。

4. 改善患者认知损伤。

5. 减轻淋巴水肿患者水肿严重程度。

6. 增强患者耐力,最大程度减少跌倒,提高日常生活活动能力。

7. 改善患者情绪,缓解焦虑、抑郁、失眠等状态,维护内环境,增强免疫功能。

（二）治疗方法

1. 改善运动功能　对于手术患者,作业治疗师可以设计开展针对性活动,通过有氧运动和肌力训练,改善患者的 ROM、肌力、耐力、协调能力等。已有研究表明,运动对于改善肿瘤患者功能方面具有积极意义。

2. 减轻癌因性疲乏　采用能量节约技术、放松疗法、压力管理、社会心理干预等可有效缓解疲乏。目前,已有循证证据支持运动可以有效缓解癌因性疲乏。此外,营养咨询、睡眠疗法等也对癌因性疲乏具有积极作用。最新研究发现,在癌症治疗期间,认知行为疗法结合体育活动可用于癌因性疲乏的改善。

3. 疼痛管理　疼痛是癌症幸存者经历的常见症状,可归因于肿瘤受累、转移或治疗所致,严重的疼痛会影响患者的功能活动和生活质量。疼痛评估有利于治疗方案的制订,疼痛的作业治疗可从多方面开展:

（1）患者层面:研究表明,疼痛教育对改善癌症疼痛具有积极效果。对患者和家庭成员开展健康教育,让他们了解疼痛,从而有效地应对疼痛。建立跨学科的团队管理模式,制订综合、全面、有效的疼痛管理计划,促进患者和家属积极参与。为患者和家属提供疼痛管理的方法和技术,形成书面资料/电子资料,向其介绍疼痛应对策略和各种干预下疼痛可缓解的程度或范围;简单的疼痛教育、形成疼痛管理日记也有利于缓解患者疼痛并增加依从性。同时,教会患者保持适合的身体姿势和体位,学会能量节省技术,建立规律的生活习惯和生活节奏,采用压力管理/放松训练技术等也有助于缓解疼痛,改善作业活动能力。此外,任务导向训练、认知行为疗法、想象治疗、镜像治疗、疼痛咨询、虚拟现实技术、远程康复、音乐治疗等都有利于患者缓解疼痛,提高生活质量。

（2）环境层面:在家庭、工作和生活中应用人体工程学知识进行环境调整,选择适合的辅具、矫形器、辅助设备和代偿策略,适度的环境调试策略等。

（3）作业层面:对作业进行分级与活动调整,结合患者个体情况选择治疗性作业活动并对其进行适度调试,都有利于缓解疼痛。在癌症治疗和生存期间的疼痛管理较为复杂,需要根据患者的病因、共患病、预后、偏好、作业表现和作业治疗目标等进行个性化多模式的干预。

4. 改善认知　对于存在认知障碍的患者,重点教患者改变方法或环境,以减少认知负荷并实施补偿性认知策略。其他认知训练方法参考相关章节。

5. 水肿管理　癌症及其治疗有可能损害淋巴引流,导致四肢、头颈部或躯干淋巴液积累,引起肿胀、疼痛、沉重感和功能受损。其中以乳腺癌术后较为常见。与腋窝淋巴结清扫相比,前哨淋巴结活检可降低淋巴水肿的风险。以乳腺癌术后淋巴水肿为例,可采用以下治疗方法:

（1）完全消肿治疗:是目前公认的缓解淋巴水肿的方法,该疗法包括良好的皮肤护理、手法淋巴引流、加压包扎、运动及自我护理。

（2）健康宣教:如开展淋巴水肿研讨会/工作坊。治疗师对患者进行淋巴水肿的教育,包括淋巴水肿的生理病理知识,水肿症状识别,皮肤护理措施,避免可能加剧肿胀风险的活动,鼓励淋巴水肿患者长期、持续在患侧使用压力衣,适当的活动调节,减少不必要的能量消耗,掌握自我按摩的手法以对肿胀的处理方式,ADL 活动指导等。

（3）活动导向的本体感觉抗水肿治疗(TAPA):TAPA 近年来得到越来越多的关注。该疗法以任务/活动为导向,结合神经动力学、本体感觉神经肌肉促进技术和压力治疗等方法,促进水肿的改善。

（4）远程康复:随着信息技术的发展,远程康复已经应用于多种疾病/功能障碍的治疗当中。近年来,多项研究报道显示远程康复可有效改善患者水肿,提高患者上肢功能,该方法可通过多种电子健康移动应用程序、网页等方式实现。

（5）其他:水肿咨询、心理干预也有利于改善淋巴水肿患者的肿胀程度。

6. 日常生活活动能力管理　远程康复,任务导向训练,指导患者利用健侧手进行代偿活动,或利用辅具开展日常生活活动。必要时,应对患者家属/照顾者进行健康宣教,教会其正确的辅助方法,提高患者生活质量。有研究者探索了集患者康复需求和运动能力评估、分类决策、教育、干预、沟通协调等为一体的肿瘤综合护理模式,将初级医疗机构与医院、家庭或社区康复服务联系起来,可有效改善患者的日常生活活动能力,提高生活质量和社会参与。

7. 其他　对患者进行居家环境改造,帮助患者更好地从事日常生活活动并预防跌倒。针对患者的心理问题,增加对个人面对面家访的支持,进行情绪疏导、放松训练、认知疗法、行为训练疗法、小组集体治疗等,以改善其心理状态。作业治疗师协助患者开展职业康复,促进其重返工作岗位等。

第四节　烧　伤

一、概述

烧伤是指热力(火焰、热水、热蒸汽、热油、热水泥等)、电流以及化学物质和放射性物质作用于人体皮肤、黏膜、肌肉等造成的损伤。烧伤主要是皮肤损害,严重者可伤及皮下组织、肌肉、骨骼、关节、神经、血管甚至内脏,可发生一系列的局部和全身性反应或损伤。热力烧伤中又以热液烫伤为主。

由于伤后瘢痕增生、挛缩等影响,大部分烧伤者会遗留各种功能障碍,需进行康复治疗。据统计,至少有1/3 的烧伤患者由于瘢痕增生而发生不同程度的功能障碍和毁形,如肌腱挛缩、关节脱位、运动功能障碍和心理障碍等。及时开展康复治疗有利于这些症状的控制、缓解或消除,最大限度地减轻这些症状的影响,同时促进肢体功能恢复,提高生活自理能力和职业能力,促进烧伤患者重新参与社会生活。

作业治疗在烧伤的康复治疗中发挥十分重要的作用,主要通过压力治疗控制烧伤后瘢痕增生,减少瘢痕所导致的关节挛缩与变形;应用矫形器预防瘢痕挛缩、保持关节功能、预防畸形;通过 ADL 训练促进烧伤患者生活独立;通过职业训练促进再就业,使患者平等地参与社会生活;通过功能性活动改善肢体功能,提高手的灵活性、肢体协调性,改善心理状态,促进患者重返社会等。

二、临床表现及功能障碍

1. 运动功能障碍　是烧伤后最常见、对患者影响最大的障碍,根据烧伤部位和程度不同,可表现为关节活动障碍、肌力减退、平衡协调障碍、步行障碍、手功能障碍等。造成以上障碍的可能原因有肿胀、疼痛、瘢痕增生、挛缩、畸形、长期制动等。

2. 生活自理能力障碍　常表现为步行能力障碍,进食、穿衣、如厕、洗澡、个人卫生等活动障碍。主要原因为瘢痕增生、关节挛缩、肢体畸形等。

3. 感觉障碍　表现为感觉减退、疼痛、瘙痒等。感觉障碍程度与烧伤深度和瘢痕增生程度有关,主要原因为神经末梢破坏、瘢痕增生等。

4. 工作能力障碍　表现为工作能力下降,甚至完全不能参加工作。主要原因为运动功能障碍、容貌受损、心理障碍等。

5. 心理障碍　表现为烦躁、焦虑、抑郁、性格改变等,心理障碍与烧伤程度、功能障碍程度、家庭支持等因素有关。

6. 社会参与障碍　表现为不合群、不愿意参加社会活动,甚至不愿外出等,与运动障碍、容貌损害、生活自理能力障碍、工作能力障碍、家人及社会支持等因素有关。

三、检查与评估

（一）临床评定

烧伤后临床评定主要指烧伤面积、深度、严重程度等方面的评定。由于烧伤深度与是否需要进行压力治疗有关,本节仅对烧伤深度评定进行介绍,其他内容详见《外科学》。

1. 烧伤深度的评定　常采用三度四分法。

Ⅰ度烧伤:伤及表皮,局部出现红斑,轻度肿胀,表面干燥,有疼痛和烧灼感,皮肤温度稍高。因生发层健在,再生活跃,2~3天后症状消失,3~5天脱屑痊愈,不留瘢痕,不需压力治疗。

浅Ⅱ度烧伤:伤及整个表皮直到生发层,出现较大水疱,渗出较多,去表皮后创面红肿、湿润,剧痛,感觉过敏,皮肤温度增高。由于生发层部分损伤,上皮的再生有赖于残存生发层及皮肤附件。若无感染或受压,1~2周愈合,无瘢痕,有色素沉着,不需压力治疗。

深Ⅱ度烧伤:伤及真皮深层,水疱较小,去表皮后创面微湿,浅红或红白相间,可见网状栓塞血管,感觉迟钝。因可残留部分真皮,可再生上皮,创面可自行愈合。如无感染或受压,3~4周愈合,形成一定肉芽组织,留瘢痕,需常规进行压力治疗。如残留上皮感染、破坏,可呈Ⅲ度烧伤表现。

Ⅲ度烧伤:伤及皮肤全层,甚至皮下组织、肌肉、骨骼。创面无水疱,蜡白或焦黄,干燥,皮肤如皮革样坚硬,可见树枝状栓塞血管,感觉消失。因全层皮肤以下损伤,创面修复需依赖植皮和周围正常皮肤长入。3~5周焦痂自行分离,出现肉芽组织,愈合后往往留有瘢痕或因瘢痕增生挛缩而致畸形,需预防性加压治疗。

2. 烧伤面积的评定　烧伤面积通常指Ⅱ度以上烧伤部位的面积总和,常用的评定方法有手掌法和中国九分法(具体评定方法见《外科学》)。

3. 烧伤严重程度的评定(具体评定方法见《外科学》)。

（二）功能评定

功能评定包括肌力评定、关节活动度评定、手功能评定、ADL评定、职业能力评定、生活质量评定等。

（三）瘢痕评定

1. **主观评定**　常用温哥华瘢痕量表（Vancouver scar scale，VSS）对瘢痕整体情况进行评定，应用目测类比法对疼痛和瘙痒情况进行评定。VSS是临床上最为常用的瘢痕评定量表，主要评估瘢痕与正常皮肤的分别，内容包括色泽、血液循环、柔软程度及瘢痕厚度4项（表21-9）。

2. **客观测量**　包括应用颜色辨别系统分析瘢痕的颜色，应用软组织触诊超声系统测定瘢痕的厚度，应用硬度检测系统检测瘢痕的硬度，采用激光多普勒血流测定仪测定瘢痕的血流情况等。

表21-9　温哥华瘢痕量表

检定项目	方法	分数
色泽	1. 利用硬胶片按压在瘢痕上 2. 观察瘢痕的色泽 3. 利用正常皮肤的色泽与瘢痕色泽进行比较	0分：正常颜色 1分：浅白色或浅粉红色 2分：深浅混集 3分：深色
血液循环	1. 放开胶片 2. 观察瘢痕的血液循环程度	0分：正常 1分：粉红色 2分：红色 3分：紫色
柔软程度	1. 手指轻按瘢痕 2. 感觉瘢痕的柔软度	0分：正常 1分：柔软 2分：有少许拉紧 3分：有点硬 4分：令关节弯曲，很难把关节伸直 5分：已造成永久性软组织挛缩，例如关节畸形
瘢痕厚度	利用软尺或直尺测量瘢痕突出皮肤的厚度	0分：正常（平坦的） 1分：≤1mm 2分：>1mm，≤2mm 3分：>2mm，≤4mm 4分：>4mm

四、方案与实施

（一）烧伤作业治疗原则

烧伤作业治疗原则与整个康复治疗原则一致，即早期介入，全程服务；预防为主，重点突出；团队合作，全面康复。

"早期介入"指烧伤后尽早开展作业治疗服务，受伤之时起就需要作业治疗介入，而不是等到创面愈合，甚至瘢痕增生、关节挛缩后才开始。如烧伤早期的体位摆放、矫形器应用等在烧伤后早期就应及时跟进。"全程服务"指在烧伤治疗的全过程均进行作业治疗服务，而不是烧伤后期才进行，作业治疗服务包括早期的体位摆放、矫形器应用；中期的功能性活动、ADL训练、压力治疗；后期的职业康复、出院前准备、环境改造等；出院后的家庭康复指导、跟踪随访等。

"预防为主"指烧伤作业治疗应以预防瘢痕增生和关节挛缩为主，预防功能障碍的出现，而不是等功能障碍出现了才进行治疗，因为一旦出现了瘢痕增生和关节挛缩、脱位，其治疗十分困难，疗效也远不及早期预防。"重点突出"指烧伤后作业治疗的重点应放在控制瘢痕增生和关节挛缩、提高 ADL 能力和工作能力、促进患者重返社会生活等方面。

"团队合作"是指作业治疗师应与烧伤科医生、康复医生、其他康复治疗师、护士等专业人员紧密合作,全面考虑,共同完成;"全面康复"指烧伤作业治疗不仅针对肢体功能上的康复,更要针对心理、职业和社会功能,提供全面的治疗服务。

(二)烧伤作业治疗方法

烧伤后常用的作业治疗方法包括健康教育、体位处理、矫形器应用、压力治疗、日常生活能力训练、手功能训练、功能性作业活动训练、职业训练、社会适应训练、环境改造、辅助器具选择与使用训练等。

1. 健康教育　烧伤早期就应针对患者进行烧伤康复知识教育,让患者了解伤后创面愈合过程,清楚瘢痕生长过程,对可能出现的瘢痕增生、瘙痒等症状有基本认识,清楚治疗方法及注意事项,更重要的是让患者建立信心、积极参与康复治疗过程。

2. 体位处理　为预防瘢痕挛缩,伤后早期开始应将烧伤肢体置于对抗可能出现瘢痕挛缩的位置,如颈部烧伤应去枕仰卧位或将枕头置于颈后部而不是头部,颈后部烧伤则将枕头置于枕后部,肘部屈侧烧伤应将肘关节置于伸直位,伸侧烧伤应将肘关节置于屈曲位,屈伸侧均烧伤则应将肘关节置于功能位。全身大面积烧伤者体位摆放方法如下(图 21-1)。

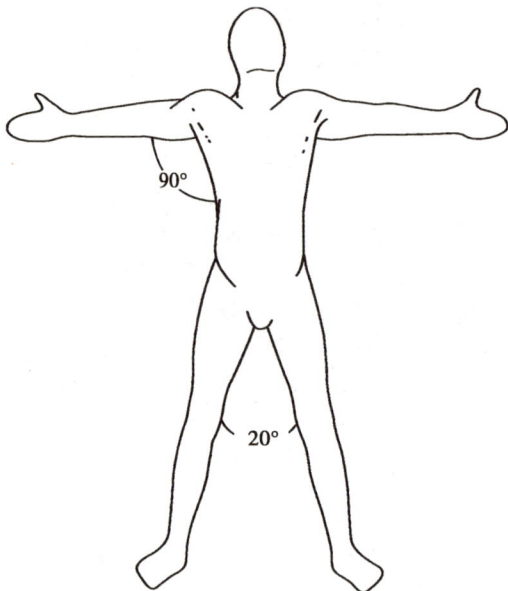

图 21-1　大面积烧伤患者早期体位摆放示意图

颈部:伸直或过伸,去枕;肩关节:外展 90°并外旋;肘关节:伸直;前臂:旋后;腕手部:保护位,即腕关节背伸 30°,掌指关节屈曲 70°,指间关节伸展,拇指外展对掌位;躯干:伸直位;髋关节:外展 10°,避免外旋;膝关节:伸直位;踝关节:背伸 90°。

3. 矫形器应用　矫形器在烧伤的不同阶段均能起到较好的治疗作用,早期用于保护关节及肌腱,预防畸形,促进创面愈合,协助体位摆放;中后期用于预防及矫正畸形,扩大关节活动范围。

烧伤后常用的矫形器包括颈托、肩外展矫形器、肘关节伸展矫形器、手保护位矫形器、拇指外展矫形器、分指矫形器、髋关节外展矫形器、膝关节伸展矫形器、踝足矫形器等。

4. 压力治疗　压力治疗是经循证医学证实的抑制烧伤后增生性瘢痕最有效的方法之一,是烧伤治疗的常规方法。主要用于抑制增生性瘢痕,缓解疼痛及瘙痒症状,预防及治疗肢体肿胀等。

5. 日常生活能力训练　根据烧伤者 ADL 和需求评定结果,进行针对性的 ADL 训练,包括床上活动、穿衣、进食、转移、如厕、个人卫生、家务活动等内容,并为有需要者制作生活自助具,如肩肘关节挛缩者可制作加长手柄的勺子,协助完成进食活动,手抓握功能差者可制作加粗手柄工具、C 形夹、万能袖带等自助具,帮助患者完成日常生活活动。

6. 手功能训练　手部是最易发生烧伤的部位,并且手部烧伤后功能影响也最为明显,因此烧伤后手功能训练十分重要。治疗方法包括压力治疗、矫形器应用、功能性活动(手工艺、园艺、游戏等活动)、手法治疗等内容。

7. 功能性作业活动训练 包括生产性活动、手工艺活动、艺术活动、园艺活动、体育活动、治疗性游戏等,这些活动可提高肢体运动、感觉功能,改善疼痛、瘙痒等症状,改善心理状态,促进参与或重新回归社会生活。

8. 职业训练 针对职业评定结果及未来工作计划或安排,针对性地进行体能强化训练、工作强化训练、工作模拟训练、职业培训、职业指导等内容,使患者早日重返工作岗位。

9. 社会适应训练 烧伤后因肢体功能障碍、心理障碍,加上容貌的毁损,患者往往惧怕参与社会生活,需要进行伤残适应、社会适应训练,早期可采取小组式活动和集体社会适应性训练内容,适应后进行个别性的训练。

10. 其他治疗 如辅助器具选择与使用训练、感觉脱敏训练、出院前准备、家居环境改造指导、家庭/社区康复指导等。

(三)作业治疗实施

烧伤后作业治疗应尽早开始,如条件允许,伤后在不影响抢救的情况下第一时间可以介入作业治疗。烧伤后生命体征平稳,无生命危险后即可介入,只是不同时期介入的方法不同。烧烫伤后应立刻进行冷疗,早期抬高肿胀的肢体,伤后24~72小时内即可使用矫形器将患肢(特别是手部)固定于正确的位置,早期未受伤肢体或关节进行主动活动等。不同时期作业治疗方法如下所述:

1. 早期作业治疗 受伤开始至创面愈合时期。

(1)治疗目标:预防挛缩、畸形;保持关节活动范围;促进创面愈合;减轻肿胀、疼痛。

(2)治疗方法

1)健康教育:同前述。

2)体位摆放:同前述。

3)矫形器应用:早期主要是协助体位摆放、固定和保护矫形器的应用,如肩关节外展矫形器(图21-2A)、手保护位矫形器(图21-2B)等。

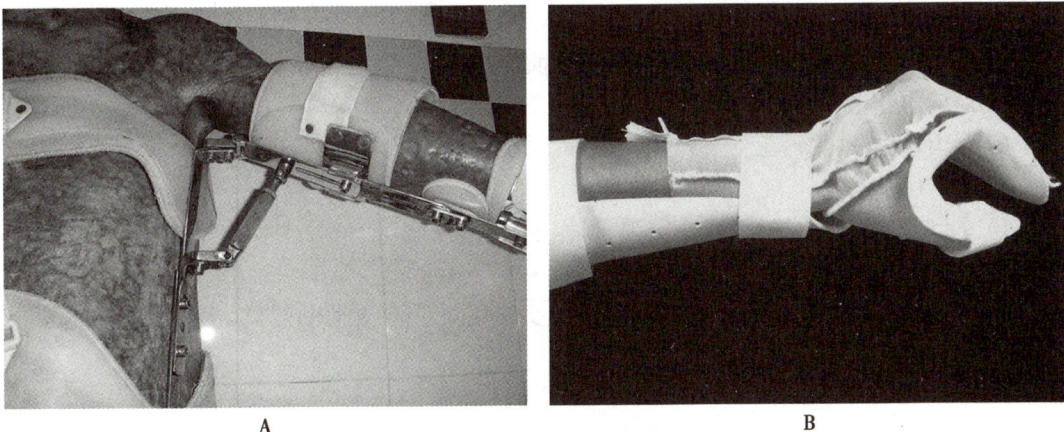

图21-2 烧伤早期矫形器
A. 肩关节外展矫形器;B. 手保护位矫形器

4)活动:视受累关节及皮肤和创面情况进行主动或被动活动,轻柔活动受累关节,保持关节活动度,预防挛缩及僵硬。

2. 中期作业治疗 创面愈合至瘢痕成熟时期(伤后1~2个月至1~2年)。

(1)康复目标:控制瘢痕增生;预防挛缩、畸形;保持和增加关节活动范围;增强肌力和耐力;提高生活自理能力;提高工作能力。

（2）治疗方法

1）压力治疗：对于Ⅲ度烧伤或超过3周愈合的创面，在创面愈合后就应开始压力治疗，早期可先从每日8小时开始，过渡到全天加压。具体方法见本节前述内容。

2）矫形器应用：此期继续使用保护矫形器，出现关节挛缩者需要使用渐进性矫形器（图21-3A）或动态牵伸矫形器（图21-3B）。

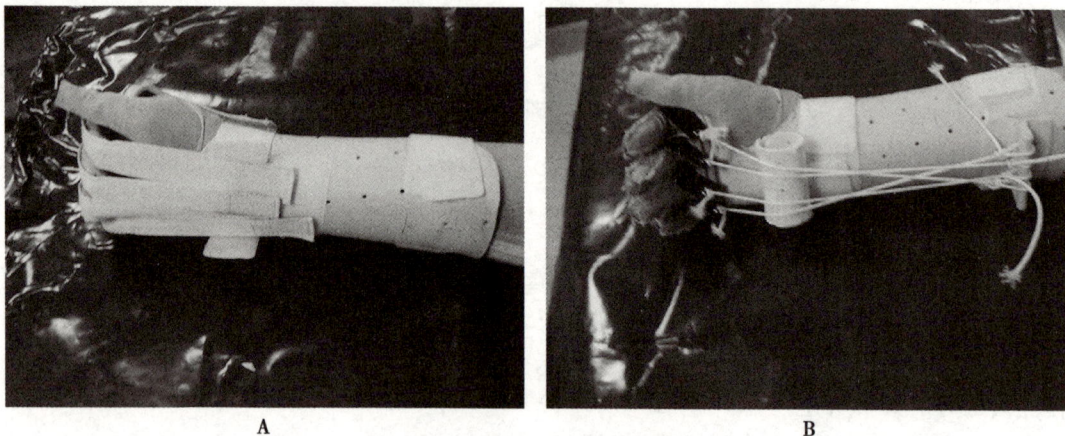

图21-3 烧伤中期常用矫形器
A. 渐进性矫形器；B. 动态牵伸矫形器

3）功能性作业活动。

4）ADL训练。

5）辅助器具配备及使用训练。

6）社会适应性训练。

7）职业训练：早期体能强化为主，瘢痕稳定后进行工作强化训练、工作模拟、职业培训等。

8）家庭康复指导及环境改造：包括出院前准备、家庭康复指导、环境改造等。

3. 后期作业治疗 瘢痕成熟后（伤后1~2年以上）。

（1）康复目标：重返工作岗位及重新参与社会生活。

（2）治疗方法

1）职业训练：职业强化、职业培训、工作安置等。

2）社会适应训练：真实社会环境下的训练。

3）继续前期治疗：如部分患者仍可能需要使用矫形器或辅助器具，部分患者还需要使用压力治疗。

（项栋良 赵美丹）

复习思考题

1. 如何对冠心病患者进行康复教育？

2. 慢性阻塞性肺疾病患者出现呼吸困难时如何处理？

3. 如何对肿瘤患者进行疼痛管理？

4. 烧伤作业治疗的原则是什么？

◇◇◇ 主要参考书目 ◇◇◇

[1] 胡军.作业治疗学[M].2版.北京:人民卫生出版社,2019.

[2] 窦祖林.作业治疗学[M].3版.北京:人民卫生出版社,2018.

[3] 励建安,黄晓林.康复医学[M].北京:人民卫生出版社,2016.

[4] 李奎成,闫彦宁.作业治疗[M]北京:电子工业出版社,2019.

[5] 肖晓鸿,李古强.康复辅助器具技术[M].2版.北京:人民卫生出版社,2019.

[6] 赵辉三.假肢与矫形器学[M].2版.北京:华夏出版社,2013.

[7] 岳寿伟.肌肉骨骼康复学[M].3版.北京:人民卫生出版社,2018.

[8] 吴宗耀.烧伤康复学[M].北京:人民卫生出版社,2014.

[9] 刘晓丹,姜志梅.康复治疗师临床工作指南:儿童发育障碍作业治疗技术[M].北京:人民卫生出版社,2019.

[10] 李晓捷.儿童康复学[M].北京:人民卫生出版社,2018.

[11] RADOMSKI MV,TROMBLY LATHAM CA. Occupational Therapy for Physical Dysfunction[M]. 7th ed. Philadelphia: Lippincott Williams & Wilkins,2014.

[12] SKIRVEN TM,OSTERMAN AL,FEDORCZYK JM,et al. Rehabilitation of the Hand and Upper Extremity[M]. 6th ed. Philadelphia,PA:Mosby Elsevier,2011.

复习思考题
答案要点

模拟试卷

53检